Die letztwilligen Verfügungen

nach dem

Bürgerlichen Gesetzbuche

für das Deutsche Reich.

Von

Dr. E. Meischeider,
Reichsgerichtsrat außer Dienst.

Leipzig,
Verlag von Veit & Comp.
1900.

Druck von Metzger & Wittig in Leipzig.

Vorwort.

Die vorliegende Arbeit ist kurze Zeit vor dem Zeitpunkte, in dem das bürgerliche Gesetzbuch für das Deutsche Reich in Kraft treten soll, abgeschlossen worden. Die Arbeit ist der geistige Niederschlag arbeitsvoller Jahre eines Praktikers, der aber die Praxis, wenn ihr die stete Befruchtung durch die Wissenschaft abgeht, als geistig verödend erkannt hat, der deshalb in wissenschaftlicher Thätigkeit den Lebensborn seiner praktischen Arbeiten immer gesucht und gefunden hat, und dem nun nach Niederlegung seines Richteramtes vergönnt gewesen ist, seine geistige Kraft ausschließlich der Beschäftigung mit dem neuen Gesetzgebungwerke zu widmen. Das Gebiet der neuen Gesetzgebung, auf dem die vorliegende Arbeit sich bewegt, ist ein Gebiet, auf dem in der römischen Kaiserzeit eine neue Rechtsentwickelung anfing, die mit dem neuen Gesetzgebungwerke ihren endlichen folgerichtigen Abschluß, soweit die Gesetzgebung Recht zu schaffen vermag, erhalten hat. Mit diesem Abschlusse ist aber noch kein neues Recht geschaffen. Wie mit dem neuen deutschen Reiche die Grundlage gegeben war, auf der ein neues bürgerliches Gesetzbuch für das Reich erwachsen konnte, so ist mit dem neuen Gesetzbuche der Grund gelegt für eine neue Rechtsentwickelung. Die Rechtswissenschaft hat an sich nur eine beschränkte rechtsschaffende Wirksamkeit. Die Wissenschaft hat insbesondere für manche Rätsel des objektiven Rechtes die Lösung nicht gefunden. Und der bei der Vorbereitung von Gesetzgebungwerken schwierigen Fragen gegenüber nicht selten vorkommende Ausspruch, daß die Beantwortung der betreffenden Frage der Wissenschaft und der Rechtsprechung überlassen werden solle, ist bisweilen nur ein Armutzeugnis und hat neue Rätsel im Gefolge, deren Lösung der Wissenschaft nicht gelingt, während die Gesetzgebung sie mit dem bekannten Mittel des Zerschneidens des Knotens, einem Mittel, das auch die Wissenschaft schließlich als wirksam anzuerkennen hat, hätte lösen können. Ebenso ist aber auch die geistige Macht der Gesetzgebung eine beschränkte. Sie soll die Normen angeben, auf denen die Wissenschaft ihr großes Gebäude aufzurichten und nach denen die Rechtsfindung im Einzelfalle ihre Thätigkeit zu entwickeln hat. Zur Mitarbeiterschaft an dieser Aufgabe der Wissenschaft hat der Verfasser in dem Gedanken, daß seine Arbeit für den Praktiker ein Mittel bieten möge, die Aufgabe, die das neue Gesetzbuch an den Praktiker stellt, mit wissenschaftlichem Geiste zu erfassen, bei der Art und Weise, wie er selbst in langer Amtsführung seine Aufgabe als Praktiker erfaßt hat, sich berufen gefühlt. Er übergiebt hiermit dem juristischen Publikum die Arbeit. Und er ist sich wohl bewußt, daß sie der Nachsicht bedarf. Aber der Spruch: „nonum prematur in annum“ liegt hier mit dem anderen Spruche: „bis dat, qui cito dat“ im Streite.

Die Aufgabe, die durch das neue Gesetzbuch dem Praktiker gestellt ist, muß als eine recht umfangreiche aufgefaßt werden. Von den Rechtseinrichtungen und Rechtssätzen, die als zu dem Rechte der letztwilligen Verfügungen nach dem bürgerlichen Gesetzbuche gehörig in der Arbeit behandelt werden, sind die meisten auf altem römischrechtlichem Boden entstanden. Neben denen, die schon in der römischen Kaiserzeit sich anders gestaltet haben als im alten Rechte, sind manche auf dem Boden, den die Völker germanischen Stammes einnahmen, als sie sich zu Herren der westlichen Hälfte des römischen Reiches machten, neu entstanden. Andere haben auf diesem Boden Veränderungen erlitten und sind in mehr oder weniger veränderter Gestalt in das gemeine Deutsche Recht übergegangen. Noch andere sind in den partikularrechtlichen deutschen Gesetzgebungen zum Teil neu gestaltet worden. Wieder andere haben bis zu der großen Umgestaltung des Rechtes, die durch das allgemeine preußische Landrecht in dem Geltungbereiche dieses Gesetzbuches erzielt worden ist, fortgedauert. Alle diese Änderungen, durch die der Entwickelunggang des jetzt in Geltung tretenden Gesetzbuches sich hinzieht, gehören also der Geschichte des neuen Rechtes an. Und das Verständnis des neuen Rechtes macht ein Eingehen auf die Geschichte seiner Entwickelung notwendig. Von den erwähnten partikularrechtlichen Gesetzbüchern sind in der vorliegenden Arbeit das württembergische aus dem Jahre 1610 und das bayerische aus dem Jahre 1756 berücksichtigt worden. Dann folgt die große Umgestaltung des Rechtes, die durch das preußische Landrecht hervorgebracht ist. Wesentliche Bedeutung für die Entwickelung des bürgerlichen Rechtes auf deutschem Boden hat auch das französische Gesetzbuch, von dem noch in der Mitte des zu Ende gehenden Jahrhunderts gesagt werden konnte, daß es kein deutsches Gesetzbuch gebe, in welchem das germanische Recht in gleichem Umfange zur gesetzlichen Anerkennung gekommen wäre. Auch das österreichische Gesetzbuch darf als ein auf deutschrechtlichem Boden erwachsenes angesprochen werden. Das letzte in der Entwickelunggeschichte der Zeit nach, aber nicht der Bedeutung nach ist das sächsische Gesetzbuch. Auf diese Gesetzbücher ist der Verfasser bei der Darstellung des neuen Rechtes eingegangen, da sie eben zur Geschichte dieses Rechtes gehören. Die in Geltunggebiete von nur geringem Umfange eingeführten Gesetzbücher hat der Verfasser nur ausnahmweise besprochen.

Von den gesetzgeberischen Vorarbeiten des bürgerlichen Gesetzbuches für das Deutsche Reich hat der Verfasser den ersten Entwurf aus dem Jahre 1888, die ihm beigegebenen Motive, den Entwurf zweiter Lesung aus dem Jahre 1895, die Protokolle der Kommission für die zweite Lesung des Entwurfes, den dem Reichstage vorgelegten Entwurf aus dem Jahre 1896 und die diesem Entwurfe beigegebene Denkschrift vom Jahre 1896 vorzugsweise berücksichtigt. Auf die Privatarbeiten, deren Verfasser an den Vorarbeiten für das Gesetzbuch Kritik geübt haben oder eigene Entwürfe an die Stelle der amtlichen haben setzen wollen, ist der Verfasser nur ausnahmweise eingegangen. Ohne Erwähnung geblieben sind die veröffentlichten Entwürfe von partikularrechtlichen Gesetzbüchern, die zwar dazu bestimmt gewesen sind, objektives Recht zu werden, Gesetzeskraft aber niemals erhalten haben.

Oetzsch bei Leipzig, im Dezember 1899.

Der Verfasser.

Inhalt.

§ 1. Begriff des Testamentes.

Testament ist nach dem bürgerlichen Gesetzbuche für das Deutsche Reich eine jede einseitige Verfügung von Todeswegen.[1] Das Gesetzbuch ist, indem es dem Ausdrucke Testament diese Bedeutung beilegt, zu dem Begriffe des Testamentes zurückgekehrt, der den deutschen Stämmen geläufig wurde, als sie anfingen, mit römischen Rechtseinrichtungen bekannt zu werden.[2] Über die Art, wie die Testamente in Deutschland Aufnahme fanden, sind die Meinungen geteilt. Nach der einen Ansicht ist die Rechtseinrichtung auf die Erbverträge zurückzuführen, bei denen derjenige, der über sein Vermögen verfügte, sich zur Vermögensübertragung eines Salmannes bediente. Dieser hatte als Mittelsperson den Anweisungen des Übertragenden nachzukommen, so daß der Übertragende sich die Möglichkeit zu verschaffen vermochte, willkürlich seine Verfügungen zu ändern oder zu widerrufen.[3] Nach der anderen Ansicht wurde die Aufnahme der Testamente als einseitiger, widerruflicher, letztwilliger Verfügungen in Deutschland hauptsächlich durch die Geistlichen vermittelt und die Einrichtung den Bedürfnissen entsprechend gestaltet.[4] Beide Auffassungen sind mit einander zu vereinigen. Die Erbverträge sind die Vorläufer der Testamente. Beide Rechtseinrichtungen bildeten in der Zeit, da die Testamente zuerst in Deutschland Aufnahme fanden, keine strengen Gegensätze in Ansehung der Widerruflichkeit. Erbverträge

---

[1] B.G.B. § 1937.

[2] Beseler, Erbverträge § 14; Pauli, Abhandlungen Bd. 3 S. 172, 175, 230; Zöpfl, Geschichte der deutschen Rechtsinstitute § 115; Stobbe, Deutsches Privatrecht Bd. 5 § 298 Anm. 15, 33, 34, 36, 37, 38 § 300.

[3] Albrecht, Gewere S. 208 flg.

[4] Beseler a. a. O. S. 247 flg.; Pauli a. a. O. S. 164 flg. 169, wo das Interesse, das die Kirche hatte, die Testamente in Aufnahme zu bringen, hervorgehoben wird: „Seelgeräte, deren Zweck darin bestand, durch Stiftungen von Seelmessen und frommen Gaben der Seele zu raten, waren daher fast überall die ersten letztwilligen Verfügungen; sie haben wir uns vorzugsweise unter den testamenta, wo sie zuerst in Statuten und Urkunden vorkommen, zu denken." Siegel, Erbrecht S. 136 fl.

wurden nicht selten mit dem Vorbehalte des Widerrufes und Testamente mit dem Verzichte auf den Widerruf errichtet.[5]

Zu der Zeit, da die Testamente anfingen, als einseitige Verfügungen von Todeswegen bei den deutschen Stämmen in Übung zu kommen, war der Begriff des Erben im römischen Sinne dem deutschen Rechte unbekannt. Als mit der Aufnahme des römischen Rechtes in Deutschland der römische Begriff des Erben als Gesamtrechtsnachfolgers Eingang fand, wurde in der Juristensprache, wenigstens in der Sprache der gemeinrechtlichen Juristen, Testament, wie im römischen Rechte, ausschließlich der Ausdruck für die letztwillige Anordnung einer Erbeinsetzung. Erhalten hat sich der Ausdruck Testament ohne Beziehung auf Erbeinsetzung im französischen Gesetzbuche. Dies bezeichnet als Testament eine widerrufliche, letztwillige Verfügung des Erblassers über sein Vermögen, oder über einen Bruchteil des Vermögens, oder über ein einzelnes Vermögensstück.[6] Auch einige andere Gesetzbücher von geringerem Geltungsbereiche bezeichnen eine letztwillige Verfügung als Testament, ohne Rücksicht darauf, ob darin ein Erbe ernannt ist.[7] Überhaupt nicht enthalten ist der Ausdruck „Testament" in dem Gesetzbuche für das Königreich Sachsen. Er ist darin durch den Ausdruck „letzter Wille" ersetzt. Als letzten Willen bezeichnet dies Gesetzbuch die einseitige Verfügung einer „physischen Person" über das, was nach ihrem Tode insbesondere rücksichtlich ihres Vermögens geschehen soll.[8]

Zulässiger Inhalt eines Testamentes kann nach dem bürgerlichen Gesetzbuche in erster Reihe eine Anordnung sein, von der abhängt, wer Erbe wird, mithin die unmittelbare Ernennung des Erben selbst oder auch die Bestimmung, daß eine Person, die ohne das Testament gesetzlicher Erbe sein würde, also einer der nächsten Verwandten oder der Ehegatte des Erblassers, von der Erbfolge ausgeschlossen sein soll. Daneben braucht nicht besonders bestimmt zu sein, wer nun Erbe sein soll. Eine solche Anordnung bewirkt, daß unter Ausschließung der Person, die nicht Erbe werden soll, die gesetzlichen Erben eintreten. Zulässiger Inhalt eines Testamentes kann sodann ein Vermächtnis sein.

---

[5] Stobbe a. a. O. § 300 Nr. 2, 7 Anm. 21.

[6] C. c. Art. 895; Zachariä v. Lingenthal-Dreyer, französisches Civilrecht Bd. 4 § 647.

[7] So die Nürnberger Reformation von 1564 (III 29, 9) und das Hamburger Stadtrecht von 1693 (III 1 Art. 22). Die vom lübischen Rechte so genannten Testamente sind letzte Willensordnungen, worin über den nach Abzug der Schulden verbleibenden reinen Nachlaß durch einzelne völlig selbständige und in ihrer rechtlichen Bedeutung als Gaben einander durchaus gleich stehende Verfügungen Bestimmung getroffen wird (Pauli, Abhandlungen a. a. O. S. 231).

[8] Sächs. Gesetzbuch § 2061.

Als solches bezeichnet das Gesetzbuch die Anordnung, mit welcher der Erblasser einem Anderen, ohne ihn zum Erben zu ernennen, einen Vermögensvorteil zuwendet. Inhalt eines Testamentes kann ferner eine Auflage sein, nämlich eine Anordnung, mit welcher der Erblasser den Erben oder einen Vermächtnisnehmer zu einer Leistung verpflichtet, ohne einem Anderen ein Recht auf die Leistung zuzuwenden. Sodann kann der Erblasser durch Testament einen Testamentsvollstrecker ernennen. Inhalt eines Testamentes kann endlich der Widerruf eines von dem Erblasser früher errichteten Testamentes oder einer einzelnen in einem Testamente enthaltenen Verfügung sein.[9] Eine dieser Arten von letztwilligen Verfügungen muß den Inhalt eines Testamentes bilden. Doch können der Natur der Sache nach auch verschiedene solche Verfügungen in einem und demselben Testamente vorkommen. Eine in einem Testamente enthaltene Willenserklärung kann auch mit einer bei Willenserklärungen überhaupt zulässigen Bedingung oder Zeitbestimmung abgegeben werden.

Mit diesen Sätzen über den möglichen Inhalt eines Testamentes hat das bürgerliche Gesetzbuch außer dem im römischen Rechte für ein Testament bestehenden wesentlichen Erfordernisse, daß eine Erbeinsetzung darin enthalten sein muß, noch zwei andere Eigentümlichkeiten des römischrechtlichen Testamentes beseitigt. Die eine ist die, daß mit dem rechtlichen Bestande eines Testamentes eine gesetzliche Erbfolge auch dann unverträglich ist, wenn die Verfügung sich nicht auf den ganzen Nachlaß bezieht, sondern Teile des Nachlasses übrig bleiben, auf welche die Verfügung ihrem Wortlaute nach nicht bezogen werden kann und nach dem Willen des Erblassers auch nicht bezogen werden soll.[10] Die andere besteht darin, daß durch Errichtung eines neuen Testamentes ein schon errichtetes älteres Testament immer aufgehoben wird, auch wenn beide

---

[9] B.G.B. §§ 1937 bis 1940, 2197, 2253, 2254.

[10] L. 7 de R. J. (50, 17); § 5 J. de hered. inst. (2, 14). Wie die Entstehung des hier in Frage stehenden Grundsatzes: nemo pro parte testatus pro parte intestatus decedere potest zu erklären ist, darüber wird viel gestritten. Zu vgl. die bei Windscheid, Pandekten Bd. 3 § 537 Anm. 2 und Unger, österreich. Erbrecht § 4 Anm. 2 angegebene Litteratur. Der Grundsatz galt schon für das römische Soldatentestament nicht, weil hier der Wille des Erblassers zur Richtschnur genommen werden sollte. Von den auf deutschrechtlichem Boden in Geltung stehenden Gesetzgebungen größeren Geltungsbereiches haben ihn nur das württembergische von 1610 und das bayerische Gesetzbuch von 1756 weiter gelten lassen. Die neueren Gesetzbücher, nämlich das preußische, das französische, das österreichische und das sächsische Gesetzbuch, haben ihn nicht aufgenommen. Für seine Aufnahme in das bürgerliche Gesetzbuch haben sich gewichtige Stimmen ausgesprochen, sind jedoch nicht durchgedrungen.

Testamente ihrem Inhalte nach sich wohl mit einander vertragen könnten.[11] Diese Sätze bestehen schon im preußischen Rechte nicht mehr. Das preußische Landrecht hat allerdings den Ausdruck „Testament" an das Vorhandensein einer Erbeinsetzung geknüpft, indem es eine letztwillige Verfügung, die keine Erbeinsetzung enthält, nicht als Testament bezeichnet. Es ist aber nach preußischem Rechte weder ausgeschlossen, daß neben der testamentarischen Erbfolge, wenn diese den Nachlaß nicht erschöpft, die gesetzliche Erbfolge auf Höhe des Überrestes eintritt,[12] noch auch daß mehrere Testamente, die nach der Zeit ihrer Entstehung aus einander liegen, neben einander in Geltung treten. Das bürgerliche Gesetzbuch hat neben der von ihm aus dem preußischen Rechte übernommenen Beseitigung jener beiden Sätze des römischen Rechtes auch die in das preußische Recht noch übergegangene Beschränkung des Ausdruckes „Testament" auf letztwillige Verfügungen, welche Erbeinsetzungen enthalten, beseitigt und die Bezeichnung Testament auf alle einseitigen letztwilligen Verfügungen ausgedehnt.

§ 2. Fähigkeit zur Errichtung eines Testamentes.

I. Allgemeines.

Das bürgerliche Gesetzbuch kennt eine Unfähigkeit zur Testamentserrichtung nur als Folge nicht ausreichenden Alters und geistiger sowie sittlicher Mängel.[1]

Die gemeinrechtlichen Gründe der Unfähigkeit gehören zum Teile dem öffentlichen Rechte an. Einige sind auf familienrechtlichem Boden entstanden. Andere beruhen auf bestimmten geistigen, körperlichen oder sittlichen Mängeln der Person, deren Fähigkeit in Frage steht. Zu den öffentlichrechtlichen Gründen gehörte die Verurteilung wegen gewisser Verbrechen. Die fraglichen Bestimmungen sind aber, soweit sie noch bis in die neuere Zeit bestanden haben, durch das Reichsstrafgesetzbuch beseitigt worden.[2] Ferner gehört hierher die Unfähigkeit der Ordens-

[11] L. 1 D. de iniusto rupto (28, 3).

[12] Eine Anordnung, die sich weder auf das ganze Vermögen des Erblassers noch auf Bruchteile dieses Vermögens, sondern nur auf einzelne Vermögensstücke bezieht, enthält nach preußischem Rechte keine Erbeinsetzung, sondern die Errichtung von Vermächtnissen. A.L.R. I 12 § 5.

[1] B.G.B. § 2229.

[2] S. die Litteratur bei Windscheid, Pandekten Bd. 3 § 539 Anm. 11. — Nach österreichischem Rechte sind zur Errichtung eines Testamentes unfähig: 1. die zu schwerem Kerker oder zum Tode verurteilten Personen vom Zeitpunkte der Kundmachung des rechtskräftigen Urteiles bis zum Ende der Strafe, 2. die unbefugt ausgewanderten Personen, 3. Deserteure vom Tage der Entweichung bis zu ihrer Stellung oder Einlieferung (Unger, österreich. Erbrecht § 9 Ziff. 6 bis 8).

personen, mag sie aus der Unfähigkeit, eigenes Vermögen zu haben, oder aus der Unfähigkeit, über das Vermögen zu verfügen, hergeleitet werden.[3] Diesen Grund der Unfähigkeit erkennt das bürgerliche Gesetzbuch als solchen nicht an. Dem Familienrechte gehört die Unfähigkeit der Hauskinder an, über anderes Vermögen als kastrensisches oder qualikastrensisches letztwillig zu verfügen.[4] Auch dieser Grund der Unfähigkeit ist dem bürgerlichen Gesetzbuche unbekannt.

§ 3. II. Lebensalter.

Das zur Errichtung eines Testamentes erforderliche Alter wird vom bürgerlichen Gesetzbuche auf die Vollendung des sechszehnten Lebensjahres festgesetzt.[1] Minderjährige aber können ein Testament nur durch mündliche Erklärung vor den Urkundpersonen errichten.[2]

---

[3] C. 7. c. 19 quaest. 3, c. 2 X de testam. 3, 26. Zu vgl. Hellmann, Das gemeine Erbrecht der Religiosen S. 28 flg.

[4] S. die Litteratur bei v. Vangerow, Pandekten Bd. 2 § 428 Anm. II.

[1] B.G.B. § 2229 Abs. 2. Schon der erste Entwurf bestimmte das Alter der Testamentsmündigkeit auf die Vollendung des sechszehnten Lebensjahres (§ 1912). In der Kommission für die zweite Lesung des Entwurfes gingen die Meinungen aus einander. Von der einen Seite wurde beantragt, die Fähigkeit zur Testamentserrichtung erst mit dem vollendeten achtzehnten Lebensjahre beginnen zu lassen. Nach einer anderen Ansicht sollten Minderjährige überhaupt nicht testamentsfähig sein. Und eine dritte Auffassung nahm für die Frau, die eine Ehe geschlossen hat, auch vor Vollendung des achtzehnten Lebensjahres oder vor erreichter Volljährigkeit Testamentsfähigkeit in Anspruch. Die Mehrheit der Kommission beschloß indes, am Entwurfe festzuhalten. Die Einschränkung der Fähigkeit zur Testamentserrichtung auf das Alter der Volljährigkeit wurde abgelehnt, weil eine Gleichstellung der Verfügungen unter Lebenden und der letztwilligen Verfügungen in der Art, daß die Erfordernisse der Geschäftsfähigkeit für beiderlei Verfügungen die gleichen seien, sich überhaupt nicht erreichen lasse. Rechtsgeschäfte unter Lebenden könne der Minderjährige nicht nur selbst mit Einwilligung seines gesetzlichen Vertreters vornehmen, sondern er könne dabei von diesem auch wirksam vertreten werden, während er ein Testament weder mit Einwilligung des Vertreters errichten, noch sich bei der Errichtung vertreten lassen könne. Trete also die Testamentsfähigkeit erst mit der Volljährigkeit ein, so gebe man dem Minderjährigen zwar die Möglichkeit, mit Hilfe seines Vertreters unter Lebenden zu verfügen, schneide ihm aber die Möglichkeit, ein Testament zu errichten, vollständig ab. Eine solche Abweichung vom geltenden Rechte lasse sich nicht rechtfertigen. Im übrigen wurde erwogen, daß, da eine Herabsetzung des Alters der Testamentsfähigkeit unter das sechszehnte Lebensjahr von keiner Seite beantragt sei, nur das sechszehnte oder das achtzehnte Lebensjahr in Frage kommen könne. Die Kommission hat es für wünschenswert gehalten, das Lebensalter für beide Geschlechter gleich zu bestimmen, und sich für das sechszehnte Lebensjahr entschieden, weil es immerhin vorkomme, daß eine Frau schon im Alter von sechszehn Jahren sich verheirate, und, wenn man die Heirat zulasse, es auch geboten sei, der Frau die Möglichkeit der Testamentserrichtung zu geben (Protokolle, 358. Sitzung S. 7151 flg.).

[2] B.G.B. § 2238 Abs. 2. Die in Frage stehende Beschränkung der Minder-

Nach gemeinem Rechte sind Unmündige, nämlich Knaben, die noch nicht das vierzehnte Lebensjahr, und Mädchen, die noch nicht das zwölfte Lebensjahr zurückgelegt haben, zur Testamentserrichtung unfähig.[3]

Das vollendete sechszehnte Lebensjahr ist im württembergischen Landrechte (von 1610) als Alter der Testamentsmündigkeit angenommen. Doch können nach diesem Gesetzbuche auch Vierzehnjährige mit Erlaubnis der Behörde ein Testament errichten.[4]

Bei dem vollendeten vierzehnten Lebensjahre ist für beide Geschlechter der Codex Maximilianeus Bavaricus civilis[5] stehen geblieben.

Desgleichen das preußische Gesetzbuch. Doch können nach diesem Minderjährige bis zur Vollendung des achtzehnten Lebensjahres ein Testament nur durch Erklärung zum gerichtlichen Protokolle errichten.[6]

Das französische Gesetzbuch erklärt Personen für unfähig, die noch nicht volle sechszehn Jahre alt sind. Aber auch die über sechszehn Jahre alten Minderjährigen können durch Testament nur über die Hälfte desjenigen Vermögens verfügen, über das sie, wenn sie volljährig wären, zu verfügen berechtigt sein würden.[7]

Nach dem österreichischen Gesetzbuche sind Unmündige, das heißt, Personen, die das vierzehnte Lebensjahr noch nicht zurückgelegt haben, unfähig zur Errichtung eines Testamentes. Doch können nach einer dem preußischen Gesetzbuche entlehnten Bestimmung Minderjährige, die das achtzehnte Lebensjahr noch nicht zurückgelegt haben, ihren letzten Willen nur vor Gericht zum Protokolle erklären.[8]

Das sächsische Gesetzbuch erklärt Personen, die das vierzehnte Lebensjahr noch nicht vollendet haben, zur Errichtung eines letzten Willens für unfähig.[9]

Wer vor dem Inkrafttreten des bürgerlichen Gesetzbuches die von einem bestimmten Lebensalter abhängige Fähigkeit zur Errichtung eines

---

jährigen ist erst von der Kommission für die zweite Lesung des Entwurfes aufgenommen worden. Der Urheber des Antrages bemerkte dabei, ohne Widerspruch zu finden, daß die Beschränkung nur für die ordentliche Testamentsform, nicht für die außerordentlichen Formen gelten solle (Protokolle, 360. Sitzung S. 7184 f.).

[3] **L. 5 D. qui test. fac. poss. (28, 1).** Über die Berechnung der Zeit s. die Litteratur bei v. Vangerow, Pandekten Bd. 1 § 194 Anm. — Einige bei Roth, bayr. Civilr. Bd. 3 § 300 Anm. 13 aufgeführten Partikularrechte haben die gemeinrechtlichen Zeiten der Testamentsmündigkeit beibehalten. Über die Testamentsmündigkeit des lübischen Rechtes s. Pauli, Abhandlungen Bd. 3 S. 193 flg.

[4] Württemb. Landrecht III 2 § 2.

[5] **Cod. Maxim. Bav. civ. III 3 § 3** Ziff. 2.

[6] A.L.R. I 12 §§ 16, 17.

[7] **C. c.** Art. 904.

[8] Österr. Gesetzb. § 569.

[9] Sächs. Gesetzb. § 2066.

Testamentes erlangt und ein Testament errichtet hat, behält die Fähigkeit, auch wenn er bei dem Inkrafttreten des bürgerlichen Gesetzbuches das nach diesem erforderliche Alter noch nicht erreicht hat.[10] Nach dieser Bestimmung wird man einem Knaben, der unter der Herrschaft des gemeinen Rechtes im Jahre 1899, nachdem er vierzehn Jahre alt geworden ist, ein Testament oder eine andere Verfügung von Todeswegen errichtet hat, mit Rücksicht darauf, daß er die Fähigkeit zur Errichtung einer solchen Verfügung behalten soll, die Fähigkeit beilegen müssen, nach dem 31. Dezember 1899 das Testament aufzuheben und ein anderes an seine Stelle zu setzen oder es abzuändern oder zu ergänzen, auch wenn er bei Errichtung dieser neuen letztwilligen Verfügung das nach dem bürgerlichen Gesetzbuche erforderliche Alter von sechszehn Jahren noch nicht vollendet hat.

§ 4. III. Geistige Mängel als Gründe der Unfähigkeit zur Testamentserrichtung.

1. Nach dem bürgerlichen Gesetzbuche für das Deutsche Reich.

In Ansehung des zur Errichtung eines Testamentes erforderlichen geistigen Zustandes unterscheidet das bürgerliche Gesetzbuch drei Zustände der Testamentsunfähigkeit.

1. Geistesschwäche macht den, der deshalb entmündigt ist, zur Errichtung eines Testamentes unfähig.[1] Ein solcher Entmündigter wird vom Gesetzbuche in Ansehung der Geschäftsfähigkeit einem Minderjährigen, der das siebente Lebensjahr vollendet hat, gleichgestellt.[2] Er ist also an sich nicht geschäftsunfähig, sondern in der Geschäftsfähigkeit beschränkt.[3] Das Gesetzbuch spricht ihm aber die Fähigkeit zur Testamentserrichtung ab.

Nach dem Entwurfe erster Lesung sollte Geisteskrankheit, wenn die damit behaftete Person des Vernunftgebrauches beraubt ist,[4] und nach dem Entwurfe zweiter Lesung sollte Geisteskrankheit, wenn der Kranke infolge derselben seine Angelegenheiten nicht zu besorgen vermag, ein Grund der Entmündigung sein.[5] Geistesschwäche war weder im Entwurfe erster, noch im Entwurfe zweiter Lesung als Grund der Entmündigung aufgestellt. Erst der Entwurf von 1896 hat Entmündigung

[10] Einführungsgesetz zum bürgerlichen Gesetzbuche Art. 215 Abs. 1.

[1] B.G.B. § 2229 Abs. 3.

[2] B.G.B. § 114.

[3] B.G.B. § 106.

[4] Erster Entwurf § 28 Abs. 1.

[5] Entwurf zweiter Lesung § 14 Ziff. 1.

auch wegen Geistesschwäche zugelassen.[6] Nach der diesem Entwurfe beigegebenen Denkschrift hat man erwogen, daß, wie besonders von ärztlicher Seite betont worden sei, auch derjenige, dessen geistige Kräfte unvollständig entwickelt sind, des Schutzes gegen die nachteiligen Folgen seiner Einsichtslosigkeit und gegen die Ausbeutung derselben durch Andere bedürfe. Und man hat in der Verneinung der vollen Geschäftsfähigkeit und in der allgemeinen Fürsorge für die persönlichen und die Vermögensangelegenheiten der Geistesschwachen durch Bestellung eines Vormundes die gebotenen Schutzmittel gefunden.[7] In Ansehung der Fähigkeit eines wegen Geistesschwäche entmündigten Menschen zur Testamentserrichtung ist erwogen worden, ein solcher Mensch biete nicht die nötige Gewähr dafür, daß er von dem Rechte, ein Testament zu errichten, den angemessenen, dem Interesse der Familie entsprechenden Gebrauch machen werde. Außerdem fehle einem solchen Menschen in der Regel die erforderliche Widerstandsfähigkeit gegen ungehörige Beeinflussung durch Andere. Übrigens sei bei einer wegen Geistesschwäche entmündigten Person auch mit der Gefahr zu rechnen, daß sie die Zeit von der Stellung des Antrages auf Entmündigung bis zur Entmündigung dazu benutzen werde, ihr Vermögen durch letztwillige Verfügungen aus unlauteren Beweggründen, etwa aus Rachsucht, der Familie zu entziehen.[8]

Die Unfähigkeit einer wegen Geistesschwäche entmündigten Person zur Errichtung eines Testamentes tritt nach dem bürgerlichen Gesetzbuche schon schon mit der Stellung des Antrages ein, auf Grund dessen die Entmündigung erfolgt.[9] Die fragliche Wirkung der Entmündigung wird also auf den Zeitpunkt der Stellung des Antrages zurückbezogen.

Hat ein Entmündigter ein Testament errichtet, bevor der die Entmündigung aussprechende Beschluß unanfechtbar geworden ist, und stirbt

---

[6] Entwurf von 1896 § 6 Ziff. 1.

[7] Denkschrift zum Entwurf eines bürgerlichen Gesetzbuches S. 2, 3. Der Inhalt der Denkschrift weicht von der Begründung der dem ersten Entwurfe beigegebenen Motive wesentlich ab. Bloße Geistesschwäche, so heißt es in den Motiven (Bd. 1 S. 62), ungenügende Entwickelung der geistigen Kräfte im Gegensatze zum Mangel regelrechter Willensbestimmung, schließe die natürliche Geschäftsfähigkeit nicht aus und gebe deshalb keinen Grund zu einer Entmündigung wegen Geisteskrankheit ab. Ebenso könne eine mit einer solchen Schwäche behaftete Person nicht des vormundschaftlichen Schutzes für bedürftig erklärt und unter Vormundschaft gestellt werden.

[8] Denkschrift S. 293.

[9] B.G.B. § 2229 Abs. 3 Satz 2. Auch wenn Entmündigung wegen Verschwendung oder Trunksucht in Frage steht, tritt die Unfähigkeit zur Testamentserrichtung schon mit der Stellung des Antrages ein, auf Grund dessen die Entmündigung erfolgt.

er vor dem Eintritte der Unanfechtbarkeit des Beschlusses, so steht die Entmündigung der Gültigkeit des errichteten Testamentes nicht entgegen.[10] Der Satz ist bei den Beratungen der Kommission für die zweite Lesung des Entwurfes ohne Widerspruch angenommen worden. Er soll, wie bei den Beratungen zum Ausdrucke gekommen ist, gegen die Wirkung einer übereilten Entmündigung schützen. Man dürfe, so wurde in der Kommission ausgeführt, den die Entmündigung aussprechenden Beschluß, so lange er noch anfechtbar sei, nicht als unbedingt richtig behandeln. Ein Testament, das der Erblasser bei der in der Bestimmung vorgesehenen Sachlage gemacht habe, müsse gültig sein, wenn der Tod des Erblassers vor der Rechtskraft des die Entmündigung aussprechenden Beschlusses eingetreten sei.[11] Gemeint ist hier, da von eigentlicher „Rechtskraft" des Beschlusses nicht die Rede sein kann, der Fall, daß der Erblasser vor dem Ablaufe der Frist zur Erhebung der Klage behufs Anfechtung der Entmündigung[12] oder vor der rechtskräftigen Entscheidung über die Anfechtungsklage[13] gestorben ist. Durch die Bestimmung soll der Entmündigte dagegen geschützt werden, daß ein von ihm errichtetes Testament für ungültig angesehen wird, wenn er während des Laufes der Frist zur Anstellung der Anfechtungsklage oder während des Schwebens des Anfechtungsprozesses gestorben ist. Das Gesetzbuch steht auf dem Standpunkte, daß dieser Schutz gewährt werden muß, da ohne den schützenden Satz die in der Unfähigkeit zur Errichtung eines Testamentes bestehende Wirkung der Entmündigung schon mit der Mitteilung des Entmündigungsbeschlusses an die Vormundschaftsbehörde,[14] bei der Entmündigung wegen Geistesschwäche, Verschwendung oder Trunksucht sogar schon mit der Stellung des Antrages auf Entmündigung, wenn auf Grund des Antrages die Entmündigung erfolgt,[15] eintreten würde. Das Gesetzbuch läßt aber die Thatsache der Entmündigung nicht gleichförmig wirken. Ein vom Entmündigten errichtetes Testament wird nur ungültig, wenn der Entmündigungsbeschluß unanfechtbar wird, und bleibt gültig, wenn der Entmündigte vor dem Eintritte der Unanfechtbarkeit stirbt. Ein vom Entmündigten vorgenommenes Rechtsgeschäft unter Lebenden ist infolge des Entmündigungsbeschlusses von vornherein ungültig und wird nur gültig, wenn die Anfechtungsklage

---

[10] B.G.B. § 2230 Abs. 1.

[11] Protokolle der Kommission für die zweite Lesung des Entwurfes, 359. Sitzung S. 7166 f.

[12] Der Frist des § 605 Abs. 1 C.P.O.

[13] Die in den §§ 605 flg. C.P.O. vorgesehene Anfechtungsklage.

[14] B.G.B. § 104 Ziff. 3. § 115. C.P.O. § 603 Abs. 2.

[15] B.G.B. § 2229 Abs. 3.

den Erfolg der Aufhebung des Entmündigungsbeschlusses hat, bleibt also ungültig, wenn der Entmündigte vor Erhebung der Anfechtungsklage stirbt.

Die besprochene Bestimmung soll nach einer im Einführungsgesetze zum bürgerlichen Gesetzbuche enthaltenen Übergangsvorschrift auf ein Testament Anwendung finden, das ein nach dem Inkrafttreten des bürgerlichen Gesetzbuches verstorbener Erblasser vor diesem Zeitpunkte errichtet hat.[16] Das Gesetz spricht damit aus, daß eine vor dem Inkrafttreten des bürgerlichen Gesetzbuches durch Gerichtsbeschluß erfolgte, aber bis zu diesem Zeitpunkte noch nicht unanfechtbar gewordene Entmündigung der Gültigkeit eines vor dem Inkrafttreten des bürgerlichen Gesetzbuches errichteten Testamentes keinen Eintrag thut, wenn der Entmündigte erst nach dem Inkrafttreten des Gesetzbuches gestorben ist. Die Bestimmung muß in dem Sinne verstanden werden, daß das Testament des Entmündigten zwar gültig bleibt, wenn der Entmündigte vor dem Ablaufe der Frist zur Erhebung der Anfechtungsklage oder während der Dauer des Anfechtungsprozesses stirbt, die Sache sich aber anders gestaltet, wenn er den Ablauf der Frist überlebt. Es kommen dann die Übergangsvorschriften des Einführungsgesetzes zum bürgerlichen Gesetzbuche zur Anwendung, nach denen eine zur Zeit des Inkrafttretens des bürgerlichen Gesetzbuches wegen Geisteskrankheit entmündigte Person von dieser Zeit an rechtlich ebenso wie eine nach den Vorschriften des bürgerlichen Gesetzbuches wegen Geisteskrankheit entmündigte und eine zur Zeit des Inkrafttretens des bürgerlichen Gesetzbuches wegen Verschwendung entmündigte Person von dieser Zeit an wie eine nach dem bürgerlichen Gesetzbuche wegen Verschwendung entmündigte behandelt wird.[17] Mit Hilfe dieser Bestimmungen gelangt man zu dem Ergebnisse, daß eine bei Einführung des bürgerlichen Gesetzbuches entmündigte Person, wenn sie die prozeßordnungsgemäße Frist zur Anstellung der Anfechtungsklage überlebt, diese Klage anzustellen und den Rechtsstreit, wenn die Klage schon angestellt ist, fortzusetzen hat, widrigenfalls die Entmündigung sowohl in Bezug auf die Fähigkeit zur Testamentserrichtung, als auch in Ansehung der Fähigkeit für den rechtsgeschäftlichen Verkehr die Wirkung einer unanfechtbaren Entmündigung hat.

Eine andere Bestimmung des bürgerlichen Gesetzbuches, die ebenfalls bei den Beratungen der Kommission für die zweite Lesung des Entwurfes angenommen worden ist und, wie die erstere, den ausgesprochenen Zweck hat, den Entmündigten gegen die Wirkung einer

[16] Einführungsgesetz zum bürgerlichen Gesetzbuche Art. 215 Abs. 2.

[17] Einführungsgesetz zum bürgerlichen Gesetzbuche Artt. 155, 156 Abs. 1.

übereilten Entmündigung zu schützen, geht dahin, daß, wenn ein Entmündigter den Antrag auf Wiederaufhebung seiner Entmündigung gestellt und nach Stellung dieses Antrages ein Testament errichtet hat, die Entmündigung aber dem Antrage gemäß aufgehoben worden ist, das Testament trotz der bei seiner Errichtung in Geltung gewesenen Entmündigung Gültigkeit hat.[18] In der Kommission führte man aus, daß ein solches Testament gültig sein müsse, weil der Erfolg des Antrages auf Wiederaufhebung der Entmündigung beweise, daß der Erblasser zur Zeit der Errichtung des Testamentes sich im Zustande geistiger Gesundheit befunden habe.[19] Während die vorher besprochene Bestimmung sich auf den Fall einer noch nicht unanfechtbar gewordenen Entmündigung bezieht, hat der letztere Rechtssatz den Fall einer nicht mehr anfechtbaren Entmündigung und eines gegen dieselbe gerichteten Antrages auf Wiederaufhebung zur Voraussetzung.[20] Die Wiederaufhebung der Entmündigung wirkt also in dem von der hier fraglichen Bestimmung vorgesehenen Falle auf die Testamentserrichtung zurück. Und während ohne die Bestimmung die Aufhebung der Entmündigung dem in der Zeit des Entmündigtseins errichteten Testamente nicht zur Gültigkeit verhelfen, der Entmündigte vielmehr durch die Aufhebung nur in die Lage kommen würde, ein neues Testament zu machen, wird in dem Fragefalle auf Grund der Bestimmung das Testament mit der Aufhebung der Entmündigung gültig.

Auch diese Bestimmung soll auf ein Testament Anwendung finden, das ein nach dem Inkrafttreten des bürgerlichen Gesetzbuches gestorbener Erblasser vor diesem Zeitpunkte errichtet hat.[21]

2. Geschäftsunfähig und deshalb auch zur Errichtung eines Testamentes unfähig ist nach dem bürgerlichen Gesetzbuche ferner, wer sich in einem die freie Willensbestimmung ausschließenden Zustande krankhafter Störung der Geistesthätigkeit befindet.[22] Das Gesetzbuch fügt dem Satze die Worte hinzu: „sofern nicht der Zustand seiner Natur nach ein vorübergehender ist.“ Die Worte sollen nicht so verstanden werden, daß ein vorübergehender, die freie Willensbestimmung ausschließender Zustand krankhafter Störung der Geistes-

[18] B.G.B. § 2230 Abs. 2; Protokolle der Kommission für die zweite Lesung des Entwurfes a. a. O.

[19] Protokolle a. a. O.

[20] Also den Fall des § 616 C.P.O.

[21] Einführungsgesetz zum bürgerlichen Gesetzbuche Art. 215 Abs. 2.

[22] B.G.B. § 104 Abs. 2. Unter diesen Satz wird man auch die Zustände der Hypnose und des Somnambulismus zu bringen haben. Vgl. Dernburg, Pandekten Bd. 3 § 67 Anm. 12.

thätigkeit nicht geschäftsunfähig macht, sondern dahin, daß er diese Wirkung nur für die Zeit seiner Dauer hat.[23]

Das bürgerliche Gesetzbuch unterscheidet sich vom römischen Rechte insofern, als nach römischem Rechte Fähigkeit zur Testamentserrichtung schon vorhanden ist, wenn in einem Zustande dauernder Geistesnacht ein seiner Natur nach vorübergehender lichter Zwischenraum eintritt, der zur Testamentserrichtung benutzt wird,[24] während nach dem bürgerlichen Gesetzbuche der Zustand krankhafter Störung der Geistesthätigkeit, wenn Fähigkeit zur Testamentserrichtung vorhanden sein soll, seiner Natur nach nicht der regelmäßige Zustand des Erblassers sein darf, sondern ein vorübergehender sein muß.

3. Geschäftsunfähig und deshalb auch zur Errichtung eines Testamentes unfähig ist weiter, wer wegen Geisteskrankheit entmündigt ist.[25] Hat also die Geisteskrankheit zur Entmündigung geführt, so ist eine weitere Prüfung der Frage, ob der Geisteszustand des Erblassers zur Zeit der Testamentserrichtung seiner freien Willensbestimmung, also seiner Fähigkeit zur Testamentserrichtung, entgegengestanden habe, ausgeschlossen.[26]

---

[23] Die Satzbildung ist nicht einwandsfrei. Die Fassung des ersten Entwurfes (§ 64 Abs. 2), welcher eine Person, die des Vernunftgebrauches, wenn auch nur vorübergehend, beraubt ist, für die Dauer dieses Zustandes als geschäftsunfähig hinstellte, war korrekter. Die des Entwurfes zweiter Lesung (§ 78 Abs. 2) soll durch die beigefügten Worte offenbar gegen das Mißverständnis geschützt werden, daß ein vorübergehender Zustand krankhafter Störung der Geistesthätigkeit eine dauernde Geschäftsunfähigkeit hervorbringen könnte. Die beigefügten Worte finden sich zuerst im Entwurfe von 1896 (§ 100 Ziff. 2) und sind aus ihm in das Gesetzbuch übernommen worden.

[24] S. unten zu Anm. 3 S. 14.

[25] B.G.B. § 104 Abs. 3.

[26] In der Kommission für die zweite Lesung des Entwurfes wurde der Antrag gestellt, auszusprechen, daß eine wegen Geisteskrankheit entmündigte Person eine letztwillige Verfügung errichten könne, wenn zur Zeit der Errichtung die freie Willensbestimmung der Person nicht ausgeschlossen sei. Der Antrag sollte die Fälle sogenannter leichter Zwischenräume, die Fälle eingetretener Genesung bei noch nicht aufgehobener Entmündigung, den Fall einer von Anfang an zu Unrecht erfolgten Entmündigung und den Fall, daß der Entmündigte nur in einzelnen Richtungen geisteskrank, die geistige Thätigkeit aber im übrigen, wie dies nicht selten vorkommen soll, normal ist, treffen. Erwogen wurde zu Gunsten des Antrages, derselbe habe die formale Konsequenz für sich. Die Entmündigung habe nicht die Willensunfähigkeit, sondern die Geschäftsunfähigkeit zur Voraussetzung und müsse im Interesse des Verkehrs unbedingt gelten. Aber es fehle an einem Grunde, einer letztwilligen Verfügung — die kein Verkehrsgeschäft sei — die Gültigkeit zu versagen, wenn der Entmündigte bei ihrer Errichtung in freiem Besitze seiner Geisteskräfte gewesen sei. Für den Antrag spreche auch die Erwägung, daß letztwillige Verfügungen möglichst günstig zu beurteilen seien, weil sie nur vom Erblasser selbst errichtet werden könnten, und dem Erblasser bei Ausschließung seiner Testierfähigkeit jede Möglichkeit

Die Entmündigung ist für sich allein der Grund der Geschäftsunfähigkeit und damit auch der Unfähigkeit zur Testamentserrichtung. Die Entmündigung muß aber, wenn sie diese Wirkung haben soll, vom Gerichte durch Beschluß ausgesprochen und durch Mitteilung des Beschlusses an die Vormundschaftsbehörde in Wirksamkeit getreten sein. Der Antrag auf Entmündigung macht zwar denjenigen, gegen den der Antrag gerichtet ist, zur Testamentserrichtung unfähig, wenn die Entmündigung wegen Geistesschwäche, wegen Verschwendung oder wegen Trunksucht nachgesucht wird, und der Antrag die Entmündigung zur Folge hat,[27] nicht aber, wenn Entmündigung wegen Geisteskrankheit in Frage steht.

Dagegen bezieht sich wieder auf alle Fälle der Entmündigung die bereits oben[28] erwähnte Bestimmung des Gesetzbuches, nach welcher der Gültigkeit des Testamentes, das ein Entmündigter errichtet hat, bevor der die Entmündigung aussprechende Beschluß unanfechtbar geworden ist, die Entmündigung nicht entgegensteht, wenn der Entmündigte vor dem Eintritte der Unanfechtbarkeit stirbt.[29] Ebenso bezieht sich auf alle

genommen werde, seine Interessen zur Geltung zu bringen. Allein die Mehrheit der Kommission gab doch den Gegengründen den Vorzug. Stehe auch bei einer letztwilligen Verfügung die Sicherheit des Verkehrs nicht unmittelbar in Frage, so habe doch eine letztwillige Verfügung regelmäßig eine so weit tragende Bedeutung, daß der hinterher erfolgende Ausspruch der Ungültigkeit einer solchen Verfügung in viele Kreise störend eingreife. Eine Entmündigung werde nur auf Grund einer sorgfältigen gerichtlichen Untersuchung, aus der ihre Notwendigkeit sich ergeben müsse, ausgesprochen. Sei die Entmündigung eingetreten, so müsse der Grundsatz der Geschäftsunfähigkeit des Entmündigten auch durchgeführt und eine Durchbrechung des Grundsatzes könne nur bei unbedingter Notwendigkeit zugelassen werden. Auch zog die Mehrheit der Kommission die großen Unzuträglichkeiten in Betracht, die mit einer Nachprüfung der Frage, ob der Erblasser zur Zeit seiner Entmündigung geistig gesund gewesen sei, regelmäßig verbunden sein müßten (Protokolle, 359. Sitzung S. 7159 flg.).

[27] B.G.B. § 2229 Abs. 3 Schlußsatz. Die hier in Frage stehende Bestimmung ist ebenso wie der Satz von der Unfähigkeit der wegen Geistesschwäche, Verschwendung oder Trunksucht entmündigten Personen zur Testamentserrichtung (§ 2229 Abs. 3 Satz 1) erst in den Entwurf von 1896 aufgenommen worden. Man ist geneigt, nach einem inneren Grunde zu suchen, aus dem zwar der Antrag auf Entmündigung wegen Geistesschwäche, Verschwendung oder Trunksucht demjenigen, gegen den der Antrag gerichtet ist, die Fähigkeit zur Testamentserrichtung im voraus nehmen soll, wenn der Antrag die Entmündigung zur Folge hat, nicht aber der Antrag auf Entmündigung wegen Geisteskrankheit. Liegt der Grund darin, daß für die Rückbeziehung der Wirkung der Entmündigung auf den Zeitpunkt des gestellten Antrages zwar bei Geistesschwäche, Verschwendung und Trunksucht, nicht aber bei Geisteskrankheit ein Bedürfnis erkannt worden ist? Die Denkschrift von 1896, die für die Geschichte der Entstehung der in Betracht kommenden Rechtssätze wesentlich allein in Betracht kommt, giebt keine Auskunft. In der Natur der Sache liegt keine ausreichende Erklärung des Mangels einheitlicher Behandlung.

[28] § 4 Anm. 10.

[29] B.G.B. § 2230 Abs. 1.

Fälle der Entmündigung die Vorschrift, nach der das Testament gültig ist, das ein Entmündigter nach der Stellung des Antrages auf Wiederaufhebung der Entmündigung errichtet hat, wenn dem Antrage gemäß die Entmündigung aufgehoben wird.[30]

§ 5. 2. Nach älteren Rechten.

Nach römischem Rechte sind aus dem Grunde geistigen Mangels diejenigen Personen zur Errichtung eines Testamentes unfähig, welche nicht bei gesundem Verstande sind.[1] Ist die Geisteskrankheit eine vorübergehende, so dauert der Zustand der Unfähigkeit nur so lange, als der Krankheitszustand.[2] Ist der Krankheitszustand ein dauernder, läßt er aber lichte Zwischenräume zu, so kann der Kranke nach einer Entscheidung Justinians während eines solchen lichten Zwischenraumes ein Testament gültig errichten.[3]

Der im Justinianischen Rechte enthaltene Satz von der Fähigkeit Geisteskranker, in lichten Zwischenräumen ein Testament zu errichten, ist in manche Partikularrechte, namentlich ältere, übergegangen, so in das württembergische Landrecht[4] und in das bayerische Gesetzbuch Maximilians.[5] Das württembergische Gesetzbuch erklärt das Testament eines Wahnsinnigen, wenn feststeht, daß der Erblasser lichte Zwischenräume gehabt hat, für gültig, auch wenn nicht gerade der Beweis geführt wird, daß er das Testament in einem solchen Zwischenraume errichtet hat.[6]

Nach preußischem Rechte sind Geisteskranke, die unter Vormundschaft stehen, zur Errichtung eines Testamentes schlechthin unfähig, auch wenn sie lichte Zwischenräume haben. Stehen sie nicht unter Vormundschaft, so sind sie in Zeiten, in denen sie von ihrer Geisteskrankheit frei sind, zur Testamentserrichtung fähig. Hat aber ein unter Vormundschaft gestellter Geisteskranker innerhalb eines Jahres vor Anordnung der Vormundschaft eine außergerichtliche privilegierte letztwillige Verfügung errichtet, so liegt dem, der dadurch einen nach den Gesetzen ihm nicht zukommenden Vorteil erhalten würde, der Beweis ob, daß der Erblasser bei der Errichtung der Verfügung seiner Verstandeskräfte mächtig gewesen ist.[7]

---

[30] B.G.B. § 2230 Abs. 2.

[1] L. 2 D. qui testam. fac. poss. (28, 1).

[2] L. 17 ibid.

[3] L. 9 C. qui testam. fac. poss. (6, 22).

[4] Württembergisches Landrecht III 2 § 3.

[5] Cod. Maximil. Bav. III 3 § 3 Ziff. 4. — Andere Rechte s. bei Roth, bayr. Civilr., 2. Aufl., bearbeitet von Becher, Bd. 3 § 329 Anm. 21.

[6] Württemb. Landrecht a. a. O.

[7] A.L.R. I 12 §§ 20 bis 22.

Das französische Gesetzbuch erklärt den für unfähig, ein Testament zu machen, der zu der Zeit, da er die Verfügung treffen will, nicht bei gesundem Verstande ist. Es unterscheidet aber, ob er vor der Testamentserrichtung entmündigt ist oder nicht. Ersterenfalls ist das Testament kraft Gesetzes nichtig. Letzterenfalls muß, wer das Testament anficht, den Beweis führen, daß der Erblasser zur Zeit der Testamentserrichtung nicht bei gesundem Verstande gewesen ist.[8]

Nach österreichischem Rechte sind die durch Geisteskrankheit der Vernunft gänzlich beraubten Personen, sowie die Personen, welche an einer solchen Geistesschwäche leiden, daß sie die Folgen ihrer Handlungen nicht einzusehen vermögen, wenn sie nicht lichte Zwischenräume haben, unfähig zur Errichtung eines Testamentes. Dergleichen Personen stehen regelmäßig unter einem Kurator. Die Bestellung eines solchen hat aber auf ihre Fähigkeit zur Testamentserrichtung keinen Einfluß. In lichten Zwischenräumen können sie, auch wenn ihnen ein Kurator bestellt ist, ein Testament errichten.[9]

Nach dem sächsischen Gesetzbuche sind die infolge von Geistesgebrechen entmündigten Personen handlungsunfähig, also auch unfähig zur Errichtung eines letzten Willens. Hat ein Geisteskranker, der nicht entmündigt ist, ein Testament errichtet, so muß, wer das Testament anficht, nachweisen, daß der Erblasser bei der Errichtung infolge von Geistesgebrechen der Vernunft beraubt gewesen ist.[10]

§ 6. IV. Taubstumme Personen.

Nach Justinianischem Rechte sind Taubstummgeborene zur Testamentserrichtung unfähig. Ob der Rechtssatz, der sie für unfähig erklärt, im gemeinen Rechte noch Geltung hat, ist streitig. Manche Schriftsteller nehmen an, daß er auf der Voraussetzung beruht, ein Taubstummgeborener sei nicht im stande, das Schreiben zu erlernen, könne also nicht in die Lage kommen, sich in gemeinverständlicher Weise

---

[8] C. c. Art. 901; Zachariä v. Lingenthal-Dreyer, französisches Civilrecht Bd. 4 § 648.

[9] Österreich. Gesetzb. § 567; Unger, System. des österreich. allgem. Privatrechts Bd. 6 § 9, Bd. 2 § 76 I 1 Anm. 8.

[10] Sächs. Gesetzb. § 81a. Das Gesetzbuch bestimmte zuerst, daß des Vernunftgebrauches beraubte Personen, wenn das Gericht, das ihnen einen Vormund bestellt hatte, sich auf Grund gerichtsärztlicher Untersuchung ihres Zustandes davon überzeugte, daß sie sich in dem Gebrauche ihrer Vernunft befänden, einen letzten Willen vor diesem Gerichte errichten könnten. Diese Bestimmung (§ 2069 des Gesetzb.) ist durch das Gesetz über die Entmündigung und Bevormundung Geisteskranker vom 20. Februar 1882 (Gesetzbl. S. 59) zu III aufgehoben.

auszudrücken. Sie halten daher dafür, daß der Satz bei dem heutigen Stande des Taubstummenunterrichtes keinen Anspruch auf rechtliche Anerkennung habe, sondern veraltet sei.[1] Von den auf deutschem Boden in Geltung stehenden Gesetzbüchern erkennen das württembergische Landrecht,[2] das bayerische Gesetzbuch Maximilians,[3] das preußische allgemeine Landrecht[4] und das sächsische Gesetzbuch[5] die Fähigkeit der Taubstummen, die ihren Willen verständlich auszudrücken vermögen, zur Errichtung eines Testamentes ausdrücklich an. Das französische Gesetzbuch enthält über die Fähigkeit der Taubstummen zur Testamentserrichtung keine Bestimmung. Die Schriftsteller und die Rechtsprechung nehmen aber an, daß Taubstumme, die ihren Willen auszudrücken gelernt haben, nicht unfähig sind, ein Testament zu errichten.[6] Auch nach österreichischem Rechte gelten Taubstumme, die ihren Willen verständlich erklären können, als fähig, ein Testament zu errichten.[7] Einige deutsche Partikularrechte, deren Geltungsbereiche aber nur einen geringen Umfang haben, erklären Taubstumme für unfähig zur Testamentserrichtung auf Grund der Annahme, daß sie ihren Willen nicht verständlich äußern können.[8] Das bürgerliche Gesetzbuch für das Deutsche Reich enthält keine auf die Fähigkeit der Taubstummen zur Testamentserrichtung bezügliche Bestimmung. Wie die Motive zum ersten Entwurfe ergeben, hat man keine Veranlassung gefunden, für die Fälle, in denen ein Erblasser weder sprechen noch hören kann, eine, besondere Fürsorge zu treffen.[9]

§ 7. V. Sittliche Mängel als Gründe der Unfähigkeit.

1. Nach dem bürgerlichen Gesetzbuche.

Für unfähig zur Testamentserrichtung wegen sittlicher Mängel erklärt das bürgerliche Gesetzbuch Personen, die entmündigt worden sind,

[1] L. 10 C. qui testam. fac. poss. (6, 22), § 3 J. quib. non perm. fac. test. (2, 12). Über die Streitfrage s. Windscheid, der das Gesetz nicht mehr für anwendbar hält (Pand. Bd. 3 § 539 Anm. 7), und von Vangerow, der es noch für anwendbar erklärt (Pand. Bd. 2 § 428 I).

[2] Württemb. Landrecht III 2 § 4.

[3] Cod. Maximil. Bav. civ. III 3 § 3 Ziff. 2.

[4] A.L.R. I 12 § 26.

[5] Sächs. Gesetzb. § 2070.

[6] Zachariä v. Lingenthal-Dreyer, französisches Civilrecht Bd. 4 § 648 A. 2.

[7] Unger, österreichisches Privatrecht Bd. 2 § 76 Anm. 41.

[8] Roth, bayer. Civilrecht, 2. Aufl., bearbeitet von Becher, Bd. 3 § 329 Anm. 31.

[9] Motive zu dem Entwurfe eines bürgerlichen Gesetzbuches Bd. 5 S. 278. Die Motive bemerken, in dem Falle, daß mehrere Gebrechen oder Mängel zusammenkommen, sei es nicht Aufgabe des Gesetzes, die aus den einschlagenden verschiedenen Vorschriften sich ergebenden Folgerungen, bei denen es zu bewenden habe, zu ziehen.

weil sie durch Verschwendung sich oder ihre Familie der Gefahr des Notstandes aussetzen. Ebenso Personen, die entmündigt worden sind, weil sie infolge von Trunksucht ihre Angelegenheiten nicht zu besorgen vermögen oder sich oder ihre Familie der Gefahr des Notstandes aussetzen oder die Sicherheit Anderer gefährden.[1]

Der Fall der Trunksucht war im ersten Entwurfe als Fall der Entmündigung überhaupt noch nicht vorgesehen. Erst in der Kommission für die zweite Lesung des Entwurfes wurden darauf bezügliche Anträge gestellt und angenommen.[2] Unfähigkeit zur Testamentserrichtung war aber weder im Falle der Verschwendung, noch in dem der Trunksucht mit der Entmündigung verbunden worden. Man hatte zwar in den Vorberatungen für den ersten Entwurf die Frage erörtert, ob ein entmündigter Verschwender für unfähig erklärt werden solle, ein Testament zu machen. Die Frage war aber verneint worden, weil nur ein Bedürfnis anzuerkennen sei, den Verschwender für den Verkehr unter Lebenden unschädlich zu machen, während ihm für Verfügungen von Todeswegen freie Hand gelassen werden könne.[3] In der Kommission für die zweite Lesung des Entwurfes wurden Anträge gestellt, sowohl den entmündigten Verschwender als auch den entmündigten Trunkenbold für unfähig zur Testamentserrichtung zu erklären. Die Anträge erlangten aber die Mehrheit der Stimmen nicht.[4] Erst der Entwurf von

[1] B.G.B. § 2229 Abs. 3, § 6 Ziff. 2 u. 3.

[2] Entwurf zweiter Lesung § 14 Ziff. 3; Protokolle der Kommission für die zweite Lesung, 11. Sitzung S. 118.

[3] Motive Bd. 5 S. 250. Die Motive sprechen sich dahin aus, daß der Zweck der Entmündigung wegen Verschwendung darin bestehe, zu verhüten, daß der Verschwender sich oder seine Familie dem Notstande preisgebe. Dieser Zweck rechtfertige aber nur eine Beschränkung des Verschwenders in Ansehung des Verkehres unter Lebenden. Gegenüber einer letztwilligen Verfügung des Verschwenders komme lediglich die Rücksicht auf die Familie und die Verwandten des Verschwenders in Frage. Und dieser Rücksicht entspreche das Pflichtteilsrecht.

[4] Zu Gunsten des Antrages wurde ausgeführt: Die normale Erbfolge sei die gesetzliche Erbfolge. Der Staat erachte sich für verpflichtet dafür Sorge zu tragen, daß eine vernünftige und gerechte Verteilung des Nachlasses einer jeden Person stattfinde. Deshalb sei eine Erbfolge vorgeschrieben, die den gewöhnlichen Verhältnissen entspreche. Da aber die Sachlage im einzelnen Falle eine andere Verteilung des Nachlasses wünschenswert machen könne, so werde vom Gesetze die Ermächtigung erteilt, durch letztwillige Verfügung eine andere Ordnung der Verhältnisse zu bestimmen. Aus dem Zwecke der Einrichtung ergebe sich, daß die Person des Erblassers, dem die Fähigkeit zur Testamentserrichtung beigelegt werde, eine gewisse Gewähr dafür bieten müsse, daß eine gerechte Verteilung des Nachlasses stattfinde. Diese Gewähr sei bei den wegen Verschwendung und Trunksucht entmündigten Personen nicht vorhanden. Ihnen könne der Staat das Vertrauen nicht schenken, das eine notwendige Voraus-

1896 nahm den Satz auf, daß Entmündigung wegen jedes der beiden in Frage stehenden sittlichen Mängel zur Testamentserrichtung unfähig mache.[5] In der diesem Entwurfe beigegebenen Denkschrift wurde in Übereinstimmung mit der in der Kommission für die zweite Lesung des Entwurfes von der Minderheit für ihre Ansicht aufgestellten Begründung ausgeführt, eine wegen Verschwendung entmündigte Person biete nicht die nötige Gewähr dafür, daß sie von dem Rechte, ein Testament zu errichten, den angemessenen, dem Interesse der Familie entsprechenden Gebrauch machen werde. Das gleiche Bedenken bestehe bei Entmündigung wegen Trunksucht. Auch sei in beiden Fällen mit der Gefahr zu rechnen, daß beiderlei Entmündigte die Zeit von der Stellung des Antrages auf Entmündigung bis zur Entmündigung dazu benutzen würden, aus unlauteren Beweggründen, etwa aus Rachsucht, ihr Vermögen durch letztwillige Verfügungen der Familie zu entziehen.[6]

In den Fällen, in welchen die Entmündigung wegen Verschwendung oder wegen Trunksucht der Grund der Unfähigkeit zur Testamentserrichtung ist, tritt ebenso wie in dem Falle der Entmündigung wegen Geistesschwäche die Unfähigkeit zur Testamentserrichtung schon mit der Stellung des Antrages ein, auf Grund dessen die Entmündigung erfolgt.[7] Ebenso gilt in den Fällen der Entmündigung wegen Verschwendung und wegen Trunksucht die Bestimmung, welche für den Fall einer vor dem Unanfechtbarwerden der Entmündigung erfolgten Testamentserrichtung, sowie die andere Bestimmung, welche für den Fall einer nach Stellung des Antrages auf Wiederaufhebung der Entmündigung, aber vor der geschehenen Wiederaufhebung erfolgten Testamentserrichtung gegeben ist.[8]

---

setzung dafür sei, ihnen die Fähigkeit zur Testamentserrichtung beizulegen. Die Mehrheit der Kommission stand aber auf einem anderen Standpunkte. Sie erkannte die Erhaltung des Familieneigentumes als Zweck der Erbfolge nicht an. Nach dieser Richtung beschränke sich der Staat auf die Festsetzung des Pflichtteilsrechtes. Die Gründe für die Entmündigung eines Trunksüchtigen und eines Verschwenders könnten immer nur dazu führen, diese Personen in der Vornahme von Rechtsgeschäften unter Lebenden zu beschränken. Dem Verschwender werde regelmäßig nichts daran liegen, sein Vermögen über den Tod hinaus zu verschleudern. Auch bei der Trunksucht sei ein Mißbrauch der Fähigkeit zur Testamentserrichtung nicht zu befürchten. Einer solchen Person liege die Schädigung der Familie über den Tod hinaus regelmäßig ganz fern (Protokolle, 359. Sitzung S. 7162 flg.).

[5] Entwurf von 1896 § 6 Ziff. 2 u. 3.

[6] Denkschrift zum Entwurfe eines bürgerlichen Gesetzbuches S. 293.

[7] B.G.B. § 2229 Abs. 3. S. oben § 4 Anm. 9.

[8] B.G.B. § 2230. S. oben § 4 Anm. 10 bis 15, 18 bis 20.

§ 8. 2. Nach anderen Rechten.

Das römische Recht erklärt entmündigte Verschwender für unfähig zur Errichtung eines Testamentes. Sie werden den Wahnsinnigen darin gleichgestellt, daß ihnen die Fähigkeit zu einem vernünftigen Willen, der im Rechte anzuerkennen ist, abgesprochen wird.[1] Daneben wird als Grund ihrer Unfähigkeit zur Testamentserrichtung angegeben, daß ihnen die Verkehrsfähigkeit fehlt.[2]

Das württembergische Gesetzbuch von 1610[3] und das bayerische von 1756[4] haben den Standpunkt des römischen Rechtes festgehalten.

Das preußische Gesetzbuch spricht dem, der für einen Verschwender erklärt ist, die Fähigkeit zur Errichtung eines Testamentes nicht vollständig ab. Es schränkt aber seine Macht, über sein Vermögen von Todeswegen zu verfügen, soweit ein, daß er zum Nachteile seiner gesetzlichen Erben nur über die Hälfte seines Nachlasses verfügen und keinem seiner gesetzlichen Erben mehr als die Hälfte des gesetzlichen Erbteiles entziehen kann. Eine mit Überschreitung dieser Grenzen getroffene letztwillige Verfügung ist nur innerhalb der Grenzen gültig. Im übrigen tritt die gesetzliche Erbfolge ein.[5] Die Macht des Verschwenders, über sein Vermögen von Todeswegen zu verfügen, ist von dem Zeitpunkte an, wie angegeben, beschränkt, in welchem die Verwandten des Verschwenders diesem ihre Absicht, ihn für einen Verschwender erklären zu lassen, damit er unter Vormundschaft gestellt werde, durch einen Notar kund thun und darüber eine notarielle Urkunde aufnehmen lassen. Erfolgt eine solche Verwarnung nicht, so beginnen die angegebenen Beschränkungen des Verschwenders in der Macht, über sein Vermögen letztwillig zu verfügen, mit dem Zeitpunkte der Stellung des Antrages auf Erklärung der betreffenden Person für einen Verschwender. Die gerichtliche Entscheidung, durch welche diese Erklärung erfolgt, muß aber der Verwarnung oder dem Antrage nachfolgen, wenn die eine oder der andere die in Frage stehenden Beschränkungen der Verfügungsmacht bewirken soll.[6] Hat der entmündigte Verschwender eine letztwillige Verfügung mit Überschreitung der angegebenen Grenzen errichtet, wird aber die Entmündigung vor seinem Tode wieder aufgehoben, so erlangt die

---

[1] L. 40 D. de R. J. (50, 17): Furiosi vel eius, cui bonis interdictum est, nulla voluntas est.

[2] Ulpiani fragm. 20, 13: Prodigus, cui lege bonis interdictum est, testamentum facere non potest, quoniam commercium illi interdictum est —. Vgl. Glück, Pandektenkommentar Bd. 33 S. 377 flg.

[3] Württembergisches Landrecht III 2 § 5.

[4] Cod. Maxim. Bav. civ. III 3 § 3 Ziff. 3.

[5] A.L.R. I 12 §§ 27 bis 29. [6] A.L.R. I 12 §§ 33, 32.

letztwillige Verfügung ohne jene Beschränkungen Gültigkeit. Ebenso wird sie gültig, wenn der Verschwender zwar während der Dauer seiner Entmündigung stirbt, aber weder einen Ehegatten noch einen Verwandten bis zum sechsten Grade einschließlich dieses Grades hinterläßt.[7] An der Zurücknahme eines Testamentes, das der Verschwender errichtet hat, bevor er für einen solchen erklärt worden ist, hindert ihn die Entmündigung nicht.[8]

Nach französischem Rechte ist ein Verschwender nicht unfähig, ein Testament zu errichten. Auch eine Interdiktion findet nach französischem Rechte gegen einen Verschwender nicht statt. Das Gesetzbuch bestimmt nur, daß einem Verschwender auf Antrag derselben Personen, die auf Entmündigung eines Menschen anzutragen berufen sind, in den Formen, die für das Entmündigungsverfahren vorgeschrieben sind, für gewisse Rechtshandlungen ein Beistand (conseil iudiciaire) vom Gerichte ernannt werden kann, und daß der Verschwender, wenn ihm ein solcher Beistand bestellt ist, diese Rechtshandlungen nicht ohne Mitwirkung des Beistandes gültig vornehmen kann. Zu diesen Rechtshandlungen gehört die Errichtung eines Testamentes nicht.[9]

Dagegen enthält das badische Landrecht eine Bestimmung dahin, daß gegen einen Verschwender, der schon mit einem Beistande versehen und dadurch in einem gewissen Grade mundtot gemacht ist, wenn er das Verbot, ohne Beistand zu handeln, übertritt, die völlige Mundtotmachung verhängt werden kann, was die Unfähigkeit, letzte Willensordnungen zu machen, zur Folge hat.[10]

Das österreichische Gesetzbuch hat die preußischrechtliche Bestimmung aufgenommen, nach der Personen, die gerichtlich für Verschwender erklärt sind, nur über die Hälfte ihres Vermögens und nur in der Art verfügen können, daß den Personen, die ihre gesetzlichen Erben sein würden, nicht mehr als die Hälfte des gesetzlichen Erbteiles entzogen wird.[11]

Das sächsische Gesetzbuch erklärt Verschwender, welche gerichtlich dafür erklärt sind, für unfähig, einen letzten Willen zu errichten, solange sie unter Vormundschaft stehen. Die hiernach erforderliche Fähigkeit zur Errichtung eines letzten Willens muß zur Zeit der Errichtung selbst vorhanden sein.[12] Die spätere Aufhebung der Vormundschaft macht also eine während der Dauer der Vormundschaft errichtete letztwillige Verfügung nicht gültig.

---

[7] A.L.R. I 12 §§ 30, 31. [8] A.L.R. Anh. § 42 (zu I 12 § 565).

[9] C. c. Artt. 513, 514; Zachariä v. Lingenthal-Dreyer, französisches Civilrecht Bd. 1 §§ 139, 140. [10] Landrecht Satz 502, 513a.

[11] Österreich. Gesetzb. § 568; Unger, österr. Erbrecht § 9 Ziff. 3.

[12] Sächs. Gesetzb. §§ 2072, 2073.

§ 9. VI. Übergangsbestimmungen.

Von den Übergangsbestimmungen zum bürgerlichen Gesetzbuche sind diejenigen, die sich auf das zur Errichtung eines Testamentes erforderliche Lebensalter beziehen,[1] sowie die, welche die zum Schutze gegen eine übereilte Entmündigung bestimmten Vorschriften des § 2230 B.G.B. betreffen,[2] schon besprochen worden. Es ist auch bereits der Sätze gedacht worden, nach denen derjenige, der zur Zeit des Inkrafttretens des bürgerlichen Gesetzbuches wegen Geisteskrankheit entmündigt ist, von dieser Zeit an einer Person gleichsteht, die nach den Vorschriften des bürgerlichen Gesetzbuches wegen Geisteskrankheit entmündigt ist, und ebenso eine Person, die zur Zeit des Inkrafttretens des bürgerlichen Gesetzbuches wegen Verschwendung entmündigt ist, dem gleichsteht, der nach dem bürgerlichen Gesetzbuche wegen Verschwendung entmündigt ist.[3] Zu dieser letzteren Bestimmung ist noch ergänzend zu bemerken, daß auch derjenige, der nach den französischen oder badischen Gesetzen, die keine eigentliche Entmündigung wegen Verschwendung, sondern nur die Bestellung eines Beistandes für einen Verschwender kennen, derjenige, für den nach diesen Gesetzen wegen Verschwendung die Bestellung eines Beistandes angeordnet ist, dem gleichsteht, der nach dem bürgerlichen Gesetzbuche wegen Verschwendung entmündigt ist.[4] Im übrigen ist die Fähigkeit zur Errichtung einer letztwilligen Verfügung nach den Gesetzen zu beurteilen, unter deren Herrschaft die Errichtung geschieht. Auf die bis zum Inkrafttreten des bürgerlichen Gesetzbuches errichteten letztwilligen Verfügungen kommen also die Sätze des bis dahin in Geltung stehenden Rechtes zur Anwendung. Und das bürgerliche Gesetzbuch bestimmt die Fähigkeit zur Errichtung einer letztwilligen Verfügung erst für die Verfügungen von Todeswegen, die nach seinem Inkrafttreten errichtet werden.[5]

In Ansehung der Personen, für die nach den Bestimmungen des französischen Rechtes wegen Geistesschwäche ein Beistand bestellt ist,[6] muß angenommen werden, daß sie die Fähigkeit zur Errichtung eines Testamentes durch das Inkrafttreten des bürgerlichen Gesetzbuches nicht verlieren. Das französische Gesetzbuch erklärt den, dem wegen Geistes-

---

[1] Einführungsgesetz zum bürgerl. Gesetzb. Art. 215 Abs. 1. S. oben § 3 Anm. 10.

[2] Einführungsges. Art. 215 Abs. 2. S. oben § 4 zu Anm. 16 flg., 21.

[3] Einführungsges. Artt. 155, 156 Abs. 1. S. oben § 4 zu Anm. 17.

[4] Einführungsges. Art. 156 Abs. 2.

[5] Einführungsges. Art. 214 Abs. 1.

[6] C. c. Art. 499; Zachariä v. Lingenthal-Dreyer, französ. Civilrecht Bd. 1 §§ 139, 140.

schwäche ein Beistand bestellt ist, zwar für unfähig, gewisse Rechtsgeschäfte ohne Zuziehung des Beistandes vorzunehmen. Die Errichtung einer letztwilligen Verfügung gehört aber zu diesen Rechtsgeschäften nicht. Die Fähigkeit zu ihrer Vornahme ist dem Geistesschwachen, dem ein Beistand bestellt ist, auch anderweit nicht entzogen. Und die Bestimmung des bürgerlichen Gesetzbuches, nach der ein Geistesschwacher zur Errichtung einer letztwilligen Verfügung unfähig ist,[7] findet auf den keine Anwendung, der nach dem französischen Gesetzbuche wegen Geistesschwäche einen Beistand erhalten hat, aber dadurch nach französischem Rechte zur Errichtung eines Testamentes nicht unfähig geworden ist. Das Einführungsgesetz zum bürgerlichen Gesetzbuche behandelt einen unter der Herrschaft des französischen Gesetzbuches mit einem Beistande versehenen Geistesschwachen anders als eine zur Zeit des Inkrafttretens des bürgerlichen Gesetzbuches wegen Geisteskrankheit oder Verschwendung unter der Herrschaft der bis zum 1. Januar 1900 in Geltung stehenden Gesetze entmündigte Person oder als eine Person, für die nach französischem oder badischem Rechte wegen Verschwendung die Bestellung eines Beistandes angeordnet ist.[8] Alle diese Personen werden mit dem 1. Januar 1900, soweit sie es nicht schon bis dahin sind, zur Errichtung eines Testamentes unfähig. Der Geistesschwache des französischen Rechtes behält seine Fähigkeit zur Testamentserrichtung, wie er sie bis dahin hatte.[9]

§ 10. Schranken der Testierfreiheit.

Ein Erblasser kann regelmäßig nicht sein ganzes Vermögen nach seinem Gutdünken zum Gegenstande seiner letztwilligen Verfügung machen. Dem steht in erster Reihe der Familienverband entgegen. Auf römischrechtlichem Boden ist neben dem Noterbrechte bestimmter Personen, die durch Familienbande dem Erblasser nahe stehen, das Pflichtteilsrecht als Beschränkung seines freien Verfügungsrechtes in Übung. Dies Pflichtteilsrecht hat sich als ein in gewöhnlichen Verhältnissen nicht entziehbares Erbrecht auf einen Bruchteil des Erbteiles, den der Berechtigte, wenn der Erblasser ohne Errichtung eines Testamentes gestorben wäre, als seinen gesetzlichen Erbteil zu erhalten gehabt haben würde, entwickelt.[1] Anders ist

---

[7] B.G.B. § 2229 Abs. 3.

[8] Einführungsges. Artt. 155, 156.

[9] Einführungsges. Art. 210, B.G.B. § 1910 Abs. 2.

[1] Francke, Recht der Noterben und Pflichtteilsberechtigten §§ 15 flg.; Brinz, Pandekten 2. Aufl. Bd. 3 § 405; v. Vangerow, Pandekten Bd. 2 §§ 474 flg.; Dernburg, Pandekten Bd. 3 §§ 146 flg.

die Entwickelung vor sich gegangen, wo sich das Erbrecht von römischrechtlichen Einflüssen freier hat erhalten können, nämlich auf dem Boden des französischen Rechtes. Hier hat sich in den gewohnheitsrechtlichen Normen, aus denen der wesentliche Inhalt des Code civil zusammengesetzt ist, der Einfluß altgermanischer Volksrechte lebendig erhalten. Diese gestatteten letztwillige Verfügungen nur mit wesentlichen Beschränkungen, die dem Erblasser zu gunsten seiner nächsten Verwandten auferlegt wurden.[2] Nach den Bestimmungen des Code civil hat ein Erblasser völlig freie Verfügung von Todeswegen über sein Vermögen nur, wenn er keine ehelichen Nachkommen hat, und wenn seine Vorfahren, sofern er ein eheliches Kind ist, vor ihm gestorben sind.[3] Die übrigen auf deutschrechtlichem Boden geltenden Rechte haben das römischrechtliche Pflichtteilsrecht weiter ausgebildet. Bemerkt darf hier werden, daß auf dem deutschen Juristentage im Jahre 1878 Verhandlungen über Aufhebung des Pflichtteilsrechtes gepflogen worden sind, der Juristentag aber auf den Gedanken einer Beseitigung des Pflichtteilsrechtes nicht eingegangen ist,[4] und daß man bei den Vorarbeiten für das bürgerliche Gesetzbuch die Frage der Aufhebung nicht für spruchreif erachtet hat.[5]

Das bürgerliche Gesetzbuch für das Deutsche Reich hat als pflichtteilsberechtigt die Abkömmlinge des Erblassers, die Eltern des Erblassers[6] und dessen Ehegatten hingestellt und den Pflichtteil auf die Hälfte des Wertes des gesetzlichen Erbteiles festgesetzt.[7] Der Pflichtteil

---

[2] Lex Wisigoth. IV 2, 20; IV 5, 1: Wer Kinder hat, kann nur über ein Drittel seines Vermögens frei verfügen.

[3] C. c. Artt. 913 flg.; Zachariä v. Lingenthal-Dreyer, französisches Civilrecht Bd. 4 §§ 677 flg.

[4] Verhandlungen des 14. deutschen Juristentages 1878, Gutachten von Bruns, S. 72 flg., Gutachten von Meyersburg, S. 50 flg.; Th. Braun in den preuß. Jahrb. Bd. 42 S. 278 flg.; Schultzenstein in Gruchot, Beitr. Bd. 23 S. 661 flg.

[5] Motive Bd. 5 S. 7, 382.

[6] Die dem ersten Entwurfe beigegebenen Motive rechtfertigen die Beibehaltung des Pflichtteilsrechtes der Eltern durch die Rücksicht auf das geltende Recht und auf die Anforderungen der Pietät und die Beseitigung des Pflichtteilsrechtes der Großeltern und weiteren Voreltern durch die Rücksicht auf die vom Entwurfe angenommene (vom Gesetzbuche beibehaltene) gesetzliche Erbfolge, nach der das Erbrecht der Geschwister dem der Großeltern und weiteren Voreltern vorgeht. Die Nichtanerkennung des Pflichtteilsrechtes der Geschwister aber wird mit dem Hinweise auf die schon bisher diesem Pflichtteilsrechte, wo es noch besteht, gezogenen Schranken und auf den Umstand, daß die meisten neueren Rechte es nicht aufgenommen haben, begründet (Motive Bd. 5 S. 383). Die dem Entwurfe von 1896 beigegebene Denkschrift enthält eine nicht wesentlich abweichende Begründung (S. 301).

[7] B.G.B. § 2303. Der erste Entwurf enthielt denselben Satz (§ 1975) in anderer Fassung.

kann als Erbteil oder als Vermächtnis hinterlassen werden. Ist ein Erbteil hinterlassen, der geringer ist, als die Hälfte des gesetzlichen Erbteiles, so kann der Pflichtteilsberechtigte von den Miterben den Wert des an der Hälfte fehlenden Teiles fordern. Ist dem als Erben berufenen Pflichtteilsberechtigten der Erbteil mit einer Beschränkung oder Beschwerung[8] zugewendet, so gilt diese Beschränkung oder Beschwerung als nicht angeordnet, wenn der hinterlassene Erbteil die Hälfte des gesetzlichen Erbteiles nicht übersteigt.[9] Ist der hinterlassene Erbteil größer, so kann der Pflichtteilsberechtigte, wenn er ausschlägt, was ihm hinterlassen ist, statt dessen den unbeschwerten Pflichtteil fordern.[10] Ist der Pflichtteil als Vermächtnis hinterlassen, so kann der Berechtigte, wenn er das Vermächtnis ausschlägt, den Pflichtteil fordern. Schlägt er das Vermächtnis nicht aus, so hat er bis zum Betrage des Wertes des Vermächtnisses kein Recht auf den Pflichtteil. Beschränkungen und Beschwerungen bleiben bei der Wertberechnung außer Betracht. Wird durch den Wertbetrag der Pflichtteil nicht erreicht, so hat der Pflichtteilsberechtigte Anspruch auf den durch das Vermächtnis nicht gedeckten Teil des Pflichtteiles.[11] Alles dies gilt in erster Reihe von den Kindern des Erblassers. Entferntere Abkömmlinge und die Eltern des Erblassers sind insoweit nicht pflichtteilsberechtigt, als ein Abkömmling, der sie im Falle der gesetzlichen Erbfolge ausschließen würde, den Pflichtteil verlangen kann oder annimmt, was ihm hinterlassen ist.[12]

Nach römischem Rechte wurde die Zuwendung eines bestimmten Bruchteiles des gesetzlichen Erbteiles nahen Verwandten gegenüber als Verwandtenpflicht angesehen. Diese Pflicht gestaltete sich durch die Recht-

---

[8] Eine Beschränkung in diesem Sinne ist die Einsetzung eines Nacherben, die Ernennung eines Testamentsvollstreckers, die Anordnung einer Teilung. Eine Beschwerung ist die Anordnung eines Vermächtnisses oder einer Auflage. Einer Beschränkung der Erbeinsetzung steht es gleich, wenn der Pflichtteilsberechtigte selbst als Nacherbe eingesetzt ist (B.G.B. § 2306).

[9] Das heißt: Der dem Pflichtteilsberechtigten als Vorerben ernannte Nacherbe hat kein Nacherbenrecht, der ernannte Testamentsvollstrecker kein Recht zur Testamentsvollstreckung; die Teilungsvorschrift braucht sich der Pflichtteilsberechtigte nicht gefallen zu lassen; von dem zum Nacherben eingesetzten Pflichtteilsberechtigten wird angenommen, daß der Erblasser ihn ohne aufschiebende Bedingung zum Erben eingesetzt habe (Denkschrift von 1896 S. 304).

[10] B.G.B. §§ 2305, 2306.

[11] B.G.B. § 2307. Das Außerbetrachtbleiben der Beschränkungen und Beschwerungen ist dahin zu verstehen, daß der Pflichtteilsberechtigte den Wert, den das Vermächtnis ohne die Beschränkungen und Beschwerungen haben würde, auf den Pflichtteil sich anrechnen lassen muß, daß er also neben dem Vermächtnisse noch den Mehrbetrag des Pflichtteiles über jenen Wert des Vermächtnisses fordern kann.

[12] B.G.B. § 2309.

sprechung des Centumviralgerichtes in der Art zur Rechtspflicht, daß bei ihrer Verletzung durch den Erblasser der Verletzte mit der Behauptung gehört wurde, der Erblasser sei bei Errichtung des Testamentes von Sinnen gewesen.[13] Der Pflichtteil betrug zuerst ein Viertel des gesetzlichen Erbteiles.[14] Justinian setzte ihn auf ein Drittel oder die Hälfte des gesetzlichen Erbteiles fest, je nachdem die gesetzliche Erbschaft in vier und weniger oder in fünf und mehr Teile gehen würde.[15] Pflichtteilsberechtigt sind Abkömmlinge des Erblassers, Eltern und andere Vorfahren desselben und Geschwister, aber nur vollbürtige und halbbürtige, die denselben Vater haben, Geschwister aber nur, wenn ihnen eine bescholtene Person vorgezogen ist.[16]

Nach dem preußischen Gesetzbuche sind Abkömmlinge, Eltern und weitere Vorfahren, sowie Eheleute pflichtteilsberechtigt. Sind Abkömmlinge vorhanden, so beträgt der Pflichtteil ein Drittel des gesetzlichen Erbteiles, wenn nicht mehr als zwei, die Hälfte, wenn drei oder vier, zwei Drittel, wenn mehr als vier Berechtigte vorhanden sind.[17] Kommen Eltern oder andere Vorfahren oder Eheleute in Frage, so beträgt der Pflichtteil in allen Fällen die Hälfte des gesetzlichen Erbteiles.[18]

Das französische Gesetzbuch schreibt vor, daß der Erblasser, wenn er Abkömmlinge oder Eltern oder weitere Vorfahren hinterläßt, nur über bestimmte Bruchteile seines Vermögens frei verfügen kann. Den Bruchteil, über den dem Erblasser solchenfalls die freie Verfügung zusteht, nennt es die portion disponible. Hat der Erblasser einen Abkömmling ersten Grades, so dürfen die von ihm zu gunsten anderer Personen getroffenen Verfügungen nicht mehr als die Hälfte seines gesamten Vermögens zum Gegenstande haben. Hat er zwei Abkömmlinge ersten Grades, so darf er über den dritten Vermögensteil frei verfügen. Hat er drei oder mehr Abkömmlinge ersten Grades, so steht ihm freie Verfügung über den vierten Teil seines Vermögens zu.[19] Hinterläßt er keine Abkömmlinge, aber Eltern oder Voreltern, so umfaßt seine Verfügungsmacht die Hälfte seines Vermögens, wenn er sowohl in der einen wie in der anderen Linie Eltern oder Voreltern hinterläßt, und drei

---

[13] Francke a. a. O.; Windscheid, Pandekten Bd. 3 §§ 578 flg.; Dernburg a. a. O.

[14] § 3 J. de inoff. test. (2, 18), l. 8 § 8. D. de inoff. test. (5, 2); l. 31 C. de inoff. test. (3, 28).

[15] Nov. 18 praef. c. 1, 2.

[16] L. 1, 5, 15 pr. l. 29 § 1 l. 30 pr. D. de inoff. test. (5, 2), l. 21 C. de inoff. test. (3, 28), § 1. J. de inoff. test. (2, 18).

[17] A.L.R. II 2 § 392.

[18] A.L.R. II 2 § 502, II 1 § 631.

[19] C. c. Artt. 913, 914.

Viertel des Vermögens, wenn ihn nur in der einen Linie Vorfahren überleben.[20] Seitenverwandte des Erblassers beschränken diesen in der Testierfreiheit nicht.[21] Auch durch Vorfahren des Erblassers wird dieser in seiner Testierfreiheit im gegebenen Falle insoweit nicht beschränkt, als die Voreltern durch die Seitenverwandten von der Erbfolge ausgeschlossen werden.[22] Der Vorbehalt, auf den darnach Abkömmlinge und Eltern sowie Voreltern des Erblassers Anspruch haben, wird wie ein Erbteil behandelt, der seine besondere Erbfolgeordnung hat. Er vererbt sich zuerst auf die erbfähigen Nachkommen nach Stämmen und, wenn der Erblasser Nachkommen nicht hinterläßt, auf Eltern und Voreltern, soweit diese zur Erbfolge kommen.[23]

Nach dem österreichischen Gesetzbuche sind Abkömmlinge, Eltern und weitere Vorfahren pflichtteilsberechtigt.[24] Abkömmlinge haben als Pflichtteil die Hälfte des gesetzlichen Erbteiles, Eltern oder andere Vorfahren ein Drittel ihres gesetzlichen Erbteiles zu beanspruchen.[25] Eheleute haben kein Pflichtteilsrecht. Hinterlassen kann der Erblasser den Pflichtteil durch Erbeinsetzung, durch Vermächtnis und durch Schenkung von Todeswegen.[26]

Das sächsische Gesetzbuch spricht den Abkömmlingen des Erblassers, seinen Eltern und Voreltern und seinem Ehegatten ein Pflichtteilsrecht zu, soweit diese Personen im einzelnen Falle zur gesetzlichen Erbfolge berufen sein würden.[27] Der Pflichtteil der Abkömmlinge beträgt, wenn fünf Stämme oder mehr vorhanden sind, die Hälfte, wenn der Erblasser vier oder weniger Stämme hinterlassen hat, ein Drittel des gesetzlichen Erbteiles.[28] Eltern und Voreltern haben ein Drittel des gesetzlichen Erbteiles als Pflichtteil zu fordern.[29] Der Pflichtteil der Ehegatten besteht, wenn sie mit Abkömmlingen zusammentreffen, in ihrem gesetzlichen Erbteile, beim Zusammentreffen mit Eltern, Voreltern, Geschwistern und deren Abkömmlingen in zwei Dritteln und beim Zusammentreffen mit entfernteren Verwandten in der Hälfte des gesetzlichen Erbteiles.[30]

---

[20] C. c. Art. 915.
[21] C. c. Art. 916.
[22] Zachariä v. Lingenthal-Dreyer, französisches Civilrecht Bd. 4 § 680 a. E.
[23] Zachariä v. Lingenthal-Dreyer a. a. O. §§ 682, 683.
[24] Österreich. Gesetzb. §§ 762, 763.
[25] Österreich. Gesetzb. §§ 765, 766.
[26] Österreich. Gesetzb. § 774.
[27] Sächs. Gesetzb. § 2565.
[28] Sächs. Gesetzb. § 2566.
[29] Sächs. Gesetzb. § 2569.
[30] Sächs. Gesetzb. §§ 2578 bis 2580.

Hinterlassen werden kann der Pflichtteil durch jede letztwillige Verfügung.[31]

Die Testierfreiheit hat außerdem noch Schranken in gewissen landesrechtlichen, zum Teil auf dem Familienverbande, zum Teil auf dem Lehensverbande beruhenden Normen, die durch das bürgerliche Gesetzbuch für das Deutsche Reich unberührt geblieben sind. Hierher gehören die landesrechtlichen Normen über Familienfideikommisse und Lehen mit Einschluß der allodifizierten Lehen, sowie über Stammgüter,[32] ebenso die Normen über das Anerbenrecht in Ansehung landwirtschaftlicher und forstwirtschaftlicher Grundstücke.[33] Auch hat das bürgerliche Gesetzbuch die landesgesetzlichen Vorschriften unberührt gelassen, nach welchen dem Fiskus oder einer anderen juristischen Person in Ansehung des Nachlasses einer verpflegten oder unterstützten Person ein Erbrecht, ein Pflichtteilsrecht oder ein Recht auf bestimmte Sachen (von Todeswegen) zusteht.[34]

Sodann kann die Testierfreiheit durch Erb- und Vermächtnisverträge in der Art beschränkt werden, daß der Vertragschließende die Befugnis zur Einsetzung eines Erben und zur Errichtung von Vermächtnissen über Gegenstände seines künftigen Nachlasses verliert. Dagegen erklärt das bürgerliche Gesetzbuch einen Vertrag, durch den sich jemand verpflichtet, eine Verfügung von Todeswegen zu errichten oder nicht zu errichten, aufzuheben oder nicht aufzuheben, für nichtig.[35] Dieser Rechtssatz war schon im ersten Entwurfe enthalten.[36] Dem von einer Seite mit Bezug auf den Satz bei der zweiten Lesung des Entwurfes geäußerten Bedenken, daß der Erbvertrag doch eine Verpflichtung, nicht letztwillig zu verfügen, begründe, wurde mit der Erwiderung begegnet, daß hier nur an obligatorische Verträge gedacht sei. Einen praktischen Grund für die Vorschrift erblickte man bei der Beratung der Kommission für die zweite Lesung namentlich darin, daß durch die Vorschrift die nicht seltene Zusicherung, in einer gewissen Weise nicht testieren zu wollen, für nichtig erklärt werde.[37]

Der sogenannten derogatorischen Klausel, unter welcher Bezeichnung der einer letztwilligen Verfügung vom Erblasser beigefügte Zusatz verstanden wird, daß jede spätere letztwillige Verfügung entweder überhaupt

---

[31] Sächs. Gesetzb. § 2583.

[32] Einführungsgesetz zum bürgerlichen Gesetzbuche Art. 59.

[33] Einführungsgesetz Art. 64.

[34] Einführungsgesetz Art. 139.

[35] B.G.B. § 2302.

[36] Entwurf eines bürgerl. Gesetzb. Erste Lesung § 1754.

[37] Protokolle der Kommission für die zweite Lesung des Entwurfes eines bürgerlichen Gesetzb. 332. Sitzung S. 6578 f.

oder für den Fall, daß sie nicht in einer bestimmten Form erklärt ist, ungültig sein solle,[38] thut das bürgerliche Gesetzbuch keine Erwähnung. Nach den dem ersten Entwurfe beigegebenen Motiven ist eine hierauf bezügliche Bestimmung nicht für erforderlich gehalten, es ist vielmehr als selbstverständlich angesehen worden, daß ein Erblasser sich selbst durch eine solche Vorschrift, die er sich gebe, nicht binden könne, und daß, wenn der Erblasser bei Errichtung einer neuen letztwilligen Verfügung der Form, die er sich in der älteren Verfügung vorgeschrieben, nicht entsprochen habe, es Frage der Willensfeststellung sei, ob die früher errichtete Verfügung nicht habe aufgehoben werden sollen und die spätere Verfügung daher nicht für endgültig getroffen erachtet werden müsse.[39]

§ 11. Testamentsformen.

I. Allgemeines.

Von den römischrechtlichen Testamentsformen war die des Privattestamentes vor sieben Zeugen in Deutschland zu keiner Zeit allgemein verbreitet. Die Schwierigkeit, alle die Vorschriften zu beobachten, die bei der Errichtung eines solchen Testamentes in Betracht kommen, und die Besorgnis, gegen die Nichtigkeitsgründe zu verstoßen, mit denen die Verletzung dieser Vorschriften bedroht ist, schreckten vor dem Gebrauche der fraglichen Testamentsform ab und gaben Veranlassung, partikularrechtlich Testamentsformen aufzustellen, deren Beobachtung geringere Schwierigkeiten machte.[1] Sehr verbreitet war die Form, daß das Testament vor der Obrigkeit, nämlich vor dem Gerichte oder dem Rate der Stadt oder einer anderen Obrigkeit, erklärt oder daß es in einer vorher aufgesetzten Schrift der Obrigkeit übergeben wurde. Über die Erklärung wurde von der Obrigkeit häufig eine Urkunde aufgenommen. Es konnte aber auch eine mündliche Erklärung des letzten Willens in der Art stattfinden, daß die obrigkeitlichen Personen als Zeugen der Erklärung zu dienen hatten. Die Erklärung konnte ferner vor einer Abordnung der Obrigkeit abgegeben, oder die Schrift, welche die Er-

---

[38] Zu vergl. Mühlenbruch in Glück, Pandektenkommentar Bd. 38 S. 170 flg.; Stobbe, Deutsches Privatrecht Bd. 5 § 302 Anm. 18; Unger, österr. Erbrecht § 24 zu Anm. 4, 5; Roth, bayerisches Recht Bd. 3 § 300 Anm. 64 flg., § 337 Anm. 37, 38, 69. Österreich. bürgerl. Gesetzb. § 716. Diese letztere Bestimmung läßt die frühere Willenserklärung gelten, wenn der Erblasser den in Frage kommenden Beisatz nicht aufgehoben hat.

[39] Motive Bd. 5 S. 8.

[1] S. die Begründungen, die bei Stobbe, deutsches Privatrecht Bd. 5 § 304 Eingang Anm. 1, 2 den dort angeführten Partikularrechten beigegeben sind.

klärung enthielt, der Abordnung übergeben werden.[2] In einigen Teilen von Deutschland fand die notarielle Form (Aufnahme vor einem Notar in Gegenwart von Zeugen oder Übergabe an den Notar in Gegenwart von Zeugen),[3] in manchen auch die kanonische Form (Aufnahme vor dem Pfarrer und zwei Zeugen)[4] Eingang. Einige neuere Gesetzgebungen[5] haben als Privattestament die in schriftlicher, vom Erblasser selbst geschriebener und unterschriebener Urkunde enthaltene Erklärung des letzten Willens ohne weitere Förmlichkeiten eingeführt. Die gemeinrechtliche Form blieb aber die des mündlichen oder schriftlichen Privattestamentes vor sieben Zeugen und die des öffentlichen Testamentes durch gerichtliche Erklärung, die den letzten Willen unmittelbar enthält oder sich auf eine dem Gerichte übergebene, den letzten Willen enthaltende Urkunde bezieht und in der für gerichtliche Erklärungen erforderlichen Form zu beglaubigen ist.

Bei den gesetzgeberischen Vorarbeiten für das bürgerliche Gesetzbuch hatte man sich dahin schlüssig gemacht, als ordentliche Testamentsform nur die gerichtliche oder notarielle Form gelten zu lassen.[6] Auf diesem Standpunkte ruht der erste Entwurf. Die Beratungen der Kommission für die zweite Lesung des Entwurfes führten zu demselben Ergebnisse.[7] In der Denkschrift zum Entwurfe von 1896 sind als die Gedanken, die für die Bestimmung der Testamentsform maßgebend gewesen sind, angegeben: 1. die Anforderung, die Echtheit und den Inhalt des letzten Willens sicher zu stellen, 2. die möglichste Ausschließung der Gefahr von Mängeln, welche die Gültigkeit des Testamentes fraglich machen, 3. die Sorge dafür, daß einer Beeinflussung des Willens des Erblassers durch andere Personen möglichst vorgebeugt wird. Dem ersten dieser Gedanken folgte man, indem man das mündliche Privattestament vor sieben Zeugen ablehnte, weil es keine Gewähr dafür biete, daß der Willensinhalt des Erblassers nach dessen Tode sich in zuverlässiger Weise feststellen lasse. Das schriftliche Privattestament vor sieben Zeugen wurde abgelehnt, weil es leicht zu Formfehlern Anlaß gebe und auch

---

[2] Pauli, Abhandlungen Bd. 3 S. 202 flg.; Roth, bayerisches Civilrecht Bd. 3 § 301 Anm. 14; Stobbe a. a. O. § 301 III, 1, 2, 3, § 304 I, 1, 3.

[3] Stobbe a. a. O. § 301 III, 4, § 304 I, 2; Roth a. a. O. § 302.

[4] Glück, Pandektenkommentar Bd. 34 S. 180 flg.; Pauli a. a. O. S. 170, 192, 193; Roth a. a. O. § 301 Anm. 15, 16; Stobbe a. a. O. § 301 III, 5, § 304, 5.

[5] C. c. Art. 970; das badische Gesetzbuch Satz 970; österreich. Gesetzb. § 578.

[6] Motive zu dem Entwurfe eines bürgerlichen Gesetzbuches Bd. 5 S. 257 bis 259.

[7] Protokolle, 359. Sitzung S. 7169.

keinen ausreichenden Schutz gegen Beeinflussungen biete. Und das sogenannte eigenhändige, d. h. das vom Erblasser geschriebene, unterschriebene und mit der Angabe des Ortes und des Tages der Ausstellung versehene Privattestament ohne weitere Förmlichkeiten wurde ebenfalls abgelehnt, und zwar auf Grund der Annahme, daß es die leichte Möglichkeit der Beeinflussung des Erblassers gebe.[8] Die vom Reichstage zur Beratung niedergesetzte Kommission entschied sich indes für die Aufnahme des sogenannten eigenhändigen Testamentes in das Gesetzbuch. Der Reichstag trat dem Beschlusse bei. Es wurden demzufolge als ordentliche Testamentsformen die gerichtliche Form, die notarielle Form und die Form der vom Erblasser geschriebenen und unterschriebenen Erklärung in das Gesetzbuch aufgenommen.[9]

§ 12. II. Das eigenhändige Testament.

Von den drei in das bürgerliche Gesetzbuch für das Deutsche Reich aufgenommenen ordentlichen Testamentsformen hat die Form des sogenannten eigenhändigen Testamentes die Aussicht, die verbreitetste Testamentsform im Deutschen Reiche zu werden. Denn sie steht jedem zu Gebote, der sich schriftlich ausdrücken kann. Und wer da zu befürchten hat, daß er den richtigen Ausdruck nicht werde finden können, oder wer sich den Besitz der erforderlichen oder für wünschenswert zu erachtenden Rechtskenntnisse nicht beimißt, der kann sich der Hilfe eines Anderen bedienen, der ihn mit der eigenen Gewandtheit im schriftlichen Ausdrucke und mit den eigenen Rechtskenntnissen durch Anfertigung einer Schrift unterstützt, die der Erblasser, nachdem er sie gelesen und ihren Inhalt gebilligt hat, nur abzuschreiben,

---

[8] Denkschrift zum Entwurfe eines bürgerlichen Gesetzbuches S. 294. — In der Kommission für die zweite Lesung wurden noch andere Bedenken gegen das sogenannte holographische Testament geltend gemacht. Zuerst wurde erwogen, es bestehe dabei die Gefahr, daß der wirkliche Wille des Erblassers nicht zur Geltung komme, oder daß etwas als letzter Wille behandelt werde, was dem wirklichen Willen nicht entspreche. Man werde oft nicht mit Sicherheit entscheiden können, ob ein Schriftstück wirklich eine letztwillige Verfügung darstelle, oder ob nur der Entwurf einer solchen vorliege. Mißverständnisse und Irrtümer seien jedenfalls nicht ausgeschlossen. Sodann müßten außer der Gefahr einer Beeinflussung des letzten Willens auch häufig Zweifel über die Echtheit der letztwilligen Verfügung entstehen. Eine Fälschung oder Unterdrückung des Testamentes sei jedenfalls in vielen Fällen leicht möglich. Man habe diese Bedenken als theoretische bezeichnet. Aber sie folgten aus dem Wesen der fraglichen Rechtseinrichtung. Und ein sicherer Beweis dafür, daß nicht Fälschungen unentdeckt geblieben oder wie viele Testamente unterdrückt worden und nicht zum Vorscheine gekommen seien, lasse sich überhaupt nicht erbringen (Kommission, 359. Sitzung S. 7169 flg.).

[9] B.G.B. § 2231.

mit der Angabe des Tages und des Ortes der Ausstellung zu versehen und zu unterschreiben braucht. Denn ein eigenhändiges Testament wird nach dem bürgerlichen Gesetzbuche durch eine unter Angabe des Ortes und Tages eigenhändig geschriebene und unterschriebene Erklärung errichtet.[1] Minderjährige Personen sind durch das Gesetz von der Errichtung eines solchen Testamentes ausgeschlossen.[2] Der Grund ist darin zu finden, daß ein Minderjähriger mehr als ein Volljähriger der Gefahr ausgesetzt zu sein pflegt, durch Andere beeinflußt zu werden, daß also, wenngleich der in der Denkschrift[3] angegebene, in der Gefahr der Beeinflussung des Willens bestehende Grund der Ablehnung der eigenhändigen Testamente nicht für stichhaltig genug angesehen worden ist, die gänzliche Ablehnung dieser Testamente zu rechtfertigen, das vom Gesetze gestellte Erfordernis reiferen Alters doch eine gewisse Gewähr gegen den Mißbrauch der Testamentsform zu tadelnswerter Beeinflussung geben soll. Eine weitere Beschränkung fügt das Gesetzbuch dahin bei, daß ein eigenhändiges Testament auch von dem nicht gültig errichtet werden kann, der Geschriebenes nicht zu lesen vermag.[4] Die Bestimmung trifft in erster Reihe den Fall, daß der Erblasser es möglich machen möchte, einen schriftlichen Aufsatz, den ihm ein Anderer als letzten Willen vorgezeichnet hat, mit eigener Hand nachzuzeichnen, ohne sich des Inhaltes der Schrift bewußt zu werden. Der Satz ist aber auch anwendbar, wenn der Erblasser an sich zwar schreibenskundig, aber zur Zeit der beabsichtigten Testamentserrichtung am Lesen in der Art verhindert ist, daß er sich der Hilfe eines Anderen bedienen muß, der ihm die Schreibgeräte zur Hand giebt und sich an seiner Stelle davon überzeugt, daß das Niederzuschreibende lesbar niedergeschrieben ist.

Nach dem französischen und dem badischen Gesetzbuche ist zur Gültigkeit eines eigenhändigen Testamentes erforderlich, daß der Erblasser es selbst schreibt, es eigenhändig mit der Angabe des Jahres, des Monates und des Tages der Ausstellung versieht und es unterzeichnet. Das badische Gesetzbuch verlangt auch die Angabe des Ortes der Ausstellung.[5] Enthält das Testament auch nur ein von fremder Hand geschriebenes Wort, so gilt es als nichtig, wenn nicht klargelegt wird, daß das Wort ohne Wissen und Willen des Erblassers hinzugesetzt ist. Ebenso gilt es als nichtig, wenn es die Zeit der Errichtung nach Tag, Monat und Jahr nicht angiebt oder unrichtig angiebt. Eine unrichtige Angabe wirkt

---

[1] B.G.B. § 2231 Ziff. 2.
[2] B.G.B. § 2238 Abs. 2, § 2247.
[3] S. oben § 11 zu Anm. 8.
[4] B.G.B. § 2238 Abs. 2, § 2247.
[5] C. c. Art. 970; badisches Landrecht Satz 970.

jedoch nicht als Nichtigkeitsgrund, wenn sie auf einem Irrtume des Erblassers beruht und der Inhalt der Testamentsurkunde selbst den Irrtum und die wahre Zeit der Ausstellung darthut. Die Angabe der Zeit der Ausstellung braucht nicht am Ende der Urkunde zu geschehen. Sie muß aber so gemacht sein, daß sie auf den ganzen Inhalt der Urkunde zu beziehen ist.[6]

Das österreichische Gesetzbuch erfordert zur Gültigkeit eines eigenhändigen Testamentes der Form nach nur, daß der Erblasser selbst es schreibt und unterschreibt. Beifügung des Ortes und der Zeit der Ausstellung ist nicht notwendig.[7]

§ 13. III. Das gerichtliche und das notarielle Testament.

In den römischen Rechtsbüchern wird das gerichtliche Testament neben dem Testamente vor dem Kaiser und neben dem vor der städtischen Kurie zum ersten Male in einer Verordnung des Kaisers Honorius[1] als eine Rechtseinrichtung erwähnt, die durch die fragliche Verordnung nicht eingeführt, deren Bestehen vielmehr vorausgesetzt ist. Ein solches Testament wurde vor Gericht durch mündliche Erklärung zu Protokoll ohne weitere Förmlichkeiten errichtet. Der Entstehungsgrund der Rechtseinrichtung ist in einem unter den Kaisern entstandenen Gewohnheitsrechte zu suchen.[2] Auf Grund jener Verordnung ist das gerichtliche Testament als eine dem gemeinen Rechte angehörige Rechtseinrichtung behandelt worden. Später sind dann die anderen Formen des gerichtlichen Testamentes entstanden, von denen die eine darin besteht, daß der Erblasser dem Gerichte eine vorher abgefaßte und verschlossene Urkunde als Testament übergiebt, und die andere darin, daß das Gericht oder eine Abordnung des Gerichtes auf die Bitte des Erblassers sich zu diesem begiebt und von ihm entweder die Erklärung seines letzten Willens zu Protokoll nimmt oder ein schriftlich abgefaßtes und verschlossenes Testament annimmt.[3]

Das gerichtliche Testament hat, abgesehen davon, daß es eine der gemeinrechtlichen Testamentsformen ist, in viele einzelstaatliche Gesetz-

---

[6] Zachariä v. Lingenthal-Dreyer, Handbuch des französischen Civilrechts Bd. 4 § 668, wo die bisherige Rechtsprechung der unter der Herrschaft des französischen Civilgesetzbuches stehenden Gerichte in Betreff des Art. 970 besprochen ist. S. auch Entsch. des Reichsger. in Civils. Bd. 7 S. 292 flg.

[7] Österreich. bürgerl. Gesetzb. § 578; Unger, österreich. Erbrecht § 10.

[1] L. 19 C. de testam. (6, 23).

[2] v. Savigny, Geschichte des röm. Rechts im Mittelalter (2. Ausg.) Bd. 1 § 27 S. 107 f.; Glück, Pandektenkommentar Bd. 34 S. 154 flg.

[3] Glück a. a. O. S. 188 flg.

gebungen Deutschlands Aufnahme gefunden. Es ist die ausschließliche ordentliche Testamentsform in dem landrechtlichen Preußen.[4] Auch ist es eine der nach dem österreichischen Gesetzbuche für Österreich in Geltung stehenden Testamentsformen.[5] In Bayern ist es nach vielen Partikularrechten in Geltung gewesen. Es ist aber durch das notarielle Testament verdrängt worden.[6] Im Königreiche Sachsen hat es nach dem sächsischen Gesetzbuche[7] und in Württemberg nach dem württembergischen Landrechte[8] ebenfalls Geltung. Desgleichen in Hamburg.[9]

Das notarielle Testament ist zuerst in Italien im Gebrauch gewesen und von da im Mittelalter in verschiedene Teile von Deutschland übernommen worden, aber erst allmählich zu größerer Ausbreitung gelangt. Es wird von einem Notar in Gegenwart einer Anzahl von Zeugen aufgenommen, die in den verschiedenen Statuten verschieden bestimmt ist.[10] Reichsgesetzliche Anerkennung fand das notarielle Testament in der Reichsnotariatsordnung vom Jahre 1512. Die Zahl der Testamentszeugen ist darin auf sechs bestimmt, so daß mit Hinzurechnung des Notars die für das gemeinrechtliche Privattestament erforderliche Anzahl von sieben Zeugen sich ergiebt. In neuerer Zeit ist es durch die Gesetzgebung mehr in Aufnahme gekommen, aber in der Art, daß die Zahl der erforderlichen Zeugen geringer ist als nach der Reichsnotariatsordnung. Das notarielle Testament ist das einzige öffentliche Testament in denjenigen Teilen des deutschen Reiches, in denen das französische Gesetzbuch gilt,[11] sowie im rechtsrheinischen Bayern.[12] Es ist ferner in den gemeinrechtlichen Landesteilen Preußens,[13] sowie in Österreich,[14] ferner in den Königreichen Württemberg[15] und Sachsen,[16] in beiden

[4] A.L.R. I 12 §§ 66 flg.

[5] Österreich. Gesetzb. §§ 589 flg.; Unger, österreich. Erbr. § 12.

[6] Roth, bayerisches Civilrecht § 302.

[7] Sächsisches Gesetzb. §§ 2092 flg.

[8] Württembergisches Landrecht III 3 § 2 flg.

[9] Ges. v. 21. Dezember 1868 § 4.

[10] Stobbe, deutsches Privatrecht Bd. 5 § 301 Anm. 19; Gengler, deutsches Privatrecht § 194, 2, b.

[11] C. c. Art. 971; Zachariä v. Lingenthal, französisches Civilrecht Bd. 4 § 670.

[12] Notariatsgesetz vom 10. November 1861; Roth, bayerisches Civilrecht Bd. 3 § 302.

[13] Motive zu dem Entwurfe eines bürgerlichen Gesetzbuches Bd. 5 S. 260.

[14] Notariatsgesetz v. 25. Juli 1871; Pfaff und Hofmann, Kommentar Bd. 2 S. 184 flg.

[15] Württembergisches Landrecht III 3 § 10 flg.

[16] Sächsisches Gesetzb. § 2108.

Großherzogtümern Mecklenburg, in Braunschweig, einem Teile von Thüringen, in Anhalt, Hamburg und Lübeck[17] eingeführt.

Das bürgerliche Gesetzbuch für das Deutsche Reich hat die Rechtseinrichtung des gerichtlichen und die des notariellen Testamentes miteinander verschmolzen. Es bestimmt nämlich, daß ein Testament in ordentlicher Form vor einem Richter oder vor einem Notar aufgenommen werden könne, und daß der Richter einen Gerichtsschreiber oder zwei Zeugen, der Notar einen zweiten Notar oder zwei Zeugen zuziehen müsse.[18] Es enthält sodann Vorschriften über die Fähigkeit des Richters, des Gerichtsschreibers, der beiden Notare und der Zeugen zur Mitwirkung bei der Testamentserrichtung. Die Erfordernisse in Ansehung des Richters und des ersten Notars kommen miteinander überein. Ebenso die Erfordernisse in Ansehung des Gerichtsschreibers, des zweiten Notars und der Zeugen. Weiter enthält es Bestimmungen darüber, wie bei der Testamentserrichtung selbst vorzugehen ist. Das für die Aufnahme eines gerichtlichen Instrumentes vorgeschriebene Verfahren ist mit dem für die Aufnahme eines notariellen Instrumentes angeordneten durchweg übereinstimmend. Im einzelnen ist folgendes vorgeschrieben:

Als Richter, Notar, Gerichtsschreiber oder Zeuge können bei der Errichtung des Testamentes nicht mitwirken: 1. der Ehegatte des Erblassers, auch wenn die Ehe nicht mehr besteht, 2. wer mit dem Erblasser in gerader Linie oder im zweiten Grade der Seitenlinie verwandt oder verschwägert ist, 3. wer in dem Testamente bedacht wird,[19] 4. der Ehegatte eines der Bedachten, auch wenn die Ehe nicht mehr besteht, 5. wer mit einem der Bedachten in gerader Linie oder im zweiten Grade der Seitenlinie verwandt oder verschwägert ist. Wirkt eine der Personen, deren Mitwirkung bei der Errichtung des Testamentes hiernach aus-

---

[17] Stobbe a. a. O. § 304 Anm. 11; Motive zu dem Entwurfe eines bürgerl. Gesetzb. a. a. O.

[18] B.G.B. § 2231 Ziff. 1, § 2233. Einige der gegenwärtig im deutschen Reiche in Geltung stehenden Gesetzgebungen erfordern für ein notarielles Testament die Zuziehung einer größeren Anzahl von Zeugen. In den Ländern des französischen Rechtes muß der Notar zur Testamentsaufnahme vier Zeugen oder einen zweiten Notar und zwei Zeugen zuziehen. Die braunschweigische Notariatsordnung vom 19. März 1850 (§ 18) stellt dasselbe Erfordernis auf. Das württembergische Landrecht verlangt, daß der Notar fünf Zeugen zuziehe.

[19] Der ernannte Testamentsvollstrecker ist nicht gehindert, an der Errichtung des Testamentes, in dem er ernannt ist, mitzuwirken. Der erste Entwurf (§ 1916 Abs. 2; Motive Bd. 5 S. 265 f.) stellte ebenso wie der Entwurf zweiter Lesung (§ 2101; Protokolle S. 7178 flg.) die Ernennung zum Testamentsvollstrecker einer Zuwendung an eine der an der Errichtung des Testamentes mitwirkenden Personen in der fraglichen Richtung gleich. Nach dem Entwurfe von 1896 (§ 2207) ist der ernannte Testamentsvollstrecker an der Mitwirkung nicht gehindert.

geschlossen ist, bei der Testamentserrichtung dennoch mit, so ist in den beiden ersten der fünf Fälle das ganze Testament nichtig. In den anderen drei Fällen hat die Mitwirkung einer der ausgeschlossenen Personen nur die Nichtigkeit der Zuwendung an den Bedachten zur Folge.[20]

Andere Personen sind von der Mitwirkung bei der Errichtung des Testamentes ausgeschlossen, wenn sie zu dem Richter oder dem beurkundenden Notar in einem Verhältnisse stehen, das die Gewähr der Unabhängigkeit und Unbefangenheit auf ihrer Seite ausschließt. Aus solchem Grunde erklärt das Gesetzbuch für unfähig zur Mitwirkung: 1. als Gerichtsschreiber, wer mit dem Richter in gerader Linie oder im zweiten Grade der Seitenlinie verwandt oder verschwägert ist, 2. als zweiter Notar, wer mit dem beurkundenden Notar wie angegeben verwandt oder verschwägert ist, 3. als Zeugen: die Ehegattin des Richters oder des beurkundenden Notars, auch wenn die Ehe nicht mehr besteht, und die in gerader Linie oder im zweiten Grade der Seitenlinie mit dem Richter oder dem beurkundenden Notar verwandten oder verschwägerten Personen. Auch in diesen Fällen ist die Nichtigkeit des Testamentes die Folge der Mitwirkung einer der bezeichneten Personen bei der Testamentserrichtung.[21]

Endlich sollen als Zeugen bei der Errichtung eines Testamentes nicht mitwirken: 1. Minderjährige, 2. die der bürgerlichen Ehrenrechte für verlustig erklärten Personen während der Zeit, für welche die Aberkennung der Ehrenrechte erfolgt ist, 3. wer nach den Vorschriften der Strafgesetze unfähig ist, als Zeuge vernommen zu werden,[22] 4. die als Gesinde oder Gehilfen im Dienste des Richters oder des beurkundenden

---

[20] B.G.B. §§ 2234, 2235. [21] B.G.B. §§ 2236, 2235.

[22] Die Kommission für die zweite Lesung des Entwurfes war sich wohl bewußt, wie mit der Annahme der Vorschrift, daß als Zeuge bei der Errichtung eines Testamentes nicht mitwirken *soll*, wer nach den Vorschriften der Strafgesetze unfähig ist, als Zeuge eidlich vernommen zu werden, die Vorschrift des § 34 Ziff. 5 Str.G.B. insofern durchbrochen wird, als in dieser Vorschrift der Verurteilte für *unfähig* erklärt wird, während der im Urteile bestimmten Zeit Zeuge bei der Aufnahme von Urkunden zu sein. Der Unfähigkeit des Zeugen würde es vielmehr entsprochen haben, an die Mitwirkung eines solchen Zeugen die *Nichtigkeit* des Testamentes zu knüpfen. Die Kommission hat aber erwogen, daß durch die als Folge eines Mangels in der Person eines Mitwirkenden eintretende Nichtigkeit ein häufig unheilbarer Schade entstehen könne, der nicht den Schuldigen treffen würde. Man hat ferner in Betracht gezogen, wie es im Zuge der neueren Gesetzgebung liege, die Instrumentszeugen nach Möglichkeit zu beseitigen, und wie es sich daher empfehle, zunächst für die Testamentszeugen eine bloße Ordnungvorschrift aufzunehmen und es späterer Erwägung zu überlassen, ob etwa die Bestimmung des Strafgesetzbuches für den ganzen Bereich des bürgerlichen Gesetzbuches abgeändert werden solle (Protokolle, 360. Sitzung S. 7183 f.).

Notars stehenden Personen. Das Verbot der Mitwirkung einer dieser Personen bei der Testamentserrichtung hat jedoch nur die Bedeutung einer Ordnungvorschrift.[23]

Die Errichtung des Testamentes hat in der Art zu geschehen, daß der Erblasser vor den Personen, die bei dem Hergange mitzuwirken haben, seinen letzten Willen dem Richter oder dem beurkundenden Notar mündlich erklärt oder dem Richter oder dem beurkundenden Notar eine Schrift mit der mündlichen Erklärung übergiebt, daß die Schrift seinen letzten Willen enthalte.[24] Die Schrift kann offen oder verschlossen übergeben werden.[25] Es ist nicht erforderlich, daß der Erblasser die Schrift

---

[23] B.G.B. § 2237. Frauen sind nach dem bürgerlichen Gesetzbuche zulässige Testamentszeugen. Vgl. Motive Bd. 5 S. 268.

[24] Nach dem ersten Entwurfe (§ 1919 Abs. 2 Ziff. 4) gehörte auch die Angabe des Namens des Erblassers zu den wesentlichen Erfordernissen des Protokolles. In der Kommission für die zweite Lesung des Entwurfes wurde erwogen, wie es im Leben aus verschiedenartigen Gründen nicht selten vorkomme, daß jemand einen anderen als den ihm zustehenden Familiennamen führe. Da nun der Gebrauch des unrichtigen aber gebräuchlichen Namens leicht auch bei einer Testamentserrichtung unterlaufen könne, hieraus aber bei anderweit vorhandener Sicherheit über die Persönlichkeit des Erblassers — oder des Zeugen — ein Grund der Nichtigkeit nicht abgeleitet werden dürfe, so beschloß die Kommission als Erfordernis in das Protokoll an Stelle des Namens die Bezeichnung des Erblassers und der bei der Verhandlung mitwirkenden Personen aufzunehmen (Protokolle, 360. Sitzung S. 7186 flg.).

[25] In der Kommission für die zweite Lesung des Entwurfes kam die Frage zur Sprache, ob die Bestimmug, nach der als Richter, Notar, Gerichtsschreiber oder Zeuge bei der Testamentserrichtung nicht mitwirken könne, wer in dem Testamente bedacht werde oder zu einem der Bedachten in einem der im § 2234 bezeichneten Verhältnisse steht, allgemeine Geltung habe oder sich nur auf die Errichtung eines Testamentes durch mündliche Erklärung oder durch Übergabe einer offenen Schrift beziehe. Die Mehrheit der Kommission entschied sich gegenüber Anträgen, die dahin gingen, die fraglichen Gründe der Ausschließung bei einer Testamentserrichtung durch Übergabe einer verschlossenen Urkunde nicht wirken zu lassen, für Beibehaltung der Sätze des ersten Entwurfes, die keinen Unterschied machten, je nachdem das Testament mündlich erklärt oder die Testamentsurkunde offen oder verschlossen übergeben würde. Man nahm an, im Punkte der Unbefangenheit sei auf die mögliche Gestaltung der Verhältnisse in späterer Zeit Rücksicht zu nehmen, diese Gestaltung werde es häufig mit sich bringen, daß jene Personen in Rechtsstreitigkeiten über die Gültigkeit des Testamentes als Zeugen und oft als die einzigen Zeugen angerufen würden. Personen, die an dem Ausgange des Rechtsstreites ein Vermögensinteresse hätten, seien niemals einwandsfrei. Und wenn auch die Stellung der Richter und Notare den aus einem Vermögensinteresse hergeleiteten Verdacht als unbegründet werde erscheinen lassen, so sei doch dem Ansehen der Rechtspflege besser gedient, wenn das Zeugnis der Gerichtsperson von jedem Schatten eines Verdachtes freigehalten und das erkennende Gericht nicht in die Lage gebracht werde, den Einfluß eines Vermögensvorteiles auf die Glaubwürdigkeit solcher Zeugen zu erörtern. Diese Gründe fielen aber auch bei dem schriftlich und verschlossen übergebenen Testamente ins Gewicht.

geschrieben oder unterschrieben hat. Über den Hergang muß ein Protokoll in deutscher Sprache aufgenommen werden. Das Protokoll muß den Ort und den Tag der Verhandlung, die Bezeichnung des Erblassers und der bei dem Hergange der Testamentserrichtung mitwirkenden Personen, sowie die Erklärung des letzten Willens und im Falle der Übergabe einer Schrift die Erklärung der Übergabe enthalten. Das Protokoll muß vorgelesen, von dem Erblasser genehmigt und von ihm unterschrieben, auch muß im Protokolle festgestellt werden, daß dies geschehen ist.[26] Das Protokoll ist dem Erblasser, wenn er es verlangt, zur Durchsicht vorzulegen. Erklärt der Erblasser, daß er nicht schreiben kann, so ist die Abgabe dieser Erklärung im Protokolle festzustellen. Diese Feststellung ersetzt die Unterschrift. Das Protokoll muß von den bei der Testamentserrichtung mitwirkenden Personen unterschrieben werden. Diese Personen müssen während der ganzen Verhandlung zugegen sein.[27] Mit

---

Bei einem solchen Testamente sei festzustellen, ob die Schrift offen oder verschlossen übergeben sei. Und auch bei einem verschlossen übergebenen Testamente bestehe die Möglichkeit, daß eine der mitwirkenden Personen, insbesondere der Notar, es geschrieben oder abgefaßt habe (Protokolle, 360. Sitzung S. 7179 f.).

[26] Schon der erste Entwurf enthielt die Bestimmung, das Protokoll müsse vorgelesen, sowie von dem Erblasser genehmigt und eigenhändig unterschrieben, auch müsse im Protokolle festgestellt werden, daß das Protokoll vorgelesen, genehmigt und unterschrieben worden sei (§ 1919). In der Kommission für die Lesung des zweiten Entwurfes waren die Meinungen darüber, ob und inwieweit diese Vorschriften als zwingende beizubehalten oder als Ordnungvorschriften aufzustellen seien, geteilt. Von der einen Seite wurde der Antrag gestellt, die Unterschrift des Protokolles durch den Erblasser als eine zwingende Vorschrift hinzustellen, Vorlesung und Genehmigung des Protokolles aber so wie die Feststellung der in Frage stehenden Thatsachen nur als Ordnungvorschriften gelten zu lassen. Eine andere Meinung ging dahin, zwar die Vorlesung zu einer zwingenden Vorschrift zu machen, aber die Unterschrift nur zu einer Ordnungvorschrift. Die Mehrheit der Kommission hielt aber die Bestimmungen des Entwurfes aufrecht und blieb, als die Fragen nochmals zur Beratung gestellt wurden, bei dieser Meinung stehen (Protokolle, 360. Sitzung S. 7184 flg.; 361. Sitzung S. 7198 flg.).

[27] B.G.B. § 2239. Die Bestimmung, welche die Anwesenheit der bei der Errichtung des Testamentes mitwirkenden Personen während der ganzen Verhandlung vorschreibt, ist nach dieser Fassung als eine zwingende hingestellt. In der Kommission für die zweite Lesung des Entwurfes waren die Meinungen, ob die Vorschrift als eine zwingende oder als eine bloße Ordnungvorschrift gegeben werden solle, geteilt. Die Mehrheit entschied sich dahin, die Bestimmung zu einer zwingenden zu machen. Man nahm an, daß, wenn auch bei der Testamentserrichtung die notwendigen Förmlichkeiten auf ein möglichst geringes Maß zu beschränken seien, doch alle Förmlichkeiten, die dazu erforderlich seien, den Zweck des Testamentes zu erreichen, als wesentlich angesehen werden müßten. Hierher gehören die Anwesenheit aller mitwirkenden Personen während der ganzen Dauer der Verhandlung. Die Aufstellung einer bloßen Ordnungvorschrift werde bei allem Vertrauen, das man im allgemeinen Richtern und Notaren entgegenbringen könne, sich nicht als ausreichend er-

ihrer Unterschrift ist die Errichtung des Testamentes beendigt.[28] Weitere Bestimmungen des Gesetzes, welche die Aufbewahrung des Testamentes betreffen, haben nur die Bedeutung von Ordnungvorschriften. Nach diesen Vorschriften soll das über die Testamentserrichtung aufgenommene Protokoll mit seinen Anlagen, also im Falle der Übergabe einer den letzten Willen enthaltenden Schrift mit dieser Schrift, von dem Richter oder dem Notar in Gegenwart der Personen, die bei der Errichtung mitgewirkt haben, und des Erblassers mit dem Amtssiegel verschlossen, mit einer von dem Richter oder dem Notar zu unterschreibenden Aufschrift versehen und in amtliche Verwahrung gebracht, dem Erblasser aber soll ein Hinterlegungsschein erteilt werden.[29]

§ 14. IV. Erschwerende Testamentsformen.

I. Das gemeine Recht hat besondere erschwerende Formen für das Privattestament eines Blinden. Es ordnet nämlich an, daß außer den sieben Zeugen noch ein Notar oder an Stelle des Notars ein achter Zeuge zugezogen wird. Dieser hat in Gegenwart der sieben Zeugen den vom Verfügenden erklärten letzten Willen aufzuschreiben und ihn mit den übrigen Zeugen zu unterschreiben und zu untersiegeln. Der Verfügende kann aber auch eine vorher niedergeschriebene Urkunde als seinen letzten Willen übergeben. Diese Urkunde muß ihm in Gegenwart der Zeugen einschließlich des achten Zeugen oder Notars vorgelesen werden. Er selbst muß den Inhalt der Urkunde in Gegenwart der acht Mitwirkenden für seinen letzten Willen erklären. Und die acht Mitwirkenden haben die Urkunde zu unterschreiben und zu untersiegeln.[1]

Eine besondere Formvorschrift besteht im gemeinen Rechte außerdem für das schriftliche Privattestament eines Schreibensunfähigen dahin, daß

---

weisen, den Ordnungwidrigkeiten vorzubeugen, die von der Nachgiebigkeit gegen den vielleicht kranken Erblasser und die anderweit in Anspruch genommenen Zeugen oder auch von der Ablenkung der Amtspersonen selbst durch andere Geschäfte zu befürchten seien. Unter Bezugnahme auf das auch nach anderen neueren Gesetzen bestehende Erfordernis ständiger Anwesenheit des Gerichtsschreibers und der Zeugen meinte die Kommission, es sei wohl nie verkannt worden, welche Gefahren den letztwilligen Verfügungen durch die drohende Nichtigkeit und durch den Anreiz zu Versuchen, eine solche darzuthun, bereitet würden. Man müsse aber der Rechtsprechung vertrauen, daß sie eine Verletzung des Gesetzes nicht in einer kurzen, durch notwendige Bedürfnisse veranlaßten Entfernung einer der mitwirkenden Personen, während welcher ein Fortgang der eigentlichen Verhandlung nicht stattgefunden habe, erblicken werde (Protokolle, 360. Sitzung S. 7177 f.).

[28] B.G.B. §§ 2238 bis 2242.

[29] B.G.B. § 2246.

[1] L. 8 C. qui fac. test. poss. (6, 22); Reichsnotariatsordnung v. J. 1512 II; Glück, Pandektenkommentar Bd. 34 S. 26 flg.; Windscheid, Pandekten Bd. 3 § 543, 1.

dabei ein achter Zeuge zuzuziehen ist, der das Testament an Stelle des Verfügenden zu unterschreiben hat.[2]

Von den auf deutschem Boden geltenden Gesetzbüchern giebt das württembergische einem Blinden die Fähigkeit zur Errichtung eines Testamentes ohne weitere besondere Förmlichkeiten als die, daß dabei außer den in gewöhnlichen Fällen erforderlichen Zeugen noch ein weiterer Zeuge zugezogen wird.[3] Das bayerische Landrecht gestattet einem Blinden die Errichtung eines mündlichen Privattestamentes. Es bestimmt, daß dabei außer den erforderlichen sieben Zeugen ein Notar oder ein achter Zeuge zuzuziehen ist, der das aufgenommene Testament oder, wenn ein schriftlicher Aufsatz schon vorher niedergeschrieben ist, diesen in Gegenwart des Erblassers und der übrigen Zeugen vorzulesen und selbst zu unterschreiben, auch von den übrigen Zeugen unterschreiben zu lassen hat.[4] Über die Testamente Schreibensunfähiger enthalten die beiden Gesetzbücher keine Bestimmung. Das preußische Gesetzbuch schreibt vor, daß Blinde und Personen, die nicht schreiben können, ein Testament mündlich zum gerichtlichen Protokolle errichten, aber auch dem Gerichte einen schriftlichen Aufsatz übergeben können, der dem Erblasser vorzulesen ist, und über den er sich zu erklären hat.[5] Das französische Gesetzbuch hat über die Testamente der Blinden und der Schreibensunfähigen besondere Erfordernisse nicht aufgestellt. Auch das österreichische nicht. Nach dem letzteren kann ein Erblasser, der sich der Möglichkeit, ein eigenhändiges Testament zu errichten, nicht bedienen will oder nicht bedienen kann, auch ein gerichtliches oder notarielles Testament zu errichten nicht willens oder nicht im stande ist, vor drei Zeugen ein schriftliches oder mündliches Testament machen. Dabei sind für den Fall, daß der Erblasser nicht schreiben und für den Fall, daß er nicht lesen kann, Bestimmungen getroffen, von denen die letzteren der Natur der Sache nach auch für den Fall Anwendung zu finden haben, daß ein Blinder sein Testament errichtet.[6] Nach dem sächsischen Gesetzbuche können Blinde nur gerichtlich einen letzten Willen errichten.[7] Diese Bestimmung muß auch auf Personen, die nicht lesen können, zur Anwendung kommen.

Nach dem bürgerlichen Gesetzbuche für das Deutsche Reich sind Blinde und Schreibensunfähige überhaupt unfähig, ein Privattestament

---

[2] L. 21 § 1 C. de testam. (6, 23); Reichsnotariatsordn. v. J. 1512 II §§ 1, 9; Glück a. a. O. S. 47 flg.; Windscheid a. a. O. 2.

[3] Württemb. Landrecht III 2 § 4.

[4] Cod. Maximil. Bav. civ. III 3 § 7.

[5] A.L.R. I 12 §§ 113 flg.

[6] Österreich. Gesetzb. §§ 579 bis 581, 584, 585; Unger, österreich. Erbrecht § 10.

[7] Sächs. Gesetzb. § 2071.

zu errichten. Sie können nur ein gerichtliches oder notarielles Testament machen und auch ein solches ausschließlich durch mündliche Erklärung.[8] Besondere Formvorschriften bestehen für das gerichtliche oder notarielle Testament eines Blinden oder Schreibensunfähigen nur dahin, daß die Unterschrift des Erblassers, wenn er erklärt, daß er nicht schreiben könne, durch die Feststellung dieser Erklärung im Protokolle ersetzt werden muß.[9]

II. Das bürgerliche Gesetzbuch für das Deutsche Reich enthält besondere Bestimmungen für das gerichtliche oder notarielle Testament eines Stummen. Das Justinianische Recht erklärt Stumme und Taube für fähig, ein Testament zu errichten, wenn sie schreiben können.[10] Auch das bürgerliche Gesetzbuch läßt einen Stummen nur unter der Voraussetzung, daß er schreiben kann, zur Errichtung eines Testamentes zu. Damit, daß das eigenhändige Testament zu einer der Testamentsformen des Gesetzbuches gemacht worden ist, hat ein Stummer, der sich schriftlich auszudrücken versteht, die Möglichkeit erhalten, ein solches Testament zu errichten.[11] Will er aber an die Errichtung eines gerichtlichen oder notariellen Testamentes gehen, so kann er dies nur, indem er dem Gerichte oder dem Notar eine Schrift übergiebt und die Erklärung, daß die Schrift seinen letzten Willen enthalte, bei der Verhandlung eigenhändig in das Protokoll oder auf ein besonderes Blatt schreibt, das dem Protokolle als Anlage beigefügt werden muß. Voraussetzung der Gültigkeit eines solchen Testamentes ist, daß der Richter oder der Notar

---

[8] B.G.B. § 2231 Ziff. 2, § 2238 Abs. 2. Blinde fallen unter die Bestimmung des § 2238 Abs. 2, weil sie Geschriebenes nicht zu lesen vermögen. Ob sie der Blindenschrift kundig sind, kommt nicht in Betracht. Schreibensunfähige fallen auch unter jene Vorschrift, gleichviel worauf die Unfähigkeit beruht.

[9] B.G.B. § 2242 Abs. 2.

[10] L. 10 § 5 C. qui fac. test. poss. (6, 22); § 3 J. quib. non est perm. test. fac. (2, 12). Der Satz liegt in der Natur der Sache, wenn man davon ausgeht, daß, wer sich nur durch die Zeichensprache verständlich machen kann, zur Errichtung eines Testamentes unfähig ist. Ein preußisches Reskript vom 10. Mai 1806, dem aber Gesetzeskraft beigelegt wird, hat ausgesprochen, daß eine des Sprechens unfähige und des Schreibens unkundige Person mit Hilfe der Zeichensprache ein Testament errichten kann, und daß ein solches Testament Gültigkeit hat, wenn es dem Erblasser vorgelesen und durch deutliche Zeichen von ihm bekräftigt worden ist. Die Möglichkeit der Errichtung eines gültigen Testamentes mit Hilfe der Zeichensprache wird im übrigen nicht anerkannt, die Schreibenskunde vielmehr als Erfordernis der Errichtung eines Testamentes durch einen Stummen angesehen. Von einem Tauben gilt der letztere Satz ebenfalls. S. über die Frage Dernburg, preuß. Privatrecht Bd. 3 § 104, 3 Anm. 15. A.L.R. I 12 §§ 26, 123; sächs. Gesetzb. §§ 2071, 2095, 2098.

[11] S. oben § 12. Dem Stummen steht der gleich, der überhaupt, auch nur vorübergehend, am Sprechen verhindert ist.

die Überzeugung davon gewonnen hat, daß der Erblasser am Sprechen verhindert ist. Diese Überzeugung des Richters oder des Notars muß im Protokolle festgestellt werden. Ebenso muß im Protokolle die Erklärung des Erblassers festgestellt werden, daß die Schrift seinen letzten Willen enthalte. Der Abgabe einer weiteren Erklärung der Genehmigung des Protokolles seitens des Erblassers bedarf es nicht.[7]

III. Besondere Bestimmungen enthält das Gesetzbuch auch für den Fall, daß der Erblasser erklärt, der deutschen Sprache nicht mächtig zu sein. In diesem Falle muß bei der Errichtung des Testamentes, wenn nicht alle dabei beteiligten Personen die Versicherung abgeben, der Sprache mächtig zu sein, in der sich der Erblasser erklärt, ein vereideter Dolmetscher zugezogen werden, dessen persönliche Fähigkeit, bei der Errichtung mitzuwirken, von denselben Voraussetzungen abhängig ist wie die von Testamentszeugen. Das über die Testamentserrichtung aufgenommene Protokoll muß in die Sprache, in der sich der Erblasser erklärt, übersetzt, die Übersetzung muß von dem Dolmetscher angefertigt oder von ihm beglaubigt und von ihm vorgelesen, sie muß auch dem Protokolle beigefügt werden. Das Protokoll über die Testamentserrichtung muß die Erklärung des Erblassers, daß er der deutschen Sprache nicht mächtig sei, den Namen des Dolmetschers und die Feststellung enthalten, daß der Dolmetscher die Übersetzung angefertigt oder

---

[12] B.G.B. § 2243 Die bei Übergabe einer Schrift nach § 2238 regelmäßig erforderliche mündliche Erklärung des Erblassers, daß die Schrift seinen letzten Willen enthalte, wird, wenn der Erblasser stumm oder sonst am Sprechen verhindert ist, durch eine vom Erblasser abzugebende schriftliche Erklärung des angegebenen Inhaltes ersetzt. Das Gesetz stellt aber für den Fall des Gebrauches dieser Form nicht das Erfordernis auf, daß der Erblasser stumm oder am Sprechen gehindert sei. Es erklärt nur für erforderlich, daß der Richter oder der instrumentierende Notar von dem Bestehen eines Hinderunggrundes überzeugt gewesen sei. Nach den Motiven zum ersten Entwurfe des Gesetzbuches (Bd. 5 S. 276 f.) soll es nämlich nicht in die Willkür des Erblassers gestellt sein, ob er die Erklärung, daß die übergebene Schrift seinen letzten Willen enthalte, schriftlich oder mündlich abgebe. Die schriftliche Form soll vielmehr nur angewendet werden dürfen, wenn die Notwendigkeit dafür vorliegt. Und es muß im Protokolle die Überzeugung des Richters oder des Notars, daß der Erblasser am Sprechen verhindert ist, festgestellt werden. Wie der Richter oder der Notar sich diese Überzeugung verschafft, ist ihm überlassen. Ausgeschlossen ist (nach den Motiven a. a. O.) eine Untersuchung durch Sachverständige. Es wird sich nur darum handeln, daß etwa vorhandene Bedenken des Richters oder des Notars in Ansehung des Unvermögens des Erblassers zu sprechen durch Befragung derer, die in der letzten Zeit vor der Testamentserrichtung in der Nähe des Erblassers sich befunden haben, klar gestellt werden. Ein Fall der Ablehnung der Testamentsaufnahme, weil der Richter oder der Notar sich nicht überzeugen kann, daß der Erblasser zu sprechen verhindert ist, der Erblasser aber seine Versicherung, daß er nicht sprechen kann, aufrecht hält, wird wohl schwerlich vorkommen.

beglaubigt und daß er sie vorgelesen habe. Der Dolmetscher muß das Protokoll unterschreiben.[8]

Versichern alle bei der Testamentserrichtung mitwirkenden Personen, der Sprache, in der sich der Erblasser erklärt, mächtig zu sein, so bedarf es der Zuziehung eines Dolmetschers nicht. Das Protokoll muß solchenfalls, wenn nämlich ein Dolmetscher nicht zugezogen wird, in der Sprache des Erblassers aufgenommen werden und die Erklärung des Erblassers, daß er der deutscheu Sprache nicht mächtig sei, sowie die Versicherung der mitwirkenden Personen enthalten, daß sie der fremden Sprache mächtig seien. Diese Bestimmungen sind wesentliche Formvorschriften. Das Gesetzbuch fügt die Ordnungvorschrift bei, daß dem Protokolle über die Testamentserrichtung eine deutsche Übersetzung als Anlage beigefügt werden solle.[9]

---

[13] B.G.B. § 2244. In dem Erfordernisse der Zuziehung eines vereideten Dolmetschers stimmen das preußische Gesetz vom 28. August 1876 (§ 4), das sächsische Gesetzbuch (§ 2099), das elsaß-lothringische Gesetz vom 14. Juli 1871 (§§ 10, 13, 15), zu welchem die Verordnung vom 14. September 1874 (§ 2) erlassen ist, überein. Ganz anders behandelt das französische Recht den Fall, daß der Erblasser nicht der französischen Sprache kundig ist. Ein öffentliches Testament muß immer in der französischen Sprache abgefaßt werden. Es wird aber für ratsam erachtet, dem französischen Texte, der die Urschrift bildet, eine Übersetzung des Testamentes in der Sprache des Erblassers zur Seite zu setzen. Die Zeugen müssen beide Sprachen verstehen. Es wird aber versichert, daß man hiervon in Ermangelung geeigneter Zeugen oft abgewichen sei. Ebenso wird für ratsam erachtet, das öffentliche Testament nicht blos in der französischen Sprache, sondern auch in der Übersetzung wieder vorzulesen oder den Inhalt des Testamentes dem Erblasser in seiner Sprache nochmals zu wiederholen und, daß das eine oder das andere geschehen sei, in der Urkunde, und zwar sowohl im französischen Texte wie in der Übersetzung, zu wiederholen. Vgl. Zachariä v. Lingenthal-Dreyer, französisches Civilrecht Bd. 4 § 665 Anm. 8, 9, 10

[14] B.G.B. § 2245. Der erste Entwurf enthielt (§ 1923 Abs. 2) die Bestimmung, daß, wenn alle mitwirkenden Personen nach ihrer Versicherung der Sprache des Erblassers mächtig seien und deshalb ein Dolmetscher nicht zugezogen werde, das Protokoll in beiden Sprachen aufgenommen werden muß. Das bürgerliche Gesetzbuch hat das Erfordernis der Aufnahme des Protokolles auch in deutscher Sprache auf die Bedeutung herabgedrückt, daß damit nur die Ordnungvorschrift einer als Anlage beizufügenden deutschen Übersetzung gegeben sein soll. Damit ist der in den Motiven zum ersten Entwurfe (Bd. 5 S. 279) eingenommene Gesichtspunkt aufgegeben. Es wird dort gesagt, der große Grundsatz, daß vor einem deutschen Richter oder Notare in deutscher Sprache zu verhandeln sei, müsse, wie er sich im § 106 des G.V.G. finde, in Ansehung der Errichtung letztwilliger Verfügungen gleichfalls zur Geltung gebracht werden. Und es wird für eine nationale Pflicht und Ehrensache erachtet, auch hier an der deutschen Sprache festzuhalten. In der Kommission für die zweite Lesung des Entwurfes wurde dagegen ausgeführt, es komme bei der Beurkundung des letzten Willens vor allem darauf an, daß der wirkliche Wille des Erblassers beurkundet werde. Sei der Erblasser der deutschen Sprache nicht mächtig, so sei bei Widersprüchen zwischen der deutschen Niederschrift und der in der Sprache des Erblassers erfolgten

§ 15. V. Erleichternde Testamentsformen.

Das römische Recht hat in einer Reihe von Fällen, in denen die Beobachtung einer der ordentlichen Testamentsformen unmöglich oder doch sehr schwierig ist, von der Beobachtung dieser Formen abgesehen und leichtere Förmlichkeiten der Testamentserrichtung vorgeschrieben. Die neueren Gesetzbücher sind dem römischen Rechte hierin gefolgt.

I. Dergleichen leichtere Formvorschriften bestehen nach römischem Rechte für ein auf dem Lande errichtetes Testament (testamentum ruri conditum). Will nämlich der Erblasser ein schriftliches Privattestament errichten, und lassen sich sieben schreibenskundige Zeugen zur Testamentserrichtung nicht zusammenbringen, so genügt es, wenn auch nur fünf Zeugen zusammenkommen, und wenn auch nur einer von diesen, sofern die übrigen nicht schreiben können, für sich und die übrigen Zeugen in deren Gegenwart unterschreibt. Die zugezogenen Zeugen müssen aber alle den Inhalt des Testamentes kennen und imstande sein, nach dem Tode des Erblassers darüber Zeugnis abzulegen.[1] Das französische Gesetzbuch hat diese Erleichterung der Form für das notarielle Testament, das auf dem Lande (dans les campagnes) aufgenommen wird in der Art nachgebildet, daß es, wenn zwei Notare mitwirken, statt der regelmäßig notwendigen Unterzeichnung von zwei Zeugen die Unterzeichnung durch einen Zeugen, wenn aber nur ein Notar mitwirkt, statt der regelmäßig notwendigen Unterzeichnung von vier Zeugen die Unterzeichnung durch zwei Zeugen für hinreichend erklärt.[2] Die Form zu erleichtern ist auch das dorfgerichtliche Testament des preußischen Rechtes bestimmt. Darnach ist auf dem Lande bei Gefahr im Verzuge, wenn nämlich die Herbeikunft des ordentlichen Richters nicht abgewartet werden

---

Niederschrift zu vermuten, daß die letztere den Willen des Erblassers wiedergebe. Darum müsse diese als das eigentliche Protokoll und die deutsche Niederschrift wie eine Übersetzung behandelt werden. Dies entspreche dem § 7 des preußischen Gesetzes vom 28. August 1876 über die Geschäftssprache der Behörden. Von anderer Seite wurde der Auffassung mit Rücksicht auf das Gebot politischer Klugheit widersprochen, durch das es verboten werde, den Grundsatz, daß vor deutschen Amtspersonen nur in deutscher Sprache verhandelt werde, mit einer dem Mißbrauche ausgesetzten Ausnahmevorschrift zu durchbrechen. Dagegen wurde wieder von der ersten Seite geltend gemacht, daß das Nationalgefühl und politische Rücksichten mit Unrecht herausgekehrt seien. Die Entscheidung, welche Niederschrift bei offenbarem Widerspruche vorzuziehen sei, könne nur nach geschäftlichen Rücksichten getroffen werden und müsse zu Gunsten der in der Sprache des Erblassers erfolgten Niederschrift ausfallen. In diesem Sinne entschied sich die Mehrheit der Kommission (Protokolle, 360. Sitzung S. 7193 f.).

[1] L. 31 C. de testam. (6, 23); Mühlenbruch in Glück, Pandektenkommentar Bd. 42 S. 245 flg.

[2] C. c. Artt. 974, 971.

kann, die Aufnahme eines Testamentes durch die Dorfgerichte, die aus einem Schulzen und zwei vereideten Schöppen bestehen, unter Zuziehung eines vereideten Gerichtsschreibers gestattet.[3]

Auf dem Gedanken, für den Richter oder Notar einen Ersatz zu schaffen, wenn zu besorgen ist, daß der Erblasser früher sterben werde, als die Errichtung des Testamentes vor dem Richter oder Notar möglich ist, beruht die durch das bürgerliche Gesetzbuch geschaffene Erleichterung der Form, die darin besteht, daß in dem Falle der in Frage stehenden Besorgnis der Erblasser das Testament vor dem Vorsteher der Gemeinde, in der er sich aufhält, oder, wenn er sich in dem Bereiche eines durch Landesgesetz einer Gemeinde gleichgestellten Verbandes oder Gutsbezirkes aufhält, vor dem Vorsteher dieses Verbandes oder Bezirkes errichten kann. Der Vorsteher muß bei der Aufnahme des Testamentes zwei Zeugen zuziehen. Er selbst tritt an die Stelle des Richters oder des Notars. Es liegt ihm also die Beobachtung alles dessen ob, was bei Errichtung eines gerichtlichen oder notariellen Testamentes der Richter oder der Notar zu beobachten hat. Seine Fähigkeit zur Aufnahme des Testamentes bestimmt sich nach den Vorschriften, die für die Fähigkeit des Richters oder des Notars zur Testamentsaufnahme gegeben sind. Und die Fähigkeit der von ihm zuzuziehenden Zeugen zur Mitwirkung bei der Testamentserrichtung ist nach den Bestimmungen zu beurteilen, die für die Fähigkeit der von dem Richter oder Notar zuzuziehenden Testamentszeugen gegeben sind. Die Gültigkeit des Testamentes ist von der Beobachtung der Formvorschriften ebenso abhängig, wie die Gültigkeit eines gerichtlichen oder notariellen Testamentes.[4] Das Protokoll muß die Feststellung der Besorgnis, daß die Errichtung eines Testamentes vor einem Richter oder einem Notar nicht mehr möglich sein werde, er-

---

[3] A.L.R. I 12 §§ 93 flg. Vgl. Entsch. des R.G. in Civils. Bd. 36 S 329 flg.

[4] B.G.B. § 2249 Abs. 1 Schlußsatz, §§ 2234 bis 2246. In der Kommission für die zweite Lesung des Entwurfes wurde der Antrag gestellt, auszusprechen, daß ein Verstoß gegen die Vorschrift, nach der das Protokoll über die Errichtung des Testamentes vorgelesen, von dem Erblasser genehmigt und von ihm eigenhändig unterschrieben, auch im Protokolle festgestellt werden muß, daß dies geschehen ist, die Nichtigkeit eines nach § 2249 B.G.B. vor einem Gemeindevorsteher oder dem Vorsteher des durch Landesgesetz einer Gemeinde gleichgestellten Verbandes oder Gutsbezirkes errichteten Testamentes nicht zur Folge habe. Es wurde geltend gemacht, dem instrumentierenden Gemeindebeamten könne nicht die gleiche Geschäftsgewandtheit zugetraut werden, wie dem instrumentierenden Richter oder Notar. Die Mehrheit der Kommission lehnte den Antrag ab. Wollte man aus dem angegebenen Grunde, so wurde ausgeführt, nur im Wege einer Ordnungvorschrift die Beobachtung der fraglichen Förmlichkeiten anordnen, so würde das Vertrauen auf die Zuverlässigkeit der fraglichen Testamentsform erheblich abgeschwächt werden (Protokolle, 361. Sitzung S. 7196 f., 7199 flg.).

halten. Die Gültigkeit des Testamentes hängt aber nicht davon ab, daß diese Besorgnis begründet war.[5] Ein unter den angegebenen Voraussetzungen errichtetes Testament verliert seine Gültigkeit, wenn seit der Errichtung drei Monate verstrichen sind und der Erblasser noch lebt. Der Beginn und der Lauf der Frist sind gehemmt, solange der Erblasser außer stande ist, ein Testament vor einem Richter oder einem Notar zu errichten. Wird der Erblasser nach dem Ablaufe der Frist für tot erklärt, so behält das Testament seine Kraft, wenn die Frist zu der Zeit, in welcher der Erblasser den vorhandenen Nachrichten zufolge gelebt hat, noch nicht verstrichen war.[6]

II. Wesentlich erleichtert war nach römischem und gemeinem Rechte die Form des Soldatentestamentes. Nach römischem Rechte war das Testament eines Soldaten während der Dauer eines Feldzuges an eine Form überhaupt nicht gebunden, sondern erforderte nur die Gewißheit des Willens.[7] Dies Privilegium wurde auf Personen ausgedehnt, die, ohne Soldaten zu sein, die Gefahren des Soldaten im Felde teilten, wenn sie in einem Gefechte umkamen.[8] Nach der Entlassung des Soldaten behielt ein solches Testament, wenn die Entlassung nicht ehrenrührig war, noch ein Jahr lang Gültigkeit.[9] Nach gemeinem Rechte bestand das Privilegium vollständiger Formlosigkeit nur für die in einem Gefechte errichteten Testamente. Außerhalb eines Gefechtes konnte ein Soldatentestament vor zwei Zeugen gültig errichtet werden.[10]

Nach heutigem deutschen Rechte[11] können in Kriegszeiten oder während eines Belagerungzustandes die Angehörigen des aktiven deutschen Heeres, Offiziere, Ärzte, Militärbeamte, Civilbeamte der Militärverwaltung und Mannschaften, also alle Personen, die sich in einem Dienst- oder Vertragsverhältnisse bei dem kriegführenden Heere befinden, oder

---

[5] B G B. § 2249 Abs. 2.

[6] B.G.B. § 2252 Abs. 1, 2, 4.

[7] L. 1 pr. l. 24, 35, 36 pr. l. 40 pr. D. de testam. mil. (29, 1), § 1 J. de testam. mil. (2, 11), l. 17 C. de testam. mil (6, 21).

[8] L. ult. D. de testam. mil. (29, 1), l. un D. de bon. poss. ex testam. mil. (37, 13).

[9] L. 26 D. de testam. mil. (29, 1), § 3 J. de testam. mil. (2, 11).

[10] Notariatsordnung von 1512 II § 2; Fitting, zur Geschichte des Soldatentestamentes.

[11] Das Reichsmilitärgesetz vom 2. Mai 1874 hat das Recht des Soldatentestamentes neu gestaltet. Die in den deutschen Einzelstaaten in Geltung gewesenen Gesetzgebungen über das Soldatentestament sind seitdem veraltet und in ihren Einzelheiten ohne wesentliches Interesse. Das bürgerliche Gesetzbuch für das Deutsche Reich hat die fraglichen Bestimmungen des Reichsmilitärgesetzes unverändert gelassen. Das Einführungsgesetz zum bürgerlichen Gesetzbuche (Art. 44) hat ihnen noch eine weitere Ausdehnung gegeben (s. Anm. 13 S. 46).

sonst sich bei demselben aufhalten oder ihm folgen, ferner ausländische Offiziere, die zu dem kriegführenden Heere zugelassen sind, wenn der Kaiser nicht besondere Bestimmungen rücksichtlich ihrer getroffen hat, ebenso das Gefolge solcher Offiziere, ferner Kriegsgefangene privilegierte letztwillige Verfügungen errichten. Das Gesetz läßt diese Befugnis von der Zeit an beginnen, wo die Personen, deren Testamentserrichtung in Frage steht, ihre Standquartiere oder, wenn ihnen solche nicht angewiesen sind, ihre bisherigen Wohnorte im Dienste verlassen oder in denselben angegriffen oder belagert werden. Kriegsgefangene und Geiseln haben die Befugnis, so lange sie sich in der Gewalt des Feindes befinden. Schriftliche Testamente können von diesen Personen durch eigenhändige Niederschrift und Unterschrift des Erblassers oder durch eigenhändige Unterschrift des Erblassers und Mitunterschrift entweder zweier Zeugen oder eines Auditeurs oder eines Offiziers gültig errichtet werden. Mündliche Testamente können von den bezeichneten Personen unter den angegebenen Voraussetzungen durch Erklärung des letzten Willens vor einem Auditeur oder einem Offizier unter Zuziehung zweier Zeugen in der Art gültig errichtet werden, daß über die Erklärung des Erblassers eine Schrift aufgenommen, dem Erblasser vorgelesen und von den bei der Errichtung mitwirkenden Personen unterschrieben wird. Die zuzuziehenden Zeugen brauchen nicht die Eigenschaft von Instrumentszeugen zu haben. Bei verwundeten oder kranken Militärpersonen, nämlich solchen, die sich in ärztlicher Behandlung befinden, können die Auditeure und Offiziere durch Militärärzte, höhere Lazarethbeamte oder Militärgeistliche vertreten werden.[12]

Personen, die zur Besatzung eines in Dienst gestellten Schiffes der Kaiserlichen Marine gehören, haben dieselbe Befugnis, solange das Schiff sich außerhalb eines inländischen Hafens befindet oder die Personen als Kriegsgefangene oder Geiseln in der Gewalt des Feindes sind, ingleichen andere an Bord eines solchen Schiffes genommenen Personen, solange das Schiff sich außerhalb eines inländischen Hafens befindet und die Personen an Bord sind. Den Schiffen stehen die anderen Fahrzeuge der Kaiserlichen Marine gleich.[13]

Privilegierte letztwillige Verfügungen der angegebenen Art, welche von Angehörigen des deutschen Heeres und den außer ihnen bei dem kriegführenden Heere befindlichen und den Kriegsgesetzen unterworfenen

---

[12] Reichsmilitärgesetz v. 2. Mai 1874 (R.G.Bl. S. 45 flg.) §§ 44, 38; Militärstrafgesetzbuch für das Deutsche Reich vom 20. Juni 1872 (R.G.Bl. S. 174 flg.), §§ 155 bis 158).

[13] Einführungsgesetz zum bürgerlichen Gesetzbuche Art. 44.

Personen errichtet worden sind, verlieren ihre Gültigkeit mit dem Ablaufe eines Jahres von dem Tage ab, an welchem der Truppenteil, zu dem der Erblasser gehört, demobil gemacht ist, oder der Erblasser aufgehört hat, zu dem mobilen Truppenteile zu gehören, oder als Kriegsgefangener oder Geisel aus der Gewalt des Feindes entlassen ist. Der Lauf der Frist wird aber durch anhaltende Unfähigkeit des Erblassers zur Errichtung einer anderweiten letztwilligen Verfügung gehemmt. Wird der Erblasser innerhalb des Jahres vermißt, und wird in dem Verfahren auf Todeserklärung oder auf Abwesenheiterklärung festgestellt, daß er seit jener Zeit verschollen ist, so tritt die Ungültigkeit der letztwilligen Verfügung nicht ein.[14]

Für privilegierte letztwillige Verfügungen, welche von Personen, die zur Besatzung eines in Dienst gestellten Schiffes der Kaiserlichen Marine gehören, und den ihnen in Bezug auf die Errichtung letztwilliger Verfügungen gleichgestellten Personen errichtet sind, beginnt die Frist, mit deren Ablaufe die letztwillige Verfügung ihre Gültigkeit verliert, mit dem Zeitpunkte, in dem das Schiff oder Fahrzeug in einen inländischen Hafen zurückkehrt oder der Verfügende aufhört, zu dem Schiffe oder Fahrzeuge zu gehören, oder als Kriegsgefangener oder Geisel aus der Gewalt des Feindes entlassen wird.[15]

Eine nach den vorerwähnten gesetzlichen Bestimmungen aufgenommene Urkunde über eine mündlich erklärte letztwillige Verfügung hat in betreff ihres Inhaltes und der in ihr angegebenen Zeit ihrer Aufnahme die Beweiskraft einer öffentlichen Urkunde. Ist in einer vom Erblasser eigenhändig geschriebenen und unterschriebenen oder in einer von ihm eigenhändig unterschriebenen und von zwei Zeugen oder einem Offizier, Auditeur, Militärarzte, höheren Lazarethbeamten, Militärgeistlichen mitunterschriebenen letztwilligen Verfügung die Zeit der Errichtung angegeben, so spricht die Vermutung bis zum Beweise des Gegenteiles für die Richtigkeit dieser Angabe. Ist die letztwillige Verfügung während der Kriegszeit oder während eines Belagerungszustandes oder innerhalb vierzehn Tagen nach dem Aufhören des Ausnahmezustandes, der die erleichterte Form der Testamentserrichtung zuläßt, der Militärbehörde übergeben, oder ist sie in dem Feldnachlasse des Erblassers aufgefunden worden, so spricht die Vermutung bis zum Beweise des Gegenteiles dafür, daß die letztwillige Verfügung während des in Rede stehenden Ausnahmezustandes errichtet worden ist.

---

[14] Reichsmilitärgesetz v. 2. Mai 1874 § 44 Ziff. 5.
[15] Einführungsgesetz zum bürgerlichen Gesetzbuche Art. 44.

III. Zu den Testamenten mit erleichterter Form wird ferner das sogenannte testamentum tempore pestis conditum gezählt. Die Ansichten darüber, ob dies Testament als eine besondere Art privilegierter Testamente anzusehen sei, welche Voraussetzungen die fragliche Formerleichterung habe, und worin sie bestehe, sind aber geteilt. Die gewöhnliche Meinung geht dahin, daß, wenn der Erblasser an einer schweren ansteckenden Krankheit leide, und die Besorgnis der Ansteckung die Zeugen abhalte, längere Zeit in der Nähe des Erblassers zu verweilen, es zugelassen werden könne, daß die Zeugen sich mit der Testamentsurkunde zurückziehen und die Solennisierung getrennt vom Erblasser vornehmen.[16] Das preußische Landrecht spricht von einer Ausdehnung des Privilegiums, militärisch zu testieren, auf Personen des Civilstandes, insofern sie wegen ansteckender Krankheiten oder Kriegsgefahr sich des richterlichen Amtes zu bedienen verhindert sind, und gestattet, daß die Stelle des Richters oder des beim militärischen Testamente die Stelle des Richters vertretenden Offiziers solchenfalls durch eine einzelne nicht zur Aufnahme des Testamentes deputierte Gerichtsperson oder durch den Prediger oder den Kaplan oder den Arzt des Ortes, wo der Erblasser sich befindet, oder durch einen Rechtsanwalt vertreten werde. Ein solches Testament gilt noch ein Jahr lang nach wiederaufgehobener Sperre oder wiederhergestelltem ordentlichem Gange der gerichtlichen Geschäfte.[17] Das französische Gesetzbuch läßt zu, daß Testamente an einem Orte, mit dem wegen einer ansteckenden Krankheit aller Verkehr abgebrochen ist, vor dem Friedensrichter oder einem Munizipalbeamten der Gemeinde in Gegenwart zweier Zeugen errichtet werden. Ein solches Testament verliert aber seine Gültigkeit mit dem Ablaufe von sechs Monaten von der Zeit an, da der Verkehr mit dem Orte der Testamentserrichtung wiederhergestellt ist, oder der Erblasser sich an einen für den Verkehr freien Ort begeben hat.[18]

Nach dem bürgerlichen Gesetzbuche kann, wer sich an einem Orte aufhält, der infolge des Ausbruches einer Krankheit oder infolge sonstiger außerordentlicher Umstände dergestalt abgesperrt ist, daß die Errichtung eines Testamentes vor einem Richter oder vor einem Notar nicht möglich oder erheblich erschwert ist, ein Testament entweder vor dem Vorsteher der Gemeinde, in welcher der Erblasser sich aufhält, und

---

[16] L. 8 C. de testam. (6, 23); Mühlenbruch in Glück, Pandektenkommentar Bd. 42 S. 262 flg.; Windscheid, Pandekten Bd. 3 § 544 Anm. 7.

[17] A.L.R. I 12 §§ 198 bis 201.

[18] C. c. Art. 985 bis 987, 998; Zachariä v. Lingenthal-Dreyer, französisches Civilrecht Bd. 4 § 673.

zwei von dem Vorsteher zuzuziehenden Zeugen oder, wenn er sich in dem Bereiche eines durch Landesgesetz einer Gemeinde gleichgestellten Verbandes oder Gutsbezirkes aufhält, vor dem Vorsteher dieses Verbandes oder Gutsbezirkes und zwei von dem Vorsteher zuzuziehenden Zeugen oder vor insgesamt drei Zeugen errichten.[19] Die Erfordernisse der Testamentserrichtung vor dem Vorsteher und zwei Zeugen oder vor insgesamt drei Zeugen sind solchenfalls die oben erörterten, welche bestehen, wenn zu besorgen ist, daß der Erblasser früher sterben werde, als die Errichtung eines Testamentes vor einem Richter oder Notar möglich ist.[20] Bei der Errichtung des Testamentes vor drei Zeugen bestehen für die Zeugen die oben angegebenen Erfordernisse der Testamentszeugen. Über die Testamentserrichtung muß nach Maßgabe der oben angegebenen allgemeinen Vorschriften für die Testamentserrichtung ein Protokoll aufgenommen werden.[21] Erklärt der Erblasser, daß er der deutschen Sprache nicht mächtig sei, so darf die Zuziehung eines Dolmetschers nicht erfolgen. Ein in der fraglichen Form unter Zuziehung eines Dolmetschers errichtetes Testament würde ungültig sein. Sind aber alle drei Zeugen nach ihrer Versicherung der Sprache mächtig, in der sich der Erblasser erklärt, so kann das Testament gültig nach Maßgabe der oben angegebenen Vorschriften aufgenommen werden, welche den Fall vorsehen, daß sämtliche bei der Testamentserrichtung mitwirkenden Personen der fremden Sprache,

---

[19] B.G.B. § 2250 Abs. 1.

[20] S. oben I Anm. 4 S. 44, 45.

[21] Auch hier wurde, wie in Ansehung des nach § 2249 B.G.B. zu errichtenden Testamentes (s. oben I Anm. 4 S. 44, 45), in der Kommission für die zweite Lesung des Entwurfes der Antrag gestellt, die Vorschriften, welche die Vorlesung, Genehmigung und Unterschrift des Protokolles und die Feststellung dieser Thatsachen im Protokolle betreffen, nicht für zwingende Vorschriften, sondern nur für Ordnungvorschriften zu erklären. Der Antrag wurde abgelehnt, weil, wenn der Nachweis fehle, daß eine letztwillige Verfügung dem Erblasser vorgelesen und von ihm genehmigt und unterschrieben sei, jede Gewähr fehle, daß das, was als letzter Wille des Erblassers beurkundet worden sei, wirklich dem Willen des Erblassers entspreche (Protokolle, 361. Sitzung S. 7199 f.). Im ersten Entwurfe war bestimmt (§ 1927 Abs. 2), daß im Falle der mündlichen Erklärung vor drei Zeugen von den Zeugen über die Errichtung der letztwilligen Verfügung ein Protokoll aufgenommen werden müsse. Bei der Beratung der Kommission für die zweite Lesung des Entwurfes wurde beschlossen, die Worte „von den Zeugen" zu streichen. Man erwog, daß, wenn man mit dem Entwurfe von den Zeugen die Errichtung eines Protokolles verlange, zweifelhaft sein könne, wie das Protokoll aufzunehmen sei, ob gemeinschaftlich von allen oder von einem mit Genehmigung der anderen. Es bestehe überhaupt kein innerer Grund zu verlangen, daß das Protokoll gerade von den Zeugen errichtet werde. Es genüge, wenn überhaupt von jemandem eine Urkunde über den letzten Willen errichtet werde und einer der Zeugen sich diese Urkunde als Protokoll aneigne (Protokolle a. a. O.).

in der sich der Erblasser erklärt, mächtig sind, so daß die Zuziehung eines Dolmetschers unterbleiben kann.[22]

Ein unter den angegebenen Voraussetzungen errichtetes Testament verliert mit dem Ablaufe von drei Monaten seit seiner Errichtung seine Gültigkeit, wenn der Erblasser nach dem Ablaufe der Frist noch am Leben ist. Beginn und Lauf der Frist sind gehemmt, solange der Erblasser außer stande ist, ein Testament vor einem Richter oder vor einem Notar zu machen. Wird er nach dem Ablaufe der Frist für tot erklärt, so bleibt das Testament in Kraft, wenn die Frist zu der Zeit, zu welcher der Erblasser den vorhandenen Nachrichten zufolge noch gelebt hat, noch nicht verstrichen war.[23]

IV. Das preußische Landrecht hat das Privilegium, militärisch zu testieren, auf diejenigen ausgedehnt, die sich „auf einem Schiffe in See" befinden. Bei einer solchen Testamentserrichtung vertritt der Vorgesetzte des Schiffes die Stelle des Offiziers.[24] Auch das französische Gesetzbuch hat eine Reihe von Bestimmungen, welche für den, der auf einer Seereise begriffen ist, die Förmlichkeiten der Testamentserrichtung erleichtern. Bestimmte Angestellte des Schiffes sind durch das Gesetz ermächtigt, in Gegenwart zweier Zeugen das Testament aufzunehmen. Ein solches Testament ist aber nur wirksam, wenn der Erblasser während der Seereise oder in den nächsten drei Monaten, nachdem er ans Land gestiegen ist, und an einem Orte, wo er seinen Willen in den gewöhnlichen Formen hätte erklären können, mit Tode abgegangen ist.

Das bürgerliche Gesetzbuch gestattet dem, der sich während einer Seereise an Bord eines deutschen, nicht zur Kaiserlichen Marine gehörenden Fahrzeuges außerhalb eines inländischen Hafens befindet, die Errichtung eines Testamentes durch mündliche Erklärung vor drei Zeugen. Dabei müssen die Bestimmungen beobachtet werden, welche die Testamentserrichtung für den regeln, der sich an einem Orte aufhält, der infolge des Ausbruches einer Krankheit oder infolge sonstiger außerordentlicher Umstände dergestalt abgesperrt ist, daß die Errichtung eines Testamentes vor einem Richter oder vor einem Notar nicht möglich oder erheblich erschwert ist.[26] Die Gültigkeit eines solchen Testamentes ist an eine Frist von drei Monaten geknüpft, deren Beginn und Lauf von denselben Voraussetzungen abhängt wie der Beginn und Lauf der Frist, die für

[22] B.G.B. § 2250 Abs. 2, § 2245 Abs. 1.

[23] B.G.B. §§ 2252, 2250.

[24] A.L.R. I 12 §§ 205 bis 207.

[25] C. c. Artt. 988 bis 998; Zachariä v. Lingenthal-Dreyer, französisches Civilrecht Bd. 4 § 674.

[26] B.G.B. §§ 2251, 2250.

die Gültigkeit eines unter den oben zu III angegebenen Voraussetzungen errichteten Testamentes gesetzt ist.[27] Tritt der Erblasser vor dem Ablaufe der Frist eine neue Seereise an, so wird die Frist dergestalt unterbrochen, daß nach der Beendigung der neuen Reise die volle Frist von neuem zu laufen beginnt. Eine nach dem Ablaufe der Frist erfolgte Todeserklärung des Erblassers steht der Gültigkeit des Testamentes nicht entgegen, wenn nach den vorhandenen Nachrichten die Frist bei Lebzeiten des Erblassers noch nicht abgelaufen war.[28]

§ 16. Selbständigkeit der Willenserklärung.

I. Erfordernis einer persönlichen Willensäußerung des Erblassers.

Die in einem Testamente abzugebende Willenserklärung kann immer nur vom Erblasser selbst abgegeben werden. Der Erblasser kann sich bei der Testamentserrichtung weder durch einen Bevollmächtigten vertreten lassen, noch kann er dabei durch einen gesetzlichen Vertreter vertreten werden. Wie die Fähigkeit zur Testamentserrichtung nach der Person des Erblassers selbst bestimmt wird, so muß die Willenserklärung durch den Erblasser selbst abgegeben werden, der erklärte Wille ihm unmittelbar angehören. Eine geistige Mitwirkung durch Raterteilung ist nicht ausgeschlossen. Die Erklärung muß sich aber immer als ein selbstständiges unmittelbares Willenserzeugnis des Erblassers darstellen.

Das bürgerliche Gesetzbuch für das Deutsche Reich hat diesem Gedanken dahin Ausdruck gegeben, daß der Erblasser ein Testament nur persönlich errichten kann.[1] Der Satz gilt im römischen[2] und gemeinen Rechte ebenso wie in allen anderen Gesetzbüchern, die auf deutschem Boden eingeführt sind. Manche Gesetzbücher haben den Satz ausdrücklich aufgenommen. So das bayerische von 1756,[3] das preußische

[27] S. oben III Anm. 19 S. 47, 48.

[28] B.G.B. § 2252 Abs. 3 u. 4.

[1] B.G.B. § 2064.

[2] Die Ausschließung einer Stellvertretung bei der Testamentserrichtung ist aus dem alten römischen Rechte in das spätere übernommen worden. Sie ist, abgesehen von inneren Gründen, eine Folge der Solennitätformen, die in der Zeit der klassischen Juristen für die Errichtung eines Testamentes in Übung waren. Diese Testamentsformen hatten sich aus dem Manzipationtestamente per aes et libram, das sich als imaginaria venditio darstellte, entwickelt und gestattete keine Stellvertretung. Mayer, Erbrecht Bd. 1 S. 18; Puchta, Institutionen Bd. 3 S. 227 flg., Bd. 2 S. 353; Brinz, Pandekten, 2. Aufl. Bd. 3 S. 67 Anm. 2.

[3] Cod. Max. Bav. civ. III 2 § 3 flg.

allgemeine Landrecht,[4] das sächsische Gesetzbuch.[5] Das französische Gesetzbuch hat ihn nicht ausdrücklich aufgenommen. Die Geltung des Satzes wird aber hier daraus gefolgert, daß das Gesetz die Unterzeichnung des Testamentes durch den Erblasser zu einem der Erfordernisse der Testamentserrichtung gemacht hat.[6]

§ 17. II. Ausschließung der Übertragung der Verfügungsmacht des Erblassers auf Andere.

1. Das bürgerliche Gesetzbuch.

Die in einem Testamente abzugebende Willenserklärung muß auch in der Weise selbständig sein, daß die Erklärung keinen Verzicht des Erblassers auf die eigene Macht, über sein Vermögen zu verfügen, enthalten darf. Das bürgerliche Gesetzbuch ordnet in dieser Hinsicht an, daß der Erblasser eine letztwillige Verfügung nicht in der Art errichten kann, daß ein Anderer zu bestimmen hat, ob sie gelten oder nicht gelten soll.[1] Daneben schreibt es vor, daß der Erblasser weder die Bestimmung der Person, die eine Zuwendung erhalten soll, noch die Bestimmung des Gegenstandes der Zuwendung einem Anderen überlassen kann.[2]

Diese Sätze sind erst bei den Beratungen der Kommission für die zweite Lesung des Entwurfes aufgenommen und im weiteren Fortgange des Gesetzgebungwerkes aufrecht erhalten worden. Der erste Entwurf enthielt[3] eine Bestimmung, durch die eine letztwillige Verfügung für nichtig erklärt wird, wenn ihr eine Bedingung beigefügt ist, die in dem bloßen Wollen des Beschwerten oder eines Dritten besteht. Er erklärte es ferner[4] für unzulässig, in einer letztwilligen Verfügung die Bestimmung der Person, die eine Zuwendung erhalten soll, dem Beschwerten oder einem Dritten zu überlassen. An diese Sätze des Entwurfes schloß sich bei der zweiten Lesung eine Erörterung der

---

[4] A.L.R. I 12 § 66: „Jedes Testament oder Kodizill muß in der Regel vom Testator selbst den Gerichten übergeben oder zum gerichtlichen Protokoll erklärt werden." Die Worte „in der Regel" beziehen sich auf das Erfordernis, das in der gerichtlichen Übergabe oder in der Erklärung zum gerichtlichen Protokolle besteht. Von dem Satze, daß die gerichtliche Übergabe oder die Erklärung zum gerichtlichen Protokolle eigene Handlungen des Erblassers sein müssen, besteht keine Ausnahme.

[5] Sächs. Gesetzb. § 2064.

[6] Zachariä v. Lingenthal-Dreyer, französ. Civilrecht Bd. 4 S. 208 f. Anm.

[1] B.G.B. § 2065 Abs. 1.

[2] B.G.B. § 2065 Abs. 2.

[3] Erster Entwurf § 1765.

[4] Erster Entwurf § 1770.

Frage nach der Tragweite des allgemeinen Grundsatzes, daß dem Erblasser die Befugnis zu versagen sei, das Schicksal seines Vermögens nach seinem Tode von eines Anderen Willen abhängig zu machen. Dabei sprach sich die Kommission dahin aus, der Erblasser müsse zwar die Möglichkeit haben, auch auf eine nach der Errichtung seiner letztwilligen Verfügung eintretende veränderte Gestaltung der Verhältnisse Rücksicht zu nehmen, aber nicht in der Art, daß er sich dabei des Willens eines Anderen bediene. Die Verfügung müsse immer seine eigene sein. Eine Potestativbedingung, die der Erblasser auferlegt habe, damit der, von dessen willkürlicher Handlung die Erfüllung der Bedingung abhänge, über die Geltung der letztwilligen Verfügung entscheide, könne daher nicht zugelassen werden. Es lasse sich aber auch keine Einschränkung in der Art machen, daß die Entscheidung in das billige oder vernünftige Ermessen eines Anderen gestellt werde. Denn ohne Angabe der Grundlagen, nach denen das Ermessen geprüft werden könne, sei dasselbe nur ein willkürliches nacktes Wollen.[5]

Dieser Auffassung entspricht der Rechtssatz des bürgerlichen Gesetzbuches, daß der Erblasser bei der Anordnung eines Vermächtnisses, dessen Zweck er bestimmt hat, die Bestimmung der Leistung dem billigen Ermessen des Beschwerten oder eines Dritten überlassen kann.[6]

Mit der Annahme der oben angegebenen beiden Sätze[7] hatte sich zwar die Kommission für den Grundsatz entschieden, daß der Erblasser nicht auf seine Verfügungsmacht zu gunsten Anderer wirksam verzichten könne. Aber die Tragweite des Grundsatzes blieb im einzelnen noch zweifelhaft. Die weiteren Beratungen der Kommission haben dahin geführt, gewisse Abweichungen von dem fraglichen Grundsatze, namentlich in Ansehung der Vermächtnisse und der Auflagen, zuzulassen. Diese Abweichungen sind im Fortgange des Gesetzgebungwerkes aufrecht erhalten und in das Gesetzbuch aufgenommen worden.

Das Gesetzbuch erklärt es für zulässig, mehrere Personen mit einem Vermächtnisse in der Weise zu bedenken, daß der Beschwerte oder ein Dritter zu bestimmen hat, wer von den mehreren das Vermächtnis erhalten soll.[8] Von den Bestimmungen des ersten Entwurfes, an deren Stelle diese Vorschrift getreten ist, besagte die erstere, daß, wenn mehrere Personen mit einem Vermächtnisse in der Art bedacht seien, daß nur

---

[5] Protokolle der Kommission für die zweite Lesung des Entwurfes, 334. Sitzung S. 6605 flg.

[6] B.G.B. § 2156. S. auch unten § 18 Anm. 9 S. 65 f.

[7] B.G.B. § 2065. S. oben Anm. 1 u. 2.

[8] B.G.B. § 2151.

die eine oder die andere das Vermächtnis erhalten solle, die mehreren Personen als Gesamtgläubiger zu gelten hätten.[9] Die andere schrieb vor, daß in einer letztwilligen Verfügung die Bestimmung der Person, welche eine Zuwendung erhalten solle, nicht dem Beschwerten oder einem Dritten überlassen werden könne, und daß, wenn der Erblasser mehrere Personen als Vermächtnisnehmer bezeichnet habe, unter denen die Wahl getroffen werden solle, diese Personen als Gesamtgläubiger anzusehen seien.[10] Die dem ersten Entwurfe beigegebenen Motive bemerkten mit Bezug auf den beabsichtigten Eintritt eines Gesamtgläubigerverhältnisses, hierbei könne zwar der Wille des Beschwerten auch einen Einfluß äußern. Dies komme aber im Sinne des Erblassers nur als zufälliger Umstand in Betracht.[11]

Die Beratungen der Kommission für die zweite Lesung des Entwurfes bezogen sich zuerst auf den Fall eines Vermächtnisses, mit dem mehrere Personen in der Weise bedacht sind, daß dem Beschwerten die Wahl dessen übertragen ist, der das Vermächtnis erhalten soll. Die Mehrheit der Kommission billigte die Auffassung des ersten Entwurfes nicht. Man entschied sich dahin, ein solches Vermächtnis ausdrücklich zuzulassen, setzte fest, daß die vom Beschwerten zu treffende Wahl durch Erklärung gegenüber demjenigen, der das Vermächtnis erhalten solle, zu geschehen hat, und erklärte für den Fall, daß der Beschwerte die Wahl nicht treffen könne oder in einer zu bestimmenden Frist nicht treffe, die Bedachten, die der Erblasser zur Wahl gestellt hat, für Gesamtgläubiger. Man bestimmte ferner, daß, wenn der Erblasser mehrere in der Weise mit einem Vermächtnisse bedacht habe, daß nur der eine oder der andere das Vermächtnis erhalten solle, die Wahl dem Beschwerten zustehe. Die Mehrheit der Kommission erwog, daß die letztwillige Verfügung in einem solchen Falle allerdings nicht völlig bestimmt sei, da sie die Person des Vermächtnisnehmers der Wahl des Beschwerten überlasse und damit zum Ausdrucke bringe, daß es dem Erblasser gleichgültig sei, wer das Vermächtnis erhalte. Allein es komme doch immer nur ein beschränkter Kreis von Personen in Frage, unter denen zu wählen sei. Dabei sei das Bedürfnis des praktischen Lebens entscheidend. Und es lasse sich nichts dagegen einwenden, wenn der Erblasser dem Beschwerten im Hinblicke darauf, daß derselbe mit seinen Absichten vertraut sei, oder daß er selbst dessen besserer Einsicht vertraue, die Wahl überlasse. Dazu komme, daß der Erblasser die künftige Gestaltung der Dinge nicht

[9] Erster Entwurf § 1769 Abs. 2.
[10] Erster Entwurf § 1770.
[11] Motive Bd. 5 S. 34.

voraussehen könne, und daß ihm deshalb bei seinen letztwilligen Verfügungen ein gewisser Spielraum und eine Heranziehung Anderer gestattet werden müsse. Dies zeige sich zum Beispiele, wenn der Erblasser dem Würdigsten oder Bedürftigsten von mehreren ein Vermächtnis zuwenden wolle, und in den Fällen einer fideikommissarischen Stiftung von Stipendien.[12]

Die Verhandlungen der Kommission bezogen sich in zweiter Reihe auf den Fall eines Vermächtnisses, bei dem der Erblasser einem Dritten die Wahl des Bedachten unter mehreren Personen übertragen hat. Die Kommission nahm an, daß, da in dem Falle einer dem Beschwerten übertragenen Wahl die Bedürfnisfrage bejaht worden sei, es folgerichtig erscheine, den Fall einer vom Erblasser einem Dritten übertragenen Wahl ebenso zu bestimmen, da zu abweichender Behandlung kein Grund vorliege.[13]

Das bürgerliche Gesetzbuch läßt es ferner zu, mehrere mit einem Vermächtnisse in der Weise zu bedenken, daß der Beschwerte oder ein Dritter zu bestimmen hat, was jeder von dem vermachten Gegenstande erhalten soll.[14] Auch diese Bestimmung war im ersten Entwurfe noch nicht enthalten. Der Entwurf enthielt den Satz, daß, wenn der Erblasser im Falle einer Zuwendung an mehrere Bedachte die Bestimmung desjenigen, was der einzelne von dem Gegenstande der Zuwendung erhalten solle, dem Beschwerten oder einem Dritten überlassen habe, die Bedachten als zu gleichen Anteilen bedacht anzusehen seien.[15] Der Satz bezog sich auf Erbeinsetzungen ebenso wie auf Vermächtnisse. Dem Satze lag der Gedanke zu Grunde, daß die Anordnung des Erblassers, soweit sie dem Beschwerten oder dem Dritten bei der Teilung des Gegenstandes der Zuwendung freie Hand lasse, als grundsätzlich fehlerhaft beseitigt und durch die Anordnung gleicher Teilung ersetzt werden müsse.[16] Die Kommission für die zweite Lesung des Entwurfes war darin einig, daß die Bestimmung, soweit Vermächtnisse in Frage stehen,[17] nicht aufrecht zu halten sei, daß vielmehr der Erblasser wirksam dem Beschwerten oder einem Dritten die Teilung des Vermächtnisgegenstandes unter den

---

[12] Protokolle der Kommission für die zweite Lesung des Entwurfes, 334. Sitzung S. 6617 flg.

[13] Protokolle a. a. O., 335. Sitzung S. 6623 flg.

[14] B.G.B. § 2153.

[15] Erster Entwurf § 1777 Satz 2.

[16] Motive Bd. 5 S. 41 f.

[17] Soweit Erbeinsetzungen in Frage stehen, hielt die Kommission den Satz durch frühere Beschlüsse für beseitigt. Protokolle, 336. Sitzung S. 6648. Vgl. oben den Text zu Anm. 1, 2, 7.

Bedachten übertragen könne, daß die Bestimmung der Teile seitens des Beschwerten durch Erklärung gegenüber dem Bedachten, seitens des Dritten durch Erklärung gegenüber dem Beschwerten zu erfolgen habe, daß die Bestimmung der Teile unwiderruflich sei, und daß, wenn eine Bestimmung der Teile nicht zustande komme, die Bedachten zu gleichen Teilen berechtigt seien. Über die Frage, was zu geschehen habe, damit eine Bestimmung durch den Beschwerten oder den Dritten erfolge, gingen die Meinungen auseinander. Die Mehrheit der Kommission entschied sich dafür, daß das Nachlaßgericht auf den Antrag eines der Beteiligten dem Beschwerten oder dem Dritten eine Frist zur Vornahme der Bestimmung zu setzen, daß nach erfolglosem Ablaufe der Frist die Wahl allen Bedachten gegenüber als verweigert zu gelten habe, und daß die Bedachten nunmehr zu gleichen Teilen berechtigt seien.[18]

Zulässig ist nach dem bürgerlichen Gesetzbuche ferner ein Vermächtnis dahin, daß der Bedachte von mehreren Gegenständen nur den einen oder den anderen erhalten und die Wahl des Gegenstandes durch den Beschwerten oder durch den Bedachten oder durch einen Dritten erfolgen soll.[19] Im Zweifel steht das Wahlrecht dem Beschwerten zu.[20] Die Wahl erfolgt durch Erklärung. Die Erklärung ist, wenn die Wahl dem Beschwerten oder dem Bedachten zusteht, gegenüber dem anderen Teile, wenn sie einem Dritten übertragen ist, gegenüber dem Beschwerten abzugeben.[21] Die gewählte Leistung gilt als die von Anfang an geschuldete.[22] Kann der Dritte die Wahl nicht treffen, so geht das Wahlrecht auf den Beschwerten über.[23] Zögert der Dritte mit der Wahl, so kann ihm das Nachlaßgericht auf den Antrag eines der Beteiligten eine Frist zur Erklärung bestimmen. Verstreicht die Frist, ohne daß vorher die Erklärung erfolgt, so geht das Wahlrecht ebenfalls auf den Beschwerten über.[24]

Hat der Beschwerte das Wahlrecht, und ist er zur Herausgabe eines der Gegenstände, zwischen denen er zu wählen hat, verurteilt, so

[18] Protokolle a. a. O. S. 6648 flg.

[19] B.G.B. § 2154. Die Bestimmung war im wesentlichen schon im ersten Entwurfe (§ 1862) enthalten.

[20] B.G.B. § 262.

[21] B.G.B. § 2154 Abs. 1 Satz 2, § 263 Abs. 1.

[22] B.G.B. § 263 Abs. 2.

[23] B.G.B. § 2154 Abs. 2 Satz 1.

[24] B.G.B. § 2154 Abs. 2 Satz 2, § 2151 Abs. 3 Satz 2. Unter der im § 2154 Abs. 2 Satze 2 vorgeschriebenen entsprechenden Anwendung des § 2151 Abs. 3 Satzes 2 kann nur eine Anwendung verstanden sein, die dahin führt, im Falle des fruchtlosen Verstreichens der dem Dritten zur Abgabe der Erklärung gestellten Frist das Wahlrecht auf den Beschwerten übergehen zu lassen.

kann der Bedachte, wenn bis zum Beginne der Zwangsvollstreckung die Wahl nicht stattfindet, die Zwangsvollstreckung nach seiner Wahl auf die eine oder die andere Leistung richten. Der Beschwerte kann sich jedoch, solange nicht der Bedachte die gewählte Leistung ganz oder zum Teile empfangen hat, durch eine der übrigen Leistungen von seiner Verbindlichkeit frei machen.[25]

Hat der Bedachte das Wahlrecht und gerät er in Verzug, so kann der Beschwerte ihn unter Bestimmung einer angemessenen Frist zur Vornahme der Wahl auffordern. Mit dem Ablaufe der Frist geht das Wahlrecht auf den Beschwerten über, wenn nicht der Bedachte rechtzeitig die Wahl vornimmt.[26]

Ebenso wie bei dem Vermächtnisse, das dem Beschwerten oder dem Bedachten oder einem Dritten unter mehreren Gegenständen, von denen einer Gegenstand des Vermächtnisses werden soll, die Wahl giebt, ist die Tragweite des Grundsatzes, daß der Erblasser die Bestimmung des Gegenstandes der Zuwendung nicht einem Anderen überlassen kann, begrifflich eingeschränkt bei dem Vermächtnisse einer nur der Gattung nach bestimmten Sache.[27] Ein solches Vermächtnis ist insofern auch ein Wahlvermächtnis, als beim Mangel einer abweichenden Bestimmung des Erblassers die zu der bestimmten Gattung gehörige Sache, die als Gegenstand des Vermächtnisses geleistet werden soll, durch Wahl zu bestimmen ist. Nach der Regel, die für alle Schuldverhältnisse gilt, bei denen mehrere Leistungen in der Art geschuldet werden, daß nur die eine oder die andere Leistung zu bewirken ist,[28] steht auch hier das Wahlrecht im Zweifel dem Beschwerten zu.[29]

Eine nur der Gattung nach vorliegende Bestimmtheit der Sache würde in vielen Fällen, wenn kein Anhalt dafür vorhanden ist, den Willen des Erblassers zu erkennen und festzustellen, den Vermächtnisgegenstand für die Annahme eines wirksamen Vermächtnisses nicht bestimmt genug erscheinen lassen. Deshalb hat das Gesetzbuch zur Er-

---

[25] B.G.B. § 264 Abs. 1.

[26] B.G.B. § 264 Abs. 2.

[27] B.G.B. § 2155.

[28] B.G.B. § 262.

[29] Der Satz folgt auch aus dem § 2155. Denn mit der Bestimmung, nach welcher der Bedachte Anspruch auf eine seinen Verhältnissen entsprechende Sache hat, und mit dem Satze, der den Fall entscheidet, daß der Erblasser die Bestimmung der Sache dem Bedachten oder einem Dritten übertragen hat, und daß die von dem Bedachten oder dem Dritten getroffene Bestimmung den Verhältnissen des Bedachten offenbar nicht entspricht, ist der Satz von selbst gegeben, daß im Zweifel der Beschwerte die Sache, die der Bedachte erhalten soll, zu bestimmen hat.

gänzung des nicht mit nötiger Sicherheit erkennbaren Willens des Erblassers Aushilfbestimmungen für notwendig gehalten. Der erste Entwurf enthielt die Bestimmung, daß der Beschwerte eine Sache von mittlerer Art und Güte, die den Verhältnissen des Bedachten entspreche, auszuwählen habe.[30] In der Kommission für die zweite Lesung des Entwurfes waren die Meinungen darüber, wie die Aushilfe zu bestimmen sei, geteilt. Von der einen Seite wurde die Meinung aufgestellt, daß in den Verhältnissen des Bedachten der richtige Maßstab für die erforderliche Ergänzung der Willenserklärung des Erblassers gefunden werden müsse.[31] Von anderer Seite wurde das auch in anderen Fällen mangelnder Bestimmtheit des Gegenstandes beliebte Aushilfmittel vorgezogen, daß eine Sache mittlerer Art und Güte zu leisten sei.[32] Die erstere Meinung ist im preußischen Gesetzbuche angenommen,[33] die letztere im sächsischen.[34] Die Mehrheit der Kommission entschied sich für die erstere Meinung. Man nahm an, bei Rechtsgeschäften unter Lebenden sei in Ermangelung abweichender Vereinbarungen als Wille der Beteiligten anzusehen, daß eine Sache mittlerer Art und Güte geleistet werde. Aus den auf eine Begünstigung des Bedachten abzielenden letztwilligen Verfügungen aber dürfe auch ohne besondere Erklärung als Absicht des Erblassers gelten, daß der zu leistende Gegenstand den Verhältnissen des Bedachten entsprechen solle. Für den Fall, daß insoweit ein Anhalt nicht zu gewinnen sei, sprach sich die Kommission dahin aus, daß auch beim Vermächtnisse einer nur der Gattung nach bestimmten Sache aushilfsweise die allgemeine Regel, nach der im Zweifel eine Sache von mittlerer Art und Güte zu leisten sei, zur Anwendung kommen müsse.[35]

Darüber, wie die Bestimmung der Sache beim Gattungvermächtnisse sich zu gestalten habe, wenn die Bestimmung dem Bedachten oder einem Dritten übertragen ist, nimmt das Gesetzbuch auf die beim Wahlvermächtnisse für die Wahl des Dritten geltenden Vorschriften Bezug.[36] Die Anwendung gestaltet sich im einzelnen dahin:

---

[30] Erster Entwurf §§ 1863, 213.

[31] Protokolle, 349. Sitzung S. 6943.

[32] Protokolle a. a. O.

[33] A.L.R. I 12 § 404.

[34] Sächs. Gesetzb. §§ 2467, 696. — Für das französische Recht ist bei der zweiten Lesung des Entwurfes bezeugt worden, daß in demselben der Mangel einer besonderen Bestimmung für das Gattungvermächtnis nicht als Nachteil empfunden werde. Protokolle a. a. O. S. 6943.

[35] Protokolle a. a. O. S. 6943 f.

[36] B.G.B. § 2155 Abs. 2.

Ist die Bestimmung einem Dritten übertragen, so erfolgt sie durch Erklärung gegenüber dem Beschwerten.[37] Kann der Dritte die Bestimmung nicht treffen, so geht das Recht der Bestimmung auf den Beschwerten über.[38] Hat der Beschwerte oder der Bedachte das Recht zur Bestimmung des zu leistenden Gegenstandes, so ist die Erklärung dem anderen Teile gegenüber abzugeben.[39] Giebt der zur Bestimmung des Gegenstandes berufene Dritte die Erklärung nicht ab, so hat das Nachlaßgericht auf den Antrag eines der Beteiligten dem Dritten eine Frist zur Erklärung zu setzen. Verläuft die Frist, ohne daß eine Erklärung abgegeben wird, so geht das Recht der Bestimmung auf den Beschwerten über. Steht die Bestimmung dem Bedachten zu, und nimmt er die Bestimmung nicht vor, so geht die Befugnis, die Sache zu bestimmen, wenn der Bedachte auch innerhalb einer ihm vom Nachlaßgerichte gesetzten Frist die Bestimmung unterläßt, ebenfalls auf den Beschwerten über.[40]

Das Gesetzbuch hat noch für den Fall besondere Bestimmung getroffen, daß eine von dem Bedachten oder einem Dritten getroffene Bestimmung des zu leistenden Gegenstandes den Verhältnissen des Bedachten offenbar nicht entspricht. Die Bestimmung geht dahin, daß in diesem Falle der Beschwerte so zu leisten hat, wie wenn der Erblasser über die Bestimmung der Sache keine Anordnung getroffen hätte.[41] Der Sinn dieser Bestimmung ist der, daß der Beschwerte selbst die Sache zu bestimmen hat, mit deren Leistung er sein Vermächtnis erfüllen will.

Bietet der Beschwerte dem Bedachten als Erfüllung der Vermächtnispflicht eine Sache an, von welcher der Bedachte behauptet, daß sie seinen Verhältnissen nicht entspreche, so muß die Sache im Wege des Rechtsstreites entschieden werden. Läßt es aber der Beschwerte zur Klage und dazu kommen, daß er zur Leistung des Vermächtnisses nach Maßgabe der von ihm zu treffenden Bestimmung verurteilt wird, so kann der Bedachte die Zwangsvollstreckung auf die eine oder die andere Leistung richten. Der Beschwerte kann aber, solange nicht der Bedachte diese Leistung ganz oder zum Teile empfangen hat, durch eine der übrigen Leistungen unter der Voraussetzung, daß die Leistung, zu der er bereit ist, den Verhältnissen des Bedachten entspricht, sich von seiner Verpflichtung befreien.[42]

---

[37] B.G.B. § 2154 Satz 2.
[38] B.G.B. § 2154 Abs. 2 Satz 1.
[39] B.G.B. § 263 Abs. 1.
[40] B.G.B. § 2154 Abs. 2, § 2151 Abs. 3 Satz 2.
[41] B.G.B. § 2155 Abs. 3.
[42] B.G.B. § 264.

Als Abweichung von dem Grundsatze, daß der Erblasser in seiner letztwilligen Verfügung nicht anf seine Verfügungmacht zu gunsten eines Anderen verzichten kann, muß auch die Bestimmung des bürgerlichen Gesetzbuches angesehen werden, die es zuläßt, daß der Erblasser die Bestimmung des Zeitpunktes der Fälligkeit eines Vermächtnisses in die Willkür des Beschwerten stellt. Eine solche letztwillige Verfügung hat die Bedeutung, daß, wenn der Beschwerte ihr bei seinen Lebzeiten nicht nachgekommen ist, das Vermächtnis mit seinem Tode fällig wird.[43] Der Satz ist aus dem römischen Rechte in das Gesetzbuch übernommen worden.[44]

Das bürgerliche Gesetzbuch macht endlich eine Ausnahme von dem Satze, daß der Erblasser die Bestimmung der Person, die eine Zuwendung erhalten soll, nicht einem Anderen überlassen kann, auch bei der Auflage, indem es anordnet, daß der Erblasser bei der Anordnung einer Auflage, deren Zweck er bestimmt hat, die Bestimmung der Person, an welche die Leistung erfolgen soll, dem Beschwerten oder einem Dritten überlassen kann.[45] Die Kommission für die zweite Lesung des Entwurfes erwog, daß diese Ausnahme durch die Bedürfnisse des praktischen Lebens gerechtfertigt werde, daß man in Begrenzung der Ausnahme mindestens keine strengere Behandlung eintreten lassen dürfe als beim Vermächtnisse, und daß es sich nur fragen könne, ob man über die für das Vermächtnis angenommenen Sätze hinausgehen solle. In dieser Richtung wurde erwogen, daß, wenn man die für das Vermächtnis angenommenen Bestimmungen auf die Auflage übertragen wolle, man den Erblasser zu sehr einschränken und häufig vorkommende Fälle, in denen der Erblasser einen größeren Kreis von Personen bedenken wolle, ohne einer jeden der diesem Kreise angehörigen Personen ein Klagerecht zu gewähren, unmöglich machen würde. Auf der anderen Seite gehe es auch nicht an, bezüglich der Bestimmtheit des Willens gar keine Anforderungen zu stellen, da dies mit dem Grundsatze der Unzulässigkeit einer Vertretung in Erklärung des letzten Willens in zu großem Widerspruche stehen würde. Daher sei die Mitte einzuhalten. Dem entspreche der angenommene Satz.[46]

Die Kommission hat sich noch mit Anträgen beschäftigt, die weiteren Abweichungen von dem Grundsatze, daß der Erblasser die Bestimmung des Bedachten und den Gegenstand der Zuwendung nicht einem Anderen wirksam überlassen kann, Raum geben sollten. So wurde zwar mit

---

[43] B.G.B. § 2181.

[44] L. 11 § 6, l. 41 § 13 D. de leg. III (32). S. unten § 18 Anm. 17.

[45] B.G.B. § 2193 Abs. 1.

[46] Protokolle, 335. Sitzung S. 6627 flg. — In Ansehung der Vermächtnisse s. oben S. 53 zu Anm. 6.

der Annahme jenes Grundsatzes als entschieden angesehen, daß eine letztwillige Verfügung ungültig sei, durch die der Erblasser die Ernennung eines Erben einem Anderen auftrage. Aber die Frage wurde damit noch nicht als erledigt angesehen, ob eine Erbeinsetzung ungültig sei, wenn der Erblasser unter mehreren von ihm bestimmt bezeichneten Personen die Wahl einem Dritten übertragen habe. In der Kommission bestand über die Frage Meinungverschiedenheit. Die Kommission verneinte die Frage mit Stimmenmehrheit. Man nahm an, es liege kein Bedürfnis vor, eine Erbeinsetzung für gültig zu erklären, wenn der Erblasser einem Dritten die Wahl des Erben unter mehreren bestimmt bezeichneten Personen eingeräumt habe. Von selbst verstehe sich, daß die Zulassung einer solchen Erbeinsetzung gegen den Grundsatz verstoße, daß der Erblasser die Bestimmung der Person, die eine Zuwendung erhalten solle, nicht einem Anderen überlassen könne. Habe man nun auch für die Errichtung eines Vermächtnisses mit Rücksicht auf das für Vermächtnisse bestehende Bedürfnis eine Ausnahme von dem in Rede stehenden Grundsatze gemacht, so sei für die Erbeinsetzung ein solches Bedürfnis doch nicht zu behaupten. Der Erblasser, der noch nicht darüber schlüssig sei, wen er einsetzen solle, und der sich deshalb bei der Wahl des von ihm zu ernennenden Erben eines Dritten bedienen wolle, thue besser, wenn er ein Vermächtnis errichte oder eine Auflage anordne. Die Zulassung einer Wahl bei der Berufung eines Erben müsse formelle Schwierigkeiten betreffs der Frage verursachen, ob die zu wählende Person wirklicher Erbe oder Nacherbe werden solle. Und eine Erbeinsetzung würde im Gegensatze zu einem Vermächtnisse auch nach außen Schwierigkeiten zur Folge haben, nämlich gegenüber den Erbschaftgläubigern und den Erbschaftschuldnern. Diese würden, wenn es von der Wahl eines Dritten abhängig wäre, wer Erbe werden solle, häufig nicht in der Lage sein, rechtzeitig und mit Sicherheit zu erfahren, wer zum Erben gewählt und wann er gewählt, wer also als Erbe zu betrachten sei.[47]

Bei den Beratungen der Kommission für die zweite Lesung des Entwurfes wurde sodann auch der Antrag gestellt, von dem Satze, daß der Erblasser die Bestimmung der Person, die eine Zuwendung erhalten soll, sowie die Bestimmung des Gegenstandes der Zuwendung nicht einem Anderen überlassen könne, eine Ausnahme für den Fall zu machen, daß sich aus dem Inhalte der letztwilligen Verfügung oder aus den Umständen die für die Bestimmung maßgebenden Absichten des Erblassers ergeben. Der Antrag wurde aber abgelehnt. Es wurde eingewendet,

---

[47] Protokolle, 335. Sitzung S. 6625 flg.

daß, soweit der Antrag richtig sei, kein Bedürfnis bestehe, eine besondere gesetzliche Vorschrift zu erlassen. Soweit nämlich eine dem Antrage entsprechende gesetzliche Anordnung Raum zur Anwendung finden würde, werde vielfach der Gesichtspunkt der Auflage zutreffen. Öfters werde auch ein gültiges Vermächtnis anzunehmen sein. Es erscheine aber bedenklich, den vorgeschlagenen Satz in das Gesetzbuch aufzunehmen. Die Vorschrift könne leicht auf Fälle angewendet werden, für die sie nicht berechnet sei, und in Bezug auf die ihre Anwendung im Widerspruche mit den angenommenen Grundsätzen stehen würde. Nach dem Antrage solle es nicht nur auf die in der letztwilligen Verfügung zum Ausdrucke gebrachte Absicht des Erblassers, sondern auch auf eine aus anderen in der Verfügung nicht erwähnten Umständen sich ergebende Absicht ankommen. Daher würde das Verhältnis so aufgefaßt werden müssen, daß der Dritte doch thatsächlich den Willen des Erblassers zu ergänzen hätte.[48] Diese Ausführungen, nach denen der Antragsteller seinen Antrag zurückzog, zeigen, wie die Kommission an den im § 2065 B.G.B. aufgestellten Grundsätzen festgehalten hat.

§ 18. 2. Das bisherige Recht.

a) Das römische Recht.

Mit dem Rechtssatze, daß der Erblasser die Bestimmung des konkreten Inhaltes einer letztwilligen Verfügung nicht dem Willen eines Dritten überlassen kann, erklären die römischen Rechtsbücher für unzulässig, daß der Erblasser Personen zu Erben einsetze, die ein Anderer demnächst bestimmen werde.[1] Sie geben aber dem Satze eine Begrenzung, die zu seiner Umgehung herausfordert, und machen ihn damit in Wahrheit bedeutungslos. In den Quellen ist nämlich ausgesprochen, daß die Wirksamkeit einer letztwilligen Verfügung von der willkürlichen Handlung eines Anderen und insofern doch von dessen Willkür abhängig gemacht werden könne.[2] Man kann nämlich eine Erbeinsetzung in der

---

[48] Protokolle, 336. Sitzung S. 6646 flg.

[1] L. 32 pr. D. de hered. iust. (28, 5): Illa institutio: „Quos Titius voluerit,“ ideo vitiosa est, quod alieno arbitrio permissa est. Nam satis constanter veteres decreverunt, testamentorum iura per se firma esse oportere, non ex alieno arbitrio pendere.

[2] So heißt es in der l. 69 (68) l. c.: Pomponius: Si quis Sempronium heredem instituerit sub hac condicione: „Si Titius in capitolium ascenderit,“ quamvis non alias heres esse possit Sempronius, nisi Titius ascendisset in capitolium, et hoc ipsum in potestate sit repositum Titii: quia tamen scriptura non est expressa voluntas Titii, erit utilis ea institutio. Atque si quis ita

Art bedingt vornehmen, daß man von einer willkürlichen an sich bedeutungslosen Handlung eines Dritten es abhängig macht, ob der ernannte Erbe Erbe werden soll. Und man kann dementsprechend, indem man die Absicht hat, das Erbewerden des ernannten Erbes von der Willkür eines bestimmten Dritten abhängig zu machen, dies dadurch erreichen, daß man die betreffende Person unter der Bedingung zum Erben einsetzt, daß jener Dritte irgend eine bestimmte wenn auch an und für sich bedeutungslose Handlung vornimmt. In der (Anm. 2) angeführten Stelle giebt Pomponius Unterweisung, wie ein Erblasser es herbeiführen kann, daß ein Dritter die Entscheidung darüber habe, ob eine bestimmte Person sein — des Erblassers — Erbe werden solle. Der Erblasser darf diesen Willen nicht ausdrücklich aussprechen, sondern muß ihn in die Form einer dem Dritten auferlegten in einer willkürlichen Handlung bestehenden Potestativbedingung einkleiden (verbis tegere). Daß mit dieser Auffassung vor einem deutschen gemeinrechtlichen Gerichtshofe durchzudringen sein würde, wenn der Fall einer Erbeinsetzung unter der Bedingung, daß ein Dritter eine an sich gleichgültige Handlung vornimmt, in Frage steht und die Erbeinsetzung als unwirksam dargestellt wird, weil die Bedingung zur Umgehung des Gesetzes beseitigt ist, möchte trotz der Autorität des Pomponius schwer anzunehmen sein.

Ebenso wie der Erblasser von der Bestimmung eines Dritten nicht abhängig machen kann, wer Erbe werden soll, erklärt das römische Recht in einer Reihe von Stellen ein Vermächtnis für unwirksam, das der Erblasser mit den an den Beschwerten gerichteten Worten: „wenn du so wollen wirst", anordnet, oder das er in die Willkür eines Dritten stellt.[3] Aber auch hier zeigen sich Schwierigkeiten.[4] Die Haupt-

scripserit: „Si Titius voluerit, Sempronius heres esto," non valet institutio: quaedam enim in testimentis si exprimantur, effectum nullum habent, quando, si verbis tegantur, eandem significationem habeant, quam haberent expressa, et momentum aliquod habebunt.

[3] Si volueris, l. 11 § 4 D. de leg. III (32) oder „si heres voluerit," l. 46 § 3 D. de fideic. libert. (40, 5).

[4] L. 52 D. de condic. (35, 1). Modestinus: Nonnumquam contingit, ut quaedam nominatim expressa efficiant, quamvis omissa tacite intellegi potuissent nec essent offutura. quod avenit, si alicui ita legatur: „Titio decem lego, si Maevius capitolium ascenderit." nam quamvis in arbitrio Maevii sit, an capitolium ascendat et velit efficere, ut Titio legatum debeatur, non tamen poterit aliis verbis utiliter legari: „Si Maevius voluerit, Titio decem do": nam in alienum arbitrium conferri legatum non potest. expressa nocent, non expressa non nocent. Das heißt doch nichts anderes als: Hätte der Erblasser offen ausgesprochen: „Ich vermache dem Titius zehn, wenn Mävius es so will," so hätte Titius nichts zu fordern. Da aber der Erblasser gesagt hat: „Titius soll zehn haben, wenn Mävius auf das Kapitol gestiegen sein wird," so besteht ein Vermächtnis-

schwierigkeit besteht in mehreren Aussprüchen Ulpians, die dahin gehen, daß der Erblasser wirksam ein Vermächtnis zwar nicht in die Willkür des belasteten Erben, aber doch in die eines beliebigen Dritten stellen kann.[5] Manche Schriftsteller haben hier einen offen vorliegenden Widerstreit zwischen Ulpian einerseits, Modestin und Pomponius andererseits angenommen. Andere haben versucht, den nach den Worten bestehenden Widerstreit durch Auslegung zu beseitigen. Die Streitfrage harrt noch der Lösung. Die überwiegende Mehrzahl der Schriftsteller vertritt die Meinung, daß ein Vermächtnis gültig nicht von der Willkür eines Anderen, sei dies der Beschwerte oder ein Dritter, abhängig gemacht werden kann.[6]

Der Satz, daß der konkrete Inhalt einer letztwilligen Verfügung vom Erblasser nicht der willkürlichen Bestimmung eines Anderen überlassen werden könne, ist noch von einem anderen Gesichtspunkte aus angegriffen worden. Man hat nämlich die Meinung aufgestellt, daß der Satz, soweit er im römischen Rechte überhaupt Geltung gehabt habe, nicht mehr in Geltung stehe, sondern durch eine Bestimmung des kanonischen Rechtes, nämlich durch cap. 13 X de testam. (3, 26),[7] auf-

---

anspruch, der davon abhängig ist, daß Mävius auf das Kapitol steigt, obgleich das Besteigen des Kapitols eine gleichgültige Handlung ist, die an sich für niemanden etwas zu bedeuten hat.

[5] L. 43 § 2 D. de leg. I (30), Ulpianus: Legatum in aliena voluntate poni potest, in heredis non potest; l. 1 pr. de leg. II (31), Ulpianus: In arbitrium alterius conferri legatum veluti condicio potest: quid enim interest, „si Titius in capitolium ascenderit," mihi legetur, an „si voluerit?"

[6] Über die Streitfrage s. v. Vangerow, Pandekten Bd. 2 § 432 und die dort angegebene Litteratur.

[7] Qui extremam voluntatem in alterius dispositionem committit, non videtur decedere intestatus. Die Worte sind einer vom Papste Innocenz III. an den Bischof von Auxerre auf eine Anfrage des letzteren erlassenen Verfügung entnommen. Der Bischof erhob auf Grund eines päpstlichen Indultes Anspruch auf den Nachlaß eines angeblich ohne Testament verstorbenen Geistlichen. Dieser Geistliche hatte einen Treuhänder bestellt und diesem die Verfügung über den Nachlaß und dessen Verwendung anheimgegeben. Und es entstand Streit darüber, ob bei solcher Anordnung der Fall des Indultes ausgeschlossen sei. Der Papst entschied sich für die Ausschließung. — Vertreter der Ansicht, daß durch den Inhalt der Dekretale der in Rede stehende Satz des römischen Rechtes aufgehoben sei, sind u. A. Schrader, Abhandl. aus dem Civilrecht Bd. 1 Abhandl. 3 S. 71 flg.; Roßhirt, Verm. Bd. 1 S. 318 flg.; Mayer, Lehre von den Legaten Bd. 1 S. 191 flg. Die entgegenstehende Ansicht wird hauptsächlich verteidigt von Glück, Pandektenkommentar Bd. 34 S. 3 flg., v. Vangerow, Pandekten Bd. 2 S. 96 flg., Beseler, Zeitschr. für Deutsches Recht Bd. 9 S. 192 flg. — Dernburg bemerkt zu dem Streite: „Daß der ursprüngliche Sinn dieses Stückes einer Dekretale nicht soweit trägt, als dies für die Aufnahme in die Dekretalensammlung in fragmentarischer Gestalt der Fall ist, dürfte vom Standpunkte der kanonischen Kodifikation aus kaum genügen, um den

gehoben sei. Wäre diese Meinung richtig, so würde auf dem Gebiete der hier in Frage stehenden Rechtseinrichtungen jene Bestimmung des kanonischen Rechtes als Bestandteil des gemeinen Rechtes bis zum Inkrafttreten des bürgerlichen Gesetzbuches Geltung haben. Allein die Meinung ist weder im gemeinen Rechte zur Geltung gekommen, noch in neuere Gesetzeswerke übergegangen.

Die römischen Rechtsbücher beschränken den Satz, daß ein Vermächtnis nicht von der Willkür eines Anderen, sei es des Beschwerten oder eines Dritten, abhängig gemacht werden könne, in verschiedenen Richtungen. So kann ein dem Erben auferlegtes Vermächtnis unter die Bedingung gestellt werden, daß der Erbe nicht etwa anderen Willens sein sollte. Hat hier der beschwerte Erbe gegen den Bedachten erklärt, daß er das Vermächtnis erfüllen wolle, so schuldet er es und kann seinen Willen nicht mehr ändern.[8] Die fragliche Stelle läßt die Abneigung des Juristen (Ulpians) erkennen, einem Vermächtnisse Wirksamkeit deshalb abzusprechen, weil es der Erblasser von der Willkür eines Anderen abhängig gemacht habe. Er erklärt es für gültig, weil es von einer Bedingung abhängig gemacht, die Bedingung mit der Erklärung des Beschwerten, er wolle das Vermächtnis erfüllen, eingetreten sei, und es nun nicht mehr darauf ankommen könne, ob der Beschwerte sich anders besonnen habe. Und der Fall der Ungültigkeit des Vermächtnisses kommt nicht in Frage, weil das Vermächtnis nicht von einem velle des Beschwerten, sondern von einem non nolle desselben abhängig gemacht sei. Daß man zu einem solchen Ergebnisse nicht gelangen kann, wenn man nicht Mittel sucht, den Konsequenzen des Satzes, daß ein Vermächtnis in die Willkür eines Anderen nicht gestellt werden könne, zu entgehen, scheint nicht zweifelhaft zu sein. Und ebensowenig zweifelhaft, daß man mit den oben dargelegten Sätzen des bürgerlichen Gesetzbuches nicht dahin kommen kann, einen Vermächtnisanspruch für begründet zu halten, wenn der Erblasser das Vermächtnis von der Bedingung abhängig gemacht hat, daß der beschwerte Erbe nichts dagegen habe, und der Erbe den zuerst ausgesprochenen Willen, dem Vermächtnisse nachzukommen, später ändert.

Die römischen Rechtsbücher lassen ferner zu, daß der Erblasser ein Vermächtnis von dem billigen Ermessen des Beschwerten oder eines

---

deutlich ausgedrückten Satz, der mit den Tendenzen des kanonischen Rechtes ganz übereinstimmt, zu elidieren" (Preuß. Privatr. Bd. 3 § 119 Anm. 9).

[8] L. 11 § 5 D. de leg. III (32): Sic fideicommissum relictum: „nisi heres meus noluerit, illi decem dari volo" quasi condicionale fideicommissum est et primam voluntatem exigit: ideoque post primam voluntatem non erit arbitrium heredis dicendi noluisse.

Dritten abhängig macht. Die Quellen bieten hier dem Erblasser eine ganze Reihe von Ausdrücken zur Auswahl behufs der Bezeichnung eines in das billige Ermessen eines Anderen gestellten Vermächtnisses.[9] Maßgebend wird zur Bestimmung des Ermessens immer der Gesichtspunkt des arbitrium boni viri sein müssen. Aber der beste Wille, das billige Ermessen walten zu lassen, muß zur Willkür werden, wenn ihm keine nähere Bestimmung gegeben wird, als eben die des billigen Ermessens. Man wird also zu unterstellen haben, daß der Erblasser bei der in Frage kommenden letztwilligen Verfügung demjenigen, der das Ermessen walten zu lassen hat, genauere Kenntnis der für die Anordnung des Vermächtnisses maßgebenden Verhältnisse beimißt als die, welche er sich selbst beilegt. Und wenn man von diesem Gesichtspunkte aus die einzelnen Stellen des römischen Rechtes, in denen von Vermächtnissen die Rede ist, die von dem Ermessen eines Anderen abhängig gemacht werden, mit der Bestimmung des bürgerlichen Gesetzbuches, die an die Stelle der römischrechtlichen Sätze treten soll, vergleicht, so wird es nicht zweifelhaft sein, daß in der Bestimmung des bürgerlichen Gesetzbuches ein großer Fortschritt gegen die Aussprüche der römischen Rechtsbücher gefunden werden muß. Das bürgerliche Gesetzbuch schreibt nämlich vor, daß der Erblasser bei Anordnung eines Vermächtnisses, dessen Zweck er bestimmt hat, die Bestimmung der Leistung dem billigen Ermessen des Beschwerten oder eines Dritten überlassen kann.[10] Der Erblasser hat also den Zweck festzusetzen, zu dem er ein Vermächtnis aussetzen will. Die Anordnung der Ausführungbestimmungen, zu denen auch die nähere Bestimmung des Gegenstandes des Vermächtnisses gehört, kann er zur Sache des Beschwerten oder eines Dritten machen.

Nach römischem Rechte kann ein Vermächtnis auch in der Art ausgesetzt werden, daß von mehreren im Testamente genannten Personen die eine den Gegenstand des Vermächtnisses erhalten soll, der Erblasser aber die Person des Berechtigten nicht bestimmt. Die Digesten lassen diesen Fall von dem Satze, nach welchem ein Vermächtnis in die Willkür eines Anderen nicht gestellt werden kann, darum nicht getroffen werden, weil der Erblasser ein Vermächtnis immerhin angeordnet hat,

[9] So wird in der l. 75 pr. D. de leg. I (30) (Ulpianus) das Vermächtnis für gültig erklärt, das unter der Bedingung auferlegt wird: „si aestimaverit heres", „si comprobaverit", „si iustum putaverit". Die l. 1 § 1 D. de leg. II (31) (Ulpianus) erklärt ein zu Gunsten eines Pupillen arbitrio tutorum auferlegtes Vermächtnis für gültig. Ebenso (Ulpianus) in der l. 11 § 7 de leg. III: „si fueris arbitratus", „si putaveris", „si aestimaveris", „si utile tibi fuerit visum" vel „videbitur". Ähnlich Ulpianus l. 46 §§ 3, 4 D. de fideic. libert. (40, 5).

[10] B.G.B. § 2156. S. oben § 17 Anm. 6 S. 53.

und nur die Person des Vermächtnisnehmers aus mehreren Personen ausgewählt werden soll.[11] Giebt der beschwerte Erbe den Gegenstand des Vermächtnisses einer der Personen, die der Erblasser als empfangsberechtigt bezeichnet hat, so ist die in Rede stehende Vermächtnisschuld gegenüber allen Personen, unter denen der Erbe zu wählen hat, getilgt.[12] Giebt er den Gegenstand des Vermächtnisses keiner der fraglichen Personen, so stehen alle diese Personen ihm zur Klage berechtigt gegenüber.[13]

Auch der Gegenstand eines Vermächtnisses kann nach römischem Rechte wirksam der Bestimmung eines Anderen überlassen werden. Die römischen Rechtsbücher sehen insbesondere den Fall vor, daß eine nur der Gattung nach bestimmte Sache zum Gegenstande eines Vermächtnisses gemacht ist, und der Beschwerte die Sache auszuwählen hat, die der Bedachte haben soll. Solchenfalls darf der Beschwerte nicht die schlechteste Sache wählen. Hat der Beschwerte wissentlich eine fehlerhafte Sache hergegeben, und ist der Bedachte durch sie geschädigt worden, so hat der Bedachte Anspruch auf Schadensersatz und kann an Stelle der fehlerhaften Sache eine andere fordern.[14] Die Rechtsbücher beschäftigen sich aber auch mit dem Falle, daß der Erblasser die Wahl der bestimmten Gattungsache, die der Vermächtnisnehmer erhalten soll, einem Dritten aufgetragen hat, und daß dieser Dritte nicht wählen kann oder nicht wählen will. Diesen Fall entscheidet der Kaiser Justinian dahin, daß, wenn der Dritte innerhalb eines Jahres sich nicht zur Wahl entschließt oder während dieser Zeit verhindert ist, die Wahl vorzunehmen, oder, ohne die Wahl vorzunehmen, mit Tod abgeht, der Vermächtnisnehmer wahlberechtigt wird, aber nicht die beste Sache wählen darf, sondern mit einer Sache mittlerer Art und Güte sich begnügen muß.[15]

Eine Ausnahme von der Bestimmtheit einer letztwilligen Verfügung wird in den Rechtsbüchern ferner insofern zugelassen, als der Erblasser die Zeit der Fälligkeit eines Vermächtnisses in die Willkür des Beschwerten stellen kann. Solchenfalls wird das Vermächtnis, wenn ihm

---

[11] L. 7 § 1 D. de reb. dub. (34, 5) Gaius —: verissimum est utile esse fideicommissum. nec enino in arbitrio eius qui rogatus est positum est, an omnino velit restituere, sed cui potius restituat.

[12] L. 16 D. de leg. II (31) Celsus: Si Titio aut Seio, utri heres vellet, legatum relictum est, heres alteri dando ab utroque liberatur.

[13] Ibid: Si neutri dat, uterque petere potest, atque si ipsi soli legatum foret: nam ut stipulando duo rei constitui possunt, ita et testamento potest id fieri. L. 24 ibid.

[14] L. 110 D. de leg. I (30).

[15] L. 3 § 1 C. comm. de leg. (6, 43) verba: Set et si quis optionem servi vel alterius rei reliquerit non ipsi legatario etc.

der Beschwerte bei seinen Lebzeiten noch nicht nachgekommen ist, mit dem Tode des Beschwerten fällig.[16] Das bürgerliche Gesetzbuch für das Deutsche Reich hat diesen Rechtssatz übernommen.[17]

§ 19. b) Neuere Gesetzbücher.

1. Von den auf deutschem Boden in Geltung stehenden neueren Gesetzbüchern haben einige die römischen Rechtsgedanken wiedergegeben. So erklärt das württembergische Landrecht von 1610 die Einsetzung eines Erben, den ein Anderer erwählen und benennen soll, für unwirksam. Ebenso spricht es der letztwilligen Anordnung, daß ein vom Erblasser benannter Erbe nur Erbe werden solle, wenn eine bestimmte andere Person damit einverstanden sei, die Wirksamkeit ab. Die entsprechende Anwendbarkeit dieser Sätze auf Vermächtnisse aber folgt aus den Bestimmungen des Gesetzbuches, die sich auf die Errichtung von Vermächtnissen beziehen.[1]

2. Ebenso ordnet das bayerische Landrecht an, daß der Erblasser die Bestimmung des Inhaltes einer letztwilligen Verfügung nicht wirksam dem Ermessen eines Anderen überlassen könne.[2]

3. Das preußische Gesetzbuch hat den Satz aufgestellt, daß der Willkür eines Dritten die Ernennung eines Erben oder Vermächtnisnehmers nicht überlassen werden könne.[3] Der Satz entspricht, soweit es sich um die Ernennung eines Erben handelt, dem römischen Rechte. Der Schleichweg, auf dem der Satz durch Einsetzung eines Erben unter einer aufschiebenden Bedingung, durch die das Erbewerden des Eingesetzten von einer gleichgültigen Handlung eines Dritten abhängig gemacht wird, nach römischem Rechte umgangen werden kann,[4] erscheint nach preußischem Rechte nicht gangbar.[5] Soweit die Ernennung eines

---

[16] L. 11 § 6, l. 41 § 13 D. de leg. III (32).

[17] B.G.B. § 2181. S. oben § 17 Anm. 44.

[1] Württembergisches Landrecht III 11 § 4, III 24 § 1 flg.

[2] Cod. Maximil. Bav. civ. III 2 § 5.

[3] A.L.R. I 12 § 49. [4] S. oben § 18 Anm. 2 S. 61 f.

[5] Wenigstens ist durch die Veröffentlichung der Rechtsprechung ein solcher Fall nicht bekannt geworden. Dernburg, preuß. Privatrecht Bd. 3 § 119, bemerkt, nach preußischem Rechte werde es nicht zulässig sein, eine bloß in der Willkür eines Dritten beruhende Handlung als Bedingung zu setzen, da es bei uns auf die Sache und nicht auf die Form ankomme. — Im übrigen ist hier von bemerkenswerten bekannt gewordenen Entscheidungen des vormaligen preußischen Obertribunales die in Strieth. Archiv Bd. 26 S. 142 abgedruckte zu erwähnen. Dieselbe beschäftigt sich mit der Frage, ob im Streitfalle eine nach § 49 A.L.R. I 12 unzulässige Ernennung eines Erben angeordnet sei. Eltern hatten ihre Kinder unter der Bestimmung zu Erben eingesetzt, daß eins der Kinder das ganze beiderseitige Vermögen mit der Verpflichtung, an seine Geschwister eine bestimmte Geldsumme zu zahlen, erhalten, die

Vermächtnisnehmers in Frage steht, soll der Satz die im römischen und gemeinen Rechte bestehenden Zweifel beseitigen.[6] Andere Rechtssätze als

---

Wahl des Übernehmens einem Dritten überlassen sein und das Kind, das mit der Anordnung nicht zufrieden sein würde, auf den Pflichtteil eingesetzt sein sollte. Das Obertribunal erachtete die testamentarische Anordnung für gültig, indem es mit der Einsetzung des unzufriedenen Kindes auf den Pflichtteil die Frage des Verstoßes gegen den § 49 als erledigt ansah. Die Richtigkeit der Entscheidung an sich ist von keiner Seite bestritten worden. Von der einen Seite (Förster und Eccius, Theorie und Praxis Bd. 4 § 250 Anm. 1) wird angenommen, es handele sich nicht um den Auftrag der Auswahl eines Erben, sondern um die aufgetragene Besorgung einer Erbteilung. Kochs Auffassung (Kommentar zu § 49 A.L.R. I 12 Anm. 58) kommt auf dasselbe hinaus. Dernburg (preuß. Privatr. Bd. 3 § 119 Anm. 12) hält es für zulässig, im Testamente anzuordnen, daß die Person desjenigen Kindes, welches das väterliche Gut dereinst übernehmen solle, nach der vorzüglicheren Befähigung hierzu von Angehörigen oder Freunden des Erblassers bestimmt werde. Es müsse nicht notwendig im Testamente gesagt sein, daß die Bestimmung des Dritten die eines bonus vir sein solle. Es könne dies auch, wie im Streitfalle, sich aus der Gesamtheit der Anordnung ergeben. — Die Entscheidung des Obertribunales ist richtig getroffen. Gegen den § 49 kann sie nicht verstoßen, weil jedes mit der Anordnung des Erblassers unzufriedene Kind auf den Pflichtteil eingesetzt ist, und die Anordnung die Bedeutung einer Teilungvorschrift hat. Nach dem bürgerlichen Gesetzbuche würde die Entscheidung ebenso ausfallen müssen.

[6] Daß er Zweifel offen gelassen hat, beweist die verschiedene Beurteilung, welche das in Striethorst Archiv Bd. 31 S. 4 flg., Entsch. Bd. 39 S. 79 flg. abgedruckte Erkenntnis des vormaligen preußischen Obertribunales gefunden hat. Ein Erblasser hatte ein Vermächtnis unter der Bedingung guten Verhaltens des Bedachten, dessen Betragen bis dahin nicht immer einwandsfrei gewesen war, ausgesetzt und Verabfolgung oder Entziehung des Vermächtnisses von dem freien Ermessen von Testamentsvollstreckern mit Ausschließung jedes gerichtlichen Verfahrens abhängig gemacht. Das Obertribunal wies die Vermächtnisklage des Beklagten zurück. Es erachtete die Anordnung des Erblassers für gültig und den § 49 A.L.R. I 12 nicht für anwendbar. Koch (Erbrecht S. 221) und Gruchot (Erbrecht Bd. 1 S. 386) treten bei. Dernburg (preuß. Privatr. Bd. 3 § 119) ist anderer Meinung. Er hält dafür, die Bestimmung im § 49, nach welcher der Willkür eines Dritten die Ernennung eines Erben oder Vermächtnisnehmers nicht überlassen werden könne, schließe auch aus, die Entziehung einer Zuwendung der Willkür eines Dritten zu überlassen, da eine derartige Verfügung sich sachlich nicht von der in die Willkür gestellten unterscheiden würde. Hiergegen läßt sich nichts sagen. War in dem Streitfalle die Entziehung der Zuwendung von dem freien Ermessen eines Anderen abhängig gemacht, so war es auch die Zuwendung selbst. Und konnte die Zuwendung nicht von dem freien Ermessen eines Anderen abhängig gemacht werden, so konnte es auch die Entziehung der Zuwendung nicht. Man müßte denn die Entscheidung zwischen dem velle und dem non nolle in der l. 11 § 5 de leg. III für besonders beifallswert halten. Dernburg meint weiter (a. a. O.), der Erblasser habe das Vermächtnis wirksam an das boni viri arbitrium des Testamentvollstreckers in der Art knüpfen können, daß der Vermächtnisnehmer, wenn er seine Unfähigkeit zur Verwaltung seines Vermögens an den Tag lege, das Vermächtnis verliere, und daß der Testamentsvollstrecker hierüber ausschließlich entscheiden solle. Er nimmt aber an, daß dem Gerichte darüber

die oben angegebenen enthält das preußische Gesetzbuch in Beantwortung der Frage, wie die Selbständigkeit einer letztwilligen Verfügung in der fraglichen Richtung zu bestimmen und zu begrenzen sei, nicht.[7]

4. Das österreichische Gesetzbuch steht in der fraglichen Hinsicht auf gleichem Boden mit dem preußischen. Es bestimmt, daß der Erblasser den Erben selbst einsetzen muß, und daß er dessen Berufung nicht unmittelbar dem Willen eines Dritten anheimgeben kann. Ebenso muß die Berufung zu einem Vermächtnisse vom Erblasser selbst ausgehen. Und er kann diese Berufung nicht geradezu dem Willen des Erben oder eines Dritten überlassen.[8] Wohl aber kann er die Auswahl des Bedachten aus einem bestimmten Kreise von Personen dem Erben oder einem Dritten anheimgeben.[9] Ebenso muß der Gegenstand eines Vermächtnisses hinlänglich bestimmt und es darf nicht in die bloße Willkür des Beschwerten gestellt sein, was er leisten wolle.[10] Dagegen ist es zulässig, ein Vermächtnis so anzuordnen, daß unter mehreren bestimmten Gegenständen die Wahl dem Beschwerten oder dem Bedachten oder einem Dritten überlassen wird, wie auch ein Gattungvermächtnis in der Art angeordnet werden kann, daß der Beschwerte, der Bedachte oder ein Dritter die Einzelsache bestimmt, die der Vermächtnisnehmer haben soll.[11]

---

die Entscheidung zustehe, ob der Testamentsvollstrecker als bonus vir seines Amtes gewaltet habe, und daß der Erblasser dem Gerichte die Prüfung dieser Frage nicht nehmen könne. — In einem anderen Falle (Strieth. Archiv Bd. 47 S. 13) handelte es sich um ein Vermächtnis, das in einem Erbvertrage der eine vertragschließende Ehegatte den Erben des anderen in der Art ausgesetzt hatte, daß der andere zu bestimmen habe, wer unter seinen Erben das Vermächtnis erhalten solle. Das Obertribunal hielt das Vermächtnis für gültig. Es nahm an, dasselbe verstoße nicht gegen den § 49 A.L.R. I 12, da diese Vorschrift auf dem Erfordernisse der Gewißheit des Willens beruhe, und dies Erfordernis hier gewahrt sei. Koch (Kommentar zu § 49 A.L.R. I 12 und Erbrecht § 20 S. 222) nimmt an, die Grundlage des § 49 sei nicht die Anforderung der Gewißheit des Willens; die Entscheidung des Obertribunales verstoße gegen das Wesen des Testamentes insofern, als die dem Erblasser gegebene testamentarische Verfügungsmacht keine übertragbare, sondern eine höchst persönliche sei. Dagegen sieht Förster (Theorie und Praxis Bd. 4 § 250 Anm. 1) das Vermächtnis für gültig an, da die dem überlebenden Ehegatten überlassene Auswahl des Vermächtnisnehmers unter den Erben des überlebenden eine Berufung durch den überlebenden Ehegatten, also durch den Erblasser, selbst sei. Eccius (§ 250 Anm. 2) hat diese Auffassung aufrecht gehalten. Sie ist auch die richtige. Fehlsam ist der Entscheidunggrund des Obertribunales. Die Kochsche Beurteilung übersieht den entscheidenden Punkt.

[7] Dernburg, preuß. Privatrecht Bd. 3 § 119 Anm. 11. Vgl. auch Förster-Eccius, preuß. Privatrecht Bd. 4 § 250 Anm. 2, § 252 Anm. 33.

[8] Österreich. Gesetzb. § 564.

[9] Österreich. Gesetzb. § 651; Unger, österreich. Erbrecht § 57 Anm. 2.

[10] Unger a. a. O. § 60.

[11] Österreich. Gesetzb. §§ 656, 657, 658; Unger a. a. O. § 76.

Auch kann der Bestand der Zuwendung von der gerechten Würdigung oder der billigen Bestimmung des Erben oder eines Dritten abhängig gemacht werden.[12]

4. Auf wesentlich anderem Standpunkte als die bisher besprochenen Rechte steht das sächsische Gesetzbuch. Dasselbe bestimmt, daß der Erblasser die Person des Bedachten oder den Gegenstand der letztwilligen Verfügung von dem Willen eines bestimmten Dritten oder mehrerer abhängig machen kann,[13] und daß der letzte Wille, wenn der Erblasser die Bestimmung der Person des Bedachten oder des Gegenstandes der Verfügung dem Ausspruche eines bestimmten Dritten überlassen hat, durch diesen Ausspruch bedingt ist und wegfällt, wenn der Dritte sich nicht erklären kann oder nicht erklären will.[14] Es schreibt weiter vor, daß, wenn die Bestimmung der Person des Bedachten oder die Bestimmung des Gegenstandes der Verfügung durch mehrere Dritte erfolgen soll, nur eine übereinstimmende Erklärung aller entscheidend ist, und daß die letztwillige Verfügung wegfällt, wenn eine solche Erklärung nicht erfolgt.[15] Der Dritte, dem die Wahl des Gegenstandes der letztwilligen Verfügung überlassen ist, kann den Gegenstand nur aus der Erbschaft wählen.[16] Soll durch die mehreren Dritten eine Summe bestimmt werden, und weichen die von ihnen angegebenen Summen von einander ab, so ist die Durchschnittssumme maßgebend.[17] Die Quelle dieser Bestimmungen kann nur in dem oben besprochenen Satze des kanonischen Rechtes zu suchen sein.[18]

Das sächsische Gesetzbuch schließt an diese grundlegenden Sätze noch die weiteren Bestimmungen an, daß, wenn der Erblasser die Bestimmung des Gegenstandes seiner letztwilligen Verfügung auf das Ermessen des Bedachten oder des Beschwerten gestellt habe, das billige Ermessen gemeint sei, und daß derjenige, dessen Ermessen entscheiden solle, verbunden sei, die Erklärung abzugeben,[19] daß, wenn die Personen, von deren Bestimmung der Erblasser die Person des Bedachten oder den Gegenstand seiner Verfügung abhängig gemacht hat, die fragliche Erklärung abgegeben haben, sie nicht berechtigt seien, von der Erklärung abzugehen,[20]

---

[12] **Unger** a. a. O. § 57 Anm. a.

[13] Sächs. Gesetzb. § 2086.

[14] Sächs. Gesetzb. § 2087 Satz 1.

[15] Sächs. Gesetzb. § 2087 Satz 2.

[16] Sächs. Gesetzb. § 2088 Satz 1.

[17] Sächs. Gesetzb. § 2088 Satz 2.

[18] Cap. 13 X de testam. (3, 26). S. oben § 18 Anm. 7.

[19] Sächs. Gesetzb. § 2089. Die Verpflichtung zur Abgabe der Erklärung ist als eine auf der fraglichen Zuwendung ruhende Last aufzufassen.

[20] Sächs. Gesetzb. § 2090. Es sind die nach §§ 2087 bis 2089 abzugebenden Erklärungen gemeint. Es handelt sich dabei aber nicht um die eigenen Rechtsverhältnisse derer, welche die Erklärungen abgegeben haben, sondern um die Rechtsverhält-

und daß, wenn aus mehreren zugleich benannten Personen der Bedachte von einem Dritten oder von mehreren Dritten gewählt werden solle, die Wahl aber nicht erfolgt, jene Personen sämtlich als Bedachte anzusehen seien.[21]

§ 20. Andere Erfordernisse eines Testamentes.

I. Absicht der Testamentserrichtung.

Ein Hergang, der äußerlich die Voraussetzungen einer Testamentserrichtung an sich trägt, hat die fragliche Wirkung nur, wenn er auf dem Willen des Erblassers beruht, ein Testament zu errichten. In den regelmäßigen Formen der Errichtung eines römischrechtlichen Testamentes versteht sich das Vorhandensein dieses Erfordernisses in dem Sinne von selbst, daß, wenn ein Rechtsgeschäft vorgenommen ist, das sich als Testamentserrichtung darstellt, kein Zweifel darüber besteht, daß der Erblasser ein Testament hat errichten wollen. Auch als die römischrechtlichen alten Formen der Erbeinsetzung und der Aussetzung von Legaten nicht mehr bestanden, erforderte die ordentliche Form der Testamentserrichtung solche Vorbereitungen, daß schon aus ihnen, wenn demnächst ein Testament zustande kam, der Wille, ein Testament zu machen, entnommen werden konnte. Anders wenn ein Testament formlos errichtet werden kann. So wird beim Soldatentestamente des römischen Rechtes neben der Äußerung des Willens, einen Anderen als Erben einzusetzen oder ihm das Vermögen zu hinterlassen, auch die Klarlegung des Willens des Erblassers, mit solcher Äußerung ein Testament zu errichten, erfordert.[1] Ebenso wird nach den einzelstaatlichen deutschen Gesetzgebungen, welche zum Zustandekommen eines Testamentes die Beobachtung gewisser Förmlichkeiten notwendig machen, das Erfordernis der besonderen Klarlegung der Absicht des Erblassers, ein Testament zu errichten, nicht in Zweifel kommen können. Wohl aber wird bei dem sogenannten eigenhändigen Testamente, wie es bisher nach dem französischen und nach dem österreichischen Gesetzbuche bestanden hat und nach dem bürgerlichen Gesetzbuche für das Deutsche Reich bestehen wird,[2] ein Streit darüber sehr wohl entstehen können, ob der Erblasser mit dem Niederschreiben, Unterschreiben und Datieren eines Schriftstückes, in welchem er den Willen,

---

nisse Anderer. Sollen diese Rechtsverhältnisse durch solche zurückgenommene oder berichtigte Erklärungen bestimmt werden und bestimmt bleiben?

[21] Sächs. Gesetzb. § 2091.

[1] L. 24 D. de testam. mil. (29, 1) Verba: — ceterum si, ut plerumque sermonibus fieri solet, discit alicui: „ego te heredem facio“ ant „tibi bona mea relinquo“, non oportet hoc pro testamento observari.

[2] S. oben § 12.

einen Anderen zum Erben zu ernennen oder ihm sein Vermögen oder Gegenstände seines Vermögens zuzuwenden, ausgesprochen hat, ein Testament zu machen beabsichtigt hat, oder ob er nur darüber sich hat aussprechen wollen, welchen Inhalt ein von ihm später zu errichtendes Testament haben möchte. Dies wird um so eher möglich sein, als es an sich nicht ausgeschlossen ist, daß eine Erklärung, wie sie meistens der Inhalt eines Testamentes ist, auch in der Form eines Briefes in Begleitung anderer, nebensächlicher Mitteilungen abgegeben wird.

§ 21. II. Vollständigkeit des Testamentes.

Ein Testament erfordert zu seiner Gültigkeit, daß die darin enthaltene Willenserklärung vollständig ist, nicht in dem Sinne, daß der Erblasser nicht später bei wiederholtem Nachdenken noch eine Ergänzung in der einen oder der anderen Richtung für notwendig halten könnte, wohl aber in der Bedeutung, daß er die Erklärungen, die er in und mit dem Testamente abzugeben willens ist, vollständig abgiebt. Die römischen Rechtsbücher enthalten nach dieser Richtung Bestimmungen, die verhindern sollen, daß eine Willensäußerung, mit welcher der Erblasser die Errichtung eines Testamentes vorbereiten will, wie eine fertige, in sich abgeschlossene Verfügung von Todeswegen behandelt wird.[1] Der Mangel der Vollendung des Testamentes fällt nach dem

---

[1] L. 29 pr. D. qui testam. fac. poss. (28,1), l. 11 § 1 D. de leg. (III). (32). In der l. 25 D. qui testam. fac. poss. wird der Fall behandelt, daß der Erblasser bei Errichtung eines Testamentes nach Ernennung mehrerer Erben die Sprache verloren hat. Der Jurist entscheidet den Fall, sofern festgestellt werden kann, daß der Erblasser noch andere Personen zu Erben hat ernennen wollen, dahin, daß der Erblasser noch kein Testament errichtet, sondern ein solches zu errichten nur erst angefangen habe. Für den Fall, daß die gewollte Erbeinsetzung vollständig erklärt ist und bloß die Errichtung beabsichtigter Vermächtnisse fehlt, nehmen Mühlenbruch (Glück, Pandektenkommentar Bd. 38, S. 413 B) und v. Vangerow (Pandekten Bd. 2 § 133 Anm. 1 II) nach römischem Rechte an, daß durch diesen Mangel die Wirksamkeit der wirklich ausgedrückten Verfügungen nicht aufgehoben werde, da die Vermächtnisse nicht zu den wesentlichen Teilen eines Testamentes gehören. Beide Juristen befinden sich hier im Widerspruche mit den Basiliken, in denen aus der l. 25 a. a. O. der Satz hergeleitet wird, daß, wenn der Erblasser die Sprache verliert, ehe er alles gesagt hat, was er hat sagen wollen, die letztwillige Verfügung in keinem Punkte gültig ist, und mit anderen Juristen, von deren einem der in den Basiliken aufgestellte Satz als die im römischen Rechte herrschende Meinung hingestellt wird. (Vergl. Mühlenbruch a. a. O. S. 419 f.) Mit der Erwägung, daß nach römischem Rechte die Erbeinsetzung ein notwendiger Bestandteil eines Testamentes ist, während die Errichtung von Vermächtnissen nicht notwendig zu einem Testamente gehört, kann die Frage nach heutiger Rechtsauffassung wohl um so weniger entschieden werden, als es möglich ist, über einen Nachlaß durch Errichtung von Vermächtnissen in der Art zu verfügen, daß für den eingesetzten Erben nichts übrig bleibt. Dafür, daß die

Vorangeschickten unter denselben Gesichtspunkt, von dem aus das vorher besprochene Nichtvorhandensein des Willens des Erblassers, ein Testament zu errichten, zu beurteilen ist. Der äußere Vorgang, von dem behauptet wird, daß er ein Testament sei, hat nach der Absicht des Testators die Bedeutung einer letztwilligen Verfügung noch nicht haben sollen.[2]

Unter den Gesichtspunkt eines nicht fertig gewordenen Testamentes ist auch der Fall, daß der Erblasser einen Erben unter einer Bedingung hat einsetzen wollen, die Bedingung aber weggeblieben ist.[3]

Eine Unvollständigkeit des Testamentes kann ferner in der Art vorliegen, daß der Erblasser sich vorbehalten hat, das Testament in irgend einem Punkte zu ergänzen. Das römische Recht läßt solche Ergänzung in weitem Umfange und selbst in der Art zu, daß der Erblasser sich vorbehält, die Person des Erben und den ihm bestimmten Erbteil sowie den Inhalt eines Vermächtnisses nach dessen Gegenstande und nach den Personen des Bedachten und des Beschwerten in einer besonderen Urkunde zu bestimmen. Diese Bestimmung ist den Förmlichkeiten der Testamentserrichtung nicht unterworfen.[4] Ein in dieser Weise errichtetes Testament wird als Testamentum mysticum bezeichnet.

Auffassung Mühlenbruchs nach römischem Rechte richtig ist, spricht allerdings die Erwägung, daß in der l. 25 der Jurist die Gültigkeit des Testamentes nur davon abhängig gemacht hat, daß der Erblasser, bevor er die Sprache verloren, alle Erben genannt hat, die er hat einsetzen wollen, nicht davon, daß er alle Anordnungen kund gethan hat, die er in dem Testamente hat treffen wollen. Und nach den neueren Gesetzbüchern wird noch weniger ein Zweifel in der Richtung entstehen können, daß bei unvollständiger Erklärung des letzten Willens, den der Erblasser hat erklären wollen, dem erklärten letzten Willen die Bedeutung eines solchen überhaupt nicht beigelegt werden kann.

[2] Im unmittelbaren Anschlusse an die oben (Anm. 1) erwähnte Stelle (l. 29 pr. qui testam. fac. poss.) ist im § 1 der Fall vorgesehen, daß der Erblasser in der letztwilligen Verfügung seinen Willen ausdrücklich dahin ausgesprochen hat, die Verfügung solle in jeder Weise Geltung haben, soweit es eben möglich sei. Beim Vorliegen einer solchen Erklärung des Erblassers würde es allerdings für denjenigen, der die letzwillige Verfügung mit der Behauptung anfechten wollte, daß der Erblasser seinen Willen nicht vollständig erklärt habe, schwierig sein, mit einer Anfechtungsklage wegen Unvollständigkeit durchzudringen.

[3] L. 9 § 5 D. de hered. inst. (28,5). S. unten § 22 Anm. 10.

[4] L. 78 (77) D. de her. inst. (28,5), l. 10 D. de cond. inst. (28,7). Streitig ist, ob bei einem mündlichen Testamente die Beziehung auf eine den Inhalt des letzten Willens ergänzende Urkunde zulässig ist. Entscheidend erscheint zu Gunsten der Zulässigkeit die Erwägung, daß auch bei dem schriftlichen Testamente die den Namen des Erben enthaltende besondere Urkunde nicht mit unterschrieben und besiegelt zu werden braucht, also den Förmlichkeiten des Testamentes nicht mit unterworfen ist. Zu vergl.: Windscheid, Pandekten Bd. 3 § 546 Anm. 10; ferner die Litteratur bei Glück, Pandektenkommentar Bd. 35 S. 14 flg.; v. Holzschuher, Theorie und Kasuistik Bd. 2 § 162.

Die auf deutschem Boden geltenden Gesetzgebungen haben sich zu der Frage der Gültigkeit eines solchen Testamentes verschieden gestellt. Das württembergische Landrecht läßt eine Trennung des Inhaltes des Testamentes von dem Geschäfte der Testamentserrichtung zu. Der Erblasser kann nämlich mittels einer in öffentlicher Form oder in Privatform abgegebenen Erklärung, daß ein von ihm selbst geschriebener, bei einem bestimmten Gerichte oder Gemeinderate hinterlegter Aufsatz als sein letzter Wille angesehen werden soll, ein Testament errichten.[5] Das preußische Gesetzbuch läßt zu, daß der Erblasser im Testamente die Person des Erben oder des Vermächtnisnehmers durch Bezugnahme auf einen anderen Aufsatz bezeichnet. Es verlangt aber, daß dieser Aufsatz dem Testamente selbst allenfalls versiegelt beigelegt werde.[6] Das französische Gesetzbuch enthält keine auf eine vorbehaltene Ergänzung des Testamentes bezügliche Bestimmung.[7] Das österreichische erklärt die in dem Testamente enthaltene Bezugnahme auf eine besondere Urkunde in Ansehung der Person, welche bedacht, oder des Gegenstandes, welcher zugedacht sein soll, für zulässig und wirksam, wenn die Urkunde mit allen Erfordernissen einer schriftlichen letztwilligen Verfügung versehen ist.[8] Das sächsische Gesetzbuch läßt bei Errichtung eines letzten Willens die Verweisung auf eine besondere Schrift zur Bezeichnung des Bedachten oder des Gegenstandes der Verfügung zu und erklärt, wenn sich beim Tode des Erblassers eine von ihm eigenhändig geschriebene und eigenhändig mit dem Familiennamen unterschriebene Schrift vorfinde, in welcher der Bedachte mit seinem Familiennamen und wenigstens einem voll ausgeschriebenen Vornamen und die Erbteile oder vermachten Beträge mit Worten angegeben, auch Ort, Jahr und Tag der Abfassung beigefügt seien, die Verfügung ohne Beobachtung einer weiteren Form für rechtsgültig.[9]

Das bürgerliche Gesetzbuch für das Deutsche Reich hat den Fall der einer letztwilligen Verfügung beizufügenden Ergänzung dahin vor-

---

[5] Württemb. Landrecht III 3, §§ 12 u. 13; Stein u. v. Kübel, württemb. Erbrecht §§ 51, 52, 55.

[6] A.L.R. I 12 §§ 47, 48.

[7] Es spricht zwar auch von einem mystischen Testamente, aber in dem Sinne, daß es ein als Testament dem Notar versiegelt übergebenes Schriftstück als solches bezeichnet (Art. 976).

[8] Österreich. Gesetzb. § 582.

[9] Sächs. Gesetzb. § 2084. Der Erblasser kann aber in seinem letzten Willen für die in Frage stehende Schrift noch eine besondere Form vorschreiben und auch einen Ort bestimmen, an dem sich die Schrift befinden soll. Hat er solches gethan, so wird zur Gültigkeit der Schrift erfordert, daß sie die fragliche Form habe und sich an dem bezeichneten Orte befinde; § 2085 a. a. O.

gesehen, daß die Verfügung trotz unterbliebener Ergänzung doch wirksam ist, sofern nicht angenommen werden muß, daß die Wirksamkeit von der Ergänzung abhängig sein sollte.[10]

§ 22. III. Verständlichkeit des Testamentes.

An die in einem Testamente abzugebende Willenserklärung ist ferner die Anforderung zu stellen, daß sie verständlich ist,[1] und daß sie so verstanden werden kann, wie sie dem Willen des Erblassers entspricht.[2] Was nicht verständlich ist, gilt als nicht geschriebeu. Und ein Testament, das nicht so verstandeu werden kann, daß es den Willen des Erblassers ausdrückt, ist nicht zustande gekommen. Dies gilt aber nur dahin, daß ein Testament, das mit allen Mitteln der Auslegung entweder überhaupt nicht zu verstehen ist oder doch nicht so verstanden werden kann, daß es dem dargestellten Willen des Erblassers entspricht, ungültig ist. Denn was gewollt ist, gilt nicht, weil es nicht geschrieben ist, und was geschrieben ist, gilt nicht, weil es nicht gewollt ist. Doch hat nicht eine jede unrichtige Wiedergabe des Willens des Erblassers im Testamente eine Ungültigkeit des Testamentes oder auch nur der betreffenden unrichtig wiedergegebenen Verfügung des Erblassers zur Folge. Ist die von der Verfügung in irgend einer Richtung (als Bedachter oder Beschwerter) getroffene Person oder die zum Gegenstande der Verfügung gemachte Sache unrichtig genannt oder anderweit unrichtig bezeichnet, so steht dies der Gültigkeit der Verfügung nicht entgegen, sofern nur festgestellt wird, welche Person oder Sache der Erblasser mit der fraglichen unrichtigen Benennung oder Bezeichnung gemeint hat.[3] Hat der Erblasser einem Erben oder Vermächtnisnehmer einen anderen Bruchteil der Erbschaft zuwenden wollen, als den im Testamente geschriebenen, so gilt, wenn der gewollte Bruchteil der geringere ist, der gewollte als zugewendet, weil der geringere im größeren enthalten ist.[4] Das römische Recht nimmt aber auch an, daß, wenn der gewollte Bruchteil größer ist als der geschriebene, der Erblasser dem Bedachten nicht bloß den geringeren

---

[10] B.G.B. § 2086.

[1] L. 73 § 3 D. de R. J. (50, 17).

[2] L. 3 D. de reb. dub. (34, 5).

[3] L. 4 C. de testam. (6, 23), l. 4 pr. D. de leg. I (30), § 29 J. de leg. (2, 20), l. 7 § 1 C. de leg. (6, 37).

[4] L. 9 § 3 D. de her. inst. (28,5): — si majorem adscripserit testamentarius vel-ipse testator, ut pro quadrante semissem, Proculus putat, ex quadrante fore heredem, quomiam inest quadrans in semisse, quam sententiam et Celsus probat.

geschriebenen, sondern den größeren gewollten Bruchteil zugewendet habe.[5] Ist Gegenstand der Verfügung eine bestimmte Menge von Sachen, und hat der Erblasser in seiner Verfügung diese Menge im Widerspruche mit seinem Willen angegeben, so gilt, wenn der Erblasser eine geringere Menge als die angegebene zum Gegenstande der Verfügung hat machen wollen, die geringere Menge als geschrieben.[6] Hat der Erblasser dagegen über eine größere Menge verfügen wollen als über die geschriebene, so nimmt das römische Recht an, daß die Verfügung dem Willen entsprechend als über die gewollte größere Menge errichtet zu gelten hat.[7]

Diese Rechtssätze sind mit Ausnahme desjenigen, der, wenn der Erblasser einen größeren Bruchteil als den geschriebenen oder eine größere Menge als die geschriebene hat zuwenden wollen, die Zuwendung des größeren Bruchteiles oder der größeren Menge als rechtsbeständig ansieht, aus der Natur der Sache entnommen und dürfen daher nach den neueren Gesetzbüchern, auch soweit sie in dieselben nicht ausdrücklich aufgenommen sind, ebenfalls als geltend angesprochen werden.[8] Für den letzten Satz kann die Übereinstimmung mit der Natur der Sache nicht in Anspruch

---

[5] L. 9 § 2 ibid.: — si non in corpore erravit, sed in parte, puta, cum, si dictasset ex semisse aliquem scribi, ex quadrante sit scriptus, Celsus — posse defendi ait ex semisse heredem fore, quasi plus nuncupatum sit, minus scriptum: quae sententia rescriptis adiuvatur generalibus.

[6] L. 9 § 4 ibid.: Sed et si quis pro centum ducenta per notam scripsisset, idem iuris est: (die Entscheidung schließt sich unmittelbar an die in der Anm. 4 enthaltene) nam et ibi utrumque scriptum est et quod voluit et quod adiectum est: quae sententia non est sine ratione.

[7] L. 15 pr. D. de leg. I (30): Sed et si plus legare voluit et minus scripsit, valebit legatum.

[8] Das sächsische Gesetzbuch erklärt es (im § 2081) in Übereinstimmung mit der allgemeinen Ansicht für gleichgültig, ob der Erblasser den Bedachten oder den Gegenstand der Verfügung ausdrücklich benannt oder durch Angabe von Merkmalen und Eigenschaften bezeichnet hat, bestimmt aber dabei, daß im letzteren Falle eine Unrichtigkeit der Bezeichnung den letzten Willen nichtig mache, wenn sich die wahre Absicht des Erblassers nicht erkennen, auch sonst nicht ermitteln lasse. Darnach scheint nach sächsischem Rechte angenommen werden zu müssen, daß, wenn der Erblasser den, dem er eine Zuwendung machen will, irrtümlich mit einem unrichtigen Namen nennt, die Zuwendung nicht bestehen kann (s. auch § 2080), auch wenn sich klarstellen läßt, wen der Erblasser mit dem unrichtigen Namen gemeint hat. Und es scheint weiter angenommen werden zu müssen, daß nur eine unrichtige Bezeichnung nach Merkmalen und Eigenschaften nach sächsischem Rechte dem Rechtsbestande der Verfügung keinen Eintrag thut. Nach der im gemeinen Rechte (v. Vangerow, Pandekten Bd 2 § 433 Anm. 1 Nr. 1, 2; Windscheid, Pandekten Bd. 3 § 633 Anm. 13), ebenso wie im preußischen (Dernburg, preuß. Privatr. Bd. 3 § 120 Anm. 12, 13) herrschenden Meinung wird die unrichtige Bezeichnung einer Person oder Sache nach ihrem Namen ebenso (als falsa demonstratia) beurteilt, wie die unrichtige Bezeichnung nach Merkmalen oder Eigenschaften.

genommen werden. Man muß vielmehr sagen, daß eine Übereinstimmung zwischen dem Willen und der Erklärung, wenn ein größerer Bruchteil oder eine größere Menge gewollt, als in der letztwilligen Verfügung angegeben ist, nur in Ansehung des geringeren Bruchteiles oder der geringeren Menge als vorliegend angesehen und die Verfügung daher nicht wegen des weitergehenden Willens über den geschriebenen geringeren Bruchteil oder die geschriebene geringere Menge hinaus ausgedehnt werden kann.

Besonders vorgesehen in den römischen Rechtsbüchern sind auch Fälle, in denen der Wortlaut einer letztwilligen Verfügung des Erblassers in Ansehung einer ihr beigefügten Bedingung mit dem wahren Willen des Erblassers in Widerspruch steht. Hat der Erblasser die Verfügung nach deren Wortlaute unter einer Bedingung errichtet, während er sie ohne Bedingung hat errichten wollen, so gilt die Verfügung nach römischem Rechte als unbedingt errichtet.[9] Auch den Fall haben die römischen Rechtsbücher vorgesehen, daß der Erblasser eine letztwillige Verfügung unter einer Bedingung hat errichten wollen, während die Verfügung von einer Bedingung nichts enthält. Der Fall wird dahin entschieden, daß die Verfügung wegen des Widerspruches zwischen dem Willen und der Erklärung ungültig ist.[10] Das preußische Gesetzbuch hat keinen der Fälle vorgesehen. Das sächsische Gesetzbuch hat beide Fälle ebenso entschieden wie das römische Recht.[11] Das bürgerliche Gesetzbuch für das Deutsche Reich enthält keine ausdrückliche Bestimmung zur Entscheidung der Fälle.[12] Die römischrechtliche Entscheidung der

---

[9] L. 9 § 5. D. de hered. inst. (28, 5). Verba: Sed si conditionem addidit, dum nollet etc.

[10] L. 9 § 5 ibid.: Tantundem Marcellus tractat et in eo, qui condicionem destinans inserere non addidit: nam et hunc pro non instituto putat. Die Ausleger haben einen Widerspruch des Inhaltes dieser Stelle der C. 9 (8) C. de institut vel substitut (6, 25) gefunden. Und es sind viele Versuche gemacht worden, den vermeintlichen Widerspruch zu lösen. Zu vergl. Mühlenbruch in Glück, Pandektenkommentar Bd. 38 S. 422 flg. und Sarwey, Archiv f. civilistische Praxis Bd. 29. S. 396 flg. Die Lösung, welche v. Vangerow, Pandekten Bd. 2 § 433 Anm. 1, I 4 giebt, ist so einfach, daß die Entstehung des Streites über die Auslegung kaum erklärlich ist.

[11] Sächs. Gesetzb. § 2082.

[12] Bei den Beratungen der Kommission für die zweite Lesung des Entwurfes wurde der Antrag gestellt, den Bestimmungen über das zur Wirksamkeit einer Willenserklärung gehörige Erfordernis der Übereinstimmung zwischen dem Willen und der Erklärung den Satz beizufügen: „Die unrichtige Bezeichnung des Bedachten oder des Gegenstandes der Zuwendung beeinträchtigt die Gültigkeit der Verfügung nicht.“ Die Mehrheit der Kommission lehnte aber den Antrag ab. Man hielt den Satz für selbstverständlich mit Rücksicht auf die in dem ersten Entwurf als § 73 aufgenommene,

beiden Fälle entspricht der Natur der Sache. Der zweite Fall kann sich aber so gestalten, daß die im römischen Rechte gegebene Entscheidung der Gestaltung nicht gerecht wird. Kann klargestellt werden, daß, wenn die letztwillige Verfügung unter der vom Erblasser beabsichtigten Bedingung errichtet worden wäre, das Recht des Bedachten auf die Zuwendung ebenso begründet sein würde wie ohne die Bedingung, liegt also der Fall so, daß eine aufschiebende Bedingung, die der Erblasser beifügen wollte, in Erfüllung gegangen, oder daß eine auflösende Bedingung, unter die der Erblasser die Verfügung stellen wollte, fehlgegangen ist, so wird um der gewollten aber nicht geschriebenen Bedingung willen an dem Rechte des Bedachten auf die Zuwendung ein Zweifel schwerlich eintreten können. Nach gemeinem Rechte wird in diesem Falle die Entscheidung ebenso ausfallen müssen.

§ 23. IV. **Gewißheit der letztwilligen Verfügung.**

Eine letztwillige Verfügung muß ausreichend gewiß sein. Das ältere römische Recht hatte für die verschiedenen Willenserklärungen, die in einem Testamente enthalten sein konnten, bestimmte Formeln, in denen der Wille ausgesprochen sein mußte, wenn es die vom Erblasser beabsichtigte Bedeutung haben sollte. Dies Erfordernis bestand im Justinianschen Rechte nicht mehr. Für die Erbeinsetzung war das Erfordernis durch l. 15 C. de testament. (6, 23) beseitigt. Für Fideikommisse bestand es von Anfang an nicht, und für Legate wurde es durch ihre Gleichstellung mit den Fideikommissen abgeschafft. In die neueren Gesetzgebungen ist es nicht übergegangen. Das bürgerliche Gesetzbuch hat ebenfalls keine bestimmte Form für die verschiedenen letztwilligen Verfügungen vorgeschrieben. Zu einer Erbeinsetzung ist insbesondere nicht erforderlich, daß der eingesetzte Erbe als solcher bezeichnet sei. Es muß nur der Wille des Erblassers erkennbar sein, sein Vermögen oder einen Bruchteil des Vermögens dem Bedachten zuzuwenden.[1] Ebenso erfordert jede andere letztwillige Verfügung nichts weiter als die erkennbare Erklärung des Willens, der zum Inhalte der Verfügung gemacht werden soll.

Es besteht aber alter Streit darüber, ob zu einer letztwilligen Verfügung eine ausdrückliche Willenserklärung erforderlich ist, oder ob eine

in den zweiten als § 90 und in das Gesetzbuch selbst als § 133 übergegangene allgemeine Bestimmung, nach der bei Auslegung einer Willenserklärung der wirkliche Wille zu erforschen und nicht an dem buchstäblichen Sinne des Ausdruckes zu haften ist. (Protokolle der Kommission für die zweite Lesung, 336. Sitzung. S. 6661.)

[1] B.G.B. § 2087.

stillschweigende genügt. Der Streit hat sich an die Bedeutung des Rechtssprichwortes: „Positus in conditione non est in dispositione" für Erbeinsetzungen [2] angeknüpft. Die Streitfrage besteht aber der Natur der Sache nach auch für Vermächtnisse. Daß in der Zeit, in welcher die verschiedenen letztwilligen Verfügungen den Gebrauch bestimmter Formeln erforderten, davon nicht die Rede sein konnte, daß der in conditione positus in dispositione sei, versteht sich von selbst. Auch für die spätere Zeit ist der Satz selbstverständlich insoweit richtig, als daraus allein daß eine bestimmte Person in einer für eine andere Anordnung festgesetzten Bedingung erwähnt ist, nicht geschlossen werden kann, daß diese Person zum Erben eingesetzt oder anderweit bedacht sein soll. Insoweit hat also der Satz nichts Wesentliches zu bedeuten. Von Wichtigkeit ist er nur darum, weil sich an ihn der Streit darüber angeschlossen hat, ob zu einer letztwilligen Verfügung ausdrückliche Worte erforderlich sind, und die Bejahung dieser Frage von gemeinrechtlichen Juristen als Rechtssatz in dem Sinne aufgestellt worden ist, daß sonst die Willensmeinung des Erblassers sich nicht mit hinreichender Gewißheit erkennen lasse.[3] Andere gemeinrechtliche Juristen haben diesen Satz ebenso lebhaft bekämpft, wie er von der ersteren Seite verteidigt worden ist.[4] Die Rechtsprechung der gemeinrechtlichen höchsten Gerichtshöfe hat sich auf die Seite der Juristen gestellt, die den Rechtssatz des angegebenen allgemeinen Inhaltes bekämpfen, und in der Frage, was daraus, daß eine Person in einer für eine andere letztwillige Verfügung gestellten Bedingung erwähnt ist, für die Beantwortung der Frage folge, ob diese Person zum Erben eingesetzt oder anderweit bedacht sei, eine nach den Umständen des Falles zu beantwortende Thatsachenfrage erkannt.[5] Für das preußische Recht ist diese Frage ebenfalls in letzterem Sinne beantwortet worden.[6]

---

[2] Das Rechtssprichwort ist durch l. 19 D. de hered. instit. (28, 5) hervorgerufen. Zu vergl. von Vangerow, Pandekten Bd. 2 § 449 Anm. 1.

[3] So Mühlenbruch in Glück, Pandektenkommentar Bd. 40 S. 245 flg.; Puchta, Pandekten § 473c, Vorlesungen Bd. 2 S. 343 f.; Arndts, im Rechtslexikon Bd. 3 S. 918 Anm. 75; Sintenis, Civilrecht Bd. 3 § 172 Text u. Anm. 4; Unger, österreich. Erbrecht S. 60 Anm. 2; Brinz, Pandekten 2. Aufl. Bd. 3 S. 80.

[4] So v. Vangerow, Pandekten Bd. 2 § 448 Anm. 1; Windscheid, Pandekten Bd. 3 § 546 Anm. 11.

[5] Urteile des O.A.G. Dresden v. 23. November 1864 (Seuff. Archiv Bd. 19 Nr. 165), des O.A.G. Celle v. 24. Juni 1864 (Seuff. Archiv Bd. 23 Nr. 150).

[6] Förster, preuß. Privatr. Bd. 4 S. 125 f.; Eccius, preuß. Privatr. Bd. 4 S. 431 flg.; Dernburg, preuß. Privatrecht, Bd. 3 S. 336 Anm. 6. Zu vergl. ferner das Urteil des preuß. Obertribunales bei Hymmen, Beiträge 3. Sammlung S. 26.

Nach dem bürgerlichen Gesetzbuche für das Deutsche Reich ist eine andere Beantwortung ebenfalls nicht möglich. Der erste Entwurf thut der stillschweigenden Willenserklärungen, d. h. der durch schlüssige Folgerungen aus den Umständen des Falles zu entnehmenden Willenserklärungen, im Gegensatze zu den ausdrücklichen, d. h. den mit bestimmten Worten abgegebenen, insofern Erwähnung, als er ausspricht,[7] daß eine Willenserklärung ausdrücklich und stillschweigend erfolgen könne. In das Gesetzbuch ist dieser Satz nicht aufgenommen worden.[8] Das Gesetzbuch spricht von stillschweigenden Willenserklärungen überhaupt nicht. Daraus muß gefolgert werden, daß, sofern das Vorhandensein einer Willenserklärung in einem bestimmten Falle in Frage kommen kann, es für die rechtliche Wirksamkeit der Erklärung gleichgültig ist, ob sie ausdrücklich oder stillschweigend abgegeben ist. So kann nach dem bürgerlichen Gesetzbuche eine stillschweigende letztwillige Zuwendung, nämlich ein Vermächtnis, in der Anordnung enthalten sein, daß ein bestimmter Erbschaftgegenstand den eingesetzten Erben nicht zufallen soll. Das Gesetzbuch erblickt darin ein Vermächtnis zu Gunsten der gesetzlichen Erben.[9]

Der Mangel an Gewißheit des erklärten Willens kann auch in der Weise vorliegen, daß zwar das Testament den Willen des Erblassers erkennen läßt, einer Person eine bestimmte Zuwendung zu machen, daß aber die vom Erblasser gebrauchte Bezeichnung der Person auf mehrere Personen paßt, und daß alle Mittel, festzustellen, welche Person der Erblasser gemeint hat, versagen. Das römische Recht enthält für diesen Fall die Bestimmung, daß die Anordnung keine Gültigkeit hat.[10] Nach preußischem Rechte haben die, welche gemeint sein können, den Gegenstand der letztwilligen Verfügung zu teilen. Ist der Gegenstand der letztwilligen Verfügung unteilbar, so entsteht unter den mehreren Personen Miteigentum.[11] Das bürgerliche Gesetzbuch läßt die mehreren Personen ebenfalls als zu gleichen Teilen bedacht gelten.[12]

---

[7] Erster Entwurf § 72.

[8] Protokolle der Kommission für die zweite Lesung des Entwurfes, 12. Sitzung S. 144.

[9] B.G.B. § 2149.

[10] L. 63 (62) § 1 D. de hered. instit. (28, 5), l. 3 § 7 D. de adim. vel transfer. leg. (34, 4): verba: si non appareat cui datum sit, dicemus neutri legatum.

[11] A.L.R. I 12 §§ 542, 543.

[12] B.G.B. § 2073. Der Satz ist erst bei den Beratungen der Kommission für die zweite Lesung des Entwurfes aufgenommen worden. Der Entwurf erster Lesung enthielt (in § 1768) die Bestimmung, daß, wenn bei einer letztwilligen Verfügung ungewiß sei, welche von mehreren Personen der Erblasser bedacht habe, die

§ 24. V. Wirklichkeit des erklärten Willens.

Der erste Entwurf des bürgerlichen Gesetzbuches enthielt den Satz, daß, wenn bei einer letztwilligen Verfügung der wirkliche Wille des Erblassers mit dem erklärten Willen nicht übereinstimme, die letztwillige Verfügung nichtig sei.[1] Dabei ordnete er an, daß auf letztwillige Verfügungen der Satz keine Anwendung finde, nach welchem eine Willenserklärung trotz dem Mangel der Übereinstimmung des wirklichen Willens mit der Erklärung gültig sei, wenn der Urheber der Willenserklärung den Mangel der Übereinstimmung gekannt, aber verhehlt habe.[2] Die dem ersten Entwurfe beigegebenen Motive führen die rechtserzeugende

Zuwendung nichtig sein solle. Die Kommission erwog, daß der von ihr angenommene Satz dem Willen des Erblassers wenigstens insofern gerecht werde, als der, den der Erblasser habe bedenken wollen, etwas bekomme, während er nach dem Entwurfe nichts erhalte und von der Zuwendung nur diejenigen Vorteil hätten, denen der Erblasser nichts habe zuwenden wollen. Die Unbilligkeit der Entscheidung zeige sich insbesondere in dem Falle, wenn die mehreren, die darüber zu streiten in der Lage seien, welchen von ihnen der Erblasser habe bedenken wollen, sich geeinigt hätten und von dem Beschwerten verlangten, gemeinsam ihnen gegenüber die Zuwendung zu leisten. Denn es sei in Wahrheit ihre Sache, unter sich auszumachen, welchen von ihnen der Erblasser habe bedenken wollen. Der Beschwerte sei dabei nur insofern beteiligt, als er verlangen könne, dagegen sichergestellt zu werden, daß er doppelt in Anspruch genommen werde. Die aufgestellte Vorschrift sei selbstverständlich nur eine Auslegungregel, die wegfalle, wenn ein gegenteiliger Wille des Erblassers erhelle. (Protokolle der Kommission für die zweite Lesung des Entwurfes, 334. Sitzung S. 6611 flg.) Von diesen Erwägungen ist die zu billigen, mit welcher der von der Kommission aufgestellte Satz als dem Willen des Erblassers möglichst nahekommend bezeichnet wird. Ebenso die Erwägung, daß, wenn diejenigen, die als bedacht in Frage kommen können, die Zuwendung teilen wollen, niemand widerspruchberechtigt ist, auch nicht der Beschwerte. Auch versteht sich von selbst, daß die Vorschrift nicht zur Anwendung kommen kann, wenn feststeht, wen der Erblasser mit der Bezeichnung gemeint hat. Aber ebenso klar ist, daß die Vorschrift keine Auslegungvorschrift ist. Eine solche muß doch so beschaffen sein, daß sie den wahren Willen des Erklärenden treffen kann. Diese Vorschrift aber setzt voraus, daß der Erblasser nur eine von mehreren Personen hat bedenken wollen. Sie trifft also, indem sie bestimmt, daß mehrere als zu gleichen Teilen bedacht gelten sollen, den wahren Willen des Erblassers ganz gewiß nicht. Sie ist, indem sie eine Aushilfe an die Hand giebt, mit der man dem wahren Willen des Erblassers so nahe kommt, als das menschliche Erkenntnisvermögen im gegebenen Falle es überhaupt vermag, ein der Billigkeit entsprechendes Auskunftmittel, mit dem man sich eben begnügen mag, wenn der wahre Wille des Erblassers nicht zu ermitteln ist. — Zu bemerken ist noch, daß die Kommission die Vorschrift nur in Fällen für anwendbar erklärt, in denen der Kreis der möglicherweise bedachten Personen ein begrenzter ist, und nur bekannte Personen in Frage kommen, von denen feststeht, daß sich die wirklich gemeinte unter ihnen befindet (Protokolle a. a. O. S. 6113).

[1] Erster Entwurf § 1779.

[2] Erster Entwurf § 95 Satz 1, B.G.B. § 116 Satz 1.

Kraft letztwilliger Verfügungen nicht minder als die Kraft obligatorischer Willenserklärungen auf den Willen zurück. Sie sprechen aus, es könne kein Zweifel bestehen, daß das Willensdogma in Ansehung letztwilliger Verfügungen noch strenger durchzuführen sei als in Ansehung anderer Willenserklärungen. Und sie wollen den in Ansehung obligatorischer Willenserklärungen in Geltung stehenden Satz, daß im Falle der sogenannten Mentalreservation, also des dem Urheber der Erklärung beiwohnenden Bewußtseins des Mangels der Übereinstimmung zwischen dem Willen und der Erklärung, wenn der Urheber den Mangel verhehlt habe, die Willenserklärung gültig bleibe, für letztwillige Verfügungen nicht gelten lassen.[3] Der erste Entwurf enthielt demzufolge in dem Satze, der im Falle der Nichtübereinstimmung des wirklichen Willens des Erblassers mit dem erklärten Willen die letztwillige Verfügung für nichtig und die auf die Wirkunglosigkeit einer Mentalreservation bezügliche Bestimmung auf letztwillige Verfügungen für nicht anwendbar erklärte, eine Vorschrift, nach der eine letztwillige Verfügung bei vorliegender (und klar gestellter) Mentalreservation der Nichtigkeit verfallen sollte.

Bei den Beratungen der Kommission für die zweite Lesung des Entwurfes wurde zu Gunsten des im Entwurfe eingenommenen Standpunktes geltend gemacht, daß von dem Grundsatze, nach dem bei Verkehrsgeschäften im Falle der Nichtübereinstimmung von Wille und Erklärung die Willenserklärung für nichtig zu erklären sei, beim Vorhandensein einer Mentalreservation mit Rücksicht auf die Sicherheit des Verkehrs eine Ausnahme gemacht werden müsse. Bei letztwilligen Verfügungen treffe aber, da sie keine Verkehrsgeschäfte seien, diese Rücksicht nicht zu. Auch der Gesichtspunkt, daß man bei Verkehrsgeschäften dem Urheber der Willenserklärung nicht gestatten dürfe, sich auf seine eigene Arglist zu berufen, sondern die Erklärung zur Strafe ihres Urhebers gelten zu lassen habe, sei für letztwillige Verfügungen nicht zutreffend. Denn wolle man eine letztwillige Verfügung bei vorliegender Mentalreservation gelten lassen, so strafe man nicht den Urheber der Erklärung, sondern treffe andere Personen, die an der Erklärung nicht beteiligt seien. Der entgegengesetzte Standpunkt wurde mit der Ausführung vertreten, daß einem Erblasser nicht gestattet werden könne, mit letztwilligen Verfügungen sein Spiel zu treiben, und daß ihm kein Unrecht geschehe, wenn ihm eine Mentalreservation nicht zu statten komme (wenn man also die Verfügung trotz vorliegender Mentalreservation gelten lasse). Der Ausschluß des die Mentalreservation betreffenden Rechtssatzes von der Anwendung auf letztwillige Verfügungen

---

[3] Motive Bd. 5 S. 45.

wurde aber auch aus dem rechtspolitischen Grunde als sehr bedenklich bezeichnet, daß er zur Anfechtung letztwilliger Verfügungen geradezu anrege und verleite.

Die Mehrheit der Kommission entschied sich gegen den vom Entwurfe eingenommenen Gesichtspunkt, und die Kommission beschloß die Abänderung der entsprechenden Sätze des Entwurfes aus den von der Mehrheit für überwiegend erachteten Gegengründen.[4] Daraus ergiebt sich, daß nach dem bürgerlichen Gesetzbuche bei letztwilligen Verfügungen eine Berufung dessen, der die Verfügung nicht gelten lassen will, auf eine Mentalreservation des Erblassers als des Urhebers der Verfügung nicht zu berücksichtigen, die Verfügung vielmehr trotz dem mit der Berufung auf Mentalreservation behaupteten Mangel der Übereinstimmung zwischen dem Willen und der Erklärung in der Gestalt wirksam ist, in welcher der Erblasser sie erklärt hat.[5]

§ 25. Auslegung der Testamente.

I. Allgemeines.

Eine letztwillige Verfügung kann wie jede andere Willenserklärung als Gegenstand einer Auslegung nur in Betracht kommen, wenn sie

[4] Protokolle der Kommission für die zweite Lesung des Entwurfes, 336 Sitzung S. 6657 flg.

[5] Bei den Beratungen der Kommission (a. a. O. S. 6659) wurde bemerkt, daß die Fälle, die bei der Frage der rechtlichen Bedeutung einer Mentalreservation in Betracht kommen könnten, äußerst selten seien und der Beweis der Mentalreservation sich fast nie werde führen lassen. Dem Verfasser ist ein Rechtsfall, in dem die Frage der Bedeutung einer Mentalreservation bei einer letztwilligen Verfügung zu entscheiden gewesen ist, nicht bekannt. Aber die Fälle sind ihm nicht selten vorgekommen, daß durch das Versprechen letztwilliger Zuwendungen vermögensrechtliche Vorteile, insbesondere die Leistung jahrelanger wichtiger Dienste, erzielt worden sind und der Versprechende die Zusage nicht gehalten hat. Von solchem Falle ist der Weg nicht weit bis zu dem einer letztwilligen Verfügung, die zu Gunsten eines Anderen errichtet wird, damit die Errichtung dem Anderen zu Ohren komme und dieser zur Gewährung eines vermögensrechtlichen Vorteiles an den, der die Verfügung errichtet, veranlaßt werde, während derjenige, der die Verfügung errichtet, die Absicht hat, nach Erreichung des Vorteiles die Verfügung wieder aufzuheben, aber vor Ausführung dieser Absicht mit Tode abgeht. Der Verfasser glaubt diesen letzteren Fall als den Musterfall einer letztwilligen Verfügung hinstellen zu dürfen, die mit einer Mentalreservation, nämlich mit dem heimlichen Willen errichtet ist, sie nicht aufrecht zu erhalten. Daß die Entscheidung, die das Gesetzbuch für diesen Fall an die Hand giebt, das Richtige trifft, indem das Gesetzbuch die letztwillige Verfügung trotz der Nichtübereinstimmung zwischen dem wahren Willen und der Erklärung aufrecht erhält, wird nicht zweifelhaft sein, sowie auch der Ausführung der Mehrheit der Kommission beizutreten ist, daß dem Erblasser nicht unrecht geschieht, wenn man seine Verfügung trotz jener Nichtübereinstimmung gelten läßt. Dem unterstellten heimlichen Willen steht entgegen, daß er das Bekanntwerden zu scheuen hat.

mehrdeutig ist. Ist sie dies nicht, so kann sie nur so gedeutet werden, wie es der klare Wortsinn ergiebt. Ist sie nicht so gemeint, wie es der klare Wortsinn ergiebt, so könnte, wenn ihr statt des aus dem Wortsinne sich ergebenden Inhaltes ein anderer Sinn untergelegt würde, eine solche Behandlung als Inhaltsverbesserung in Frage kommen. Damit würde aber die Erklärung, wie sie abgegeben ist, nicht ausgelegt, sondern abgeändert werden. Eine Erklärung aber, die geändert werden muß, wenn sie den Willen decken soll, kann als Willenserklärung überhaupt nicht in Betracht kommen.[1]

Eine scheinbare Ausnahme findet statt, wenn die vom Erblasser in der Willenserklärung gemeinte Person oder Sache unrichtig genannt oder anderweit unrichtig bezeichnet ist, ein Zweifel jedoch darüber nicht besteht, welche Person oder Sache der Erblasser gemeint hat, oder ein vorhandener Zweifel aufgeklärt wird. Die Ausnahme ist nur eine scheinbare. Benennung oder anderweite Bezeichnung kommen nur als Mittel des Willensausdruckes in Betracht. Wird festgestellt, daß der Erblasser den Willensausdruck in einem Sinne gebraucht hat, der nicht regelmäßig zur Benennung oder Bezeichnung der in der Willenserklärung gemeinten Person oder Sache dient, sondern nur vom Erblasser so gebraucht ist, so gilt die Willenserklärung doch, wie sie gemeint ist. Der Wortlaut der Erklärung reicht trotz dem scheinbaren Widerstreite zwischen Willen und Erklärung hin, den Willen zu decken.[2]

§ 26. II. **Das gesetzliche Erbrecht als bestimmend für die Auslegung.**

Einen Hauptgrundsatz für die Auslegung letztwilliger Verfügungen haben gemeinrechtliche Juristen dahin aufgestellt, daß letztwillige Verfügungen im Anschlusse an das gesetzliche Erbrecht auszulegen sind.[1] Im Anschlusse an diesen Grundsatz hat das preußische Landrecht den Satz aufgenommen, daß, soweit durch eine letztwillige Verfügung die gesetzliche Erbfolge nicht aufgehoben worden ist, die in der letztwilligen Verfügung fehlende Bestimmung nach den Regeln der gesetzlichen Erbfolge ergänzt werden müsse.[2] Diese Vorschrift enthält ihrer Wortfassung nach nicht sowohl einen Grundsatz der Auslegung, als eine gesetzliche Anordnung darüber, wie die Lücken einer letztwilligen Ver-

---

[1] Doch wird die Meinung vertreten, daß die Römer Auslegung auch bei unzweideutiger Rede zugelassen haben. S. v. Savigny, System Bd. 1 § 50 S. 318b. Dagegen Brinz, Pandekten, 2. Aufl. Bd. 1 § 28 Anm. 10, 11; Bd. 3 § 425, 3; Bd. 4 § 528.

[2] S. Brinz, Pandekten 2. Aufl. Bd. 4 § 567 und die dort angegebene Litteratur.

[1] S. die bei Gruchot, preuß. Erbrecht Bd. 2. S. 172 flg. angegebene Litteratur.

[2] A.L.R. I 12 § 521.

fügung zu ergänzen sind. Zwischen beiden Auffassungen besteht ein wesentlicher Unterschied, der bei der Rechtsanwendung zu verschiedenerlei Ergebnissen führen kann. Als Grundsatz der Auslegung könnte die Bestimmung *in allen Fällen einer Mehrdeutigkeit* der letztwilligen Verfügung in Frage kommen. Wird sie dagegen als eine zur Ergänzung einer lückenhaften letztwilligen Verfügung bestimmte gesetzliche Anordnung aufgefaßt, so würden bei Mehrdeutigkeit der Verfügung in erster Reihe die gewöhnlichen Mittel der Auslegung zur Anwendung zu bringen sein. Und erst wenn diese versagen, also bei Feststellung einer Lücke der letztwilligen Verfügung, könnten die Bestimmungen des gesetzlichen Erbrechtes zur Anwendung gebracht werden. Die Meinungen darüber, wie die Bestimmung aufzufassen ist, sind geteilt.[3] Für die Annahme, daß *trotz widerstreitender Wortfassung* die Redaktoren des allgemeinen Landrechtes mit der Vorschrift eine Auslegungvorschrift, also eine Grundlage für eine Willensfeststellung, zu geben *beabsichtigt* haben, liegt kein Anhalt vor. Aber es ist nach der Natur der Sache nicht ausgeschlossen, daß im Falle der Mehrdeutigkeit der letztwilligen Verfügung die Mittel der Auslegung zur Anwendung der Bestimmungen des gesetzlichen Erbrechtes wohl führen können.

Auf den Rechtssatz, daß die Lücken einer letztwilligen Verfügung durch die Rechtssätze der gesetzlichen Erbfolge zu ergänzen sind, ist auch die landrechtliche Bestimmung zurückzuführen, daß, wenn der Erblasser seine Verwandten ohne weitere Bestimmung bedacht hat, die Zuwendung denjenigen gebührt, die zur Zeit seines Ablebens seine nächsten gesetzlichen Erben sind.[4]

Ebenso bestimmt das sächsische Gesetzbuch, daß, wenn der Erblasser zu Gunsten seiner Verwandten oder gesetzlichen Erben ohne deren nähere Bezeichnung letztwillig verfügt hat, das Zugewendete an diejenigen fällt, welche ihn nach der gesetzlichen Erbfolge beerbt haben würden.[5]

Das bürgerliche Gesetzbuch enthält eine den landrechtlichen Sätzen ähnliche Bestimmung dahin, daß, wenn der Erblasser seine gesetzlichen Erben ohne nähere Bestimmung bedacht hat, diejenigen, welche zur Zeit des Erbfalles seine gesetzlichen Erben sein würden, nach dem Verhältnisse ihrer gesetzlichen Erbteile bedacht sind.[6] Dieser Satz setzt keinen Zweifel, dem durch eine Auslegung abgeholfen werden soll, voraus, sondern eine Lücke der Willenserklärung, nämlich das Fehlen einer näheren Bestimmung bei der Bedenkung der gesetzlichen Erben. In diese

[3] S. *Gruchot*, preuß. Erbrecht a. a. O.; *Förster-Eccius*, preuß. Privatrecht Bd. 4 § 254 zu Anm. 10 flg.; *Dernburg*, preuß. Privatrecht Bd. 3 § 123 zu Anm. 9; Rechtsprüche Bd. 2 Nr. 4 S. 56; Schlesisches Archiv Bd. 3 S. 617.

[4] A.L.R. I 12 § 522.

[5] Sächs. Gesetzb. § 2161.

[6] B.G.B. § 2066 Satz 1.

Lücke sollen die Bestimmungen des gesetzlichen Erbrechtes eintreten. Wird die Lücke, was an sich der Natur der Sache nach nicht ausgeschlossen ist, anders ausgefüllt, nämlich durch den Beweis, daß der Erblasser unter der Bezeichnung seiner gesetzlichen Erben andere Personen, die nicht seine gesetzlichen Erben sind, verstanden habe, so ist die Anwendung des in Frage stehenden Satzes ausgeschlossen, aber nicht auf Grund einer mehrdeutigen Willenserklärung, sondern auf Grund des Beweises, daß der Erblasser die von ihm bedachten Personen unrichtig bezeichnet habe.

Auf den soeben gekennzeichneten Satz läßt das Gesetzbuch die Bestimmung folgen, daß, wenn die Zuwendung unter einer aufschiebenden Bedingung oder unter Bestimmung eines Anfangstermines gemacht ist, im Zweifel diejenigen als bedacht anzusehen sind, welche die gesetzlichen Erben sein würden, wenn der Erblasser zur Zeit des Eintrittes der Bedingung oder des Termines gestorben wäre.[7] Hier kommt mit der als Voraussetzung der Vorschrift hingestellten Mehrdeutigkeit der Erklärung die Auslegung wieder zu ihrem Rechte.

Andere Auslegungvorschriften enthält das Gesetzbuch in den Bestimmungen, daß, wenn der Erblasser seine Verwandten oder seine nächsten Verwandten ohne nähere Bestimmung bedacht hat, im Zweifel diejenigen Verwandten, welche zur Zeit des Erbfalles seine gesetzlichen Erben sein würden, und, wenn die Zuwendung unter einer aufschiebenden Bedingung oder unter Bestimmung eines Anfangstermines gemacht ist, und die Bedingung oder der Termin erst nach dem Erbfalle eintritt, im Zweifel diejenigen als bedacht anzusehen sind, welche die gesetzlichen Erben sein würden, wenn der Erblasser zur Zeit des Eintrittes der Bedingung oder des Termines gestorben wäre.[8] Bei den Beratungen der Kommission für die zweite Lesung des Entwurfes wurde das Bedenken geäußert, ob unter dem Ausdrucke „die nächsten Verwandten" diejenigen Verwandten zu verstehen seien, welche die gesetzlichen Erben des Erblassers sein würden, und ob nicht vielmehr die Berufung nach der Gradesnähe als gewollt anzusehen sei. Diesem Bedenken wurde mit der zutreffenden Erwiderung begegnet, daß es sich nur um eine Auslegungregel handele, die einem ersichtlich abweichenden Willen des Erblassers nicht vorgreifen würde.[9]

Weitere Auslegungregeln des Gesetzbuches beziehen sich auf die Fälle, daß Kinder oder Abkömmlinge des Erblassers oder eines Anderen ohne nähere Bestimmung bedacht sind. So ist, wenn der Erblasser

---

[7] B.G.B. § 2066 Satz 2. [8] B.G.B. § 2067, § 2066 Satz 2.

[9] Protokolle der Kommission für die zweite Lesung des Entwurfes, 335. Sitzung S 6632. Vgl. § 1771 des ersten Entwurfes.

seine eigenen Kinder ohne nähere Bestimmung bedacht hat, und ein Kind vor der Errichtung des Testamentes mit Hinterlassung von Abkömmlingen gestorben ist, im Zweifel anzunehmen, daß die Abkömmlinge insoweit bedacht sind, als sie bei der gesetzlichen Erbfolge an die Stelle des Kindes treten würden. Ebenso ist, wenn der Erblasser einen seiner Abkömmlinge bedacht hat, und dieser nach der Errichtung des Testamentes wegfällt, im Zweifel anzunehmen, daß dessen Abkömmlinge insoweit bedacht sind, als sie bei der gesetzlichen Erbfolge an dessen Stelle treten würden.[10] Im ersteren Falle wird, wie die Kommission für die zweite Lesung des Entwurfes bei ihrer Beratung der Bestimmungen, die sachlich mit den entsprechenden Sätzen des ersten Entwurfes übereinstimmen,[11] zutreffend ausgeführt hat,[12] eine Auslegungregel aufgestellt, der letzte Wille also dahin ausgelegt, daß neben den Kindern im engeren Sinne auch die Nachkommen des verstorbenen Kindes als bedacht gelten sollen. Im anderen Falle ist, wie bei den Beratungen der Kommission ebenfalls zum Ausdrucke gekommen ist, eine Auslegung nicht in Frage. Es liegt vielmehr, da die unterstellte Willenserklärung nicht mehrdeutig ist, eine Ergänzung des letzten Willens für den Fall vor, daß der Erblasser einen bestimmten Abkömmling bedacht hat, ohne für die — später eingetretene — Möglichkeit Fürsorge zu treffen, daß der bedachte Abkömmling wegfalle.[13] Beiden Bestimmungen ist gemeinsam, daß sie sich nur auf die eigene Nachkommenschaft des Erblassers beziehen, daß nur solche Abkömmlinge des Erblassers als berufen gelten, die ihm gegenüber ein gesetzliches Erbrecht haben, und daß im Falle einer Mehrheit von Abkömmlingen des verstorbenen oder weggefallenen Kindes die Zuwendung, welche diesem Kinde zugedacht war, unter jene Abkömmlinge nach den Regeln der gesetzlichen Erbfolge verteilt wird. Für die erstere Vorschrift gilt ferner, daß auch der Erbteil des verstorbenen Kindes selbst nach den Vorschriften über die gesetzliche Erbfolge bestimmt wird.

Die Kommission für die zweite Lesung des Entwurfes erkannte in wesentlicher Übereinstimmung mit den dem ersten Entwurfe beigegebenen Motiven den Hauptgrund der beiden Bestimmungen darin, daß nach dem zu vermutenden Willen des Erblassers die Abkömmlinge des verstorbenen Kindes schwerlich ohne Grund auf den Pflichtteil beschränkt sein, vielmehr den Teil der Zuwendung erhalten sollen, den der Verstorbene, wenn er noch lebte, nach den Vorschriften über die gesetzliche Erbfolge erhalten haben würde, und daß durch ihre Berufung auf die

---

[10] B.G.B. §§ 2068, 2069. [11] Erster Entwurf §§ 1772, 1773.
[12] Protokolle der Kommission a. a. O. S. 6633 flg. [13] Protokolle a. a. O.

ihrem Parens zugedachte Zuwendung Pflichtteilsstreitigkeiten vorgebeugt werde.[14] Auch wurde für den in der letzteren Bestimmung vorgesehenen Fall erwogen, daß die Ergänzung des letzten Willens durch Annahme einer Ersatzberufung der Erbfolge aus letztwilligen Verfügungen und dem vermutlichen Willen des Erblassers[15] mehr entspreche als der von mehreren geltenden Rechten, auch vom preußischen,[16] verwendete Gedanke der Repräsentation oder der Transmission.[17]

Für den Fall aber, daß der Erblasser die Kinder eines Dritten ohne nähere Bestimmung bedacht hat, wird eine Vermutung zu Gunsten weiterer Abkömmlinge nicht anerkannt.[18] Wenn also Kinder, die zur Zeit des Erbfalles oder im Falle einer aufschiebenden Bedingung oder eines Anfangstermines zur Zeit des Erbfalles oder des Eintrittes der Bedingung nicht mehr leben, so gelten die allgemeinen Grundsätze, nach denen ihre Abkömmlinge nicht bedacht sind. Wenn aber der Erblasser die Abkömmlinge eines Dritten ohne nähere Bestimmung bedacht hat, so gelten im Zweifel diejenigen Abkömmlinge als nicht bedacht,

---

[14] Motive Bd. 5 S. 38.

[15] Das heißt: nicht dem im bestimmten Falle erklärten letzten Willen, der ja in dem bestimmten Falle unvollständig ist und durch das Gesetz ergänzt werden soll, sondern dem Gedanken, daß der Erblasser, wenn er bei der Errichtung seiner Anordnung vorausgewußt hätte, daß der bedachte Abkömmling wegfallen würde, dessen Abkömmlinge durch Ersatzberufung an seine Stelle berufen haben würde.

[16] A.L.R. II 2 § 443.

[17] Protokolle der Kommission a. a. O. S. 6634.

[18] In der Kommission für die zweite Lesung des Entwurfes war zwar der Antrag gestellt, die beiden besprochenen Sätze in der Art zu erweitern, daß sie nicht bloß von den eigenen Kindern und Abkömmlingen des Erblassers zu gelten hätten, sondern auch auf die anderer Personen ausgedehnt würden. Allein der Antrag fand keinen Beifall. Die Mehrheit der Kommission zog in Erwägung, daß die vorgeschlagene Erweiterung in den geltenden Rechten teils gar nicht, teils, wie im preußischen Rechte (A.L.R. I 12 §§ 526 flg.), nur unter Beschränkungen aufgenommen oder, wie im gemeinen Rechte, höchst bestritten sei, und daß sich die in Frage stehende Willensrichtung bei Zuwendungen an andere als die eigenen Kinder vielleicht unterstellen lasse, wenn es sich um die Kinder einer dem Erblasser sehr nahestehenden Person, etwa eines Bruders, handle. Aber bei der Zweifelhaftigkeit der Sache und bei der Unmöglichkeit, eine Grenze zu ziehen, zog die Kommission vor, alles der freien richterlichen Auslegung zu überlassen (Protokolle a. a. O. S. 6635). Damit ist in dem Falle des ersteren der Sätze die Möglichkeit gegeben, auch die Abkömmlinge des Kindes einer anderen Person als des Erblassers, wenn das Kind zur Zeit der Errichtung der letztwilligen Verfügung nicht mehr lebt, als berufen anzusehen, wenn die Auslegung der letztwilligen Verfügung zur Feststellung eines solchen Willensinhaltes des Erblassers führt. Dagegen würde in dem Falle des letzteren Satzes, also wenn der Erblasser das Kind eines Anderen bedacht hat, und der Bedachte weggefallen ist, ohne daß der Erblasser diese Möglichkeit ins Auge gefaßt hat, mit Hilfe der Auslegung niemals dahin zu gelangen sein, die Abkömmlinge dieses Bedachten nun als bedacht anzusehen.

die zur Zeit des Erbfalles oder im Falle der Festsetzung einer aufschiebenden Bedingung oder eines Anfangstermines zur Zeit des Eintrittes der Bedingung oder des Termines, wenn die Bedingung oder der Termin erst nach dem Erbfalle eintritt, noch nicht erzeugt sind.[19]

Das preußische Landrecht hat andere Auslegungregeln aufgestellt. Darnach werden unter dem in einer letztwilligen Verfügung gebrauchten Ausdrucke „Kinder" in der Regel, d. h. im Zweifel, wenn nicht klar gemacht wird, daß der Erblasser den Ausdruck anders verstanden hat, gleichviel ob von des Erblassers eigenen Kindern oder von den Kindern eines Erben oder Vermächtnisnehmers die Rede ist, auch die ferneren Abkömmlinge mitbegriffen, wenn denselben ein Pflichtteil aus dem Vermögen ihrer unmittelbaren Eltern zukommen würde. Sind die Kinder eines Anderen ohne weitere Bestimmung bedacht, so gelten alle diejenigen Kinder dieses Anderen als bedacht, die zur Zeit des Erbfalles geboren oder im Mutterleibe vorhanden sind. Und die weiteren Abkömmlinge von Kindern, die vor dem Erblasser verstorben sind, treten auch in diesem Falle an die Stelle ihrer Eltern, sofern sie bei der Beeerbung ihrer eigenen Großeltern oder weiteren Vorfahren an die Stelle ihrer Eltern treten würden.[20]

Ist Gegenstand der zu Gunsten eines Anderen errichteten letztwilligen Verfügung ein Nutzungrecht, das erst später fällig wird, so gelten auch die nachgeborenen Kinder als bedacht.[21]

Erhellt aus der letztwilligen Verfügung, oder kann sonst hinlänglich bewiesen werden, daß es der Wille des Erblassers gewesen ist, durch ein Vermächtnis zugleich die Kinder des ernannten Vermächtnisnehmers zu bedenken, so treten, wenn auch der Vermächtnisnehmer vor dem Erblasser gestorben ist, die Kinder des Vermächtnisnehmers, soweit sie seine Erben geworden sind, an seine Stelle.[22]

Das sächsische Gesetzbuch bestimmt, daß, wenn der Erblasser zu Gunsten seiner Kinder letztwillig verfügt hat, unter diesem Ausdrucke auch die bei der gesetzlichen Erbfolge an Stelle der Kinder tretenden

---

[19] B.G.B. § 2070. Der Entwurf erster Lesung enthielt (im § 1774) bereits den Satz, daß, wenn Abkömmlinge eines Dritten ohne nähere Bestimmung bedacht sind, im Zweifel anzunehmen ist, daß diejenigen Abkömmlinge nicht bedacht sind, die zur Zeit des Erbfalles weder geboren noch empfangen waren.

[20] A.L.R. I 12 §§ 526 bis 529.

[21] A.L.R. I 12 § 530.

[22] A.L.R. I 12 § 531. Diese Bestimmung ist noch dadurch bemerkenswert und absonderlich, als man mit ihrer Anwendung dahin kommen kann, Personen, die im Testamente als bedacht gar nicht erwähnt sind, auf Grund von Willensäußerungen, die der Erblasser erst nach Errichtung des Testamentes gethan hat, als bedacht anzusehen (vgl. Dernburg, preuß. Privatr. Bd. 3 § 120 Anm. 3).

entfernteren leiblichen Abkömmlinge zu verstehen sind, daß aber, wenn der Erblasser zu Gunsten der Kinder eines Anderen letztwillig verfügt hat, unter diesem Ausdrucke nur die Söhne und Töchter begriffen sind.[23]

§ 27. III. Andere Grundsätze der Auslegung.

Da die Bedachten in letztwilligen Verfügungen häufig, auch abgesehen von den Fällen, in denen sie die nächsten Verwandten oder die gesetzlichen Erben des Erblassers sind, nicht genannt, sondern nach dem Verhältnisse, in dem sie zum Erblasser stehen, bezeichnet werden, so kann es bisweilen zweifelhaft sein, ob der Erblasser die Personen hat bedenken wollen, die zur Zeit der Testamentserrichtung in dem fraglichen Verhältnisse gestanden haben, oder diejenigen, die zur Zeit seines Todes in ihm stehen würden. Auf dergleichen Fälle bezieht sich die Auslegungregel, nach der, wenn der Erblasser ohne nähere Bestimmung Personen oder eine ganze Klasse von Personen bedacht hat, die zu ihm in einem Dienst- oder Geschäftsverhältnisse stehen, im Zweifel anzunehmen ist, daß diejenigen bedacht sind, die zur Zeit des Erbfalles der bezeichneten Klasse angehören oder in dem bezeichneten Verhältnisse stehen.[1]

Eine ähnliche Bestimmung ist im preußischen Landrechte enthalten.[2] Nach ihr spricht, wenn ein Vermächtnisnehmer bloß durch sein Verhältnis zum Erblasser bezeichnet ist, die Vermutung für den, der beim Tode des Erblassers in dem fraglichen Verhältnisse gestanden hat. Diese Vermutung soll Anwendung finden, wenn Hausoffizianten, Gesinde oder Hausgenossen des Erblassers ohne weiteren Beisatz bedacht sind. Steht aber zur Zeit des Todes des Erblassers niemand in einem solchen Verhältnisse zum Erblasser, so hat darauf Anspruch, wer zur Zeit der Testamentserrichtung darin gestanden hat.[3]

Dagegen hat auf ein von einem Ehegatten oder Verlobten zu Gunsten des anderen Ehegatten oder Verlobten errichtetes Vermächtnis der Ehegatte oder Verlobte keinen Anspruch, der erst nach der Testamentserrichtung die Ehe oder das Verlöbnis mit dem Erblasser eingegangen ist. Hat aber eine noch unverheiratete oder noch nicht verlobte Person ihrem Ehegatten oder Verlobten ein Vermächtnis ausgesetzt, so

---

[23] Sächs. Gesetzb. § 2162.

[1] B.G.B. § 2071. Auch diese Bestimmung war schon im Entwurfe erster Lesung (§ 1775) enthalten.

[2] A.L.R. I 12 §§ 546, 547.

[3] A.L.R. I 12 §§ 548, 549.

gilt die Person als bedacht, die beim Ableben des Erblassers in der angegebenen Weise mit ihm verbunden war. Diese Auslegungvorschriften gelten auch in dem Falle, daß der Ehegatte oder Verlobte eines Dritten bedacht worden ist.[4]

Das sächsische Gesetzbuch enthält eine hierher gehörige Bestimmung dahin, daß, wenn der Erblasser zu Gunsten einer Klasse von Personen, oder zu Gunsten solcher Personen, welche zu ihm in einem Dienst- oder einem anderen Geschäftsverhältnisse stehen, mit bloßer Bezeichnung dieses Verhältnisses verfügt hat, anzunehmen ist, daß diejenigen gemeint sind, die zur Zeit seines Todes zu der angegebenen Klasse von Personen gehören oder zu ihm in dem bezeichneten Verhältnisse stehen.[5]

Für den Fall, daß der Erblasser die Armen ohne nähere Bezeichnung bedacht hat, bestimmt das bürgerliche Gesetzbuch, daß im Zweifel die öffentliche Armenkasse der Gemeinde, in deren Bezirke der Erblasser seinen letzten Wohnsitz gehabt hat, unter der Auflage bedacht ist, das Zugewendete unter Arme zu verteilen.[6] Die Bestimmung ist einer im sächsischen Gesetzbuche enthaltenen[7] nachgebildet.

Andere Auslegungregeln beziehen sich auf Bedingungen der Zuwendung. So ist bei Zuwendungen unter einer aufschiebenden Bedingung im Zweifel anzunehmen, daß die Zuwendung nur gelten soll, wenn der Bedachte den Eintritt der Bedingung erlebt.[8] Bei einer Zu-

---

[4] A.L.R. I 12 §§ 550 bis 553.

[5] Sächs. Gesetzb. § 2163.

[6] B.G.B. § 2072.

[7] Sächs. Gesetzb. § 2164.

[8] B.G.B. § 2074. Die Auslegungregel des § 2074 war schon im ersten Entwurfe (als § 1761) enthalten. Bei den Beratungen der Kommission für die zweite Lesung des Entwurfes wurde angetragen, den Satz auf den Fall der Bestimmung eines Anfangstermines auszudehnen. Die Kommission sprach sich dahin aus, daß der Satz bezüglich aufschiebender Bedingungen aus den in den Motiven zu § 1761 (Motive zu dem Entwurfe Bd. 5 S. 24 f.) entwickelten Gründen zu billigen sei, sprach sich aber gegen die beantragte Ausdehnung auf Anfangstermine aus. Es handele sich dabei, so wurde in der Begründung des die Ausdehnung ablehnenden Beschlusses ausgeführt, wesentlich um die namentlich bei der Zuwendung eines Vermächtnisses hervortretende Frage, ob, wenn ein unter die Bestimmung des § 133 des Entwurfes zweiter Lesung (§ 163 B.G.B.) fallender Anfangstermin gesetzt sei, für die Regelfälle angenommen werden dürfe, daß der Erblasser das Recht aus der Zuwendung auf die Erben des Nächstbedachten, falls dieser den Termin nicht erleben sollte, nicht habe übergehen lassen wollen. Die Kommission bemerkte, daß bei dem Vermächtnisse einer Geldsumme vielfach die Absicht des Erblassers werde unterstellt werden dürfen, die Zuwendung auch den Erben des vor dem Termine verstorbenen Bedachten zu Gute kommen zu lassen, daß aber, wenn das Vermächtnis andere Vermögensstücke, insbesondere eine bestimmte Sache, zum Gegenstande habe, die Bestimmung eines Termins auch die Bedeutung haben könne, das Vermögensstück nur in die Hände des Bedachten, nicht

wendung unter der Bedingung, daß der Bedachte während eines Zeitraumes von unbestimmter Dauer etwas unterläßt oder fortgesetzt thut, ist, wenn das Unterlassen oder das Thun lediglich in der Willkür des Bedachten liegt, im Zweifel anzunehmen, daß die Zuwendung unter die auflösende Bedingung gestellt sein soll, daß der Bedachte die Handlung vornimmt oder das Thun unterläßt.[9]

Diese Bestimmung muß im Anschlusse an das Recht der Mucianischen Kaution beurteilt werden. Ist nämlich eine letztwillige Zuwendung von der aufschiebenden Bedingung abhängig gemacht, daß der Bedachte eine bestimmte Handlung nicht vornehme, und ist die Bedingung von der Art, daß sie erst mit dem Tode des Bedachten in Erfüllung geht, tritt sie nämlich der Natur der Sache nach erst ein, wenn feststeht, daß die Handlung von dem Bedachten nicht mehr vorgenommen werden kann, also der Regel nach erst mit dem Tode des Bedachten, so würde, da der Bedachte im Zweifel den Eintritt der Bedingung erlebt haben muß, wenn das bedingte Recht auf die Erben des Bedachten übergehen soll,[10] eine, wie angegeben, bedingte Zuwendung weder an den Bedachten selbst, noch an dessen Erben gelangen können. Durch das Recht der Mucianischen Kaution ist aber bestimmt, daß ein unter einer negativen Potestativbedingung ausgesetztes Vermächtnis bei Bestellung der erforderlichen Sicherheit so behandelt werden soll, wie wenn die Bedingung erfüllt wäre und für den Bedachten die Verpflichtung bestände, den Gegenstand des Vermächtnisses im Falle einer Zuwiderhandlung gegen die mit dem Vermächtnisse dem Bedachten auferlegte Bedingung wieder herauszugeben.[11]

---

auch in die der Erben gelangen zu lassen. (Protokolle der Kommission für die zweite Lesung des Entwurfes, 333. Sitzung S. 6590 flg.) Auf Grund dieser Erwägungen zog es die Kommission vor, im Falle der Bestimmung eines Anfangstermines bei Entscheidung der Frage, ob der Bedachte den Eintritt des Termines erlebt haben müsse, die Willensfeststellung im einzelnen Falle ohne die Schranke der in Frage stehenden Auslegungvorschrift maßgebend sein zu lassen.

[9] B.G.B. § 2075.

[10] B.G.B. § 2074. Windscheid, Pandekten Bd. 3 § 554 Anm. 13.

[11] L. 7 pr. D. de cond. et dem. (35, 1): Mucianae cautionis utilitas consistit in condicionibus, quae in non faciendo sunt conceptae, ut puta „si in capitolium non ascenderit“ „si Stichum non manumiserit“ et in similibus: et ita Aristoni et Neratio et Iuliano visum est: quae sententia et constitutione Divi Pii comprobata est, nec solum in legatis placuit, verum in hereditatibus quoque idem remedium admissum est. L. 18 ibid. — Bei der Erbeinsetzung unter einer aufschiebenden Bedingung wird dem Eingesetzten die bonorum possessio secundum tabulas zwar in jedem Falle auch vor Erfüllung der Bedingung gegen Sicherheitbestellung erteilt. Dieser Besitz ist aber nur ein provisorischer Erbschaftbesitz, während der unter den Voraussetzungen der Mucianischen Kaution erlangte Besitz definitiv erworben und nur mit der Verpflichtung der Wiederherausgabe der

Die Mucianische Kaution bezog sich ursprünglich nur auf den Fall eines Vermächtnisses. Die Kaution wurde aber auch von dem unter einer negativen Potestativbedingung eingesetzten Erben geleistet.[12] Die weitere Entwickelung des Rechtes der Mucianischen Kaution führte dahin, daß an dem Erfordernisse, nach welchem die dem Bedachten gestellte Bedingung erst mit dem Tode des Bedachten in Erfüllung gehen muß, nicht festgehalten wurde, sondern der Erwerb des Gegenstandes der bedingten Zuwendung auch in Fällen, in denen die negative Potestativbedingung noch bei Lebzeiten des Bedachten in Erfüllung gehen kann, gegen Bestellung der Kaution stattfindet.[13]

Die Bestimmung des ersten Entwurfes, an deren Stelle die obige Vorschrift des Gesetzbuches getreten ist, ging dahin, daß, wenn eine letztwillige Zuwendung von der Bedingung abhängig gemacht ist, daß der Bedachte während seiner Lebenszeit eine von seiner Willkür abhängende Handlung unterlasse, im Zweifel, auch wenn die Bedingung als eine aufschiebende ausgedrückt ist, die Beifügung der auflösenden Bedingung, daß die Bedingung unwirksam werde, wenn die Vornahme der Handlung erfolge, als gewollt anzunehmen sei.[14] Sie entsprach also insoweit dem Rechte der Mucianischen Kaution. Der Entwurf hatte aber dem Rechtssatze der Kaution eine weitere Ausdehnung über die ihm vom römischen Rechte gezogenen Grenzen hinaus gegeben, indem er unter Ausdehnung des Satzes auf affirmative Potestativbedingungen bestimmte, daß die Vorschrift entsprechende Anwendung finden solle, wenn die Zuwendung von einem bis zum Tode des Bedachten fortgesetzten, von der Willkür des Bedachten abhängenden Thun abhängig gemacht ist.[15]

Sache im Falle der Zuwiderhandlung gegen die dem Eingesetzten auferlegte Bedingung belastet ist.

[12] L. 4 § 1 D. de cond. inst. (28, 7) l. 67 D. de cond. et dem. (35, 1).

[13] L. 72 pr. § 1 D. de cond. et dem. (35, 1). Manche Schriftsteller gehen über die Schranke, daß der Tod des Bedachten ein Zuwiderhandeln gegen die auferlegte Bedingung unmöglich machen muß, hinaus und lassen deu Erwerb der Zuwendung allgemein ohne die fragliche Beschränkung stattfinden. S. über die Streitfrage Mühlenbruch, Glücks Pandektenkommentar Bd. 41 S. 261 flg.; Unger, österreichisches Erbrecht § 16 Anm. 25; Puchta, Pandeten § 475, o, p, q; v. Vangerow, Pandekten Bd. 2 § 435 Anm. 3 I 1 bis 3; E. A. Seuffert in. J. A. Seuffert, praktisches Pandektenr. Bd. 3 § 538 Zusatz zu Anm. 3; Windscheid, Pandekten Bd. 3 § 554 Anm. 8; Brinz, Pandekten 2. Aufl. Bd. 3 § 427 Anm. 22 bis 29.

[14] Erster Entwurf § 1764 Abs. 1.

[15] Erster Entwurf § 1764 Abs. 2. Die römischen Juristen lassen die Mucianische Kaution bei einer affirmativen Potestativbedingung nur eintreten, wenn die Bedingung in Wahrheit eine negative und ihr nur die Fassung einer affirmativen gegeben ist. So in dem Falle, wenn eine Zuwendung unter der Bedingung gemacht ist, daß die Bedachte in ihrer Ehe verharrt, das heißt, daß sie nicht auf eine Ehescheidung eingeht [l. 101 § 3 D. de cond. et dem. (35, 1): si perseveraverit in matrimonio].

Der Entwurf zweiter Lesung hat den Gedanken des ersten Entwurfes dahin erweitert, daß die Umwandelung der aufschiebenden Bedingung in die entsprechende auflösende nicht bloß stattfinden soll, wenn die Zuwendung von der Bedingung abhängig gemacht ist, daß der Bedachte während seiner Lebenszeit eine von seiner Willkür abhängende Handlung unterläßt oder bis zu seinem Tode ein von seiner Willkür abhängendes Thun fortsetzt, sondern auch in dem Falle, daß das Unterlassen oder das fortgesetzte Thun in einem Zeitraume von unbestimmter Dauer stattfindet.[16] Mit dieser Tragweite ist die Bestimmung in das bürgerliche Gesetzbuch aufgenommen worden.

Das preußische Gesetzbuch enthält eine Vorschrift, die dem Gedanken der Mucianischen Kaution Ausdruck giebt, nicht.[17]

Das österreichische Gesetzbuch hat das Recht der Mucianischen Kaution in anderer Weise erweitert als das Gesetzbuch für das Deutsche Reich. Es bestimmt nämlich, daß die Umwandlung einer aufschiebenden Bedingung in die entsprechende auflösende nicht bloß bei negativen Potestativbedingungen, sondern auch bei solchen negativen Bedingungen,

---

[16] Entwurf zweiter Lesung § 1948. Bei den Beratungen der Kommission für die zweite Lesung des Entwurfes wurde die im § 1764 des ersten Entwurfes enthaltene Bestimmung bemängelt und ihre Streichung beantragt. Im älteren römischen Rechte, das die Erbeinsetzung unter einer auflösenden Bedingung nicht gekannt habe, möge, so wurde ausgeführt, das Bedürfnis vorgelegen haben, für die von der Vorschrift betroffenen Fälle besondere Fürsorge zu treffen. Gegenwärtig bestehe kein Bedürfnis dazu. Die Mehrheit der Kommission legte dagegen der Vorschrift erhebliche Bedeutung für die Rechtsprechung bei und hielt es für durchaus zweckmäßig, den Richter darauf hinzuweisen, daß hier, wenn der Erblasser die Bedingung als eine aufschiebende hingestellt habe, eine Auslegung in Frage kommen müsse, die dem Wortlaute der Verfügung widerspreche. Die Vorschrift sei um so zweckmäßiger, als gerade bei den bedingten Zuwendungen eine unklare und unbestimmte Ausdrucksweise nicht selten sei. Der Antrag auf Streichung wurde daher abgelehnt und dem Antrage stattgegeben, die Vorschrift in der Art zu erweitern, daß sie auch ein fortgesetztes Thun oder ein Unterlassen des Bedachten während eines Zeitraumes von unbestimmter Dauer treffen solle (Protokolle der Kommission für die zweite Lesung des Entwurfes, 333. Sitzung S. 6595).

[17] Dernburg bemerkt dazu (preuß. Privatrecht Bd. 3 § 125 zu Anm. 18 bis 20), daß, da das preußische Recht auflösende Bedingungen sowohl für Erbeinsetzungen als auch für Vermächtnisse zulasse, die Rechtseinrichtung, welche der Mucianischen Kaution entsprechen würde, entbehrlich sei. Denn man könne annehmen, daß, wenn der Erblasser eine Zuwendung unter einer negativen Potestativbedingung mache, im Zweifel eine auflösende Bedingung beabsichtigt sei, und daß, wenn ohne Zweifel eine aufschiebende Bedingung gewollt sei, die Folge sein würde, daß der Bedachte dem Willen des Erblassers gemäß bei seinen Lebzeiten nicht in den Genuß der Zuwendung käme. Seine Erben würden solchenfalls nach dem preußischrechtlichen Satze, nach welchem eine unter einer aufschiebenden Bedingung angeordnete Zuwendung auf die Erben des Bedachten übergeht, auch wenn der Bedachte den Eintritt der Bedingung nicht erlebt, in den Genuß der Zuwendung kommen.

deren Eintritt ganz oder teilweise vom Zufalle abhängt, stattfinde.[18] Dagegen läßt es die fragliche Rechtsfolge nicht eintreten, wenn eine affirmative Potestativbedingung in Frage steht.[19]

Das sächsische Gesetzbuch giebt, wenn eine letztwillige Zuwendung von der aufschiebenden Bedingung abhängig gemacht ist, daß der Bedachte eine Handlung nicht vornehmen werde, die von ihm, solange er lebt, vorgenommen werden kann, dem Bedachten einen Anspruch auf die Zuwendung gegen Bestellung von Sicherheit für die Zurückgabe des Gegenstandes der Zuwendung nebst Früchten.[20] Ein Recht auf Sicherheitbestellung besteht nicht, wenn die Bedingung dahin geht, daß eine Handlung vorgenommen werden soll, und nur die Fortdauer des dadurch herbeigeführten Verhältnisses in der Form einer in dem Nichthandeln des Bedachten bestehenden Bedingung ausgedrückt ist.[21]

Die den Vorteil eines Dritten bezweckende Bedingung einer letztwilligen Verfügung gilt im Zweifel als eingetreten, wenn der Dritte die zum Eintritte der Bedingung erforderliche Mitwirkung versagt.[22] Die Vorschrift war schon im ersten Entwurfe enthalten, wurde bei der zweiten Lesung des Entwurfes übernommen[23] und ist ohne Veränderung dem Sinne nach in das bürgerliche Gesetzbuch übergegangen. Bei Rechtsgeschäften unter Lebenden gilt die in Frage stehende Ausnahme nicht. Die Bestimmung stellt sich als eine Auslegungvorschrift dar. Das Gesetz nimmt an, daß der Erblasser, der einer letztwilligen Verfügung eine den Vorteil eines Dritten bezweckende Bedingung beigiebt, unter dem bezweckten Vorteile im Zweifel einen solchen versteht, dessen Erlangung im Willen des Dritten liegt, und daß, wenn der Vorteil an sich erreichbar ist, und wenn er dem Dritten zu Teil werden könnte, sofern dieser nur den Willen hätte, ihn zu erlangen, die Bedingung im Sinne des Erblassers mangels der Klarlegung eines anderen Willens für erfüllt zu achten ist.

---

[18] Österreich. Gesetzbl. § 708. Unger bemerkt (österreich. Erbrecht § 16 Anm. 23) zu dieser Erweiterung, daß das österreichische Gesetzbuch in dem fraglichen Punkte wohl weit über die Grenzen des Bedürfnisses hinausgehe.

[19] Unger (a. a. O. Anm. 25) spricht sich dahin aus, daß, da die ratio iuris hier ebenso zutreffe, wie bei den negativen Potestativbedingungen, deren Erfüllung sich erst mit dem Tode des Bedachten entscheiden könne, es gestattet sein müsse, jene (aber auch nur jene) affirmativen Potestativbedingungen, deren Erfüllung erst mit dem Tode des Bedachten sich entscheiden könne, nach Art aufschiebender negativer Potestativbedingungen zu behandeln.

[20] Sächs. Gesetzb. § 2147 Satz 1.

[21] Sächs. Gesetzbl. § 2147 Satz 2.

[22] B.G.B. § 2076.

[23] Erster Entwurf § 1763; Entwurf zweiter Lesung § 1949.

Die Auffassung des preußischen Landrechtes ist eine wesentlich andere. Das Gesetzbuch behandelt in dem fraglichen Punkte die Bedingungen, von denen die Wirkung einer letztwilligen Verfügung abhängig gemacht ist, ebenso wie die Bedingungen der Rechtsgeschäfte unter Lebenden. Es nimmt nämlich in dem einen wie in dem anderen Falle Erfüllung nur an, wenn der Dritte den Vorteil erlangt, und stellt den Fall, daß der Dritte den Vorteil ausschlägt oder sich selbst an der Erlangung des Vorteiles hindert, der Erfüllung der Bedingung nicht gleich.[24]

Das bürgerliche Gesetzbuch enthält endlich eine Auslegungvorschrift dahin, daß, wenn der Inhalt einer letztwilligen Verfügung verschiedene Auslegungen zuläßt, im Zweifel diejenige Auslegung vorzuziehen ist, bei der die letztwillige Verfügung Erfolg haben kann.[25] Dieser schon im ersten Entwurfe enthaltene Satz[26] wird in den dem ersten Entwurfe beigegebenen Motiven[27] als die allgemeine in ihren Grundgedanken allen geltenden Rechten entsprechende Auslegungregel hingestellt und ihre Aufnahme in das Gesetzbuch als zweckmäßig, wenngleich neben der Vorschrift, daß bei der Auslegung einer Willenserklärung der wirkliche Wille zu erforschen und nicht an dem buchstäblichen Sinne des Ausdruckes zu haften sei,[28] nicht als unbedingt notwendig bezeichnet. Aus der aufgestellten Vorschrift soll sich nach den Motiven von selbst ergeben, daß die letztwillige Verfügung im Zweifel zu Gunsten des Bedachten ausgelegt werden müsse, weil bei einer solchen der Wille des Erblassers auf eine Freigebigkeit gerichtet sei. Andererseits aber könne, so führen die Motive weiter aus, dem Bedachten nichts zugebilligt werden, soweit es an einer Erklärung in der Verfügung fehle. Und noch weniger sei gemeint, daß in der Regel der Erbe gegenüber dem Bedachten vorzugsweise berücksichtigt werden solle.[29]

Bei der Beratung der Kommission für die zweite Lesung des Entwurfes wurde die Streichung der Bestimmung beantragt. Es wurde ausgeführt, die Vorschrift sei, soweit sie den Sinn habe, daß eine letztwillige Verfügung gültig sein *solle*, soweit sie gültig sein *könne*, richtig, aber selbstverständlich. Nach der Geschichte ihrer Entstehung[30] scheine

---

[24] A.L.R. I 12 § 507, 491, I 4 §§ 112, 113.

[25] B.G.B. § 2084.

[26] Erster Entwurf § 1778.

[27] Motive Bd. 5 S. 43.

[28] B.G.B. § 133, erster Entwurf § 73.

[29] Motive a. a. O.

[30] Protokolle der Kommission für die zweite Lesung des Entwurfes, 336. Sitzung S. 6653.

mit der Bestimmung beabsichtigt zu sein, daß eine letztwillige Verfügung im Zweifel zu Gunsten des Bedachten ausgelegt werde. In dieser Bedeutung versage sie aber in Fällen, in denen ein Bedachter zu Gunsten eines anderen Bedachten beschwert sei. Auch zeige die gemeinrechtliche und die sächsische Rechtsprechung, daß die Auslegungregel unrichtige Entscheidungen veranlassen könne.

Dagegen wurde ausgeführt, die Bestimmung sei so zu verstehen, daß, wenn eine Auslegung, nach der die letztwillige Verfügung hinfällig sein würde, und eine andere Auslegung, nach der sie Geltung behielte, möglich sei, die letztere Auslegung den Vorzug haben solle. In diesem Sinne sei die Vorschrift zweckmäßig.

Die Kommission schloß sich dieser Ausführung an und lehnte den Antrag auf Streichung der Bestimmung ab.[31]

§ 28. Bedingungen.

I. Begriff der Bedingung. Arten der Bedingung. Aufschiebende und auflösende Bedingung.

Ein Rechtsgeschäft, das unter einer aufschiebenden Bedingung vorgenommen ist, befindet sich nach der äußeren Gestalt, in der es zuerst in die Erscheinung tritt, in dem Zustande der Unfertigkeit.[1] Dies gilt von letztwilligen Verfügungen wie von Rechtsgeschäften unter Lebenden. Eine bedingte Erbeinsetzung, ein bedingtes Vermächtnis werden durch die Bedingungen, unter welche die Verfügungen gestellt sind, gehindert, alsbald mit dem Erbfalle diejenigen Rechtswirkungen zu äußern, die eine ohne Bedingung vorgenommene Willenserklärung des fraglichen Inhaltes mit dem Tode des Erblassers haben würde. Auseinander gehen die Auffassungen der Schriftsteller in Bezug auf die Frage, was darin oder dabei unfertig ist, ob der Wille des Handelnden und mit ihm das Geschäft selbst oder die Wirkung des Geschäftes.[2] Liegt ein Testament mit einer Erbeinsetzung unter der aufschiebenden Bedingung vor, daß der eingesetzte Erbe X. sich binnen einer bestimmten Zeit nach dem Tode des Erblassers verheirate, so ist ohne Zweifel das Erbewerden des eingesetzten Erben, also die beabsichtigte Wirkung der Testa-

[31] Protokolle a. a. O. S. 6654.

[1] Brinz, Pandekten, 2. Aufl. Bd. 4 § 536.

[2] Windscheid, Pandekten Bd. 1 § 86 Anm. 3a zählt die auf die Frage nach dem Wesen der bedingten Willenserklärung von neueren Schriftstellern gegebenen verschiedenen Antworten unter sechs Nummern zum Teil wieder mit Unterabteilungen auf. Windscheid selbst findet das Wesen der bedingten Willenserklärung in dem Abhängigmachen einer gewollten rechtlichen Wirkung von einem Umstande.

mentserrichtung, davon abhängig, daß der X. in der bestimmten Zeit eine Ehe schließe. Nun bezeichnen aber die römischen Rechtsbücher auch das Rechtsgeschäft selbst, das unter einer Bedingung errichtet ist, und damit den auf die Errichtung dieses Rechtsgeschäftes gerichteten Willen als bedingt. Und wenn das Erbewerden des X. auf Grund des Testamentes ein bedingtes ist, so liegt es in der That nahe, auch das Testament und mit ihm die Erbeinsetzung und den auf die Testamentserrichtung und die Erbeinsetzung gerichteten Willen als bedingt anzusehen.[3] Auf der anderen Seite ist der Wille des Erblassers gerade auf die Errichtung eines Testamentes gegangen, nach dem X. nur Erbe werden soll, wenn er in der bestimmten Frist eine Ehe eingeht. Dies Testament besteht als Testament und wirkt als solches vom Tode des Erblassers an. Und der auf die Errichtung eines solchen Testamentes gerichtete Wille des Erblassers ist vom Zeitpunkte der Errichtung des Testamentes an mit der Wirkung, daß das Testament mit dem Tode des Erblassers in Kraft tritt, immer fertig gewesen.

Das bürgerliche Gesetzbuch für das Deutsche Reich nimmt gegenüber dem alten Streite über das Wesen der aufschiebenden Bedingung in dem Satze Stellung, daß, wenn ein Rechtsgeschäft unter einer aufschiebenden Bedingung vorgenommen wird, die von der Bedingung abhängig gemachte Wirkung mit dem Eintritte der Bedingung eintritt.[4] Nach dem Gesetzbuche ist also bei einem unter einer aufschiebenden Bedingung vorgenommenen Rechtsgeschäfte als von dem Eintritte der Bedingung abhängig und darum als ungewiß und unfertig die unter die Bedingung gestellte Rechtswirkung des Geschäftes aufzufassen. Damit soll nicht gesagt sein, daß die in einem Testamente enthaltene bedingte Erbeinsetzung vor dem Eintritte der Bedingung überhaupt keine Rechtswirkungen hat. Die bedingte Erbeinsetzung und das sie enthaltende Testament haben Rechtswirkungen. Nur eben die Rechtswirkungen gehen ihnen ab, die von dem Eintritte der Bedingung abhängig sind, also das Erbewerden des bedingt eingesetzten Erben und alle die Rechtswirkungen, die wieder von diesem Erbewerden abhängig sind.[5]

Bedingung ist also das Abhängigmachen gewisser Rechtswirkungen

---

[3] L. 10 pr. D. de condic. inst. (28, 7).

[4] B.G.B. § 158 Abs. 1. Mit diesem Satze befindet sich die Auffassung Windscheids (s. oben Anm. 2) in Übereinstimmung. Zu vergl. auch die bei Windscheid a. a. O. Anm. 3a Nr. 4 angegebene Litteratur. Die Auffassung v. Scheurls, Beiträge zur Bearbeitung des römischen Rechts Bd. 2 Heft 2 S. 71 flg., gehört ebenfalls hierher. Auch die Adickes', Lehre von den Bedingungen S. 21.

[5] Brinz a. a. O. § 535 Anm. 8; Köppen, Erbrecht § 78 S. 506 Anm. 5; Adickes, a. a. O. S. 16, 17.

eines Rechtsgeschäftes von einem ungewissen Umstande.[6] In diesem Sinne ist die Bedingung ein Teil des Rechtsgeschäftes selbst, der von dem Geschäfte untrennbar ist.[7] Der Umstand muß außerhalb des Willens desjenigen liegen, der das Rechtsgeschäft vornimmt. Bedingung wird aber auch der Umstand selbst genannt, von dessen Eintritte die Rechtswirkung des Geschäftes abhängen soll.

Der Wille eines Erblassers, seinen Nachlaß auf eine bestimmte Person unter der Bedingung übergehen zu lassen, daß sie sich binnen einer bestimmten Zeit verheirate, kann aber auch in der Weise erklärt und ausgeführt werden, daß der Erblasser in seinem Testamente den X. zum Erben einsetzt und ihm die Verpflichtung auferlegt, wenn er sich binnen der bestimmten Zeit nicht verheiratet, den Nachlaß dem Y. herauszugeben. In diesem Falle ist die Bedingung eine auflösende. Das bürgerliche Gesetzbuch enthält über ihre rechtliche Bedeutung den Satz, daß, wenn ein Rechtsgeschäft unter einer auflösenden Bedingung vorgenommen wird, mit dem Eintritte der Bedingung die Wirkung des Rechtsgeschäftes endigt, und daß mit diesem Zeitpunkte der frühere Zustand wieder eintritt.[8] Unter eine solche Bedingung kann nach römischem Rechte eine Erbeinsetzung nicht wirksam gestellt werden.[9] Ist ein Erbe unter einer auflösenden Bedingung eingesetzt, so hat die Bedingung keine Geltung, und der Erbe behält nach dem Grundsatze „semel heres semper heres" die Erbschaft. Im heutigen gemeinen Rechte besteht Geneigtheit, eine

---

[6] v. Savigny (System Bd. 3 S. 99, 120) bezeichnet die Bedingung als eine Selbstbeschränkung des Willens neben Zeitbestimmung und Modus. Die Bezeichnung hat Beifall gefunden. Fitting (Archiv für die civilistische Praxis Bd. 39 S. 307) findet, daß der Ausdruck, weil man jede Willenserklärung als Selbstbeschränkung des Willens hinstellen kann, zu viel sagt, um von Gewicht zu sein. Eisele (ebenda Bd. 50 S. 262) ergänzt die Bezeichnung v. Savignys, indem er angiebt, worin die Selbstbeschränkung des Willens bestehe. Die Bedingung ist nach ihm Schwächung der Intensität des Willens, von ihm selbst dadurch gesetzt, daß er ein künftiges, auch subjektiv ungewisses Ereignis als ein ihn bestimmendes in sich aufnimmt. Die Auffassung stimmt mit der, welche v. Scheurl, Zur Lehre von den Nebenbestimmungen bei Rechtsgeschäften S. 71 flg., giebt, im wesentlichen überein.

[7] Der erste Entwurf des bürgerlichen Gesetzbuches bezeichnete die Bedingungen als dem Rechtsgeschäfte, dem sie angehören, beigefügt (§§ 128, 129). Dieser Ausdruck wurde bemängelt, weil er dem Gedanken der Einheitlichkeit der unter einer Bedingung abgegebenen Willenserklärung mit der Bedingung selbst widerspreche. Er ist auch in das Gesetzbuch nicht aufgenommen worden. Die hergebrachte Bezeichnung der Bedingung als einer Nebenbestimmung des Rechtsgeschäftes ist gleichfalls bekämpft worden, sowohl als begrifflich unrichtig, wie als zu praktischen Irrtümern führend (Unger, österreich. Privatrecht Bd. 2 S. 56, 57 Anm. 3; ebenso Fitting, Archiv für civilistische Praxis Bd. 39 S. 308 f.).

[8] B.G.B. § 158 Abt. 2.

[9] L. 89 (88) D. de hered. inst. (28, 5).

Erbeinsetzung unter einer auflösenden Bedingung als die Anordnung eines Universalfideikommisses aufrecht zu erhalten, sofern das Testament eine solche Auffassung zuläßt.[10] Das preußische Landrecht bestimmt ausdrücklich, daß, wenn eine Erbschaft oder ein Vermächtnis unter einer auflösenden Bedingung hinterlassen wird, der Erbe oder der Vermächtnisnehmer gegen den, welchem bei dem Eintritte der Bedingung die Erbschaft oder das Vermächtnis zufallen soll, in dem Verhältnisse des Erben oder Vermächtnisnehmers gegen den fideikommissarischen Substituten stehen soll.[11] In derselben Weise behandelt das österreichische Gesetzbuch die einer letztwilligen Zuwendung beigefügte aufschiebende Bedingung.[12] Das sächsische Gesetzbuch steht im wesentlichen auf gleichem Standpunkte.[13] Das bürgerliche Gesetzbuch für das Deutsche Reich bestimmt, daß unter einer Anordnung des Erblassers, nach welcher der Erbe die Erbschaft mit dem Eintritte eines bestimmten Ereignisses einem Anderen herauszugeben soll, die Einsetzung dieses Anderen als Nacherben zu verstehen sei.[14] Der erste Entwurf eines bürgerlichen Gesetzbuches enthielt den Satz, daß einer letztwilligen Verfügung eine Bedingung oder eine Zeitbestimmung beigefügt werden könne.[15] Die dem Entwurfe beigegebenen Motive sehen gegenüber der Auffassung des römischen Rechtes, nach der Zeitbestimmungen und auflösende Bedingungen bei der Erbeinsetzung unzulässig sind, die Aufnahme des Satzes als geboten an.[16] Die Kommission für die zweite Lesung des Entwurfes erkannte den Satz für richtig, strich ihn aber als überflüssig.[17]

Über das Wesen der auflösenden Bedingung besteht Streit. Der Streit betrifft die Frage, wie man sich die bis zum Eintritte der auflösenden Bedingung dauernde Wirkung der Willenserklärung im Verhältnisse zu der von dem Eintritte der Bedingung abhängig gemachten Wirkung zu denken hat. Nach einer verbreiteten Meinung sollen zwei nebeneinander stehende Willenserklärungen angenommen werden, eine unbedingte Hauptwillenserklärung und eine auf die Wiederaufhebung der Wirkung dieser Hauptwillenserklärung gerichtete Nebenwillenserklärung mit einer aufschiebenden Bedingung.[18] In Anwendung

---

[10] S. Mühlenbruch in Glück, Pandektenkommentar Bd. 40 S. 187 flg.; Windscheid, Pandekten Bd. 3 § 554 Nr. 4.

[11] A.L.R. I 12 §§ 466 flg.

[12] Österreich. Gesetzb. § 708.

[13] Sächs. Gesetzb. §§ 2503 flg.

[14] B.G.B. § 2103.

[15] Erster Entwurf § 1760.

[16] Motive Bd. 5 S. 16 f.

[17] Protokolle, 330. Sitzung S. 6589.

[18] Zu vgl. die Litteratur bei Windscheid, Pandekten Bd. 1 § 86 a. E. Anm. 6.

dieser Begriffsbestimmung auf den oben gesetzten Fall würde sich als Wirkung der unbedingten Hauptwillenserklärung das Erbewerden des X., dagegen als Wirkung des Eintrittes der aufschiebenden Bedingung, unter welche die Nebenwillenserklärung gestellt ist, die Wiederaufhebung des Erbewerdens des X. infolge der innerhalb der bestimmten Zeit unterbliebenen Eingehung einer Ehe und die Verpflichtung des X. zur Herausgabe der Erbschaft an den Y. ergeben. Eine unter einer auflösenden Bedingung abgegebene Willenserklärung wäre dann nichts anderes als eine unbedingte Willenserklärung verbunden mit einer zweiten Willenserklärung, durch welche die auf Grund der ersten Willenserklärung eingetretene Wirkung im Falle des Eintrittes einer aufschiebenden Bedingung wieder aufgehoben wird.

Die dieser Meinung entgegengesetzte Auffassung richtet sich gegen die Zweiteilung der unter einer auflösenden Bedingung vorgenommenen Willenserklärung.[19] Eine solche Willenserklärung wird als ebenso einheitlich bezeichnet, wie die unter eine aufschiebende Bedingung gestellte. Wenn also ein Vermächtnis unter eine auflösende Bedingung gestellt, sonach die Errichtung des Vermächtnisses als Wirkung einer Verfügung von Todeswegen auf einen gewissen Fall hin nicht gewollt, außerdem aber gewollt und das Ende der Rechtswirkung oder die Fortdauer oder das Inkraftbleiben der Rechtswirkung ins Ungewisse gestellt ist, so wird, bis sich entscheidet, ob die Bedingung eintritt, auch als ins Ungewisse gestellt angesehen, ob das Vermächtnis zu Recht besteht. Es wird also in der auf das Nichtbestehen oder Nichtmehrbestehen des Vermächtnisses gerichteten bedingten Willenserklärung stillschweigend eine auf das Bestehen für den entgegengesetzten Fall gerichtete gefunden. Und es wird, da von dem Eintritte der auflösenden Bedingung die Wirkung abhängt, daß das Rechtsverhältnis, in dem gestellten Falle das errichtete Vermächtnis, nicht besteht, angenommen, daß bei einer unter einer auflösenden Bedingung abgegebenen Willenserklärung die Unfertigkeit des Rechtsverhältnisses, das der Handelnde herstellen will, ebenso groß ist wie bei einer unter einer aufschiebenden Bedingung abgegebenen.[20]

Für diese Auffassung ist also der Begriff der Bedingung, der aufschiebenden und der auflösenden, ein einheitlicher. Und es ist nur Sache der juristischen Formulierung, ob, wenn die Wirksamkeit einer Willenserklärung von einem gewissen Umstande abhängen soll, die Bedingung aufschiebend oder auflösend gefaßt wird,[21] ob also in dem gesetzten Falle

---

[19] Vgl. Brinz, Pandekten 2. Aufl. Bd. 4 § 540 Anm. 4 flg.; ferner Unger, österr. Privatrecht Bd. 2 § 82 Anm. 30a.

[20] Brinz a. a. O. § 540 Anm. 6, 7. § 535 Anm. 8.

[21] Brinz a. a. O. § 536 Anm. 54 § 540 Anm. 2, 3.

durch das Testament das vom Erblasser zu Gunsten des X. beabsichtigte Vermächtnis als bis zu dessen Eheschließung ausgesetzt oder der Nichtfortbestand der Vermächtniswirkung des Testamentes als von der Unterlassung der Eingehung einer Ehe auf Seite des X. abhängig hingestellt wird. In dem einen wie in dem anderen Falle ist eine Eheschließung des X. das ungewisse Ereignis, von dessen Eintritt in der bestimmten Zeit die Frage, ob X. das Vermächtnis haben und behalten soll, abhängt. Und die Unfertigkeit der Ausführung der Absicht des Erblassers, dem X. den Gegenstand des Vermächtnisses zuzuwenden, hat ihren Grund in der Beschränktheit menschlicher Voraussicht, wenn nämlich das als Bedingung gesetzte Ereignis zur Zeit der Willenserklärung noch nicht eingetreten war.[22]

Das bürgerliche Gesetzbuch für das Deutsche Reich hat zu der Frage, wie das Wesen der auflösenden Bedingung zu bestimmen sei, keine Stellung genommen. In den dem ersten Entwurfe für das bürgerliche Gesetzbuch beigegebenen Motiven wird die Streitfrage berührt. Über die Frage, welche der beiden Auffassungen rechtsphilosophisch den Vorzug verdiene, wird aber eine Entscheidung mit der Erwägung abgelehnt, daß auch bei Annahme einer unbedingten Haupt- und einer aufschiebend bedingten Nebenwillenserklärung das Verhältnis der beiden Willenserklärungen zu einander nicht als das zweier trennbarer, verschiedenen Schicksalen unterliegender Rechtsgeschäfte betrachtet werden könne. Damit verliere die Meinungverschiedenheit ihre praktische Bedeutung.[23] Die Motive weisen sodann auf den grundsätzlichen Standpunkt des Entwurfes hin und bestimmen diesen Standpunkt dahin, daß die auflösende Bedingung einen wesentlichen und untrennbaren Bestandteil des Gesamtinhaltes der Willenserklärung bilde. Sie weisen ferner auf zwei Sätze des Entwurfes hin, in denen der Standpunkt zum Ausdruck gekommen sei.[24] Als einer dieser Sätze wird der hingestellt, nach dem eine unverständliche und widersinnige auflösende Bedingung das Rechtsgeschäft nichtig mache.[25] Als der andere der Satz über die Beweislast, nach welchem derjenige, der Rechte aus einem Rechtsgeschäfte geltend macht, wenn der Gegner behauptet, daß das Geschäft in anderer Weise, insbesondere unter Beifügung einer aufschiebenden oder auflösenden Bedingung, errichtet worden sei, zu beweisen habe, daß das Geschäft in der von ihm behaupteten Weise zustande gekommen sei.[26]

[22] Brinz a. a. O. § 536 Anm. 24.
[23] Motive zu dem Entwurfe eines bürgerlichen Gesetzbuches Bd. 1 S. 250, 251.
[24] Motive a. a. O. S. 251.
[25] Erster Entwurf § 139.
[26] Erster Entwurf § 196.

Nun hat aber die Streitfrage über die rechtliche Natur der auflösenden Bedingung praktische Bedeutung gerade für die Bestimmung der Beweislast in der Art, daß nach der zur Zeit herrschenden Ansicht, wenn der beklagte Streitteil gegen den Klagegrund mit der Behauptung einer aufschiebenden Bedingung vorgeht, der Kläger den Beweis der Unbedingtheit des zum Klagegrunde gemachten Rechtsgeschäftes zu führen hat, während nach der gleichfalls herrschenden Ansicht, wenn der beklagte Streitteil mit der Behauptung einer auflösenden Bedingung sich verteidigt, der Kläger vom Beweise frei ist, und der Beklagte den Einredebeweis der Bedingung zu führen hat.[27] Anders liegt die Frage der Nichtigkeitwirkung einer unverständlichen oder widersinnigen auflösenden Bedingung. Hier wird, wenn festgestellt ist, daß das Rechtsgeschäft mit einer verkehrten auflösenden Bedingung vorgenommen worden ist, die Sache sich regelmäßig so gestalten, daß die Verkehrtheit der auflösenden Bedingung der Klage aus dem Rechtsgeschäfte, das infolge der Verkehrtheit der Bedingung selbst verkehrt erscheint, entgegensteht. Liegt aber die Sache so, daß eine widersinnige Bedingung nur erst behauptet ist, so gestaltet sich die Frage wieder zu einer Frage der Beweislast.

Die Kommission für die zweite Lesung des Entwurfes hat nun aber die beiden oben erwähnten, in den ersten Entwurf aufgenommenen Sätze gestrichen, ohne ihnen einen Ersatz zu geben. Damit sind sowohl die große Streitfrage über das Wesen der auflösenden Bedingung als auch die praktische Frage, wie dabei die Beweislast zu bestimmen sei, ungelöst geblieben. Denn das bürgerliche Gesetzbuch enthält, nachdem jene beiden Sätze des ersten Entwurfes gestrichen sind, keine Nötigung, die beiden Fragen, mit deren Entscheidung die Rechtswissenschaft sich bisher vergebens beschäftigt hat, in der einen oder der anderen Richtung zu lösen. Die praktische Frage der Beweislast wird voraussichtlich nach dem Inkrafttreten des bürgerlichen Gesetzbuches in einer Sitzung der vereinigten Civilsenate des Reichsgerichtes für geraume Zeit ihre Lösung finden. Damit wird die Streitfrage über das Wesen der auflösenden Bedingung, soweit sie nicht mit jener Frage ausdrücklich entschieden ist,

---

[27] Windscheid (a. a. O. Anm. 6 am Schlusse) stellt mit Recht den Satz hin, wer seine Auffassung des Wesens der auflösenden Bedingung, daß sie eine auf Wiederaufhebung der Wirkungen der Hauptwillenserklärung gerichtete aufschiebend bedingte Nebenwillenserklärung sei, bestreite, müsse auch behaupten, daß die Berufung auf eine auflösende Bedingung nicht zum Beweise verpflichte. Die Motive zum ersten Entwurfe behaupten (a. a. O.) im Gegensatze hierzu, daß man in Bezug auf die Zweiteilung der auflösend bedingten Willenserklärung der Ansicht Windscheids sein könne und doch den im Entwurfe über die Beweislast aufgestellten Satz annehmen müsse.

eine Zeit lang aufhören, die Geister zu beschäftigen. Denn abgelöst von der Frage der Beweislast hat jene Frage ihre praktische Bedeutung verloren.

Außer der Haupteinteilung der Bedingungen in aufschiebende und auflösende kommen noch andere Unterscheidungen in Betracht.

Je nachdem der Umstand, auf den die Bedingung gestellt ist, ein Sein oder Geschehen oder ein Nichtsein oder Nichtgeschehen ist, wird zwischen positiven und negativen Bedingungen unterschieden. Bei dieser Unterscheidung kommt es aber nicht darauf an, wie die Bedingung gefaßt ist, sondern darauf, ob in dem Umstande, auf den sie gestellt ist, eine Veränderung des gegenwärtigen Zustandes liegt.

Eine andere Einteilung ist die in potestative, kasuelle und gemischte. Potestative Bedingungen sind diejenigen, deren Erfüllung in einer Handlung oder Unterlassung desjenigen besteht, für den ein Rechtserwerb bei Erfüllung der Bedingung eintreten soll. Sie sind rein potestativ, wenn die Handlung oder Unterlassung ausschließlich vom Willen des Berechtigten abhängt, gemischt, wenn die Handlung oder Unterlassung nicht ohne den Eintritt eines vom Willen des Berechtigten unabhängigen Umstandes statthaben kann. Kasuelle Bedingungen sind diejenigen, deren Eintritt von dem Willen des Berechtigten ganz unabhängig ist, die also auf ein Naturereignis oder auf Handlungen oder Unterlassungen Dritter gestellt sind.

§ 29. II. **Uneigentliche Bedingungen.**

1. Die Bedingung gehört der Vergangenheit oder der Gegenwart an.

Die Sache kann so liegen, daß bei Abgabe einer bedingten Willenserklärung das zur Bedingung gemachte Ereignis schon geschehen, aber noch nicht bekannt ist, und ebenso, daß der Nichteintritt des als Bedingung aufgestellten Ereignisses bei Abgabe der Erklärung feststeht, aber dem, der die Erklärung abgiebt, nicht bekannt ist.[1] Eine solche Bedingung wird aber nach den römischen Rechtsbüchern nicht als eine eigentliche Bedingung angesehen. Nach den Rechtsbüchern erfordert eine Bedingung die objektive Ungewißheit des zur Bedingung gesetzten Ereignisses, so daß ein Ereignis, das zur Zeit der Abgabe der Willenserklärung schon der Vergangenheit oder der Gegenwart angehört, auch wenn es dem, der die Willenserklärung abgiebt, noch nicht bekannt geworden ist, nicht Gegenstand einer eigentlichen Bedingung sein kann.[2]

[1] Dies ist der Fall der **condicio ad praeteritum vel ad praesens relata.**

[2] **L. 39 D. de reb. cred. (12, 1), l. 10 § 1 D. de cond. inst. (28, 7), l. 79 pr. D. de cond. (35, 1).**

Das Rechtsgeschäft, dessen Wirkung von einer der Vergangenheit oder der Gegenwart angehörigen Thatsache abhängig gemacht ist, gilt von Anfang an als unbedingt, wenn die wie eine Bedingung hingestellte Thatsache zur Zeit der Vornahme des Rechtsgeschäftes bereits eingetreten ist, oder als überhaupt nicht vorgenommen, wenn zur Zeit der Vornahme des Rechtsgeschäftes der Nichteintritt der Thatsache gewiß ist, und zwar im ersteren Falle auch dann, wenn derjenige, der die Willenserklärung vorgenommen hat, davon, daß die Thatsache eingetreten ist, nicht unterrichtet gewesen ist, und im anderen Falle, wenn er keine Kenntnis davon hat, daß sie nicht eintreten wird.[3] Die Ausübung eines solchergestalt von einer Thatsache der Vergangenheit oder der Gegenwart abhängig gemachten Rechtes hängt der Natur der Sache nach davon ab, daß die in Frage stehende Thatsache bewiesen wird.

Das bürgerliche Gesetzbuch für das Deutsche Reich hat sich jeder Erwähnung von bedingten Willenserklärungen enthalten, bei denen Ereignisse, die in der Vergangenheit oder in der Gegenwart liegen, die Stelle von Bedingungen vertreten. Es hat den Begriff der Bedingung überhaupt nicht bestimmt und sich nicht dahin ausgesprochen, ob das zur Bedingung gemachte Ereignis der Zukunft angehören und ob die Ungewißheit eine objektive sein muß. Müßte also der Begriff der Bedingung, wie ihn die römischen Rechtsbücher aufstellen, und wie ihn die Schriftsteller des gemeinen Rechtes überwiegend festhalten,[4] auch nach dem bürgerlichen Gesetzbuche als richtig anerkannt werden, so daß zum Begriffe der Bedingung die objektive Ungewißheit des Ereignisses erforderlich wäre, so würde eine Willenserklärung, deren Wirkung der Erklärende von der Wahrheit eines der Gegenwart oder der Vergangenheit angehörigen Ereignisses abhängig gemacht hat, die rechtlichen Folgen einer bedingten Willenserklärung an sich nicht erzeugen können.

---

[3] § 6 J. de V. O. (3, 15): Condiciones, quae ad praeteritum vel ad praesens tempus referuntur, aut statim infirmant obligationem aut omnino non differunt, „veluti si Titius consul fuit“ vel „si Maevius vivit, dare spondes?“ Nam si ea ita non sunt, nihil valet stipulatio, sin autem ita se habent, statim valet. Quae enim per rerum naturam certa sunt, non morantur obligationem, licet apud nos incerta sint.

[4] Überwiegend. Vereinzelt wird die Meinung, daß die objektive Ungewißheit des zur Bedingung gemachten Umstandes nicht zum Begriffe der Bedingung gehört, allerdings vertreten. S. Adickes, Zur Lehre von den Bedingungen S. 12 f., 23 f., 53 flg. Adickes findet (a. a. O. S. 22, 23) in der Bedingung den Begriff der Abhängigkeit rechtlicher Wirkungen von willkürlich gesetzten Umständen ausgeprägt und bescheidet sich bei dieser Auffassung des Begriffes unter Bezugnahme auf Jhering (Jahrb. f. Dogm. Bd. 10 S. 405) dahin, daß die Römer bis zur eigentlichen systematischen Durcharbeitung des Begriffes niemals vorgeschritten, sondern immer an der gesonderten Betrachtung der einzelnen Fälle hängen geblieben sind.

Die rechtlichen Folgen einer solchen Willenserklärung müßten dann, da die Willenserklärung doch ihre Folgen haben muß, anderweit so bestimmt werden, wie dies der Wille ihres Urhebers und die Natur der Sache erforderlich machen würden. Allein der römischrechtliche Begriff der Bedingung in der Gestaltung, daß er von der objektiven Ungewißheit des in Frage stehenden Ereignisses abhinge, ist nicht dergestalt maßgebend, daß er ohne Aufnahme eines der römischrechtlichen Begriffsbestimmung entsprechenden Rechtssatzes in das Gesetzbuch als die Vorschriften des Gesetzbuches bestimmend angesehen werden könnte. Der gewöhnlichen Bedeutung des Wortes „Bedingung“, wenn das Wort in dem Sinne gebraucht wird, daß die Wirkung einer Willenserklärung von der Wahrheit einer Thatsache abhängen soll, entspricht es nicht, das Wort auf Ereignisse zu beschränken, die erst der Zukunft angehören, und seinen Gebrauch auszuschließen, wenn Thatsachen der Vergangenheit oder der Gegenwart angehören. Und da die Schranken, welche die römischen Rechtsbücher selbst dem Begriffe wenigstens nach der herrschenden Meinung gegeben haben, mit der Einführung des bürgerlichen Gesetzbuches beseitigt sind, so besteht kein Hindernis mehr, unter Bedingungen im Sinne des Gesetzbuches auch Ereignisse zu begreifen, welche der Vergangenheit und der Gegenwart angehören. Zu demselben Ergebnisse würde man auf dem oben angedeuteten Wege kommen müssen, wenn man nämlich die Folgen einer Willenserklärung des angegebenen Inhaltes so bestimmen wollte, wie der Wille des Urhebers und die Natur der Sache es erfordern. Es bliebe dann immer nur übrig anzunehmen, daß der Urheber der Willenserklärung diese mit den Folgen ausstatten wollte, wie sie einer wahren Bedingung entsprechen. Und diese Annahme würde auch allein mit der Natur der Sache übereinstimmen.

Das preußische Gesetzbuch bestimmt in der fraglichen Hinsicht, daß, wenn eine vergangene Begebenheit zu einer aufschiebenden Bedingung gemacht ist, das bedingt eingeräumte Recht nicht eher ausgeübt werden kann, als die zur Bedingung gemachte Begebenheit bewiesen ist, und daß die rechtliche Wirkung der Willenserklärung im Zweifel sich auf die Zeit zurückbezieht, in der sie sich geäußert haben würde, wenn die Willenserklärung unbedingt gewesen wäre. Es bestimmt ferner, daß, wenn eine bereits eingetretene Begebenheit zu einer auflösenden Bedingung gemacht ist, die Willenserklärung von Anfang an der in Betracht kommenden Wirkung verlustig ist.[5]

Das sächsische Gesetzbuch enthält eine Vorschrift dahin, daß die

---

[5] A.L.R. I 4 §§ 140 bis 142.

Wirkung von Bedingungen, die der Vergangenheit oder der Gegenwart angehören, nach der Absicht dessen, der das Rechtsgeschäft vorgenommen hat, und nach der Natur des Rechtsgeschäftes zu bestimmen ist. Ist ein in die Vergangenheit oder in die Gegenwart fallendes Ereignis zur aufschiebenden Bedingung einer letztwilligen Verfügung gemacht, so gilt die Verfügung, wenn das Ereignis zutrifft. Anderenfalls fällt sie weg. Ist ein solches Ereignis zur auflösenden Bedingung einer letztwilligen Verfügung gemacht, so fällt die Verfügung sofort weg, wenn das Ereignis zutrifft. Anderenfalls gilt sie.[6]

Der erste Entwurf eines bürgerlichen Gesetzbuches hatte eine Bestimmung dahin aufgenommen, daß, wenn die Bedingung zur Zeit der Vornahme des Rechtsgeschäftes bereits erfüllt sei, das Rechtsgeschäft bei einer aufschiebenden Bedingung als unbedingt errichtet, bei einer auflösenden als unwirksam anzusehen sei, und daß die entgegengesetzte Folge eintrete, wenn zur Zeit der Vornahme des Rechtsgeschäftes die Bedingung bereits ausgefallen sei. Außerdem war bestimmt, daß die Vorschriften über das Recht dessen, der unter einer eigentlichen Bedingung berechtigt sein soll, auf Sicherung während des Schwebens dieser Bedingung zu Gunsten desjenigen, dessen Recht von einer bereits erfüllten Bedingung abhängig gemacht ist, bis zu dem Zeitpunkte des Bekanntwerdens der Erfüllung oder des Ausfalles der Bedingung entsprechende Anwendung finden sollten.[7] Man hielt es nämlich für angezeigt, den, der unter einer eigentlichen Bedingung berechtigt sein soll, in Ansehung des Rechtes auf Sicherung während des Schwebens der Bedingung nicht besser zu stellen als den, der unter einer uneigentlichen Bedingung der angegebenen Art berechtigt sein soll, für die Zeit bis zum Bekanntwerden der Erfüllung oder des Ausfalles der Bedingung stehen würde.[8] Der Entwurf stellte die uneigentlichen Bedingungen der angegebenen Art aber auch insofern den eigentlichen Bedingungen gleich, als nach dem Entwurfe in den Fällen, in denen es für unzulässig erklärt ist, eine Willenserklärung unter einer Bedingung abzugeben, die Willenserklärung in zulässiger Weise auch nicht unter einer uneigentlichen Bedingung der fraglichen Art abgegeben werden kann.[9]

Da das bürgerliche Gesetzbuch die fraglichen Sätze des ersten Entwurfes nicht aufgenommen hat und überhaupt keine Vorschrift über die in Rede stehenden uneigentlichen Bedingungen enthält, so bleibt nur übrig, das Rechtsverhältnis beim Vorliegen einer unter einer solchen

[6] Sächs. Gesetzb. §§ 113, 2119 f.

[7] Erster Entwurf eines bürgerlichen Gesetzbuches § 137 Abs. 1 und 2.

[8] Motive zum ersten Entwurfe Bd. 1 S. 264.

[9] Erster Entwurf § 137 Abs. 3.

Bedingung geschehenen Willenserklärung so zu beurteilen, wie wenn sich die Frage der Erfüllung oder des Ausfalles der Bedingung nach Abgabe der Willenserklärung so entschieden hätte, wie sie sich vorher entschieden hat. Diese Beurteilung entspricht offenbar in erster Reihe der anzunehmenden Absicht des Erklärenden bei Abgabe der Willenserklärung. Es ergiebt sich damit auch die Richtigkeit der im ersten Entwurfe enthaltenen Entscheidung, soweit es sich um den Eintritt oder Ausfall der Bedingung und die davon abhängig gemachte Wirkung handelt.[10] Daß dem Bedingtberechtigten, wenn die Bedingung eine uneigentliche der fraglichen Art ist, bis zur Klarstellung des Eintrittes oder des Ausfalles der Bedingung ein Anspruch auf Sicherung zustehen kann, erhellt aus der Natur der Sache.[11] Und daß endlich eine Willenserklärung, die nach dem Gesetze nicht unter einer Bedingung abgegeben werden kann, weil sie die mit einer Bedingung verbundene Ungewißheit nicht verträgt, auch einer Bedingung widerstehen muß, wenn das zur Bedingung gemachte Ereignis der Vergangenheit oder der Gegenwart angehört,[12] scheint ebenfalls nicht bezweifelt werden zu können. Daraus folgt, daß alle erwähnten, im ersten Entwurfe enthaltenen, auf Bedingungen der fraglichen Art bezüglichen Bestimmungen dergestalt der Natur der Sache entsprechen, daß die beschlossene Streichung der Sätze nur Sätze betroffen hat, die als selbstverständlich angesehen werden dürfen.

Die Sachlage kann aber auch die sein, daß der Eintritt der Bedingung zwar nicht bei Abgabe der bedingten Willenserklärung, aber doch in dem Zeitpunkte, in dem die Willenserklärung ihrem Wesen nach zu wirken bestimmt ist, schon gegeben ist. Dieser Zeitpunkt fällt bei Verfügungen von Todeswegen mit dem Tode des Erblassers zusammen. Diesen Fall hatte der erste Entwurf besonders vorgesehen. Er enthielt[13] die Bestimmung, daß, wenn das Ereignis, das in einer letztwilligen Verfügung zur Bedingung gemacht ist, nach Errichtung der letztwilligen Verfügung, jedoch vor dem Erbfalle, eingetreten ist, die Bedingung im

---

[10] Erster Entwurf § 137 Abs. 1.

[11] Die Kommission für die zweite Lesung des Entwurfes hat sich bei der Beratung des § 138 des ersten Entwurfes zwar für die Streichung des Satzes ausgesprochen, nach welchem ein Bedingtberechtigter Sicherheitleistung soll fordern können, aber nur deshalb, weil ein civilrechtlicher Anspruch des Bedingtberechtigten auf Sicherheitleistung nicht anzuerkennen sei. Die Kommission entschied sich dafür, den die Zulässigkeit des Arrestes bestimmenden § 796 Abs. 2 C.P.O. dahin zu erweitern, daß der Arrest zur Sicherung eines bedingten wie eines betagten Anspruches stattfinde, und erklärte im Sinne der Bestimmung einen Anspruch auch dann für bedingt, wenn die Bedingung bereits entschieden, das entscheidende Ereignis aber noch nicht bekannt sei. Protokolle, 28. Sitzung S. 365 f.

[12] Erster Entwurf § 137 Abs. 3.

[13] Erster Entwurf § 1762.

Zweifel als erfüllt anzunehmen ist. Der Vorschrift war die Einschränkung beigefügt, daß sie keine Anwendung finde, wenn das zur Bedingung gemachte Ereignis in einer Handlung des Bedachten bestehe, deren Wiederholung von der Willkür des Bedachten abhänge. In der Kommission für die zweite Lesung des Entwurfes bestand Einverständnis darin, daß in dem gesetzten Falle die Bedingung im Zweifel als erfüllt zu gelten habe. Die Mehrheit der Kommission entschied sich aber für die Streichung. Man nahm an, daß man der Regel auch ohne ausdrückliche Vorschrift folgen werde, und befürchtete Schwierigkeiten von dem bei Aufnahme der Regel nicht zu entbehrenden einschränkenden Satze. Denn der Begriff einer Handlung, deren Vornahme von der Willkür des Bedachten abhänge, sei unklar und unbestimmt. Gegen die Aufnahme der Auslegungvorschrift spreche auch, daß sie ihre Entstehung antiquierten Verhältnissen des römischen Rechtes verdanke und von den neueren Gesetzen nur aus dem römischen Rechte übernommen sei.[14] Bei solcher Sachlage, also wenn in dem gesetzten Falle X. beim Tode des Erblassers schon verheiratet ist, tritt die von dem Eintritte der Bedingung abhängig gemachte Wirkung der Willenserklärung sogleich ein. Es kann aber auch der Ausfall der Bedingung sogleich sicher sein. Dann, also im Fragefalle, wenn X. beim Eintritte des Erbfalles nicht mehr lebt, ist die bedingte Willenserklärung von Anfang an wirkungslos.

Das sächsische Gesetzbuch enthält für den Fall, daß das zur Bedingung gemachte Ereignis zur Zeit der Errichtung des letzten Willens bereits eingetreten war, daß aber die Möglichkeit eines nochmaligen Eintrittes gegeben ist, die Bestimmung, daß zur Erfüllung der Bedingung der nochmalige Eintritt nur dann erforderlich ist, wenn der Erblasser wüßte, daß es bereits eingetreten war.[15] Das bürgerliche Gesetzbuch für das Deutsche Reich hat diese Bestimmung nicht aufgenommen. Nach den Motiven zum ersten Entwurfe ist erwogen worden, daß eine solche Vorschrift als Auslegungvorschrift nicht veranlaßt, aber auch, soweit sie über die durch die Umstände des Falles ohnehin an die Hand gegebene Entscheidung hinausgreife, nicht einwandsfrei sei.[16]

§ 30. 2. Die condicio iuris und die notwendige Bedingung.

Eine uneigentliche Bedingung ist ferner die sogenannte condicio iuris. Eine solche liegt vor, wenn ein Ereignis in Frage steht, das an

---

[14] Protokolle der Kommission für die Lesung des zweiten Entwurfes, 333. Sitzung S. 6592 flg.

[15] Sächs. Gesetzb. § 2145.

[16] Motive zum ersten Entwurfe Bd. 1 S. 265.

sich schon mit dem beabsichtigten Rechtsverhältnisse von selbst gegeben und wie eine Bedingung ausgedrückt, aber nicht als solche gemeint ist. Das bürgerliche Gesetzbuch für das Deutsche Reich hat auf derartige „Bedingungen" keine Rücksicht genommen, offenbar weil es bei ihrer Beurteilung in jedem Falle auf Feststellung des Willensinhaltes ankommt. Die römischen Juristen haben derartige Fälle mehrfach erörtert. Gemeinsam ist nach römischem Rechte allen Fällen der sogenannten uneigentlichen Bedingungen, daß Rechtsgeschäfte, die unter Bedingungen gültig nicht vorgenommen werden können, auch ungültig sind, wenn sie unter eine sogenannte uneigentliche Bedingung gestellt sind.[1] Im übrigen ist die Frage, ob eine in der Form einer Bedingung in die Willenserklärung aufgenommene Thatsache als wirkliche Bedingung gemeint oder als selbstverständliche sogenannte condicio iuris beigefügt ist, als Thatsachenfrage nach den Umständen zu entscheiden.[2] Die Rechtsbücher erwähnen hier den Fall, daß dem ernannten Testamentserben ein Vermächtnis auferlegt ist, wenn er Erbe sein wird, und sie finden sich damit in der Art ab, daß sie der Natur der Sache nach von dem Willensinhalte der Belastung des Erben mit dem Vermächtnisse es abhängig machen, ob eine Bedingung oder eine Zeitbestimmung beabsichtigt ist.[3]

Hierher gehört auch der Fall einer letztwilligen Verfügung, der mit den Worten angeordnet ist: „wenn der Bedachte es so will". Für den Vermächtnisnehmer enthalten die Worte eine wahre Bedingung, die ihn zu einer Erklärung über Annahme oder Ausschlagung nötigt, und mit deren Erfüllung das Vermächtnis auf die Erben des Vermächtnisnehmers übergeht.[4] Für den notwendigen Erben enthalten sie ebenfalls eine Bedingung, für den freiwilligen sind sie bedeutungslos.[5]

Das sächsische Gesetzbuch hat die Sätze aufgenommen, daß eine letztwillige Verfügung, die von Umständen, die sich von selbst verstehen, wie von einer Bedingung abhängig gemacht ist, wie eine unbedingte gilt,

---

[1] v. Savigny, System Bd. 3 § 121; v. Vangerow, Pandekten Bd. 1 § 93 Anm. 1; Windscheid, Pandekten Bd. 1 § 87 S. 272; Fitting, Archiv für civilistische Praxis Bd. 39 S. 310 flg.

[2] Unger, österreich. Privatrecht Bd. 2 § 82 I; Fitting a. a. O.

[3] L. 19 § 1 D. de cond. (35, 1).

[4] L. 69 ibid.: Si ita expressum erit: „Titio, si voluerit, do lego", apud Labeonem Proculus notat non aliter ad heredem legatarii pertinere, quam si ipse legatarius voluerit ad se pertinere, quia condicio personae in iuncta vide tur.

[5] L. 12 D. de cond. instit. (28, 7): Verba haec: „Publius Maevins, si volet, heres esto", in necessario condicionem faciunt, ut, si nolit, heres non existat: nam in voluntaria heredis persona frustra adduntur, cum, atsi non fuerint addita, invitus non efficitur heres.

daß aber, wenn der Erblasser verfügt hat, der Bedachte solle, was ihm zugedacht ist, erhalten, wenn er es haben wolle, die Verfügung von der Bedingung abhängig gemacht ist, daß der Bedachte sich über die Annahme bejahend erklärt.[6]

Auch die sogenannten notwendigen Bedingungen werden hierher gerechnet, das sind Bestimmungen eines Rechtsgeschäftes, welche vorliegen, wenn ein Umstand, der einem Rechtsgeschäfte wie eine Bedingung eingefügt ist, nach dem natürlichen Laufe der Dinge eintreten muß.[7] Das bürgerliche Gesetzbuch thut auch der notwendigen Bedingungen keine Erwähnung.[8] Nach römischem Rechte ist, wenn die Wirkung einer Willenserklärung sich als von dem Eintritte einer notwendigen Bedingung abhängig darstellt, eine Bedingung nicht vorhanden. Auch nicht, wenn der Zeitpunkt des Eintrittes ungewiß ist. Es liegt nämlich solchenfalls immer nur eine Zeitbestimmung vor.[9] Dagegen macht eine auflösende notwendige Bedingung das Rechtsgeschäft unwirksam. In derselben Weise behandelt das preußische allgemeine Landrecht die sogenannten notwendigen Bedingungen.[10] Das sächsische Gesetzbuch dagegen nimmt eine Bedingung als vorliegend an, wenn die Wirkung einer letztwilligen Verfügung von einem künftigen Ereignisse abhängig gemacht wird, von dem gewiß ist, daß es eintreten wird, aber ungewiß, zu welcher Zeit.[11]

§ 31. 3. Die unmögliche Bedingung.

Den notwendigen Bedingungen stehen die unmöglichen gegenüber; das sind diejenigen, welche vorliegen, wenn der Eintritt des Umstandes, auf den die Bedingung gestellt ist, unmöglich ist. Solche Bedingungen haben nach römischem und gemeinem Rechte in Verfügungen von Todeswegen eine andere Bedeutung als in Rechtsgeschäften unter Lebenden. Sie machen nämlich nach römischem und gemeinem Rechte ein Rechtsgeschäft unter Lebenden, wenn die Rechtswirkung des Rechtsgeschäftes von dem Eintritte des zur Bedingung gesetzten Umstandes abhängt, die

---

[6] Sächs. Gesetzb. §§ 2117, 2118.

[7] v. Savigny a. a. O.; Windscheid a. a. O. S. 271; Fitting a. a. O. Zwischen einer notwendigen Bedingung und einer condicio iuris besteht kein notwendiger Gegensatz. Ein Ereignis kann gleichzeitig als notwendige Bedingung und als condicio iuris in Betracht kommen.

[8] Motive zu dem Entwurfe eines bürgerlichen Gesetzbuches Bd. 1 S. 265 flg.

[9] L. 79 pr. D. de cond. (35, 1): „Heres meus, cum morietur Titius, centum ei dato." Purum legatum est, quia non condicione, sed mora suspenditur. Non potest enim condicio non existere.

[10] A.L.R. I 4 §§ 126 bis 128.

[11] Sächs. Gesetzb. § 2121.

Bedingung also eine aufschiebende erscheint, nichtig, während das Rechtsgeschäft, wenn seine Rechtswirkung von dem Nichteintritte des fraglichen Umstandes abhängig gemacht ist, die Bedingung also sich als eine auflösende darstellt, als ein bedingunglos eingegangenes angesehen wird. Dagegen werden sie, wenn sie einer letztwilligen Verfügung beigegeben sind, für nicht hinzugefügt erachtet.[1] Der Unterschied, den das römische Recht zwischen den Rechtsgeschäften unter Lebenden und den Verfügungen von Todeswegen gegenüber den unmöglichen Bedingungen macht, ist im bayerischen Gesetzbuche von 1756,[2] im Code civil[3] und im sächsischen bürgerlichen Gesetzbuche[4] aufrecht erhalten, vom Code civil auch noch weiter, nämlich auf alle freigebigen Verfügungen ausgedehnt worden.

---

[1] Windscheid, Pandekten Bd. 1 § 87 Anm. 4, § 94; Brinz, Pandekten 2. Aufl. Bd. 3 § 371 Nr. 3. Bd. 4 § 539. Im römischen Rechte bestand Streit zwischen den Schulen der Sabinianer und der Prokulejaner. Gaj. III § 98, l. 16 i. f. D. de iniusto rupto (28, 3), l. 6 i. f. de cond. et demonstr. (35, 1). Die Prokulejaner wollten die Verfügungen von Todeswegen gegenüber den unmöglichen Bedingungen ebenso behandeln wie die Geschäfte unter Lebenden. Die Meinung der Sabinianer siegte. Ob der Streit große praktische Bedeutung gehabt hat, mag nach dem von Gajus in der angeführten Stelle seiner Institutionen und von Pomponius in der ersteren der beiden oben angeführten Digestenstellen gebrauchten Beispiele „Titius si digito caelum tetigerit“ wohl bezweifelt werden können. Eine Bedingung, wie sie hier angeführt ist, könnte doch, wenn sie gestellt wäre, um wirksam zu werden, nur den Zweck einer Verhöhnung des Titius haben. Dann aber würde die Bedingung dem Rechtssatze verfallen, daß Bedingungen, die den Bedachten lächerlich machen sollen, als nicht beigefügt gelten (l. 14 D. de condit. instit. 28, 7). Übrigens wird von manchen Juristen die Ansicht aufgestellt, daß die letztwillige Verfügung ungültig sei, wenn der Erblasser die Unmöglichkeit des Eintrittes der Bedingung gekannt habe, und von anderen die entgegengesetzte Ansicht, daß die letztwillige Verfügung ungültig sei, wenn er die Unmöglichkeit des Eintrittes der Bedingung **nicht** gekannt habe. Schwierigkeiten machen hier besonders die Fälle der l. 4 § 1 De statu lib. (40, 7). In dem ersten dieser Fälle hatte der Erblasser eine Freilassung angeordnet, den Zeitpunkt der Freilassung aber soweit in die Zukunft verlegt, daß der Freizulassende ihn nicht erleben konnte. In dem anderen ist eine Freilassung unter der Bedingung in Frage, daß der Freizulassende eine für ihn offenbar nicht erschwingliche Summe zahle. In dem dritten ist ein Freiheitvermächtnis mit der Bedingung angeordnet, daß der Bedachte frei sein solle, wenn er sterben werde. Der Jurist hält die letztwilligen Verfügungen in diesen Fällen für nichtig, quia nec animus dandae libertatis est. Der als Beweisgrund vorgeführte Satz, daß der Zuwendungwille nicht vorhanden gewesen sei, mag wohl richtig sein. Aber wie verhält es sich mit dem Zuwendungwillen bei der Bedingung „Titius si digito caelum tetigerit“? Zu vgl. Sell, Lehre von den unmöglichen Bedingungen S. 80 flg., ferner S. 262 flg.; v. Vangerow, Pandekten, Bd. 2 § 434 Anm. 1. II; v. Scheurl, Beiträge Bd. 2 Heft 2 S. 271 flg; Dernburg, Pandekten Bd. 3 § 83 Anm. 5.

[2] Cod. Max. Bav. civ. III Kap. 3 § 10, Kap. 6 § 8.

[3] Code civil Artt. 900, 1172; Zachariä-Dreyer, franz. Civilrecht Bd. 4 § 692.

[4] Sächs. Gesetzb. §§ 2125 flg.

Für das Geltunggebiet des preußischen allgemeinen Landrechtes ist er durch die landrechtlichen Bestimmungen, welche den in Rede stehenden Unterschied in Beziehung auf physisch unmögliche Bedingungen nicht kennen, beseitigt worden.[5]

Das bürgerliche Gesetzbuch hat die unmöglichen Bedingungen ganz und gar, sowohl in Ansehung der Rechtsgeschäfte unter Lebenden als auch in Ansehung der Verfügungen von Todeswegen, mit Stillschweigen übergangen. Dies war schon der Standpunkt des ersten Entwurfes.[6] Der Standpunkt hat in dem Fortgange des Gesetzgebungwerkes keine Änderung erfahren. Darnach kann eine physisch unmögliche Bedingung mit Rechtswirksamkeit einer letztwilligen Verfügung ebensowohl wie einem Rechtsgeschäfte unter Lebenden beigegeben werden. Ist die Bedingung eine aufschiebende und ist sie von Anfang an unmöglich, so besteht ihre Wirkung darin, daß das Rechtsgeschäft von Anfang an unwirksam ist, während, wenn die unmögliche Bedingung eine auflösende ist, das Rechtsgeschäft von Anfang an wie ein unbedingt errichtetes angesehen wird. Diese Folgen treten aber nur ein, wenn es schon in dem Zeitpunkte der Errichtung der letztwilligen Verfügung, in der die Bedingung gesetzt wurde, gewiß war, daß die Bedingung nicht eintreten könne. Wurde der Eintritt erst später unmöglich, so liegt der Fall der Unmöglichkeit überhaupt nicht vor, sondern der des Nichteintrittes der Bedingung. War die Bedingung in der Zeit, da sie gesetzt wurde, unmöglich, war es aber zu dieser Zeit denkbar, daß die Bedingung in späterer Zeit eintreten werde, so liegt der Fall der Unmöglichkeit ebenfalls nicht vor. Der Fall der sogenannten relativen Unmöglichkeit, das heißt der Fall, daß die Erfüllung der Bedingung nur mit außerordentlichen Schwierigkeiten erreicht werden könnte, die der, dem die Bedingung gestellt ist, nicht zu überwinden vermag, wird nach gemeinem Rechte dem der Unmöglichkeit der Bedingung gleichgestellt, die Bedingung wird also gestrichen.[7] Nach dem bürgerlichen Gesetzbuche fällt die Bedingung aus, wenn derjenige, der sie zu erfüllen hat, die Schwierigkeiten nicht über-

---

[5] A.L.R. I 4 §§ 129 flg. I 12 §§ 504 flg.

[6] Motive zu dem Entwurfe eines bürgerlichen Gesetzbuches Bd. 1 S. 265 flg.

[7] Die römischen Rechtsbücher erwähnen den Fall einer Erbeinsetzung unter der Bedingung, daß der Eingesetzte dem Erblasser innerhalb einer Zeit von drei Tagen nach dem Tode ein Denkmal errichten lasse. Die Bedingung wird wegen Unmöglichkeit ihrer Erfüllung beseitigt. L. 6 D. de cond. inst. (28, 7). Dagegen ist in dem Falle, in welchem der Erblasser eine Freilassung unter der Bedingung angeordnet hatte, daß der Freizulassende eine für ihn ganz unerschwingliche Summe zahle (si heredi milies dedisset), ein nicht ernstlich gemeintes, also unwirksames Vermächtnis angenommen worden, quia nec animus dandae libertatis est (l. 4 § 1 D. de statu lib. (40, 7).

winden kann oder nicht überwinden mag, die Bedingung also für ihn unerschwinglich ist.[8]

Mit diesem Ergebnisse der Rechtsentwickelung hat in Ansehung der Bedeutung der unmöglichen Bedingungen der alte Streit zwischen den Prokulejanern und den Sabinianern, der die Rechtsgebiete des gemeinen Rechtes und der einzelstaatlichen Gesetzgebungen, welche in der Frage auf römischrechtlichem Boden standen, so wie des Code civil auf der einen Seite von dem Geltungbereiche des preußischen Landrechtes auf der anderen Seite schied, seine praktische Bedeutung im Deutschen Reiche für die Zukunft verloren.

§ 32. 4. Die unerlaubte Bedingung.

Das letzte Glied in der Reihe der uneigentlichen Bedingungen bilden die unerlaubten, nämlich die gegen ein Gesetz oder gegen die guten Sitten verstoßenden Bedingungen. Auch in Ansehung ihrer hat das bürgerliche Gesetzbuch eine andere Stellung eingenommen, als das römische und gemeine Recht. Dergleichen Bedingungen machen nach römischem und gemeinem Rechte, wenn sie auf das unerlaubte oder gegen die guten Sitten verstoßende Verhalten einen Vorteil und auf das den Gesetzen oder den guten Sitten entsprechende einen Nachteil setzen, ein Rechtsgeschäft unter Lebenden nichtig, und zwar ohne Unterschied, ob die Bedingung eine aufschiebende oder eine auflösende ist. Sind sie mit einer letztwilligen Verfügung verbunden, so werden sie gestrichen.[1] Auf demselben Standpunkte steht von neueren Gesetzbüchern das bayerische Gesetzbuch von 1756,[2] das allgemeine preußische Landrecht,[3] der Code civil[4] und das Gesetzbuch für das Königreich Sachsen,[5] auf dem entgegengesetzten das österreichische Gesetzbuch. Das letztere erklärt die unter eine unerlaubte Bedingung gestellte letztwillige Verfügung der Regel nach für ungültig.[6] Das bürgerliche Gesetzbuch für das Deutsche Reich will Rechtsgeschäfte, die mit unerlaubten oder unsittlichen Bedingungen verbunden sind, ohne Unterschied der letztwilligen Verfügungen von den Rechtsgeschäften unter Lebenden, nach den allge-

---

[8] v. Savigny, System Bd. 3 S. 165, nennt solche Bedingungen unerschwingliche.

[1] L. 9, 14, 15 D. de cond. inst. (28, 7) l. 123, 137 § 6 D. de V. O. (45, 1).

[2] Cod. Max. Bav. civ. III 3 § 10.

[3] A.L.R. I 4 §§ 6 bis 13, 138 flg., I 12 § 63.

[4] Code civil Art. 900.

[5] Sächs. Gesetzb. §§ 109, 2129.

[6] Österr. Gesetzb. § 698. Eine Ausnahme machen die auf Beförderung der Ehelosigkeit gerichteten Bedingungen. Diese gelten als nicht beigefügt (Gesetzb. § 700).

meinen Rechtssätzen beurteilt wissen, nach welchen Rechtsgeschäfte, die gegen ein gesetzliches Verbot oder gegen die guten Sitten verstoßen, nichtig sind.[7] Das bürgerliche Gesetzbuch hat sich hier mit allen auf dem Boden des Deutschen Reiches geltenden Rechten in Widerspruch gesetzt.

Die Motive zum ersten Entwurfe eines bürgerlichen Gesetzbuches untersuchen den Grund, von dem sie sagen, daß er meistens zur Rechtfertigung des Satzes, nach welchem die unerlaubte Bedingung als nicht beigefügt angesehen wird, vorgebracht werde.[8] Als solchen stellen sie den Satz hin, es sei der oberste Grundsatz des Erbrechtes, den Willen des Erblassers zur Geltung zu bringen, und es entspreche dem Willen des Erblassers besser, die unter einer aufschiebenden unerlaubten Bedingung errichtete letztwillige Verfügung ohne die Bedingung aufrecht zu erhalten, als der ganzen Verfügung die Gültigkeit zu entziehen. Diesen Satz bezeichnen die Motive als fehlsam. Habe der Erblasser, so wird ausgeführt, die aus der Beifügung der Bedingung sich ergebende rechtliche Folge, daß die Verfügung mit der Bedingung nichtig sei, vorausgesehen, so habe er eine gültige Verfügung nicht treffen wollen. Habe er sie nicht vorausgesehen, oder habe er die Handlung nicht für unerlaubt gehalten, so lasse sich die Verfügung als eine unbedingte nur aufrecht halten, wenn davon ausgegangen werde, daß der Erblasser, wenn er die erforderliche Kenntnis gehabt hätte, die Verfügung dennoch getroffen haben würde. Diesen Ausgangspunkt aber bezeichnen die Motive als irrtümlich, da die Annahme mindestens ebenso nahe liege, daß der Erblasser die Zuwendung nicht gemacht haben würde, wenn er gewußt hätte, daß der Endzweck, den er mit Beifügung der Bedingung verfolgt habe, auf diesem Wege nicht erreichbar sei.

Gegenüber der Bestimmung des Code civil, der auch freigebige Verfügungen unter Lebenden unerlaubten Bedingungen gegenüber ebenso behandelt wie die Verfügungen von Todeswegen,[9] ziehen die Motive in Betracht, daß man damit zu dem unmöglichen Standpunkte gelange, die Zuwendung und das Setzen der Bedingung als zwei besondere Teile des Rechtsgeschäftes zu behandeln, von denen das eine fallen könne, ohne den Fall des anderen nach sich zu ziehen, während doch die Bedingung für einen wesentlichen und untrennbaren Bestandteil des ganzen Rechtsgeschäftes zu erachten sei. Aber selbst bei angenommener Zulässigkeit einer solchen Trennung müsse gefragt werden, ob genügende Anhaltspunkte für die Annahme gegeben seien, daß der Erblasser die Zuwendung ohne die Bedingung gewollt haben würde. Und der Bejahung dieser

---

[7] B.G.B. § 134, § 138, Abs. 1.

[8] Motive Bd. 5 S. 19 flg.

[9] Code civil Art. 900; Zachariä-Dreyer, französisches Civilrecht Bd. 4 § 692.

Frage stehe eben die Thatsache der Beifügung der Bedingung entgegen. Die Rücksicht auf den Bedachten könne nicht entscheiden, da andere Beteiligte die gleiche Rücksicht auf ihr Interesse beanspruchen dürften.[10]

Mit diesen Erwägungen wird es unternommen, die Anschauung des Entwurfes zu rechtfertigen, nach der für eine letztwillige Verfügung mit einer aufschiebenden unerlaubten Bedingung die gleichen Grundsätze wie für ein unter einer solchen Bedingung vorgenommenes Rechtsgeschäft unter Lebenden angewendet und die unerlaubten und die ihnen gleich gestellten Bedingungen lediglich nach den in den §§ 105, 106 des Entwurfes enthaltenen, als §§ 134, 138 Abs. 1 in das bürgerliche Gesetzbuch aufgenommenen Rechtssätzen beurteilt werden sollen.[11]

Die gleiche Beurteilung soll nach den Motiven eintreten, wenn die letztwillige Anordnung durch Beifügung einer auflösenden unerlaubten Bedingung zu einer gesetzlich verbotenen wird, oder wenn sie durch Beifügung einer entsprechenden Bedingung einen Inhalt erhält, der gegen die guten Sitten oder die öffentliche Ordnung verstößt.

Geht man vom Willensdogma aus, so ist gegen diese Erwägungen nichts einzuwenden. Die Annahme der Einheitlichkeit des einem bedingten Rechtsgeschäfte, sei dies ein Rechtsgeschäft unter Lebenden oder eine Verfügung von Todeswegen, zum Grunde liegenden Willensentschlusses und der Satz von der auf dieser Einheitlichkeit fußenden rechtlichen Untrennbarkeit des Rechtsgeschäftes, dem eine Bedingung, gleichviel ob eine aufschiebende oder eine auflösende, beigefügt ist, von der Bedingung selbst sind unanfechtbar. Und wenn die römischen Juristen den Willen des Erblassers in der letztwilligen Verfügung als die ausschließlich rechtserzeugende Kraft angesehen hätten, so würde allerdings die Behandlung der unerlaubten und unsittlichen Bedingungen durch die römischen Juristen kaum verständlich sein.

Wird bei Beurteilung der unmöglichen und der ihnen gleichzustellenden unerlaubten und unsittlichen Bedingungen von dem bereits erwähnten Beispiele „Titius si digito caelum tetigerit" ausgegangen, so würde man, wenn man den Willen des Erblassers allein entscheiden lassen will, zuerst die Frage zu beantworten haben, ob nicht die Absicht, den Titius zu bedenken, überhaupt ausgeschlossen und nur die Absicht, den Titius zu verspotten, anzunehmen ist. Stände also ein unter der Herrschaft des bürgerlichen Gesetzbuches errichtetes Testament, das eine Zuwendung mit der gedachten Bedingung oder einer ähnlichen enthielte, in Frage, so würde ohne Zweifel die Frage, ob Titius Anspruch

---

[10] Motive a. a. O.

[11] Motive a. a. O. S. 20, 21.

auf die Zuwendung hat, von der Beantwortung der Frage abhängig zu machen sein, ob der Erblasser eine Zuwendung mit einem immerhin unpassenden Scherze zu machen beabsichtigt oder ob er eine noch unpassendere Verhöhnung des Titius ohne Zuwendung gewollt hat. Die römischen Juristen ließen Scherz und Verhöhnung beiseite und gaben dem Titius Anspuch auf die Zuwendung. Sie hielten sich also für berechtigt, eine Censur und Korrektur des letzten Willens in dem Sinne vorzunehmen, daß sie die ausgesprochene Zuwendung gelten ließen und auf die unpassende Nebenbestimmung keine Rücksicht nahmen. Eine solche Korrektur ließen sie bei den Zuwendungen mit unmöglichen Bedingungen regelmäßig eintreten, auch in den Fällen, in denen der Erblasser die beigefügte unmögliche Bedingung für möglich halten mochte, und ebenso bei den Zuwendungen mit Bedingungen, die den unmöglichen gleichgestellt waren, also bei unerlaubten und unsittlichen Bedingungen. Die Quellen erwähnen von Bedingungen der letzteren Art neben solchen, die auf arge sittliche Verkommenheit des Erblassers schließen lassen, auch solche, die geradezu pathologischer Natur sind.[12]

Die römischen Juristen zogen es vor, dergleichen Bedingungen ebenso wie die oben erwähnte „Titius si digito caelum tetigerit" wegen ihrer Verwerflichkeit einfach zu streichen, ohne sich mit der Frage zu befassen, wie damit die Rücksicht auf den vom Erblasser doch ausgesprochenen Willen, die Zuwendung von der Erfüllung der Bedingung abhängig zu machen, sich vertragen möchte. Die Antwort, die in dem Falle, in welchem das Erbewerden des Eingesetzten von der Bedingung abhängig gemacht ist, daß er die Überreste des Erblassers ins Meer wirft, der Jurist auf die Frage giebt, ob der eingesetzte Erbe, der die Bedingung nicht erfüllt, sondern die Überreste des Erblassers in hergebrachter Weise bestattet hatte, die Erbschaft herausgeben müsse, legt davon Zeugnis ab. **Laudandus est magis quam accusandus heres**, sagt der Jurist, und der eingesetzte Erbe soll die Erbschaft behalten, wenn nicht etwa der durch die beigefügte Bedingung rege gemachte Verdacht, daß der Erblasser bei der Testamentserrichtung geisteskrank gewesen sei, sich als begründet erweist.

In diesen Fällen und in den anderen in den Quellen aufgeführten Fällen unerlaubter oder gegen die öffentliche Ordnung und die guten Sitten verstoßender Bedingungen — manche dieser Fälle haben es mit der Bedingung der Ehelosigkeit zu thun, deren Beifügung für gesetzwidrig

---

[12] Hierher gehören die Bedingungen: „**si ab hostibus patrem suum non redemerit**", „**si parentibus suis patronove alimenta non praestiterit**" (**C. 9. D. de cond. inst.** (28, 7), „**si reliquias defuncti in mare abiiciat**" (**l. 27 pr. ibid.**).

angesehen wurde, weil sie gegen die lex Julia et Papia Poppaea verstieß, andere mit der Bedingung, die Erfüllung einer letztwilligen Anordnung eidlich zu versprechen, — haben die römischen Juristen die Frage nicht erwogen, ob der Erblasser die in Frage stehende letztwillige Verfügung auch getroffen haben würde, wenn er sich die Unzulässigkeit der Bedingung klar gemacht hätte. Die Quellen geben nirgend dergleichen Erwägungen als Gründe der getroffenen Entscheidung an. Man strich die Bedingung, weil man sie mißbilligte, zog aber aus dem Willensdogma nicht die Folgerung, daß mit der Bedingung auch die bedingte Verfügung fallen müßte. Vielleicht erwog man, daß, wenn man auch nicht wissen könne, ob der Erblasser die fragliche Verfügung ohne die Bedingung errichtet haben würde, man doch auch nicht wissen könne, welche Verfügung er, wenn er sich der Ungültigkeit der Bedingung bewußt gewesen wäre, getroffen und wie er anderweit über den Gegenstand der bedingten Verfügung bestimmt haben würde, und daß derjenige, den der Erblasser bedingungsweise bedacht hat, vor Anderen, auf die der Gegenstand der Verfügung des Erblassers bei Nichtigkeit dieser Verfügung übergehen möchte, doch immer das voraus hat, daß er vom Erblasser als der künftige Herr des Gegenstandes dieser Verfügung in Aussicht genommen worden ist. Rechtsgründe sind dies ja nicht, aber Billigkeitgründe, die zu Gunsten des Bedachten wohl den Ausschlag gegeben haben können. Aussicht, völlige Klarheit in dieser Frage herzustellen, ist nicht vorhanden.

Von den oben aufgeführten Beispielen mißbilligter Bedingungen, mit denen sich die römischen Juristen zu befassen hatten, ist bei den heut herrschenden sittlichen Anschauungen kaum anzunehmen, daß sie in Gerichtshöfen zum Gegenstande von Erörterungen werden können. Dasselbe darf von den erwähnten Beispielen unmöglicher und derisorischer Bedingungen gelten. Dagegen können andere zu mißbilligende Bedingungen letztwilliger Verfügungen im heutigen Rechtsleben wohl Bedeutung erlangen.[13] Hierher gehört die in letztwilligen Verfügungen nicht ganz selten vorkommende Bedingung, die Konfession nicht zu ändern. Diese Bedingung darf als Einschränkung der Gewissensfreiheit nach allen im Deutschen Reiche geltenden Rechten einer letztwilligen Verfügung nicht beigefügt werden und gilt daher als nicht geschrieben. Nach dem bürgerlichen Gesetzbuche fällt die Bedingung unter die Bestimmung des § 138 Abs. 1. Sie macht also das Rechtsgeschäft, dem sie beigefügt ist, d. h. die letztwillige Zuwendung, die von ihr abhängen soll, nichtig. Ähnliche Bedingungen, die unter dem Gesichtspunkt des § 138 Abs. 1 fallen oder unter ihn

[13] Entscheidungen des Reichsgerichtes Bd. 21 S. 279.

doch gebracht werden können, und die bei den heutigen sittlichen Zuständen wohl noch vorkommen mögen, sind die, welche die Freiheit der Eheschließung oder die Freiheit der Berufswahl beschränken, ebenso die Bedingung, daß eine Ehescheidung stattfinde oder nicht stattfinde.

Die §§ 134, 138 Abs. 1 B.G.B. sind die einzigen Bestimmungen des Gesetzbuches, die auf unerlaubte oder gegen die guten Sitten verstoßende Bedingungen einer letztwilligen Verfügung bezogen werden können. Und da nach diesen Bestimmungen ein Rechtsgeschäft, das gegen ein gesetzliches Verbot oder gegen die guten Sitten verstößt, nichtig ist, so müssen alle letztwilligen Verfügungen als nichtig angesehen werden, welche ein gegen ein Verbotsgesetz oder gegen die guten Sitten verstoßendes Verhalten des Bedachten zur aufschiebenden Bedingung einer Zuwendung oder ein durch ein Gesetz oder durch die guten Sitten gebotenes Verhalten des Bedachten zur auflösenden Bedingung einer Zuwendung machen. Erfolgt dagegen eine Zuwendung unter der Bedingung, daß der Bedachte ein verbotenes oder gegen die guten Sitten verstoßendes Verhalten unterläßt, oder wird dem Bedachten eine Zuwendung unter der Bedingung wieder entzogen, daß er eine solche Handlung vornimmt, so liegt ein Fall der §§ 134, 138 Abs. 1 nicht vor, und die Zuwendung ist rechtswirksam.

§ 33. III. Schweben der Bedingung.

Steht in dem Zeitpunkte, in dem das Rechtsgeschäft seine Wirkung äußern würde, wenn es unbedingt wäre, der Eintritt der Bedingung noch aus, und ist es ungewiß, ob die Bedingung eintreten oder nicht eintreten wird, so beginnt der Rechtszustand, welcher als der des Schwebens der Bedingung bezeichnet wird.[1] Dieser Rechtszustand beginnt bei Verfügungen von Todeswegen mit dem Tode des Erblassers. Während des fraglichen Zustandes können zum Nachteile desjenigen, dem ein Recht unter einer Bedingung zustehen soll, sei es daß ihm das Recht unter einer aufschiebenden Bedingung eingeräumt ist, sei es daß er mit dem Eintritte einer auflösenden Bedingung und der von diesem Eintritte abhängigen Wiederherstellung des früheren Zustandes ein Recht, das ihm früher zugestanden hat, wiedererlangen soll, Verfügungen über das solchergestalt bedingte Recht insoweit nicht wirksam getroffen werden, als sie die von der Bedingung abhängig gemachte Wirkung vereiteln oder beeinträchtigen würden. Diese Wirkung der Bedingtheit und des Eintrittes

---

[1] Windscheid, Pandekten Bd. 1 § 89; Brinz, Pandekten Bd. 4 § 542; Motive zu dem Entwurfe eines bürgerlichen Gesetzbuches für das Deutsche Reich Bd. 1 S. 258 flg.

der Bedingung ist nach dem Gesetzbuche für das Deutsche Reich eine dingliche, und die fragliche Vorschrift gilt daher sowohl von Verfügungen desjenigen, der beim Eintritte der Bedingung verpflichtet wird, als auch von Verfügungen, die gegen ihn im Wege der Zwangsvollstreckung oder der Arrestvollziehung oder durch den Konkursverwalter vorgenommen sind.[2]

Das bürgerliche Gesetzbuch erklärt diese dingliche Wirkung des Verbotes, über den Gegenstand der bedingten Willenserklärung zum Nachteile dessen zu verfügen, der beim Eintritte der Bedingung berechtigt wird, für beschränkt durch die Vorschriften, die zu Gunsten derjenigen bestehen, welche Rechte von einem Nichtberechtigten herleiten.[3] Es sind dies die Vorschriften, nach denen das Vertrauen auf den Inhalt des Grundbuches und der gute Glaube in der Person des Erwerbers eine Lücke des Rechtes in der Person des Rechtsvorgängers zu decken vermögen.[4]

Wer bedingt verpflichtet ist, hat aber nach dem bürgerlichen Gesetzbuche während der Schwebezeit auch die persönliche Verbindlichkeit, alles zu unterlassen, wodurch bei der aufschiebenden Bedingung das von der Bedingung abhängige Recht und bei der auflösenden Bedingung das Recht, welches vermöge der mit dem Eintritte der Bedingung sich vollziehenden Wiederherstellung des früheren Zustandes an den, der es früher gehabt hat, zurückgelangt, vereitelt oder beeinträchtigt werden würde. Und derjenige, dem das bedingte Recht zusteht, oder der, zu dessen Gunsten, wenn die Bedingung eine auflösende ist, der frühere Rechtszustand wieder eintritt, hat im Falle des Eintrittes der Bedingung einen Anspruch auf Schadensersatz gegen den Verpflichteten, wenn dieser während der Schwebezeit das von der Bedingung abhängige Recht durch sein Verschulden vereitelt oder beeinträchtigt.[5]

Daneben hat in dem Gesetzbuche der aus dem römischen Rechte herrührende Gedanke Aufnahme und weitere Ausprägung gefunden, daß, wenn der Eintritt der Bedingung durch den verhindert wird, der bei dem Eintritte das bedingte Recht verliert, die Sache so angesehen wird, wie wenn die Bedingung erfüllt wäre.[6] Das Gesetzbuch hat diesem Gedanken dahin Ausdruck gegeben, daß, wenn der Eintritt der Bedingung von der Partei, zu deren Nachteil er gereichen würde, wider Treue und Glauben verhindert wird, die Bedingung als eingetreten und, wenn der Eintritt der Bedingung von der Partei, zu deren Vorteil er

---

[2] B.G.B. § 161 Abs. 1, 2.
[3] B.G.B. § 161 Abs. 3.
[4] B.G.B. §§ 891 bis 893, §§ 932 bis 934, 936.
[5] B.G.B. § 160.
[6] L. 161 D. de R. J. (50, 17).

gereicht, wider Treue und Glauben herbeigeführt wird, der Eintritt als nicht erfolgt gilt.[7]

Ein bedingtes Recht kann während des Schwebens der Bedingung auch Grundlage eines Arrestes sein. Der erste Entwurf sprach aus, daß der Bedingtberechtigte Sicherheitleistung fordern könne, wenn die Voraussetzungen vorhanden seien, unter welchen nach den Bestimmungen der Civilprozeßordnung Arrest stattfinde.[8] Die Civilprozeßordnung enthält zwar eine Bestimmung, nach der die Zulässigkeit des Arrestes dadurch nicht ausgeschlossen wird, daß der Anspruch ein betagter ist.[9] Aber sie bestimmt nichts darüber, wie es zu halten sei, wenn der Anspruch ein bedingter ist. Eine solche Bestimmung war wegen der Verschiedenheit des bürgerlichen Rechtes, das unter der Herrschaft der Civilprozeßordnung zur Anwendung gebracht werden sollte, nicht aufgenommen worden. Die Civilprozeßordnung wollte in Bezug auf bedingte Ansprüche jeden Eingriff in das Civilrecht vermeiden und begnügte sich mit dem Satze, nach welchem die Zulässigkeit des Arrestes dadurch nicht ausgeschlossen wird, daß der Anspruch ein betagter ist. Nach dieser Seite hin war das Recht klar und ein Eingriff in das Civilrecht nicht zu befürchten.

Der obige in den ersten Entwurf aufgenommene Satz fand aber bei der zweiten Beratung des Entwurfes Widerspruch. Die Kommission nahm zwar das Vorliegen eines Bedürfnisses dafür an, daß dem Bedingtberechtigten, wenn die Verwirklichung der ihm rechtlich eröffneten Aussicht gefährdet sei, Sicherung gewährt werde. Man wollte aber nicht einen privatrechtlichen Anspruch auf Sicherung anerkennen, um so weniger, als ein solcher auch bei betagten Rechten nicht bestehe, sondern bei bedingten Rechten wie bei betagten nur die Zulässigkeit des Arrestes aussprechen. Man entschied sich deshalb dahin, den fraglichen in den Entwurf aufgenommenen Satz zu streichen und die Vorschrift des § 796 Abs. 2 C.P.O. in der Art zu erweitern, daß ausgesprochen wurde, die Zulässigkeit des Arrestes werde dadurch nicht ausgeschlossen, daß der

---

[7] B.G.B. § 162.

[8] Erster Entwurf § 133 Abs. 1: Der Bedingtberechtigte kann Sicherheitleistung fordern, wenn die Voraussetzungen vorhanden sind, unter welchen nach den §§ 796, 797 C.P.O. Arrest stattfindet. Die §§ 796, 797 C.P.O. aber besagen, daß der Arrest zur Sicherung der Zwangsvollstreckung in das Vermögen wegen einer Geldforderung oder wegen eines Anspruches stattfinde, das in eine Geldforderung übergehen könne, und daß der dringliche Arrest stattfinde, wenn zu besorgen sei, daß ohne dessen Verhängung die Vollstreckung des Urteiles vereitelt oder wesentlich erschwert werden würde.

[9] C.P.O. § 796 Abs. 2.

Anspruch ein betagter oder ein bedingter sei. Man hielt es auch für richtig, den Satz auf uneigentliche Bedingungen auszudehnen und vorzuschreiben, wie im Sinne der Vorschrift ein Anspruch auch dann als bedingt gelte, wenn die Bedingung bereits entschieden, das Ereignis aber noch nicht bekannt sei. Eine Einschränkung wurde aber in der Art gemacht, daß man die Zulässigkeit des Arrestes ausdrücklich verneinte, wenn der bedingte Anspruch wegen der entfernten Möglichkeit der Erfüllung der Bedingung als ein gegenwärtiger Vermögensbestandteil sich nicht betrachten ließe.[10]

Das römische Recht erklärt die Verfügungen, die über den Gegenstand eines bedingten Rechtsgeschäftes während des Schwebens der Bedingung getroffen werden, wenn sie mit dem von dem Eintritte der Bedingung abhängigen Rechte in Widerspruch stehen, mit dem Eintritte der Bedingung für hinfällig.[11]

Dagegen enthält es keinen Rechtssatz, nach dem beim Vorliegen einer bedingten Verpflichtung allgemein die persönliche Verbindlichkeit bestände, dem, den ein bedingtes Recht zusteht, im Falle des Eintrittes der Bedingung den Schaden zu ersetzen, der demselben durch Vereitelung oder Beeinträchtigung des von der Bedingung abhängigen oder beim Eintritte der Bedingung an ihn zurückfallenden Rechtes erwächst.[12] Es

---

[10] Protokolle der Kommission für die zweite Lesung, 28. Sitzung S. 367 f.

[11] So hat, wenn bei dem unter einer Bedingung errichteten Vermächtnisse einer Erbschaftsache die vermachte Sache während des Schwebens der Bedingung vom Erben veräußert worden ist, der Vermächtnisnehmer nach dem Eintritte der Bedingung die Eigentumsklage gegen den Erwerber [l. 69 § 1 D. de leg. I (30), l. 3 § 3 C. commun. de leg. (6, 43)]. Die Veräußerung ist also hinfällig. Ebenso hinfällig ist die während des Schwebens der Bedingung erfolgte Bestellung eines Pfandrechtes oder einer Servitut an der bedingt vermachten Sache durch den Erben [l. 3 § 3 C. commun. de leg. (6, 43), l. 11 § 1 D. quem adm. serv. am (8, 6), l. 105 D. de cond. (35, 1)]. Ist eine bedingt vermachte Sache während des Schwebens der Bedingung als Erbschaftsache bei der Teilung der Erbschaft einem der Beteiligten zugeschlagen, so ist beim Eintritte der Bedingung auf Grund des Vermächtnisses die Eigentumsklage gegen den Adjudikatar gegeben [l. 12 § 2 D. fam. here. (10, 2)]. Hat der Erbe die bedingt vermachte Sache während des Schwebens der Bedingung einem Anderen vermacht, so hat der Vermächtnisnehmer des Erblassers nach dem Eintritte der Bedingung die Eigentumsklage gegen den Vermächtnisnehmer des Erben [l. 105 D. de cond. (35, 1)].

[12] Manche Schriftsteller sprechen hier unter Ablehnung einer aus der bedingten Willenserklärung unmittelbar herzuleitenden Verbindlichkeit der Person des Bedingtverpflichteten von einer Gebundenheit der Sache, so daß eine Verbindlichkeit der Person immer nur durch die Gebundenheit der Sache vermittelt wird. Fitting, über den Begriff der Rückziehung S. 65; v. Scheurl, Beiträge Bd. 2 Heft 2 S. 123, 132; v. Ihering, Jahrb. f. Dogmatik Bd. 10, S. 493 flg. Von anderer Seite wird dagegen die Gebundenheit des Bedingtverpflichteten, vermöge deren er nicht bewirken

hat sich aber zum Schutze des Bedingtberechtigten der Satz ausgebildet, daß, wenn der Bedingtverpflichtete es bewirkt, daß die Bedingung nicht eintritt, es so angesehen wird, wie wenn sie erfüllt ist.[13]

Daß ein bedingtes Recht nach gemeinem Rechte Grund eines Sicherungsverlangens sein kann, ist anerkannten Rechtes.[14]

Das preußische Recht hat die römischen Rechtsgedanken mit der Erweiterung in sich aufgenommen, daß es nach dem Eintritte der Bedingung eine Klage auf Schadensersatz gegen den nicht versagt, der während der Schwebezeit der Bedingung Handlungen vorgenommen hat, durch die das bedingte Recht beeinträchtigt, insbesondere der Eintritt der Bedingung erschwert worden ist. Die Zulässigkeit einer solchen Klage folgt aus den allgemeinen Grundsätzen des preußischen Rechtes über die Verpflichtung zum Ersatze des außerhalb eines Vertrages verursachten Schadens.[15] Dem Gedanken, daß die Verhinderung des Eintrittes der Bedingung durch den, der bei ihrem Eintritte das bedingte Recht verliert, dieselbe Wirkung hat wie der Eintritt der Bedingung, hat das preußische Gesetzbuch dahin Ausdruck gegeben, daß, wenn die Bedingung vom Zufalle abhängt, weder der Berechtigte noch der Verpflichtete ein jeder bei Verlust seines Rechtes etwas vornehmen darf, wodurch das Eintreten des Zufalles hervorgebracht oder verhindert wird, daß, wenn die Bedingung von einer freien Handlung des Berechtigten oder eines Dritten abhängt und der Verpflichtete den Eintritt der Bedingung vorsätzlich hindert, die Bedingung dem Verpflichteten gegenüber für erfüllt zu achten ist, und daß dasselbe gilt, wenn der Verpflichtete durch Betrug oder andere unerlaubte Mittel den Entschluß herbeiführt, nach dem die Bedingung fehlschlägt.[16]

Das sächsische Gesetzbuch hat von den Rechtssätzen, die sich auf den Rechtszustand des Schwebens einer Bedingung beziehen, nur den

---

kann, daß für den Fall der Erfüllung der Bedingung die von der Erfüllung abhängig gemachte Wirkung nicht eintritt, als rechtserzeugend hingestellt und die Hinfälligkeit der während des Schwebens der Bedingung getroffenen rechtlichen Verfügungen über die zum Gegenstande der Willenserklärung gemachte Sache als Folge der Gebundenheit der Person des Bedingtverpflichteten angesehen. Windscheid, Pandekten Bd. 1 § 89 Anm. 3, 4. Dagegen wieder Brinz, Pandekten 2. Aufl. Bd. 4 § 542 Anm. 18 flg.

[13] L. 161 D. de R. J. (50, 17): In iure civili receptum est, quotiens per eum, cuius interest condicionem non impleri, fiat quominus impleatur, perinde haberi, ac si impleta condicio fuisset.

[14] Windscheid a. a. O. § 89 Anm. 13; Brinz a. a. O. § 542 Anm. 9 flg.; v. Scheurl a. a. O. S. 132.

[15] Dernburg, preuß. Privatr. Bd. 2 § 294 Anm. 7 flg.; Förster-Eccius, Theorie und Praxis Bd. 1 § 90.

[16] A.L.R. I 4 §§ 104 bis 106.

aus dem römischen Rechte stammenden, die Verhinderung des Eintrittes der Bedingung durch den Verpflichteten betreffenden Satz in der Gestalt aufgenommen, daß die Bedingung als erfüllt gilt, wenn eine bei deren Nichteintritte beteiligte Person die Erfüllung unmöglich macht oder derjenige, rücksichtlich dessen oder unter dessen Mitwirkung die Bedingung durch den Bedachten erfüllt werden soll, die Erfüllung hindert.[17]

Stirbt während des Schwebens der Bedingung der Bedingtberechtigte oder der Bedingtverpflichtete, so eröffnet das römische Recht dem Rechtsverhältnisse, wie es beim Tode liegt, die Möglichkeit des Überganges auf die Erben. Dieser Übergang wird als eine Wirkung der mit dem Zustande des Schwebens der Bedingung eingetretenen Gebundenheit hingestellt.[18] Es muß aber hierbei zwischen Rechtsgeschäften unter Lebenden und Verfügungen von Todeswegen unterschieden werden.[19] Bei Rechtsgeschäften unter Lebenden ist der Übergang auf die Erben sowohl des Bedingtberechtigten wie des Bedingtverpflichteten eine regelmäßig gegebene Folge des bedingten Rechtsgeschäftes, wenn der Zustand des Schwebens der Bedingung eintritt,[20] und bei Verfügungen von Todeswegen wenigstens insoweit, als der Übergang auf die Erben des Bedingtverpflichteten in Frage kommt. Der Übergang auf die Erben des Bedingtberechtigten ist dagegen an sich ausgeschlossen[21] und kann nur durch den zum Ausdruck gebrachten Willen des Erblassers vermittelt werden. Dagegen wird nach gemeinem Rechte eine Abtretung des bedingten Gläubigerrechtes des Bedachten unter Lebenden an einen Anderen in der Art zugelassen, daß der Erwerber es an Stelle des Abtretenden für sich selbst ausübt, wenn die Bedingung eintritt. Voraussetzung solcher Ausübung ist, daß der Abtretende den Eintritt der Bedingung erlebt.[22]

Einen anderen Standpunkt hat das allgemeine preußische Landrecht eingenommen. Dasselbe behandelt die in einer letztwilligen Verfügung unter einer Bedingung eingeräumten Rechte ebenso wie die in einem

---

[17] Sächs. Gesetzb. §§ 2146, 111.

[18] Windscheid, Pandekten Bd. 1 § 89 Anm. 7; Brinz, Pandekten Bd. 4 § 542 III.

[19] L. 42 D. de O. et A. (44, 7): Is, cui sub condicione legatum est, pendente condicione non est creditor, quamois eum, qui stipulatus est sub condicione, placet etiam pendente condicione creditorem esse.

[20] § 4 J. de V. O. (3, 15).

[21] L. 5 pr. § 2 D. quando dies (36, 2): Si post diem legati cedenterm legatarius decesserit, ad heredem suum transfert legatum. — Sed si sub condicione sit legatum relictum, non prius dies legati cedit quam condicio fuerit impleta.

[22] Windscheid a. a. O. § 89 Anm. 10.

Rechtsgeschäfte unter Lebenden festgesetzten bedingten Rechte. Es bestimmt nämlich, daß, soweit ein unter einer Bedingung eingeräumtes Recht überhaupt auf die Erben des Bedingtberechtigten übergehen kann, ein solcher Übergang auf die zu Gunsten der Erben des unter einer Bedingung bedachten Erben oder Vermächtnisnehmers stattfindet.[23]

Das sächsische Gesetzbuch erfordert zum Erwerbe der von einer Bedingung abhängig gemachten letztwilligen Zuwendung, daß der Bedachte zur Zeit des Eintrittes der Bedingung lebt. Das Schweben der Bedingung vermittelt also den Übergang des bedingten Rechtes auf die Erben des Bedingtberechtigten nicht.[24] Dasselbe ist nach dem österreichischen Gesetzbuche Rechtens.[25]

Das bürgerliche Gesetzbuch für das Deutsche Reich hat den Satz des römischen Rechtes, daß ein durch eine letztwillige Verfügung unter einer aufschiebenden Bedingung eingeräumtes Recht beim Ableben des Bedingtberechtigten nicht auf dessen Erben übergeht, mit der Maßgabe aufgenommen, daß, wenn der Erblasser eine Zuwendung unter einer aufschiebenden Bedingung gemacht hat, im Zweifel anzunehmen ist, daß die Zuwendung nur dann gelten soll, wenn der Bedachte den Eintritt der Bedingung erlebt.[26]

§ 34. IV. Eintritt oder Ausfall der Bedingung.

Ist das vom Erblasser als möglich hingestellte Ereignis, von dem er die Wirkung einer letztwilligen Verfügung hat abhängig machen wollen, zur Wirklichkeit geworden, so ist die Bedingung eingetreten. Kann das Ereignis, das der Erblasser als der beabsichtigten Wirkung der letztwilligen Verfügung vorausgehend gedacht hat, sich nicht mehr verwirklichen, so ist die Bedingung ausgefallen. Der Natur der Sache nach ist für die Frage, wie das Ereignis zu bestimmen ist, von dessen Eintritt die Wirkung der letztwilligen Verfügung abhängen soll, der Wille des Erblassers entscheidend. Die Frage ist also insoweit eine Frage der Auslegung. Das positive Recht hat aber Rechtssätze aufgestellt, die, ohne den Anspruch erheben zu können, als Auslegungvorschriften angesehen zu werden, doch die Entscheidung, ob die von dem Eintritte eines Ereignisses abhängig gemachte Wirkung einer Willenserklärung eingetreten sei, in der Art bestimmen sollen, daß bestimmte Vorgänge mit dem Eintritte oder dem Ausfalle der Bedingung als recht-

---

[23] A.L.R. I 12 § 485.

[24] Sächs. Gesetzb. §§ 2008, 2426.

[25] Österreich. Gesetzb. §§ 705, 809, 703.

[26] B.G.B. § 2074.

lich gleichwertig zu gelten haben. In erster Reihe stehen hier die schon mehrfach erwähnten Rechtssätze, die für den Fall der Verhinderung oder Herbeiführung des Eintrittes der Bedingung durch eine der am Erfolge der Willenserklärung beteiligten Personen aufgestellt sind: 1. Wird der Eintritt der Bedingung von der Partei, zu dessen Nachteil er gereichen würde, wider Treue und Glauben verhindert, so gilt die Bedingung als eingetreten. 2. Wird der Eintritt der Bedingung von der Partei, zu deren Vorteil er gereicht, wider Treue und Glauben herbeigeführt, so gilt der Eintritt als nicht erfolgt.[1]

Als Auslegungvorschriften können diese Sätze nicht aufgefaßt werden. Diese Annahme ist von vornherein ausgeschlossen. Im ersteren Falle kann die Bedingung in Wahrheit nicht als eingetreten und im anderen Falle der Eintritt nicht als nicht erfolgt angesehen werden. Denn das Gesetz selbst unterstellt im ersteren Falle, daß der Eintritt der Bedingung in Wahrheit verhindert ist, und im anderen Falle, daß der Eintritt der Bedingung herbeigeführt ist. Die wahre Bedeutung der beiden Bestimmungen ist die, daß im ersteren Falle der Nichteintritt der Bedingung vermöge der Umstände, die ihn herbeigeführt haben, dieselben Rechtswirkungen haben soll wie der Eintritt und im anderen Falle der Eintritt dieselben Rechtswirkungen wie der Nichteintritt. Die Rechtssätze haben also die Bedeutung, daß sie die Willenserklärungen, auf die sie anzuwenden sind, ergänzen sollen, indem sie für Fälle, für die der Erblasser keine Anordnung getroffen hat, weil er sie nicht vorausgesehen hat, Bestimmungen treffen, wie sie im Sinne des Erblassers liegen.

Der römischrechtliche Satz, aus dem die erwähnten Bestimmungen des bürgerlichen Gesetzbuches entstanden sind,[2] füllte eine Lücke aus, die

---

[1] B.G.B. § 162.

[2] L. 161 D. de R. J. (50, 17): In iure civili receptum est, quotiens per eum, cuius interest condicionem non impleri, fiat quominus impleatus, perinde haberi, ac si impleta condicio fuisset. quod ad libertatem et legata et ad heredum institutiones perducitur. quibus exemplis stipulationes quoque committuntur, cum per promissorem factum esset, quominus stipulator condicioni pareret. Ihering hat diese Bestimmung mit dem römischen Sklavenrechte in Verbindung gebracht (Ihering, Geist des römischen Rechtes II 1 § 32 Anm. 235). Im römischen Reiche waren nämlich Freilassungen von Sklaven mittels Vermächtnisses sehr häufig, und zwar unter Bedingungen, die den Sklaven auferlegt wurden. Nun lag es aber an sich in der Macht des Erben, dem Sklaven die Erfüllung der Bedingung unmöglich zu machen. Gegen den Mißbrauch dieser Möglichkeit half die Bestimmung der l. 161 de R. J., nach der die Römer objektive Gebundenheit des Erben in der Art annahmen, daß sie die Verhinderung der Erfüllung der Bedingung durch den Erben der Erfüllung der Bedingung gleich stellten.

im römischen Rechte dadurch herbeigeführt war, daß das Recht keinen Anspruch des Bedingtberechtigten auf Schadloshaltung gegen den Bedingtverpflichteten kannte, der den Eintritt der Bedingung vereitelt hatte. Diese Lücke besteht nach dem bürgerlichen Gesetzbuche nicht mehr. Sie war schon im preußischen Rechte nicht mehr vorhanden.[3] Trotzdem haben sowohl das preußische Recht[4] als auch das bürgerliche Gesetzbuch den fraglichen Rechtssatz beibehalten und ihn noch weiter ausgestaltet. Das bürgerliche Gesetzbuch hat eine solche Ausgestaltung in zweifacher Hinsicht vorgenommen.[5] Nach römischem Rechte nämlich soll im Falle der Verhinderung des Eintrittes der Bedingung durch den Bedingtverpflichteten die Sache so angesehen werden, als wäre die Bedingung eingetreten, während das Recht für den Fall der Herbeiführung der Bedingung durch den Bedingtberechtigten keine Bestimmung enthält. Dagegen sieht das bürgerliche Gesetzbuch beide Fälle vor und bestimmt für den ersten Fall, daß die Bedingung als eingetreten, und für den zweiten Fall, daß der Eintritt als nicht erfolgt angesehen werden soll. Außerdem hat das bürgerliche Gesetzbuch in beiderlei Hinsicht die Rücksicht auf Treue und Glauben in der Art betont, daß die Verhinderung oder Herbeiführung des Eintrittes der Bedingung die in Rede stehende Rechtswirkung nur dann zur Folge hat, wenn Treue und Glaube dabei verletzt sind.

Auch die römischen Juristen nahmen an, daß nicht bei jeder Verhinderung des Eintrittes der Bedingung durch den Bedingtverpflichteten die Sache so angesehen werden solle, als sei die Bedingung eingetreten. Das Gesetz erfordert vielmehr die auf die Verhinderung gerichtete Absicht des Bedingtverpflichteten, läßt aber, wenn eine Verhinderung überhaupt stattgefunden hat, eine Vermutung dafür, daß

Ihering bemerkt, daß die Regel der l. 161 ursprünglich gerade für diesen Fall aufgestellt und später auf andere Verhältnisse ausgedehnt worden zu sein scheine. Diese Vermutung bezeichnet v. Scheurl (a. a. O. S. 161 f.) als sehr wahrscheinlich.

[3] S. oben § 33 zu Anm. 15, 16.

[4] A.L.R. I 4 § 104 bis 106.

[5] Der § 162 des bürgerlichen Gesetzbuches hat seine jetzige Gestalt erst allmählich erhalten. Der erste Entwurf enthielt die Bestimmung (§ 136): „Wenn der Bedingtverpflichtete die Erfüllung der Bedingung in einer dem Inhalte des Rechtsgeschäftes zuwiderlaufenden Weise verhindert, so gilt die Bedingung als erfüllt." Bei der zweiten Lesung war die Rücksicht auf den Inhalt des Rechtsgeschäftes weggeblieben und statt dessen Treue und Glaube als maßgebend hingestellt. Die Bestimmung lautete nunmehr (§ 132, [136]): „Ist der Eintritt der Bedingung von der Partei, zu deren Nachteil er gereichen würde, wider Treue und Glauben verhindert worden, so gilt die Bedingung als eingetreten." Seine jetzige Gestalt hat der § 162 des Gesetzbuches zuerst im Entwurfe von 1896 (als § 158).

diese Absicht bestanden habe, bis zum Beweise, daß der Bedingtverpflichtete durch einen anderen selbständigen Grund zu seinem Verhalten bestimmt worden sei, gelten.[6]

Indem das bürgerliche Gesetzbuch die Rücksicht auf Treue und Glauben als maßgebend hinstellt, faßt es als Erfordernis der Anwendung der Vorschriften das Bewußtsein des Handelnden auf, daß sein Verhalten mit dem in der bedingten letztwilligen Verfügung ausgedrückten Willen des Erblassers sich im Widerspruche befinde.

§ 35. V. Fortsetzung.

Eine andere Bestimmung des bürgerlichen Gesetzbuches, nach der die Wirkung der Erfüllung einer Bedingung eintreten soll, auch ohne daß die Bedingung selbst, von welcher der Erblasser die Wirkung abhängig gemacht hat, eintritt, ist folgende: „Bezweckt die Bedingung, unter der eine letztwillige Zuwendung gemacht ist, den Vorteil eines Dritten, so gilt sie im Zweifel als eingetreten, wenn der Dritte die zum Eintritte der Bedingung erforderliche Mitwirkung verweigert.“[1] Während die vorher besprochene Bestimmung des Gesetzbuches sowohl auf Rechtsgeschäfte unter Lebenden als auch auf letztwillige Verfügungen anzuwenden ist, findet dieser letztere Rechtssatz nur auf letztwillige Verfügungen Anwendung.

---

[6] L. 3 § 3 l. 38 D. de statulib. (40, 7). S. v. Scheurl, Beiträge Bd. 2 Heft 2 S. 163 flg.

[1] B.G.B. § 2076. Die Bestimmung war schon im ersten Entwurfe enthalten. Bei den Beratungen der Kommission für die zweite Lesung des Entwurfes wurde ihre Streichung beantragt. Die Vorschrift sei, so wurde ausgeführt, lediglich aus den besonderen Verhältnissen des älteren römischen Rechtes erwachsen und lediglich aus diesem in die neueren Gesetzgebungen übernommen worden. In der Gegenwart bestehe ein Bedürfnis für die Vorschrift nicht mehr. Auch wurde unter Bezugnahme auf Regelsberger (Pandekten Bd. 1 § 154 Anm. 4) bemerkt, daß es nicht unzweifelhaft sei, ob die Regel als richtig anerkannt werden könne. Von anderer Seite wurde der Satz wenigstens als nicht notwendig hingestellt und ausgeführt, es werde oft schwer zu entscheiden sein, ob die Bedingung thatsächlich zum Vorteile des Dritten diene oder nicht. Die Mehrheit der Kommission entschied sich für die Aufnahme der Vorschrift in das Gesetzbuch. Sie erachtete die Aufnahme der Vorschrift aus praktischen Gründen für wünschenswert und sachlich für unbedenklich, nahm an, daß die Klarstellung ihres Anwendunggebietes keine erheblichen Schwierigkeiten machen werde, und sah es als zweifelhaft an, ob in den Fällen, für welche die Vorschrift bestimmt sei, eine richtige Entscheidung ohne die Vorschrift stets würde gefunden werden. Protokolle der Kommission für die zweite Lesung des Entwurfes, 333. Sitzung S. 6594 f.

Für den Satz ist die Bedeutung einer Auslegungvorschrift in Anspruch zu nehmen. Das Gesetz ist nämlich dahin aufzufassen, daß der Erblasser unter dem durch die Bedingung bezweckten Vorteile des Dritten im Zweifel einen Vorteil verstanden habe, dessen Erlangung im Wunsche und Willen des Dritten liege, so daß, wenn dem Dritten an dem Vorteile, den ihm der Erblasser verschaffen will, nichts gelegen ist, die letztwillige Verfügung so behandelt wird, wie wenn der Vorteil verschafft, die Bedingung also erfüllt wäre oder, was auf dasselbe hinauskommt, wie wenn die Willenserklärung von der Erlangung des Vorteiles, den der Erblasser dem Dritten verschaffen wollte, durch den Dritten überhaupt nicht hätte abhängen sollen.[2] Indem das Gesetz bestimmt, daß bei Verweigerung der Mitwirkung durch den Dritten im Zweifel die Bedingung als erfüllt gelten soll, faßt es aber doch die Möglichkeit ins Auge, daß der Erblasser seine Willenserklärung buchstäblich so gemeint hat, wie sie erklärt ist, daß er also die Wirksamkeit seiner letztwilligen Verfügung in Wahrheit von der Bedingung, wie sie angeordnet ist, hat abhängig machen wollen und das, was ihm das Gesetz für den eingetretenen Fall als seinen mutmaßlichen Willen unterlegt, in Wahrheit nicht gewollt hat.

Der in der Bestimmung ausgedrückte Rechtsgedanke entstammt ebenso wie der jener ersten Bestimmung zum Grunde liegende dem römischen Rechte.[3] Die römischen Juristen erwähnen zwei Fälle, welche die Tragweite der Bestimmung besonders klarstellen. Der erstere Fall ist der einer Erbeinsetzung unter der Bedingung, daß der Erbe einen Dritten an Kindesstatt annehme (arrogiere). Der Dritte weist die ihm angesonnene Familienverbindung mit dem Erben zurück, obwohl der Erbe dazu bereit ist. Der Jurist sagt, daß der Eingesetzte Erbe wird, wie wenn die Bedingung erfüllt wäre.[4] Ebenso wird der Fall einer Erbeinsetzung unter der Bedingung entschieden, daß der Erbe eine bestimmte Frauensperson heiratet, wenn diese ihn ausschlägt.[5]

Das preußische Gesetzbuch hat den in Rede stehenden Fall anders entschieden, nämlich dahin, daß eine Bedingung auch dann, wenn ein Vorteil, der einem Dritten verschafft werden soll, zur Bedingung gemacht ist, schlechterdings erfüllt werden muß, und daß es dem Bedingt-

---

[2] S. oben § 27 Anm. 22 S. 96.

[3] L. 24 D. de condic. (35, 1). Vgl. v. Scheurl, Beiträge a. a. O. S. 167 flg.; 162 f.

[4] L. 11 D. de cond. inst. (28, 7).

[5] L. 23 eod.

berechtigten nicht zu statten kommt, wenn der Dritte den Vorteil ausschlägt oder sich selbst an dessen Erlangung hindert.[6]

Dagegen hat sich das sächsische Gesetzbuch den römischrechtlichen Gedanken angeeignet und ihn sowohl für Rechtsgeschäfte unter Lebenden als auch für letztwillige Verfügungen dahin ausgeprägt, daß die Bedingung „als erfüllt gilt", wenn derjenige, der durch die Erfüllung einen Vorteil erlangen soll, diesen Vorteil anzunehmen sich weigert. Für letztwillige Verfügungen hat es in weiterer Ausführung des Gedankens vorgeschrieben, daß die Bedingung als erfüllt gilt, wenn derjenige, rücksichtlich dessen oder unter dessen Mitwirkung die Bedingung durch den Bedachten erfüllt werden soll, die Erfüllung hindert.[7]

Bei den Beratungen der Kommission für die zweite Lesung des Entwurfes ist zur Sprache gekommen, wie es zu halten sei, wenn der Erblasser in einer bedingten letztwilligen Verfügung die Bestimmung getroffen habe, die Entscheidung der Frage, ob die Bedingung eines Vermächtnisses erfüllt sei, solle durch den Beschwerten oder durch einen von ihm — dem Erblasser — bezeichneten Dritten erfolgen. Die Kommission hat dazu bemerkt, es verstehe sich von selbst, daß eine solche Bestimmung vom Erblasser gültig getroffen werden könne. Der Fall sei wesentlich verschieden von dem bei der Frage der Selbständigkeit einer letztwilligen Verfügung[8] erörterten Falle, daß der Erblasser einem Dritten die Entscheidung der Frage aufgetragen habe, ob eine letztwillige Verfügung gelten oder nicht gelten solle. In dem gegenwärtig unterstellten Falle trete der Beschwerte oder der Dritte an die Stelle des sonst zur Entscheidung der Frage berufenen Richters. Und es sei eine Frage der Willensfeststellung, ob dem Beschwerten oder dem Dritten die Entscheidung mit Ausschluß einer Anrufung der ordentlichen Gerichte zur Nachprüfung der Entscheidung zustehe.[9]

§ 36. VI. **Zustand nach dem Eintritte der Bedingung.**

1. Bei der aufschiebenden Bedingung.

Wird eine aufschiebende Bedingung erfüllt, so tritt die von der Bedingung abhängig gemachte Wirkung der Willenserklärung alsbald

---

[6] A.L.R. I 4 §§ 112, 113.

[7] Sächs. Gesetzb. §§ 111, 2146.

[8] Oben § 17 Anm. 1.

[9] Protokolle der Kommission für die zweite Lesung des Entwurfes, 334. Sitzung S. 6608. — Vgl. die Entscheidung des preuß. Obertribunales in Striethh. Archiv Bd. 31 S. 4; s. oben § 19 Anm. 6.

ein.[1] Der unter einer aufschiebenden Bedingung eingesetzte Erbe wird also nach dem bürgerlichen Gesetzbuche, da es darnach eines Erbschaftantrittes zum Erbewerden nicht bedarf, mit dem Eintritte der Bedingung Erbe unbeschadet seines Rechtes, die Erbschaft auszuschlagen. Ist ein Vermächtnis unter eine aufschiebende Bedingung gestellt, so vollzieht sich mit der Erfüllung der Bedingung der Anfall des Vermächtnisses. Damit kommt unbeschadet des Rechtes, das Vermächtnis auszuschlagen, die Forderung des Vermächtnisnehmers, die Leistung des vermachten Gegenstandes von dem Beschwerten zu fordern, zur Entstehung.

Im gemeinen Rechte besteht lebhafter Streit über die Wirkung der Erfüllung einer aufschiebenden Bedingung. Der Streit betrifft die Frage, ob der Eintritt der Bedingung auf den Zeitpunkt der Errichtung des bedingten Rechtsgeschäftes in der Art zurückwirke, daß das Rechtsgeschäft infolge des Eintrittes der Bedingung von Anfang an wie ein unbedingtes anzusehen sei.[2] Die Annahme, daß der Eintritt der Bedingung rückwirkende Kraft habe, gründet sich auf eine Reihe von Stellen der römischen Rechtsbücher.[3] Allein der Inhalt dieser Stellen ist nicht in das bürgerliche Gesetzbuch übergegangen. Und die Frage hat in den Bestimmungen des Gesetzbuches neue Voraussetzungen für die darnach zu treffende Entscheidung erhalten. Das bürgerliche Gesetzbuch[4] enthält in dem Rechtssatze, nach dem bei einer aufschiebenden Bedingung die von der Bedingung abhängig gemachte Wirkung mit dem Eintritte der Bedingung eintritt, eine Bestimmung, die, für sich betrachtet, dahin verstanden werden muß, daß mit der Bedingung, von der die Wirkung des Rechtsgeschäftes abhängen soll, regelmäßig auch eine Befristung gegeben ist. Ausnahmen von dieser Regel sind in der auf jenen Satz folgenden Bestimmung des Gesetzbuches vorgesehen.[5] Diese besagt, daß, wenn nach dem Inhalte des Rechtsgeschäftes die an den Eintritt der Bedingung geknüpften Folgen auf einen früheren Zeitpunkt zurückbezogen werden sollen, im Falle des Eintrittes der Bedingung die Beteiligten verpflichtet sind, einander zu gewähren, was sie haben würden, wenn die Folgen in dem früheren Zeitpunkte eingetreten wären. Es ist also nach der Natur der Sache nicht ausgeschlossen, einem unter einer aufschiebenden Bedingung

---

[1] B.G.B. § 158 Abs. 1.

[2] Die verschiedenen Ansichten s. bei Adickes, Zur Lehre von den Bedingungen S. 91 flg.; desgl. Windscheid, Pandekten Bd. 1 § 91 Anm. 1.

[3] L. 8 D. de R. C. (12, 1), l. 8 pr. D. de periculo et comm. (18, 6), l. 11 § 1 D. qui potiores (20, 4), l. 31 l. 98 pr. D. de V. O. (45, 1), l. 72 D. de fideiuss. (46, 1), l. 16 D. de solut. (46, 3).

[4] B.G.B. § 158 Abs. 1.

[5] B.G.B. § 159.

vorgenommenen Rechtsgeschäfte mit der Bedingung den Inhalt zu geben, daß die an den Eintritt der Bedingung geknüpften Folgen auf einen früheren Zeitpunkt zurückbezogen werden sollen. Daraus allein aber, daß ein Rechtsgeschäft mit einer aufschiebenden Bedingung vorgenommen worden ist, folgt nicht, daß die Wirkung des Eintrittes der Bedingung zurückzuziehen ist. Unbeschadet also der Möglichkeit, in einer bedingten Willenserklärung die Rückziehung des Eintrittes der Bedingung geeigneten Falles anzuordnen, läßt sich aus dem Inhalte und der Fassung der in Rede stehenden Bestimmungen des bürgerlichen Gesetzbuches weder ein Rechtssatz zu Gunsten der Annahme der Rückziehung herleiten, noch auch mit Hilfe jener Bestimmungen Raum gewinnen zur Eröffnung eines neuen Kampfplatzes für den alten Streit.

Unter den verschiedenen Meinungen, die in dem Streite der gemeinrechtlichen Schriftsteller über die Wirkung des Eintrittes einer aufschiebenden Bedingung aufgestellt worden sind, ist auch die vertreten, daß der Satz von der Rückziehung der Wirkung auf Verfügungen von Todeswegen, also auf Erbeinsetzungen und Vermächtnisse, überhaupt nicht zu beziehen ist.[6] Die Meinung gründet sich darauf, daß bei Geschäften unter Lebenden die Rückziehung als eine Rückziehung auf den Tag des Geschäftes gedacht ist, während bei Geschäften von Todeswegen der Tag der Errichtung der letztwilligen Verfügung als Tag für die Rückziehung undenkbar sein würde. Dabei wird erwogen, daß, wenn ein späterer Tag, etwa der des Todes des Erblassers oder der des Erbschaftantrittes, als der Tag, auf den zurückzuziehen wäre, bestimmt würde, die Zurückziehung ihren Boden verlöre, ohne einen neuen zu gewinnen. Als der Boden, auf dem der Satz von der Zurückziehung erwachsen ist, wird aber die Auffassung hingestellt, daß der Handelnde den in der bedingten Willenserklärung ausgesprochenen Willen nicht nur im Zeitpunkte seines Handelns, sondern auch gerade für diesen Zeitpunkt habe.[7] Diese Auffassung entspricht der Art des Streites, wie er

---

[6] Brinz, Pandekten 2. Aufl. Bd. 4 § 544 I hinter Nr. 8. Dem Eintritte der Bedingung bei der bedingten Erbeinsetzung und dem bedingten Vermächtnisse spricht v. Scheurl, Beiträge a. a. O. § 51 S. 188 f., die rückwirkende Kraft ab, weil bei der ersteren der Eintritt der Bedingung nicht zum Erben, sondern nur erbberechtigt macht, und weil beim Vermächtnisse die unmittelbare Wirkung des Eintrittes der Bedingung nur der Anfall des Vermächtnisses ist. Er nimmt aber ebenfalls an, daß die Bedingung gerade bei der Erbeinsetzung eine die Rückwirkung vollkommen ausschließende Befristung enthält.

[7] Brinz a. a. O. S. 167. — Fitting, Rückziehung S. 31 flg., erkennt in dem unter einer aufschiebenden Bedingung angeordneten Vermächtnisse eine besondere Erscheinung des Begriffes der Vorwirkung, dem er den Begriffe der Rückziehung in der Art gegenüberstellt, daß er, während bei der Rückziehung durch ein späteres

in der letzten Zeit geführt worden ist. Die Streitfrage hat nämlich die Gestalt angenommen, daß es sich wesentlich nur um die Frage handelt, ob mit der Bedingung, unter welche die Willenserklärung gestellt ist, auch eine Befristung als gegeben anzusehen ist, oder nicht. Wird in der Bedingung auch eine Befristung gefunden, so ist die Frage nach der rückwirkenden Kraft der Bedingung zu verneinen. Wird die Annahme einer Befristung ausgeschlossen, so wird die rückwirkende Kraft als gegeben angesehen.

Zu Gunsten der Annahme, daß dem Eintritte der Bedingung rückwirkende Kraft beizulegen sei, sind auch andere Beweisgründe vorgeführt worden. So hat v. Savigny rückwirkende Kraft für den Eintritt der Bedingung gerade bei der Erbeinsetzung in der Art in Anspruch genommen, daß er den Eintritt der Bedingung bis zum Tode des Erblassers zurückwirken läßt, da nach dem Wesen der Erbeinsetzung die Frage, ob die erfüllte Bedingung insoweit rückwärts wirke, in jeder Beziehung bejaht werden müsse.[8] Und Puchta nimmt an, daß bei der bedingten

---

Ereignis eine vorhandene Ungewißheit für die Vergangenheit beseitigt und dadurch die Frage entschieden werde, ob ein gewisses Rechtsverhältnis sei oder gewesen sei, bei der Vorwirkung die Ungewißheit nicht für die Vergangenheit, sondern für die Zukunft sich erledige und damit die Frage sich entscheide, ob ein Rechtsverhältnis werde (a. a. O. S. 21, 22). Auch Jhering (Jahrb. f. Dogmatik Bd. 10 S. 500 flg.) läßt den Eintritt der aufschiebenden Bedingung nur für die Zukunft wirken, indem die bis zum Eintritte der Bedingung getroffenen Verfügungen des Erben über den Gegenstand des Vermächtnisses, soweit sie den Anspruch des Vermächtnisnehmers verkürzen, hinfällig werden, ohne daß aber ihre Gültigkeit im übrigen beeinträchtigt ist. Ebenso Dernburg (Pandekten Bd. 1 § 111 Anm. 6), weil es sich bei bedingten Vermächtnissen darum handele, erst in der Zukunft ein Recht zu verschaffen. — Dagegen beurteilt Köppen (Jahrbücher für Dogmatik Bd. 11 S. 196 flg.) im Gegensatze namentlich zu Brinz (s. oben) die Wirkung des Eintrittes der aufschiebenden Bedingung bei letztwilligen Verfügungen ebenso wie bei Geschäften unter Lebenden, indem er die Vollendung der Vermächtnisforderung auf den Zeitpunkt des Todes des Erblassers zurückzieht und die Wirkung dieser Zurückziehung ebenso bestimmt, wie bei einer bedingten Vertragsforderung. Einen besonderen Standpunkt nimmt Adickes (a. a. O. S. 167 flg.) ein. Er erachtet bei den Rechtsgeschäften unter Lebenden den Eintritt einer aufschiebenden Bedingung ebensowenig für rückwirkend, wie bei den Verfügungen von Todeswegen. Aber er hält dafür, daß, wenn gewisse Erscheinungen, die bei bedingten Vermächtnissen eintreten, nicht für geeignet befunden werden, die Annahme der Rückwirkung der erfüllten Bedingung zu begründen, diese Erscheinungen auch bei Rechtsgeschäften unter Lebenden nicht aus der Rückwirkung erklärt werden können, oder daß auch bei bedingten Vermächtnissen Rückwirkung des Eintrittes der Bedingung behauptet werden müsse. Damit will er die von Fitting, Brinz, v. Scheurl ausgesprochenen Meinungen als der Folgerichtigkeit entbehrend hinstellen. Die dabei von Adickes (a. a. O. S. 105) ausgesprochene Bemerkung, daß Brinz sein eigenes Prinzip selbst in Frage stelle, wird von Brinz (a. a. O. § 544 Anm. 36) zurückgewiesen.

[8] v. Savigny, System des heutigen römischen Rechtes Bd. 3 § 120 S. 152.

Erbeinsetzung man auf die Annahme der Rückwirkung des Eintrittes der Bedingung nicht einmal einzugehen brauche, weil man mit dem Grundsatze auskomme, daß jeder Erbe, wenn er Erbe wird, von der Zeit des Todes des Erblassers an als Erbe gelte.[9] Beide Aussprüche bezeichnet v. Scheurl als auf offenbarem Irrtume beruhend,[10] während Brinz[11] hervorhebt, daß die bedingte Erbeinsetzung allerdings eine Rückziehung auf die Zeit des Todes erleide; allein diese erleide auch die unbedingte; der Grund liege darum hier in etwas Anderem als in der Bedingung.

Das allgemeine preußische Landrecht enthält die allgemeine Bestimmung für alle Willenserklärungen, daß, wer unter einer aufschiebenden Bedingung berechtigt ist, die Wirklichkeit des zur Bedingung gemachten Ereignisses abwarten muß, ehe er das Recht ausüben kann.[12] Daß mit diesem Satze eine Stellungnahme für die eine oder die andere der Meinungen, die einander im gemeinen Rechte gegenüberstehen, nicht ausgesprochen ist, liegt auf der Hand. Aber das Gesetzbuch enthält überhaupt keine Bestimmung, in der nach irgend einer Richtung die Ansicht von der rückwirkenden Kraft der aufschiebenden Bedingung eine Bestätigung finden könnte. Von dem Schöpfer des Gesetzbuches, Svarez, aber haben wir folgende Äußerung über die Streitfrage: „Die Doctores haben noch den Satz, daß conditio existens retrotrahirt werde; diesen halte ich weder für richtig noch nöthig.“ [13] Und für bedingte letztwillige Verfügungen, nämlich für die bedingte Erbeinsetzung und das bedingte Vermächtnis, ist die rückwirkende Kraft der erfüllten Bedingung geradezu ausgeschlossen. Bei einer bedingten Erbeinsetzung läßt das Gesetzbuch den gesetzlichen Erben, bis die Bedingung eintritt, im Besitze und Genusse des Nachlasses bleiben und, wenn der gesetzliche Erbe seiner Person oder seinem Aufenthaltorte nach unbekannt ist, den Nachlaß bis zum Eintritte der Bedingung für Rechnung des gesetzlichen Erben verwaltet werden. Auch findet zwischen dem gesetzlichen und dem eingesetzten Erben das Rechtsverhältnis statt wie zwischen einem eingesetzten Erben und dem für diesen ernannten Nacherben.[14] Dieselben Vorschriften werden bei einem unter einer aufschiebenden Bedingung angeordneten Vermächtnisse auf das Rechtsverhältnis zwischen dem Vermächtnisnehmer und dem Beschwerten für anwendbar erklärt.[15]

---

[9] Puchta, Vorlesungen über das heutige römische Recht Bd. 1 § 61 Nr. 2.
[10] v. Scheurl, Beiträge a. a. O. § 51 S. 188, 189.
[11] Brinz, Pandekten a. a. O. Text zu Anm. 38.
[12] A.L.R. I 4 § 102.
[13] S. Bornemann, System Bd. 1 S. 167.
[14] A.A.R. I 12 §§ 478 bis 480.
[15] A.L.R. I 12 § 482.

§ 37. 2. Bei der auflösendeu Bedingung.

Ist die Bedingung eine auflösende, so endigt die als Folge der Willenserklärung eingetretene Rechtswirkung mit dem Eintritte der Bedingung.[1] Nach dem bürgerlichen Gesetzbuche hört also der unter einer auflösenden Bedingung eingesetzte Erbe mit dem Eintritte der Bedingung wieder auf Erbe zu sein. Und der Vermächtnisnehmer, der unter einer auflösenden Bedingung bedacht ist, verliert mit dem Eintritte der Bedingung sein dem Inhalte des Vermächtnisses entsprechendes Recht. Das Rechtsgeschäft kann aber, ebenso wie ein unter eine aufschiebende Bedingung gestelltes, so vorgenommen werden, daß die an den Eintritt der Bedingung geknüpften Folgen auf einen früheren Zeitpunkt zurückzubeziehen sind. Erfordert der Inhalt des Rechtsgeschäftes solche Zurückbeziehung, so sind im Falle des Eintrittes der Bedingung die Beteiligten verpflichtet, einander zu gewähren, was sie haben würden, wenn die Folgen in dem früheren Zeitpunkte eingetreten wären.[2]

Werden die letzteren Sätze auf letztwillige Verfügungen angewendet, so ergiebt sich für Erbeinsetzungen unter einer auflösenden Bedingung als Wirkung der Erfüllung der Bedingung nach dem bürgerlichen Gesetzbuche der Eintritt von rechtlichen Beziehungen, die nach römischem Rechte, abgesehen vom Soldatentestamente, aus dem sie allerdings hervorgehen konnten, rechtlich unmöglich waren. Wir haben einen eingesetzten Erben, der aufhört, Erbe zu sein, und einen neu eintretenden Erben, dem der abtretende Erbe Platz zu machen hat. Beide sind ohne Zweifel wirkliche Erben, der abgehende bis zum Eintritte der Bedingung, der neu eintretende von da ab. Und dieser Wechsel in der Person der Erben mit alledem, was dabei behufs der Auseinandersetzung des abtretenden mit dem eintretenden stattzufinden hat, und was das Gesetz in den Vorschriften über die Auseinandersetzung zwischen dem Vorerben und dem Nacherben mangels einer Einigung zwischen ihnen beiden ordnet, und was das Gesetz ferner über die Rechtsstellung dritter Personen vorschreibt, die durch ihre Rechtsgeschäfte mit dem abtretenden Erben an dem Wechsel beteiligt sind, ist durch die letztwillige Verfügung von vornherein, soweit es vom Erblasser abhing, fertig geschaffen unter der Voraussetzung des Antrittes der Erbschaft durch die beiden aufeinander folgenden Erben und unter der Voraussetzung des Eintrittes der Bedingung. Man würde also eine Rückwirkung der Bedingung auch hier annehmen können, da eine als von vornherein fertig geschaffen an-

[1] B.G.B. § 158 Abs. 2.
[2] B.G.B. §§ 159, 160.

zusehende Rechtsveränderung unter der Voraussetzung des Eintrittes der Bedingung immerhin vorliegt. Aber man hätte dann nichts weiter als ein Spielen mit Begriffen, eine unfruchtbare Dialektik. Maßgebend sind mangels abweichender Anordnungen des Erblassers die einzelnen Bestimmungen des Gesetzbuches über die Rechtsstellung des eintretenden und des abgehenden Erben zu einander und über die Rechtsstellung derer, die mit dem abgehenden in rechtliche Beziehungen getreten sind, zu den beiden Erben. Darnach wird man, wenn man mit den alten Begriffen rechnen will, in manchem Betracht eine Rückwirkung annehmen, in anderer Hinsicht eine solche verneinen können. Aber die Hauptsache bleibt immer die Frage der praktischen Gestaltung des Falles. Und von einem Hineintragen des alten Streites über die rückwirkende oder nicht rückwirkende, rückziehende oder vorwirkende Kraft des Eintrittes der Bedingungen in die mit dem bürgerlichen Gesetzbuche anhebende Rechtslehre ist ein Heil, zur Zeit wenigstens und in Ansehung der Verfügungen von Todeswegen, nicht zu erwarten.

Liegt ein Vermächtnis unter einer auflösenden Bedingung vor, so ist jede Verfügung über den Gegenstand des Vermächtnisses, die der Vermächtnisnehmer während der Schwebezeit getroffen hat, im Falle des Eintrittes der Bedingung insoweit unwirksam, als sie die von der Bedingung abhängige Wirkung, also die Ausübung des mit dem Wiedereintritte des früheren Rechtszustandes an den Erben oder den Beschwerten zurückfallenden oder einem neuen Vermächtnisnehmer anfallenden Rechtes auf den Gegenstand des Vermächtnisses, vereiteln oder beeinträchtigen würde.[3] Beschränkt ist diese Wirkung des Eintrittes der auflösenden Bedingung in der Art, daß die Vorschriften, die zu Gunsten derjenigen gelten, welche Rechte von einem Nichtberechtigten herleiten, entsprechende Anwendung finden sollen.[4] Erweitert aber ist die Wirkung durch die Bestimmung, daß einer Verfügung des Vermächtnisnehmers über den Gegenstand des Vermächtnisses auch hier die Verfügung gleich steht, die während der Schwebezeit von einem Gläubiger des Vermächtnisnehmers im Wege der Zwangsvollstreckung oder der Arrestvollziehung oder nach Eröffnung des Konkurses über das Vermögen des Vermächtnisnehmers durch den Konkursverwalter erfolgt.[5]

Die gemeinrechtlichen Schriftsteller sind über die Frage, ob die Wirkung des Eintrittes der auflösenden Bedingung zurückzubeziehen ist, nicht minder uneins wie über die gleiche Frage in Ansehung des Eintrittes der aufschiebenden Bedingung. Es wird aber hier der Natur

---

[3] B.G.B. § 161 Abs. 1, 2.

[4] B.G.B. § 161 Abs. 3. S. oben § 33 Anm. 3 S. 120, 121.

[5] B.G.B. § 161 Satz 2. S. oben § 33 Anm. 4 S. 121.

der Sache nach mit anderen Waffen gekämpft als bei dem Streite über die Rückwirkung des Eintrittes der aufschiebenden Bedingung.

Brinz, der in Ansehung der auflösenden Bedingung nicht wie in Ansehung der aufschiebenden Grund hat, die Rückwirkung des Eintrittes der Bedingung zu bestreiten,[6] läßt das ganze Geschäft durch den Eintritt der auflösenden Bedingung aufgehoben sein, und zwar notwendig rückwärts.[7] Er tritt damit in Gegensatz zu Windscheid, der in Ansehung der aufschiebenden Bedingungen einer der bestimmtesten Vertreter der Meinung, daß eine Rückwirkung regelmäßig nicht anzunehmen sei, immer gewesen ist, der aber bei einer auflösenden Bedingung dafür hält, es sei umgekehrt anzunehmen, der Urheber der Willenserklärung habe gewollt, daß mit der Erfüllung der Bedingung die eingetretene Wirkung der Willenserklärung rückwärts wieder aufgelöst und als nicht eingetreten angesehen werden solle.[8] Trotzdem hält es Windscheid bei Vermächtnissen unter einer auflösenden Bedingung für sehr nahe liegend, daß der Erblasser dem Vermächtnisnehmer den Genuß der Zwischenzeit habe lassen, also insoweit die Rückwirkung des Eintrittes der Bedingung habe ausschließen wollen.[9] Dagegen lassen Fitting[10] und mit ihm v. Vangerow[11] und Arndts[12] die auflösende Bedingung ohne Rückziehung nur von ihrem Eintritte an wirksam werden in der Art, daß die mit dem zurückfallenden Rechte in Widerspruch stehenden, inzwischen begründeten Rechte von da an, nicht nach rückwärts, zusammenfallen. Auch Ihering will den Eintritt der auflösenden Bedingung beim Vermächtnisse mit rückwirkender Kraft nicht ausstatten. Er versteht dies aber in dem Sinne, daß er solche Ausstattung für entbehrlich hält, weil die vermachte Sache auch ohne solche Ausstattung rechtlich unversehrt in die Hände des Erben zurückgelangt, indem dieser Zweck auch bei der auflösenden Bedingung[13] durch den Gesichtspunkt der Gebundenheit der Sache erreicht werde.[14]

---

[6] S. oben § 36 Anm. 6, 7.

[7] Brinz a. a. O. § 545 Abs. 2. Ebenso Dernburg, Pandekten Bd. 1 § 112 Anm. 10.

[8] Windscheid, Pandekten Bd. 1 § 91 Anm. 2, 3: Der erfüllten auflösenden Bedingung sei im Sinne des Urhebers der Willenserklärung im Zweifel dieselbe Bedeutung beizulegen, wie der vereitelten aufschiebenden Bedingung. Für den Fall der vereitelten aufschiebenden Bedingung aber sei eine rechtliche Wirkung überhaupt nicht gewollt.

[9] Windscheid, Pandekten Bd. 3 § 635 Anm. 6.

[10] Goldschmidts Zeitschr. für Handelsrecht Bd. 2 S. 255.

[11] v. Vangerow, Pandekten Bd. 1 § 96 Anm. S. 150.

[12] Arndts, Pandekten § 71 Anm. 6.

[13] Vgl. oben S. 134.

[14] Jahrb. für Dogmatik Bd. 10 S 503 flg.

Im preußischen Gesetzbuche wird eine unter eine auflösende Bedingung gestellte Willenserklärung ausdrücklich wie eine zeitlich begrenzte in der Art hingestellt, daß mit dem Augenblicke, in dem die Bedingung zur Wirklichkeit gelangt, derjenige sein Recht verliert, der bis dahin berechtigt gewesen ist. Damit ist der gemeinrechtliche Streit über die rückwirkende Kraft der auflösenden Bedingung nach preußischem Rechte gehindert, zur Entstehung zu kommen. Das Gesetzbuch erklärt es aber der Natur der Sache nach nicht für ausgeschlossen, die Anordnung zu treffen, daß das Recht beim Eintritte der Bedingung als von Anfang an ungültig angesehen werde, und bestimmt, daß, wenn diese Absicht sich ergebe, derjenige, dem das Recht eingeräumt gewesen ist, die von ihm seit der Zeit der Einräumung gezogenen Nutzungen wieder herauszugeben habe.[15]

Das sächsische Gesetzbuch bestimmt die Wirkung des Eintrittes einer auflösenden Bedingung allgemein dahin, daß das Rechtsgeschäft, das unter die Bedingung gestellt ist, für die Zukunft aufgehoben wird.[16] Damit verneint es ebenso wie das preußische die rückwirkende Kraft des Eintrittes der Bedingung. Den, der unter einer auflösenden Bedingung letztwillig bedacht ist, erklärt es aber für verpflichtet, alles, was er aus der Verfügung erhalten hat, an denjenigen herauszugeben, zu dessen Gunsten die auflösende Bedingung gereicht. Es bleiben ihm jedoch die Früchte der Zwischenzeit.[17]

§ 38. Zeitbestimmungen (Anfangstermin und Endtermin).[1]

Wie die Wirkung eines Rechtsgeschäftes von einer Bedingung abhängig gemacht werden kann, mit deren Eintritte das Rechtsgeschäft in Wirkung tritt, so kann auch bestimmt werden, daß die Wirkung des Rechtsgeschäftes mit einem im Rechtsgeschäfte festgesetzten Termine anfängt. Und wie in einem Rechtsgeschäfte bestimmt werden kann, daß die Wirkung des Geschäftes mit dem Eintritte einer Bedingung endigt, so kann auch festgesetzt werden, daß das Ende der Wirkung mit einem

---

[15] A.L.R. I 4 §§ 115, 116. Das Gesetzbuch macht aber davon die Ausnahme, daß, wenn jemandem ein Recht unter der Bedingung, daß er seinen „verwitweten Stand" nicht ändere, eingeräumt worden ist, derselbe, wenn er sich wieder verheiratet, die gezogenen Nutzungen herauszugeben nicht verpflichtet ist (I 4 § 120).

[16] Sächs. Gesetzb. § 112.

[17] Sächs. Gesetzb. § 2123.

[1] Das bürgerliche Gesetzbuch für das Deutsche Reich gebraucht für den Begriff des römischrechtlichen dies die Worte „Zeitbestimmung" und „Termin" (Anfangstermin, Endtermin). In der Litteratur sind außerdem die Ausdrücke „Fristbestimmung", „Befristung", „Betagung" im Gebrauch.

bestimmten Termine eintritt. Der aufschiebenden Bedingung entspricht der für die Wirkung des Geschäftes bestimmte Anfangstermin, der auflösenden Bedingung der für seine Wirkung festgesetzte Endtermin. Der einem Rechtsgeschäfte gesetzte Termin hat es ebenso wie die Bedingung, unter die ein Rechtsgeschäft gestellt ist, mit einer Thatsache zu thun. Liegt die Thatsache vor, so ist die Bedingung erfüllt, der Termin eingetreten. Dem Begriffe nach unterscheiden sich Bedingung und Termin darin, daß zur Bedingung eine Thatsache nur gemacht werden kann, wenn sie zwar möglich, aber als ungewiß ins Auge gefaßt ist, während zum Termine für ein Rechtsgeschäft eine Thatsache nur dann geeignet ist, wenn ihr Eintritt stattfinden muß.[2]

Die, wie angegeben, in der Festsetzung eines Termines bestehende Zeitbestimmung kann unmittelbar durch Bezeichnung eines bestimmten Kalenderzeitpunktes, von dem ab oder bis zu dem das Rechtsgeschäft wirksam sein soll, oder, was auf dasselbe hinauskommt, durch Bezeichnung eines Zeitpunktes, der sich auf einen bestimmten Kalenderzeitpunkt zurückführen läßt, stattfinden. Sie kann aber auch in der Art geschehen, daß auf ein künftiges Ereignis Bezug genommen wird, von dem ab oder bis zu dem das Rechtsgeschäft Wirkung äußern oder von dem ab oder bis zu dem die Zeit der Wirksamkeit des Rechtsgeschäftes laufen soll, ohne daß feststeht, wann dies Ereignis eintreten wird. Es muß nur feststehen, daß es eintreten wird. So liegt immer eine Zeitbestimmung, keine Bedingung, vor, wenn die Wirkung eines Rechtsgeschäftes mit dem Zeitpunkte des Todes einer Person anfangen oder aufhören soll. Ist aber ein Vermächtnis mit der Bestimmung ausgesetzt, daß der Beschwerte es in einem Zeitpunkte entrichte, welcher der Zeit der erreichten Volljährigkeit des Bedachten entspricht, so kann nach römischem Rechte die Bestimmung als Bedingung, aber auch als Zeitbestimmung gemeint sein.[3] Geht der Wille des Erblassers dahin, das

---

[2] So bestimmt von Scheurl, Beiträge a. a. O. S. 8 flg., den Begriff der „Befristung“ im Gegensatze zur Bedingung. Andere haben den Gegensatz anders bestimmt. Bekannt ist die v. Savignysche Unterscheidung des dies certus und des dies incertus, je nachdem die Frage an oder die Frage quando gestellt wird (v. Savigny, System Bd. 3 § 125). Adickes, zur Lehre von den Bedingungen S. 59 flg., faßt den Begriff „Bedingung“ als den allgemeinen auf und sieht als Unterarten des Begriffes die Bedingung im engeren Sinn und die Befristung an.

[3] Ordnet der Erblasser eine Zeitbestimmung dahin an, daß der Bedachte sie erleben muß, so ist nach römischem Rechte immer eine wirkliche Bedingung gesetzt. Eine Zeitbestimmung mit einem Zeitpunkte, von dem es ungewiß ist, wann und ob er überhaupt eintreten wird, fällt in diesen äußeren Voraussetzungen mit einer Bedingung zusammen und gilt auch als solche, wenn nicht der Erblasser einen anderen

Vermächtnis mit dem Tode des Erblassers, wenn der Bedachte selbst den Tod des Erblassers nicht erleben sollte, auf die Erben des Bedachten übergehen zu lassen, so nimmt das römische Recht eine Zeitbestimmung an, weil zum Übergange des Vermächtnisses auf die Erben des Bedachten nicht erforderlich ist, daß der Bedachte den Eintritt des Zeitpunktes erlebt. Geht die Absicht des Erblassers dahin, die Wirksamkeit des Vermächtnisses davon abhängig zu machen, daß der Bedachte den Eintritt seiner Volljährigkeit erlebe, so muß eine Bedingung angenommen werden, weil das römische Recht den Übergang des Vermächtnisses auf die Erben des Bedachten nicht stattfinden läßt, wenn der Bedachte den Eintritt der Bedingung nicht erlebt.

Nun hat aber das bürgerliche Gesetzbuch für das Deutsche Reich die Bedeutung der Zeitbestimmung für die Rechtsgeschäfte, deren Wirkung der Handelnde von dem Eintritte der Zeitbestimmung abhängig gemacht hat, wesentlich anders bestimmt, als das römische Recht. Ist nämlich für die Wirkung eines Rechtsgeschäftes bei dessen Vornahme ein Anfangstermin bestimmt worden, so finden nach dem bürgerlichen Gesetzbuche die für die aufschiebende Bedingung geltenden Vorschriften über den Eintritt der von der Bedingung abhängig gemachten Wirkung, ist ein Endtermin bestimmt worden, so finden die für die auflösende Bedingung geltenden Vorschriften entsprechende Anwendung. Zeitbestimmung und Bedingung sind also in ihrer Wirkung auf das Rechtsgeschäft einander gleichgestellt.[4] Dieser Gedanke der Gleichstellung hat auch in

---

Willen erklärt hat. Der Satz: „Dies incertus condicionem in testamento facit“ [l. 75 D. de cond. (35, 1)] entscheidet die Frage, ob in einer testamentarischen Anordnung eine aufschiebende Bedingung oder eine aufschiebende Zeitbestimmung zu finden sei, wenn die Wirkung der Verfügung von einem Zeitpunkt ab beginnen soll, von dem es zweifelhaft ist, ob er jemals eintreten wird, nicht in dem Sinne, daß die fragliche Anordnung begriffsmäßig als Bedingung aufgefaßt werden muß, sondern im Sinne einer Auslegungvorschrift. So kann ein Vermächtnis, das mit der Bestimmung ausgesetzt ist, der Bedachte solle es haben, wenn er volljährig geworden sein wird, als ein bedingtes oder ein betagtes aufgefaßt werden. Ist es ein bedingtes, so fällt es weg, wenn der Vermächtnisnehmer stirbt, ehe er volljährig geworden ist. Ist es ein betagtes, so geht der Vermächtnisanspruch auf die Erben des Bedachten über. Der Satz: „Dies incertus condicionem in testamento facit,“ hat dabei nur die Bedeutung, daß bei einer in einer letztwilligen Verordnung enthaltenen, wie angegeben, ungewissen Zeitbestimmung im Zweifel eine Bedingung anzunehmen ist, das Vermächtnis also, wenn der Zweifel nicht durch Klarlegung eines anderen Willens des Erblassers gehoben wird, auf die Erben des Bedachten nicht übergeht. Zu vgl. Mühlenbruch in Glück, Pandektenkommentar Bd. 41 S. 59 flg.; Unger, österreich Privatrecht Bd. 2 § 83 S. 92 flg., Seuffert, Archiv Bd. 32 Nr. 12, 60, 61; Brinz, Pandekten Bd. 3 § 427 Anm. 11.

[4] B.G.B. § 163.

der Bestimmung des Gesetzbuches Ausdruck gefunden, nach welcher, wenn ein Vermächtnis unter einer aufschiebenden Bedingung oder unter Bestimmung eines Anfangstermines angeordnet ist und die Bedingung oder der Termin erst nach dem Erbfalle eintritt, der Anfall des Vermächtnisses erst mit dem Eintritte der Bedingung oder des Termines erfolgt.[5] Mit dem Anfalle des Vermächtnisses aber kommt die Forderung des Bedachten auf das Vermächtnis zur Entstehung.[6] Ist also der Bedachte vor dem Eintritte des dem Vermächtnisse gesetzten Anfangstermines gestorben, so ist ein Vermächtnisrecht für ihn überhaupt nicht entstanden.

Nach römischem und gemeinem Rechte dagegen kann eine dem Vermächtnisse beigegebene Zeitbestimmung den Erwerb des Gegenstandes des Vermächtnisses für den Bedachten oder dessen Erben überhaupt nicht mehr in Frage stellen. Die Frage, welche Bedeutung eine Zeitbestimmung für den Erwerb des Rechtes hat, ist zwar bestritten. Darin aber besteht kein Streit, daß aus einem dem Wesen der Zeitbestimmung entnommenen Grunde, wenn eine reine Zeitbestimmung und keine Bedingung vorliegt, dem Bedachten das Recht nicht mehr entgehen kann. Nach der Meinung, die früher unbestritten geherrscht hat, ist das Recht, das von einem bei Vornahme des Rechtsgeschäftes gesetzten späteren Anfangszeitpunkte ab wirksam werden soll, schon vor dem Eintritte dieses Zeitpunktes von da an vorhanden, wo es zu bestehen beginnen würde, wenn es ohne Befristung bestellt wäre. Die Zeitbestimmung hat nur die Bedeutung, daß das Recht vor dem Eintritte des festgesetzten Anfangstermines noch nicht geltend gemacht werden kann. Die entgegengesetzte Meinung geht dahin, daß vor dem Eintritte des festgesetzten Anfangstermines das eingeräumte Recht noch nicht besteht, sondern nur ein festes Recht auf dessen Erwerbung, das dem, der mit dem festgesetzten Termine das Recht haben soll, ohne seinen Willen nicht mehr entzogen werden kann, und das daher, wenn derjenige, der das Recht haben soll, vor dem Eintritte stirbt, auf seine Erben übergeht.[7] Von einigen Schriftstellern wird eine Mittelmeinung vertreten, nach der nicht alle

---

[5] B.G.B. § 2177.

[6] B.G.B. § 2176.

[7] Diese Meinung ist in neuerer Zeit zuerst von Unger, System des österreich. Privatrechts Bd. 2 § 83 II. 1. aufgestellt worden. Ihm sind gefolgt Arndts, Pandekten § 73 (von der 3. Aufl. an); Windscheid, Pandekten Bd. 1 §§ 96, 96a; Fitting, Archiv für civilistische Praxis Bd. 39 S. 332; Karlowa, das Rechtsgeschäft § 18; Köppen, Jahrb. für Dogmatik Bd. 11 S. 176. Zu vgl. die dogmengeschichtliche Darstellung bei Siméon, das Wesen des befristeten Rechtsgeschäftes S. 7 bis 10.

Fälle gleich zu behandeln sind, sondern für gewisse Fälle die alte, für andere die neue Lehre das Richtige aussprechen soll. Und zwar wird für die Begründung von Schuldverhältnissen angenommen, daß das befristete Recht nicht erst von dem Zeitpunkte an besteht, in dem es wirksam werden soll, sondern daß es in demselben Zeitpunkte erworben wird, in welchem es, wenn es nicht befristet wäre, erworben sein würde. In Ansehung anderer Rechtsverhältnisse wird dagegen angenommen, daß die mit dem in Frage stehenden Rechtsgeschäfte beabsichtigte Rechtswirkung erst in dem Zeitpunkte eintritt, in welchem das Rechtsgeschäft auf Grund seiner Befristung wirksam werden soll.[8] Da eine Erbeinsetzung nach römischem Rechte überhaupt nicht befristet sein kann, so hat die Streitfrage, soweit sie für letztwillige Verfügungen in Betracht kommt, nach römischem Rechte nur für Vermächtnisse Bedeutung. Für diese aber wird die Meinung gelten müssen, daß bei einem befristeten Vermächtnisse das dem Vermächtnisse entsprechende Recht erworben ist, wenn der mit dem Vermächtnisse belastete Erbe die Erbschaft angetreten oder der mit dem Vermächtnisse belastete Vermächtnisnehmer das Vermächtnis angenommen hat, und daß der Befristung nur die Wirkung der Hinausschiebung der Zeit für die Geltendmachung des dem Vermächtnisse entsprechenden Rechtes, also beim Vermächtnisse einer bestimmten, zur Erbschaft gehörigen körperlichen Sache für die Zulässigkeit der Eigentumsklage, beim Vermächtnisse eines Geldbetrages für den Anspruch aus dem Vermächtnisse auf die entsprechende Zahlung, beizulegen ist.[9]

Das bürgerliche Gesetzbuch steht noch in anderer Richtung auf anderer Grundlage als das römische Recht. Nach römischem Rechte kann eine Erbeinsetzung weder unter eine aufschiebende noch unter eine auf-

[8] Fritz, Erläuterungen Bd. 1 S. 197; Sintenis, Civilrecht Bd. 1 § 21 Anm. 14; v. Scheurl, Beiträge Bd. 2 Heft 2 S. 29 flg.; Siméon a. a. O. S. 15.

[9] Der erste Entwurf eines bürgerlichen Gesetzbuches war noch von römischrechtlichen Auffassungen beherrscht. Die Redaktoren des Entwurfes hatten sich mit der oben im Texte besprochenen Streitfrage beschäftigt und sich dafür entschieden, die rechtliche Wirkung des unter eine aufschiebende Zeitbestimmung gestellten Rechtsgeschäftes ohne Unterscheidung zwischen den einzelnen Arten der Rechtsgeschäfte sofort eintreten zu lassen und nur die Geltendmachung der Wirkung auf den Anfangstermin hinauszuschieben, sofern nicht aus dem Inhalte des Rechtsgeschäftes erhellt, daß die rechtliche Wirkung erst mit dem Anfangszeitpunkte eintreten solle (Erster Entwurf § 141; Motive zu dem Entwurfe Bd. 1 S. 269 f.). Dem einem Rechtsgeschäfte beigefügten Termin aber, von dem es ungewiß ist, ob er eintreten werde, hatten sie die Bedeutung einer Bedingung gegeben (Erster Entwurf § 143, Motive S. 270). Die Kommission für die zweite Lesung des Entwurfes aber hat sich für die Annahme der heutigen Bestimmungen entschlossen, mit der das Recht der Wirkung der einem Rechtsgeschäfte beigefügten Zeitbestimmung auf ganz andere Grundlagen als im römischen Rechte gestellt worden ist (Protokolle S. 374).

lösende Zeitbestimmung gestellt sein.[10] Der Zulässigkeit einer auflösenden Zeitbestimmung steht der Satz entgegen: „semel heres semper heres". Das römische Recht läßt aber bei der Erbeinsetzung auch eine aufschiebende Zeitbestimmung nicht zu. Der unter einer auflösenden Zeitbestimmung eingesetzte Erbe bleibt trotz der ihm gesetzten Zeit Erbe. Der unter einer aufschiebenden Zeitbestimmung ernannte Erbe gilt als ohne Zeitbestimmung zur Erbschaft berufen. Das gemeine Recht hat in Fortbildung der in der römischen Kaiserzeit eingeführten Rechtseinrichtung der Universalfideikommisse den alten Standpunkt des römischen Rechtes verlassen. Nach heutigem gemeinem Rechte sieht man bei einer Erbeinsetzung unter einer Zeitbestimmung ein Universalfideikommiß als gewollt an, bei welchem, wenn eine auflösende Zeitbestimmung vorliegt, der eingesetzte Erbe als Fiduziar und mangels der Ernennung anderer Berechtigter die gesetzlichen Erben als Fideikommissare, wenn eine aufschiebende Zeitbestimmung angeordnet ist, die gesetzlichen Erben als Fiduziare, der eingesetzte Erbe als Fideikommissar angesehen werden.[11] In der gleichen Weise haben neuere Gesetzgebungen das Rechtsverhältnis ausgestattet.[12]

Das allgemeine preußische Landrecht läßt, wenn einer Willenserklärung eine gewisse Zeit in der Art beigefügt ist, daß mit dem Ablaufe der Zeit die Ausübung des Rechtes ihren Anfang nehmen soll, das Recht schon vor dem Eintritte dieses Zeitpunktes vollständig erworben sein, so daß also, wenn derjenige, der das Recht haben soll, vorher stirbt, mit seinem Tode das Recht selbst und nicht bloß das Recht auf den Erwerb auf die Erben übergeht. Für den Fall, daß der Willenserklärung eine ungewisse Zeit in der Art beigefügt ist, daß das Recht aus der Willenserklärung entstehen oder aufhören soll, bestimmt das preußische Gesetzbuch, daß die Zeitbestimmung einer aufschiebenden oder auflösenden Bedingung gleich geachtet werden soll.[13] Das preußische Gesetzbuch hat damit den bereits erwähnten römischrechtlichen Satz „dies incertus condicionem in testamento facit" in demselben Sinne aufgenommen, den er im römischen Rechte hat, nämlich in dem einer Vermutung, die beim Vorliegen einer Zeitbestimmung, von der es ungewiß ist, ob sie je eintreten werde, für die Annahme einer Bedingung spricht. Die Frage hat aber nach preußischem Rechte darum keine

---

[10] L. 34 D. de hered. inst. (28, 5), § 9 J. de hered. inst. (2, 14). Das Soldatentestament ist ausgenommen, l. 15 § 4 l. 41 pr. D. de test. mil. (29, 1).
[11] Windscheid, Pandekten Bd. 3 § 555 Anm. 3, 4.
[12] A.L.R. I 12 § 478 flg.; österreich. Gesetzb. § 608; sächs. Gesetzb. §§ 2505, 2506.
[13] A.L.R. I 12 §§ 485, 486.

wesentliche Bedeutung, weil darnach bedingte Rechte unter der Voraussetzung, daß sie überhaupt geeignet sind, auf die Erben des Berechtigten überzugehen, auch dann auf die Erben des Berechtigten übergehen, wenn dieser vor dem Eintritte der Bedingung gestorben ist.[14] Eine Zeitbestimmung hat es also nach preußischem Rechte nicht mit dem Erwerbe des Rechtes selbst, sondern nur mit der Fälligkeit zu thun. Auf diese aber wirkt sie in dem Sinne, daß ein festgesetzter Termin in der Regel im Interesse des Gläubigers und des Schuldners angeordnet zu gelten hat.[15] Eine Ausnahme besteht beim Vermächtnisse. Hier wird eine Zeitbestimmung als zu Gunsten des Beschwerten angeordnet angesehen. Dieser kann also auch vor dem vom Erblasser angeordneten Zeitpunkte leisten.[16]

Die gemeinrechtliche Streitfrage, ob das Recht, das mit dem Eintritte einer Zeitbestimmung wirksam werden soll, schon vor diesem Eintritte dem Berechtigten erworben ist, oder ob der Berechtigte vor dem Eintritte der Zeitbestimmung nur ein Recht auf den Erwerb hat, kann, soweit Vermächtnisse in Frage stehen, nach preußischem Rechte nicht anders als nach römischem beantwortet werden. Das preußische Gesetzbuch enthält keine Bestimmungen, die zu einer anderen Beantwortung der Frage führen könnten. Für das preußische Recht ist aber auch die Frage zu beantworten, wie bei einer befristeten Erbeinsetzung sich der Erwerb des entsprechenden Rechtes stellt. Und hier kann es nicht zweifelhaft sein, daß für den unter einer aufschiebenden Zeitbestimmung eingesetzten Erben das Erbewerden erst in dem Zeitpunkte eintritt, den der Erblasser dafür gesetzt hat, und daß vor dem Eintritte des fraglichen Zeitpunktes nur ein festes Recht auf das Erbewerden vorhanden ist.[17]

Das österreichische Gesetzbuch läßt eine Zeitbestimmung für den Beginn des Rechtes, von der es zweifelhaft ist, ob sie eintreten wird, immer als Bedingung gelten,[18] dagegen die Zeitbestimmung, von der gewiß ist, daß sie eintreten wird, und nur ungewiß wann, als reine Zeitbestimmung. Und der Erblasser muß, wenn er bei Anordnung einer solchen Zeitbestimmung die Zuwendung davon abhängig machen will, daß der Bedachte den Zeitpunkt erlebe, dies ausdrücklich erklären.[19]

Wesentlich anders als nach preußischem Rechte hat sich die Rechtsentwickelung nach dem sächsischen Gesetzbuche gestaltet. Das letztere

---

[14] A.L.R. I 12 § 485.

[15] A.L.R. I 5 § 241.

[16] A.L.R. I 12 § 330.

[17] Zu vgl. v. Scheurl a. a. O. S. 37 f.

[18] Österreich. Gesetzb. § 704.

[19] Österreich. Gesetzb. § 705; Unger, österreich. Erbrecht § 17 Anm. 2.

enthält die allgemeinen Bestimmungen, daß ein Rechtsgeschäft, dem eine Zeit beigefügt ist, deren Eintritt gewiß ist, als ein unbedingtes gilt, und daß eine dem Rechtsgeschäfte beigefügte Zeit, von der es ungewiß ist, ob sie kommen wird, als Bedingung angesehen wird.[20] Für letztwillige Verfügungen ist daneben bestimmt, daß die Verfügung, die von einem künftigen Ereignisse abhängig gemacht wird, bei dem es gewiß ist, daß es eintreten wird, aber ungewiß, zu welcher Zeit, als eine bedingte gilt.[21] Man wird auch hier anzunehmen haben, daß die Bestimmung, nach der eine ungewisse Zeit der Bedingung gleich stehen soll, nur eine Auslegungregel enthält, die dann nicht gilt, wenn klar gestellt wird, daß der Erblasser nicht eine Bedingung, sondern eine Zeitbestimmung hat anordnen wollen. Die Frage, ob der Erblasser eine Bedingung oder eine Zeitbestimmung gesetzt hat, ist nach dem sächsischen Gesetzbuche von besonderer Bedeutung. Denn während das preußische Gesetzbuch im Falle einer Bedingung das der letztwilligen Verfügung entsprechende Recht auf die Erben des Bedachten übergehen läßt, in dieser Hinsicht also ein Unterschied zwischen einer Bedingung und einer Zeitbestimmung nicht besteht, bestimmt das sächsische Gesetzbuch, daß das Vermächtnis wegfällt, wenn der Bedachte den Eintritt der Bedingung des Vermächtnisses nicht erlebt.[22]

§ 39. Willensfehler.

I. Irrtum.

1. Nach dem bürgerlichen Gesetzbuche.

Willensfehler können nach dem bürgerlichen Gesetzbuche durch Irrtum und durch Drohung entstehen. Beide Willensfehler machen eine letztwillige Verfügung anfechtbar. Den Irrtum stellt das Gesetzbuch als Grund der Anfechtung insoweit hin, als der Erblasser über den Inhalt seiner Erklärung im Irrtume war oder eine Erklärung dieses Inhaltes überhaupt nicht abgeben wollte und anzunehmen ist, daß er die Erklärung bei Kenntnis der Sachlage nicht abgegeben haben würde. Desgleichen insoweit, als der Erblasser zu der Verfügung durch die irrige Annahme oder Erwartung des Eintrittes oder Nichteintrittes eines Umstandes bestimmt worden ist.[1]

Der erste Entwurf hatte einen anderen Standpunkt. Er enthielt den Satz, daß, wenn bei einer letztwilligen Verfügung der wirkliche Wille des Erblassers mit dem erklärten Willen nicht übereinstimme, die

[20] Sächs. Gesetzb. §§ 114, 115. [21] a. a. O. § 2121.
[22] a. a. O. § 2423.
[1] B.G.B. § 2078.

letztwillige Verfügung nichtig sei.[2] Die dem Entwurfe beigegebenen Motive besagen, das Willensdogma sei in Ansehung der letztwilligen Verfügungen noch strenger durchzuführen als in Ansehung anderer Willenserklärungen. Und im Erbrechte müsse der Ausgangspunkt der sein, daß grundsätzlich eine letztwillige Verfügung nur gültig sein könne, wenn der wirkliche Wille mit dem erklärten Willen übereinstimme.[3] Diese Auffassung fand aber den Beifall der Kommission für die zweite Lesung des Entwurfes nicht. Bei der Beratung des allgemeinen Teiles des Entwurfes hatte sich die Kommission dafür entschieden, dem Irrtume nicht die Wirkung der Nichtigkeit der Willenserklärung, sondern die der Anfechtbarkeit beizulegen.[4] Als das Erbrecht beraten wurde, nahm man bei der Bestimmung des Einflusses, der einer auf Irrtum beruhenden Nichtübereinstimmung des wirklichen Willens des Erblassers mit dem erklärten Willen auf den Rechtsbestand der Willenserklärung beizulegen sei, die Frage wieder auf, ob es nicht vorzuziehen sei, die Nichtigkeit auszusprechen. Denn diese folge aus dem Willensdogma. Und wenn auch im allgemeinen Teile mit Rücksicht auf die Bedürfnisse des Verkehres der Anfechtbarkeit der Vorzug gegeben worden sei, so liege es doch nahe, bei den letztwilligen Verfügungen wieder zur Nichtigkeit zurückzukehren. Doch wurde auch erwogen, daß für die Anfechtbarkeit im Gegensatze zur Nichtigkeit praktische Gründe insofern vorlägen, als bei der Anfechtbarkeit der Streit regelmäßig auf die zunächst beteiligten Personen beschränkt, die Anfechtung an eine kurze Zeit geknüpft, die Angelegenheit rasch zur Entscheidung gebracht und die Möglichkeit ausgeschlossen werde, noch nach Jahren eine angebliche Nichtigkeit geltend zu machen. Die Kommission entschied sich schließlich einstimmig für den Grundsatz der Anfechtbarkeit.[5]

---

[2] Erster Entwurf § 1779.

[3] Motive Bd. 5 S. 45.

[4] Protokolle der Kommission für die zweite Lesung des Entwurfes, 18. Sitzung. S. 221. Man erwog, der Urheber der Willenserklärung erfahre keine unbillige Behandlung, wenn die Willenserklärung einstweilen als gültig angesehen und ihm nur freigestellt werde, sie durch einen besonderen Willensakt hinfällig zu machen. Dem anderen Teile geschehe ebenfalls kein Unrecht, wenn die Willenserklärung, die er selbst ja für wirksam gehalten habe, bei unterlassener Geltendmachung des Irrtumes seitens des Irrenden wirksam bleibe. Und es sei nicht wohl abzusehen, weshalb der andere Teil oder gar jeder unbeteiligte Dritte auf unbeschränkte Zeit hinaus, wie dies bei der Annahme der Nichtigkeit zutreffen würde, die Willenserklärung als wirkungslos solle hinstellen dürfen, und zwar selbst in solchen Fällen, in denen der Irrende selbst trotz dem Irrtume mit der Aufrechthaltung der Willenserklärung vollkommen einverstanden sei.

[5] Protokolle, 336. Sitzung S. 6660 f.

Ein Irrtum im Beweggrunde war schon im ersten Entwurfe als Grund der Anfechtung einer letztwilligen Verfügung für die Fälle hingestellt worden, daß der Erblasser zu der Verfügung durch einen auf die Vergangenheit oder die Gegenwart sich beziehenden Irrtum bestimmt worden sei, oder daß die Voraussetzung des Eintrittes oder Nichteintrittes eines künftigen Ereignisses oder eines rechtlichen Erfolges den Erblasser zu der Verfügung bestimmt, aber sich nicht erfüllt habe. In beiden Fällen sollte jedoch zur Anfechtung erforderlich sein, daß der Irrtum aus der Verfügung zu entnehmen oder die Voraussetzung in derselben ausdrücklich oder stillschweigend erklärt sei.[6] Diese Bestimmung erfuhr bei den Beratungen der Kommission für die zweite Lesung mehrfache Angriffe. Zuerst nahm die Kommission hier wie in mehreren anderen Beziehungen[7] Veranlassung, der „Voraussetzung" die Aufnahme in das Gesetzbuch zu versagen.[8] Es wurde dabei bemerkt, daß vielfach eine Bedingung gemeint sein werde, wenn der Erblasser von einer Voraussetzung spreche, und daß es in der Rechtsprechung zu Zweifeln führen könne, wenn im Gesetzbuche bei dem Wegfalle oder Nichteintritte einer Voraussetzung auf die angegebenen Bestimmungen verwiesen werde. Diesem Antrage gab die Kommission statt. Der technische Begriff der Voraussetzung wurde für das Gesetzbuch nicht nutzbar gemacht und der Ausdruck vermieden. Die Bestimmung des Entwurfes wurde sodann von einer Seite mit der Ausführung angegriffen, ein Irrtum des Erblassers in Bezug auf ein zukünftiges Ereignis sei nicht geeignet, als Anfechtunggrund aufgestellt zu werden. Vergangenheit und Gegenwart könne der Erblasser übersehen und sich eine bestimmte Vorstellung von den für seine Entschließung wesentlichen Umständen machen. Die Zukunft liege für ihn dunkel. Ein bestimmtes zukünftiges Ereignis könne wohl zur Bedingung gemacht werden. Es sei aber bedenklich dem Eintritte eines zukünftigen Ereignisses, von dem der Erblasser nur eine ganz allgemeine Vorstellung gehabt haben könne, die Bedeutung eines Grundes zur Anfechtung der letztwilligen Verfügung zu geben, möchte auch das Ereignis den Erblasser, wenn er den Eintritt erlebt hätte, bestimmt haben, anders zu verfügen. Die Mehrheit der Kommission nahm dagegen an, es sei in der fraglichen Hinsicht zwischen Vergangenheit, Gegenwart und Zukunft kein Unterschied zu machen. Eine letztwillige Verfügung, zu welcher der Erblasser durch die positive deutliche Vorstellung eines thatsächlichen Umstandes oder Ereignisses bestimmt worden sei, müsse der Anfechtung unterliegen, wenn sich

[6] Erster Entwurf § 1781.

[7] Erster Entwurf § 667 Abs. 2, §§ 742 bis 744.

[8] Vgl. Windscheid, Pandekten Bd. 1 §§ 97 flg.

später herausstelle, daß die Vorstellung eine irrige gewesen sei, gleichviel ob der Umstand oder das Ereignis der Vergangenheit, Gegenwart oder Zukunft angehöre. Erforderlich sei nur eine positive Vorstellung des Ereignisses auf Seite des Erblassers, möge das Ereignis in positiver oder negativer Richtung für ihn bestimmend gewesen sein. — Der dritte Antrag, der eine Abänderung der Bestimmung des Entwurfes herbeiführen sollte, war auf Streichung des die Anfechtbarkeit beschränkenden Zusatzes gerichtet, nach welchem der für die Anfechtung maßgebende Umstand aus der letztwilligen Verfügung selbst sich ergeben müsse. Die Kommission entschied sich für die Streichung. Sie nahm an, die Möglichkeit eines Mißbrauches der Anfechtungbefugnis sei zwar eine größere, wenn man den Beteiligten gestatte, auch auf einen nicht ausgesprochenen Willen des Erblassers zurückzugreifen. Aber es komme doch nicht selten vor, daß der Erblasser bei Errichtung einer letztwilligen Verfügung gewisse Umstände, die für die Anfechtung verwertet werden könnten, als selbstverständlich und bekannt voraussetze und deshalb nicht ausdrücklich erwähne. Die Mehrheit der Kommission hielt daher die Nachteile der Zusatzvorschrift für überwiegend. Und der endgültige Beschluß der Kommission ging dahin, eine letztwillige Verfügung solle der Anfechtung unterliegen, wenn der Erblasser durch die positive Vorstellung von dem Eintritte oder Nichteintritte eines in der Vergangenheit, Gegenwart oder Zukunft liegenden Ereignisses zu der letztwilligen Verfügung bestimmt worden sei, und diese Vorstellung sich als irrig herausstelle.[9]

Das bürgerliche Gesetzbuch läßt auf die Bestimmungen, welche die Anfechtung einer letztwilligen Verfügung wegen Irrtumes zum Gegenstande haben, Rechtssätze folgen, die sich auf die Zulässigkeit der Anfechtung einer letztwilligen Verfügung wegen Übergehung eines zur Zeit des Erbfalles vorhandenen Pflichtteilsberechtigten beziehen. Das Anfechtungrecht ist nicht in allen Fällen der Übergehung eines Pflichtteilsberechtigten gegeben. Ein solches allgemeines Anfechtungrecht würde den Pflichtteilsberechtigten zum Noterben gemacht haben. Die Anfechtung ist nur statthaft, wenn der Erblasser bei Errichtung der letztwilligen Verfügung, um deren Anfechtung es sich handelt, von dem Vorhandensein des von ihm übergangenen Pflichtteilsberechtigten keine Kenntnis gehabt hat, oder wenn dem Erblasser ein pflichtteilsberechtigter Abkömmling erst nach Errichtung der letztwilligen Verfügung, deren Anfechtung in Frage steht, geboren worden ist, oder wenn eine Person erst nach Errichtung der letztwilligen Verfügung dem Erblasser gegenüber in die

[9] Protokolle a. a. O. S. 6662 flg.

Stellung eines Pflichtteilsberechtigten getreten ist.[10] Im Entwurfe erster Lesung war der in der Übergehung eines Pflichtteilsberechtigten beruhende Anfechtunggrund auf den Gesichtspunkt des Irrtumes gebracht. Der Entwurf enthielt die Bestimmung, in dem Falle, daß der Erblasser von dem Vorhandensein des Pflichtteilsberechtigten keine Kenntnis gehabt habe, sei im Zweifel anzunehmen, daß der Erblasser durch den Irrtum über das Nichtvorhandensein des Pflichtteilsberechtigten zu der letztwilligen Verfügung bestimmt worden sei. Für den Fall aber, daß der Pflichtteilsberechtigte erst nach der Errichtung der letztwilligen Verfügung geboren worden oder pflichtteilsberechtigt geworden sei, stellte es den Satz auf, im Zweifel sei anzunehmen, daß der Erblasser durch die Voraussetzung, der Pflichtteilsberechtigte werde nicht nachträglich geboren werden oder nicht nachträglich pflichtteilsberechtigt werden, zu der letztwilligen Verfügung bestimmt worden sei.[11] Bei den Beratungen der Kommission für die zweite Lesung des Entwurfes wurde der Gesichtspunkt des Irrtumes beseitigt und die Übergehung eines Pflichtteilsberechtigten in den Fällen, daß sein Vorhandensein dem Erblasser zur Zeit der Errichtung der letztwilligen Verfügung unbekannt gewesen oder daß er nach Errichtung der letzwilligen Verfügung geboren worden oder daß er nachher pflichtteilsberechtigt geworden sei, unvermittelt durch die Vermutung eines ursächlichen Zusammenhanges zwischen einem Irrtume des Erblassers und der Errichtung der letztwilligen Verfügung, also auch unabhängig von der Widerlegung solcher Vermutung als selbständigen Grund der Anfechtung hingestellt.[12] In dieser Gestalt hat das Gesetzbuch den Anfechtunggrund der Übergehung eines Pflichtteilsberechtigten aufgenommen. Doch hat es die Anfechtung ausgeschlossen, wenn anzunehmen ist, daß der Erblasser auch bei Kenntnis der Sachlage die Verfügung getroffen haben würde.[13] Der Rechtsgedanke, der in der Erhebung der Übergehung eines Pflichtteilsberechtigten zu dem Grunde der Anfechtung einer letztwilligen Verfügung wirkt, liegt also darin, daß die letztwillige Verfügung keinen Bestand haben kann, wenn der Erblasser bei ihrer Errichtung von der irrigen Annahme beherrscht gewesen ist, daß ein vorhandener Pflichtteilsberechtigter nicht vorhanden sei, und daß die Verfügung ebensowenig Bestand haben kann, wenn der Erblasser bei ihrer Errichtung sich nicht klar gemacht hat, ein Pflichtteilsberechtigter werde ihm nachträglich geboren werden oder eine schon vorhandene Person werde in das Verhältnis, durch das ein Pflichtteilsrecht bedingt wird, zu ihm treten. Es ist also immer die Unkenntnis der Sachlage,

[10] B.G.B. § 2079 Satz 1.
[11] Erster Entwurf § 1782.
[12] Protokolle a. a. O. S. 6670 flg.
[13] B.G.B. § 2079 Satz 2.

also ein Irrtum, mag er die Vergangenheit, die Gegenwart oder die Zukunft betreffen, wodurch die Anfechtung begründet wird, wenn nicht die Sache so liegt, daß dem Irrtume keine Wirkung auf den Willen des Erblassers beigelegt werden kann.

§ 40. 2. Fortsetzung.

Für berechtigt zur Anfechtung erklärt das bürgerliche Gesetzbuch allgemein denjenigen, dem die Aufhebung der letztwilligen Verfügung unmittelbar zu statten kommen würde.[1] Denselben Gedanken hatte der erste Entwurf dahin Ausdruck gegeben, daß er den als anfechtungberechtigt bezeichnete, der, wenn die letztwillige Verfügung nicht errichtet worden wäre, als Erbe oder Vermächtnisnehmer berufen oder von einer Beschwerung befreit sein oder ein Recht erlangt haben würde.[2] Für den Fall der Anfechtung der letztwilligen Verfügung wegen Irrtumes bestimmt das Gesetzbuch, daß, wenn der Irrtum nur auf eine bestimmte Person sich bezieht und diese anfechtungberechtigt ist oder, wenn sie zur Zeit des Erbfalles gelebt hätte, anfechtungberechtigt sein würde, eine andere Person zur Anfechtung nicht berechtigt sei.[3] Auch dieser Gedanke war schon im ersten Entwurfe ausgesprochen.[4] Das Anfechtungrecht wegen Übergehung eines Pflichtteilsberechtigten steht nur dem Pflichtteilsberechtigten zu.[5]

Bei der Beratung der Kommission für die zweite Lesung des Entwurfes war der Antrag gestellt worden, das Anfechtungrecht nicht auf den zu beschränken, dem die Aufhebung der Verfügung unmittelbar zu statten kommen würde, sondern es jedem zu geben, dem die Aufhebung auch nur beim Wegfallen anderer zu statten käme. Die Mehrheit der Kommission nahm aber an, man könne nicht jedem das Anfechtungrecht geben, der von der Aufhebung der Verfügung nur mittelbar Vorteil hätte. Es bestehe auch kein Bedürfnis, solchen Personen, die aus der Aufhebung nur einen zufälligen Vorteil ziehen würden, ein selbständiges Anfechtungrecht für den Fall zu geben, daß die eigentlich verletzte Person ein Anfechtungrecht nicht geltend machen wollte oder es verloren hätte.[6]

Bei den Beratungen der Kommission für die zweite Lesung des Entwurfes wurde von anderer Seite der Gedanke angeregt, ob nicht noch weitere Beschränkungen der Anfechtung gegenüber dem ersten Entwurfe einzutreten hätten. Zuerst wurde ausgeführt, es sei eine Schranke in der Art zu ziehen, daß das Anfechtungrecht für den ausgeschlossen

---

[1] B.G.B. § 2080 Abs. 1.
[2] Erster Entwurf § 1784 Satz 1.
[3] B.G.B. § 2080 Abs. 2.
[4] Erster Entwurf § 1784 Satz 2.
[5] B.G.B. § 2080 Abs. 3.
[6] Protokolle der Kommission für die zweite Lesung, 337. Sitzung S. 6683 flg.

sein müsse, von dem feststehe, daß ihm der Erblasser den eingesetzten Erben in jedem Falle vorgezogen haben würde. Dann aber dürfe die Wirkung der von einem Anderen durchgeführten Anfechtung dem nicht zu gute kommen, von dem sicher sei, daß der Erblasser, auch wenn er die wahre Sachlage gekannt hätte oder durch Drohung nicht bestimmt worden wäre, lieber den eingesetzten Erben als ihn selbst bedacht haben würde. Es wurde ferner bemerkt, daß, was hier von der Erbeinsetzung gesagt sei, auch von der Anordnung eines Vermächtnisses gelten müsse, und daß zwar der Entwurf bei der Anfechtung wegen Irrtumes, wenn sich der Irrtum nur auf eine bestimmte Person beziehe, lediglich dieser Person ein Anfechtungrecht einräume, daß er aber doch die Wirkung einer solchen Anfechtung nicht bloß dieser Person, sondern auch allen denen zu statten kommen lasse, die der Erblasser in jedem Falle habe ausschließen wollen. Weiter wurde ausgeführt, daß, wenn der für die Anfechtung wegen Irrtumes aufgestellte Gedanke als richtig anzuerkennen sei, er auch für den Fall der Drohung als richtig anerkannt werden müsse.[7]

Die Kommission ging auf die mit diesen Ausführungen gestellten Anträge wegen Beschränkung des Rechtes und der Wirkungen der Anfechtung ein und gab dieser Auffassung entsprechenden Ausdruck.[8]

Bei den Vorberatungen des Gesetzgebungwerkes wurde auch in Erwägung gezogen, ob nicht und inwieweit daraus, daß der Erblasser sich seines Irrtumes bewußt geworden sei und bis zu seinem Ableben Zeit gehabt habe, die von dem Irrtume betroffene letztwillige Verfügung zu ändern, eine Beschränkung des Rechtes der Anfechtung sich zu ergeben habe. Der erste Entwurf hatte der für den Erblasser bestehenden Möglichkeit, eine letztwillige Verfügung, die der Anfechtung unterliegen würde, wenn der Erbfall alsbald nach ihrer Errichtung einträte, aufzuheben oder abzuändern, Einfluß auf die Berechtigung zur Anfechtung eingeräumt. Er enthielt nämlich eine Bestimmung, nach der die Anfechtung ausgeschlossen sein sollte, wenn der Erblasser die letztwillige Verfügung im Falle der Anfechtbarkeit wegen Drohung nach Beseitigung

---

[7] Protokolle, 338. Sitzung S. 6689 flg.

[8] Dies geschah in der Art, daß in den gegenwärtig im § 2078 B.G.B. enthaltenen Rechtssätzen, nach denen bis dahin die Anfechtung einer letztwilligen Verfügung zulässig sein sollte, wenn der Erblasser über den Inhalt seiner Erklärung im Irrtume war oder eine Erklärung dieses Inhaltes überhaupt nicht abgeben wollte und anzunehmen ist, daß er die Erklärung bei Kenntnis der Sachlage nicht abgegeben haben würde, ebenso wenn der Erblasser zu der Verfügung durch die irrige Annahme oder Erwartung des Eintrittes oder Nichteintrittes eines Umstandes oder widerrechtlich durch Drohung bestimmt worden ist, an die Stelle des Wortes „wenn" beide male das Wort „soweit" gesetzt wurde (Protokolle a. a. O. S. 6692 f.)

der Zwangslage, im Falle der Anfechtbarkeit wegen eines anderen Grundes nach erlangter Kenntnis von diesem Grunde aufzuheben unterlassen habe und seit jenem Zeitpunkte bis zum Tode des Erblassers ein Jahr verstrichen sei, in welchem für den Erblasser die Möglichkeit bestanden habe, die Verfügung aufzuheben.[9]

Diese Bestimmung des Entwurfes fand bei den Beratungen für die zweite Lesung Widerspruch.[10] Die Beratungen darüber wurden mit der Erörterung der Frage verbunden, ob nicht die Anfechtbarkeit einer letztwilligen Verfügung auch in der Art einzuschränken sei, daß dabei auf eine erst nach der Errichtung der letztwilligen Verfügung eingetretene Veränderung der Umstände ebenfalls Rücksicht genommen werde, wenn anzunehmen sei, der Erblasser würde, was er angeordnet habe, gegenüber demjenigen, den er nach der veränderten Sachlage jetzt ausschließe, immer angeordnet haben. Es wurde dabei bemerkt, wie es auf der anderen Seite nicht angehe, diejenigen, die nach der veränderten Sachlage jetzt ausgeschlossen seien, deshalb nicht zur Anfechtung zuzulassen, weil der Irrtum des Erblassers sich nicht auf sie erstreckt habe.[11]

Die Mehrheit der Kommission nahm an, daraus, daß der Erblasser beim Vorliegen der Voraussetzungen, welche, wenn der Erbfall eingetreten wäre, die letztwillige Verfügung anfechtbar gemacht hätten, die Aufhebung der Verfügung unterlassen habe, lasse sich keineswegs immer oder auch nur in der Regel der Fälle der Schluß ziehen, daß der Erblasser die Absicht gehabt habe, die anfechtbare letztwillige Verfügung gelten zu lassen. Der Grund, aus dem der Erblasser ihre Aufhebung unterlassen habe, könne auch der gewesen sein, daß er sie für ungültig gehalten und gemeint habe, es bedürfe keiner Aufhebung.[12] Die Mehrheit der Kommission fand aber auch einen inneren Widerspruch darin, mit der Unterlassung der Aufhebung einer letztwilligen Verfügung die Wirkung zu verbinden, daß die Verfügung gegen Anfechtung geschützt sei. Der einfachen formlosen Erklärung des Erblassers, er wolle es bei seiner anfechtbaren Verfügung belassen, lege der Entwurf keine Wirkung bei, wenn der Erblasser innerhalb Jahresfrist sterbe. Lebe der Erb-

---

[9] Erster Entwurf § 1786.

[10] Protokolle der Kommission für die zweite Lesung, 338. Sitzung S. 6690 flg.

[11] Protokolle a. a. O. S. 6690 f. Als Beispiel wurde erwähnt, der Erblasser, dessen nächste Verwandte zwei Brüder gewesen, und der in der Meinung gestanden, der eine Bruder sei tot, während er den anderen jedenfalls habe ausschließen wollen, habe einen Fremden zum Erben eingesetzt. Nun habe der tot geglaubte Bruder zur Zeit der Testamentserrichtung gelebt und sei später vor dem Erblasser mit Hinterlassung von Kindern gestorben. Nach dem Entwurfe seien diese Kinder zur Anfechtung nicht berechtigt. Dies widerstrebe aber der Gerechtigkeit.

[12] Protokolle a. a. O. S. 6696 f.

lasser länger, ohne die Verfügung aufzuheben, so solle dies die Bedeutung haben, daß daraus auf seine Absicht, die letztwillige Verfügung zu genehmigen, geschlossen werde. Dies widerspreche sich. Aus diesen Erwägungen folgerte die Kommission aber nur, daß die aus dem Gedanken des Entwurfes hergeleiteten Sätze des Entwurfes nicht zu billigen seien. Und es blieb noch die Frage zu beantworten, ob der Gedanke nicht in anderer Gestaltung verwendbar sei.[13] Darauf bezogen sich Anträge, nach denen dem Gedanken des Entwurfes in der Art Gestalt gegeben werden sollte, daß die Anfechtung nicht statt habe, soweit anzunehmen sei, daß der Erblasser die letztwillige Verfügung — im Falle des Irrtumes: bei Kenntnis der Sachlage oder nach Entdeckung des Irrtumes, im Falle der Drohung:[14] ohne Bestimmung durch die Drohung oder nach Beseitigung der Zwangslage, im Falle des Vorhandenseins eines Pflichtteilsberechtigten: nach Kenntnis von dem Vorhandensein des Pflichtteilsberechtigten — würde haben gelten lassen.[15] In einem der Anträge hatte auch der oben erwähnte Gedanke der veränderten Umstände[16] in der Art Aufnahme gefunden, daß den Worten: „soweit anzunehmen ist, daß der Erblasser die letztwillige Verfügung — würde haben gelten lassen" noch die Schlußworte beigefügt waren: „falls er die inzwischen eingetretenen Umstände gekannt hätte". Die Mehrheit der Kommission entschied sich jedoch schließlich dahin, den Gedanken des Entwurfes die Verwertbarkeit überhaupt abzusprechen. Es wurde angenommen, was durch die Anträge erreicht werden solle, ergebe sich in den meisten Fällen schon daraus, daß der Schluß gerechtfertigt erscheine, der Erblasser sei durch den untergelaufenen Irrtum, die angewandte Drohung nicht bestimmt worden. Soweit aber die in den Anträgen vorausgesetzten Fälle sich hierdurch nicht erledigten, sondern darüber hinausgingen, werde man auf einen sehr schwankenden Boden geführt, nämlich in das Gebiet der Mutmaßungen. Dabei seien die Schwierigkeiten des Beweises, daß das Erklärte dem schließlichen wahren Willen des Erblassers entspreche, um so weniger zu unterschätzen, als ja jeder Wechsel in den Absichten des Erblassers berücksichtigt werden müßte und der Erblasser seine Meinung jeden Augenblick hätte ändern können. Die Kommission erachtete diese bei Ausprägung des dem Entwurfe zum Grunde liegenden Gedankens für die Rechtsprechung sich ergebenden Bedenken für überwiegend gegenüber dem aus der Annahme der Anträge entstehenden Vorteile, daß nach diesen Anträgen eine letztwillige Verfügung aufrecht erhalten werde, die in dem Augenblicke, da sie in Wirksamkeit treten

---

[13] Protokolle a. a. O. S. 6697 f.

[14] S. § 41.

[15] Protokolle a. a. O. S. 6698.

[16] S. oben zu Anm. 3.

solle, dem wahren Willen des Erblassers entspreche. Die Kommission zog endlich als Erwägung, die gegen die Anträge spreche, in Betracht, daß der nach Maßgabe der Anträge zu ermittelnde Inhalt der letztwilligen Verfügung in der zur Errichtung solcher Verfügungen erforderlichen Form nicht erklärt sei. Denn die in der vorgeschriebenen Form abgegebene Willenserklärung sei zur Zeit der Beobachtung der Form nicht der wirkliche Wille des Erblassers gewesen. Aus der Zeit aber des Eintrittes der thatsächlichen Voraussetzungen dafür, daß die Willenserklärung, die ursprünglich zu bemängeln gewesen sein würde, als dem späteren Willen des Erblassers entsprechend angesehen werden solle, liege eine der Form nach gültige Willenserklärung überhaupt nicht vor.[17]

§ 41. 3. Nach anderen Rechten.

Nach römischem Rechte ist eine letztwillige Verfügung wegen Irrtumes nichtig, wenn der Irrtum die Person dessen, den der Erblasser zum Erben hat einsetzen oder mit einem Vermächtnisse hat bedenken, oder den Gegenstand, den er dem Bedachten hat zuwenden wollen, in der Art betrifft, daß der Erblasser eine andere Person zum Erben eingesetzt[1] oder mit einem Vermächtnisse bedacht hat als den, den er hat einsetzen oder bedenken wollen, oder daß er dem Bedachten einen anderen Gegenstand zugewendet hat[2] als den, den er hat zuwenden wollen.

Liegt ein Irrtum in der Person selbst nicht vor, hat aber der Erblasser die Person dessen, die er hat zum Erben einsetzen oder mit einem Vermächtnisse hat bedenken wollen, unrichtig genannt oder anderweit unrichtig bezeichnet oder die Sache, die er hat zuwenden wollen, unrichtig genannt oder anderweit unrichtig bezeichnet, so ist, wenn feststeht, daß der Wille des Erblassers auf die Erbeinsetzung oder Bedenkung der unrichtig genannten oder anderweit unrichtig bezeichneten Person gegangen ist, die letztwillige Verfügung rechtsbeständig. Betrifft der Irrtum die zahlenmäßige Bezeichnung des Gegenstandes der Zuwendung in der Art, daß bei der Zuwendung eines Bruchteiles, sei es der Erbschaft, sei es einzelner Gegenstände oder bei der Zuwendung eines bestimmten Geldbetrages oder bestimmter Mengen von Sachen ein Irrtum vorgekommen ist, so besteht, wenn der in der letztwilligen Verfügung ausgedrückte Bruchteil oder Geldbetrag oder die zum Ausdrucke gekommene Menge geringer ist als der Bruchteil oder die Menge, den

---

[17] Protokolle a. a. O. S. 6693, 6696 bis 6698.

[1] L. 9 pr. D. de hered. instit. (28, 5), l. 3 D. de reb. dub. (34, 5).

[2] L. 9 § 1 D. de hered. instit. (28, 5).

oder die der Erblasser hat zuwenden wollen, die letztwillige Verfügung nach römischem Rechte auf Höhe des gewollten Bruchteiles oder Betrages zu Recht.[3] Ist der zum Ausdrucke gekommene Bruchteil oder die ausgedrückte Menge größer als der gewollte Bruchteil oder die gewollte Menge, so ist die letztwillige Verfügung auf Höhe des kleineren Bruchteiles oder der kleineren Menge zu Recht beständig.[4]

Hat ein Irrtum, der den Beweggrund des Erblassers zur Vornahme einer letztwilligen Verfügung betrifft, den Erblasser in der Art bestimmt, daß die Verfügung ohne den Irrtum nicht vorgenommen worden wäre, so ist die Verfügung anfechtbar. Zur Anfechtung einer Erbeinsetzung sind die gesetzlichen Erben oder die in einem älteren Testamente eingesetzten Erben berechtigt, zur Anfechtung eines Vermächtnisses berechtigt ist der mit dem Vermächtnisse Belastete.[5]

Nach preußischem allgemeinen Landrechte gelten von der Bedeutung des Irrtumes in der Person dessen, der zum Erben ernannt oder mit einem Vermächtnisse bedacht ist, sowie des Irrtumes in der Sache, die zum Gegenstande der Zuwendung gemacht ist, dieselben Grundsätze wie nach römischem Rechte.[6] Ebenso ist die Bedeutung einer falschen Bezeichnung der Person oder der Sache nach preußischem Rechte dieselbe wie nach römischem.[7] Ein Irrtum in der zahlenmäßigen Bezeichnung des Gegenstandes der Zuwendung kann, abgesehen von dem Falle, daß der Erblasser mehr hat zuwenden wollen, als in der letztwilligen Verfügung geschrieben ist,[8] nach preußischem Rechte ebenfalls nicht anders beurteilt werden als nach römischem. In dem hervorgehobenen Falle dagegen gilt nicht der gewollte größere, sondern der geschriebene ge-

---

[3] L. 9 § 2 D. de hered. inst. (28, 5): — si non in corpore erravit, sed in parte, puta si, cum dictasset ex semisse aliquem scribi, ex quadrante sit scriptus, Celsus — posse defendi ait ex semisse heredem fore, quasi plus nuncupatum sit, minus scriptum, quae sententia rescriptis adiuvatur generalibus. idemque est si ipse testator minus scribat, cum plus vellet adscribere. Diese Entscheidung verstößt gegen die Logik, aber sie ist positives Recht.

[4] L. 9 § 3 ibid. Sed si maiorem adscripserit testamentarius vel — ipse testator, ut pro quadrante semissem, Proculus putat ex quadrante fore heredem, quoniam inest quadrans in semisse. — § 4 Sed et si quis pro centum ducenta per notam scripsisset, idem iuris est.

[5] Beim Vermächtnisse wird die Frage, wie ein Irrtum im Beweggrunde wirkt, durch l. 72 § 6 D. de cond. et dem. (35, 1) entschieden. Über die Wirkung des Irrtums im Beweggrunde bei der Erbeinsetzung gehen die Meinungen auseinander. S. v. Vangerow, Pandekten Bd. 2 § 431 Anm. 2 Nr. 3; Puchta, Pandekten § 472 Anm. e; Brinz, Pandekten 2. Aufl. Bd. 3 § 372 Anm. 61; Dernburg, Pandekten Bd. 3 § 79b.

[6] A.L.R. I 4 §§ 75, 76.

[7] A.L.R. I 4 §§ 83, 151.

[8] S. oben Anm. 3.

ringere Betrag. In Ansehung der Bedeutung eines irrigen Beweggrundes hat das preußische Recht im wesentlichen die Sätze aufgenommen, zu denen das römische Recht gelangt ist. Das preußische Recht legt dem Beweggrunde für Willenserklärungen regelmäßig keine Bedeutung bei. Ist aber bei einer Willenserklärung, aus welcher nur der, zu dessen Gunsten sie abgegeben ist, den Vorteil ziehen würde, der ausdrücklich angeführte irrige Beweggrund die einzige Ursache der Willenserklärung gewesen, so ist die Willenserklärung unkräftig.[9] Dies ist der Satz, der sich im römischen Rechte für letztwillige Verfügungen ausgebildet hat, ausgedehnt auch auf freigebige Verfügungen unter Lebenden.

Das französische Recht läßt zu, daß ein Testament als nichtig angefochten wird, wenn sich der Erblasser in der Person des Bedachten oder in dem Gegenstande der Zuwendung oder in dem Beweggrunde geirrt hat. Der Irrtum im Beweggrunde wird aber nur berücksichtigt, wenn der Erblasser ihn zur Bedingung gestaltet und ihm in dieser Gestalt im Testamente Ausdruck gegeben hat.[10]

Nach dem österreichischen Gesetzbuche macht ein Irrtum in der Person des Bedachten oder in dem Gegenstande der Verfügung ein Testament ungültig. Unrichtigkeit oder Ungenauigkeit der Bezeichnung der Person oder des Gegenstandes thut der Gültigkeit keinen Eintrag, wenn der wahre Wille des Erblassers anderweit erkennbar ist. Auch ein irriger Beweggrund, der von solcher Beschaffenheit ist, daß ohne ihn der Erblasser die letztwillige Verfügung nicht getroffen haben würde, steht der Gültigkeit des Testamentes entgegen.[11] Handelt es sich um eine Verfügung über eine bestimmte Menge von Sachen, und ist die Menge, auf die der Wille der Zuwendung gerichtet ist, in der letztwilligen Verfügung aus Irrtum unrichtig angegeben, so gilt als gewollt und zugewandt die geringere Menge, die in der größeren geschriebenen, aber nicht gewollten Menge enthalten ist.[12] Endlich kommt der Irrtum, wenn der Erblasser im Testamente Abkömmlinge aus Unkenntnis ihres Daseins übergegangen hat, als Grund der Ungültigkeit eines Testamentes in Betracht. Hat der Erblasser dritte Personen zu Erben eingesetzt, so sind sowohl die Erbeinsetzungen, als auch die Vermächtnisse, überhaupt der ganze Inhalt des Testamentes, soweit er vermögensrechtliche Bestimmungen hat, ungültig. Nur die zu frommen, gemeinnützigen oder belohnenden Zwecken errichteten Vermächtnisse sind, aber auch nur bis zum vierten Teile des Nachlasses, bis auf den sie eintretenden Falles

[9] A.L.R. I 4 § 150.
[10] Zachariä v. Lingenthal-Dreyer, französisches Civilrecht Bd. 4 652.
[11] Österreich. Gesetzb. §§ 570 bis 572; Unger, österreich. Erbrecht § 13 Anm. 3, 5.
[12] Unger, österreich. Privatrecht Bd. 2 § 89 Anm. 32, 33.

herabgemindert werden, gültig. Und das übergangene Kind wird mit dieser Beschwerung Erbe. Hat der Erblasser Kinder hinterlassen und zu Erben eingesetzt, so wird das übergangene Kind nicht Erbe, sondern erhält gegen die eingesetzten Erben nur einen persönlichen Anspruch auf den Betrag, mit dem das mindestbedachte Kind gleichen Grades bedacht ist. Dieser Anspruch hat die Natur eines Pflichtteilsanspruches.[13]

Auch nach dem Gesetzbuche für das Königreich Sachsen ist eine letztwillige Verfügung nichtig, wenn der Erblasser eine andere Person als die, welche er bedenken wollte, oder einen anderen Gegenstand als den, welchen er zuwenden wollte, in der letztwilligen Verfügung angegeben hat.[14] Dagegen macht eine Unrichtigkeit in der bloßen Bezeichnung den letzten Willen nur nichtig, wenn sich die wahre Absicht des Erblassers aus der Verfügung nicht erkennen und auch sonst nicht ermitteln läßt.[15] Der Unrichtigkeit eines vom Erblasser angegebenen Beweggrundes legt das Gesetzbuch nur dann die Wirkung der Nichtigkeit der letztwilligen Verfügung bei, wenn anzunehmen ist, daß der Erblasser die Verfügung nicht getroffen haben würde, wenn er das wahre Sachverhältnis gekannt hätte.[16]

§ 42. II. Nötigung durch Drohung.

Neben den Irrtum stellt das bürgerliche Gesetzbuch die Nötigung durch widerrechtliche Drohung als Willensfehler und Grund der Anfechtung einer letztwilligen Verfügung hin, indem es vorschreibt, daß eine letztwillige Verfügung angefochten werden könne, soweit der Erblasser zu der Verfügung widerrechtlich durch Drohung bestimmt worden sei.[1] Der Satz war schon im ersten Entwurfe enthalten. Nur stand dort an Stelle des Wortes „soweit" das Wort „wenn".[2] Bei den Beratungen der Kommission für die zweite Lesung des Entwurfes wurde der Antrag gestellt, das Wort „widerrechtlich" zu streichen. Denn es sei nicht denkbar, daß jemand das Recht habe, einen Anderen durch Drohung zur Errichtung einer letztwilligen Verfügung zu nötigen. Die Mehrheit der Kommission lehnte den Antrag ab. Sie nahm an, daß Fälle der angegebenen Art allerdings vorkommen könnten. So liege der Fall einer nicht widerrechtlichen Willensbeeinflussung durch Drohung

---

[13] Österreich. Gesetzb. §§ 777 bis 780; Unger, österreich. Erbrecht § 87.
[14] Sächs. Gesetzb. § 2080.
[15] Sächs. Gesetzb. § 2081.
[16] Sächs. Gesetzb. § 2079.

[1] B.G.B. § 2078 Abs. 2.
[2] Erster Entwurf § 1780. Über den Grund der Änderung s. oben § 40 Anm. 8 S. 152.

vor, wenn der Vater seine Tochter zu einer letztwilligen Verfügung durch die Drohung bestimme, sie für den Fall der Weigerung auf den Pflichtteil zu setzen. Mit Rücksicht auf solche Fälle habe man sich entschlossen, in der entsprechenden Vorschrift des allgemeinen Teiles das Wort „widerrechtlich" beizubehalten.[3] Das Wort müsse daher auch hier stehen bleiben.[4]

Zur Anfechtung wegen Drohung ist, wie zur Anfechtung wegen Irrtumes, derjenige berechtigt, dem die Aufhebung der letztwilligen Verfügung unmittelbar zu statten kommen würde.[5] Ebenso hat, wenn Drohung der Grund der Anfechtung ist, und die Anfechtung sich gegen eine Erbeinsetzung, gegen die Ausschließung von der Erbfolge, gegen die Ernennung eines Testamentsvollstreckers oder gegen die Aufhebung einer oder der anderen der in Rede stehenden Arten von letztwilligen Verfügungen richtet, die Anfechtung wie beim Irrtume durch Erklärung gegenüber dem Nachlaßgerichte zu erfolgen.[6] Und das Nachlaßgericht hat mit der Erklärung der Anfechtung wegen Drohung ebenso vorzugehen, wie dies in Ansehung der Erklärung der Anfechtung wegen Irrtumes vorgeschrieben ist.[7]

Auch gelten für die Anfechtung einer letztwilligen Verfügung wegen Drohung dieselben Fristen, welche für die Anfechtung wegen Irrtumes gestellt sind.[8] Ebenso ist im Falle der Anfechtbarkeit wegen Drohung die Bestimmung anwendbar, nach welcher, wenn eine letztwillige Verfügung, durch die eine Verpflichtung zu einer Leistung begründet wird, der Beschwerte die Leistung verweigern kann, auch wenn die Anfechtung wegen Ablaufes einer der für die Anfechtung gestellten Fristen ausgeschlossen ist.[9]

Nach römischem Rechte ist die Frage, wie eine durch Drohung erzwungene letztwillige Verfügung zu beurteilen sei, bestritten. Die Quellen entscheiden die Frage nicht ausdrücklich. Unter den neueren Schriftstellern bestehen drei verschiedene Ansichten. Nach der einen ist die Willenserklärung nichtig. Diese Meinung wird als die herrschende bezeichnet.[10] Eine andere Meinung geht dahin, daß eine durch Drohung

---

[3] B.G.B. § 123 Abs. 1.

[4] Protokolle der Kommission für die zweite Lesung des Entwurfes, 337. Sitzung S. 6669 f.

[5] B.G.B. § 2080 Abs. 1.

[6] B.G.B. § 2081 Abs. 1.

[7] B.G.B. § 2081 Abs. 2.

[8] B.G.B. § 2082.

[9] B.G.B. § 2083.

[10] Vertreten wird diese Meinung hauptsächlich von Glück im Pandektenkommentar Bd. 33 S. 426 flg.; Mühlenbruch in Glück, Kommentar Bd. 43 S. 485, Arndts,

herbeigeführte Erbeinsetzung ebenso wie eine durch Drohung erzielte Vermächtnisanordnung keine weitere Folge habe, als daß sie den, der den Erblasser bedroht hat, erbunfähig macht, so daß der Fiskus ihm die Erbschaft oder das Vermächtnis entreißt, während das Recht dessen, der am Zwange nicht teilgenommen hat, sei es Erbrecht oder Vermächtnisrecht, von dem Zwange nicht beeinflußt wird.[11] Nach der dritten Meinung ist die Wirkung des Zwanges die Anfechtbarkeit des in Frage kommenden Rechtes.[12]

Nach preußischem Rechte muß eine durch Zwang herbeigeführte letztwillige Verfügung für anfechtbar erachtet werden.[13] Nach französischem [14] und österreichischem [15] Rechte gilt eine solche letztwillige Verfügung als nichtig. Ebenso nach sächsischem Rechte.[16]

§ 43. III. Betrug als Grund der Anfechtung.

Das bürgerliche Gesetzbuch hat den Betrug als Willensmangel und Grund der Anfechtung einer letztwilligen Verfügung neben dem Irrtume nicht aufgestellt. Der Entwurf erster Lesung enthielt neben der Bestimmung, durch die eine letztwillige Verfügung für anfechtbar erklärt wurde, wenn der Erblasser zu derselben durch einen auf die Vergangenheit oder die Gegenwart sich beziehenden Irrtum oder durch die Voraussetzung des Eintrittes oder Nichteintrittes eines künftigen Ereignisses oder eines rechtlichen Erfolges bestimmt worden und im ersteren Falle der Irrtum aus der Verfügung zu entnehmen, im letzteren die Voraussetzung in derselben ausdrücklich oder stillschweigend erklärt, aber nicht in Erfüllung gegangen ist, einen Rechtsatz dahin, daß eine letztwillige Verfügung angefochten werden könne, wenn der Erblasser zu derselben durch Betrug bestimmt worden sei.[1] Bei den Beratungen der Kommission für die

Pandekten § 491 Anm. 2, Schliemann, Lehre vom Zwange S. 80 flg.; Brinz, Pandekten 2 Aufl. Bd. 3 § 377 Anm. 5, § 425 Anm. 22.

[11] Die Meinung wird vertreten von Roßhirt, Vermächtnisse Bd. 1 S. 337 flg., testamentarisches Erbrecht Bd. 1 S. 262 flg. Auch Sintenis, Civilrecht 1. Aufl. Bd. 3 § 171 und v. Vangerow, Pandekten (bis zur 5. Aufl.) Bd. 2 § 431 Anm. 1 Nr. 2 teilten sie früher.

[12] Dieser Ansicht sind v. Vangerow a. a. O. von der 6. Aufl. an; Sintenis a. a. O. 2. Aufl.; Puchta, Pandekten § 472 Anm. a und b, Seuffert, Pandekten Bd. 3 § 534 Anm. 4, Windscheid, Pandekten Bd. 3 § 548 Anm. 2, § 633 Nr. 7.

[13] A.L.R. I 4 §§ 31 bis 44.

[14] Zachariä v. Lingenthal-Dreyer, französisches Civilrecht Bd. 4 § 654.

[15] Österreich. Gesetzbuch § 565, Unger, österreich. Erbrecht § 13 Anm. 2.

[16] Sächsisches Gesetzbuch § 2078.

[1] Erster Entwurf §§ 1781, 1780.

zweite Lesung des Entwurfes wurde erwogen, daß diese Bestimmung nicht mehr in Betracht komme, nachdem man beschlossen habe, jede letztwillige Verfügung, zu welcher der Erblasser durch Irrtum bestimmt worden sei, als anfechtbar hinzustellen. Man beschloß deshalb, die fragliche Bestimmung zu streichen.[2] Im übrigen macht nach dem bürgerlichen Gesetzbuche Betrug, durch den der Erblasser zur Errichtung oder Aufhebung einer letztwilligen Verfügung bestimmt worden ist, den Betrüger erbunwürdig, ebenso wie widerrechtliche Drohung in gleichem Falle den, der den Erblasser bedroht hat.[3]

Im römischen Rechte sind die Meinungen darüber geteilt, wie ein Betrug auf die letztwillige Verfügung wirkt, die durch ihn hervorgerufen worden ist. Nach der einen Meinung wirkt er, wie der Zwang, Nichtigkeit.[4] Eine andere Meinung geht dahin, daß er den Betrüger erbunwürdig mache, so daß der Fiskus dem Betrüger, je nachdem dieser durch den Betrug Erbe oder Vermächtnisnehmer geworden ist, die Erbschaft oder das Vermächtnis entreißt.[5] Eine dritte Meinung ist die, daß es nur auf die Beschaffenheit des durch den Betrug erzeugten Irrtumes ankomme, der Betrug also die Bedeutung eines selbständigen Willensfehlers nicht habe.[6]

Nach preußischem Rechte macht ein Betrug, durch den die Errichtung einer letztwilligen Verfügung herbeigeführt worden ist, das Testament ungültig und den Betrüger erbunwürdig. Im übrigen, also wenn der Betrüger als Erbe oder Vermächtnisnehmer nicht in Frage kommt, hängt die Wirkung des Betruges nur von der Beschaffenheit des Irrtumes ab, der durch den Betrug hervorgerufen worden ist.[7]

Das französische Recht hat ein besonderes Rechtsmittel, durch das ein Testament, zu dessen Errichtung der Erblasser in arglistiger Weise bestimmt worden ist, als nichtig auf Grund der Annahme, daß es nicht als der eigene und freie Wille des Erblassers zu betrachten sei, angefochten werden kann. Das Rechtsmittel wird in einer Ordonnanz vom Jahre 1735 erwähnt. Der Code civil gedenkt seiner nicht. Die fortdauernde Zulässigkeit des Rechtsmittels gilt aber als keinem Zweifel unterworfen. Begründet ist das Rechtsmittel nur, wenn falsche Vor-

---

[2] Protokolle der Kommission für die zweite Lesung, 337. Sitzung S. 6670.

[3] B.G.B. § 2339 Abs. 3.

[4] Glück, Pandektenkommentar Bd. 33 S. 426 flg.; Mühlenbruch in Glück, Pandektenkommentar Bd. 43 S. 491 flg.

[5] Roßhirt, Vermächtnisse Bd. 1 S. 337, testamentarisches Erbrecht Bd. 1 S. 262 flg.

[6] v. Vangerow, Pandekten Bd. 2 § 431 Anm. 3 Nr. 2; Windscheid, Pandekten Bd. 3 § 548 Nr. 2 a. E.

[7] A.L.R. I 12 §§ 23 flg., 609, I 4 §§ 84, 87 flg.

spiegelungen gebraucht worden sind, um den Erblasser gegen seine gesetzlichen Erben oder für die ernannten Vermächtnisnehmer einzunehmen, und wenn sich aus den Umständen ergiebt, daß der Erblasser nur durch diese Vorspiegelungen bestimmt worden ist, das Testament oder eine bestimmte einzelne Verfügung zu errichten. Da das Rechtsmittel darauf beruht, daß der Wille des Erblassers an sich unter den fraglichen Umständen als nicht frei gilt, so ist es, um das Rechtsmittel für begründet zu erachten, nicht erforderlich, daß derjenige die Arglist angewendet habe, zu dessen Gunsten das Testament oder die in Betracht kommende einzelne Verfügung errichtet worden ist. Das Rechtsmittel steht jedem Beteiligten zu.[8]

Nach österreichischem Rechte macht eine gegen den Erblasser verübte Täuschung, durch welche die Errichtung einer letztwilligen Verfügung hervorgerufen worden ist, diese Verfügung nichtig.[9]

Nach sächsischem Rechte hat Betrug, durch den der Erblasser zur Errichtung einer letztwilligen Verfügung bewogen worden ist, an sich nur die Wirkung, daß er den Betrüger erbunfähig macht. Abgesehen davon hängt die Wirkung, die ein solcher Betrug auf die letztwillige Verfügung hat, von dem durch den Betrug in dem Erblasser hervorgebrachten Irrtume ab.[10]

§ 44. IV. Art der Anfechtung.

Das bürgerliche Gesetzbuch bestimmt, daß die Anfechtung einer letztwilligen Verfügung, durch die ein Erbe eingesetzt, ein gesetzlicher Erbe von der Erbschaft ausgeschlossen, ein Testamentsvollstrecker ernannt oder eine Verfügung solcher Art aufgehoben wird, durch Erklärung gegenüber dem Nachlaßgerichte geschieht. Dieses hat von der Anfechtung demjenigen Mitteilung zu machen, dem die angefochtene Verfügung unmittelbar zu statten kommt. Und es liegt ihm ob, die Einsicht der Erklärung jedem zu gestatten, der ein rechtliches Interesse glaubhaft macht.[1]

Diese Bestimmungen beziehen sich auf alle besprochenen Gründe der Anfechtung. Die Vorschriften waren im ersten Entwurfe noch nicht enthalten. Ihre Aufnahme ist von der Kommission für die zweite Lesung des Entwurfes beschlossen worden. Nach den allgemeinen Bestimmungen des ersten Entwurfes würde die Anfechtung einer letztwilligen Verfügung durch Erklärung gegenüber dem Anfechtunggegner zu geschehen gehabt haben. Der

[8] Zachariä v. Lingenthal-Dreyer, französisches Civilrecht Bd. 4 § 653.
[9] Österreich. Gesetzb. § 565; Unger, österreich. Erbrecht § 18 Anm. 2.
[10] Sächs. Gesetzb. §§ 2277, 2425.

[1] B.G.B. § 2081.

erste Entwurf hatte indes schon für einige erbrechtliche einseitige Rechtsgeschäfte vorgeschrieben, daß ihre Anfechtung durch Erklärung dem Nachlaßgerichte gegenüber vorzunehmen sei. So war bestimmt, daß ein Pflichtteilsberechtigter, der die Erbschaft ausgeschlagen hatte, die Erklärung der Ausschlagung anfechten könne, wenn vor der Ausschlagung eine ihm auferlegte Beschränkung oder Beschwerung oder Belastung mit allen Wirkungen weggefallen und der Wegfall zur Zeit der Ausschlagung ihm nicht bekannt gewesen sei. Für diesen Fall der Anfechtung, sowie für den Fall, daß eine Erbschaftausschlagung wegen Drohung oder wegen Betruges angefochten wird, bestimmte der Entwurf, daß die Anfechtung durch eine gegenüber dem Nachlaßgerichte in öffentlich beglaubigter Form abzugebende Erklärung zu erfolgen habe. Dieselbe Form schrieb der Entwurf für den Fall vor, daß die Erklärung der Annahme einer Erbschaft wegen Drohung oder wegen Betruges angefochten werden sollte.[2] Über den Grund dieser Formvorschriften enthielten die dem ersten Entwurfe beigegebenen Motive in Ansehung der Erbschaftausschlagung die Bemerkung, wegen der auf dritte Beteiligte sich erstreckenden Wirkung der Erklärung müsse bestimmt werden, daß die Erklärung der Anfechtung gegenüber dem Nachlaßgerichte abzugeben sei; die Vorschrift sei aber auch deshalb ratsam, weil dadurch zugleich für diejenigen Fälle Abhilfe geschaffen werde, in denen die Person oder der Aufenthalt desjenigen, der an die Stelle des Ausschlagenden treten würde, unbekannt sei, also die Benachrichtigungpflicht des Nachlaßgerichtes Ersatz dafür schaffe, daß die Erklärung nicht unmittelbar gegenüber dem an die Stelle des Ausschlagenden tretenden Erben erfolge. In Ansehung der Anfechtung einer Erbschaftannahme aber bemerkten die Motive, im Hinblicke auf die Rechtsähnlichkeit der beiden Anfechtungfälle sei es gerechtfertigt, daß auch für diese Anfechtung die Erklärung bei dem Nachlaßgerichte und in gleicher Form wie die Anfechtung der Ausschlagung vorgeschrieben werde.[4] Die Kommission für die zweite Lesung des Entwurfes nahm an, daß diese Gründe auch für die Anfechtung letztwilliger Verfügungen des angegebenen Inhaltes zutreffend seien. Namentlich müsse dem Umstande Bedeutung beigelegt werden, daß auch hier die Gesamtrechtsnachfolge in Frage stehe, also weitere Kreise als die an der Anfechtung unmittelbar beteiligten Personen berührt würden. Ferner komme in Betracht, daß die Frage, wer Anfechtunggegner sei, bei Anfechtung einer letztwilligen Verfügung sehr fraglich sein könne. Diese Ungewißheit werde wenigstens insoweit unschädlich gemacht, als durch die in Rede stehende Vorschrift die

[2] Erster Entwurf §§ 2040, 2041. [3] Motive Bd. 5 S. 512.
[4] Motive a. a. O. S. 513.

Wahrung der für die Anfechtung gestellten Frist[5] allen Anfechtunggegnern gegenüber möglich sei.[6]

Aber auch für den Fall enthält das bürgerliche Gesetzbuch eine Bestimmung über die Art der Anfechtung, daß eine letztwillige Verfügung angefochten wird, durch die ein Recht für einen Anderen nicht begründet wird, also insbesondere für den Fall einer Auflage. Auch die Anfechtung einer solchen Verfügung erfolgt durch Erklärung gegenüber dem Nachlaßgerichte.[7] Diese Bestimmung ist ebenso wie die Vorschrift, welche für die Anfechtung einer Erbeinsetzung, der Ausschließung eines gesetzlichen Erben, der Ernennung eines Testamentsvollstreckers oder der Aufhebung einer Verfügung solcher Art gegeben ist, erst bei den Beratungen der Kommission für die zweite Lesung des Entwurfes in das Gesetzbuch aufgenommen worden. Giebt eine letztwillige Verfügung niemandem ein Recht, so besteht für ihre Anfechtung, wenn die letztwillige Verfügung noch nicht erfüllt ist, kein Anfechtunggegner. Die Anwendung der Vorschrift, nach der die Anfechtung dem Anfechtunggegner gegenüber zu geschehen hat, würde also im Gesetzbuche eine Lücke vorgefunden haben. Diese Lücke suchten zwei bei den Beratungen der Kommission für die zweite Lesung in verschiedenen Richtungen gestellte Anträge auszufüllen, der eine, indem er die letztwillige Verfügung, durch die eine Auflage angeordnet oder überhaupt das Recht eines Anderen nicht begründet wird, beim Vorhandensein der gesetzlichen Voraussetzungen der Anfechtbarkeit für unwirksam erklärt, der andere, indem er für den Fall einer letztwilligen Verfügung, durch die das Recht eines Anderen nicht begründet wird, vorschreibt, daß die Anfechtung durch Erklärung gegenüber dem Nachlaßgerichte zu geschehen und dies die Erklärung demjenigen mitzuteilen habe, dem die angefochtene Verfügung zum Vorteile gereiche.[8] Die Mehrheit der Kommission entschied sich für die Annahme des letzteren Antrages unter Ablehnung des ersteren.[9]

Die Anfechtung derjenigen letztwilligen Verfügungen, auf die sich die besprochenen Sätze des bürgerlichen Gesetzbuches[10] nicht beziehen, erfolgt durch Erklärung gegenüber dem Anfechtunggegner, also gegenüber dem, der auf Grund der anzufechtenden letztwilligen Verfügung unmittelbar einen rechtlichen Vorteil erlangt hat.[11]

---

[5] B.G.B. § 2082. S. § 45.

[6] Protokolle der Kommission für die zweite Lesung des Entwurfes 338. Sitzung S. 6700 f.

[7] B.G.B. § 2081 Abs. 3.

[8] Protokolle der Kommission für die zweite Lesung des Entwurfes, 339. Sitzung S. 6707 flg.

[9] Protokolle a. a. O. S. 6709 f.

[10] B.G.B. § 2081 Abs. 1 u. 3.

[11] B.G.B. § 143 Abs. 1 u. 4 Satz 1.

§ 45. V. Frist zur Anfechtung.

Für die Anfechtung giebt das bürgerliche Gesetzbuch eine Frist von einem Jahre und läßt diese Frist mit dem Zeitpunkte beginnen, in welchem der Anfechtungberechtigte von dem Anfechtunggrunde Kenntnis erlangt. Auf den Lauf der Frist läßt es verschiedene für die Verjährungfrist gegebene Bestimmungen Anwendung finden.[1] Die Frist läuft nicht, solange der Berechtigte durch Stillstand der Rechtspflege oder in anderer Weise durch höhere Gewalt innerhalb der letzten sechs Monate an der Rechtsverfolgung verhindert ist.[2] Ist eine geschäftsunfähige oder in der Geschäftsfähigkeit beschränkte und prozeßunfähige Person anfechtungberechtigt, und hat sie keinen gesetzlichen Vertreter, so wird die Frist zur Anfechtung nicht vor dem Ablaufe von sechs Monaten nach dem Zeitpunkte vollendet, in welchem die Person unbeschränkt geschäftsfähig wird oder der Mangel der Vertretung aufhört.[3] Liegt ein Anfechtunganspruch vor, der zu einem Nachlasse gehört, oder richtet sich der Anfechtunganspruch gegen einen Nachlaß, so läuft die Frist nicht vor dem Ablaufe von sechs Monaten nach dem Zeitpunkte ab, in welchem die Erbschaft von dem Erben angenommen oder der Konkurs über den Nachlaß eröffnet wird, oder von dem an der Anspruch von einem Vertreter oder gegen einen Vertreter geltend gemacht werden kann.[4] Sind seit dem Erbfalle dreißig Jahre verstrichen, so ist die Anfechtung überhaupt ausgeschlossen.[5]

Der Inhalt dieser letzteren Bestimmung des Gesetzbuches weicht von dem Inhalte der entsprechenden Vorschrift des ersten Entwurfes darin ab, daß nach dem Entwurfe die dreißig Jahre von dem Zeitpunkte der Verkündung der letztwilligen Verfügung gerechnet werden sollten.[6] Die Kommission für die zweite Lesung des Entwurfes hat den Zeitpunkt des Erbfalles als den maßgebenden hingestellt, weil es Fälle gebe, in denen die der Anfechtung unterliegende letztwillige Verfügung überhaupt nicht verkündet werde. So wenn es sich um die Anfechtung des Widerrufes einer letztwilligen Verfügung oder um die Anfechtung der Durchstreichung einer solchen handele. Auch wurde in Betracht gezogen, daß die Wahl des Zeitpunktes des Erbfalles einen klaren und festen Ausgangspunkt und nach dem Ablaufe der Zeit völlig sichere Verhältnisse

[1] B.G.B. § 2082 Abs. 1, 2.
[2] B.G.B. § 203.
[3] B.G.B. § 206.
[4] B.G.B. § 207.
[5] B.G.B. § 2082 Abs. 3.
[6] Erster Entwurf § 1785 Abs. 3.

ergebe. Dieser Vorteil überwiege das Bedenken, daß die letztwillige Verfügung dreißig Jahre lang verheimlicht werden könne. Und die Länge der Frist lasse die Wahl des Erbfalles ungefährlich erscheinen.[7]

Wenn durch eine letztwillige Verfügung die Verpflichtung zu einer Leistung begründet wird und die Verfügung an sich anfechtbar, die Anfechtung aber durch den Ablauf der Anfechtungfrist ausgeschlossen ist, so giebt das bürgerliche Gesetzbuch dem Beschwerten trotz dem Ablaufe der Frist zur Anfechtung das Recht zur Verweigerung der Leistung.[8] Die Bestimmung ist bei den Beratungen der Kommission für die zweite Lesung des Entwurfes aus Gründen der Billigkeit in das bürgerliche Gesetzbuch aufgenommen worden. Der Entwurf erster Lesung enthielt sie nicht. Eingeschränkt ist die Bestimmung auf Vermächtnisse und Auflagen, da andere letztwillige Verfügungen die Verpflichtung zu einer Leistung im Sinne der Bestimmung nicht begründen. Wäre die in Frage stehende Bestimmung nicht gegeben, so würde bei einem anfechtbaren Vermächtnisse und einer anfechtbaren Auflage der Beschwerte sein Anfechtungrecht durch Versäumung der Frist zur Anfechtung in der Art verlieren, daß er nach dem Ablaufe der Frist einer gegen ihn erhobenen Klage auf Entrichtung des Vermächtnisses oder auf Vollziehung der Auflage die Anfechtungeinrede nicht mehr entgegensetzen könnte. Die Bestimmung setzt nun den Anfechtungberechtigten in die Lage, mit der Geltendmachung seines Anfechtungrechtes zu warten, bis gegen ihn der Anspruch auf Entrichtung des Vermächtnisses oder auf Vollziehung der Auflage erhoben wird und er gegen den Anspruch sich zu verteidigen hat. Er behält also das Recht, die Leistung zu verweigern, auch beim Ablaufe der zur Anfechtung gegebenen Frist. Bei den Beratungen der Kommission für die zweite Lesung des Entwurfes[9] ist die Behandlung des Anfechtungrechtes, die sich ohne die Bestimmung ergeben würde, als der natürlichen Auffassung und der Gerechtigkeit nicht entsprechend bezeichnet worden. Und die Bestimmung hat man als eine Folge der in dem bürgerlichen Gesetzbuche angenommenen Grundsätze hingestellt, daß, wer ohne rechtlichen Grund eine Verbindlichkeit eingegangen ist, die Erfüllung auch nach der Verjährung des Anspruches auf Befreiung

---

[7] Protokolle a. a. O. S. 6702 f. Mit der Wahl des Erbfalles als des Zeitpunktes, mit dem die dreißig Jahre beginnen sollen, wird es allerdings an sich möglich, eine letztwillige Verfügung gegen die Anfechtung dadurch zu sichern, daß man sie nach dem Erbfalle dreißig Jahre lang verheimlicht und erst nach dem Ablaufe von dreißig Jahren mit ihr hervortritt.

[8] B.G.B. § 2083.

[9] Protokolle a. a. O. S. 6705 f.

verweigern kann,[10] und daß, wenn jemand durch eine von ihm selbst begangene unerlaubte Handlung eine Forderung gegen den, der durch die Handlung verletzt ist, erlangt, der Verletzte die Erfüllung auch nach der Verjährung seines Anspruches auf Aufhebung der Forderung verweigern kann.[11]

§ 46. Die Erbeinsetzung.

I. Allgemeines.

Nach dem bürgerlichen Gesetzbuche bildet die Ernennung eines Erben keinen wesentlichen Bestandteil eines Testamentes. Sie ist aber die wichtigste Bestimmung, die in einem Testamente vorkommen kann. Den Begriff des Erben bestimmt das bürgerliche Gesetzbuch dahin, daß es den Erben als die Person bezeichnet, auf die mit dem Tode einer anderen Person deren Vermögen (Erbschaft) als Ganzes übergeht.[1]

Während das römische Recht die testamentarische Erbfolge als die regelmäßige ansieht, hat das bürgerliche Gesetzbuch in der äußeren Anordnung seiner Bestimmungen zum Ausdrucke gebracht, daß es die gesetzliche Erbfolge als den Regelfall ansieht. Es hat die Rechtssätze, die

---

[10] B.G.B. § 821.

[11] B.G.B. § 853.

[1] B.G.B. § 1922. Die Begriffsbestimmung kommt im wesentlichen mit der von Windscheid (Pandekten Bd. 3 § 528) gegebenen überein. Sie war schon im ersten Entwurfe (§ 1749 Abs. 1) enthalten. Bei den Beratungen der Kommission für die zweite Lesung wurde sie bemängelt. Man machte geltend, die neueste Rechtswissenschaft habe sie fallen gelassen, und man sei wieder zu der Bezeichnung des Erben als der Person, welche die Persönlichkeit des Erblassers fortsetze, zurückgekehrt oder habe andere Worte gewählt. Der Ton sei auf das succedere **per universitatem** im Gegensatze zu dem succedere **in universitatem** zu legen. Im Leben habe man nur die einzelnen Rechte und Verbindlichkeiten und nicht dieselben noch einmal als Ganzes. Eine Zusammenfassung finde nur mit Rücksicht auf den Übergang der Schulden statt. Es empfehle sich, im Gesetzbuche von einer Begriffsbestimmung der Erbschaft abzusehen und den Begriff durch Inhalt und Form der einzelnen Rechtssätze klar zu stellen. Von anderer Seite wurde bemerkt, der Gedanke des Erbganges erhalte dadurch, daß der Erbgang als Übergang des Vermögens als eines Ganzen bezeichnet werde, einen plastischen Ausdruck. Die Kommision nahm zu der angeregten Frage keine grundsätzliche Stellung ein, sondern übertrug die Entscheidung darüber, ob die Worte „als Ganzes" beizubehalten und ob die allgemeinen Sätze des Entwurfes (§§ 1749 flg.) zu streichen seien, der von ihr niedergesetzten besonderen Redaktionskommission. Die Folge war: Der § 1749 Abs. 1 und der § 1750 Abs. 2 des ersten Entwurfes sind, zum Teil in veränderter Fassung, als § 1922 und der § 1752 des ersten Entwurfes ist als § 1923 Abs. 1 in das Gesetzbuch aufgenommen, die §§ 1749 Abs. 2, 1750 Abs. 1 und 1751 des ersten Entwurfes sind gestrichen worden (Protokolle 332. Sitzung S. 6572 flg.).

sich auf die gesetzliche Erbfolge beziehen, vorangestellt, läßt darauf die Bestimmungen über die rechtliche Stellung des Erben, nämlich über Annahme und Ausschlagung der Erbschaft und über die Fürsorge des Nachlaßgerichtes sowie über die Haftung des Erben für die Nachlaßverbindlichkeiten, über den Erbschaftanspruch und über die bei einer Mehrheit von Erben sich ergebenden Beziehungen folgen, reiht hier die Rechtssätze über das Testament und über die Anordnungen, die in einem solchen getroffen werden können, sowie über den Erbvertrag an und giebt dann die Vorschriften über den Pflichtteil, die Erbunwürdigkeit, den Erbverzicht, den Erbschein und den Erbschaftkauf.[2]

§ 47. II. Das Dasein des Erben als Voraussetzung der Einsetzung.

Das bürgerliche Gesetzbuch bestimmt, daß Erbe nur werden kann, wer zur Zeit des Erbfalles lebt, und daß, wer zur Zeit des Erbfalles noch nicht lebte, aber bereits erzeugt war, als vor dem Erbfalle geboren gilt.[1] Daraus folgt, daß zum Erben auch eingesetzt werden kann, wer noch nicht geboren, aber schon erzeugt ist. Das Gesetzbuch läßt aber

[2] Der erste Entwurf reihte an einige allgemeine Bestimmungen die Rechtssätze über die Testamente, die Erbverträge und die gesetzliche Erbfolge und gab dann die Rechtssätze über Erbverzicht und Rechtsstellung des Erben. Die Voranstellung der Sätze über die gesetzliche Erbfolge beruht auf Beschluß der Kommission für die zweite Lesung des Entwurfes (Protokolle S. 6572 f.). Diese Kommission beschloß auch die Streichung einer Bestimmung des ersten Entwurfes, welche besagte, (§ 1751 Abs. 2), daß, wenn und soweit der Erblasser einen Erben nicht eingesetzt habe oder die Erbeinsetzung unwirksam sei oder werde, die gesetzliche Erbfolge eintrete (Protokolle a. a. O. S. 6575 f.).

[1] B.G.B. § 1923. Der Satz, daß die vor dem Erbfalle erzeugte, aber noch nicht geborene Leibesfrucht als vor dem Erbfalle geboren gelten soll, ist eine Anwendung des römisch-rechtlichen Satzes: „Nasciturus pro iam nato habetur, si de eius commodo agitur". Im allgemeinen Teile des bürgerlichen Gesetzbuches ist richtig von dem Satze ausgegangen worden, daß die Rechtsfähigkeit eines Menschen erst mit der Vollendung der Geburt beginnt (B.G.B. § 1). In dem Satze, daß derjenige, der als Erbe in Betracht zu kommen hat, wenn er zur Zeit des Erbfalles zwar erzeugt, aber noch nicht geboren ist, doch als vor dem Erbfalle geboren gelten soll, hat man also ebenso wie in der Formel des römischen Rechtes eine Art von Fiktion aufgestellt, die es möglich macht, den, der noch nicht geboren aber schon erzeugt ist, bis zur Geburt wie eine Art von Rechtssubjekt zu behandeln, obgleich er ein solches erst werden soll. Rudorff, der (in Puchta, Pandekten § 114b) mit der Geburt nur den Menschen beginnen lassen will, während die Person schon mit der Zeugung zur Entstehung gelangen soll, möchte die Leibesfrucht als eine Art juristischer Person behandelt wissen. Er hat aber mit dieser Auffassung, soviel bekannt, keinen Beifall gefunden. Und man wird sich nach wie vor mit der alten römischrechtlichen Formel und ihrer Übersetzung mangels einer besseren Formel behelfen müssen. Zu vergl. Motive zu dem Entwurfe eines bürgerlichen Gesetzbuches Bd. 1 § 3 Nr. 4.

auch zu, daß eine künftige Person, die noch nicht erzeugt ist, unter der Bedingung, daß sie erzeugt und geboren wird, zum Erben eingesetzt wird. Eine solche Erbeinsetzung ist jedoch nur zulässig, wenn die künftige Person Nacherbe sein soll, sodaß vor ihrer Entstehung eine andere Person Erbe wird.[2]

Im älteren römischen Rechte knüpfte sich die Frage, ob eine noch nicht vorhandene Person zum Erben ernannt werden könne, an den Satz: „Incerta persona heres institui non potest".[3] Mit diesem Satze wurde die Unzulässigkeit der Erbeinsetzung eines postumus alienus nach römischem Civilrecht begründet.[4] Die Einsetzung eines postumus suus war so wenig unzulässig, daß seine Nichteinsetzung das Testament zu Falle bringen konnte.[5] Aber die Einsetzung eines postumus alienus war nach Civilrecht unzulässig, bis Justinian die Ungültigkeit einer solchen Erbeinsetzung beseitigte. Seitdem kann ein postumus alienus auch nach Civilrecht gültig zum Erben eingesetzt werden.[6] Diese Einsetzung eines postumus ist aber immer nur dann wirksam, wenn eine Person, die der in der Einsetzung gegebenen Bezeichnung entspricht, später zum Dasein gelangt, und wenn diese Person zur Zeit des Todes des Erblassers wenigstens schon erzeugt ist.[7]

Nach dem preußischen Rechte kann zwar nicht Erbe werden, wer noch nicht vorhanden ist. Der Eingesetzte braucht aber nicht früher vorhanden zu sein als in dem Zeitpunkte, da er Erbe werden soll. Er muß also der Regel nach beim Ableben des Erblassers, wenn er nämlich mit dem Tode des Erblassers Erbe werden soll, wenigstens erzeugt sein. Ist die Erbeinsetzung von einer aufschiebenden Bedingung abhängig gemacht, die beim Tode des Erblassers noch nicht eingetreten ist, oder soll das Erbewerden in einem zur Zeit des Todes des Erblassers noch

---

[2] B.G.B. § 2101 Abs. 1.

[3] Ulpiani fragmenta 22,4. Eine incerta persona wurde eine Person genannt, von der sich der Erblasser bei Errichtung des Testamentes keine bestimmte Vorstellung machen konnte (quam incerta opinione testator animo suo subiiciebat.

[4] Der Prätor half aber durch Erteilung der bonorum possessio; pr. J. de bon. poss. (3, 9).

[5] Ursprünglich bestand die Unzulässigkeit der Erbeinsetzung auch wohl für postumi sui. Vgl. Francke, Recht der Noterben § 3 Anm. 2; Mühlenbruch in Glück, Pandektenkommentar Bd. 39 S. 353, 362 flg.; Brinz, Pandekten 2. Aufl. Bd. 3 § 371 Anm. 12.

[6] Mühlenbruch a. a. O. S. 382 flg., 399 flg.

[7] Mühlenbruch a. a. O. S. 406 flg.; Arndts in Glück, Pandektenkommentar Bd. 46 S. 396 flg. Doch ist die Meinung ebenfalls vertreten, daß zum Erben auch eingesetzt werden kann, wer beim Tode des Erblassers noch nicht erzeugt war. Zu vergl. die Litteratur bei Windscheid, Pandekten Bd. 3 § 535 Anm. 5.

nicht eingetretenen Zeitpunkte stattfinden, so braucht der Eingesetzte auch nicht früher als beim Eintritte der Bedingung oder des Zeitpunktes vorhanden zu sein. Und es reicht hin, daß er in diesem Zeitpunkte erzeugt ist.[8] Damit hat das Recht die Möglichkeit gegeben, künftige Personen unter der Bedingung, daß sie entstehen, einzusetzen. Man kann also die zukünftige eheliche Nachkommenschaft einer noch nicht verheirateten Person unter der Bedingung, daß dieser Person Nachkommen geboren werden, zu Erben ernennen. Das Recht bedient sich hierbei nicht einmal des Auskunftmittels, daß es zur Erreichung des in Frage stehenden Zweckes die Anordnung einer Nacherbschaft für geboten erachtet. Es läßt die unmittelbare Erbeinsetzung der noch nicht erzeugten Nachkommenschaft zu. Liegt eine solche letztwillige Verfügung vor, so wird ein Pfleger bestellt, der die Erbschaft für jene künftige Nachkommenschaft zu verwalten hat. Jedes eheliche Kind dieser Person wird dann mit seiner Geburt Erbe, und die Reihe der Erben schließt sich, wenn die Person stirbt, oder wenn feststeht, daß sie keine Kinder mehr erzeugt oder gebiert.

Nach dem französischen Gesetzbuche kann letztwillig nur bedacht werden, wer zur Zeit des Todes des Erblassers erzeugt ist. Das zu Gunsten eines solchen errichtete Testament hat aber nur dann Wirkung, wenn das Kind lebensfähig geboren wird.[9]

Das österreichische Gesetzbuch gestattet die Erbeinsetzung einer Person, die noch erst erzeugt werden soll, in der Art, daß sie als Nacherbe eingesetzt wird.[10]

Das sächsische Gesetzbuch verlangt, daß eine physische Person, die zum Erben eingesetzt wird, beim Tode des Erblassers lebt, und es bestimmt, daß, wenn eine Leibesfrucht, die beim Tode des Erblassers empfangen war, lebend zur Welt kommt, angenommen werden soll, sie habe beim Ableben des Erblassers gelebt.[11]

§ 48. III. Die Erbeinsetzung juristischer Personen.

Nach dem bürgerlichen Gesetzbuche für das deutsche Reich ist die Erbeinsetzung einer juristischen Person zulässig. Die Erbfähigkeit einer juristischen Person folgt aus der im bürgerlichen Gesetzbuche grundsätzlich anerkannten allgemeinen Rechtsfähigkeit aller juristischen Personen.[1] Mit

---

[8] Dernburg, preuß. Privatrecht Bd. 3 § 100 I, 1.

[9] C. c. Art. 906; Zachariä v. Lingenthal-Dreyer, französisches Civilrecht Bd. 4 § 649.

[10] Österreich. Gesetzbuch §§ 22, 274, 604, 608; Unger, österreich. Erbrecht § 5.

[11] Sächs. Gesetzbuch § 2008.

[1] B.G.B. §§ 21 bis 23, 80.

Rücksicht auf diese Stellung des Gesetzbuches ist eine im ersten Entwurfe enthaltene Bestimmung, welche besagte, daß eine juristische Person als Erbe oder Nacherbe eingesetzt sowie mit einem Vermächtnisse bedacht werden könne,[2] infolge Beschlusses der Kommission für die zweite Lesung des Entwurfes als überflüssig gestrichen worden.[3] Das Gesetzbuch läßt aber auch die Erbeinsetzung einer juristischen Person zu, welche noch nicht zur Entstehung gelangt ist, sondern erst nach dem Erbfalle zur Entstehung gelangen soll. Eine solche Erbeinsetzung ist indeß nur wirksam, wenn die juristische Person Nacherbe werden soll.[4]

Nach älterem römischen Rechte wurden von dem Satze, daß eine incerta persona nicht zum Erben eingesetzt werden kann, auch juristische Personen getroffen. Ulpian spricht sich hierüber dahin aus: „Nec municipium nec municipes heres institui possunt, quia incertum corpus est, ut neque cernere universi neque pro herede gerere possint, ut heredes fiant.[5] Wie man sich diese Gründe zu erklären hat, ist zweifelhaft. Überzeugend sind sie in keinem Falle. Die Fähigkeit der Gemeinden, zu Erben eingesetzt zu werden, ist vom Kaiser Leo aus-

---

[2] Erster Entwurf § 1759.

[3] Protokolle der Kommission für die zweite Lesung des Entwurfes, 333. Sitzung S. 6583 f.

[4] B.G.B. 2101 Abs. 2. Der Satz ist von der Kommission für die zweite Lesung des Entwurfes eingefügt worden. In der Kommission wurde der Antrag gestellt, auszusprechen, daß auch eine in der Entstehung begriffene juristische Person zum Nacherben eingesetzt oder mit einem Vermächtnisse bedacht werden könne, und daß als in der Entstehung begriffen ein rechtsfähiger Verein, wenn das Statut, eine rechtsfähige Stiftung, wenn das Stiftungsgeschäft errichtet sei, zu gelten habe. Der Antrag wurde bekämpft. Von einer Seite führte man aus, daß die entsprechende Anwendung des Satzes, nach welchem der nasciturus als Nacherbe eingesetzt und mit einem Vermächtnisse bedacht werden kann, auf in der Entstehung begriffene juristische Personen selbstverständlich, die Aufnahme der in Antrag gebrachten Vorschrift also überflüssig sei. Von anderer Seite wurden rechtliche und volkswirtschaftliche Bedenken gegen den Satz vorgebracht. Die Kommission nahm an, der Antrag gehe insofern zu weit, als er die Fähigkeit, Erbe zu werden, auch solchen in der Entstehung begriffenen Personenvereinen und Stiftungen beilege, bei denen die Erlangung der Rechtsfähigkeit noch keineswegs mit derjenigen Sicherheit zu erwarten sei, die es in Ansehung physischer Personen möglich mache, den nasciturus dem natus gleich zu stellen. Der Antrag werde aber dabei dem praktischen Bedürfnisse insoweit nicht gerecht, als er einer in der Entstehung begriffenen juristischen Person, bei der das Geschäft der Errichtung hinter den im Antrage ausgesprochenen Erfordernissen zurückgeblieben sei, die Fähigkeit entziehen wolle, als Nacherbe eingesetzt und mit einem Vermächtnisse bedacht zu werden. Die Kommission lehnte daher den in Frage stehenden Antrag ab und entschied sich für Aufnahme des im Texte angegebenen Satzes.

[5] Ulpiani fragmenta 22, 5. Zu vergl. v. Savigny, System Bd. 2 S. 301; Brinz, Pandekten 1. Aufl. § 235 S. 1084 flg.; 2. Aufl. Bd. 4 § 444; Dernburg, Pandekten Bd. 3 § 59 Anm. 3.

drücklich anerkannt worden.[6] Wahrscheinlich — nach der Fassung der Verordnung — hat ihre Erbfähigkeit schon früher bestanden. Die Erbfähigkeit des Fiskus hat man im römischen Rechte niemals in Zweifel gezogen. Der christlichen Kirche ist sie vom Kaiser Konstantin beigelegt worden.[7] Den milden Stiftungen von Justinian.[8] Eine Bestimmung, nach der juristische Personen überhaupt erbfähig sind, besteht aber im römischen Rechte nicht. Nach einer Verordnung der Kaiser Diocletian und Maximian können vielmehr Körperschaften, die nicht unter die bezeichneten Kategorien fallen, nur durch ein besonderes Privilegium Erbfähigkeit erlangen.[9] Von dieser Verordnung ist behauptet worden, daß sie durch die Konstitution de incertis personis beseitigt sei, und daß Justinian durch diese Konstitution allen erlaubten Körperschaften die Erbfähigkeit beigelegt habe. Diese Auffassung ist lange Zeit die herrschende gewesen und wird von Mühlenbruch als die allgemeine Annahme hingestellt. Mühlenbruch selbst aber ist der Meinung, daß der Satz von der Erbfähigkeit aller erlaubten Körperschaften auf die fragliche Konstitution nicht gestützt werden könne. An Stelle dieser Stütze, die jetzt als aufgegeben anzusehen ist, sind der Ansicht aber andere Stützen gegeben worden. So wird von der einen Seite Ersatz dafür in der Ausführung gegeben, wie die Ansicht, nach der die Erbfähigkeit zu den regelmäßigen Attributen einer anerkannten Körperschaft gehöre, in der gemeinrechtlichen Wissenschaft und Rechtsprechung so vorherrschend geworden sei, daß man darnach in der staatlichen Anerkennung einer Körperschaft im Zweifel auch die Erteilung der Erbfähigkeit an die Körperschaft zu erblicken habe. Von einer anderen Seite wird die Erbfähigkeit schon in der allgemeinen Rechtsfähigkeit begriffen angesehen und ein Gewohnheitsrecht angenommen mit dem Inhalte, daß juristische Personen ohne weiteres erbfähig sind.[10]

Die Frage, ob eine noch nicht vorhandene Stiftung gültig zum Erben eingesetzt werden kann, ist zu verschiedenen Malen aus Veranlassung von Rechtsfällen Gegenstand lebhaften Streites gewesen. Wird

[6] L. 12 C. de hered. instit. (6, 24).

[7] L. 1 C. de s. s. eccles. (1, 2). — Nähere Bestimmungen sind von Justinian in der l. 26 ib. und in der Nov. 131 cap. 9 getroffen.

[8] L. 48 C. de episcapis (1, 3).

[9] L. 8 C. de hered. inst. (6, 24).

[10] L. un. C. de incertis personis (6, 48). Nur die Judengemeinde wurde wegen der l. 1 C. de Judaeis (1, 9) ausgenommen. Mühlenbruch a. a. O. S. 434 flg. S. 442 flg. Bd. 40 S. 66. Zu vergl. ferner Beseler, deutsches Privatrecht Bd. 1 § 65 Anm. 2; Schirmer, Erbrecht § 4; Sintenis, Civilrecht Bd. 1 § 15 Anm. 46; Arndts im Rechtslexikon Bd. 3 S. 914, Pandekten § 471 Anm. 3; Köppen, Lehrbuch des Erbrechts § 3 S. 66 f.; Dernburg, Pandekten Bd. 3 § 59 Anm. 5.

die Frage dahin gestellt, ob die Einsetzung der Stiftung die Wirkung haben kann, daß durch die Aussetzung des Erbvermögens zu dem Stiftungzwecke die Stiftung selbst ins Leben gerufen wird, so ist sie nach gemeinem Rechte zu bejahen.[11]

Nach preußischem Rechte ist jede juristische Person an sich erbfähig. Die Gesetzgebung hat jedoch letztwillige Zuwendungen, wenn dabei juristische Personen in Frage kommen, beschränkt. Dergleichen Zuwendungen bedürfen der Genehmigung des Königs, insoweit dadurch im Inlande eine neue juristische Person ins Leben gerufen werden soll, und insoweit die Zuwendung einer im Inlande bestehenden Körperschaft oder anderen juristischen Person zu anderen als ihren bisher genehmigten Zwecken gewidmet werden soll. Ferner bedürfen letztwillige Zuwendungen an alle juristischen Personen der Genehmigung des Königs oder der durch königliche Verordnung ein für allemal zu bestimmenden Behörde, wenn ihr Wert den Betrag von dreitausend Mark übersteigt.[12] Diese Bestimmungen erleiden mit Einführnng des bürgerlichen Gesetzbuches eine Änderung. Das Einführunggesetz zum bürgerlichen Gesetzbuche ordnet nämlich an, daß die landesgesetzlichen Vorschriften, die den Erwerb von Rechten durch juristische Personen beschränken oder von staatlicher Genehmigung abhängig machen, soweit diese Vorschriften Gegenstände im Werte von mehr als fünftausend Mark betreffen, durch die Einführung des Gesetzbuches unberührt bleiben.[13] Damit wird, wenn an eine juristische Person eine letztwillige Zuwendung gemacht wird, die den Betrag von fünftausend Mark nicht übersteigt, die preußische Landesgesetzgebung unanwendbar, und die Vorschriften des bürgerlichen Gesetzbuches, das für Zuwendungen an juristische Personen beschränkende Bestimmungen nicht enthält, treten in Kraft. Die Zuwendung ist also, ohne durch die beschränkenden Vorschriften der preußischen Gesetzgebung beeinflußt zu werden, gültig. Überschreitet aber eine letztwillige Zuwendung den Wert von fünftausend Mark, so behält die oben dargelegte preußische Gesetzgebung ihre Anwendbarkeit. Die Erteilung der nach dem Landesgesetze

---

[11] Die Frage ist in zwei bekannten Rechtsstreitigkeiten, dem Falle des von dem Kaufmann Städel in Frankfurt a. M. errichteten Testamentes (1815) und dem Falle des von dem Landrentmeister Blum in Hildesheim errichteten Testamentes (1832) verhandelt und bejahend entschieden worden. Die Entscheidungen haben viele Angriffe erfahren und die Angriffe wieder zu einer Reihe von Verteidigungen Veranlassung gegeben. Zu vergl. die fragliche Litteratur bei Windscheid, Pandekten Bd. 3 § 549 Anm. 3. — S. auch Seuff. Archiv Bd. 16 Nr. 232, Bd. 18 Nr. 4.

[12] Gesetz, betr. die Genehmigung zu Schenkungen und letztwilligen Zuwendungen vom 13. Februar 1870 (G.S. S. 118).

[13] Einführungges. zum bürgerl. Gesetzb. Art. 86.

erforderlichen Genehmigung hat rückwirkende Kraft.[14] Die Versagung der Genehmigung wirkt der Natur der Sache nach, da diese Versagung nichts anderes ist als der Willensakt eines staatlichen Organes, das hier kraft Gesetzes im staatlichen Interesse in die Rechtssphäre der juristischen Person eingreift, wie jedes andere Hindernis, das einer Person den Erwerb einer Erbschaft oder eines Vermächtnisses unmöglich macht, und steht also rechtlich auf gleicher Stufe mit der Ausschlagung der Erbschaft oder des Vermächtnisses.[15]

Nach dem französischen Gesetzbuche sind Zuwendungen an staatlich anerkannte juristische Personen davon abhängig, daß die Annahme der Zuwendung vom Staate genehmigt ist.[16]

Nach österreichischem Rechte sind Körperschaften und Stiftungen kraft allgemeiner Rechtsvorschrift erbfähig und darum auch fähig, zu Erben eingesetzt zu werden. Auch wird die Erbeinsetzung einer noch erst zu errichtenden Stiftung zugelassen.[17]

Nach dem sächsischen Gesetzbuche kann die Erbfähigkeit, also auch die Fähigkeit, zum Erben eingesetzt zu werden, einer im Rechtsleben vorhandenen juristischen Person nicht fehlen. Wird eine juristische Person zum Erben eingesetzt, die noch keinen Rechtsbestand hat, so ist die Erbeinsetzung gültig, wenn die juristische Person später, nämlich nach der Errichtung des letzten Willens, gleichviel ob vor oder nach dem Tode des Erblassers, vom Staate anerkannt wird. Das Gesetzbuch legt nämlich das Recht der juristischen Persönlichkeit dem Staate und den Personenvereinen, Anstalten und Vermögensmassen bei, die vom Staate als juristische Personen anerkannt sind.[18]

§ 49. IV. Gründe der Unfähigkeit, zum Erben eingesetzt zu werden, nach älteren Rechten.

Im übrigen hat das bürgerliche Gesetzbuch die bisher noch im gemeinen Rechte und in manchen Partikularrechten vorhandenen Gründe der Unfähigkeit, zum Erben eingesetzt zu werden, beseitigt. Diese Gründe

[14] Das Gesetz drückt dies dahin aus, daß, wenn die erforderliche Genehmigung erteilt wird, sie als vor dem Erbfalle erteilt gilt.

[15] Das Gesetz will auch hier, ebenso wie für den Fall der Erteilung der Genehmigung, der Rechtsfindung durch Aufstellung einer Art von Fiktion zu Hilfe kommen. Es spricht nämlich aus, daß, wenn die Genehmigung versagt wird, die juristische Person als nicht vorhanden gilt und verdeckt dadurch den wahren Rechtsgedanken.

[16] C. c. Art. 910, 937; Zachariä v. Lingenthal-Dreyer, franz. Civilrecht Bd. 4 § 649 Anm. 8.

[17] Unger, österreich. Erbrecht § 5.

[18] Sächs. Gesetzbuch §§ 2074, 52, 53.

sind zum Teil politischer Natur, zum Teil haben sie die Bedeutung sittlicher Rügen.

Von den gemeinrechtlichen Unfähigkeitgründen sind einige nach der übereinstimmenden oder doch überwiegenden Meinung der Schriftsteller im heutigen Rechte nicht mehr anwendbar.[1] Die Geltung anderer ist bestritten. Als unbestritten anwendbar darf keiner dieser Gründe bezeichnet werden. Doch haben sich gewichtige Stimmen in Ansehung einiger Gründe gegen die Annahme, daß sie nicht mehr in Geltung seien, ausgesprochen. Und die Gegengründe, soweit es sich darum handelt, das noch jetzt geltende Recht zu erkennen, sind nicht überzeugend. Diese Unfähigkeitgründe sind folgende: 1. Als unfähig, Testamentserbin zu werden, gilt die Witwe, die das Trauerjahr verletzt.[2] Desgleichen 2. die Mutter, die, während sie Vormünderin ihrer Kinder ist, zur zweiten Ehe schreitet, ohne einen anderen Vormund für die Kinder zu erbitten und ohne das Kindervermögen herauszugeben.[3]

Außer der Unfähigkeit, zum Erben eingesetzt zu werden, kennt das römische Recht auch Gründe, die zwar die Erbeinsetzung nicht unzulässig machen, wohl aber den Erwerb auf Grund der Einsetzung hindern. Das Recht bezeichnet diese Gründe als Gründe der Inkapazität. Im Justinianschen Rechte sind von ihnen noch zwei übrig geblieben, die in das gemeine Recht übergegangen sind. 1. Ein Ehegatte kann von seinem Ehegatten, wenn dieser Kinder aus einer früheren Ehe hat, durch letztwillige Verfügung nicht mehr zugewendet erhalten, als das Kind aus

---

[1] Nach römischem Rechte waren die Söhne von Hochverrätern erbunfähig und die Töchter nur beschränkt erbfähig. Auch konnten Personen, die in blutschänderischer Verbindung mit einander lebten, weder unter sich noch von den in dieser Verbindung erzeugten Kindern, noch von den Verwandten, die zu der Verbindung geraten hatten, beerbt werden. Ob diese Erbunfähigkeitgründe im gemeinen Rechte Geltung gehabt haben, ist streitig. Wären sie in Geltung gewesen, so wird aus zutreffenden Gründen angenommen, daß sie, da die fraglichen Bestimmungen als Strafbestimmungen gedacht sind, durch das Reichsstrafgesetzbuch ihre Geltung verloren haben. Siehe die Litteratur bei Windscheid, Pandekten Bd. 3 § 535 Anm. 9 zu d und e. Die übrigen im heutigen gemeinen Rechte nicht mehr geltenden römischrechtlichen Gründe der Erbunfähigkeit siehe bei Mühlenbruch in Glück, Pandektenkommentar Bd. 39 S. 242 flg.

[2] L. 1 C. de sec. nupt. (5, 9), Nov. 22 cap. 22. Glück, Pandektenkommentar Bd. 24 S. 197 flg., 201 Anm. 92; Geiger, Zeitschr. für Civilr. u. Proz. Bd. 19 S. 227 flg.; Arndts, Pandekten § 418 Anm. 2; Köppen, Erbrecht § 3 S. 63 Anm. 1c; v. Löhr, Magazin für Rechtsw. u. Gesetzg. Bd. 3 S. 520 flg.; Sintenis, Civilrecht Bd. 3 § 137 Anm. 15; v. Vangerow, Pandekten Bd. 1 § 227 Anm. 2 Nr. 3 a. E.

[3] Nov. 22 cap. 40, Nov. 94 cap. 2. Schirmer, Erbrecht § 4 Anm. 34; v. Löhr, a. a. O. S. 523; v. Vangerow, a. a. O. § 227 Anm. 1 a. E.

der früheren Ehe, das am wenigsten erhält.[4] 2. Der Vater ehelicher Kinder kann, wenn er auch uneheliche Kinder hat, diesen und ihrer Mutter zusammen letztwillig nicht mehr zuwenden als ein Zwölftel und der Mutter allein nicht mehr als ein Vierundzwanzigstel des Nachlasses.[5]

Von den römischrechtlichen Gründen beschränkter Erbunfähigkeit, die gegenwärtig nicht mehr in Geltung sind, hat das preußische Gesetzbuch den auf einem blutschänderischen Verhältnisse beruhenden Grund der Erbunfähigkeit aufgenommen und ihn dahin erweitert und umgestaltet, daß Personen, die Ehebruch oder Blutschande mit einander getrieben haben, wenn deshalb eine Ehe getrennt oder der Erblasser der Blutschande gerichtlich überführt worden ist, durch letztwillige Verfügungen einander nichts zuwenden können. Dieser Grund der Erbunfähigkeit wird aber, soweit er auf Ehebruch beruht, beseitigt, wenn die Ehebrecher Dispensation von dem Eheverbote erhalten und eine Ehe schließen. In diesem Falle sind sie befugt, für einander letztwillig zu verfügen.[6]

Das französische Gesetzbuch stellt eine Reihe neuer Vorschriften auf, welche bestimmte Personen gänzlich oder in einem gewissen Maße für unfähig erklären, in der letztwilligen Verfügung einer anderen Person bedacht zu werden. So können Vormünder von ihren Mündeln, so lange die Vormundschaft besteht, überhaupt nicht und, wenn die Mündel volljährig geworden sind, nicht vor Abnahme und Anerkennung der Vormundschaftrechnung bedacht werden. Eltern können ihren natürlichen Kindern letztwillig nicht mehr, als was die Kinder nach dem Gesetze aus dem Nachlasse der Eltern zu erhalten haben und, wenn die Kinder im Ehebruche oder in Blutschande erzeugt sind, nur Alimente zuwenden. Sodann erklärt das Gesetzbuch letztwillige Zuwendungen für ungültig, die an behandelnde Ärzte, Apotheker, Gesundsheitbeamte während der Krankheit, an welcher der Erblasser gestorben ist, gemacht worden sind. Endlich darf ein auf der See errichtetes Testament keine Verfügung zu

---

[4] Nov. 22 cap. 27, 28. Glück a. a. O. S. 145 flg.; v. Vangerow a. a. O. § 226 Anm. 1 Ib.

[5] Nov. 89 cap. 12. Die Bestimmung richtet sich ihrem Wortlaute nach gegen die Begünstigung der Konkubinenkinder und ihrer Mutter. Sie wird aber von der Rechtsprechung auf alle unehelichen Kinder und deren Mutter ausgedehnt. Vergl. Entsch. des R.G.'s in Civils. Bd. 8 S. 119.

[6] A.L.R. I 12 § 35; Verordnung v. 18. Februar 1811 (G.S. S. 156). Die in den §§ 904, 905 A.L.R. II 1 enthaltenen Beschränkungen der Erbfähigkeit der Ehefrau bei einer Ehe zur linken Hand ist infolge der Beseitigung der Rechtseinrichtung der Ehe zur linken Hand nicht mehr in Geltung. Zu vergl. Dernburg, preuß. Privatrecht Bd. 3 § 3 letzter Abs.

Gunsten der Schiffsoffiziere enthalten, die nicht mit dem Erblasser verwandt sind.[7]

Das österreichische Recht nimmt in einigen Fällen grober Verletzung staatsbürgerlicher Pflichten absolute Erbunfähigkeit an. Es spricht nämlich den Personen, die unbefugt ausgewandert sind, und den Deserteuren jede Erbfähigkeit ab.[8] Auch legt es dem feierlichen Gelübde der Armut die Wirkung bei, daß derjenige, der es ablegt, absolut erbunfähig wird. Einen Fall relativer Erbunfähigkeit hat es aus dem römischen Rechte übernommen und ihn ebenso, wie es das preußische Gesetzbuch gethan hat, erweitert. Es erklärt nämlich Personen, die mit dem Erblasser Ehebruch oder Blutschande getrieben haben, für unfähig, Testamentserben des Erblassers zu werden.[9] Außerdem hat das österreichische Gesetzbuch in gewissen Fällen, die das römische Recht und neuere Gesetzgebungen zum Teil unter den Begriff der Erbunwürdigkeit gebracht haben, relative Erbunfähigkeit angenommen, nämlich in dem Falle einer böslichen, ausgeführten oder versuchten Verletzung des Erblassers in seiner eigenen Person oder in der Person seiner Kinder, seiner Eltern, seines Ehegatten an Körper, Ehre, Vermögen oder Freiheit, ferner in dem Falle einer durch Zwang oder Täuschung bewirkten oder gehinderten Errichtung oder Änderung einer letztwilligen Verfügung des Erblassers und in dem Falle der Unterdrückung einer letztwilligen Erklärung des Erblassers oder der Unterschiebung einer solchen.[10]

Das sächsische Gesetzbuch kennt Gründe, die unfähig machen, zum Erben eingesetzt zu werden, nicht.

§ 50. V. Inhalt der Erbeinsetzung.

1. Erbeinsetzung auf das ganze Vermögen oder auf Bruchteile des ganzen Vermögens.

I. Nach dem bürgerlichen Gesetzbuche liegt eine Erbeinsetzung vor, wenn der Erblasser sein Vermögen oder einen Bruchteil seines Vermögens dem Bedachten zugewendet hat. Daß der Bedachte als Erbe bezeichnet

---

[7] C. c. Art. 907, 908, 909, 997. Die auf behandelnde Ärzte bezügliche Bestimmung wird auf geistliche Gewissensräte ausgedehnt, die dem Erblasser in der letzten Krankheit beigestanden haben. Zachariä v. Lingenthal-Crome, franz. Civilrecht Bd. 4 § 659 Anm. 13 bis 28.

[8] Österreich. Gesetzbuch § 544. Unger, österreich. Erbrecht § 5.

[9] Österreich. Gesetzbuch § 543.

[10] Österreich. Gesetzbuch §§ 540, 542. Unger, österreich. Erbrecht § 5.

wird, ist weder erforderlich, noch auch für die Annahme der Absicht, einen Erben zu ernennen, entscheidend.[1]

Hat der Erblasser mehrere Personen zu Erben eingesetzt und die Bruchteile, die jeder von ihnen haben soll, nicht angegeben, so gilt die Regel, daß die mehreren Erben zu gleichen Teilen Erben sind. Die Regel entspricht der Natur der Sache. Sie ist in den römischen Rechtsquellen ausdrücklich ausgesprochen.[2] Ebenso im württembergischen, bayrischen, preußischen, österreichischen und sächsischen Gesetzbuche.[3] Auch das bürgerliche Gesetzbuch hat sie aufgenommen.[4]

Es ist selbstverständlich, daß die Regel nur gilt, wenn nicht aus der letztwilligen Verordnung ein anderer Wille des Erblassers sich ergiebt. Das römische Recht nimmt einen abweichenden Willen des Erblassers, nämlich den Willen, daß die Erbschaft zwar in gleiche Bruchteile geteilt wird, einige der eingesetzten Erben aber zusammen nur einen Bruchteil erhalten, in dem Falle an, wenn der Erblasser bei den Erb-

---

[1] B.G.B. § 2087. Die Bestimmung darüber, wenn nach dem Inhalte der letztwilligen Verfügung eine Erbeinsetzung anzunehmen sei, und der Satz, daß die Bezeichnung des Bedachten als Erben zur Erbeinsetzung nicht erfordert werde, waren schon im ersten Entwurfe (§ 1788) enthalten. Die Sätze wurden bei den Beratungen der Kommission für die zweite Lesung des Entwurfes von der einen Seite als entbehrlich bezeichnet, die erstere Bestimmung mit Rücksicht auf den Satz, nach welchem mit dem Tode einer Person ihr Vermögen als Ganzes auf eine oder mehrere andere Personen übergeht (B.G.B. § 1922 Abs. 1; s. oben § 46 Anm. 1), der Satz über den Gebrauch des Wortes „Erbe", weil er schon im jüngsten römischen Rechte und im gemeinen Rechte Anerkennung gefunden habe und daher im bürgerlichen Gesetzbuche nicht der Hervorhebung bedürfe. Die Mehrheit der Kommission entschied sich aber aus Zweckmäßigkeitgründen für Beibehaltung der Sätze des Entwurfes (mit geringer Änderung der Fassung). Den Satz über den Gebrauch des Wortes „Erbe" stellte man als wichtige Auslegungvorschrift hin und bemerkte dabei, gegenüber dem in manchen Gebieten des Reiches noch bestehenden Formalismus in der Rechtsprechung könne nicht behauptet werden, daß die Unerheblichkeit des Gebrauches des Wortes „Erbe" nicht der Hervorhebung im Gesetze bedürfe (Protokolle der Kommission für die zweite Lesung des Entwurfes, 339. Sitzung II S. 6710f.). Im römischen Rechte war zur Zeit der klassischen Juristen die Erbeinsetzung noch an den Gebrauch gewisser Worte, insbesondere auch des Wortes **heres**, gebunden. Eine Verordnung des Kaisers Konstantin (l. 15 C. de testam. 6, 23) beseitigt dies Erfordernis und erklärt es für genügend, daß der Erblasser seine Absicht deutlich kundgiebt. Die neueren Gesetzbücher erklären den Gebrauch bestimmter Worte für die Erbeinsetzung ebenfalls nicht für erforderlich (württemb. Landrecht III 11 §§ 1, 2; Cod. Maximil. Bav. civ. III 3 § 9; A.L.R. I 12 §§ 3, 4; österreich. Gesetzbuch § 553; sächs. Gesetzbuch § 2166.

[2] L. 9 § 12 D. de hered. inst. (28, 5), § 6 J. de hered. inst. (2, 14).

[3] Württemb. Landrecht III 11 § 13; Cod. Maxim. Bav. civ. III 3 § 9; A.L.R. I 12 § 261; österreich. Gesetzbuch § 555; sächs. Gesetzbuch § 2175 Satz 1.

[4] B.G.B. § 2091.

einsetzungen einige der Erben zusammen in einem und demselben Satze genannt hat.[5] Auch das sächsische Gesetzbuch bestimmt, daß, wenn die Erbeinsetzung in verschiedenen Sätzen erfolgt ist oder einige der Erben unter einer Gesamtbezeichnung eingesetzt sind, die in einem Satze genannten oder die in der Gesamtbezeichnung verbundenen Erben nur einen Bruchteil erhalten.[6] Das bürgerliche Gesetzbuch hat eine solche Bestimmung nicht aufgenommen. Es hat aber Ausnahmen von dem Satze, daß, wenn der Erblasser andere Festsetzungen nicht getroffen hat, die eingesetzten Erben zu gleichen Bruchteilen eingesetzt sind, aus anderen Gründen eintreten lassen.

II. Das Gesetzbuch ordnet nämlich Ausnahmen von jener Regel für die Fälle an, in denen der Erblasser den Willen ausgesprochen hat, seinen Nachlaß oder Teile des Nachlasses seinen Verwandten oder seinen nächsten Verwandten oder seinen gesetzlichen Erben zuzuwenden. Für solche Fälle bestand bereits unter gemeinrechtlichen Schriftstellern, insbesondere Praktikern, Geneigtheit, die Grundsätze der gesetzlichen Erbfolge aushilfsweise ergänzend oder als Mittel der Auslegung eintreten zu lassen.[7] Das preußische Recht hat diese Anschauung zu dem Rechtssatze ausgebildet, daß unbeschadet des Grundsatzes, nach dem die Auslegung einer letztwilligen Verfügung im zweifelhaften Falle zum Vorteile des eingesetzten Erben zu machen sei, eine letztwillige Verfügung insoweit, als durch sie die gesetzliche Erbfolge nicht aufgehoben werde, nach den Regeln der gesetzlichen Erbfolge ergänzt werden müsse.[8]

Noch in weiterem Umfange ist die fragliche Anschauung durch das bürgerliche Gesetzbuch für das Deutsche Reich zur Gewinnung neuer Rechtssätze nutzbar gemacht worden. Das Gesetzbuch bestimmt nämlich, daß, wenn der Erblasser seine gesetzlichen Erben ohne nähere Bestimmung bedacht hat, diejenigen, die zur Zeit des Erbfalles seine gesetzlichen Erben sein würden, nach dem Verhältnisse ihrer gesetzlichen Erbteile bedacht sind. Ist die Zuwendung unter einer aufschiebenden Bedingung oder mit Bestimmung eines Anfangszeitpunktes gemacht und tritt die Be-

[5] L. 60 (59) § 2 D. de hered. inst. (28, 5).

[6] Sächs. Gesetzbuch § 2175 Satz 2.

[7] Zasius, consil. III no. 48: Testator iuri communi sese confirmare praesumitur; Mantica de conj. ult. vol. IV 2 no. 3: — verba testatoris debent referri ad intellectum iuris communis, VIII 13 no. 1: — in legatis et fideicommissis servari ordinem succedendi ab intestato, quia haec est legitima conjectura voluntatis; Carpzov, iurisprud. for. III const. 9 def. 17: — in dubio praesumitur testator se voluisse confirmare iuri communi —. Zu vergl. Gruchot, preuß. Erbrecht Bd. 2 S. 179 flg.; Dernburg, preuß. Privatr. Bd. 3 § 122 Anm. 7.

[8] A.L.R. I 12 §§ 521, 522.

dingung oder der Anfangszeitpunkt erst nach dem Erbfalle ein, so sind im Zweifel diejenigen als bedacht anzusehen, welche die gesetzlichen Erben sein würden, wenn der Erblasser zur Zeit des Eintrittes der Bedingung oder des Anfangszeitpunktes gestorben wäre.[9] Für den Fall der Einsetzung der gesetzlichen Erben unter einer aufschiebenden Bedingung oder mit Festsetzung eines Anfangszeitpunktes läßt also das Gesetzbuch zu Gunsten des Vorhandenseins einer bestimmten Willensrichtung des Erblassers eine Vermutung eintreten, die durch Gegenbeweis widerlegt werden kann, während, abgesehen von dem Falle der Bedingung oder des Anfangszeitpunktes, das Gesetz in eine vom Erblasser gelassene Lücke der letztwilligen Verfügung ergänzend eintreten soll.

Das Gesetzbuch bestimmt weiter, daß, wenn der Erblasser seine Verwandten oder seine nächsten Verwandten ohne nähere Bestimmung bedacht hat, im Zweifel diejenigen Verwandten, die zur Zeit des Erbfalles seine gesetzlichen Erben sein würden, als nach dem Verhältnisse ihrer gesetzlichen Erbteile bedacht anzusehen sind, und daß, wenn die Zuwendung unter einer aufschiebenden Bedingung oder mit Bestimmung eines Anfangszeitpunktes gemacht ist, im Zweifel diejenigen Verwandten, welche die gesetzlichen Erben sein würden, wenn der Erblasser zur Zeit des Eintrittes der Bedingung oder des Anfangszeitpunktes gestorben wäre, als bedacht zu gelten haben.[10] In diesen beiden Fällen läßt also das Gesetzbuch eine Vermutung für den Willen des Erblassers, die durch Gegenbeweis widerlegt werden kann, ebenso wie in dem vorher erwähnten Falle der Einsetzung der gesetzlichen Erben des Erblassers ohne nähere Bestimmung, aber unter einer aufschiebenden Bedingung oder mit einem Anfangszeitpunkte, zur Anwendung kommen.

Das Gesetzbuch bringt aber die Regeln der gesetzlichen Erbfolge noch in anderen Fällen aushilfweise zur Geltung. Es bestimmt nämlich, daß, wenn der Eblasser seine Kinder ohne nähere Bestimmung bedacht hat und ein Kind vor der Errichtung des Testamentes mit Hinterlassung von Abkömmlingen gestorben ist, im Zweifel angenommen werden soll, daß die Abkömmlinge insoweit bedacht sind, als sie bei der gesetzlichen Erbfolge an die Stelle des Kindes treten würden, und daß, wenn der Erblasser einen seiner Abkömmlinge bedacht hat, und dieser nach der Errichtung des Testamentes wegfällt, im Zweifel anzunehmen ist, daß dessen Abkömmlinge insoweit bedacht sind, als sie bei der gesetzlichen Erbfolge an dessen Stelle treten würden.[11] In diesen letzteren beiden

---

[9] B.G.B. § 2066. S. oben § 26.
[10] B.G.B. § 2067, § 2066 Satz 2.
[11] B.G.B. §§ 2068, 2069.

Fällen kann man nicht wohl von einem lückenhaft erklärten letzten Willen und dem Eintritte des Gesetzes in die vom Erblasser gelassene Lücke, wie in dem ersten der besprochenen Fälle, sprechen. Man kann ebenso-wenig von einer Vermutung dafür sprechen, daß der Erblasser mit einer bestimmten Willenserklärung einen bestimmten Willen verbunden habe. Eine Lücke hat der Erblasser nicht gelassen. Er hat für die Fälle, die er vorgesehen hat und für die er hat Bestimmung treffen wollen, eine solche auch wirklich getroffen. Eine Vermutung dafür, daß der Erblasser einen Willen gehabt und ihm nicht Ausdruck gegeben habe, läßt sich ebenfalls als Grund der beiden Bestimmungen oder der einen von ihnen nicht verwerten. In dem ersteren der beiden Fälle muß man offenbar unterstellen, daß dem Erblasser der vor der Errichtung des Testamentes eingetretene Tod eines der beiden zu Erben eingesetzten Kinder bei der Testamentserrichtung unbekannt gewesen ist, da der Erblasser anderenfalls nicht das verstorbene Kind, sondern dessen Abkömmlinge eingesetzt haben würde. In dem anderen Falle hat der Erblasser bei Errichtung des Testamentes nicht daran gedacht, daß sein im Testamente bedachter Abkömmling vor ihm sterben könne. Er hat es also nicht für nötig gehalten, auch für diesen Fall Bestimmung zu treffen. Und das Gesetzbuch tritt nun in beiden Fällen an die Stelle des Erblassers und sorgt dafür, daß er statt des verstorbenen Rechtsnachfolgers andere in seinem, des Erblassers, Sinne erhält, indem es im ersteren Falle ausspricht, daß als letzter Wille des Erblassers das gelten soll, was der Erblasser selbst voraussichtlich zu seinem letzten Willen gemacht haben würde, wenn er bei der Testamentserrichtung gewußt hätte, daß das eine seiner Kinder, das er für lebend gehalten, gestorben wäre, und im anderen Falle dem Erblasser eine letztwillige Verfügung unterlegt, die von demselben wahrscheinlich errichtet worden wäre, wenn er vorausgesehen hätte, daß der eine von ihm zum Erben eingesetzte Abkömmling nach der Errichtung des Testamentes als Erbe wegfallen würde. Weil aber immerhin noch die Möglichkeit besteht, daß der Erblasser, wenn er im ersteren der beiden Fälle gewußt hätte, daß das von ihm eingesetzte Kind vor der Errichtung des Testamentes gestorben wäre, oder wenn er im anderen Falle hätte voraussehen können, daß der bedachte Abkömmling nach der Errichtung des Testamentes wegfallen würde, die Abkömmlinge des verstorbenen Kindes oder die des weggefallenen Abkömmlings nicht bedacht hätte, so läßt das Gesetzbuch die fraglichen Annahmen nur im Zweifel zu, gestattet also, daß ein Rechtsstreit darüber geführt wird, was der Erblasser in seinem Testamente bestimmt haben würde, wenn er gewußt hätte, daß eins der eingesetzten Kinder gestorben wäre, oder daß der eingesetzte Abkömmling wegfallen würde, und daß in diesem Rechtsstreite die Frage zum Austrage gebracht wird, wer Erbe werden soll. Über die praktische Brauchbarkeit der in Frage stehenden Rechtssätze gegenwärtig ein Urteil abzugeben, würde voreilig sein. Die vorstehenden Ausführungen sollen nur dazu dienen, den Sätzen zu dem richtigen wissenschaftlichen Verständnisse zu verhelfen und für die Rechtsprechung die richtige Handhabung der Sätze herbeizuführen.

III. Hat der Erblasser mehrere Erben auf Bruchteile eingesetzt, die das Ganze übersteigen, so werden nach dem bürgerlichen Gesetzbuche die Bruchteile verhältnismäßig so gemindert, daß sie zusammen ein Ganzes ergeben.[12] Dasselbe gilt nach römischem Rechte.[13] Das preußische Gesetzbuch enthält für den fraglichen Fall keine besondere Bestimmung. Doch kann die Entscheidung des Falles, wenn nicht die Nötigung zur Annahme eines anderen Willens des Erblassers in der eigentümlichen Lage des Falles zu finden ist, nach preußischem Rechte keine andere sein als nach römischem und nach dem Gesetzbuche für das Deutsche Reich.[14] Das sächsische Gesetzbuch enthält ausdrücklich die gleiche Entscheidung des Falles.[15]

Hat der Erblasser mehrere Erben teils auf bestimmte Bruchteile, teils ohne Bestimmung von Bruchteilen eingesetzt, so gelten nach dem bürgerlichen Gesetzbuche die ohne Bestimmung von Bruchteilen eingesetzten Erben als auf den nach Abzug der bestimmten Bruchteile verbleibenden Teil der Erbschaft eingesetzt.[16] Ebenso ist der Fall nach römischem Rechte,[17] nach preußischem Rechte[18] und nach dem sächsischen Gesetzbuche[19] zu entscheiden. Bleibt nichts übrig, so werden nach dem bürgerlichen Gesetzbuche die Bruchteile in der

---

[12] B.G.B. § 2090. Diese Minderung geschieht in der Art, daß man den bei Zusammenrechnung der Bruchteile überschießenden Bruchteil nach dem Verhältnisse der einzelnen vom Erblasser gemachten Bruchteile von diesen Bruchteilen abzieht, oder, was zu demselben Ergebnisse führt, dergestalt, daß man die vom Erblasser gemachten Bruchteile auf einen gemeinsamen Nenner bringt, zusammenrechnet und in der erhaltenen Summe den neuen Nenner für die neuen Zähler findet.

[13] L. 13 §§ 4 flg. l. 48 (47) § 1 D. de hered. inst. (28, 5). Wie der Inhalt dieser Stellen mit dem der l. 23 C. de leg. (6, 37) zu vereinigen ist, darüber sind die Meinungen geteilt. Vgl. Mühlenbruch in Glück, Pandektenkommentar Bd. 40 S. 122 flg.; v. Vangerow, Pandekten Bd. 2 § 449 Anm. 3 I B. 1b; Sintenis, Civilrecht Bd. 3 § 172 Anm. 23.

[14] Dernburg, preuß. Privatrecht Bd. 3 § 129 Nr. 2.

[15] Sächs. Gesetzbuch § 2177.

[16] B.G.B. § 2092 Abs. 1.

[17] L. 17 pr. D. de hered. inst. (28, 5) § 6 I. cod. (2, 14).

[18] A.L.R. I 12 § 268. Mehrere Erben, denen bestimmte Bruchteile nicht angewiesen sind, teilen, was übrig bleibt, nach Köpfen, wenn nicht aus der Fassung des Testamentes ein anderer Wille des Erblassers sich ergiebt.

[19] Sächs. Gesetzbuch § 2179. Das Gesetzbuch nimmt hier für den Fall, daß unter den ernannten Erben mehrere auf bestimmte Bruchteile und einige ohne Bestimmung von Bruchteilen eingesetzt sind, in Ansehung der Teilung dessen, was nach

Art verringert, daß ein jeder der ohne Bestimmung von Bruchteilen eingesetzten Erben soviel erhält, wie der auf den geringsten Bruchteil eingesetzte Erbe.[20] Die römischen Juristen haben diesen Fall anders entschieden. Sie nehmen, wenn der Erblasser mit den von ihm festgesetzten Bruchteilen das Ganze erschöpft und daneben noch andere Erben ohne Bestimmung von Bruchteilen eingesetzt hat, eine doppelte Teilung der Erbschaft in der Art vor, daß sie diejenigen Erben, deren Bruchteile das Ganze erschöpfen, als auf die eine Hälfte der Erbschaft eingesetzt ansehen, so daß sich ihre Bruchteile um je die Hälfte verringern. Die übrigen eingesetzten Erben aber sehen sie als auf die andere Hälfte der Erbschaft eingesetzt an. Sind darunter solche, die auch auf Bruchteile eingesetzt sind, so erhalten diese von der zweiten Hälfte ihre Bruchteile. Was dann von der zweiten Hälfte noch übrig bleibt, fällt denen zu, die ohne Bestimmung von Bruchteilen eingesetzt sind.[21]

Das preußische Gesetzbuch,[22] das österreichische[23] und das sächsische[24] haben hier einen anderen Weg eingeschlagen als das römische. Sie sind in der Auffassung und Entscheidung des Falles dem bürgerlichen Gesetzbuche für das Deutsche Reich vorangegangen.

§ 51. 2. Fortsetzung.

I. In Bezug auf die Zuwendung von Bruchteilen des Vermögens weicht das bürgerliche Gesetzbuch von dem römischen Rechte darin ab, daß nach dem bürgerlichen Gesetzbuche eine jede Zuwendung des Vermögens des Erblassers **im ganzen oder eines Bruchteiles** dieses

---

Abzug der bestimmten Bruchteile übrig bleibt, auf die Vorschriften Bezug, nach denen, wenn mehrere Personen ohne Bestimmung von Bruchteilen zu Erben ernannt sind, sie als zu gleichen Teilen berufen gelten, und wenn die Erbeinsetzung in verschiedenen Sätzen erfolgt ist, oder einige von den Erben unter einer Gesamtbezeichnung eingesetzt sind, die in einem Satze genannten oder unter einer Gesamtbezeichnung verbundenen nur einen Teil erhalten (§ 2175).

[20] B.G.B. § 2092 Abs. 2. Der erste Entwurf enthielt (im § 1795) einen mit der Bestimmung des Gesetzbuches wesentlich übereinstimmenden Satz. Gleiche Bestimmungen sind im preußischen Gesetzbuche (A.L.R. I 12 §§ 269, 270), im österreichischen (§ 558) und im sächsischen (§ 2180) enthalten. Ob die Bruchteile das Ganze in der Art erschöpfen, daß sie zusammen ein Ganzes bilden oder es übersteigen, ist für die Frage der Anwendung der Bestimmung gleichgültig. Protokolle der Kommission für die zweite Lesung des Entwurfes, 339. Sitzung VII.

[21] L. 17 §§ 2 bis 5, l. 20 § 1 D. de hered. inst. (28, 5), § 6 I. ibid. (2, 14).

[22] A.L.R. I 12 §§ 269, 270.

[23] Österreich. Gesetzbuch § 558.

[24] Sächs. Gesetzbuch § 2180.

Vermögens eine Erbeinsetzung enthält,[1] während schon nach älterem römischem Rechte auch Bruchteile des Vermögens Gegenstände von Vermächtnissen sein können,[2] und nach Einführung der Fideikommisse es möglich ist, auch das ganze Vermögen zum Gegenstande eines Fideikommisses zu machen. Das bürgerliche Gesetzbuch hat also in dieser Hinsicht den Begriff der Erbeinsetzung gegenüber dem römischen Rechte dadurch erweitert, daß es eine jede vom Erblasser ausgesprochene Zuwendung seines ganzen Vermögens und eines Bruchteils dieses Vermögens unter den Begriff der Erbeinsetzung bringt und den Begriff des Universalfideikommisses (Erbschaftvermächtnisses) ebenso wie das Wort selbst beseitigt. Im römischen Rechte besteht hier bei dem legatum partitionis ein Anspruch des Legatars auf Teilung der Erschaft. Der Erbe allein aber ist Gesamtrechtsnachfolger des Erblassers, der Legatar nur Rechtsnachfolger des Erben. Ebenso war es ursprünglich bei dem Universalfideikommisse. Infolge des Trebellianischen Senatuskonsultes wird aber der Universalfideikommissar, wenn ihm die Erbschaft oder der ihm zustehende Bruchteil der Erbschaft herausgegeben ist, als Gesamtrechtsnachfolger des Erblassers behandelt und ihm eine fideicommissaria hereditatis petitio gegeben. Und auf Grund des Pegasianischen Senatuskonsultes kann der Erbe, der die mit dem Universalfideikommisse belastete Erbschaft nicht antreten will, zum Antritte in der Art gezwungen werden, daß dem Fideikommissar zur Geltendmachung seines Zwangsrechtes eine Klage gegeben wird, und daß das auf die Klage zu erlassende obsiegliche Urteil, wenn es rechtskräftig geworden ist, die Antretung ersetzt. Die Herausgabe der Erbschaft aber besteht in der Erklärung, daß der Universalfideikommissar die Erbschaft haben solle.[3]

Hiernach hat schon das römische Recht in dem Erbschaftvermächtnisse eine Rechtseinrichtnng ausgebildet, die sich in der ihr beigelegten Rechtswirkung der Gesamtrechtsnachfolge, die mit dem Erbewerden auf Grund der Erbeinsetzung verbunden ist, an die Seite stellt. Mit dieser Rechtseinrichtung aber ist der Rechtssatz: „semel heres semper heres“ insofern thatsächlich beseitigt, als mit ihr einem Erblasser die rechtliche Möglichkeit gegeben ist, mehrere Personen, einen nach dem anderen, zur Gesamtrechtsnachfolge in sein Vermögen zu berufen. Der Satz: „semel

---

[1] B.G.B. § 2087.

[2] Gaj. 2, 254; Ulp. 24, 25; Sintenis, Civilrecht Bd. 3 § 219 Anm. 1; v Vangerow, Pandekten Bd. 2 § 556 Anm.; Brinz, Pandekten 2. Aufl. § 430 Anm. 13.

[3] Sintenis a. a. O. § 219 II § 220 IV; v. Vangerow, Pandekten Bd. 2 § 558 Anm. 1 I; Windscheid, Pandekten Bd. 3 § 662 Anm. 1. § 664 Anm. 2, § 667 Anm. 1; Brinz a. a. O. § 430 Anm. 21, 31.

heres semper heres" hat von da an nur noch ein Scheindasein. Allerdings ist die Rechtsstellung des zweiten Gesamtrechtsnachfolgers dem Satze zuliebe zu der eines Vermächtnisnehmers in der Art herabgedrückt, daß die gesamte Erbschaft als möglicher Gegenstand eines Vermächtnisses angesehen wird. Aber der Gedanke, die Erbschaft als solche zum Gegenstande eines Vermächtnisses zu machen, ist doch nur ein künstliches Mittel der Rechtsentwickelung, zu dem sich die Rechtsbildner entschlossen haben, um jenen alten Rechtsgedanken scheinbar aufrecht halten zu können.

Die weitere Rechtsentwickelung hat denn auch zu einem vollständigen Aufgeben des Satzes geführt. Das allgemeine preußische Landrecht läßt die Rechtsstellung des zweiten Erben, der die Erbschaft haben soll, nachdem sie der erste Erbe gehabt hat, als Substitution gelten, indem es von einer fideikommissarischen Substitution spricht.[4] Das französische Gesetzbuch bezeichnet als Erben (héritier) nur den durch das Gesetz berufenen Rechtsnachfolger eines Verstorbenen und nennt den durch ein Testament berufenen Rechtsnachfolger, wenn er nicht der gesetzliche Erbe ist, légataire universel oder légataire à titre universel.[5] Das sächsische Gesetzbuch hat für den Universalfideikommissar des römischen Rechtes, d. h. für den Dritten, dem der eingesetzte Erbe die Erbschaft oder einen Erbteil herausgeben oder hinterlassen soll, den Rechtsbegriff des Erbanwärters und für das Universalfideikommiß den der Erbanwartschaft geschaffen und mit entsprechenden Normen ausgestattet.[6]

Das bürgerliche Gesetzbuch hat für die Rechtseinrichtung, die dem römischrechtlichen Universalfideikommisse, der preußischrechtlichen fideikommissarischen Substitution, der sächsischrechtlichen Erbanwartschaft entspricht, die Ausdrücke „Nacherbeinsetzung" und „Nacherbfolge" gesetzt und unter diesen Bezeichnungen die Rechtssätze zusammengefaßt, mit denen das Rechtsverhältnis in der ihm zu teil gewordenen neuen Auffassung ausgestattet worden ist.[7]

II. Indem das bürgerliche Gesetzbuch neben der letztwilligen Anordnung, durch die ein Erblasser sein Vermögen dem Bedachten zuwendet, auch die letztwillige Anordnung, durch die dem Bedachten ein Bruchteil des Vermögens zugewendet ist, als Erbeinsetzung bezeichnet, enthält es schon in dieser Bestimmung des Begriffes der Erbeinsetzung einen Hinweis darauf, daß das Gesetzbuch eine Erbeinsetzung als solche

---

[4] A.L.R. I 12 § 53.

[5] C. c. Art. 724, 1003, 1010; Zachariä v. Lingenthal-Crome, französ. Civilrecht Bd. 4 §§ 598, 721.

[6] Sächs. Gesetzbuch §§ 2503 bis 2524.

[7] B.G.B. §§ 2100 bis 2146.

auch dann zuläßt, wenn der Erblasser sie auf einen bestimmten Bruchteil seines Vermögens beschränkt hat, während für das übrige Vermögen kein Erbe ernannt ist. In dem folgenden Paragraphen wird denn auch die Schlußfolgerung aus der Zulassung einer Erbeinsetzung für einen bestimmten Bruchteil des Vermögens dahin gezogen, daß, wenn die Erbeinsetzung auf einen Bruchteil beschränkt ist, in Ansehung des übrigen Teiles die gesetzliche Erbfolge eintritt. Ebenso wird der Fall behandelt, daß der Erblasser mehrere Erben unter Beschränkung eines jeden auf einen Bruchteil eingesetzt hat und die Bruchteile das Ganze nicht erschöpfen, vorausgesetzt, daß der Erblasser nicht den Willen gehabt hat, die von ihm eingesetzten Erben zu seinen alleinigen Erben zu machen.[8] Hat dagegen der Erblasser eine letztwillige Verfügung in der Art getroffen, daß dem Bedachten, obwohl er als Erbe bezeichnet wird, doch nur einzelne Vermögensgegenstände zugewendet sind, so ist im Zweifel nicht anzunehmen, daß der Bedachte Erbe sein soll.[9] Es tritt also solchenfalls die gesetzliche Erbfolge ein und der Bedachte wird als Vermächtnisnehmer angesehen.

Hier liegen wieder erhebliche Abweichungen vom römischen Rechte vor. Nach dem in demselben geltenden Rechtssatze: „nemo pro parte testatus pro parte intestatus decedere potest“ ist es, wenn ein Erblasser in seinem Testamente bestimmt hat, daß der von ihm eingesetzte Erbe nur einen Brnchteil des Vermögens erhalten soll, ausgeschlossen, daß der eingesetzte Erbe nur diesen Bruchteil erhält und das übrige Vermögen an die gesetzlichen Erben fällt. Der Satz stellt vor die Wahl, entweder die Erbeinsetzung, bei welcher der Erbe auf einen Bruchteil der Erbschaft eingesetzt ist, für unwirksam zu erachten und wegen Unwirksamkeit der Erbeinsetzung die gesetzliche Erbfolge als eingetreten anzusehen, oder die Einschränkung des eingesetzten Erben auf einen Bruchteil der Erbschaft unberücksichtigt zu lassen und der Erbeinsetzung die Wirkung beizulegen, daß sie auf die ganze Erbschaft erstreckt wird. Nur für Soldatentestamente gilt der Satz nicht. Bei diesen ist es also zulässig, für einen Bruchteil des Vermögens Erben in der Art zu ernennen, daß für das übrige Vermögen die gesetzliche Erbfolge eintritt.[10] Im übrigen haben sich die römischen Juristen dafür entschieden, die Einsetzung eines oder mehrerer Erben auf einen Bruchteil oder auf Bruchteile des Nachlasses als Erbeinsetzungen für den ganzen Nachlaß in der Art gelten zu lassen, daß bei Einsetzung eines einzigen Erben die Beschränkung auf

[8] B.G.B. §§ 2088, 2089.
[9] B.G.B. § 2087 Abs. 2.
[10] L. 37 D. de testam. mil. (29, 1).

den Bruchteil nicht berücksichtigt wird und bei Einsetzung mehrerer Erben auf Bruchteile, durch die der Nachlaß nicht erschöpft wird, jeder Erbe den ihm zugewiesenen Bruchteil erhält und der nach Abzug dieser Bruchteile verbleibende Nachlaß unter die Erben nach dem Verhältnisse der Bruchteile geteilt wird.[11] Man verbessert also, wenn der Erblasser im Testamente Erben auf unzureichende Bruchteile des Nachlasses eingesetzt hat, das Testament dahin, daß es dem mehrerwähnten Rechtssatze entspricht.

Von den neueren Gesetzgebungen, welche den Satz! „nemo pro parte testatus pro parte intestatus decedere potest" abgewiesen haben, bestimmt das preußische Gesetzbuch, daß, wenn der Erblasser seinen Nachlaß einer Person oder mehreren in der Art beschieden hat, daß die Absicht, ihnen den ganzen Inbegriff allein zuzuwenden, erhellt, die gesetzlichen Erben für ausgeschlossen zu erachten sind.[12] Der Wille des Erblassers entscheidet also. Und dem Erblasser ist unbenommen, für einen Bruchteil seines Nachlasses oder mehrere Bruchteile einen Erben oder mehrere Erben zu ernennen und im übrigen der gesetzlichen Erbfolge Raum zu geben. Hat also der Erblasser Erben auf Bruchteile eingesetzt und wird der Nachlaß durch diese Bruchteile nicht erschöpft, so erhalten die eingesetzten Erben nur dann auch das übrige, wenn erhellt, daß der Erblasser ihnen den ganzen Nachlaß hat zuwenden wollen. Und zwar teilen sie solchenfalls das übrige nach dem Verhältnisse der ihnen zugewiesenen Bruchteile.[13] Das sächsische Gesetzbuch ordnet ebenfalls an, daß, wenn der Erblasser nur einen Erben eingesetzt, die Ein-

---

[11] L. 13 § 3 D. de hered. inst. (28, 5), §§ 5, 7. I. cod. (2, 14). Man hat die Frage aufgeworfen, aus welchem Grunde die römischen Juristen sich dafür entschieden haben, den zu einem Bruchteile eingesetzten Erben den ganzen Nachlaß erben zu lassen, und warum nicht vielmehr die Erbeinsetzung mit Beschränkung auf den Bruchteil als fehlerhaft für ungültig erklärt worden ist. S. darüber Hofmann, kritische Studien S. 128; Windscheid, Pandekten Bd. 3 § 552 Anm. 1. Von der einen Seite wird der favor testamenti, aber nicht als „Pietät für den Erblasser", sondern objektiv als Begünstigung der testamentarischen Erbfolge vor der gesetzlichen, als Begünstigung der ultima voluntas in abstracto, nicht in concreto, als Grund vorgeführt. Es wird also angenommen, das römische Recht habe das Beerbtwerden des römischen Bürgers kraft Testamentes dem Beerbtwerden kraft Gesetzes vorgezogen. Von einer anderen Seite wird der Grund in der Bedeutung gefunden, welche von der Volksanschauung dem Worte „heres" beigelegt worden sei. Die Römer hätten sich also nach dieser Auffassung durch das Wort „heres" über den fehlenden Willen des Erblassers hinwegtäuschen lassen. Die beiden Gründe scheinen wesentlich gleichwertig.

[12] A.L.R. I 12 §§ 254, 264.

[13] A.L.R. I 12 §§ 45, 265.

setzung aber auf einen Bruchteil der Erbschaft beschränkt hat, der Eingesetzte den ihm zugewiesenen Bruchteil als Erbe erhält und daß für das übrige die gesetzliche Erbfolge eintritt. Das gleiche gilt, wenn der Erblasser mehrere zu Erben ernannt und alle auf Bruchteile der Erbschaft eingesetzt hat, diese Bruchteile aber nicht den Nachlaß erschöpfen. Zu unterstellen ist dabei, daß aus dem Testamente sich nicht die Absicht ergiebt, den ganzen Nachlaß den eingesetzten Erben zuzuwenden. Hat der Erblasser diese Absicht gehabt und hat er bei Aufstellung der Bruchteile nur falsch gerechnet, so ist die gesetzliche Erbfolge ausgeschlossen, und der Nachlaß vererbt sich ebenso wie nach den Bestimmungen des preußischen Rechtes.[14]

§ 52. 3. Erbeinsetzung auf bestimmte Vermögensgegenstände.

I. Eine andere Abweichung des bürgerlichen Gesetzbuches vom römischen Rechte betrifft die Behandlung des Falles, welcher vorliegt, wenn der Erblasser einen oder mehrere Erben auf bestimmte Vermögensgegenstände eingesetzt hat. Eine solche Einsetzung verstößt gegen den an die Gesamtrechtsnachfolge gebundenen Begriff des Erben. Man ist also dabei, ebenso wie bei der Einsetzung von Erben auf Bruchteile, welche die Erbschaft nicht erschöpfen, vor die Wahl gestellt, entweder die Erbeinsetzung als solche wegen ihrer Unverträglichkeit mit dem Begriffe des Erben nicht gelten zu lassen oder sie in der Weise zu verbessern, daß man die begriffswidrige Erwähnung des einzelnen Vermögensgegenstandes aus der Erbeinsetzung streicht. Die römischen Juristen haben sich für das letztere entschieden. Auf dieser widerspruchsvollen Grundlage hat sich das Rechtsverhältnis des auf eine bestimmte Sache eingesetzten Erben ähnlich gestaltet, wie das eines Universalfideikommissars. Und auch für den wissenschaftlichen Aufbau der Lehre hat die Theorie vom Fideikommisse die Grundlage hergegeben.[1]

Am einfachsten liegt dabei die Sache, wenn nur ein Erbe und dieser auf einen bestimmten Vermögensgegenstand eingesetzt ist. Dabei wird zunächst die Erwähnung des einzelnen Gegenstandes, auf den der

---

[14] Sächs. Gesetzbuch §§ 2174, 2176.

[1] Dies ist insbesondere der Standpunkt Neuners, die heredis institutio ex re certa S. 73: „Da wo bei Anordnung einer institutio ex re certa zugleich wirklich noch eine sonstige Willenserklärung des Testators vorliegt, aus welcher, obwohl ohne ausdrückliche Anordnung eines Vermächtnisses, doch deutlich erhellt, zu wessen Gunsten die Beschränkung des Erben auf die ihm zugewiesenen Sachen stattfinden soll, sind die res certae nunmehr als verba fideicommissaria aufzufassen" —. Ablehnend gegen diesen Standpunkt, wenn auch unter Annahme der

Erbe eingesetzt ist, nicht berücksichtigt und die Erbeinsetzung so angesehen, als wenn sie sich auf die ganze Erbschaft bezöge.[2] Ergiebt sich aber aus dem Testamente selbst oder aus einer anderen in dem Testamente in Bezug genommenen und durch das Testament aufrecht erhaltenen letztwilligen Verfügung, daß der auf den bestimmten Vermögensgegenstand eingesetzte Erbe nichts weiter von der Erbschaft haben soll als diese bestimmte Sache, und ergiebt sich daraus weiter, wer den übrigen Nachlaß nach dem Willen des Erblassers haben soll, so wird ein Universalfideikommiß angenommen. Der auf die einzelne Sache eingesetzte Erbe hat die Erbschaft als Ganzes an den, dem der Erblasser sie bestimmt hat, herauszugeben. Er selbst aber hat als Singularfideikommissar auf die einzelne Sache, die ihm beschieden sein soll, Anspruch.[3] Läßt dagegen weder das Testament, das die Erbeinsetzung auf die bestimmte Sache enthält, noch ein in demselben etwa in Bezug genommenes und aufrecht erhaltenes älteres Testament erkennen, wer den Nachlaß, abgesehen von dem einzelnen Vermögensgegenstande, der dem eingesetzten Erben besonders zugewiesen ist, haben soll, so ist für die Annahme eines Universalfideikommisses kein Raum gegeben. Insbesondere ist daraus, daß der eingesetzte Erbe auf eine bestimmte Sache eingesetzt ist, nicht ohne weiteres zu schließen, daß die gesetzlichen Erben den übrigen Nachlaß als Universalfideikommissare haben sollen.

Sind mehrere Erben, und zwar alle auf bestimmte Sachen eingesetzt, so kann sich der Natur der Sache nach der Fall ebenso gestalten, wie der zuerst besprochene Fall. Ergiebt sich nämlich mit Sicherheit aus dem letzten Willen des Erblassers, daß die auf die einzelnen Sachen eingesetzten Erben von der Erbschaft nichts haben sollen als diese Sachen, und ergiebt sich ferner, wer den übrigen Nachlaß haben soll, so wird dieser zweite Fall ganz ebenso beurteilt wie der erste.[4] Dieser Fall wird aber in den Rechtsbüchern nicht besonders erwähnt. Besprochen

---

schließlichen Ergebnisse Brinz, Pandekten 2. Aufl. Bd. 3 § 372 Anm. 17. Für die Auffassung Neuners hat sich v. Vangerow unter Aufgebung einer früher verteidigten Ansicht in den Pandekten Bd. 2 § 449 Anm. 2 von der 6. Ausg. an ausgesprochen. Zu vergl. auch Sintenis, Civilrecht Bd. 3 § 172 Anm. 21, 22; Windscheid, Pandekten Bd. 3 § 553.

[2] L. 1 § 4 D. de hered. inst. (28, 5).

[3] L. 79 (78) D. de hered. inst. (28, 5), l. 69 pr. D. de leg. II (31) l. 30 (29) ad Sct. Trebell. (36, 1): — contentus rebus sibi datis aut suppleta quarta ex lege Falcidia hereditatem restituat —; § 3 I. quib. mod. test. infirm (2, 17).

[4] Zu vgl. v. Vangerow a. a. O., § 449 Anm. 2 II „Eine Beschränkung der Erben" 2c.

wird der Fall, daß der Erblasser Erben auf bestimmte Gegenstände eingesetzt hat, ohne darüber Bestimmung zu treffen, wer den übrigen Nachlaß haben soll. Hier sind im Zweifel die eingesetzten Erben, wenn nämlich nicht etwa eine Verbindung (conjunctio) entgegensteht, zu gleichen Teilen berufen, und die Sachen, auf die sie eingesetzt sind, gelten als ihre Vorausvermächtnisse.[5] Es kann aber auch der Fall so liegen, daß der Nachlaß durch die bestimmten Sachen, auf welche die Erben eingesetzt sind, erschöpft wird.[6]

Zu erheblichen Zweifeln hat der Fall Veranlassung gegeben, welcher vorliegt, wenn der Erblasser neben Erben, die auf bestimmte Vermögensgegenstände eingesetzt sind, andere ohne Zuweisung bestimmter Sachen auf die ganze Erbschaft oder auf bestimmte Bruchteile der Erbschaft oder ohne jede Bezeichnung und Beschränkung eingesetzt hat.[7] Hier liegt es nahe, die ohne Beschränkung auf bestimmte Sachen eingesetzten Personen als die wirklichen Erben anzusehen und den auf die bestimmten Sachen eingesetzten Erben die Rechtsstellung von Vermächtnisnehmern anzuweisen. Dies ist auch nach der Auffassung mancher Schriftsteller geltendes römisches Recht. Nach der jetzt zur Herrschaft gelangten Meinung haben aber die römischen Juristen die Sache anders angesehen. Diese Meinung geht dahin, daß die auf bestimmte Sachen eingesetzten Erben die wirklichen Erben sind, daß aber in ihrer vom Erblasser gewollten und zum Ausdrucke gebrachten Beschränkung auf die bestimmten Sachen ein Universalfideikommiß zu Gunsten der anderen ohne Zuweisung bestimmter Sachen eingesetzten Erben und dagegen in der Zuweisung der bestimmten Sachen ein Singularfideikommiß zu Gunsten der auf diese Sachen eingesetzten Erben zu finden ist.

Dieser künstliche Aufbau des Rechtsverhältnisses hat aber, wenn er auch als eine befriedigende Lösung einer alten Streitfrage der gemeinrechtlichen Juristen angesehen werden muß, weder in den Gesetzgebungen der deutschen Einzelstaaten, noch auch in den gesetzgeberischen Vorarbeiten für das bürgerliche Gesetzbuch, noch in diesem Gesetzbuche selbst Anklang gefunden. Das württembergische Gesetzbuch von 1610 giebt dem auf eine bestimmte Sache eingesetzten Erben die Rechtsstellung eines Vermächtnisnehmers insofern, als er Erbschaftschulden und Erbschaftlasten nicht mit zu tragen braucht. Es läßt ihn aber insofern als Erben gelten,

---

[5] L. 9 § 13, l. 10, l. 11 D. de her. inst. (28, 5).

[6] L. 35 pr. ibid. Dieser Fall liegt vor, wenn ein Erbe auf das Vermögen berufen wird, das der Erblasser in einem Teile des Reiches hat, und der andere auf das, welches er im anderen hat.

[7] Vgl. die Dogmengeschichte bei Neuner a. a. O. S. 313 flg.

als er in dem Falle, daß diejenigen, denen der Erblasser sein Vermögen im Ganzen oder in Bruchteilen zugewendet hat, nicht Erben werden wollen oder vor dem Erblasser sterben, vermöge Anwachsungrechtes zur Erbschaft gelangt.[8] Nach dem bayerischen Gesetzbuche von 1756 hat die Einsetzung eines Erben auf eine bestimmte Sache im Zweifel die Bedeutung eines Vorausvermächtnisses. Der auf eine bestimmte Sache eingesetzte Erbe oder die solchergestalt eingesetzten Erben und die anderen Erben teilen also, was von der Erbschaft übrig ist.[9] Dagegen wird die Erbeinsetzung auf eine bestimmte Sache im preußischen Gesetzbuche[10] ebenso wie im österreichischen[11] und im sächsischen[12] als Vermächtnis in der Art angesehen, daß, wenn in der letztwilligen Verfügung nur ein Erbe oder mehrere Erben, aber alle auf bestimmte Sachen, eingesetzt sind, die gesetzlichen Erben als zur Erbschaft berufen angesehen werden und die Einsetzungen auf bestimmte Sachen als Vermächtnisse, mit denen die gesetzlichen Erben belastet sind, zu gelten haben, und daß, wenn neben mehreren auf bestimmte Sachen eingesetzten Erben andere ohne Beschränkung auf bestimmte Sachen eingesetzt sind, nur die ohne die fragliche Beschränkung eingesetzten Erben als Erben und die anderen als Vermächtnisnehmer anzusehen sind.

Dies ist auch der Standpunkt des bürgerlichen Gesetzbuches. Dasselbe bestimmt, daß, wenn dem Bedachten nur einzelne Gegenstände zugewendet sind, im Zweifel nicht anzunehmen ist, daß er Erbe sein soll, auch wenn er als Erbe bezeichnet ist.[13] Auch dieser Satz wurde nicht ohne Widerspruch in das Gesetzbuch aufgenommen. Er war schon im ersten Entwurfe enthalten.[14] Gegen seine Aufnahme wurde geltend gemacht, wie es nicht selten vorkomme, daß ein nicht unbeträchtliches Vermögen in einem einzelnen Gegenstande, wie einem Bauerhofe, angelegt sei; der Eigentümer eines solchen Hofes werde daher auch in einer letztwilligen Verfügung, wenn er einen Erben ernennen wolle, den Ausdruck wählen, „er vermache seinen Hof". Die Kommission fand aber in einem solchen Falle nur den Beweis, daß auch eine richtige Auslegungregel nicht immer zutreffe, und erachtete die Aufnahme der Bestimmung in das Gesetzbuch schon darum für notwendig oder doch für zweckmäßig,

[8] Württembergisches Landrecht III 11 § 18.

[9] Cod. Maximil. Bav. civ. III 3 § 9; v. Kreittmayr, Anmerkungen über den Cod. Maximil. Bav. civ. Bd. 3 S. 263 flg.

[10] A.LR. I 12 §§ 256 bis 258.

[11] Unger, österreich. Erbrecht § 8 Anm. 6.

[12] Sächs. Gesetzb. § 2181.

[13] B.G.B. § 2087 Abs. 2.

[14] Erster Entwurf § 1788 Abs. 2.

weil durch die Bestimmung des Entwurfes die verwickelten Rechtsfragen abgeschnitten würden, die im gemeinen Rechte in der Lehre vom heres ex re certa bestehen.[15]

§ 53. 4. Erbeinsetzung einer Person bei mehreren als Erben genannten Personen.

Zu erwähnen ist endlich noch ein Rechtssatz, der zwar in das bürgerliche Gesetzbuch nicht übergegangen ist, der aber der geschichtlichen Entwickelung angehört, auch bei den Vorarbeiten zum Gesetzbuche Würdigung und Billigung gefunden hat und erst bei den Beratungen der Kommission für die zweite Lesung des Entwurfes abgeworfen worden ist. Der erste Entwurf des bürgerlichen Gesetzbuches enthielt die Bestimmung, daß, wenn in einer letztwilligen Verfügung mehrere Personen in der Weise als Erben eingesetzt sind, daß nur die eine oder die andere dieser Personen der Erbe sein soll, die mehreren Personen als zu Miterben eingesetzt gelten sollen.[1] Der Satz stammt aus einer Verordnung Justinians, welche besagt, daß eine letztwillige Verfügung, die in der Art errichtet ist, daß sie zu Gunsten der einen oder der anderen von mehreren bestimmt bezeichneten Personen gelten soll, wegen der Schwierigkeit, die mit der Frage verbunden ist, wie eine solche letztwillige Verfügung zu behandeln und auszuführen sei, und weil man sie doch nicht für ganz wirkungslos halten könne, so angesehen werden solle, als wenn der Erblasser verordnet hätte, daß die Verfügung nicht zu Gunsten des einen oder des anderen, sondern des einen und des anderen, also beider, zu gelten habe.[2]

Die Verordnung Justinians würde als eine Auslegungvorschrift in dem Sinne, daß sie Bestimmung darüber treffen soll, wie eine unklare letztwillige Verfügung auszulegen sei, angesehen werden können, wenn in

---

[15] Protokolle der Kommission für die zweite Lesung des Entwurfes, 339. Sitzung II. S. 6710flg.

[1] Erster Entwurf eines bürgerlichen Gesetzbuches für das Deutsche Reich § 1769 Abs. 1.

[2] L. 4 C. de V. S. (6, 38). In Frage steht eine letztwillige Verfügung mit dem Inhalte: „Ille aut ille mihi heres esto“ aut „illi aut illi do lego vel dari iubeo“, vel „illum aut illum liberum“ aut „tutorem esse volo“ vel „iubeo“. Die Entscheidung Justinians wird in einem Oldenburger Urteile (Seuffert, Archiv Bd. 17 Nr. 150) als willkürlicher Notbehelf bezeichnet, der dem Verfügenden eine überall nicht erkennbare Absicht unterlege. S. auch Puchta, Pandekten § 472 Anm. m; Arndts in Glück, Pandektenkommentar Bd. 46 S. 457; Sintenis, Civilrecht Bd. 3 § 171 Anm. 6; Dernburg, Pandekten Bd. 3 § 78 Anm 12. Der

dem von der Verordnung vorgesehenen Falle anzunehmen wäre, daß der Erblasser sich verkehrt ausgedrückt hätte, daß er also „und" statt „oder" hätte sagen wollen. Diese Unterstellung ist aber ohne jeden Anhalt.[3] Die Annahme, welche nach dem in der Verordnung unterstellten Wortlaute der Verfügung am nächsten liegt, ist die, daß der Erblasser mit dem Entschlusse, welche der in der Verfügung bezeichneten mehreren Personen die letztwillige Zuwendung haben solle, also mit der Testamentserrichtung überhaupt, nicht fertig geworden und daß der Entschluß nur soweit gediehen sei, daß eine dieser Personen begünstigt sein solle. Von diesem Standpunkte aus würde die streng juristisch richtige Entscheidung die sein, daß keine der mehreren Personen die Zuwendung erhielte, und daß das ganze Testament mangels einer gültigen Erbeinsetzung nichtig wäre. — Daneben wird in der Verordnung noch geprüft, ob es sich nicht empfehlen möchte, nach der vom Erblasser beobachteten Reihenfolge der in Frage kommenden Personen die Entscheidung zu treffen, also die zuerst genannte Person als Eingesetzten, die folgende als Ersatzerben anzusehen. Dies Auskunftmittel wird aber abgelehnt. Offenbar würde es auch dem Willen des Erblassers nicht entsprochen haben, die Reihenfolge bestimmend sein zu lassen. Es blieb also dem Kaiser oder seinem Ratgeber, wenn nicht die Ungültigkeit der ganzen letztwilligen Verfügung das Ergebnis sein sollte, so daß unter der Unentschlossenheit des Erblassers sowohl diejenigen Personen, unter denen der Erblasser seinen Erben zu wählen sich entscheiden wollte, als auch alle anderen, die er in dem Testamente bedacht hatte, zu leiden gehabt haben würden, nur übrig, die Entscheidung so zu treffen, wie er sie getroffen hat, so daß das Ergebnis, das sich herausstellt, dahin geht, daß diejenigen, zwischen denen der Erblasser zu wählen sich nicht entschließen konnte, den Vorteil, den er einem von ihnen zuzuwenden gedachte, unter sich zu teilen haben. Daß die Entscheidung der juristischen Logik nicht entspricht, ist richtig. Das Gefühl der Billigkeit wird durch sie befriedigt.

Der Gedanke, von dem Justinian in der erwähnten Verordnung

---

in der Stelle vorgesehene Fall hat eine gewisse Verwandtschaft mit dem oben (§ 23 S. 81 f.) bei Erörterung des in der Gewißheit des erklärten Willens bestehenden Erfordernisses eines Testamentes besprochenen Falle, in welchem der Erblasser den Willen kund gegeben hat, einer bestimmten Person eine Zuwendung zu machen, die vom Erblasser gebrauchte Bezeichnung der Person auf mehrere Personen paßt, und die vorhandenen Erkenntnismittel zu der Feststellung, welche Person der Erblasser gemeint habe, nicht ausreichen.

[3] Gruchot (preuß. Erbrecht Bd. 1 S. 372 f.) hält, wenn die Fassung: „A. oder B. soll mein Erbe sein", gewählt ist, für richtig, daß A. als der Eingesetzte, B. als der Ersatzerbe angesehen werde.

geleitet worden ist, hat Beifall gefunden. In Ansehung der Frage der Erbeinsetzung liegt er der Bestimmung des sächsischen Gesetzbuches zu Grunde, nach der, wenn der Erblasser mehrere in der Weise eingesetzt hat, daß entweder der eine oder der andere von ihnen Erbe sein soll, anzunehmen ist, daß alle erben sollen.[4] Außerdem haben C. F. Koch in Ansehung des preußischen Gesetzbuches[5] und Unger in Ansehung des österreichischen[6] sich dahin ausgesprochen, daß die Entscheidung Justinians nach diesen Gesetzgebungen, soweit die Erbeinsetzung in Frage steht, für richtig zu halten, also das „oder" durch „und" zu ersetzen sei. Von einer Auslegung, also davon, daß aus dem Sinne der erklärten Worte der Wille des Erblassers erforscht und dahin festgestellt werden könnte, daß der Erblasser, wenn eine Erbeinsetzung in Frage steht, die mehreren von ihm bezeichneten Personen zu Erben habe einsetzen, also zu Miterben habe ernennen wollen, kann aber weder nach sächsischem Rechte, noch nach preußischem oder österreichischem im Sinne der genannten Schriftsteller die Rede sein. Es kann sich immer nur darum handeln, ein Auskunftmittel zu haben, durch das die Willenserklärung geändert und verbessert und mittels dessen auf Grund gewisser Rücksichten der Billigkeit ein nicht fertig gewordener Entschluß wie ein fertig gewordener behandelt wird, und man eine Auffassung erhält, die schließlich, wenn man die letztwillige Verfügung als solche gelten lassen will, dem Willen des Erblassers so nahe kommt, wie es eben möglich ist.

Die dem ersten Entwurfe beigegebenen Motive begründen die im Entwurfe getroffene Entscheidung mit der Ausführung, es sei klar, daß in dem Fragefalle die eine oder die andere Person Erbe sein solle, die Einsetzung lasse aber die erforderliche Bestimmtheit vermissen. Es wird weiter die Ansicht vorgeführt, daß der Erblasser kein Gewicht darauf gelegt habe, welche der fraglichen Personen die Erbschaft erhalte, und daß, wenn die mehreren als gemeinsam eingesetzt behandelt werden, nur eine geringe Umdeutung des Willens stattfinde, die weit eher begründet erscheine als die Annahme einer Ersatzberufung.[7] — Bei der Beratung der Kommission für die zweite Lesung wurde erwogen, es könne im einzelnen Falle zweifelhaft sein, was der Erblasser gewollt habe. Regelmäßig werde in der fraglichen Willenserklärung eine Ersatzberufung liegen. Möglich sei aber auch, daß der Erblasser durch die zweite Bestimmung die erste habe rückgängig machen wollen, oder daß

[4] Sächs. Gesetzbuch § 2167.
[5] C. F. Koch, preußisches Erbrecht S. 1095.
[6] Unger, österreich. Erbrecht § 14 Anm. 4.
[7] Motive Bd. 5 S. 33.

er mit seinem Urteile noch nicht fertig gewesen sei. In diesem letzteren Falle erscheine die Erbeinsetzung wegen des Mangels gehöriger Bestimmtheit als nichtig. Das beste sei darum, gar keine Vorschrift zu geben, sondern der Auslegung völlige Freiheit zu lassen.[8]

Hiernach wird gesagt werden dürfen, daß die Zweifel darüber, wie man sich mit dem in Frage stehenden Falle abzufinden hat, jetzt ungefähr ebenso groß sind, wie Justinian nach seiner in der Stelle gegebenen Darstellung des Streitstandes bei seiner in der Stelle getroffenen Entscheidung sie vorgefunden und durch die Entscheidung für geraume Zeit beseitigt hat. Und es wird der Rechtsfindung der Zukunft überlassen werden müssen, zu entscheiden, ob in dem Streitfalle, wenn darüber, welchen Willen der Erblasser gehabt hat, nichts weiter vorliegt als der Inhalt der letztwilligen Verfügung, nach welcher entweder der A. oder der B. den Erblasser beerben soll, keiner von beiden Erbe wird oder der A. als Eingesetzter zur Erbschaft berufen und der B. Ersatzerbe wird oder beide als Miterben zu gelten haben.

§ 54. Anwachsung unter Testamentserben.

I. Begriff und Grund der Anwachsung.

Anwachsung wird bei der testamentarischen Erbfolge der Rechtsvorgang genannt, der sich in der Art vollzieht, daß von mehreren Erbteilen der eine von einem Erben nicht erworben wird und infolgedessen die Erbteile der anderen Erben zusammen sich um den wegfallenden Erbteil vergrößern. Der Rechtsbegriff entstammt dem römischen Rechte. Er hat aber infolge der veränderten Gestaltung des Erbrechtes in den einzelstaatlichen deutschen Gesetzgebungen und im deutschen bürgerlichen Gesetzbuche Wandelungen erfahren.

Der Grund dieser Anwachsung wird meistens in der Erwägung gefunden, daß diejenigen Miterben, deren Erbteile untereinander von den Voraussetzungen der Anwachsung getroffen werden können, miteinander auf die ganze Erbschaft oder einen ganzen Erbteil berufen sind, und daß eine Teilung der Erbschaft oder des Erbteiles nur dadurch veranlaßt ist, daß mehrere Miterben zum Erwerbe der Erbschaft oder des Erbteils gelangen.[1]

---

[8] Protokolle der Kommission für die zweite Lesung des Entwurfes, 334. Sitzung V. A. S. 6615 f.

[1] Dieser Grundgedanke des Anwachsungrechtes ist in der l. 80 D. de leg. III (32) ausgesprochen: Coniunctim heredes institui aut conjunctim legari hoc est: totam hereditatem et tota legata singulis data esse, partes autem concursu fieri.

Als Fälle der Anwachsung werden im römischen Rechte neben den Fällen, welche vorliegen, wenn bei Verteilung der Erbschaft unter den eingesetzten Erben durch den Erblasser ein Bruchteil übrig gelassen worden ist,[2] und wenn Erbeinsetzungen wegen eines inneren Mangels von Anfang an nicht bestehen können oder demnächst hinfällig werden,[3] die Fälle behandelt, daß ein Miterbe die Erbschaft ausgeschlagen oder daß er die Antretung vernachlässigt hat.[4] Ferner gehört hierher der Fall, daß ein einziger Erbe auf mehrere Erbteile, auf den einen unter einer Bedingung, auf den anderen unbedingt, eingesetzt ist und er den letzteren Erbteil erworben hat, während die Bedingung in Ansehung des anderen Erbteils noch schwebte. Hier erwirbt ohne Rücksicht auf den noch nicht erfolgten Eintritt der Bedingung der Erbe mit dem ihm unbedingt bestimmten Erbteile auch den ihm bedingt zugewiesenen.[5] Außerdem der Fall, daß von mehreren Erben der eine auf mehrere Erbteile, sei es bedingt, sei es unbedingt, eingesetzt ist, die Bedingung aber eingetreten war, bevor der Erbe irgend einen der Erbteile erworben hatte. Hier wächst, wenn der Erbe einen der Erbteile erwirbt, der andere dem erworbenen an.[6] Regelmäßige Voraussetzung der Anwachsung, wenn der

---

S. v. Vangerow, Pandekten Bd. 2 § 494 Anm.; Sintenis, Civilrecht Bd. 3 § 203 Anm. 2; Windscheid, Pandekten Bd. 3 § 603 Anm. 1. Die fragliche Grundlage des Anwachsungrechtes ist aber nicht allgemein anerkannt. Brinz (Pandekten 2. Aufl. Bd. 3 S. 139) bekämpft den Satz, daß von den mehreren Erben, zwischen deren Erbteilen die Anwachsung stattfinden könne, jeder zum Ganzen berufen sei, und daß darum die Entstehung von Teilen in dem Vorhandensein mehrerer, die zugleich erben, ihren Grund habe. Er nimmt an, daß den verschiedenen Fällen der Anwachsung eine gewisse Notlage, aus der die Vereinigung der Erbteile entspringe, gemeinsam sei, bald der Umstand, daß die Erbfolge sonst keine Gesamtrechtsnachfolge sei, bald die Unmöglichkeit des gleichzeitigen Eintrittes der testamentarischen Erbfolge mit der gesetzlichen, bald die Unmöglichkeit für den berufenen Erben, die Erbschaft zum Teil auszuschlagen, zum Teil anzunehmen (S. 170).

[2] L. 13 § 3 D. de hered. inst. (28, 5) — si alter ex quadrante alter ex semisse heredes scripti sunt, qui accedit quadrans pro partibus hereditariis eis adcrescit. Der Fall, daß ein Berufener darum mehr erhält, als ihm ausdrücklich zugewendet ist, weil der Erblasser nicht über den ganzen Nachlaß verfügt hat, wird nicht von allen Schriftstellern des gemeinen Rechtes hierher gerechnet. Auch im übrigen sind die Grenzen des Begriffes streitig. S. darüber Mühlenbruch in Glück, Pandektenkommentar Bd. 3 S. 245 flg.; Windscheid, Pandekten Bd. 3 § 603 Anm. 1 u. 2; Brinz, Pandekten Bd. 3 § 391 Anm. 1, 2, 7 bis 11.

[3] L. 20 § 2 D. ibid.; l. un §§ 3, 4 C. de caduc. toll. (6, 51). Mühlenbruch a. a. O. S. 245, 246; Brinz a. a. O. S. 391 Anm. 3.

[4] L. 60 (59) D. ibid. Mayer, das Recht der Anwachsung S. 33 f.

[5] L. 52 § 1, l. 53 pr. l. 80 pr. D. de adquir. v. om. her. (29, 2). Mayer a. a. O. S. 21 flg.; Windscheid, Pandekten Bd. 3 § 602, 2.

[6] L. 60 (59) §§ 5, 6 D. de hered. inst. (28, 5). Mayer a. a. O. S. 37 flg.; Windscheid a. a. O.

in erster Reihe berufene Erbe nicht erwirbt, ist, daß an seiner Stelle nicht ein anderer, sei es durch Transmission, sei es durch Berufung zum Ersatzerben, zum Erwerbe gelangt.[7] Doch ist die Anwachsung auch dann nicht ausgeschlossen, wenn zu dem Erbteile sich schon ein Erbe gefunden hat und der Erbteil dadurch wieder frei wird, daß ein suus von dem beneficium abstinendi Gebrauch macht, oder in der Art, daß ein Erbe, der die Erbschaft angetreten hat, gegen die Antretung die Wiedereinsetzung in den vorigen Stand erlangt.[8]

Von besonderer Bedeutung ist es für die Entstehung des Anwachsungrechtes nach römischem Rechte, wenn der Erblasser mehrere Erben in einem und demselben Satze auf einen und denselben Bruchteil ohne Teilung dieses Bruchteiles eingesetzt hat. Erben, die der Erblasser in dieser Weise miteinander verbunden hat, werden re et verbis conjuncti genannt. Zwischen den so verbundenen Erben findet beim Wegfalle des einen von ihnen Anwachsung statt. Es genügt aber zur Herbeiführung der Anwachsung beim Wegfalle des einen der Erben schon, daß der Erblasser mehrere Erben in verschiedenen Sätzen auf einen und denselben ungeteilten Bruchteil eingesetzt hat. Erben, die in solcher Weise verbunden sind, heißen re conjuncti.[9] Diejenigen, die nur verbis conjuncti sind, kommen für die Anwachsung nicht in Betracht.

Nach dem bürgerlichen Gesetzbuche für das deutsche Reich tritt die Anwachsung bei der testamentarischen Erbfolge ein, wenn mehrere Erben in der Weise, daß sie die gesetzliche Erbfolge ausschließen, eingesetzt sind, und einer von ihnen vor oder nach dem Eintritte des Erbfalles wegfällt. Der Erbteil des weggefallenen vergrößert nunmehr die Erbteile der übrigen Erben nach dem Verhältnisse dieser Erbteile zu einander.[10] Sind einige der Erben auf einen gemeinschaftlichen Erbteil, das heißt nach der Sprache des Gesetzbuches: auf einen für sie selbst im Testamente ausgesonderten Bruchteil, eingesetzt,[11] so tritt die Anwachsung zunächst nur

---

[7] L. un. § 5 C. de cod. toll. (6, 51), l. 2 § 8 de B. P. s. t. (37, 11). — Das bürgerliche Gesetzbuch bestimmt ebenfalls ausdrücklich, daß das Recht des Ersatzerben dem Anwachsungrechte vorgeht (§ 2099).

[8] L 61 de acq. vel om. her (29, 2), l. 55 ibid. Die Anwachsung ist solchenfalls nicht ausgeschlossen; aber der Miterbe kann sie, wenn der andere sich in integrum restituieren läßt, ablehnen. Und hat ein suus heres von dem beneficium abstinendi Gebrauch gemacht, so ist der Miterbe, wenn er sich die Anwachsung nicht gefallen lassen will, berechtigt, den ursprünglichen Erbteil ganz wieder aufzugeben.

[9] L. 142 de V. S. (50, 16), l. 89 de leg. III (31). Vgl. v. Vangerow, Pandekten Bd. 3 § 496 Anm. 2 u. 3.

[10] B.G.B. § 2094 Abs. 1 Satz 1.

[11] Dies ist der Fall der re conjuncti des römischen Rechts.

unter ihnen ein.[12] Erstrecken sich die Erbeinsetzungen nur auf einen Teil der Erbschaft, und tritt in Bezug auf den übrigen Teil die gesetzliche Erbfolge ein, so findet die Anwachsung nur insoweit, als einige der eingesetzten Erben auf einen „gemeinschaftlichen Erbteil" eingesetzt sind, und nur unter diesen statt.[13]

Hiernach läßt das bürgerliche Gesetzbuch die Anwachsung in erster Reihe eintreten, wenn der Erblasser neben den von ihm eingesetzten Erben die gesetzlichen Erben nicht Erben werden lassen will. Nach römischem Rechte kann von einer solchen Bedeutung der Anwachsung nicht die Rede sein. Sie ist durch den Satz: „nemo pro parte testatus pro parte intestatus decedere potest" ausgeschlossen. Dieser Satz giebt der Anwachsung im römischen Rechte in erster Reihe insofern Raum einzutreten, als die Anwachsung zwischen sämtlichen Testamentserben als solchen stattfindet, während nach dem bürgerlichen Gesetzbuche die Anwachsung unter Testamentserben in erster Reihe voraussetzt, daß der Erblasser bei der Erbeinsetzung den Eintritt der gesetzlichen Erbfolge neben der Erbfolge der von ihm eingesetzten Erben ausgeschlossen hat.

Schon das preußische Gesetzbuch hat der Anwachsung die Grundlage genommen, die ihr in dem Satze: „nemo pro parte testatus pro parte intestatus decedere potest" gegeben war. An Stelle dieses Satzes ist als neue Grundlage der Anwachsung im preußischen Rechte ebenso wie nachmals im bürgerlichen Gesetzbuche der Wille des Erblassers getreten. Wenn nämlich der Erblasser den Willen zu erkennen gegeben hat, den Nachlaß den von ihm eingesetzten Erben allein zuzuwenden, so sind die gesetzlichen Erben ausgeschlossen. Und ebenso, wie ein vom Erblasser bei einer von ihm vorgenommenen Verteilung des Nachlasses unter den von ihm eingesetzten Erben etwa übergangenes Stück oder ein übergangener Bruchteil des Nachlasses zur Verteilung unter die eingesetzten Erben zu bringen ist, wächst auch der Erbteil, welcher sich dadurch erledigt, daß einer oder der andere von mehreren ernannten Erben nicht Erbe sein kann oder nicht Erbe sein will, in Ermangelung eines Ersatzerben den übrigen Miterben nach dem Verhältnisse ihrer Erbteile an.[14] An die Stelle der Grundlage der Anwachsung aber, die nach römischem Rechte in der Verbindung mehrerer gemeinschaftlich auf einen Bruchteil eingesetzter Erben besteht, ist im preußischen Rechte die Vorschrift getreten, daß Sachen und Rechte, welche mehreren Erben auf ihre Erbteile ungeteilt angewiesen sind, beim Wegfalle des einen

---

[12] B.G.B. § 2094 Abs. 1 Satz 2.
[13] B.G.B. § 2094 Abs. 2.
[14] A.L.R. I 12 §§ 281, 282.

dieser Teilunggenossen nur den anderen mit Ausschließung der übrigen Erben zufallen.[15]

Das österreichische Gesetzbuch hat ebenfalls den Willen des Erblassers zur Grundlage der Anwachsung gemacht. Wenn nämlich mehrere Erben ungeteilt, oder unter der Anordnung gleicher Teilung zu der ganzen Erbschaft oder zu einem bestimmten Bruchteile der Erbschaft berufen sind, so wächst ein erledigter Erbteil den übrigen Erben, zunächst denjenigen, die dem Ausdrucke nach miteinander verbunden sind, von selbst an. Dagegen erhält derjenige, der auf einen bestimmten Bruchteil der Erbschaft eingesetzt ist, immer nur den ihm zugewiesenen Teil. Der Teil der Erbschaft, den einer der miteingesetzten Erben nicht erwirbt, fällt also, wenn nicht andere Erben zu dem Teile berufen sind, nicht den auf einen bestimmten Bruchteil beschränkten Erben, sondern, sofern nicht die übrigen Erben oder einer oder einige derselben unbeschränkt berufen sind, den gesetzlichen Erben zu.[16]

Das sächsische Gesetzbuch läßt die Anwachsung in dem Falle eintreten, wenn von mehreren Erben, die zusammen auf die ganze Erbschaft eingesetzt sind, ohne daß jedoch der Teil, den jeder erhalten soll, bestimmt ist, oder wenn von mehreren Erben, die zusammen auf einen Bruchteil der Erbschaft eingesetzt sind, ohne daß der Teil, den jeder erhalten soll, bestimmt ist, einer oder einige wegfallen.[17] Grund der Anwachsung ist also hier das Nichtvorhandensein einer Teilbestimmung bei gemeinschaftlicher Einsetzung von Erben auf die ganze Erbschaft oder auf einen Bruchteil der Erbschaft. Sind von den mehreren Erben, die zusammen auf die ganze Erbschaft oder auf einen Bruchteil der Erbschaft eingesetzt sind, ohne daß bestimmt ist, wieviel ein jeder erhalten soll, einige in einem Satze oder durch eine Gesamtbezeichnung verbunden, und fällt von diesen einer oder fallen einige weg, so findet die Anwachsung zunächst unter den auf diese Weise verbundenen statt. Sind dagegen von den auf die ganze Erbschaft berufenen mehreren Erben einige allein auf Bruchteile oder auf einzelne Sachen, Rechte oder Summen, andere ohne Angabe, wieviel jeder erhalten soll, eingesetzt, so findet die Anwachsung nur unter denen statt, die ohne Angabe dessen, was jeder erhalten soll, eingesetzt sind.[18]

Die Anwachsung, welche sich als Folge der Einsetzung mehrerer

---

[15] A.L.R. I 12 § 284.

[16] Österreich. Gesetzbuch §§ 554, 556, 560, 563, 727, 728; Unger, österreich. Erbrecht § 38.

[17] Sächs. Gesetzbuch § 2269.

[18] Sächs. Gesetzbuch §§ 2270, 2271.

Erben an sich und als Folge der Einsetzung von Erben in einem und demselben Satze und auf einen und denselben Bruchteil der Erbschaft darstellt, ist zwar von dem Willen des Erblassers insofern abhängig, als es bei dem Erblasser steht, die Voraussetzungen der Anwachsung eintreten zu lassen. Sind aber die Voraussetzungen gegeben, so tritt die Anwachsung von selbst ein, und das römische Recht spricht einem entgegenstehenden Willen des Erblassers die Wirksamkeit ab,[19] wenn schon es zulässig ist, daß der Erblasser den Eintritt der Anwachsung dadurch verhindert, daß er über den Erbteil, der beim Wegfalle dessen, dem er in erster Reihe bestimmt ist, einem anderen Erbteile anwachsen würde, durch Einsetzung eines Ersatzerben verfügt.[20]

Der Satz, daß der Eintritt der Anwachsung, wenn ihre Voraussetzungen gegeben sind, auch durch den Willen des Erblassers nicht gehindert werden kann, ist die notwendige Folge der Ausschließung der gesetzlichen Erbfolge durch die testamentarische. Er muß fallen, wenn beide Arten der Vererbung nebeneinander zugelassen werden. Das preußische Gesetzbuch und das sächsische schreiben daher übereinstimmend vor, daß, wenn der Erblasser die Anwachsung verboten hat, in Ansehung des erledigten Erbteiles die gesetzliche Erbfolge eintritt.[21] Das bürgerliche Gesetzbuch für das Deutsche Reich bestimmt ebenfalls, daß der Erblasser die Anwachsung ausschließen kann.[22] In der Kommission für die zweite Lesung des Entwurfes wurde der Antrag gestellt, auszusprechen, daß die Anwachsung dadnrch nicht ausgeschlossen werde, daß der Erblasser die Erben auf Erbteile eingesetzt habe, die ihrer Größe nach bezeichnet seien. Die Kommission hielt den Gedanken des Antrages für richtig, den Satz aber für selbstverständlich, da er sich aus den anderen Bestimmungen des Gesetzbuches über Anwachsung der Erbteile von selbst ergebe.[23]

Die Anwachsung bedarf keiner Thätigkeit desjenigen, dessen Erbteil sich um den Erbteil des wegfallenden Erben vergrößert. Sie tritt auch nach dieser Richtung von selbst ein. Der Erbe braucht den seinem Erbteile anwachsenden Erbteil nicht anzunehmen. Er kann ihn nicht einmal ausschlagen. Er erwirbt ihn, ohne von der Anwachsung zu wissen.[24] Auch der Tod des Erben, dessen Erbteil vergrößert wird, steht der An-

---

[19] Vgl. v. Vangerow, Pandekten Bd. 3 § 494 Anm. 1, 2, 3.

[20] S. oben Anm. 7.

[21] A.L.R. I 12 § 285; sächs. Gesetzbuch § 2276.

[22] B.G.B. § 2094 Abs. 3.

[23] Protokolle der Kommission für die zweite Lesung des Entwurfes, 339. Sitzung IX.

[24] L. 31 l. 53 § 1 D. de acq. vel om. her. (29, 2). Brinz, Pandekten Bd. 3 § 391 Anm. 15.

wachsung nicht entgegen. Die Vergrößerung tritt in der Person des Erbeserben ein, wenn der Erbe vorher stirbt.[25] Diese Sätze gelten nach römischem Rechte ebenso wie nach den einzelstaatlichen deutschen Gesetzgebungen und nach dem bürgerlichen Gesetzbuche,[26] auch ohne daß sie ausdrücklich ausgesprochen sind.

§ 55. II. Lasten des anwachsenden Erbteiles.

Lasten, die der Erblasser dem wegfallenden Miterben, dessen Erbteil infolge dieses Wegfalles einem anderen Erbteile anwächst, auferlegt hat, gehen nach Justinianischem Rechte auf den Erwerber über.[1] Nach älterem römischen Rechte galten die mit dem Erwerbe eines Erbteiles verbundenen Lasten als der Person des Erben auferlegt. Fiel also der eingesetzte Erbe weg, so war kein Belasteter mehr vorhanden.[2] Dies änderte sich infolge einer Bestimmung des Kaisers Severus. Darin war festgesetzt, daß bei einer Substitution die dem Instituierten auferlegten Lasten, auch wenn sie nicht ausdrücklich wiederholt wären, als dem Substituierten stillschweigend auferlegt zu gelten hätten. Die Anwachsung aber sah man als Quasisubstitution an.[3] Im übrigen war durch die lex Julia et Papia Poppaea für die Kaduzitätfälle dieses Gesetzes bestimmt, daß der Erbteil, welcher der Kaduzität verfiel, demjenigen, an den er infolgedessen gelangte, nur mit den Lasten, die der Erblasser an den Erwerb geknüpft hatte, zufallen sollte. Und mit der durch die Konstitution Justinians de caducis tollendis erfolgten Aufhebung des Kaduzitätrechtes wurde gleichzeitig angeordnet, daß die einem Miterben auferlegten Lasten, wenn dieser Miterbe wegfiel und der auf ihn entfallende Erbteil daher einem Erbteile anwuchs, der einem anderen Erben zu teil geworden war, mit dem Erbteile auf diesen anderen Erben übergingen.[4]

---

[25] L. 9 D. de suis (38, 16).

[26] Die Sätze folgen aus dem Begriffe und liegen schon im Worte.

[1] L. 49 § 4 D. de leg. II (31).

[2] L. 29 § 1, 2 D. de leg. II (31).

[3] L. 61 § 1 D. de leg. II (31): Julianus quidem ait, si alter ex legitimis heredibus repudiasset portionem, cum essent ab eo fideicommissa relicta, coheredem eius non esse cogendum fideicommissa praestare: portionem enim ad coheredem sine onere pertinere. Sed post rescriptum Severi, quo fideicommissa ab instituto relicta a substitutis debentur, et hic quasi substitutus cum suo onere consequetur adcrescentem portionem.

[4] L. un § 9 C. de caduc. toll. (6, 51). Von den im Falle der Anwachsung eines erledigten Erbteiles stattfindenden Übergange der mit dem Erbteile verbundenen Lasten sind diejenigen ausgenommen, die dem Erben auferlegte Handlungen be-

Der Grundsatz, daß der anwachsende Erbteil auf den Erben, dessen Erbteil durch die Anwachsung vergrößert wird, mit den Lasten übergeht, die der Erblasser mit dem Erwerbe des Erbteiles verbunden hat, ist auch von einzelstaatlichen deutschen Gesetzgebungen aufgenommen worden. Das preußische allgemeine Landrecht hat den Übergang der Lasten aber nur eingeschränkt angeordnet. Es bestimmt nämlich, daß der Erbe, dessen Erbteil durch die Anwachsung vergrößert wird, denjenigen, welchen aus dem anwachsenden Erbteile Vermächtnisse beschieden sind, nicht weiter gerecht zu werden braucht, als der angefallene Erbteil hinreicht.[5] Aus dieser Bestimmung ergiebt sich zuerst, daß der Erbe, dessen Erbteil um den anwachsenden Erbteil sich vergrößert hat, mit dem anwachsenden Erbteile den Vermächtnisnehmern ebenso gegenübersteht, wie ein Erbe, der mit dem Vorbehalte des Inventars Erbe geworden ist, auch wenn er kein Inventar gelegt hat. Es ergiebt sich aus ihr ferner, daß der anwachsende Erbteil denjenigen gegenüber, welchen der Erblasser aus ihm Vermächtnisse beschieden hat, als besonderer Erbteil insofern gilt, als die Vermächtnisnehmer nur nach Kräften dieses Erbteiles Befriedigung beanspruchen können. — Dagegen hat das sächsische Gesetzbuch den Grundsatz des Überganges der auf den anwachsenden Erbteil vom Erblasser gelegten Lasten mit der oben erwähnten von Justinian im § 9 der Constit. de caducis tollendis aufgestellten Einschränkung dahin übernommen, daß der Erbe zur Erfüllung der Lasten verpflichtet ist, ausgenommen, wenn diese sich bloß auf die Person des Wegfallenden beziehen.[6]

Das bürgerliche Gesetzbuch für das Deutsche Reich enthält die Bestimmung, daß der durch Anwachsung einem Erben anfallende Erbteil in Ansehung der Vermächtnisse und Auflagen, mit denen dieser Erbe oder der wegfallende Erbe beschwert ist, sowie in Ansehung der Ausgleichung-

---

treffen, bei denen es darauf ankommt, daß sie gerade von dem Erben selbst geleistet werden (l. un. § 9 C. de caduc. toll.). In Ansehung einer zweiten Ausnahme besteht Streit. Der Streit ist durch den Inhalt des § 3 der Konstitution Justinians hervorgerufen und betrifft die Frage, ob nach dieser Stelle eine Ausnahme auch für die Fälle gemacht ist, in denen Erbeinsetzungen in Rede stehen, die pro non scripto gelten, also von vornherein ungültig sind, oder ob die Stelle nicht vielmehr von ungültigen, pro non scripto zu erachtenden, beim Beschwerten bleibenden Vermächtnissen zu verstehen ist, also von Erbteilen und Anwachsung überhaupt nichts enthält. Zu vgl. Francke, Beiträge S. 123flg.; Arndts in Glück, Pandektenkommentar Bd. 47 S. 270flg.; v. Vangerow, Pandekten Bd. 2 § 496 Anm. 3 V; Brinz, Pandekten 2. Aufl. Bd. 3 § 391 Anm. 35; Windscheid, Pandekten Bd. 3 § 603 Anm. 12.

[5] A.L.R. I 12 §. 287.

[6] Sächs. bürgerl. Gesetzbuch § 2275.

pflicht als besonderer Erbteil gilt.[7] Der Satz war mit Ausnahme der Worte, die sich auf die Ausgleichungpflicht beziehen, schon im ersten Entwurfe[8] enthalten. Die dem ersten Entwurfe beigegebenen Motive bemerken dazu, daß nur durch eine Vorschrift, wie sie der Entwurf gebe, die Härte der zweckmäßigen Vorschrift, daß der angewachsene Erbteil nicht für sich ausgeschlagen werden dürfe, gemildert werden könne.[9] Die Erwägung ist zutreffend. Die in das bürgerliche Gesetzbuch übergegangene Vorschrift des Entwurfes hat auch Vorzüge vor der des preußischen Rechtes. Das letztere mildert die Härte der Vorschrift, daß der angewachsene Erbteil nicht für sich ausgeschlagen werden darf, dadurch, daß es den Erben, dessen Erbteil um den angewachsenen Erbteil vergrößert wird, in Bezug auf seine Haftung gegenüber den Vermächtnisnehmern, die aus dem angewachsenen Erbteile zu befriedigen sind, wie einen Vorbehaltserben behandelt, ohne daß er ein Inventar errichtet zu haben braucht. Nach dem bürgerlichen Gesetzbuche[10] werden beide Erbteile, der ursprüngliche und der angewachsene, in Ansehung der Vermächtnisse und Auflagen gesondert. Dies hat für den angewachsenen Erbteil, wenn derselbe anders beschwert ist als der ursprüngliche, die Bedeutung, daß die Haftung des Erben sich so bestimmt, wie wenn die Erbteile verschiedenen Erben gehörten. Von der persönlichen Haftung für die auf dem angewachsenen Erbteile ruhenden besonderen Lasten kann also der Erbe nur dadurch frei werden, daß er sich in Ansehung des angewachsenen Erbteiles der Schutzmittel bedient, die das Gesetzbuch dem Erben giebt, der seine Haftung für die Nachlaßverbindlichkeiten auf den Nachlaß beschränken will.

Das bürgerliche Gesetzbuch bestimmt, daß auch in betreff der Ausgleichungpflicht der einem anderen Erbteile angewachsene Erbteil als ein besonderer Erbteil gelten soll.[11] Eine Bestimmung dieses Inhaltes ist weder im römischen Rechte, noch in einer der einzelstaatlichen deutschen

---

[7] B.G.B. § 2095.

[8] Erster Entwurf § 1799.

[9] Motive Bd. 5 S. 73.

[10] B.G.B. § 2095. Bei den Beratungen der Kommission für die zweite Lesung des Entwurfes wurde die Vorschrift mit Rücksicht auf die Bestimmungen der §§ 1951, 2161 B.G.B. (§§ 2037, 1876 des Entwurfes erster, §§ 1828, 2032 des Entwurfes zweiter Lesung), nach welchen die Annahme eines Erbteiles (bei Gleichheit des Berufunggrundes) die Ausschlagung des anwachsenden unzulässig macht, die Beschwerungen des anwachsenden Erbteiles aber beim Wegfalle des zunächst eingesetzten Erben bestehen bleiben, als ein durch Billigkeitrücksichten gebotener Schutz gegen Benachteiligung des Erben durch Anwachsung eines „überschwerten" Erbteiles angesehen (Protokolle der Kommission für die zweite Lesung des Entwurfes, 339. Sitzung X. S. 6716 f.).

[11] B.G.B. § 2095.

Gesetzgebungen, noch auch im ersten Entwurfe eines bürgerlichen Gesetzbuches enthalten. Die Bestimmung enthält indes kein neues Recht. Die Ausgleichungpflicht hat nach gemeinem Recht ebenso wie nach dem preußischen und dem sächsischen Gesetzbuche und auch nach dem bürgerlichen Gesetzbuche für das Deutsche Reich den Inhalt, daß sie den Erbteil des zur Ausgleichung verpflichteten Miterben vermindert. Hat also der zur Ausgleichung verpflichtete Miterbe sich der Erbschaft entschlagen, und ist deshalb der Fall der Anwachsung eingetreten, so kann vermöge Anwachsungrechtes der freigewordene Erbteil auf die Miterben nur insoweit übergehen, als er durch die Ausgleichungpflicht des Miterben, der sich der Erbschaft entschlagen hat, nicht geringer geworden ist.

§ 56. III. Der Nacherbe und der Erbschaftkäufer der Anwachsung gegenüber.

Für den Fall, daß der Erbteil, der sich durch den Wegfall eines der mehreren Erben um den Erbteil des wegfallenden Erben vergrößert, Gegenstand eines Universalfideikommisses ist, wird im gemeinen Rechte darüber gestritten, ob der anwachsende Erbteil dem Fiduziar oder dem Fideikommissar zustehe. Die Schriftsteller, welche die Meinung aufstellen, daß der anwachsende Erbteil nicht dem Universalfideikommissar, sondern dem Fiduziar zufalle, stützen sich dabei auf den Inhalt einiger[1] Stellen, der aber zum Beweise, daß die römischen Juristen jener Meinung gewesen sind, nicht ausreichend ist Muß davon ausgegangen werden, daß beim Universalfideikommisse Gegenstand der Herausgabe an den Fideikommissar der Erbteil sein soll, den der Fiduziar mit der Verpflichtung zur Herausgabe erworben hat, und daß der herauszugebende Erbteil sich um den Erbteil des wegfallenden Erben vergrößert hat, so entspricht es dem Begriffe der Anwachsung, dem Fideikommissar das Recht auf den anwachsenden Erbteil zu geben.[2] Dabei kann dahingestellt bleiben, ob das Recht des Fideikommissars schon aus der Regel: „portio portioni accrescit" mit Notwendigkeit folgt.[3] Auch der Wille des Erblassers muß hier in Betracht gezogen werden. Denn wiewohl die Anwachsung vom Willen des Erblassers regelmäßig unabhängig und eine Erklärung des Erblassers, nach der die Anwachsung ausgeschlossen

---

[1] L. 83 D. de adq. vel om. her. (29, 2), l. 44 (43) D. ad Sct. Trebell. (36, 1). S. darüber Baumeister, das Anwachsungrecht unter Miterben S. 121 flg.

[2] Über die Streitfrage ist im übrigen zu vergleichen die Litteratur bei v. Vangerow, Pandekten Bd. 2 § 494 Anm. Nr. 5.

[3] Über den Grundsatz: „portio portioni accrescit" zu vergl. Brinz, Pandekten 2. Ausg. Bd. 3 § 391 Nr. 3.

sein soll, nicht rechtsgültig ist, so gilt dies doch nicht von einer Erklärung des Erblassers, durch welche die Rechtsstellungen des Fideikommissars und des Fiduziars in Bezug auf die Erbteile, die dem zum Gegenstande des Fideikommisses gemachten Erbteile anwachsen möchten, bestimmt werden. Hier entscheidet der Wille des Erblassers in Bestimmung des Umfanges des Universalfideikommisses.

Das preußische und das sächsische Gesetzbuch stehen ebenfalls auf dem Standpunkte, der für das gemeine Recht als der richtige bezeichnet worden ist. Das preußische Gesetzbuch enthält allerdings ausdrücklich keine Bestimmung des Inhaltes, daß der Erbteil, der dem zum Gegenstande einer fideikommissarischen Substitution gemachten Erbteile anwächst, mit diesem Erbteile an den fideikommissarischen Substituten herausgegeben werden müsse. Allein daß für das preußische Recht der in Rede stehende Gesichtspunkt in Anspruch zu nehmen ist, ergiebt sich daraus, daß nach diesem Gesetzbuche beim Erbschaftkaufe die Rechte, die der Erbe infolge des Wegfalles von Miterben auf die Anwachsung der erledigten Erbteile hat, auf den Erbschaftkäufer übergehen.[4] Erkennt aber das objektive Recht auf Seite des Erben, der die Erbschaft verkauft hat, ein Recht auf das, was der verkauften Erbschaft demnächst anwächst, nicht an, wenn es sich der Verkäufer nicht etwa vorbehalten hat, so kann auch nicht angenommen werden, daß bei einer fideikommissarischen Substitution der Fiduziar den Erbteil, der dem von der Substitution ausdrücklich getroffenen Erbteile anwächst, für sich behalten darf, wenn nicht etwa vom Erblasser der Wille einer entsprechenden Einschränkung der Substitution zu erkennen gegeben worden ist. — Das sächsische Gesetzbuch bestimmt ausdrücklich, daß, wenn der Erbe infolge einer vom Erblasser angeordneten Erbanwartschaft seinen Erbteil herauszugeben hat, die Herausgabepflicht alles umfaßt, was der Erbe vermöge Anwachsungrechtes erhält.[5]

Das bürgerliche Gesetzbuch für das Deutsche Reich schreibt vor, daß das Recht des Nacherben sich im Zweifel auf den Erbteil erstreckt, der dem Vorerben infolge des Wegfalles eines Miterben anfällt.[6] Der erste Entwurf enthielt die Bestimmung: „Das Recht des Nacherben er-

---

[4] A.L.R. I 11 §§ 456 bis 458.

[5] Sächs. Gesetzbuch § 2511.

[6] B.G.B. § 2110. Bei den Beratungen der Kommission für die zweite Lesung des Entwurfes wurde von der einen Seite beantragt, auszusprechen, daß das Recht des Nacherben im Zweifel sich nicht auf das erstrecke, was dem Vorerben infolge des Wegfallens eines Miterben anfalle. Der Antrag wurde abgelehnt. Man erwog, der Zweck der Einsetzung eines Nacherben sei darauf gerichtet, daß der Vorerbe alles, was er als Erbe erhalten habe, an den Nacherben herausgebe, und daß der Nacherbe voll-

streckt sich auf die durch Anwachsung erfolgte Erweiterung des Erbteiles des Vorerben".[7] Die Fassung des Gesetzbuches unterscheidet sich von der des ersten Entwurfes darin, daß die Redaktoren des Entwurfes in dem unterstellten Falle, wenn bei Einsetzung eines Nacherben dem von der Einsetzung des Nacherben betroffenen Erbteile der Erbteil eines Miterben anwächst, an einen Zweifel, der das Recht des Nacherben auf den angewachsenen Erbteil hätte in Frage stellen können, nicht gedacht haben, ebenso wie die Redaktoren des sächsischen bürgerlichen Gesetzbuches das Recht des Anwärters auf den angewachsenen Erbteil an sich nicht für zweifelhaft gehalten haben, selbstverständlich unbeschadet der rechtlichen Möglichkeit für den Erblasser, einem anderen Willen Ausdruck zu geben.

Im gemeinen Rechte wird darüber gestritten, ob, wenn ein Erbe die Erbschaft verkauft hat, ein anderer Erbteil, der dieser Erbschaft infolge Wegfalles eines der Miterben anwächst, dem Käufer oder dem Verkäufer der Erbschaft zu gute kommt. Es stehen bei diesem Streite zum Teil dieselben Parteien einander gegenüber wie bei dem vorher besprochenen Streite, der die Frage betrifft, ob, wenn ein Erbteil zum Gegenstande eines Universalfideikommisses gemacht ist und diesem Erbteile ein anderer Erbteil anwächst, der Fiduziar oder der Fideikommissar Anspruch auf den anwachsenden Erbteil hat. Die Voraussetzungen für die Beantwortung der beiden Streitfragen sind insofern verschieden, als es sich in dem einen Falle um die Bestimmung des Inhaltes einer letztwilligen Verfügung, in dem anderen um die Bestimmung des Inhaltes einer Willenseinigung bei einem Vertragschlusse handelt. Sie sind insofern gleich, als in beiden Fällen das Wesen der Anwachsung zur Beurteilung steht, und die Frage zu entscheiden ist, ob in dem Willen, einem Anderen ein Recht auf einen Erbteil zu verschaffen, der Wille begriffen ist, dem Anderen auch das Recht auf einen diesem Erbteile anwachsenden Erbteil zu verschaffen. Diese Gleichheit hat die Vertreter der Wissenschaft auf beiden Seiten bisher dahin geführt, die eine Streitfrage ebenso zu beantworten, wie die andere.[8] Auch das sächsische

---

ständig in die Stellung des Vorerben eintrete; darnach werde man dem mutmaßlichen Willen des Erblassers am meisten gerecht werden, wenn man die Bestimmung treffe, daß das Recht des Nacherben sich auch auf jede dem Vorerben als Erben zugefallene Erweiterung des Erbteiles erstrecke, gleichviel ob dieselbe auf die Einsetzung als Ersatzerbe, auf Anwachsung oder auf andere gesetzliche Gründe zurückzuführen sei. Doch entschied man sich dafür, den Satz nur als Auslegungregel aufzustellen (Protokolle der Kommission für die zweite Lesung des Entwurfes, 340. Sitzung III. S. 6742 flg.).

[7] § 1814 des ersten Entwurfes.

[8] Über die Streitfrage zu vergl. die Litteratur bei v. Vangerow, Pandekten Bd. 2 § 494 Anm. Nr. 6.

Gesetzbuch — die Stellung des preußischen zu der Streitfrage ist schon erörtert worden[9] — entscheidet die eine Frage wie die andere. Es bestimmt nämlich, daß, wenn ein Erbe, dem der Bruchteil einer Erbschaft augefallen ist, seinen Erbteil veräußert, die Veräußerung sich im Zweifel auf das erstreckt, was ihm durch Anwachsung zufällt.[10] Diese Bestimmung unterscheidet sich also von dem Rechtssatze, der die gleiche Frage in Ansehung des Willensinhaltes bei einer Erbanwartschaft, betrifft, nur darin, daß das Gesetz in dem letzteren Falle die Möglichkeit eines Zweifels nicht berücksichtigt, während es in dem anderen diese Möglichkeit ins Auge faßt.

In dem bürgerlichen Gesetzbuche für das Deutsche Reich sind die beiden Streitfragen, die bisher im wesentlichen gleiche Beurteilung gefunden haben, verschieden beantwortet worden. Das Gesetzbuch enthält die Bestimmung, daß ein Erbteil, der dem Verkäufer der Erbschaft nach dem Abschlusse des Kaufvertrages infolge des Wegfalles eines Miterben anfällt, im Zweifel nicht als mitverkauft anzusehen ist.[11] Das Gesetzbuch unterscheidet also, ob es sich um eine Anwachsung handelt, die schon vor dem Abschlusse des Erbschaftkaufes sich durch den Wegfall eines der Miterben vollzogen hat, — in diesem Falle gilt der angewachsene Erbteil als mitverkauft, wenn er nicht etwa vom Kaufe besonders ausgeschlossen ist, — oder ob der Wegfall des Erben und die durch den Wegfall herbeigeführte Anwachsung erst später eingetreten ist, — in diesem Falle bleibt der Erbteil, um den der Erbteil des Verkäufers vermehrt sein würde, wenn er nicht verkauft wäre, im Zweifel dem Verkäufer. Die Bestimmung des bürgerlichen Gesetzbuches war dahin, daß der dem verkauften Erbteile nach dem Kaufsabschlusse infolge Wegfalles eines anderen Erben angewachsene Erbteil nicht als mitverkauft angesehen werden sollte, ohne daß also einem Zweifel Raum gegeben wurde, schon im ersten Entwurfe[12] enthalten. Die dem ersten Entwurfe beigegebenen Motive bemerken,[13] daß die Frage, ob der Erbteil, um den der ursprüngliche Erbteil des Verkäufers durch Anwachsung sich vergrößert, dem Verkäufer oder dem Käufer gebühre, nicht aus dem Wesen des Anwachsungrechtes, sondern lediglich nach der mutmaßlichen Absicht der Vertragschließenden zu entscheiden sei, und

---

[9] S. oben Anm. 4.

[10] Sächs. Gesetzbuch § 2373.

[11] B.G.B. § 2373.

[12] § 488 Abs. 2 des ersten Entwurfes.

[13] Motive Bd. 2 S. 355.

daß diese für die Bestimmung des Entwurfes spreche. Bei den Beratungen der Kommission für die zweite Lesung des Entwurfes wurde gegen die gleichartige Behandlung beider Fälle geltend gemacht, bei dem Verkaufe einer Erbschaft sei die Leistung des Käufers genau nach dem Bestande der Erbschaft zur Zeit des Verkaufes zu bemessen, so daß die Zuwendung des nachträglichen Zuwachses ein ungerechtfertigtes Geschenk für den Käufer sein würde. Bei der Ernennung eines Nacherben aber stehe lediglich die Feststellung des einseitigen maßgebenden Willens des Erblassers in Frage.[14]

§ 57. Einsetzung eines Ersatzerben.

Einsetzung eines Ersatzerben ist die Bezeichnung, die das bürgerliche Gesetzbuch für das Deutsche Reich der Vulgarsubstitution des römischen Rechtes gegeben hat. Das bürgerliche Gesetzbuch enthält den Satz, daß der Erblasser für den Fall, daß ein Erbe vor oder nach dem Eintritte des Erbfalles wegfällt, einen Anderen als Erben einsetzen kann. Diesen Anderen nennt das Gesetzbuch „Ersatzerbe".[1]

Der erste Entwurf teilt die Fälle, in denen die Einsetzung eines Ersatzerben vorkommen kann, in solche, in denen die Einsetzung des zunächst eingesetzten Erben unwirksam ist, und in solche, in denen sie unwirksam wird.[2] Die dem ersten Entwurfe beigegebenen Motive sprechen sich dahin aus, daß die mit der Aufzählung der beiden Fälle gegebenen Begriffsbestimmung der Einsetzung eines Ersatzerben in der Richtung auf das Unwirksamsein und auf das Unwirksamwerden der Erbeinsetzung erforderlich sei, um klarzustellen, welche Art von Substitution gemeint sei, wenn das Gesetz sich des Ausdruckes „Ersatzerbe" bediene. Die Motive geben dabei der Absicht Ausdruck, daß mit der Einsetzung eines Ersatzerben der Wegfall des eingesetzten Erben durch dessen vor dem Tode des Erblassers eingetretenen Tod ebenso wie der Wegfall durch Ausschlagung der Erbschaft, ferner die Fälle der Nichtigkeit und der Anfechtbarkeit der Einsetzung und der Fall der Anfechtbarkeit wegen Erbunwürdigkeit getroffen werden sollen. Ein hinreichender Grund zu einer Beschränkung bestehe nicht, zumal der Erblasser nicht gehindert sei, die Einsetzung eines

---

[14] Protokolle a. a. O., 340. Sitzung III. S. 6743.

[1] B.G.B. § 2096. Das sächsische Gesetzbuch hat den Ausdruck „Vulgarsubstitution" mit „Nacherbeinsetzung" wiedergegeben (§ 2187). Das österreichische bezeichnet sowohl den Vulgarsubstituten als auch den Universalfideikommissar als Nacherben (§§ 609, 612, 615).

[2] Erster Entwurf § 1800.

Ersatzerben nur für bestimmte Fälle anzuordnen, also gerade die zuletzt bezeichneten Fälle, auf die sich nach dem geltenden Rechte eine angeordnete Vulgarsubstitution in der Regel nicht beziehe, auszuschließen. Habe der Erblasser diese Fälle nicht ausdrücklich ausgenommen, so bleibe es noch eine Thatfrage, ob die Einsetzung des Ersatzerben auch für die Fälle der Nichtigkeit oder der Anfechtbarkeit der Erbeinsetzung gemeint oder ob eine nach allgemeinen Vorschriften zu beurteilende bedingte Erbeinsetzung anzunehmen sei. Ergebe sich aber, daß eine Ersatzberufung gewollt sei, so stehe der Anerkennung dieses Willens nichts entgegen.[3] In der Kommission für die zweite Lesung des Entwurfes ging man ebenfalls davon aus, daß der Bereich der Ersatzberufung eines Erben möglichst weit auszudehnen sei. Und man beabsichtigte mit der vorgenommenen Änderung der Fassung keine sachliche Abweichung von den Gedanken des Entwurfes.

Nach römischem Rechte ist die Einsetzung eines Ersatzerben eine Erbeinsetzung für den Fall, daß eine zuerst zum Erben eingesetzte Person nicht Erbe werden sollte.[4] Es sind aber nach römischem Rechte nicht alle Fälle, in denen die an erster Stelle zum Erben ernannte Person nicht Erbe sein kann, solche, in denen eine Ernennung zum Ersatzerben wirksam wird. Ist die an erster Stelle zum Erben ernannte Person erbunwürdig, so erlangt in den meisten Fällen der Fiskus das Recht, dem ernannten Erben die Erbschaft zu entreißen.[5] In einigen Fällen der Erbunwürdigkeit verliert der ernannte Erbe die Erbschaft an andere Personen.[6] Ein vom Erblasser ernannter Ersatzerbe ist also in allen diesen Fällen von dem Erbewerden ausgeschlossen. Die neueren Gesetzgebungen haben das Erbunwürdigkeitrecht anders gestaltet. Das preußische Gesetzbuch hat das Recht des Fiskus ausdrücklich beseitigt.[7] Auch in andere Gesetzbücher ist das Recht des Fiskus nicht übergegangen. Das nach römischem Rechte im Falle der Unwürdigkeit des ernannten Erben anderen Personen besonders eingeräumte Recht auf die Erbschaft ist in neuere Gesetzgebungen ebenfalls nicht aufgenommen worden. Das preußische Gesetzbuch legt den Erbunwürdigkeitgründen, die es als solche gelten läßt, die Wirkung bei, daß der Erbunwürdige des ihm in einer letzt-

---

[3] Motive Bd. 5 S. 74.

[4] Pr. J. de vulg. subst. (2, 15).

[5] Windscheid, Pandekten Bd. 3 §§ 670 bis 673.

[6] Windscheid a. a. O. § 670 Nr. 6, 7, § 671 Nr. 4, 5, 7, § 673 S. 438.

[7] A.L.R. II 16 § 18: „Die bloße Unfähigkeit oder Unwürdigkeit des — Erben giebt also dem Staate auf den Nachlaß noch keinen gegründeten Anspruch."

willigen Verfügung des Erblassers zugedachten Vorteils verlustig wird.[8] Es liegt also der Fall vor, daß der Erbunwürdige, wenn er zum Erben ernannt ist, den ihm zugedachten Vorteil nicht annehmen oder nicht behalten kann. Damit ist der Fall gegeben, daß der Ersatzerbe berufen wird. Das sächsische Gesetzbuch stellt den Satz auf, daß im Falle der Unwürdigkeit eines Erben die Erbfolge so zu bestimmen ist, als wäre der Unwürdige vor dem Erblasser gestorben.[9] Es liegt also auch bei Erbunwürdigkeit des eingesetzten Erben der Fall des Eintrittes des Ersatzerben vor. Das bürgerliche Gesetzbuch für das Deutsche Reich bestimmt als Folge der Erbunwürdigkeit, daß die Erbschaft dem zufällt, der berufen sein würde, wenn der Erbunwürdige zur Zeit des Erbfalles nicht gelebt hätte.[10] Der Anfall an diesen gilt als mit dem Eintritte des Erbfalles erfolgt. Der Ersatzerbe ist also mit dem Erbfalle zur Erbschaft berufen.

Nach gemeinem Rechte wird darüber gestritten, ob, wenn der Erblasser den Ersatzerben nur für den Fall eingesetzt hat, daß der vorgehende Erbe nicht Erbe werden will, darunter auch der Fall begriffen ist, daß er nicht Erbe werden kann, und umgekehrt. Die herrschende Meinung war immer für die Bejahung der Frage.[11] Das preußische Gesetzbuch hat ausdrücklich ausgesprochen, daß die Ernennung des Ersatzerben, auch wenn sie nur für den einen der beiden Fälle ausgesprochen ist, doch von beiden Fällen zu verstehen ist.[12] Das sächsische Gesetzbuch unterscheidet sich vom preußischen darin, daß der ernannte Ersatzerbe im Zweifel als für beide Fälle ernannt gelten soll, auch wenn er nur für den einen Fall ernannt ist.[13] Einen Satz des gleichen Inhaltes hat das bürgerliche Gesetzbuch für das Deutsche Reich aufgenommen.[14]

Die Einsetzung eines Ersatzerben steht nach allen bisher besprochenen Rechtssystemen unter den Rechtssätzen einer bedingten letztwilligen Zuwendung. Für den Fall, daß auch der zuerst ernannte Ersatzerbe nicht Erbe wird, kann wieder ein Ersatzerbe und für den Fall, daß auch dieser nicht Erbe wird, ein dritter Ersatzerbe eingesetzt werden. Auch der

---

[8] A.L.R. I 12 §§ 599, 600, 608, 609.

[9] Sächs. Gesetzbuch § 2278.

[10] B.G.B. § 2344.

[11] Zu vgl. die ältere Litteratur bei Mühlenbruch in Glück, Pandektenkommentar Bd. 40 S. 301 flg. Mühlenbruch selbst verneint die Frage. Von Neueren zu vgl. Windscheid, Pandekten Bd. 3 S. 557 Anm. 4; Sintenis, Civilrecht Bd. 3 § 174 A Anm. 7; Dernburg, Pandekten Bd. 3 § 88.

[12] A.L.R. I 12 §§ 51, 52.

[13] Sächs. Gesetzbuch §§ 2189.

[14] B.G.B. § 2097. Der Satz war schon im ersten Entwurfe (§ 1801) enthalten.

weiteren Fortsetzung der Reihe steht nichts entgegen.[15] Ebenso können mehrere Ersatzerben als Miterben an die Stelle eines Erben berufen werden. Miterben können zusammen, es kann aber bei Einsetzung von Miterben auch jeder einzelne von mehreren Miterben einen Ersatzerben erhalten. Ebenso können mehrere Miterben einander gegenseitig zu Ersatzerben berufen werden.[16]

§ 58. 1. Fortsetzung.

Bei der Verschiedenartigkeit der Gestalten, welche die Ernennung von Ersatzerben annehmen kann, und infolge des im römischen Rechtsleben offenbar häufig gewesenen Vorkommens ihrer Ernennung zeigen die römischen Rechtsbücher einen bemerkenswerten Reichtum an Rechtsregeln, welche die Auslegung letztwilliger Anordnung der Einsetzung von Ersatzerben betreffen. Sind mehrere Ersatzerben nacheinander eingesetzt in der Art, daß der eine unmittelbar zum Ersatzerben des eingesetzten Erben und der folgende immer erst nach dem Wegfalle des vorgehenden berufen sein soll, so steht es dem Erbewerden eines dieser Ersatzerben nicht entgegen, wenn die vor ihm zur Erbschaft berufenen Personen nicht in derselben Reihe wegfallen, in der sie eingesetzt sind.[1] Hat, wenn mehrere Miterben einander gegenseitig zu Ersatzerben eingesetzt sind, der eine seinen Erbteil, auf den er an erster Stelle eingesetzt ist, angetreten, so kann er den Erbteil, auf den er zum Ersatzerben berufen ist, wenn dieser Erbteil für ihn frei wird, nicht mehr ausschlagen. Er erwirbt ihn ohne Antritt.[2] Hat dagegen einer der mehreren Miterben den Erbteil, auf den er in erster Reihe eingesetzt ist, ausgeschlagen, so kann er als Ersatzerbe den frei werdenden Erbteil nicht mehr antreten.[3] Miterben, die gegenseitig als Ersatzerben eingesetzt sind, werden zu dem Erbteile, der ihnen als Ersatzerben zufällt, nach dem Verhältnisse der Bruchteile berufen, auf die sie als Miterben eingesetzt sind.[4] Ist aber neben diesen Mit-

---

[15] Pr. J. de vulg. subst. (2, 15). In dem zur Zeit des Kaisers Trajan errichteten Testamente des Dasumius (Rudorff, Zeitschr. für geschichtliche Rechtswissenschaft Bd. 12 S. 301, 323) ist eine vierfache Reihe von Ersatzerben aufgestellt.

[16] §§ 1, 2 J. de vulg. subst (2, 15), l. 23, 32 l. 45 pr. D. de vulg. subst. (28, 6).

[1] Einer der Fälle der Anwendung des Satzes: „Substitutus substituto est substitutus instituto". L. 41 pr. D. ibid.

[2] L. 35 pr. l. 76 pr. D. de acq. her. (29, 2).

[3] L. 2 D. D. de acq. her. (29, 2), l. 41 § 4 D. de vulg. subst. (28, 6). Vgl. v. Vangerow, Pandekten Bd. 2 § 451 Anm. 3, 2.

[4] L. 5, 9, 24 D. de vulg. subst. (28, 6).

erben ein Nichtmiterbe als Ersatzerbe eingesetzt, so erhält er von dem Erbteile, der diesen zu Ersatzerben berufenen Miterben zufällt, einen Kopfteil, und, was übrig bleibt, wird unter die Miterben nach dem Verhältnisse der Bruchteile, zu denen sie berufen sind, geteilt.[5] Sind unter den Miterben, die gegenseitig als Ersatzerben eingesetzt sind, solche, die gemeinschaftlich auf einen und denselben Bruchteil eingesetzt sind, so gehen diese den übrigen Ersatzerben vor.[6] Ist für einen Miterben, der zum Ersatzerben eines anderen Miterben eingesetzt ist, ein Nichtmiterbe in zweiter Reihe zum Ersatzerben ernannt, so erhält der letztere, wenn die beiden Miterben wegfallen und er selbst Erbe wird, beide Erbteile seines Vormannes, sowohl den, der ihm als Ersatzerben, als auch den, der ihm als an erster Stelle eingesetzten Erben zufallen sollte.[7]

Von diesen Auslegungen der römischen Rechtsbücher sind zwei in das bürgerliche Gesetzbuch für das Deutsche Reich aufgenommen worden. Für den Fall nämlich, daß der Erblasser die Erben gegenseitig oder daß er für einen der Miterben, die übrigen als Ersatzerben eingesetzt hat, ist nach dem bürgerlichen Gesetzbuche im Zweifel anzunehmen, daß die zu Ersatzerben eingesetzten Miterben nach dem Verhältnisse ihrer Erbteile als Ersatzerben eingesetzt sind,[8] und für den Fall, daß die Erben gegenseitig als Ersatzerben eingesetzt sind, gehen Erben, die auf einen gemeinschaftlichen Erbteil eingesetzt sind, im Zweifel als Ersatzerben für diesen Erbteil den anderen vor.[9] Diese Sätze waren dem Sinne nach, wenn auch in anderer Fassung, schon im ersten Entwurfe enthalten.[10] Nach den dem ersten Entwurfe beigegebenen Motiven hielt man es nicht für zulässig, die Vorschrift auf den Fall auszudehnen, daß von den mehreren Erben nur einige für einen oder mehrere Miterben als Ersatzerben eingesetzt sind. Man nahm an, in diesem Falle sei eine Vermutung dafür nicht begründet, daß der Erblasser den Willen gehabt habe, das für die Erbeinsetzung angeordnete Teilverhältnis auch für die Einsetzung der Ersatzerben maßgebend sein zu lassen.[11] Bei den Beratungen der Kommission für die zweite Lesung des Entwurfes wurde der Antrag gestellt, die Vorschrift auf den Fall auszudehnen, daß von den mehreren Erben nur einige für einen oder mehrere Miterben als

---

[5] L. 32 D. ibid.

[6] L. 41 § 4 D. ibid.

[7] Ein zweiter Fall der Anwendung des Satzes: „Substitutus substituto est substitutus instituto". L. 27. l. 41 pr. D. ibid.

[8] B.G.B. § 2098 Abs. 1.

[9] B.G.B. § 2098 Abs. 2.

[10] Erster Entwurf § 1803.

[11] Motive Bd. 5 S. 77.

Ersatzerben eingesetzt sind. Der in den Motiven aus dem vermutlichen Willen des Erblassers entnommene Grund wurde in Zweifel gezogen. Von anderer Seite wurde darauf Bezug genommen, daß auch das römische Recht eine abweichende Regelung wenigstens in dem Falle habe eintreten lassen, daß neben Miterben auch dritte Personen zu Ersatzerben ernannt seien. Der Beschluß der Kommission ging dahin, den fraglichen Satz in dem Falle keine Anwendung finden zu lassen, daß neben Miterben ein Fremder zum Ersatzerben berufen sei.[12]

§ 59. 2. Fortsetzung.

Daß für das Erbewerden des Ersatzerben kein Raum gegeben ist, wenn der Eingesetzte Erbe wird, liegt in der Natur der Sache. Es geht dann eben die Bedingung nicht in Erfüllung, von der das Erbewerden des Ersatzerben abhängt. Wie es aber gehalten werden soll, wenn der Eingesetzte nicht Erbe werden kann, weil er nach dem Tode des Erblassers, ohne die Erbschaft anzutreten, während der Überlegungfrist gestorben ist und nun sein Erbe die Erbschaft angetreten hat, darüber wird im gemeinen Rechte gestritten.[1] Die herrschende Meinung läßt den Erbeserben dem Ersatzerben vorgehen. Nach den Rechtssystemen, die den Erben ohne Erbschaftantretung mit dem Tode des Erblassers Erbe werden lassen, also nach dem preußischen Gesetzbuche und nach dem bürgerlichen Gesetzbuche für das Deutsche Reich, ist die Entscheidung der Frage von selbst gegeben. Das sächsische Gesetzbuch läßt die Einsetzung des Ersatzerben wegfallen, wenn der eingesetzte Erbe nach dem Tode des Erblassers, aber vor der Erklärung über die Erbschaft verstorben ist und dessen Erbe die Erbschaft antritt.[2]

Da von dem Erbewerden des Ersatzerben erst die Rede sein kann, wenn feststeht, daß der Vorgehende nicht Erbe wird, so ist nach gemeinem Rechte, soweit der Wille des Vorgehenden in Betracht kommt, wenn

---

[12] Protokolle der Kommission für die zweite Lesung des Entwurfes, 339. Sitzung XIII. S. 6719f.

[1] Von der einen Seite auf Grund der l. un. §§ 5, 13 C. de caduc. toll. (6, 51) und der l. 19 C. de iure delib. (6, 30) für das Recht des Erbeserben gegen den Ersatzerben, von der anderen auf Grund der l. 72 D. de acq. her. (29, 5) für das Recht des Ersatzerben gegen den Erbeserben. S. die Litteratur bei Mühlenbruch in Glück, Pandektenkommentar Bd. 40 S. 334flg. u. Bd. 43 S. 237, sowie Sintenis, Civilrecht Bd. 3 § 174 Anm. 25, ferner Köppen, Erbrecht S. 518.

[2] Sächs. Gesetzbuch § 2195.

ein Erbe in Frage steht, der die Erbschaft erst durch den Erbschaftantritt erwirbt, der Ersatzerbe erst zur Erbschaft berufen, sobald der Vorgehende die Erbschaft ausgeschlagen hat, oder sobald er die ihm gesetzte Frist zur Erklärung über Annahme oder Ausschlagung der Erbschaft ohne Erklärung hat verstreichen lassen.[3]

Ist ein suus heres in Frage, so tritt der Ersatzerbe ein, wenn der vorgehende Erbe von dem beneficium abstinendi Gebrauch macht.[4] Gestritten wird über die Frage, ob, wenn ein Erbe, der zum Erwerbe der Erbschaft des Antrittes bedarf, die Erbschaft angetreten, dann aber Wiedereinsetzung in den vorigen Stand gegen den Antritt erlangt hat, der Ersatzerbe berufen ist. Von der herrschenden Ansicht wird die Frage bejaht.[5] Entschiede man sich dafür, den Ersatzerben für ausgeschlossen zu erachten, weil der vorgehende Erbe, der gegen den Erbschaftantritt in den vorigen Stand wieder eingesetzt ist, doch immerhin Erbe geworden ist, so käme man zu dem Ergebnisse, daß, wenn nicht etwa Miterben vorhanden wären und deshalb das Anwachsungrecht wirksam würde, das Testament destitut werden müßte und die gesetzliche Erbfolge einzutreten hätte.

Nach dem preußischen Gesetzbuche verliert die Einsetzung eines Ersatzerben ihre Wirkung, sobald der erste Erbe die Erbschaft auf rechtsbeständige Art übernommen hat. Kommt der erste Erbe aber in die Lage, sein Recht wieder aufgeben zu können oder wieder aufgeben zu müssen, und giebt er es auf, so tritt der Ersatzerbe wieder in seine vorige Rechtsstellung. Stirbt der erste Erbe vor dem Ablaufe der Überlegungfrist, so haben seine Erben in Bezug auf den Nachlaß seines Erblassers dieselbe Überlegungfrist, die ihnen in Bezug auf den Nachlaß ihres eigenen Erblassers zusteht.[6]

Das sächsische Gesetzbuch läßt die Einsetzung des Ersatzerben wegfallen, wenn der eingesetzte Erbe die Erbschaft angetreten hat, oder wenn er nach dem Tode des Erblassers, aber vor der Erklärung über Annahme der Erbschaft gestorben ist und sein Erbe die Erbschaft angetreten hat.[7]

Das bürgerliche Gesetzbuch für das Deutsche Reich enthält Be-

---

[3] L. 69 D. de adq. hered. (29, 2). Gestritten wird darüber, ob der Richter auf Antrag des Ersatzerben dem an erster Stelle eingesetzten Erben eine Frist zur Erklärung stellen kann. Vgl. die Litteratur bei Windscheid, Pandekten Bd. 3 § 598 Anm. 5.

[4] L. 12 pr. D. de interrog. in jure fac. (11, 1).

[5] Mühlenbruch a. a. O. Bd. 40 S. 361 flg.

[6] A.L.R. I 12 §§ 463 bis 465.

[7] Sächs. Gesetzbuch § 2195.

stimmungen dieses Inhaltes nicht. Es entspricht aber auch dem Rechte dieses Gesetzbuches, den Ersatzerben nicht eintreten zu lassen, wenn der eingesetzte Erbe nach dem Tode des Erblassers, ohne sich über Annahme oder Ausschlagung der Erbschaft zu erklären, gestorben ist und sein Erbe die Erbschaft angetreten hat.

Da die Einsetzung eines Ersatzerben unter den Rechtssätzen einer bedingten letztwilligen Zuwendung steht, so kann sie nach römischem Rechte nur in Kraft treten, wenn der Ersatzerbe den Eintritt des Falles, für den er zum Erben berufen ist, erlebt.[8] Das preußische Landrecht bestimmt in dieser Richtung, daß der Ersatzerbe zwar den Erbfall erlebt haben muß, daß er aber, wenn er erst innerhalb der Überlegungsfrist des vorgehenden Erben gestorben ist, das Erbrecht aus seiner Einsetzung als Ersatzerbe auf seine Erben weiter vererbt. Der Erbe des Ersatzerben ist also, auch wenn es sich erst nach dem Tode des Ersatzerben entscheidet, daß der vorgehende Erbe die Erbschaft nicht annimmt, doch zur Erbschaft berufen.[9]

Das sächsische Gesetzbuch steht in dieser Frage auf dem Boden des römischen Rechtes. Es enthält für letztwillige Verfügungen, die von Bedingungen abhängig gemacht sind, den allgemeinen Satz, daß, wenn der Bedachte vor Erfüllung der Bedingung stirbt, die Bedingung als nicht eingetreten zu betrachten ist, und läßt diesem Satze entsprechend die Einsetzung des Ersatzerben wirkungslos werden nicht bloß, wenn der Ersatzerbe vor dem Erblasser stirbt, sondern auch, wenn er mit Tode abgeht, bevor der vorgehende Erbe oder, wenn der vorgehende Erbe gestorben ist, bevor dessen Erbe über Annahme oder Ablehnung der Erbschaft sich erklärt hat. Stellt sich also nach dem Tode des Ersatzerben heraus, daß der vorgehende Erbe oder, beim Tode des vorgehenden Erben, wenn der Fall der Transmission vorliegt, daß dessen Erbe die Erbschaft nicht antreten kann oder will, so wird der Erbe des Ersatzerben nicht Erbe des Erblassers.[10]

Das bürgerliche Gesetzbuch für das Deutsche Reich ist dem gemeinen Rechte ebenfalls insoweit gefolgt, als es für letztwillige Zuwendungen den allgemeinen Satz aufgestellt hat, daß bei einer vom Erblasser unter einer aufschiebenden Bedingung gemachten Zuwendung im Zweifel anzunehmen ist, die Zuwendung solle nur gelten, wenn der Bedachte den Eintritt der Bedingung erlebe. Unter diesen Satz fällt, da das Gesetzbuch besondere, auf die Einsetzung zum Ersatzerben bezügliche Bestim-

[8] L. 81 D. de adq. vel om. her. (29, 2).
[9] A.L.R. I 12 § 462.
[10] Sächs. Gesetzbuch §§ 2144, 2195.

mungen nicht enthält, die Frage, ob, wenn der Ersatzerbe, bevor es sich entscheidet, ob der vorgehende Erbe wegfällt, mit Tode abgeht und dieser Wegfall sich demnächst vollzieht, der Erbe des Ersatzerben an dessen Stelle rückt.[11]

Noch zwei Rechtssätze des bürgerlichen Gesetzbuches sind zu erwähnen, nach denen im Zweifel die Frage zu entscheiden ist, ob im gegebenen Falle, wenn ein Erblasser mit der Einsetzung von Erben die Ernennung anderer Personen, die unter gewissen Voraussetzungen seine Erben werden sollen, verbunden hat, mit solcher Ernennung die Einsetzung von Ersatzerben oder von Nacherben beabsichtigt ist. Das Gesetzbuch bestimmt, daß die Einsetzung als Nacherbe im Zweifel auch die als Ersatzerbe enthält, und daß, wenn es zweifelhaft ist, ob jemand als Ersatzerbe oder als Nacherbe eingesetzt ist, er als Ersatzerbe gilt.[12] Beide Sätze waren schon im ersten Entwurfe enthalten.[13] Bei den Beratungen der Kommission für die zweite Lesung des Entwurfes wurde der erstere Satz ohne Widerspruch als dem regelmäßigen Willen des Erblassers entsprechend gebilligt. In Bezug auf den anderen wurde der Zweifel ausgesprochen, ob die Auslegungregel immer den Willen des Erblassers treffen werde, und ob ein Bedürfnis für ihre Aufstellung vorhanden sei. Die Mehrheit der Kommission entschied sich für die Annahme der Auslegungregel. Man erklärte sich mit ihrem Inhalte einverstanden,[14] weil, wie in den Motiven zum ersten Entwurfe[15] mit Recht hervorgehoben werde, Belastungen des Eingesetzten im Zweifel nicht anzunehmen seien. Als zweckmäßig sah man ihre Aufnahme an, weil man nicht sicher sei, daß die technischen Bezeichnungen „Nacherbe" und „Ersatzerbe" in letztwilligen Verfügungen immer richtig auseinander gehalten werden würden.[16]

---

[11] B.G.B. § 2074.

[12] B.G.B. § 2102. Abs. 1 u. Abs. 2.

[13] Erster Entwurf § 1802.

[14] Protokolle der Kommission für die zweite Lesung des Entwurfes, 339. Sitzung XII. S. 6717.

[15] Motive Bd. 5 S. 75f.

[16] Protokolle a. a. O. — Bei den Beratungen der Kommission wurde gegen den Satz des § 2102 Abs. 2 geltend gemacht, derselbe stehe mit dem früher angenommenen Satze, nach welchem eine zur Zeit des Erbfalles noch nicht empfangene Person als Nacherbe, aber nicht als Erbe eingesetzt werden könne (§ 1758 Abs. 2 Satz 1 des ersten Entwurfes, § 1974 Abs. 1 des Entwurfes zweiter Lesung, § 2101 Abs. 1 B.G.B.) im Widerspruch. Die Mehrheit der Kommission lehnte die Annahme eines Widerspruches ab, da der Satz des § 2102 Abs. 2 die allgemeine Auslegungregel gebe, daß im Zweifel Einsetzung als Ersatzerbe und nicht als Nacherbe anzunehmen sei, während § 2101 Abs. 1 für den besonderen Fall der Einsetzung einer

§ 60. Einsetzung eines Nacherben.

I. Einleitung.

Einsetzung eines Nacherben wird im bürgerlichen Gesetzbuche für das Deutsche Reich die letztwillige Verfügung genannt, mit der ein Erbe eingesetzt wird, der erst Erbe werden soll, nachdem zunächst ein Anderer Erbe geworden ist.[1] Eine solche Verfügung war nach dem Grundsatze des römischen Rechtes: „semel heres semper heres“ rechtlich unmöglich. Bei den Römern selbst aber stellte sich in der Kaiserzeit das Rechtsbedürfnis heraus, daß die Erbschaft selbst im Ganzen oder zu bestimmten Bruchteilen vom Erblasser zum Gegenstande letztwilliger Verfügungen in der Art gemacht werden konnte, daß sie nacheinander verschiedene Herren erhielt. Diesem Bedürfnisse entsprach die Rechtseinrichtung des Erbschaftvermächtnisses.[2] Dieselbe brachte, unbeschadet jenes Grundsatzes, Rechtsgestaltungen zur Entstehung, durch welche die Bedürfnisse des Rechtsverkehrs befriedigt wurden. Der Rechtszustand war aber in sich widerspruchsvoll, insofern als die Rechtsstellung des Erbschaftvermächtnisnehmers in sich selbst die Anforderung trug, sich zu der des Erben auszugestalten. Mit diesem inneren Widerspruche war das römische Erbrecht bei der Aufnahme des römischen Rechtes in Deutschland behaftet. Trotzdem hatte der Rechtszustand so lange in Deutschland Dauer, bis in den neuen Gesetzbüchern Rechtsgedanken Gestalt gewannen, die auch äußerlich neben anderen Rechtssätzen, die keinen lebensvollen Inhalt mehr hatten, den Satz: „semel heres semper heres“ aus den Gesetzbüchern verschwinden ließen. Mit dem Verschwinden jenes alten Satzes war aber der Boden für die anderweiten Rechtsbildungen noch nicht frei. Der Vermächtnisgedanke behielt immer noch Einfluß auf die neuen Gestaltungen, und die fragliche Rechtseinrichtung behielt auch den entsprechenden Namen. Allmählich erst kam der Gedanke zur Herrschaft, daß der Erbschaftvermächtnisnehmer ein wahrer Erbe sei. Das bürgerliche Gesetzbuch hat vollständig mit dem alten Rechte gebrochen, indem es mit der dem alten Rechte angehörigen Bezeichnung der in Frage stehenden Rechtseinrichtung auch das äußere Zeichen der Herrschaft des alten Rechtes abgeschafft hat. Damit haben die neuen Rechtssätze des

---

noch nicht erzeugten Person vorschreibe, daß ihre unwirksame Einsetzung als Erbe in eine solche als Nacherbe umzudeuten sei, wo es Sinn und Wortlaut der letztwilligen Verfügung zulasse (Protokolle a. a. O.).

[1] B.G.B. § 2100.

[2] Windscheid, Pandekten Bd. 3 §§ 659, 662; v. Vangerow, Pandekten Bd. 2 § 556 Anm.; Brinz, Pandekten 2. Aufl. Bd. 3 § 430.

Gesetzbuches auch äußerlich so gestaltet werden können, daß sie sich als von den alten Rechtssätzen und Rechtsbegriffen unabhängig darstellen. Noch bei den Vorbereitungarbeiten für das Gesetzbuch ist versucht worden, dem Satze „semel heres semper heres“ Anerkennung zu verschaffen, weil es nach den Denkgesetzen unmöglich sei, daß, wer einmal Erbe geworden, aufhöre, es zu sein.[3] Aber der Versuch ist ohne Erfolg geblieben. Mit jenem Satze ist endgültig gebrochen.

§ 61. II. Begrenzung der Nacherbeinsetzungen nach Zahl und Zeit.

Mit der rechtlichen Möglichkeit, mehrere Personen nacheinander zu Erben zu ernennen in der Art, daß derjenige, der den Erblasser zunächst beerbt, mit dem Eintritte eines bestimmten Zeitpunktes oder eines bestimmten Ereignisses, spätestens mit seinem Tode, aufhört Erbe zu sein und nun ein Anderer das Vermögen erhält, würde an sich die rechtliche Möglichkeit gegeben sein, daß der Erblasser eine letztwillige Verfügung träfe, nach der er von einer Reihe aufeinanderfolgender Erben beerbt würde, einer Reihe, die in sich nicht die Notwendigkeit trüge, zu Ende zu gehen. Dieser letzteren Möglichkeit entgegenzutreten ist die Aufgabe der Gesetzgebung. Volkswirtschaftliche Erwägungen machen es, abgesehen von den Familienfideikommissen, die ihr eigenes Recht haben, notwendig, der Dauer einer, wie angegeben, fortlaufenden Reihe von aufeinanderfolgenden Erben eines und desselben Erblassers Schranken zu setzen.

Im römischen Rechte war die Möglichkeit, Erbeinsetzungen in der Art vorzunehmen, daß der Erblasser von einer Reihe aufeinanderfolgender Personen beerbt wurde, der Natur der Sache nach ausgeschlossen. Aber die Rechtseinrichtung der Fideikommisse machte es möglich, über Vermögensgegenstände in der Weise letztwillig zu verfügen, daß sie zu Gegenständen eines dauernden Familienfideikommisses gemacht wurden. Diese Möglichkeit bestand in der Zeit der klassischen Juristen.[1] Einem Gesetze Justinians[2] wird die Bedeutung beigelegt, der Möglichkeit in der Art ein Ende gemacht zu haben, daß die Dauer derartiger Fideikommisse auf vier Generationen beschränkt wurde. Das Gesetz hat zu Streitigkeiten Veranlassung gegeben. Über die Auslegung des Gesetzes bestehen

---

[3] S. Motive Bd. 5 S. 79 flg.

[1] Lewis, Recht des Familienfideikommisses S. 10 flg.
[2] Der Novelle 159.

Zweifel.[3] Die Meinung ist vielfach vertreten, daß das Gesetz nicht in Gebrauch sei.[4] Sie ist aber keineswegs allgemein anerkannt.

Das preußische Landrecht hat die Zahl der zulässigen Fälle der Nacherbfolge auf zwei festgesetzt, indem es anordnet, daß, wenn nach den Gesetzen der Fall eines Familienfideikommisses im deutschrechtlichen Sinne nicht gegeben sei, eine fideikommissarische Substitution nur zum Besten des ersten und des zweiten Substituten Geltung habe.[5] Das französische Gesetzbuch hat nur einen Fall der Nacherbfolge zugelassen. Es enthält den Rechtssatz, daß Substitutionen verboten sind. Damit verbietet es allgemein alle Verfügungen eines Erblassers, durch die ein Erbe oder Vermächtnisnehmer mit der Verpflichtung beschwert wird, die ihm gemachte Zuwendung für eine andere Person zu erhalten oder ihr zu hinterlassen.[6] Davon macht es aber gewisse Ausnahmen. Eltern können das Vermögen, über das sie frei zu verfügen berechtigt sind,[7] ihren eigenen Kindern ersten Grades mit der Verpflichtung zuwenden, daß die Bedachten das zugewendete Vermögen ihren Kindern ersten Grades, also den Enkeln der Erblasser hinterlassen. Ebenso kann, wer, ohne Kinder zu hinterlassen, mit Tode abgeht, sein gesamtes Vermögen seinen Geschwistern oder einem derselben mit der Verpflichtung zuwenden, daß das zugewendete Vermögen den Kindern ersten Grades des Bedachten zugewendet wird.[8] Nach dem österreichischen Gesetzbuche ist die Zu-

---

[3] S. darüber Pfeiffer, praktische Ausführungen Bd. 3 S. 57 flg.; Roßhirt, Lehre von den Vermächtnissen Bd. 1 S. 153 f.; Sintenis, Civilrecht Bd. 3 § 209 Anm. 24, 37; Lewis a. a. O. S. 439 flg.; Brinz, Pandekten 2. Aufl. Bd. 3 § 423 Anm. 27; Windscheid, Pandekten Bd. 3 § 637 Anm. 7; Stölzel in Gruchot, Beitr. Bd. 19 S. 643 f.

[4] Mencke, syst. iur. civ. sec. pand. lib. 36 tit. 1 § 5; Höpfner, Kommentar zu den Institutionen § 604; v. Dalwigk, philosoph.-jurist. Darstellung des Erbr. III § 1 S. 14; Thibaut, System Bd. 2 § 942; Entscheidungen des Oberappellationsgerichts Celle Jahrg. 5 Nr. 59. Sintenis a. a. O. Anm. 24 a. E., bezeugt das Gegenteil der Annahme, daß das Gesetz nicht in Gebrauch sei. Aber er bemerkt bei Prüfung der praktischen Anwendbarkeit des Gesetzes, daß schon in Betracht der nicht mit Sicherheit zu lösenden Zweifel bei Auslegung der Novelle auch abgesehen von der Behauptung der meisten älteren Praktiker, daß die Novelle nicht in Anwendung sei, und von den verschiedenen Modifikationen, unter denen man sie als praktisch gelten lasse, es unmöglich sei, einen praktischen Rechtssatz darauf zu gründen (a. a. O. Anm. 37).

[5] A.L.R. I 12 § 55.

[6] C. c. Art. 896; Zachariä v. Lingenthal-Crome, französ. Civilrecht Bd. 4 § 703.

[7] Die portion disponible. S. oben § 10 S. 25.

[8] C. c. Art. 1048, 1049; Zachariä v. Lingenthal-Crome, französ. Civilrecht a. a. O. § 706.

lässigkeit der Nacherbeinsetzung in der Art beschränkt, daß, wenn der Erblasser nur solche Personen zu Nacherben eingesetzt hat, die zur Zeit der Errichtung der letztwilligen Verfügung schon geboren waren, die Erbschaft ohne Rücksicht auf die vom Erblasser angeordnete Zahl der einzelnen Berufungen auf alle berufenen Nacherben übergehen kann. Hat aber der Erblasser Personen zu Nacherben berufen, die zur Zeit der Errichtung der letztwilligen Verfügung noch nicht geboren waren, so kann das bewegliche Vermögen dieser Erbschaft nur auf einen, das unbewegliche nur auf zwei der berufenen Nacherben übergehen. Das Vermögen wird also in der Hand des ersten oder des zweiten solcher Nacherben freies Eigentum.[9] Das sächsische Gesetzbuch enthält keine Beschränkung der Nacherbfolge in Bezug auf die Zahl der Fälle.

Das bürgerliche Gesetzbuch hat ganz neues Recht geschaffen. Es enthält die Bestimmung, daß die Einsetzung eines Nacherben mit dem Ablaufe von dreißig Jahren nach dem Erbfalle unwirksam wird, wenn nicht vorher der Fall der Nacherbfolge eingetreten ist. Es macht aber zwei Ausnahmen, läßt also die Einsetzung des Nacherben auch nach dem Ablaufe von dreißig Jahren wirksam bleiben, 1. wenn die Nacherbfolge für den Fall angeordnet ist, daß in der Person des Vorerben oder des Nacherben ein bestimmtes Ereignis eintritt, und derjenige, in dessen Person das Ereignis eintreten soll, zur Zeit des Erbfalles lebt, 2. wenn dem Vorerben oder einem Nacherben für den Fall, daß ihm ein Bruder oder eine Schwester geboren wird, der Bruder oder die Schwester als Nacherbe bestimmt ist. Diese Ausnahmen treten nicht ein, es bewendet also bei der dreißigjährigen Frist, wenn der Vorerbe oder der Nacherbe, in dessen Person das Ereignis eintreten soll, eine juristische Person ist.[10]

Nach dieser Bestimmung, in der die vom Gesetzbuche der Zulassung der Einsetzung von Nacherben gesetzten Schranken angegeben sind, beschränkt das Gesetzbuch zunächst die Zahl der Fälle einer zulässigen Nacherbeinsetzung überhaupt nicht. Der erste Entwurf hatte ausgesprochen, daß die Nacherbfolge nur einmal eintreten könne, und daß die Einsetzung eines weiteren Nacherben mit dem Eintritte der ersten Nacherbfolge unwirksam werde.[11] An diese Bestimmung schloß sich der Satz, daß die Einsetzung eines Nacherben, die nicht für den Fall des Todes des Vorerben erfolgt sei, unwirksam werde, wenn der Vorerbe gestorben und seit dem Erbfalle vor dem Eintritte des Falles der Nacherbfolge ein Zeitraum von dreißig Jahren verstrichen sei.[12] Die dem ersten Ent-

[9] Österreich. Gesetzbuch §§ 611, 612; Unger, österreich. Erbrecht § 20.
[10] B.G.B. § 2109.
[11] Erster Entwurf § 1812.
[12] Erster Entwurf § 1813.

wurfe beigegebenen Motive sprechen sich hierüber dahin aus: Zur Erreichung des Zieles, eine übermäßig lange Festlegung des Vermögens des Erblassers zu verhindern, genüge es nicht, daß die Zahl der Fälle der Nacherbschaft beschränkt werde. Auch bei solcher Beschränkung bleibe noch die Möglichkeit, daß der Erblasser eine erst nach Jahrhunderten eintretende Nacherbfolge anordne und damit das Vermögen auf solange der freien Verfügung des Vorerben und der Rechtsnachfolger desselben entziehe. Es müsse auch eine Beschränkung der Zeit nach vorgeschrieben werden. Die Zeit bestimmte man auf dreißig Jahre, weil man eine längere Festlegung des Nachlasses aus volkswirtschaftlichen Gründen nicht für wünschenswert erachtete und auch annahm, daß eine solche nicht zum Vorteile der Beteiligten selbst gereiche. Die Zeitbestimmung wurde aber nicht in dem Sinne verstanden, daß der Nachlaß mit dem Ablaufe der dreißig Jahre in der Hand des noch lebenden Vorerben freies Eigentum werden sollte. Man erwog, daß dieser Erfolg in zu hohem Grade dem Willen des Erblassers widersprechen würde. Mit dem Ablaufe der dreißig Jahre sollte vielmehr der Nachlaß erst in der Hand eines Nacherben freies Eigentum werden können. Es sollte also in den dreißig Jahren ein Fall der Nacherbfolge eingetreten sein, beim Nichteintritte eines solchen aber die Einsetzung des ersten Nacherben wirksam bleiben und der Nachlaß immer erst in der Hand des ersten Nacherben freies Eigentum werden.[13]

Die Einschränkung der Zulassung einer angeordneten Nacherbfolge auf den Fall des Eintrittes der ersten Nacherbfolge fand aber nicht den Beifall der für die zweite Lesung des Entwurfes niedergesetzten Kommission. Es wurde zwar bei den Beratungen der Kommission von allen Seiten die Notwendigkeit anerkannt, der Nacherbfolge gewisse Schranken zu setzen. Man sprach aber auch aus, daß die Einschränkung der Rechtseinrichtung nicht dahin führen dürfe, die Erreichung der vernünftigen Zwecke, denen die Nacherbfolge zu dienen bestimmt sei, unmöglich zu machen. Und man prüfte, ob nicht die Rechtseinrichtung ohne die Einschränkung ihrer Wirsamkeit auf den Fall des Eintrittes der ersten Nacherbfolge sich zweckmäßiger erweisen müsse, als mit solcher Einschränkung. Als Fälle, in denen die fragliche Einschränkung nachteilig wirken müsse, sah man die Fälle letztwilliger Verfügungen an, in denen der überlebende Ehegatte des Erblassers zum Vorerben, ein Kind zum Nacherben und dessen Kinder zu weiteren Nacherben eingesetzt würden.[14] Dabei

---

[13] Motive Bd. 5 S. 90, 91.

[14] Auch legte die Kommission Gewicht auf einige von Strohal (Jahrb. für die Dogmatik Bd. 30 S. 171 f.) hervorgehobene Beispiele praktischer Fälle, in denen das

erwog man, daß bei einer mehrfachen Nacherbfolge zwar Schwierigkeiten und Verwickelungen möglich seien, und daß ein Erblasser die größere Freiheit, die ihm mit der Unbeschränktheit der Einsetzung von Nacherben in Ansehung der Zahl der Fälle gewährt werde, wohl mißbrauchen könne. Diesen Gründen gegenüber wurde aber die Erwägung vorgeführt, daß nach den Erfahrungen, die in den Gebieten gemacht seien, in denen das Gesetz eine Beschränkung der zulässigen Zahl der Fälle nicht kenne, die allzuhäufige Anordnung einer Nacherbfolge nicht zu befürchten sei, und daß die für die Nacherbfolge zu errichtende zeitliche Schranke bei zweckmäßiger Gestaltung hinreichenden Schutz gegen Mißbrauch der Rechtseinrichtung gewähren werde.[15]

Außer der im ersten Entwurfe angenommenen Auffassung lag zur Entscheidung der Kommission ein Antrag vor, jede Beschränkung der Zahl der zulässigen Fälle der Nacherbfolge abzulehnen, sowie ein Antrag, eine zweimalige Nacherbfolge zuzulassen. Mit diesem letzteren Antrage sollte für die Fälle Sorge getragen werden, in denen der Erblasser den Wunsch hege, das Familienvermögen für die Kinder eines Nacherben zusammenzuhalten. Andere bei den Beratungen der Kommission gestellte Anträge bezogen sich auf die der Nacherbfolge zu setzende zeitliche Schranke. Die Meinungen in der Kommission waren sehr geteilt. Einige Anträge bezweckten, die Nacherbfolge der Zeit nach noch mehr, als dies im ersten Entwurfe geschehen war, zu beschränken. Andere zielten auf Erweiterung der Zulässigkeit der Nacherbfolge ab.[16]

Bei der Beratung der verschiedenen Anträge wurde die im ersten Entwurfe angenommene Bestimmung, daß die Nacherbfolge nur einmal eintreten könne, abgelehnt. Ebenso die Beschränkung der Nacherbfolge auf zwei Erbfolgen. Man nahm an, daß, wenn über den ersten Fall hinausgegangen werde, nicht abzusehen sei, aus welchem Grunde bei dem zweiten stehen geblieben werden solle, und bezeichnete die fragliche Beschränkung als willkürlich und mechanisch. Die Kommission entschied sich daher gegen jede Beschränkung der Nacherbfolge in Ansehung der Zahl der Erbfälle.[17]

In Ansehung der aufzustellenden zeitlichen Schranke, über deren Notwendigkeit an sich kein Zweifel bestand, wurde erwogen, daß erfahrungmäßig die meisten Nacherbfolgen in einem Zeitraume von dreißig

Unbefriedigende des im § 1812 des ersten Entwurfes enthaltenen Satzes besonders hervortritt (Gutachtliche Äußerungen zum Entwurfe eines bürgerlichen Gesetzbuches Bd. 5 S. 24, Bd. 6 S. 653).

15 Protokolle der Kommission für die zweite Lesung des Entwurfes, 340. Sitzung II. A. S. 6734, 6735, 6737.

16 Protokolle a. a. O. S. 6735.

17 Protokolle a. a. O. S. 6736 flg.

bis vierzig Jahren sich erledigten. Und es wurde die Frage angeregt, ob nicht die im ersten Entwurfe angenommene Dauer von dreißig Jahren auf vierzig Jahre erweitert werden solle. Man beschloß aber mit Rücksicht darauf, daß für eine Reihe ähnlicher Verhältnisse im Entwurfe eine Zeitdauer von dreißig Jahren angenommen worden sei,[18] es auch hier bei dieser Frist zu belassen.[19]

Einverständnis bestand sodann in der Kommission für Annahme des schon im ersten Entwurfe ausgesprochenen Gedankens, daß der Ablauf der dreißig Jahre keine Wirkung äußern solle, wenn der Erblasser den Eintritt der Nacherbfolge an den Tod des ersten Vorerben geknüpft habe.[20] Von der einen Seite wurde der Antrag gestellt, mit dem Ablaufe von dreißig Jahren seit dem Erbfalle, wenn in dieser Zeit der Fall der Nacherbfolge nicht eingetreten ist, die Einsetzung eines Nacherben ohne Zulassung jeder anderen Ausnahme für unwirksam zu erklären. Der Antrag erhielt aber nicht die Mehrheit der Stimmen. Man zog dem Antrage gegenüber in Erwägung, daß, wenn eine von dem Tode des ersten Vorerben abhängig gemachte Nacherbeinsetzung trotz dem Ablaufe der dreißig Jahre wirksam bleiben solle, nicht abzusehen sei, aus welchem Grunde nicht auch die Anordnung einer Nacherbfolge, die der Erblasser von einem im Leben des ersten Vorerben eintretenden früheren Ereignisse, wie von der Verheiratung des Vorerben, von der Erreichung eines bestimmten Lebensjahres, abhängig gemacht habe, von dem Ablaufe der dreißig Jahre unbeeinflußt zu lassen sei.[21]

Man ging noch einen Schritt weiter und nahm an, daß, wenn man derartigen in der Person des ersten Vorerben eintretenden Ereignissen die fragliche Bedeutung beilege, es willkürlich und ungerechtfertigt sein würde, nicht auch entsprechende Ereignisse in der Person eines Nacherben als Bedingungen des Eintrittes der Nacherbfolge in der Art zuzulassen, daß sie auch nach dem Ablaufe der dreißig Jahre wirksam blieben. Doch wurde in dem Beschlusse der Kommission das Erfordernis festgehalten, das in dem mit dem Beschlusse zur Annahme gelangten Antrage dahin aufgestellt war, daß der Nacherbe zur Zeit des Erbfalles bereits erzeugt sein müsse, wenn ein in seiner Person eintretendes Ereignis zur Bedingung der Nacherbfolge ohne Rücksicht auf den Ablauf

[18] Zulässigkeit der Ausschließung der Kündigung bei einem Mietvertrage (erster Entwurf § 523, B.G.B. § 567); Zulässigkeit der Ausschließung des Rechtes zur Aufhebung einer Gemeinschaft (erster Entwurf § 767, B.G.B. § 749); bedingtes Vermächtnis (erster Entw. § 1869, B.G.B. § 2162).

[19] Protokolle a. a. O. II. B. S. 6737, 6738.

[20] Protokolle ebenda a. a. O. S. 6738 f.

[21] Protokolle ebenda.

der dreißig Jahre solle gemacht werden können. Man nahm an, daß in der Aufstellung dieses Erfordernisses ein genügender Schutz gegen eine zu weite Ausdehnung der Rechtseinrichtung liege.[22]

Die Kommission hielt aber dafür, daß bei einer solchen Gestaltung der Nacherbfolge ein wesentlicher Fall noch nicht gedeckt sei, nämlich der Fall, daß der Erblasser einem Nacherben dessen Geschwister, die etwa noch geboren werden würden, als Nacherben bestimmt habe, um auf diese Weise das Vermögen einer ganzen Familiengeneration zuzuwenden. Und man nahm an, auch in diesem Falle müsse das Gesetz eine Ausnahme von der Bestimmung machen, daß die Einsetzung eines Nacherben mit dem Ablaufe von dreißig Jahren nach dem Erbfalle unwirksam werde, wenn nicht vorher der Fall der Nacherbfolge eingetreten sei.[23]

Die Beratung der Kommission endigte mit der Selbstkritik, es könne zugegeben werden, daß die aus der Beratung hervorgegangenen Rechtssätze nicht einfach seien, und daß namentlich die Frage, ob ein Ereignis in der Person des Vorerben oder des Nacherben vorliege, zu Zweifeln Veranlassung geben könne, daß aber die Aufstellung von einfachen Grundsätzen auf dem in Rede stehenden Gebiete nicht möglich sei, wenn man einerseits die aus der allgemeinen Rechtsordnung sich ergebenden Forderungen und andererseits die besonderen Interessen und Zwecke, denen die Rechtseinrichtung der Einsetzung von Nacherben zu dienen bestimmt sei, berücksichtigen wolle. Eine kasuistische Gestaltung sei dabei nicht zu vermeiden.[24]

Im weiteren Fortgange der Beratungen kam die Kommission für die zweite Lesung des Entwurfes[25] auf die hier in Rede stehende Begrenzung der Einsetzung von Nacherben zurück und erwog, wie dem angenommenen Rechtssatze der Gedanke zu Grunde liege, daß es statthaft sein müsse, den gesamten Kindern eines Nacherben einschließlich der noch nicht geborenen die Erbschaft zuzuwenden. Es sei aber nicht

---

[22] Protokolle a. a. O. S. 6739 bis 6741.

[23] Protokolle a. a. O. S. 6741. Der bei den Beratungen der Kommission gestellte Antrag, welcher dem hier fraglichen Beschlusse der Kommission zu Grunde liegt, ging dahin, daß die Beschränkung der Wirksamkeit der Einsetzung eines Nacherben auf die dreißig Jahre nicht gelten solle, wenn einem Nacherben für den Fall, daß ihm ein Bruder oder eine Schwester geboren werde, der Bruder oder die Schwester in der Weise als Nacherbe bestimmt sei, daß die Nacherbfolge mit der Geburt eintrete (Protokolle S. 6733). Die Kommission hat dies dahin geändert, daß der Eintritt der Nacherbfolge nicht gerade auf die Geburt gestellt sein müsse (Protokolle S. 6741).

[24] Protokolle a. a. O.

[25] Nämlich bei der Beratung einer der hier in Frage stehenden Beschränkung der Nacherbeinsetzung nachgebildeten Beschränkung der Wirksamkeit eines bedingten Vermächtnisses (Protokolle, 351. Sitzung IV. F. S. 6973 f.).

abzusehen, warum die Ausnahme nicht auch für den Fall gelten solle, daß dem Vorerben Geschwister geboren würden. Die Kommission erklärte sich mit dieser Erweiterung der Bestimmung einverstanden.

Auf die obige Selbstkritik der Kommission in Ansehung des Ergebnisses der Beratung ist folgendes zu bemerken: Was unter einem Ereignisse, das in der Person eines Menschen eintritt, zu verstehen ist, mag unter Umständen wohl zweifelhaft sein. Erhebliche Schwierigkeiten aber wird die Frage bei der Rechtsfindung nicht machen. Man hat darunter den Eintritt einer größeren Veränderung in den Lebens-, Wirtschafts-, Rechtsverhältnissen der Person zu verstehen. Beispiele sind: die Erreichung eines bestimmten Lebensalters, die Eingehung einer Ehe, die Geburt eines Kindes, die Ergreifung eines bestimmten Berufes, die Begründung eines eigenen Hausstandes, der Tod der Person selbst oder der Tod einer anderen Person, von deren Lebens-, Wirtschafts-, Rechtsverhältnissen die erstere Person wesentlich beeinflußt wird.

Im übrigen ist darauf hinzuweisen, daß in der fraglichen Vorschrift des bürgerlichen Gesetzbuches (§ 2109) Rechtsgedanken Ausdruck erhalten haben, denen nur das gemeinsam ist, daß sie sich auf die Frage beziehen, wie die Zulassung der Einsetzung von Nacherben zu begrenzen ist. Der eine Rechtsgedanke ist dahin zu bestimmen: Der Eintritt der Bedingung, von der die Nacherbfolge abhängen soll, oder des Zeitpunktes, mit dem sie wirksam werden soll, kann die Wirkung des Eintrittes der Nacherbfolge nur haben, wenn die Bedingung oder der Zeitpunkt innerhalb eines Zeitraumes von dreißig Jahren nach dem Erbfalle eintritt. Betrifft die Bedingung oder der Zeitpunkt ein Ereignis in der Person des Vorerben oder eines Nacherben, so bleibt die Anordnung der Nacherbfolge auch bei einem späteren Eintritte des Ereignisses wirksam, wenn derjenige, in dessen Person das Ereignis eintreten soll, zur Zeit des Erbfalles schon lebt (§ 2109 Abs. 1).

Dieser Gedanke ist ein einfacher und hat in den Worten des Gesetzes verständlichen Ausdruck gefunden. Verwickelt wird die Bestimmung dadurch, daß sie noch zum Ausdrucke eines anderen Rechtsgedankens gemacht worden ist. Bei jenem ersteren handelte es sich darum, den Eintritt eines bestimmten Ereignisses in der Person des Vorerben oder eines Nacherben ausnahmweise über die Zeit von dreißig Jahren nach dem Erbfalle hinaus für den Eintritt der Nacherbfolge wirksam zu machen. Bei dem anderen handelt es sich um die rechtliche Möglichkeit, ein Vermögen oder einen Vermögensbruchteil mehreren Geschwistern, die noch nicht alle am Leben sind, für den Fall, daß sie ins Leben treten, in der Art zuzuwenden, daß eins der Geschwister zum Vorerben, die übrigen zu Nacherben oder daß alle Geschwister zu Nacherben ernannt werden. Der Ablauf der dreißig Jahre vom Erbfalle ab hat hier die Unwirksamkeit der Einsetzung des Nacherben deshalb nicht zur Folge, weil das Gesetzbuch den dem fraglichen Verwandtenkreise angehörigen Personen ohne Rücksicht auf den Ablauf der dreißig Jahre nach dem Erbfalle die Möglichkeit, die Nacherbschaft zu erhalten, nicht verschränken will. Es liegen also verschiedene Rechtsgedanken vor, die zwar das miteinander gemein haben, daß sie sich als Ausnahmen von dem Satze aufstellen lassen, nach welchem die Einsetzung eines Nacherben mit dem Ablaufe von dreißig Jahren nach dem Erbfalle unwirksam wird, wenn nicht vorher der Fall der Nacherbfolge eingetreten ist, die im übrigen aber auf ganz verschiedenem Grunde beruhen. Auch der zweite Gedanke ist einfach genug und bietet so wenig Verwickelung und enthält so wenig Kasuistik wie jener erste. Die Fassung der Vorschriften hat dadurch, daß sie als Ausnahmen von einer Rechtsregel hingestellt werden, das Gepräge des Kasuistischen und Absonderlichen erhalten. Sind aber beide Rechtssätze jeder für sich einfach genug und macht nur ihre Verbindung und Zusammenfassung in den einen Paragraphen die Behandlung schwierig, so wird man sie zum Zwecke ihrer Durchsichtigkeit eben auseinanderhalten müssen.

Keiner erläuternden Bemerkung bedarf der dem Paragraphen angehängte Schlußsatz, der die Bemerkung enthält, daß es bei der dreißigjährigen Frist bewendet, wenn der Vorerbe oder der Nacherbe, in dessen Person das Ereignis eintreten soll, von dem die Nacherbfolge abhängt, eine juristische Person ist.

§ 62. III. Anordnung der Einsetzung eines Nacherben.

Das römischrechtliche Erbschaftvermächtnis kann wie jedes andere Vermächtnis errichtet werden. Es reicht dafür eine jede Willenserklärung hin, die den schlüssigen Ausdruck eines entsprechenden Willens des Erblassers enthält. Als solcher Ausdruck wird die vom Erblasser dem von ihm eingesetzten Erben erteilte Anweisung angesehen, eine bestimmte Person zum Erben einzusetzen. Mit dieser Anordnung wird ein Erbschaftvermächtnis zu Gunsten der Person, die zum Erben eingesetzt werden soll, errichtet.[1] Eine gleiche Bedeutung legen die Rechtsbücher dem vom Erblasser an einen von ihm eingesetzten Testamentserben gerichteten Verbote bei, ein Testament zu errichten, solange er ohne Kinder ist. In solchem Verbote wird die Errichtung eines Erbschaftvermächtnisses zu

[1] L. 18 (17) D. ad Sct. Trebell. (36, 1): senatus censuit rogari quidem quemquam, ut aliquem heredem faciat, non posse, verum videri per hoc rogasse, ut hereditatem suam ei restituat. Ebenso l. 114 § 6 D. de leg. I (30).

Gunsten der nächsten Verwandten des eingesetzten Erben gefunden.[2] Ebenso fassen die Rechtsbücher das vom Erblasser gegen seinen Erben ausgesprochene Gebot auf, von der Erbschaft nicht mehr als einen bestimmten Geldbetrag für sich zu verwenden. Hierin liegt ein Erbschaftvermächtnis zu Gunsten der gesetzlichen Erben des eingesetzten Erben dahin, daß der letztere nicht mehr als den bestimmten Geldbetrag für sich behalte und den übrigen Nachlaß seinen nächsten Verwandten hinterlasse.[3] Hier ist auch der Fall einer Erbeinsetzung unter einer auflösenden Bedingung anzureihen. Wenn klar ist, an wen die Erbschaft beim Eintritte der Bedingung herausgegeben werden soll, so steht nichts entgegen, in solcher Erklärung die stillschweigende Anordnung eines Erbschaftvermächtnisses zu Gunsten dessen, der beim Eintritte der Bedingung Erbe werden soll, zu finden.[4]

Hat der Erblasser einem seiner Abkömmlinge ein Erbschaftvermächtnis auferlegt, der zur Zeit der Errichtung der letztwilligen Verfügung, die das Erbschaftvermächtnis enthält, seinerseits ohne Nachkommen ist, so ist das Erbschaftvermächtnis davon abhängig, daß der belastete Abkömmling auch bei seinem Tode ohne Nachkommen ist.[5] Das Gesetz nimmt hier eine stillschweigende Bedingung an, die nicht eingetreten ist. Als Auslegungvorschrift ist die Bestimmung aber nicht gedacht. Die Bedingung ist mit dem Thatbestande von selbst gegeben. Die Bestimmung ist in das preußische, das österreichische und das sächsische Gesetzbuch übergegangen. Das bürgerliche Gesetzbuch für das Deutsche Reich hat sie auch aufgenommen.[6]

---

[2] L. 76 (74) pr. D. ad Sct. Trebell. (36, 1): Qui filium et filiam habebat, testamentum fecit et ita de filia sua caverat: *ἐντέλλομαί σοι μὴ διατίθεσθαι, πρὶν τέκνα σοι γενέσθαι.* Pronuntiavit imperator, fideicommissum ex hac scriptura deberi, quasi per hoc, quod prohibuisset eam testari, petisset, ut fratrem suum heredem faceret.

[3] L. 69 pr. D. de leg. II (31): „Peto, Luci Titi, contentus sis centum aureis. fideicommissum valere placuit idque rescriptum est. — si, cum ex asse scripsisset heredem, eius gratia, qui legitimus heres futurus esset, ita loquatur: „peto pro hereditate, quam tibi reliqui, quae ad fratrem meum iure legitimo rediret, contentus sis centum aureis."

[4] Die Rechtsbücher sprechen dies nicht ausdrücklich aus. Zu vergl. aber Mühlenbruch in Glück Pandektenkommentar Bd. 40 S. 192 Bd. 41 S. 267; Ihering, Jahrb. für Dogmatik Bd. 1 S. 36; Windscheid, Pandekten Bd. 3 § 554 Anm. 18. 19.

[5] L. 102 D. de condic. et demonstr. (35, 1) Papinianus: fideicommissi condicionem coniectura pietatis respondi defecisse. L. 30 C. de fideicomm. (6, 42): ne videatur testator alienas successiones propriis anteponere.

[6] A.L.R. I 12 § 538; österr. Gesetzbuch § 617; sächs. Gesetzbuch § 2508; B.G.B. § 2107.

Während das römische Recht den Gesamtrechtsnachfolger, den es neben dem Erben aufstellt, als Vermächtnisnehmer in das Rechtssystem einführte, wies ihm das preußische Recht eine Stellung im Systeme in der Art an, daß es ihn zu einer Art von Substituten des Erben machte und die Ernennung eines solchen Gesamtrechtsnachfolgers als fideikommissarische Substitution neben die gemeine oder Vulgarsubstitution stellte. Das preußische Gesetzbuch nennt nämlich fideikommissarische Substitution eines Erben die Anordnung des Erblassers, durch die dem eingesetzten Erben die Pflicht auferlegt wird, mit dem Eintritte einer bestimmten Bedingung oder von einem bestimmten Zeitpunkte ab die Erbschaft einem Anderen zu überliefern. Und es enthält die Sätze, daß unter der fideikommissarischen Substitution allemal die gemeine, unter der gemeinen aber nicht zugleich die fideikommissarische verstanden werde, sowie daß, wenn es zweifelhaft sei, ob der Erblasser eine gemeine oder eine fideikommissarische Substitution verordnet habe, nur jene vermutet werde.[7]

Auch für diese im preußischen Rechte an die Stelle des römischrechtlichen Erbschaftvermächtnisses getretene letztwillige Verfügung ist weder eine besondere Form, noch eine ausdrückliche Erklärung vorgeschrieben. Eine jede schlüssige Erklärung reicht dazu hin. Das Gesetzbuch erwähnt als solche schlüssige Erklärungen die Einsetzung eines Erben unter einer Bedingung oder mit einer Zeitbestimmung. Ist ein Erbe unter einer aufschiebenden Bedingung oder Zeitbestimmung eingesetzt, und ist die Bedingung oder Zeitbestimmung beim Tode des Erblassers noch nicht eingetreten, so sind, wenn nicht der Testator eine andere Bestimmung getroffen hat, die gesetzlichen Erben als Fiduziarerben in erster Reihe zur Erbschaft berufen, und mit dem Eintritte der Bedingung oder Zeitbestimmung geht die Erbschaft von selbst auf den eingesetzten Erben als Fideikommissar über. Ist dagegen der Erbe unter einer auflösenden Bedingung oder Zeitbestimmung eingesetzt, so erwirbt er als Fiduziar, wenn die Bedingung oder Zeitbestimmung beim Tode des Erblassers noch nicht eingetreten ist, mit dessen Tode die Erbschaft.[8] Mit dem Eintritte der Bedingung oder Zeitbestimmung aber geht sie auf die gesetzlichen Erben als Fideikommissare über.

Das sächsische Gesetzbuch, welches die letztwillige Anordnung des Erblassers, daß der Erbe die Erbschaft oder einen Erbteil einem Anderen herausgeben soll, als Erbanwartschaft bezeichnet,[9] läßt, ebenso wie das

---

[7] A.L.R. I 12 §§ 53. 58. 59.
[8] A.L.R. I 12 §§ 478. 489.
[9] Sächs. Gesetzb. §§ 2503 flg.

römische und das preußische Recht, zu dieser Anordnung eine stillschweigende Willenserklärung hinreichen. Als solche stillschweigende Anordnungen einer Erbanwartschaft hat es von den in den römischen Rechtsbüchern anerkannten stillschweigenden Anordnungen von Erbschaftvermächtnissen die Anordnungen aufgenommen, durch die der Erblasser dem von ihm eingesetzten Erben auferlegt, einen Anderen zum Erben einzusetzen, und die, durch die er ihm auferlegt, keinen letzten Willen zu errichten. In ersterem Falle ist derjenige, den der Erbe seinerseits zum Erben einsetzen soll, der Erbanwärter, im letzteren sind die gesetzlichen Erben des eingesetzten Erben die Erbanwärter.[10] Mit dem preußischen Gesetzbuche gemeinsam ist dem sächsischen als stillschweigende Willenserklärung mit der in Frage stehenden Rechtswirkung die bedingte Erbeinsetzung. Eine Erbeinsetzung von einem bestimmten Zeitpunkte an oder unter einer aufschiebenden Bedingung gilt als eine an die gesetzlichen Erben gerichtete Anordnung einer Erbanwartschaft zu Gunsten der eingesetzten Erben, und eine Erbeinsetzung bis zu einem bestimmten Zeitpunkte oder unter einer auflösenden Bedingung ist so anzusehen, als wären die eingesetzten Erben zu Gunsten der gesetzlichen mit einer Anwartschaft vom Eintritte des Zeitpunktes oder der Bedingung an beschwert.[11]

Auch das bürgerliche Gesetzbuch für das Deutsche Reich enthält eine Reihe von Bestimmungen darüber, unter welchen Voraussetzungen eine Willenserklärung als der schlüssige Ausdruck des Willens der Einsetzung eines Nacherben anzusehen ist. Einzelne dieser Bestimmungen stellen sich als Auslegungvorschriften dar, indem sie besagen, daß der betreffenden Erklärung im Zweifel die Bedeutung der Einsetzung eines Nacherben beizulegen sei. Andere legen einem bestimmten Thatbestande die Wirkung bei, daß mit einer auf Herstellung dieses Thatbestandes gerichteten Anordnung die Einsetzung eines Nacherben sich vollzieht, wobei ein Zweifel an dieser Rechtswirkung von vornherein als ausgeschlossen angesehen wird. Hierher gehört ebenso wie nach dem preußischen und nach dem sächsischen Gesetzbuche der Fall der betagten oder bedingten Erbeinsetzung. Das bürgerliche Gesetzbuch für das Deutsche Reich bestimmt in dieser Hinsicht, bei einer Anordnung des Erblassers, daß der eingesetzte Erbe die Erbschaft mit dem Eintritte eines bestimmten Zeitpunktes oder Ereignisses herausgeben soll, sei anzunehmen, daß der Andere als Nacherbe eingesetzt sei. Und zwar soll, wenn der Erblasser bei seiner Anordnung, daß der Erbe nur bis zum Eintritte eines bestimmten Zeitpunktes oder

[10] Sächs. Gesetzb. § 2504.
[11] Sächs. Gesetzb. §§ 2505 flg.

Ereignisses Erbe sein soll, nicht bestimmt hat, wer alsdann die Erbschaft zu erhalten habe, angenommen werden, daß als Nacherben diejenigen eingesetzt sind, welche die gesetzlichen Erben des Erblassers sein würden, wenn er zur Zeit des Eintrittes des Zeitpunktes oder des Ereignisses gestorben wäre. Hat aber der Erblasser angeordnet, daß der eingesetzte Erbe erst mit dem Eintritte eines bestimmten Zeitpunktes oder Ereignisses die Erbschaft erhalten soll, ohne zu bestimmen, wer bis dahin Erbe sein soll, so sollen nach dem Gesetzbuche die gesetzlichen Erben des Erblassers als Vorerben gelten. Ebenso sollen die gesetzlichen Erben des Erblassers die Vorerben sein, wenn die Person des Erben durch ein erst nach dem Erbfalle eintretendes Ereignis bestimmt werden soll.[12]

Anders behandelt das Gesetzbuch die Fälle, wenn eine zur Zeit des Erbfalles noch nicht erzeugte Person als Erbe eingesetzt ist, und wenn eine juristische Person eingesetzt ist, die erst nach dem Erbfalle zur Entstehung gelangt. In diesen beiden Fällen soll im Zweifel angenommen werden, daß die noch nicht erzeugte physische Person und die noch nicht zur Entstehung gelangte juristische Person Nacherben werden sollen. Entspricht dies nicht dem Willen des Erblassers, so sind die Einsetzungen unwirksam. Erledigen sich aber in den fraglichen Fällen die Zweifel dahin, daß der Erblasser die Personen zu Nacherben hat einsetzen wollen, so sind, wenn der Erblasser nicht bestimmt hat, wer bis zur Erzeugung der zum Erben bestimmten physischen Person oder bis zur Entstehung der zum Erben bestimmten juristischen Person Erbe sein soll, die gesetzlichen Erben des Erblassers die Vorerben.[13]

Die oben besprochene römischrechtliche, aber in neuere Gesetzbücher übergegangene Bestimmung, nach der ein Erbschaftvermächtnis, das der Erblasser einem kinderlosen Abkömmlinge auferlegt hat, nur für den Fall auferlegt ist, daß der Belastete auch bei seinem Tode keine Nachkommen hat,[14] ist bei seiner Aufnahme in das bürgerliche Gesetzbuch für das Deutsche Reich erweitert worden. Die Annahme, daß der Nacherbe nur für den Fall eingesetzt ist, daß der zum Vorerben ernannte Abkömmling ohne Nachkommenschaft stirbt, soll nämlich nicht nur für den Fall gelten, daß der eingesetzte Vorerbe zur Zeit der Errichtung der letztwilligen Verfügung keinen Abkömmling hat, sondern auch für den Fall, daß der Erblasser von dem Abkömmlinge, dem er einen Nacherben bestimmt hat, nicht weiß, daß er einen Abkömmling hat.[15]

---

[12] B.G.B. §§ 2103 bis 2105.

[13] B.G.B. § 2105 Schlußs., § 2101.

[14] S. oben Anm. 5 u. 6.

[15] B.G.B. § 2107. Die fragliche Erweiterung des Rechtssatzes ist von der Kommission für die zweite Lesung des Entwurfes aufgenommen worden. Man hatte

In den ersten Entwurf war auch eine Bestimmung aufgenommen worden, nach der das an den eingesetzten Erben gerichtete Verbot der Errichtung einer Verfügung von Todes wegen dahin aufgefaßt werden sollte, daß die gesetzlichen Erben des eingesetzten Erben als Nacherben eingesetzt seien (§ 1806). Gegen die Bestimmung wurde geltend gemacht, ein an den Erben gerichtetes allgemeines Verbot, über sein Vermögen letztwillig zu verfügen, sei an sich hinfällig und könne nur die Bedeutung haben, daß der Erbe gehindert sein solle, über den zu einem Bestandteil seines Nachlasses gewordenen Nachlaß des Erblassers letztwillig zu verfügen. Die Bestimmung wurde von der Kommission für die zweite Lesung des Entwurfes gestrichen.[16]

§ 63. IV. Anfall der Nacherbschaft.

1. Römisches Recht.

Der Erwerb des römischrechtlichen Erbschaftvermächtnisrechtes geschieht mit dem Tode des Erblassers oder, wenn das Vermächtnis bedingt ist, mit dem Eintritte der Bedingung. Geltend gemacht kann es aber erst werden mit dem Erwerbe der Erbschaft durch den belasteten Erben oder, wenn der Erblasser einen späteren Zeitpunkt der Fälligkeit festgesetzt hat, mit dem Eintritte dieses Zeitpunktes. Vererblich wird das Erbschaftvermächtnis, wenn der Berechtigte den Tod des Erblassers und bei einem bedingten Vermächtnisse auch den Eintritt der Bedingung erlebt.[1] In den angegebenen Richtungen steht das Erbschaftvermächtnis des römischen Rechtes jedem anderen Vermächtnisse gleich.

Verschieden aber ist es von anderen Vermächtnissen darin, daß der Erbschaftvermächtnisnehmer den Erben zum Antritte der Erbschaft zwingen kann.[2] Die rechtliche Möglichkeit solches Zwanges macht den Erbschaft-

---

gegen die Aufnahme der Erweiterung geltend gemacht, es liege dafür kein Bedürfnis vor, da die Rechtsprechung im Wege der Analogie zur ausdehnenden Anwendung des Rechtssatzes auf den in Frage stehenden Fall gelangen werde. Die Mehrheit der Kommission nahm aber an, den Anschauungen des Lebens entspreche es mehr, bei der großen Ähnlichkeit der Fälle eine völlig gleiche Behandlung eintreten zu lassen (Protokolle der Kommission für die zweite Lesung, 340. Sitzung I. S. 6729 f.).

[16] Protokolle, 339. Sitzung XVII. S. 6720 flg.

[1] L. 5 pr. §§ 1, 2, D. quando dies leg. (36, 2), l. 32 pr. D. de leg. (31), l. 5 C. quando dies leg. (6, 53), l. 26 pr. D. ad Sct. Trebell. (36, 1).

[2] L. 15 (14) §§ 6—8, l. 16 (15) l. 17 (16) pr. §§ 1—4 D. ad Sct. Trebell. (36, 1). Daß der eingesetzte Erbe auf das Verlangen des Erbschaftvermächtnisnehmers zum Antritte der Erbschaft gezwungen werden kann, beruht auf dem Sctum Pegasianum. Gai. II § 258. Die Wirkungen des erzwungenen Antrittes bestehen

vermächtnisnehmer unabhängig vom Willen des belasteten Erben. Stirbt der Erbe vor der Antretung, so bedarf es keines Zwanges weiter. Die Antretung wird als geschehen angenommen. Diese Ausnahmebestimmung tritt auch in Geltung, wenn der belastete Erbe bei Lebzeiten des Erblassers gestorben, der Tod aber dem Erblasser unbekannt geblieben ist. Sie findet dagegen keine Anwendung, wenn der belastete Erbe vor dem Erblasser gestorben ist und der Erblasser von dem Tode Kenntnis erlangt hat.[3] Ist ein Erbschaftvermächtnisnehmer mit einem Erbschaftvermächtnisse beschwert, und schlägt er das belastete Vermächtnis aus, so tritt der zweite Vermächtnisnehmer dem Erben unmittelbar als berechtigt gegenüber in der Art, daß ihm das Recht, den Erben zum Antritte zu zwingen und gegen ihn das Erbschaftvermächtnisrecht geltend zu machen, zusteht.[4] Ist der belastete Erbe unter einer Bedingung eingesetzt und ist die Bedingung eine potestative, deren Erfüllung keine Schwierigkeiten macht und keine Opfer erfordert, so erstreckt sich der Zwang zum Antritte auf die Erfüllung der Bedingung, von welcher der Erblasser das Erbewerden des eingesetzten Erben abhängig gemacht hat.[5] Übrigens ist der Zwang beschränkt durch die Rücksicht auf das persönliche Wohl und die persönliche Würde des ernannten Erben in der Art, daß er insoweit keine Verpflichtung zum Antritte hat, als damit unwiederbringliche Nachteile für ihn verbunden sind.[6] Vermögensaufwendungen, von denen der Antritt der Erbschaft abhängig ist, liegen dem Vermächtnisnehmer ob.[7] Über die Art der Ausübung des Zwanges enthalten die römischen Rechtsbücher keine Vorschriften. Die Meinungen sind geteilt. Der Vorzug gebührt der Auffassung, welche nach heutigem deutschen Reichsrechte[8] den Zwang durch Klage des Vermächtnisnehmers gegen

---

im Gegensatze zu denen des freiwilligen darin, daß die Vorteile und Nachteile der Erbschaft, die den Erben im Falle freiwilligen Antrittes getroffen haben würden, auf den Erbschaftvermächtnisnehmer alsbald übergehen. S. v. Vangerow, Pandekten Bd. 2 § 558 Anm. 1 II 1 bis 3.

[3] L. 13 § 4 l. 14 D. de testam. mil. (29, 1).

[4] L. 57 (55) § 2 D. ad Sct. Trebell: quodsi prior recusaverit, placuit, ut recta via secundus possit postulare, ut heres adeat et sibi restituat.

[5] L. 32 (31) § 2 D. ibid, l. 65 (63) §§ 7, 8, 9, 10 ibid. Über Bedingungen, die für nicht geschrieben zu erachten oder zu erlassen sind, deren Erfüllung dem Erben vom Erbschaftvermächtnisnehmer angeboten wird, bei deren Erfüllung der Erbe vom Erbschaftvermächtnisnehmer vertreten werden kann, auf deren Erfüllung der Antrittszwang mit zu beziehen ist, s. Brinz, Pandekten 2. Aufl. Bd. 3 § 430 Anm. 44; v. Vangerow, Pandekten Bd. 2 § 558 Anm. 1 I 3.

[6] L. 7 i. f. D. h. t.

[7] L. 7, l. 65 (63) § 8 D. h. t.

[8] C.P.O. § 779. S. über die Streitfrage Windscheid, Pandekten Bd. 3 § 664 Anm. 7 und die dort angegebene Litteratur.

den Erben ausgeübt werden läßt und dem rechtskräftigen Erkenntnisse, das die Verurteilung des Erben zum Antritte ausspricht, die Bedeutung des Antrittes beilegt.

Der Pflicht zur Herausgabe der Erbschaft kann der Erbe durch die dem Erbschaftvermächtnisnehmer gegenüber abgegebene Erklärung genügen, daß er die Erbschaft damit herausgeben wolle. Die Erklärung bedarf keiner Form, kann stillschweigend geschehen und braucht weder vom Erben in Person abgegeben, noch vom Vermächtnisnehmer in Person angenommen zu werden, sondern kann durch Stellvertreter oder Briefwechsel und Botschaft erfolgen.[9] Sie vermittelt den einheitlichen Übergang aller Bestandteile des Nachlasses von dem Erben auf den Vermächtnisnehmer. Dieser erlangt durch sie das Gläubigerrecht an den Erbschaftforderungen und wird seinerseits den Erbschaftgläubigern als Schuldner verpflichtet. Die in der Person des Erben durch Vereinigung von Recht und Pflicht in einer Person untergegangenen Rechtsverhältnisse leben wieder auf. Und die Erbschaftklagen gehen auf den Erbschaftvermächtnisnehmer über.[10]

Diese Wirkung ist der auf Grund eines Erbschaftvermächtnisses von dem Erben an den Vermächtnisnehmer erfolgten Herausgabe der Erbschaft durch das Sctum. Trebellianum beigelegt worden. Die in Frage stehende Wirkung brachte den Erbschaftvermächtnisnehmer in die Rechtsstellung des Erben selbst, so daß für den Satz „semel heres semper heres“ nur noch der Schein der Geltung übrig blieb.

§ 64. 2. Neuere Gesetzbücher.

Das württembergische Landrecht von 1610[1] und das bayerische von 1756[2] behandeln das Erbschaftvermächtnis noch in der Weise, wie es im römischen Rechte durch das Sctum. Pegasianum geschah, indem sie dem Erbschaftvermächtnisnehmer das Recht geben, obrigkeitlichen Zwang gegen den Erben anzurufen, der sich weigert, die beschwerte Erbschaft anzutreten und dadurch die Entstehung des Rechtes des Bedachten auf das Vermächtnis zu vermitteln. Das bayerische Gesetzbuch

---

[9] L. 38 (37) pr. D. h. t.

[10] Meyer, Legate § 13; v. Löhr, Magazin für Rechtsw. u. Gesetzg. Bd. 4 S. 81; E. A. Seuffert, das gesetzl. Veräußerungverbot bei Singular- und Universalfideikommissen § 6 S. 53; Brinz, Pandekten 2. Aufl. Bd. 3 § 430 S. 442; Dernburg, Pandekten Bd. 3 § 122. S. auch Windscheid, Pandekten Bd. 3 § 665 Anm. 1. Über die Fälle, in denen das Erfordernis der Restitution beseitigt ist, s. E. A. Seuffert a. a. O. S. 52 flg.

[1] Württembergisches Landrecht III 13 § 10.

[2] Cod. Maximil. Bav. civ. III 9 § 6.

hat auch den römischrechtlichen Satz, daß, wenn der mit dem Vermächtnisse beschwerte Erbe vor dem Antritte der Erbschaft stirbt, die Erbschaft als angetreten angesehen werden soll, ausdrücklich aufgenommen und mit dem römischen Rechte die Wirkung der Erklärung des Erben, daß er die Erbschaft dem Vermächtnisnehmer restituiere, dahin bestimmt, daß mit dieser Erklärung alle Rechte der Erbschaft auf den Vermächtnisnehmer übergehen.[3]

Während im römischen Rechte die Selbständigkeit der Rechtsstellung des Erbschaftvermächtnisnehmers durch das ihm gegebene Recht, den Erben zum Antritte der mit dem Erbschaftvermächtnisse belasteten Erbschaft zu nötigen, vermittelt wird, ist bei der fideikommissarischen Substitution des preußischen Rechtes der Fideikommissar mit dem Eintritte des Substitutionfalles von Rechtswegen Erbe. Er erhält eine vom Willen des Fiduziars unabhängige Stellung zur Erbschaft durch die Bestimmung, daß, wenn der Fiduziar die Erbschaft ausschlägt, der Fideikommissar vermöge der in der fideikommissarischen Substitution begriffenen gemeinen Substitution selbst Erbe wird.[4] Nimmt aber der Fiduziar die beschwerte Erbschaft an, so ist seine Verpflichtung zur Herausgabe der Erbschaft an den Fideikommissar mit dem Eintritte der Bedingung, von der das Recht des Fideikommissars abhängig gemacht ist, vou selbst gegeben.

Der fideikommissarische Substitut des französischen Gesetzbuches hat ein bedingtes Recht an dem Gegenstande des Fideikommisses. Sein Recht ist davon abhängig, daß er den Beschwerten überlebt.[5]

Die fideikommissarische Substitution des österreichischen Gesetzbuches gilt als eine wahre Erbeinsetzung. Der Nachberufene ist dem Vorerben für den Fall, daß dieser Erbe wird, substituiert. Der Anordnung können auch andere Bedingungen beigefügt werden. Die Einsetzung ist immer zugleich eine betagte. Der Zeitpunkt des Eintrittes der Nacherbfolge kann vom Erblasser auf einen bestimmten Kalendertermin, auf ein künftiges Ereignis, insbesondere auf den Tod des Vorerben, aber auch in den Willen des Vorerben gestellt werden.[6]

Auch der Erbanwärter des sächsischen Gesetzbuches ist ein wahrer Erbe, der als solcher in dem vom Erblasser bestimmten Zeitpunkte oder beim Eintritte der festgesetzten Bedingung an die Stelle des eingesetzten Vorerben tritt.[7] Die Unabhängigkeit des Erbanwärters von dem Willen des mit der Erbanwartschaft belasteten Erben wird im sächsischen Gesetzbuche durch die Bestimmungen herbeigeführt, nach denen die Anordnung

[3] Cod. Maximil. Bav. civ. ibid. §§ 6, 7. [4] A.L.R. I 12 §§ 58, 467.

[5] v. Zachariä-Lingenthal-Crome, französ. Civilrecht Bd. 4 § 706 IV. S. oben § 61 Anm. 6 bis 8.

[6] Österreich. Gesetzbuch §§ 608, 615; Unger, österreich. Erbrecht § 20.

[7] Sächs. Gesetzb. §§ 2503, 2505.

einer Erbanwartschaft gemäß den Vorschriften über Vermächtnisse zu beurteilen ist und, wenn der mit einem Vermächtnis beschwerte eingesetzte Erbe wegfällt, die Verpflichtung zur Errichtung des Vermächtnisses auf den, der nach dem letzten Willen an seine Stelle tritt, wenn aber der letzte Wille einen solchen nicht ergiebt, auf den gesetzlichen Erben übergehen soll.[8]

Der Nacherbe des bürgerlichen Gesetzbuches setzt begriffsmäßig voraus, daß er nach der Absicht des Erblassers erst Erbe werden soll, nachdem ein Anderer Erbe geworden ist.[9] Der Anfall der Erbschaft an den Nacherben hat also zur Voraussetzung, daß der Vorerbe bereits Erbe ist. Wird der eingesetzte Vorerbe nicht Erbe, so ist der Nacherbe im Zweifel als Ersatzerbe zur Erbschaft berufen. Der Anfall der Erbschaft an den Nacherben vollzieht sich, wenn der Erblasser für den Eintritt des Nacherben einen Zeitpunkt oder ein Ereignis bestimmt hat, in diesem Zeitpunkte oder mit dem Eintritte des Ereignisses, wenn er dafür einen Zeitpunkt oder ein Ereignis nicht festgesetzt hat, mit dem Tode des Vorerben. Ist eine noch nicht erzeugte physische Person oder eine noch nicht entstandene juristische Person zum Nacherben bestimmt, so vollzieht sich der Anfall mit der Geburt der zum Nacherben bestimmten physischen Person oder mit der Entstehung der juristischen Person.[10]

§ 65. V. **Auskunftpflicht des Vorerben.**

Der mit dem Erbschaftvermächtnisse beschwerte Erbe übernimmt regelmäßig, indem er die Erbschaft antritt, die Verpflichtung zur Herausgabe der Erbschaft an den Vermächtnisnehmer. Damit ist die Verbindlichkeit des Erben, ein Nachlaßinventar zu errichten und es dem Vermächtnisnehmer vorzulegen, von selbst gegeben. Die Verbindlichkeit ist im gemeinen Rechte zwar durch kein Gesetz angeordnet. Aber sie ist in der Natur der Sache begründet und wird durch das Interesse des Vermächtnisnehmers mit Notwendigkeit gefordert, da dieser, zumal wenn die Herausgabeverpflichtung des Erben erst mit dem Tode des Erben fällig wird, kein anderes Mittel hat, sich Kenntnis darüber zu verschaffen, was er dereinst zu fordern berechtigt ist.[1] Die Verpflichtung des Fiduziars, dem Fideikommissar ein Nachlaßinventar vorzulegen, besteht auch dann,

---

[8] Sächs. Gesetzb. §§ 2507, 2395, 2386.

[9] B.G.B. §§ 2100, 1942. [10] B.G.B. §§ 2102, 2103, 2105, 2106.

[1] Seuffert, Archiv Bd. 21 Nr. 63. — Nach der bestehenden Gerichtspraxis kann der Erblasser dem mit einem Erbschaftvermächtnisse beschwerten Erben die Errichtung eines Nachlaßinventars nicht einmal gültig erlassen. Ist ein solcher Erlaß ausgesprochen, so wird er nur von einem solennen Inventar verstanden. S. die bei Seuffert a. a. O. angegebene Litteratur. Dies gilt insbesondere auch nach

wenn die Herausgabepflicht sich nur auf das bezieht, was der Fiduziar von der Erbschaft bei seinem Tode übrig lassen wird.[2]

Das preußische Gesetzbuch hat den fideikommissarischen Substituten ausdrücklich für berechtigt erklärt, von dem eingesetzten Erben die Vorlegung eines Inventars über die ihm bestimmten Sachen zu fordern.[3] Man hat darüber gestritten, ob die fragliche Verpflichtung des Erben auch besteht, wenn der Substitut nur haben soll, was bei dem Ableben des Eingesetzten noch vorhanden sein wird. Der Streit ist durch eine Bestimmung des Gesetzbuches hervorgerufen, nach welcher, wenn der Erblasser dem Substituten ausdrücklich untersagt hat, auf die Vorlegung eines Inventars anzutragen, angenommen werden soll, daß der Erblasser den Substituten nur auf das, was bei dem Ableben des Eingesetzten noch vorhanden sein würde, habe substituieren wollen.[4] Aus dieser Vorschrift hat man durch ein argumentum e contrario geschlossen, daß ein ausdrücklich auf den Überrest eingesetzter Fideikommissar keine Berechtigung habe, vom Fiduziar die Vorlegung eines Inventars zu fordern.[5] Die Auffassung hat sich jedoch keine Anerkennung verschaffen können. Und das Reichsgericht hat aus zutreffenden Gründen angenommen, daß der Fiduziar nach preußischem Rechte, wenn nicht der Erblasser seine Befreiung von der Verpflichtung ausgesprochen hat, auch beim Fideikommisse auf den Überrest verpflichtet ist, dem Fideikommissar ein Nachlaßinventar vorzulegen.[6]

Nach österreichischem Rechte hat, wenn der Erblasser dem Erben die Verbindlichkeit auferlegt hat, die Erbschaft oder einen verhältnismäßigen Teil derselben dritten Personen zu hinterlassen, das Nachlaßgericht ein Inventar des Nachlasses von Amts wegen aufzunehmen. Die Kosten des Inventars hat der Nacherbe zu tragen, auf den der Genuß der Güter übergeht.[7]

Das sächsische Gesetzbuch enthält den Satz, daß die Rechte und Verpflichtungen des Erben bis zur Herausgabe des mit der Anwartschaft beschwerten Vermögens in Bezug auf die Benutzung und Verwaltung

---

dem bayerischen Landrechte: v. Kreittmayr, Anm. zu dem bayr. Landr. III Kap. 9 § 6 Nr. 7. S. auch Carpzov, iurisprud. for. p. III, const. 8. def. 39.

[2] Seuffert, Archiv Bd. 5 Nr. 208. [3] A.L.R. I 12 § 470.

[4] A.L.R. I 12 § 471. Das vom Erblasser an den Substituten gerichtete ausdrückliche Verbot, auf Vorlegung eines Nachlaßinventars anzutragen, ist der vom Gesetze vorgesehene Willensausdruck für den Erlaß der Verpflichtung des Erben zur Inventarserrichtung.

[5] Striethorst, Archiv Bd. 21 S. 288

[6] Entsch. des R.G's in Civils. Bd. 27 S. 220.

[7] Österreich. Gesetz über das gerichtliche Verfahren in Rechtsangelegenheiten außer Streitsachen vom 9. August 1854, § 92 Ziff. 3, § 111 (R.G.Bl. für das Kaisertum Österreich S. 861).

nach den Vorschriften zu beurteilen sind, welche die Rechte und Pflichten des Nießbrauchers an einem ganzen Vermögen bestimmen.[8] Zu diesen Vorschriften gehört der Satz, daß bei dem Nießbrauche an einem ganzen Vermögen sowohl der Eigentümer als auch der Nießbraucher das Recht hat, die Aufnahme eines durch Namensunterschrift zu vollziehenden Vermögensverzeichnisses zu verlangen.[9] Der Satz gilt auch für den Fall, daß der Erblasser die Anwartschaft auf das beschränkt hat, was beim Tode des Erben noch vorhanden sein werde, oder daß er dem Erben sonst die freie Verfügung gestattet hat.[10]

Das bürgerliche Gesetzbuch für das Deutsche Reich hat eine Reihe von Bestimmungen aufgestellt, durch welche dem Vorerben gewisse Verpflichtungen auferlegt werden, die darauf abzielen, den Nacherben über den Bestand des Nachlasses zu unterrichten und ihm Klarheit sowohl darüber zu verschaffen, welche Rechte ihm bis zum Eintritte der Nacherbfolge zustehen, als auch darüber, welche Rechtstellung er im Falle des Eintrittes der Nacherbfolge bei der Auseinandersetzung mit dem Vorerben einzunehmen hat. Diese Bestimmungen normieren in erster Reihe die Pflicht des Vorerben zur Inventarlegung.[11]

Der Vorerbe hat dem Nacherben auf Verlangen ein Verzeichnis der zur Erbschaft gehörigen Sachen mitzuteilen. Das Verzeichnis ist mit dem Tage der Aufnahme zu versehen und von dem Vorerben zu unterzeichnen. Der Vorerbe hat auf Verlangen die Unterschrift öffentlich beglaubigen zu lassen.[12] Der Nacherbe kann auch verlangen, daß er bei der Aufnahme des Verzeichnisses zugezogen wird.[13] Der Vorerbe ist berechtigt und auf Verlangen des Nacherben verpflichtet, das Verzeichnis durch

---

[8] Sächs. Gesetzbuch § 2515.

[9] Sächs. Gesetzbuch § 632.

[10] Sächs. Gesetzbuch §§ 2522, 2523, 632.

[11] Die Verpflichtung des Vorerben zur Inventarlegung war im ersten Entwurfe unter Bezugnahme auf die Vorschriften über den Nießbrauch dahin bestimmt, daß der Vorerbe ein von ihm aufgenommenes, mit seiner Unterschrift und dem Datum versehenes Verzeichnis der einzelnen Nachlaßsachen dem Nacherben mitzuteilen und auf Verlangen des Nacherben, aber auf dessen Kosten, öffentlich beglaubigen zu lassen habe, daß der letztere aber auch verlangen könne, daß auf seine Kosten unter seiner Zuziehung das Vermögensverzeichnis durch die zuständige Behörde oder einen zuständigen Beamten aufgenommen werde (§§ 1815, 993, 1042). Die Kommission für die zweite Lesung des Entwurfes hat die Verpflichtung des Vorerben anders geregelt als die des Nießbrauchers, weil die Sache hier insofern anders liege, als der Nacherbe regelmäßig nicht in der Lage sei, etwas über den Bestand der Erbschaft zu wissen, und der Vorerbe die Erbschaft in Besitz habe (Protokolle der Kommission für die zweite Lesung des Entwurfes, 341. Sitzung II. S. 6749).

[12] B.G.B. § 2121 Abs. 1.

[13] B.G.B. § 2121 Abs. 2 u. 3.

die zuständige Behörde oder durch einen zuständigen Beamten oder Notar aufnehmen zu lassen.[14] Von diesen die Aufnahme, Unterzeichnung, Beglaubigung und Mitteilung des Nachlaßverzeichnisses betreffenden Verpflichtungen kann der Erblasser den Vorerben nicht wirksam befreien.[15] Die Kosten der Aufnahme und der Beglaubigung fallen der Erbschaft zur Last.[16]

Eine weitere Verpflichtung des Vorerben ist die, daß er dem Nacherben auf Verlangen auch, abgesehen von der Inventarlegung, Auskunft über den Bestand der Erbschaft zu erteilen hat. Diese Verpflichtung ist aber davon abhängig, daß der Vorerbe durch seine Verwaltung die Rechte des Nacherben erheblich verletzt.[17] Auch gehört die Verpflichtung zu denjenigen Verpflichtungen des Vorerben, von denen der Erblasser den Vorerben wirksam befreien kann.[18]

Das Gesetzbuch erklärt ferner den Vorerben wie den Nacherben, einen jeden auf seine Kosten, für befugt, den Zustand der zur Erbschaft gehörenden Gegenstände durch Sachverständige feststellen zu lassen.[19] Eine vom Erblasser ausgesprochene Befreiung des Vorerben von der Verpflichtung, auf Verlangen des Nacherben sich die Feststellung des Zustandes der Erbschaftsachen durch Sachverständige gefallen zu lassen, ist ohne Wirkung.[20]

§ 66. VI. **Nähere Bestimmungen der Herausgabepflicht des Vorerben.**

I. Gegenstand der Herausgabepflicht ist nach römischem Rechte die Erbschaft, wie sie sich zur Zeit des Eintrittes der Fälligkeit des Erbschaftvermächtnisses befindet. Doch kann der Erbe von dem reinen Nachlasse, wenn das Erbschaftvermächtnis drei Viertel des Nachlasses übersteigt, nach dem Falcidischen Gesetze ein Viertel abziehen und für sich behalten. Sind mit der Erbschaft bis zur Fälligkeit des Erbschaftvermächtnisses durch Schuld

---

[14] B.G.B. § 2121 Abs. 3.

[15] B.G.B. § 2121 Abs. 1, 2, 3, § 2136.

[16] B.G.B. § 2121 Abs. 4. — Die Bestimmung, nach welcher die Kosten der Erbschaft auferlegt werden, ist mit der Erwägung begründet worden, daß der Nacherbe, wenn das Gesetz ihm die Kosten auflegte, es nicht selten unterlassen würde, die Errichtung des Verzeichnisses zu fordern, während doch die ordnungmäßige Aufnahme eines Verzeichnisses sowohl zum Vorteile des Vorerben als auch zu dem des Nacherben gereiche (Protokolle a. a. O.).

[17] B.G.B. § 2127.

[18] B.G.B. §§ 2127, 2136.

[19] B.G.B. § 2122.

[20] B.G.B. §§ 2122, 2136.

des beschwerten Erben Verschlimmerungen eingetreten, so haftet der Erbe dem Vermächtnisnehmer für Versehen nach den allgemeinen Grundsätzen in der Art, daß er, wenn ihm nach Herausgabe der Erbschaft kein Vorteil bleibt, nur grobes Versehen, andernfalls auch mäßiges Versehen zu vertreten hat.[1] Die von den Erbschaftsachen gezogenen Früchte erwirbt der mit dem Erbschaftvermächtnisse beschwerte Erbe regelmäßig ohne die Verpflichtung der Herausgabe. Die Herausgabepflicht kann aber durch Verzug des Erben und durch eine besondere Anordnung des Erblassers begründet werden.[2]

Das württembergische und das bayrische Gesetzbuch geben dem Erben ebenfalls das Recht auf den Abzug des vierten Teiles des reinen Nachlasses.[3] Das preußische, österreichische, französische und sächsische Gesetzbuch haben das Recht des Erben auf den fraglichen Abzug beseitigt. Nach preußischem Rechte hat der Erbe nach Analogie des Nießbrauchers ebenfalls für mäßiges Versehen,[4] nach österreichischem Rechte hat er auch für ein geringes Versehen einzustehen.[5] Das sächsische Gesetzbuch erklärt auf die Haftung der mit einer Erbanwartschaft beschwerten Erbschaft die allgemeinen Bestimmungen für anwendbar, nach denen der beschwerte Erbe, wenn er von der Erbschaft keinen Vorteil hat, nur für grobe Fahrlässigkeit, anderenfalls auch für geringe Fahrlässigkeit zu haften hat.[6] Die von den Erbschaftsachen gezogenen Früchte erwirbt der Erbe nach preußischem,[7] österreichischem[8] und sächsischem[9] Rechte nach der Analogie des Nießbrauchers.

Das bürgerliche Gesetzbuch für das Deutsche Reich erklärt den Vorerben für verpflichtet, nach dem Eintritte der Nacherbfolge dem Nach-

---

[1] L. 23 (22) § 3 D. ad Sct. Trebell. (36, 1), l. 47 §§ 4, 5, l. 108 § 12 D. de leg. I (30). Manche Schriftsteller lassen auf Grund der l. 23 (22) § 3 D. ad Sct. Trebell. den Erben, wenn er nur einen Teil der Erbschaft herauszugeben hat, nur für diligentia quam suis haften. S. Windscheid, Pandekten Bd. 3 § 665 Anm. 7 und die dort angegebenen Schriftsteller. Über das Recht der Falcidischen Quart s. Windscheid a. a. O. §§ 650 bis 663, § 666 zu Anm. 8, § 667 Anm. 6, § 668 zu Anm. 7, § 671 zu Anm. 7, § 672 zu Anm. 1.

[2] L. 19 (18) pr. D. ad Sctum. Trebell. (36, 1): In fideicommissaria hereditatis restitutione constat non venire fructus, nisi ex mora facta est, aut cum quis specialiter fuerit rogatus et fructus restituere. L. 46 (44) § 1 ibid.: nec fructus fideicommissarium sequitur, si mora non intercessit.

[3] Württembergisches Landrecht III 13 §§ 2 flg.; Cod. Maximil. Bav. civ. III 9 § 8.

[4] A.L.R. I 12 §§ 466, 467, I 21 §§ 16, 132.

[5] Österreich. Gesetzbuch §§ 613, 513; Unger, österreich. Erbrecht § 48.

[6] Sächs. Gesetzbuch §§ 2507, 2438 f., 728.

[7] A.L.R. I 12 § 466.

[8] Österreich. Gesetzbuch § 613; Unger, österreich. Erbrecht § 48 Anm. 4.

[9] Sächs. Gesetzbuch §§ 2514, 2515, 633, 604.

erben die Erbschaft in dem Zustande herauszugeben, der sich bei einer bis zur Herausgabe fortgesetzten ordnungmäßigen Verwaltung herausstellen würde.[10] Da das Gesetzbuch die Bestimmung enthält, daß der Vorerbe dem Nacherben gegenüber nur für diejenige Sorgfalt einzustehen hat, die er in eigenen Angelegenheiten anzuwenden pflegt,[11] so muß unter einer ordnungmäßigen Verwaltung in dem gedachten Sinne eine Verwaltung verstanden werden, die mindestens der Sorgfalt entspricht, welche der Vorerbe in eigenen Angelegenheiten anzuwenden pflegt. — Die Früchte der zur Erbschaft gehörigen Sachen erwirbt der Vorerbe als Herr der Erbschaft bis zum Eintritte der Nacherbfolge.

II. Für den Fall, daß der ursprüngliche Erbteil des Vorerben eine Erweiterung erhalten hat, bestimmt das bürgerliche Gesetzbuch, daß das Recht des Nacherben im Zweifel sich auf den Erbteil erstreckt, der dem Vorerben infolge des Wegfalles eines Miterben anfällt.[12] Dieser Satz ist an die Stelle einer Bestimmung des ersten Entwurfes getreten, welche folgenden Wortlaut hatte: „Das Recht des Nacherben erstreckt sich auf die durch Anwachsung erfolgte Erweiterung des Erbteils des Vorerben; es erstreckt sich nicht auf dasjenige, was dem Vorerben aus einer Einsetzung als Ersatzerbe — gebührt.“[13] Bei den Beratungen der Kommission für die zweite Lesung des Entwurfes entschied man sich dafür, die Unterscheidung des Entwurfes zwischen der durch Anwachsung vermittelten Erweiterung des ursprünglichen Erbteiles und der durch eine Einsetzung als Ersatzerbe bewirkten fallen zu lassen und beide Fälle gleichmäßig zu behandeln.[14] Die Meinungen gingen aber insofern auseinander, als die eine Seite dem Nacherben in beiden Fällen das Recht auf die Erweiterung des ursprünglichen Erbteiles geben wollte, während nach der anderen Meinung der Vorerbe sowohl die Anwachsung als auch, was er durch Einsetzung als Ersatzerbe erlangt hatte, behalten

---

[10] B.G.B. § 2130 Satz 1.

[11] B.G.B. § 2131.

[12] B.G.B. § 2110 Abs. 1.

[13] Erster Entwurf § 1814.

[14] Über die Stellung des gemeinen Rechtes und der Gesetzgebungen, welche vom gemeinen Rechte ihren Ausgangspunkt genommen haben, zu der Frage, ob dem Nacherben ein Recht auf die durch Anwachsung herbeigeführte Vergrößerung des Erbteiles des Vorerben gegeben sei, s. oben § 56 Anm. 1 bis 5. Auf dasjenige, was der Vorerbe als Ersatzerbe erhält, erstreckt sich das Recht des Nacherben nach den bisher geltenden Rechten an sich nicht, es müßte sich denn ergeben, daß der Wille des Erblassers auf solche Erstreckung gerichtet war. Doch gehen die Meinungen auseinander. Siehe Mommsen, Erörterungen aus dem Obligationenrecht Heft 1 S. 71 flg; Dernburg, preuß. Privatrecht Bd. 3 § 159 Anm. 11; Unger, österreich. Erbrecht § 48 Anm. 12; sächs. Gesetzb. § 2512.

sollte. Die Mehrheit der Kommission beschloß, dem Vorerben im Zweifel die Herausgabepflicht in Bezug auf beide in Frage stehende Erweiterungen des ursprünglichen Erbteiles aufzulegen.[15]

III. Für den Fall, daß einem von mehreren Miterben als Vorerben ein Vorausvermächtnis beschieden ist, und demnächst die Frage entsteht, ob dem Nacherben jenes Vorerben ein Recht auf das Vorausvermächtnis zustehen soll, hat die Rechtsentwickelung einen anderen Gang genommen. Da das Vorausvermächtnis, das von der Gesamtheit der Erben an einen der Erben zu entrichten ist, insoweit, als der damit bedachte Erbe zu seinen Gunsten selbst beschwert ist, nach römischem Rechte als nichtig gilt, und der Vorausvermächtnisnehmer als Erbe das Vorausvermächtnis bis auf Höhe seines Erbteiles nicht als Vermächtnis, sondern als Erbteil erhält, so unterliegt es im Zweifel auch insoweit, aber in der Regel nicht weiter, der Herausgabepflicht an den Nacherben.[16] Der Erblasser kann aber die Herausgabepflicht auch auf den Teil des Vorausvermächtnisses erstrecken, den die Miterben des Vorausvermächtnisnehmers an diesen zu entrichten haben, der also als wirkliches Vermächtnis anzusehen ist. Dies geschieht, wenn der Erblasser als der Herausgabepflicht unterliegend alles bezeichnet, was aus der Erbschaft an den mit dem Erbschaftvermächtnisse belasteten Miterben gekommen ist. Ebenso kann der Erblasser auch anordnen, daß das ganze Vorausvermächtnis, auch der Teil desselben, mit dem der Erbe zu seinen eigenen Gunsten belastet erscheint, ihm verbleiben, also von der Herausgabepflicht ausgeschlossen sein soll.[17]

Die meisten der neueren Gesetzgebungen sind in der Auffassung des Vorausvermächtnisses vom römischen Rechte abgewichen. Das bayerische Gesetzbuch sieht das Vorausvermächtnis als eine Beschwerung der unverteilten Erbmasse und damit in seinem ganzen Betrage als Vermächtnis an.[18] Auch das preußische Recht rechnet nicht mit der teilweisen Nichtigkeit des Vorausvermächtnisses. Das letztere wird vom preußischen Gesetzbuche als eine Zuwendung behandelt, die der Erblasser dem Bedachten aus der Erbschaft gemacht hat. Es wird daher in seinem

---

[15] Protokolle der Kommission für die zweite Lesung des Entwurfes, 340. Sitzung III. S. 6742 flg. Die Gleichstellung der Fälle der Anwachsung und der Einsetzung zum Ersatzerben ist von Strohal (Jahrb. für Dogmatik Bd. 30 S. 177 f.) befürwortet.

[16] L. 19 (18) § 3 D. ad Sct. Trebell. (36, 1).

[17] L. 3 § 4 D. ibid., l. 86 D. ad leg. Falcid. (35, 2), l. 24 C. fam. hercisc. (3, 36). Vgl. v. Vangerow, Pandekten Bd. 2 § 523 Anm. I A 2, sowie die dort angegebene Litteratur, und Windscheid, Pandekten Bd. 3 § 666 Anm. 5.

[18] Cod. Maxim. Bav. civ. III 6 § 5. S. v. Kreittmayr, Anmerk. zum bayer. Landrecht Bd. 3 S. 485.

ganzen Umfange als Vermächtnis betrachtet.[19] Ebenso wird das Vermächtnis im österreichischen Rechte aufgefaßt. Die Erbschaft selbst wird als belastet betrachtet. Alle Erben haben nach dem Verhältnisse ihrer Erbteile zu dem Vorausvermächtnisse beizutragen. Und der bedachte Erbe behält den auf seinen Erbteil fallenden Anteil als Vermächtnis.[20] Die Folge dieser abweichenden Auffassungen ist, daß bei der fideikommissarischen Substitution der mit dem Vorausvermächtnisse bedachte Erbe, wenn der Fall der Substitution eintritt, im Zweifel das ganze Vorausvermächtnis für sich behält.

Das sächsische Gesetzbuch dagegen ist der Auffassung des römischen Rechtes treu geblieben, indem es bestimmt, daß ein Vermächtnis, welches einem Miterben aus der Erbschaft hinterlassen ist, bloß insoweit als Vermächtnis gilt, als es auf den Erbteilen der Miterben lastet.[21] Daraus folgt, daß das Vorausvermächtnis beim Eintritte des Falles der Erbanwartschaft im Zweifel nur insoweit, als es die Erbteile der Miterben beschwert, dem mit der Erbanwartschaft beschwerten Erben verbleibt, im übrigen aber Gegenstand der Herausgabepflicht ist.

Das bürgerliche Gesetzbuch für das Deutsche Reich hat den von den anderen neueren Gesetzgebungen betretenen Weg eingeschlagen. Nach dem bürgerlichen Gesetzbuche gilt ein Vorausvermächtnis auch insoweit als Vermächtnis, als der bedachte Erbe selbst beschwert ist. Als Folge dieser Auffassung ergiebt sich, daß der mit dem Vorausvermächtnisse bedachte Erbe das ganze Vorausvermächtnis, auch soweit er selbst beschwert ist, für sich behalten kann, ohne daß der Nacherbe ein Recht darauf hat.[22]

IV. Eine Erweiterung der Herausgabepflicht des Fiduziars in der Art, daß Gegenstände, die ursprünglich nicht zur Erbschaft gehört haben, mit der Erbschaft herauszugeben sind, tritt noch in einigen anderen Fällen ein.

1. Der herauszugebenden Erbschaft tritt nach dem bürgerlichen Gesetzbuche hinzu, was der Vorerbe auf Grund eines zur Erbschaft gehörenden Rechtes erwirbt, sofern nicht der Erwerb ihm als Nutzung gebührt. Hierher gehören der Fall des Erwerbes angeschwemmten Landes durch den Ufereigentümer, der Erwerb der in einem Flusse entstandenen Insel durch die Eigentümer der Ufer, der Erwerb des von einem Flusse verlassenen Bettes durch die Anlieger, das durch Einpflanzen.

---

[19] A.L.R. I 12 §§ 262, 271, 273. S. Dernburg, preuß. Privatrecht Bd. 3 § 137 S. 383f. zu Anm. 10.

[20] Österreich. Gesetzb. § 648; Unger, österreich. Erbrecht § 55 Anm. 9, 10, 11.

[21] Sächs. Gesetzb. § 2401.

[22] B.G.B. §§ 2150, 2110 Abs. 2. Protokolle der Kommission für die zweite Lesung des Entwurfes, 340. Sitzung III. S. 6742, 6744.

und durch Herstellung eines Gebäudes erworbene Recht des Grundeigentümers an dem Eingepflanzten und an dem errichteten Gebäude,[23] der Erwerb des Rechtes an einem entdeckten Schatze durch den Eigentümer der Sache, in welcher der Schatz verborgen war.[24]

2. Ferner ist mit der Erbschaft herauszugeben, was der Vorerbe als Ersatz für die Zerstörung, Beschädigung oder Entziehung eines Erbschaftgegenstandes erworben hat. Hierher gehören die Fälle der Enteignung von unbeweglichem Vermögen.

3. Ebenso wird wie zur Erbschaft gehörig behandelt, was der Erblasser durch Rechtsgeschäft mit Mitteln der Erbschaft erworben hat.[25]

4. Endlich gehört zur Erbschaft, was der Vorerbe dem Inventar eines erbschaftlichen Grundstückes einverleibt hat.[26]

Diese Bestimmungen waren schon im ersten Entwurfe enthalten. Die dritte war im ersten Entwurfe dahin gefaßt, daß als zur Nacherbschaft gehörend auch diejenigen Gegenstände gelten, welche der Vorerbe durch die auch gegenüber dem Nacherben wirksame Veräußerung eines der Nacherbfolge unterliegenden Gegenstandes erworben habe. Die Fassung der übrigen wurde bei Aufnahme in das Gesetzbuch nur wenig verändert.[27]

Das römische Recht enthält für den in der dritten Bestimmung vorgesehenen Fall besondere Vorschriften, aber in Einschränkung auf den

---

[23] B.G.B. § 2111 Abs. 1 Satz 1; Einführungges. zum B.G.B. Art. 65 a. E.; B.G.B. §§ 946, 984.

[24] Unger (österreich. Erbrecht § 48 Anm. 4) nimmt nach österreichischem Rechte, und Förster und Eccius (Theorie und Praxis Bd. 4 § 275 Anm. 41) nehmen nach preußischem Rechte an, daß der Nacherbe kein Recht auf Herausgabe des im Nachlaßgrundstücke gefundenen Schatzes oder der dem Grundeigentümer gebührenden Schatzeshälfte hat. Die Auffassung des ersten Entwurfes war eine andere (erster Entwurf § 1825; Motive Bd. 5 S. 101). Die Kommission für die zweite Lesung ist von der Auffassung des ersten Enwurfes nicht abgewichen und die Bestimmung des Gesetzes entspricht ihr.

[25] B.G.B. § 2111 Abs. 1 Satz 1. Für die letzteren beiden Fälle haben manche den Ausdruck „Surrogation" und „Surrogationsprinzip" aufgestellt.

[26] B.G.B. § 2111 Abs. 2.

[27] Erster Entwurf § 1825. Nach dem Entwurfe sollte der Vorerbe an verbrauchbaren Sachen, die zur Erbschaft gehören, das Eigentum unter der Verpflichtung erlangen, bei dem Eintritte der Nacherbfolge den Wert zu ersetzen, den die Sachen zur Zeit des Erbfalles hatten (§§ 1815, 1018). Damit, daß die Analogie des Nießbrauches für die Bestimmung des Rechtsverhältnisses zwischen dem Vorerben und dem Nacherben beseitigt ist, ergiebt sich bei Anwendbarkeit des § 2111 B.G.B., daß nunmehr an die Stelle der vom Vorerben veräußerten verbrauchbaren Sachen der Erlös oder die anderweit angeschafften oder eingetauschten Sachen als neuer Gegenstand der Erbschaft treten. Protokolle der Kommission für die zweite Lesung des Entwurfes, 343. Sitzung IV. S. 6794 f.

Fall, daß der mit dem Erbschaftvermächtnisse beschwerte Erbe nur herauszugeben hat, was von der Erbschaft beim Eintritte des Substitutionfalles übrig ist.[28] Im übrigen hat das objektive Recht durch das Verbot der Veräußerung der Erbschaftgegenstände, die der Herausgabepflicht unterliegen würden, für das berechtigte Interesse des Fideikommissars Sorge getragen.

Auch nach neueren Gesetzgebungen wird beim Fideikommisse auf den Überrest das Recht des fideikommissarischen Substituten auf den Erwerb, den der beschwerte Erbe durch ein Rechtsgeschäft mit den Mitteln der Erbschaft gemacht hat, anerkannt. Das bayerische[29] und das sächsische[30] Gesetzbuch haben den fraglichen Grundsatz ausdrücklich ausgesprochen. Nach preußischem[31] und nach österreichischem[32] Rechte wird er als richtig anerkannt, ohne daß er ausdrücklich ausgesprochen ist.

Die in den anderen drei Bestimmungen des bürgerlichen Gesetzbuches vorgesehenen Fälle haben im römischen Rechte und in den neueren Gesetzgebungen keine besondere Würdigung erfahren. Man muß also annehmen, daß in den fraglichen Fällen der Wille des Erblassers die Entscheidung zu bestimmen hat. Und man wird nicht fehlgehen, wenn man die im bürgerlichen Gesetzbuche aufgestellten Normen im Zweifel als dem mutmaßlichen Willen des Erblassers entsprechend ansieht.

Betreffs der Frage, ob eine vom Vorerben durch Rechtsgeschäft erworbene Forderung nach der oben zu 3 aufgeführten Vorschrift zur Erbschaft gehört, ist für das Interesse des gutgläubigen Schuldners durch die Bestimmung des Gesetzbuches Sorge getragen, daß der Schuldner diese Zugehörigkeit erst dann gegen sich gelten zu lassen hat, wenn er von ihr Kenntnis erlangt.[33] Aufrechnen kann der Schuldner eine ihm gegen den Vorerben zustehende Forderung auch dem Nacherben gegenüber, es sei denn, daß er beim Erwerbe der Forderung von dem inzwischen erfolgten Eintritte des Falles der Nacherbfolge Kenntnis hatte, oder daß die Forderung erst nach der Erlangung der Kenntnis von dem Eintritte der Nacherbfolge und später als die Forderung des Nacherben fällig geworden ist. Der Nacherbe muß eine Leistung, die der Schuldner nach dem Eintritte der Nacherbfolge an den Vorerben

[28] L. 70 § 3, l. 71, 72 D. de leg. II (31).

[29] Cod. Maxim. Bav. civ. III 9 § 6 no. 14.

[30] Sächs. Gesetzbuch §§ 2522, 2524: Der Anwärter ist berechtigt, die Herausgabe dessen zu fordern, was von dem Vermögen des Erblassers in Natur oder im Werte noch vorhanden ist.

[31] Entsch. des R.G's in Civils. Bd. 7 S. 206 flg.

[32] Unger, österreich. Erbrecht § 48 Anm. 14.

[33] B.G.B. § 2111 Abs. 1 Satz 2.

bewirkt hat, sowie jedes Rechtsgeschäft, das nach dem Eintritte der Nacherbfolge zwischen dem Schuldner und dem Vorerben in Ansehung der Forderung vorgenommen worden ist, gegen sich gelten lassen, es sei denn, daß der Schuldner den Eintritt der Nacherbfolge bei der Leistung oder bei der Vornahme des Rechtsgeschäftes gekannt hat. Ist in einem nach dem Eintritte der Nacherbfolge zwischen dem Schuldner und dem Vorerben anhängig gewordenen Rechtsstreite ein rechtskräftiges Urteil über die Forderung ergangen, so muß der Nacherbe das Urteil gegen sich gelten lassen, es sei denn, daß der Schuldner den Eintritt der Nacherbfolge bei dem Eintritte der Rechtshängigkeit gekannt hat.[34]

§ 67. VII. Veräußerung der Erbschaftsachen durch den Vorerben.

1. Die bisher geltenden Gesetzgebungen.

Nach römischem Rechte schließt die Verpflichtung des mit dem Erbschaftvermächtnisse beschwerten Erben zur Herausgabe der Erbschaft an den Erbschaftvermächtnisnehmer regelmäßig für den Erben das Verbot der Veräußerung der Erbschaftsachen ein.[1]

Das Veräußerungverbot greift nicht Platz, wenn die Veräußerung notwendig ist, um Geld zur Bezahlung von Erbschaftschulden zu erhalten[2] oder um die Mittel zur Bestellung einer dos oder einer donatio propter nuptias zu gewinnen,[3] ferner wenn die Veräußerung nach den Grundsätzen einer guten Wirtschaftführung geboten ist[4] und wenn der Erbschaftvermächtnisnehmer sie genehmigt[5] oder der Erblasser sie erlaubt hat. Diese Erlaubnis kann der Erblasser auch stillschweigend erteilen. Sie liegt in der Anordnung, daß der Erbe nur das herauszugeben hat, was beim Eintritte der Fälligkeit des Erbschaftvermächtnisses von der herauszugebenden Erbschaft noch vorhanden ist.[6]

Geteilt sind die Meinungen darüber, ob das gesetzliche Verbot der Veräußerung von Nachlaßgegenständen sich auf Nachlaßforderungen erstreckt. Das Gesetz spricht von Nachlaßforderungen nicht. Und es kann nach dem Wortlaute des Gesetzes auch nicht angenommen werden, daß der Gesetzgeber an Nachlaßforderungen gedacht hat. Die Ausdehnung

---

[34] B.G.B. § 2111 Abs. 1, Satz 2, §§ 406 bis 408.

[1] L. 3 §§ 2 bis 4 C. comm. de leg. (6, 43).

[2] L. 38 pr. D. de leg. II (32).

[3] L. 23 (22) § 4 D. ad Sct. Trebell. (36, 1), Nov. 39 cap. 1.

[4] L. 23 (22) § 3 D. ad Sct. Trebell. (36, 1).

[5] L. 11 C. de fideic. (6, 42).

[6] Nov. 108 cap. 1, 2.

läßt sich aber mit der Annahme rechtfertigen, daß sie dem Sinne des Gesetzes entspricht.[7]

Das preußische Gesetzbuch hat das zu Gunsten des fideikomissarischen Substituten gegen den Erben bestehende Verbot der Veräußerung von Nachlaßsachen in der Art eingekleidet, daß es dem Erben bis zum Eintritte des Falles der Substitution die Rechte und Pflichten des Nießbrauchers giebt. Aber damit ist dem Erben weder das Eigentum an den Nachlaßsachen noch das Gläubigerrecht an den Nachlaßforderungen abgesprochen. Der vom Gesetzbuche gebrauchte Ausdruck soll nur die Rechtsstellung bezeichnen, die der Erbe beim Eintritte des Falles der Substitution dem fideikommissarischen Substituten gegenüber hat. Der Erbe hat also an den Nachlaßsachen, die im Eigentum des Erblassers standen, selbst Eigentum und an den Nachlaßforderungen, die dem Erblasser zustanden, Gläubigerrecht. Aber beides ist durch die Berechtigung beschränkt, die das Gesetz dem fideikommissarischen Substituten gegeben hat.[8]

Als Eigentümer der zur Erbschaft gehörigen Grundstücke ist der Erbe in das Grundbuch einzutragen. Nach älterem preußischen Hypothekenrechte war das — bedingte oder betagte — Recht des Fideikommissars als Eigentumsbeschränkung dabei zu vermerken.[9] Darüber, ob auch der infolge der Grundbuchordnung vom 5. Mai 1872 ein-

---

[7] Nov. 108. Vgl. Windscheid, Pand. Bd. 3 § 665 Anm. 8; Sintenis, Civilrecht Bd. 3 § 218 Anm. 15.

[8] Die Rechtsprechung des preußischen Obertribunals hat die §§ 466, 467 A.L.R. I 12, welche aussprechen, daß bei der fideikommissarischen Substitution der eingesetzte Erbe so lange, bis der Substitutionsfall eintritt, die Rechte des Nießbrauchers hat, von jeher — abgesehen von einer vereinzelten, mit der anderen Rechtsprechung nicht im Einklange stehenden Entscheidung (Urteil vom 29. November 1852, Entsch. Bd. 24 S. 96) — dahin verstanden, daß sie sich nur auf das Rechtsverhältnis des Fiduziars zum Fideikommissar bei der Herausgabe der Erbschaft beziehen und daß dem Fiduziar als Erben bis zum Eintritte des Substitutionsfalles das Eigentum der Erbschaftsachen zusteht. Das Reichsoberhandelsgericht und das Reichsgericht sind dem Obertribunal in dieser Rechtsprechung gefolgt. Zu vgl. die in der reichsgerichtlichen Entscheidung vom 22. Januar 1887 (Entsch. des R.G's Bd. 17 S. 231) angezogene Urteile des Obertribunals, des Reichsoberhandelsgerichts und des Reichsgerichts. Nicht durchweg gleichförmig hat sich das Obertribunal über die Frage ausgesprochen, ob der Fideikommissar vor dem Eintritte des Substitutionsfalles ein rein persönliches Recht an den Fiduziar oder auch ein dingliches Recht an der Erbschaft habe. Zu vergl. die von Dernburg, preuß. Privatr. Bd. 3 § 158 Anm. 5, erwähnten Urteile. In der preußischen Rechtswissenschaft hat Wienstein (Gruchot, Beiträge Bd. 8 S. 305 flg., eine abweichende Ansicht aufgestellt, ohne jedoch Nachfolge zu finden. Zu vergl. die in den Entsch. des R.G's Bd. 17 S. 231 angezogene Litteratur.

[9] Allgemeine Hypothekenordnung v. 20. Dezember 1783 Tit. II Abschn. 2 § 80.

getretene Rechtszustand die Eintragung einer Eigentumsbeschränkung zu Gunsten des Fideikommissars notwendig macht, sind die Meinungen geteilt.[10]

Übrigens besteht im preußischen Rechte nicht wie im römischen ein ausdrückliches gesetzliches Veräußerungverbot für den Fiduziar mit der Folge der Nichtigkeit einer erfolgten Veräußerung. Aber in der dargelegten Rechtsstellung des Fiduziars gegenüber dem Fideikommissar ist von selbst für den ersteren die Beschränkung gegeben, daß er über Erbschaftgegenstände nur verfügen kann, soweit dadurch das Recht des Fideikommissars nicht beeinträchtigt wird. Daß er Nachlaßsachen veräußern und Nachlaßforderungen einziehen kann, wenn er zur Bezahlung von Nachlaßschulden und zur Entrichtung von Vermächtnissen der Geldmittel bedarf, ist ebensowenig zweifelhaft, wie daß ihm die Veräußerung zusteht, wenn sie aus Gründen guter Wirtschaftführung erforderlich ist. Hat er aber durch die Veräußerung das Recht des Fideikommissars beeinträchtigt, so steht dem Fideikommissar gegen den Dritten, der eine Erbschaft sache vom Fiduziar erworben hat, beim Eintritte des Substitutionfalles eine Klage auf Herausgabe zu. Der Dritte hat, wenn er beim Erwerbe in gutem Glauben gewesen ist, also die aus der Substitution sich ergebende rechtliche Beziehung des Fideikommissars zur Erbschaft und dem Gegenstande des Erwerbes nicht gekannt hat, die Rechtsstellung des gutgläubigen Dritten.

Hat der Erblasser die Herausgabepflicht des Fiduziars auf das beschränkt, was bei dem Eintritte des Substitutionfalles von der Erbschaft noch vorhanden ist, so ist der Fiduziar nach preußischem Rechte unter Lebenden nur zu lästigen Verfügungen, aber nicht zu Schenkungen, die auf bloßer Freigebigkeit beruhen, ermächtigt.[11]

Auch nach österreichischem Rechte ist dem Fiduziar die Veräußerung

---

[10] S. Dernburg u. Hinrichs, preußisches Hypothekenrecht Bd. 1 S. 396 flg.; Dernburg, preuß. Privatr. § 158 Anm. 7. Diese Schriftsteller halten die Eintragung für geboten. Das ältere Recht schrieb Eintragung der Verfügungbeschränkung von Amtswegen vor. Das neuere Recht erfordert den Antrag auf Eintragung. Die ersteren beiden Schriftsteller nehmen daher an, daß der Vorerbe, der den Antrag auf Eintragung seines Eigentums stellt, ohne gleichzeitig die Eintragung der Verfügungbeschränkung zu betreiben, mit diesem dem Inhalte seines Titels nicht entsprechenden Antrage zurückzuweisen ist.

[11] A.L.G. I 12 §§ 468, 469. Belohnende Schenkungen kann der Fiduziar, wenn der Fideikommissar auf den Überrest eingesetzt ist, wirksam vornehmen. Entsch. des R.G's. in Civilsachen Bd. 29 S. 189. — Aus der landrechtlichen Bestimmung, daß der Fiduziar unter Lebenden durch Schenkungen, die auf einer bloßen Freigebigkeit beruhen, das Recht des Substituten nicht vereiteln kann, ist mit Hilfe des Satzes, daß es sich hier um Akte handelt, für welche dem Fiduziar die Verfügungfähigkeit

von Gegenständen, die zur Erbschaft gehören, in der Regel nicht gestattet. Ausgenommen sind auch hier die Fälle der Veräußerung zum Zwecke der Bezahlung von Erbschaftschulden, der Veräußerung verbrauchbarer Sachen und der Veräußerung aus wirtschaftlichen Gründen. Daß die Veräußerung nicht verboten ist, wenn der Erblasser sie gestattet oder der Fideikommissar sie gutgeheißen hat, versteht sich nach österreichischem Rechte ebenso von selbst, wie nach römischem und preußischem Rechte.[12]

Das sächsische Gesetzbuch bestimmt ausdrücklich, daß der mit einer Erbanwartschaft beschwerte Erbe das Eigentum an den zur Anwartschaft gehörigen Sachen erlangt und, soweit diese unbewegliche sind, als Eigentümer im Grundbuche einzutragen ist. Es bezeichnet dies Eigentum als durch die Anwartschaft beschränkt und schreibt vor, daß diese Beschränkung, soweit sie unbewegliche Sachen betrifft, als Verfügungbeschränkung im Grundbuche einzutragen ist.[13] Das Wesen der Beschränkung bestimmt es dahin, daß die Rechte und Pflichten des Erben bis zur Herausgabe des mit der Anwartschaft beschwerten Vermögens in Bezug auf die Benutzung und Verwaltung, soweit nicht etwas anderes bestimmt ist, nach den Vorschriften über den Nießbrauch an einem ganzen Vermögen zu beurteilen sind.[14] Aus diesen Rechtssätzen ergiebt sich von selbst, daß dem beschwerten Erben die Veräußerung der zur Erbschaft gehörigen Sachen insoweit verboten ist, als sie zum Nachteile des Anwärters gereicht. Das Gesetzbuch enthält aber auch die ausdrückliche Vorschrift, daß der Erbe, soweit er mit einer Anwartschaft beschwert ist, weder unbewegliche noch bewegliche Sachen veräußern darf, ausgenommen, wenn ihm der Erblasser die Veräußerung gestattet hat, wenn die Veräußerung zur Bezahlung von Erbschaftschulden nötig ist, wenn die Sache sich nicht ohne Gefahr oder Schaden aufbewahren läßt, oder wenn der Anwärter seine Einwilligung dazu giebt.[15]

---

fehlt, der Schluß gezogen worden, daß die Fideikommissare Schenkungen des Fiduziars aus dem Nachlasse für sich zurückfordern können, ohne daß sie nötig haben, bis zum Tode des Fiduziars mit dieser Zurückforderung zu warten (Dernburg, preußisches Privatr. Bd. 3 § 160 S. 440 Abs. 1). Die Nichtigkeit der Verfügung des Fiduziars über die Sache soll also die Entstehung eines gegenwärtigen Rechtes des Fideikommissars auf die Sache oder wenigstens die Fälligkeit des Rechtes, mittels dessen der Fideikommissar die ungültig veräußerte Sache für sich zurückfordern könne, vermitteln. In Ansehung der rechtlichen Bedeutung der Einsetzung eines Nacherben auf den Überrest s. im übrigen unten §§ 74, 75.

[12] Unger, österreich. Erbrecht § 48.

[13] Sächs. Gesetzb. § 2514.

[14] Sächs. Gesetzb. §§ 2515, 631 bis 636.

[15] Sächs. Gesetzb. § 2517.

§ 68. 2. Das bürgerliche Gesetzbuch.

Das bürgerliche Gesetzbuch hat in Betreff der Bestimmung des Rechtsverhältnisses, das zwischen dem Vorerben, der Erbschaft und dem Nacherben bis zum Erbewerden des letzteren bestehen soll, eine Reihe neuer Rechtssätze aufgenommen. Sein Standpunkt in der fraglichen Hinsicht ist ein wesentlich anderer als der des ersten Entwurfes. Dieser war über das preußische, das österreichische und das sächsische Gesetzbuch insofern nicht hinausgekommen, als er, ebenso wie diese Gesetzbücher, dem Vorerben gegenüber dem Nacherben, soweit nicht aus dem Gesetze ein anderes sich ergab, die Stellung des Nießbrauchers anwies.[1] In den dem ersten Entwurfe beigegebenen Motiven wurde zwar sachgemäß anerkannt, daß zwischen der Rechtsstellung des Nießbrauchers und der des Vorerben Unterschiede beständen. Man betonte aber, daß trotz dieser Unterschiede eine weitgehende Ähnlichkeit zwischen dem inneren Verhältnisse des Nießbrauchers zum Eigentümer und dem inneren Verhältnisse des Vorerben zum Nacherben nicht zu bestreiten sei, und nahm an, daß für die dabei in Frage kommenden Vorschriften obligatorischer Natur mit Rücksicht auf jene Ähnlichkeit es angemessen erscheine, die Vorschriften über den Nießbrauch im Interesse der Kürze des Gesetzes zu verwerten.[2] Dabei enthielt jedoch der Entwurf die Bestimmung, daß dem Vorerben ein Recht zu jeder Verfügung zustehe, die zur ordnungmäßigen Verwaltung der Gegenstände, welche der Nacherbfolge unterlägen, insbesondere zur Erfüllung von Verbindlichkeiten, die der Vorerbe gegenüber dem Nacherben nicht selbst zu tragen habe, erforderlich sei, auch wenn er diese Vorschrift nach den besonderen, das Verhältnis des Vorerben zum Nacherben regelnden Bestimmungen nicht ohne Einwilligung des Nacherben vornehmen dürfte.[3] Und er schrieb weiter vor, daß, wenn die Notwendigkeit der Verfügung einem Dritten gegenüber geltend gemacht werde, auf Verlangen des Dritten die Einwilligung des Nacherben beizubringen sei.[4]

---

[1] Erster Entwurf § 1815.

[2] Motive Bd. 5 §§ 93 flg.

[3] Erster Entwurf § 1823 Abs. 1 Satz 1, §§ 1815 bis 1822. Zu dem erwähnten Beispiele der Erfüllung von Verbindlichkeiten," welche der Vorerbe gegenüber dem Nacherben nicht selbst zu tragen habe, bemerken die Motive (Bd. 5 S. 107f.), daß, wenn zu jeder Verfügung, welche die Liquidation des Nachlasses bezwecke, die Mitwirkung des Nacherben unentbehrlich wäre, die Liquidation in unerträglicher Weise erschwert werden würde und dadurch auch die Gläubiger Nachteile erleiden könnten, sowie daß durch solche Beschränkungen der Vorerbe nur zu leicht veranlaßt werde, sich über seine gesetzliche Verpflichtung hinwegzusetzen.

[4] Erster Entwurf § 1823 Abs. 1 Satz 2. Die Motive bemerken hierzu (a. a. O. S. 108), der Einwand, die Voraussetzung (daß die in Frage kommende Verfügung zur

Die Kommission für die zweite Lesung des Entwurfes lehnte beim Eintritte in die Beratung der Vorschriften über das Rechtsverhältnis zwischen dem Vorerben und dem Nacherben jenen Standpunkt alsbald ab und beseitigte die Verweisung auf die Vorschriften über den Nießbrauch mit der Bemerkung, daß es der Rechtsstellung des Vorerben als Herrn des Nachlasses nicht entspreche, ihn wie einen Nießbraucher zu behandeln. Dabei einigte man sich von vornherein dahin, daß dem Vorerben eine freiere Stellung gegeben werde, als die dem Nießbraucher nach dem Gesetz zukommende.[5] Von dem Standpunkte aus, daß der Vorerbe wahrer Erbe werde und der Nacherbe als Erbe des Erblassers eintrete, könne man, so wurde in der Kommission weiter ausgeführt, zu verschiedenen Lösungen kommen. Auf der einen Seite könne man den Vorerben als Herrn der Erbschaft frei schalten und walten lassen, so daß der Nacherbe nur eben erhalte, was eben übrig bleibe. Auf der anderen Seite könne man dem Vorerben zwar die Befugnis geben, frei zu verfügen, ihn aber nach Analogie dessen einschränken, dessen Recht bedingt sei (B.G.B. §§ 161, 163). Die Kommission ging davon aus, daß keiner dieser beiden Standpunkte sich rein durchführen lasse. Sie beschloß aber, den von freier Verfügungmacht des Vorerben ausgehenden

---

ordnungmäßigen Verwaltung erforderlich sei) eigne sich nicht als Voraussetzung für die dingliche Wirkung der Verfügung, weil deren Vorhandensein (nämlich das Vorhandensein der Voraussetzung) für Dritte nicht ersichtlich sei, könne als durchschlagend nicht anerkannt werden. Der Dritte sei nicht allein durch die Vorschriften über den guten Glauben, sondern auch durch den Satz, daß er die Beibringung der Einwilligung des Nacherben zu der in Frage kommenden Verfügung verlangen könne, ausreichend geschützt. Die Motive sind hier nicht ganz klar. Sie wollen anscheinend zwei voneinander ganz verschiedene Gedanken zum Ausdrucke bringen, zuerst den Gedanken, daß der Rücksichtnahme auf die Notwendigkeit der Verfügung zur ordnungmäßigen Verwaltung das Nichtersichtlichsein dieses Erfordernisses für Dritte nicht entgegenstehe, dann den Gedanken, der sich mit dem rechtspolitischen Grunde des Rechtssatzes, nach welchem der Dritte, gegen den die Notwendigkeit der Verfügung geltend gemacht wird, die Beibringung der Einwilligung des Nacherben soll verlangen können, beschäftigt und diesen Grund in dem Bedürfnisse des Schutzes findet, der dem Dritten gegen Verfügungen über Gegenstände, die der Nacherbfolge unterliegen und über die der Vorerbe an sich nicht ohne Einwilligung des Nacherben würde verfügen können, gewährt werden müsse. In Ansehung dieses Schutzes verweisen die Motive auf die Vorschriften über den guten Glauben, dann aber auch auf das dem Dritten zu gebende Recht, die Beibringung der Einwilligung des Nacherben zu fordern. Über die Beurteilung, welche im bürgerlichen Gesetzbuche der Fall einer zur ordnungmäßigen Verwaltung erforderlichen Verfügung gefunden hat, die der Vorerbe ohne Einwilligung des Nacherben nicht mit Wirkung gegen den Nacherben vornehmen kann, s. unten § 71 S. 263.

[5] Protokolle der Kommission für die zweite Lesung des Entwurfes, 341. Sitzung I. S. 6745 flg.

allgemeinen Antrag der Beratung zum Grunde zu legen und bei den Einzelbestimmungen zu prüfen, ob man weitergehen oder einschränken müsse.[6]

Einig war man in der Kommission ferner darin, daß die Verfügung des Vorerben über ein zu der Erbschaft gehöriges Grundstück insoweit für unwirksam zu erklären sei, als sie das Recht des Nacherben vereiteln oder beeinträchtigen würde.

In Bezug auf andere Vermögensgegenstände waren in der Kommission verschiedene Standpunkte vertreten. Auf der einen Seite wollte man die Rechtsstellung des Vorerben wie die eines Treuhänders bestimmen, dem der Erblasser die Erbschaft in der sicheren Erwartung anvertraut habe, daß er sie gut verwalten werde. Bei dieser Auffassung nähere sich, so wurde ausgeführt, das Rechtsverhältnis dem Fideikommisse auf den Überrest, unterscheide sich aber von diesem durch die obligatorische Verbindlichkeit des Vorerben, da dieser die Erbschaft so herauszugeben habe, wie sie bei ordnungsmäßiger Verwaltung sein würde. Die Sicherung des Nacherben werde dann durch die angegebene Verbindlichkeit des Vorerben und durch das Recht des Nacherben vermittelt, unter gewissen Voraussetzungen Sicherungsmaßregeln zu fordern, sogar darauf anzutragen, daß dem Vorerben die Verwaltung entzogen werde, sowie es auch dem Erblasser unbenommen sei, den Vorerben in der Verfügungbefugnis weiter zu beschränken. Auf der anderen Seite hielt man es für richtiger, den Kreis der Erbschaftgegenstände, über welche die Verfügungmacht des Vorerben beschränkt werden sollte, weiter zu ziehen. Man sprach aus, daß der Wille des Erblassers unzweifelhaft dahin gehe, dem Nacherben den Stamm der Erbschaft zuzuwenden, und daß zum Stamme eines Vermögens nach der heutigen Auffassung des Verkehrs nicht nur Grundstücke, sondern auch Rechte an Grundstücken, Hypotheken, Grund- und Rentenschulden zu rechnen seien.[7] Daß bezüglich der durch eine Hypothek gesicherten Forderungen das Gleiche zu bestimmen sei wie hinsichtlich der Hypotheken selbst, ist als selbstverständlich angesehen worden.[8]

Die Kommission entschied sich für diese letztere Auffassung.[9] Die Auffassung ist im weiteren Fortgange des Gesetzgebungwerkes beibehalten worden. Das bürgerliche Gesetzbuch hat an die Spitze der Bestimmungen, die das Rechtsverhältnis zwischen dem Vorerben und der Erbschaft in der Zeit vom Erbfalle bis dahin ordnen sollen, daß mit dem Eintritte

---

[6] Protokolle a. a. O. S. 6749.
[7] Protokolle, 342. Sitzung I. S. 6767 flg.
[8] Protokolle a. a. O. S. 6773.
[9] Protokolle a. a. O. S. 6771.

des Ereignisses, von dem die Nacherbfolge abhängig gemacht ist, oder des Zeitpunktes, mit dem sie eintreten soll, der Vorerbe die Erbschaft an den Nacherben herauszugeben hat, den Satz gestellt, daß der Vorerbe über die zur Erbschaft gehörigen Gegenstände verfügen kann, soweit sich nicht aus den Vorschriften der drei dem Satze folgenden Paragraphen ein Anderes ergiebt.[10]. Man wird also darauf hingewiesen, in jedem der drei folgenden Paragraphen nach Vorschriften zu suchen, durch welche die Verfügungmacht des Vorerben über Erbschaftgegenstände eingeschränkt sein soll.

Die ersten beiden der drei folgenden Paragraphen enthalten solche Vorschriften. Die hier in Frage stehenden Rechtssätze beziehen sich auf Einschränkungen der Verfügungmacht des Vorerben und betreffen teils Gegenstände von Verfügungen, teils den Inhalt von Verfügungen. Unwirksam nämlich infolge des Eintrittes der Nacherbfolge sind die Verfügungen des Vorerben über die zur Erbschaft gehörigen Grundstücke und über die zur Erbschaft gehörigen Rechte an Grundstücken, sowie die nicht in der Kündigung und Einziehung bestehenden Verfügungen des Vorerben über die zur Erbschaft gehörigen Hypothekenforderungen, Grundschulden oder Rentenschulden, insoweit als die Verfügungen das Recht des Nacherben vereiteln oder beeinträchtigen würden. Die Einziehung einer zur Erbschaft gehörigen Hypothekenforderung, Grundschuld oder Rentenschuld kann der Vorerbe nur mit der Maßgabe vornehmen, daß er verlangen kann, daß das Kapital an ihn nach Beibringung der Einwilligung des Nacherben gezahlt oder daß es für ihn und den Nacherben hinterlegt werde.[11]

Es sind also hier Rechte an Grundstücken in Frage. Für diese Rechte gilt der Satz, daß, wie zur Übertragung des Eigentumes an einem Grundstücke, so zur Belastung eines Grundstückes mit einem Rechte und zur Übertragung und Belastung eines solchen Rechtes die Eintragung der Rechtsänderung in das Grundbuch der Regel nach erforderlich ist.[12] Der erste Entwurf hatte mit Bezug hierauf die Sätze aufgenommen, daß, wenn für den Vorerben ein der Nacherbfolge unterliegendes Recht in das Grundbuch eingetragen wird, zugleich von Amts wegen das Recht des Nacherben einzutragen ist, und daß der Nacherbe von dem Vorerben verlangen kann, daß dieser seine Rechte, soweit sie der Nacherbfolge unterliegen, für sich eintragen lasse.[13] Die Kommission für die

[10] B.G.B. § 2112.
[11] B.G.B. § 2113 Abs. 1, § 2114.
[12] B.G.B. § 873 Abs. 1.
[13] Erster Entwurf § 1826.

zweite Lesung des Entwurfes hat diese Sätze von der Aufnahme in das bürgerliche Gesetzbuch ausgeschieden, weil sie als Formvorschriften in die Grundbuchordnung gehören.[14]

Unwirksam sind ferner wegen ihres Inhaltes ohne Unterschied des Gegenstandes die unentgeltlich oder zum Zwecke der Erfüllung eines von dem Vorerben gemachten Schenkungversprechens erfolgten Verfügungen des Vorerben über Erbschaftgegenstände insoweit, als die Verfügungen das Recht des Vorerben vereiteln oder beeinträchtigen würden.[15] Die Beschränkung des Vorerben in Ansehung derartiger Verfügungen ist eine dingliche. Eine der Beschränkung zuwider vorgenommene Verfügung überträgt keine Rechte auf den, zu dessen Gunsten sie wirken soll. Doch finden auch hier die Vorschriften Anwendung, welche den redlichen Erwerb dessen zu einem gesicherten machen, dem, wenn eine unbewegliche Sache oder ein Recht an einer unbeweglichen Sache Gegenstand eines Erwerbsgeschäftes ist, der öffentliche Glaube des Grundbuches oder, wenn eine bewegliche Sache oder ein Recht an einer solchen Sache Gegenstand eines Erwerbsgeschäftes ist, ein mit dem Besitzer der Sache abgeschlossenes Erwerbsgeschäft und der durch Übergabe der Sache seitens dieses Besitzers vermittelte Besitzerwerb zur Seite stehen.[16] Schenkungen, durch die einer sittlichen Pflicht oder einer auf den Anstand zu nehmenden Rücksicht entsprochen wird, sind ausgenommen, können also vom Nacherben nicht wirksam angefochten werden.[17] Die in Frage stehenden verbotswidrigen Handlungen des Vorerben sind aber nicht bloß unwirksam. Das Handeln

[14] Zur Beratung der Kommission für die zweite Lesung des Entwurfes standen folgende Sätze:

1. Wird ein zur Erbschaft gehörendes Recht für den Vorerben in das Grundbuch eingetragen, so ist zugleich das Recht des Nacherben einzutragen. Der Nacherbe kann verlangen, daß der Vorerbe das Recht für sich eintragen lasse.

2. Liegt eine Befreiung von der Beschränkung vor, so findet die Vorschrift mit der Maßgabe Anwendung, daß zugleich die Befreiung einzutragen ist.

Der erste der Sätze entspricht dem § 1826 des ersten Entwurfes. In der Kommission wurde der Antrag gestellt, die Sätze hier zu streichen und die Erwartung auszusprechen, daß zum Ersatze des § 1826 eine dem Inhalte desselben entsprechende Vorschrift mit dem beschlossenen Zusatze in die Grundbuchordnung Aufnahme finden werde. Die Kommission entschied sich diesem Antrage gemäß. Sie nahm an, die Belassung der Vorschrift im bürgerlichen Gesetzbuche könne zu der Annahme führen, es handle sich um eine civilrechtliche Besonderheit des Vor- und Nacherbenverhältnisses, während die Vorschrift nur eine Folge der sonstigen Sätze dieses Rechtsverhältnisses sei. Protokolle der Kommission, 343. Sitzung I. S. 6785 flg.

[15] B.G.B. § 2113 Abs. 2.

[16] B.G.B. § 2113 Abs. 3.

[17] B.G.B. § 2113 Abs. 2 Satz 2.

des Vorerben begründet auch eine Verbindlichkeit des Vorerben zum Schadenersatze dem Nacherben gegenüber.[18]

Die erörterten Einschränkungen der Verfügungmacht des Vorerben, sowohl die, welche sich auf Verfügungen über bestimmte Arten von Erbschaftsachen, beziehen, als auch diejenigen, die Verfügungen von einem bestimmten Inhalte zur Voraussetzung haben, sind so gedacht, daß die Verfügungen im Falle des Eintrittes der Nacherbfolge die beabsichtigte Wirkung auf den bestehenden Rechtszustand insoweit nicht äußern sollen, als damit das Recht des Nacherben vereitelt oder beeinträchtigt sein würde. Wirksam aber sind derartige Verfügungen, auch wenn sie das Recht des Nacherben vereiteln oder beeinträchtigen, in bekanntem Widerspruche mit dem römischrechtlichen Grundsatze: „nemo plus iuris in alium transferre potest quam ipse habet“ immer noch insofern, als der durch die Verfügungen beabsichtigten Übertragung von Rechten das Vertrauen auf den Inhalt des Grundbuches und die Redlichkeit des Erwerbes oder auch, je nach der Beschaffenheit des Gegenstandes der Verfügung, die Redlichkeit des Erwerbes allein zur Seite stehen.[19]

§ 69. VIII. Zugriff von Gläubigern des Vorerben an Erbschaftsgegenstände.

Den Vorschriften, durch die das Gesetzbuch die Verfügungmacht des Vorerben über die zur Erbschaft gehörenden Gegenstände begrenzt, schließt sich (in dem dritten der in Bezug genommenen Paragraphen) eine Bestimmung an, die sich nicht auf Verfügungen des Vorerben selbst bezieht, sondern auf Verfügungen, die im Wege der Zwangsvollstreckung oder der Arrestvollziehung oder durch den Konkursverwalter über Erbschaftgegenstände erfolgen. Auch dergleichen Verfügungen erklärt das Gesetzbuch insoweit für unwirksam, als sie das Recht des Nacherben vereiteln

---

[18] B.G.B. § 2138 Abs. 2, § 2113 Abs. 2. Der erste Entwurf (§ 1840 a. E.) enthielt die Bestimmungen, daß verschenkte Gegenstände in Ansehung der Verpflichtung zur Herausgabe als nicht verschenkt anzusehen seien, für verschenkte verbrauchbare Sachen jedoch der Vorerbe deren Wert zur Zeit der Schenkung zu ersetzen habe. Damit wollte der Entwurf dem Vorerben den Zufall zu gute kommen lassen, durch den der verschenkte Gegenstand später betroffen worden wäre. Der Vorerbe sollte also keinen Schadensersatz zu leisten haben, wenn und soweit die verschenkte Sache später von einem Zufalle betroffen worden wäre, da insoweit von einem durch die Schenkung herbeigeführten Schaden des Nacherben nicht die Rede sein könnte. Die Kommission hielt es für richtiger, die Unterscheidung des Entwurfes fallen zu lassen und lediglich eine allgemeine Verpflichtung zum Schadensersatz auszusprechen (Protokolle, 346. Sitzung II. S. 6880).

[19] B.G.B. § 2113 Abs. 3.

oder beeinträchtigen würden. Sie sind aber unbeschränkt wirksam, wenn der Anspruch eines Nachlaßgläubigers oder ein an einem Erbschaftgegenstande bestehendes Recht geltend gemacht wird, das im Falle des Eintrittes der Nacherbfolge dem Nacherben gegenüber wirksam ist.[1] Diese Bestimmung giebt zu mehrfachen Bedenken Veranlassung.

Zunächst ist ihre Stellung im Gesetzbuche, wie schon angedeutet worden, darum keine glückliche, weil sie der allgemeinen Bestimmung gegenüber, in welcher dem Vorerben die Verfügungmacht über die zur Erbschaft gehörenden Gegenstände beigelegt ist, als Ausnahmevorschrift eingeführt wird, während sie sich auf Verfügungen des Vorerben überhaupt nicht bezieht, sondern dazu bestimmt ist, einer mißbräuchlichen Ausbeutung der Verfügungmacht des Vorerben durch Andere entgegenzutreten. Die im § 2112 des Gesetzbuches enthaltene Bezugnahme auf den § 2115 ist daher insofern irreführend, als man durch sie veranlaßt wird, im § 2115 zu suchen, was er nicht enthält.

Die Bestimmung des § 2115 B.G.B. war in anderer Fassung schon im ersten Entwurfe (als § 1829) enthalten und schloß sich dort an die (im § 1828) enthaltene Vorschrift an, nach der eine von dem Vorerben über einen der Nacherbfolge unterliegenden Gegenstand getroffene Verfügung, soweit sie das Recht des Nacherben vereiteln oder beeinträchtige, im Falle der Nacherbfolge unwirksam werden sollte. Diese letztere Bestimmung mußte mit der Erweiterung der Rechte des Vorerben fallen. Sie wurde von selbst beseitigt, als die Kommission sich auf den Standpunkt stellte, daß dem Vorerben der Regel nach die Verfügungmacht über die zur Erbschaft gehörigen Gegenstände gegeben sein sollte, soweit nicht das Gesetz bestimmte Ausnahmen vorschriebe. Nun mußte aber die Frage zur Erörterung und Entscheidung gebracht werden, ob nicht auch die im § 1829 des ersten Entwurfes enthaltene Bestimmung dem veränderten Standpunkte entsprechend zu ändern wäre. Dies wurde von der einen Seite in der Art beabsichtigt, daß dem Satze, der die Freiheit der Verfügungmacht des Vorerben über die Gegenstände der Erbschaft zur Regel erhob, der Satz beigefügt werden sollte: „Der rechtsgeschäftlichen Verfügung steht eine Verfügung gleich, die durch Urteil oder im Wege der Zwangsvollstreckung oder Arrestvollziehung erfolgt.“[2] Aber die Kommission ging hierauf nicht ein. Man nahm an, daraus, daß die zur Erbschaft gehörenden Gegenstände regelmäßig der freien Verfügung des Vorerben unterliegen sollten, folge nicht, daß die Gläubiger des Vorerben freien Zugriff an diese Gegenstände hätten,

---

[1] B.G.B. § 2115.

[2] Protokolle, 343. Sitzung S. 6790 III. Antrag 1.

und fand in solchem Zugriffe eine vom Gesetze nicht zu billigende, mißbräuchliche Ausbeutung des Verfügungrechtes des Vorerben durch dessen Gläubiger, stellte sich also der Frage des Zugriffes der Gläubiger gegenüber fortgesetzt auf den vom ersten Entwurfe im § 1829 eingenommenen Standpunkt des Verbotes.[3] Das Richtige sei, so führte die Kommission aus, daß dem Vorerben an der Erbschaft nur ein besonderes Verfügungrecht eingeräumt sei, um ihm Genuß und Verwaltung zu erleichtern. Dies Recht finde seine Schranken in der persönlichen Haftung des Vorerben dafür, daß die Erbschaft an den Nacherben in dem Zustande gelange, der einer ordnungmäßigen Verwaltung entspreche, daß insbesondere für ausscheidende Stücke Ersatz eintrete, — und in den weitergehenden Ansprüchen des Nacherben auf Sicherheitleistung und äußersten Falles auf Entziehung der Verwaltung.[4] In diesen Beschränkungen des freien Verfügungrechtes sei eine kausale Bestimmung des Rechtes zu erkennen, aus der sich ergebe, daß es ein Mißbrauch sein würde, wenn die Gläubiger des Vorerben das Recht zu ihren Zwecken ausbeuten dürften.[5] Diese Erwägungen der Kommission ergeben, daß die Kommission selbst die Bestimmung des § 2115 B.G.B. nicht als eine Beschränkung der im § 2112 dem Vorerben gegebenen freien Verfügungmacht, sondern als das gesetzliche Verbot einer mißbräuchlichen Ausbeutung dieser Verfügungmacht durch Gläubiger oder Gläubigervertreter des Vorerben aufgefaßt hat.

Die vom Gesetze angeordnete Unwirksamkeit einer im Wege der Zwangsvollstreckung oder der Arrestvollziehung erfolgten Verfügung über Erbschaftgegenstände trifft in erster Reihe die auf Antrag von Gläubigern des Vorerben erfolgten Pfändungen von Erbschaftsachen. Aber auch die im Wege der Zwangsvollstreckung erfolgten Veräußerungen und Überweisungen von Erbschaftgegenständen können von der im Gesetze angeordneten Ungültigkeit getroffen werden. Als Verfügungen des Konkursverwalters, die das Gesetz im Auge hat, können alle Verfügungen des im Konkurse über das Vermögen des Vorerben bestellten Verwalters über Erbschaftgegenstände, die zur Masse gezogen sind, insbesondere Verkäufe, Verpfändungen und Überweisungen, in Betracht kommen. Die Unwirksamkeit setzt nicht notwendig voraus, daß der Fall der Nacherbfolge bereits eingetreten ist. Der Gedanke, welcher der Vorschrift des Gesetzes zu Grunde liegt, ist der, daß über Erbschaftgegenstände weder auf Antrag von Gläubigern des Vorerben im Wege der Zwangsvoll-

[3] Protokolle a. a. O. S. 6792 f.
[4] B.G.B. §§ 2130, 2111, 2128, 1052.
[5] Protokolle a. a. O. S. 6792.

streckung oder der Arrestvollziehung, noch durch den Verwalter des über das Vermögen des Vorerben eröffneten Konkurses Verfügungen, welche beim Eintritte der Nacherbfolge das Recht des Nacherben vereiteln oder beeinträchtigen würden, getroffen werden sollen. Eine Verfügung der angegebenen Art ist also schon dann unwirksam, wenn sie im Falle des Eintrittes der Nacherbfolge das Recht des Nacherben vereiteln oder beeinträchtigen würde. Dies ergiebt sich zwar nicht aus dem Wortlaute des § 2115 selbst. Diese Bestimmung stellt ausdrücklich als Voraussetzung ihrer Anwendbarkeit, nämlich als Voraussetzung der Unwirksamkeit der von der Bestimmung getroffenen Verfügungen hin, daß die Nacherbfolge eingetreten ist. Es ergiebt sich aber aus folgenden Erwägungen:

Der § 1829 des ersten Entwurfes bestimmte in seinem ersten Satze in Anlehnung an den vorhergehenden § 1828, daß eine Zwangsvollstreckung oder Arrestvollziehung, die in einen der Nacherbfolge unterliegenden Gegenstand gegen den Vorerben erwirkt ist, im Falle der Nacherbfolge unwirksam wird. Daran schloß sich die Bestimmung, daß ein Gegenstand, dessen Veräußerung im Falle der Nacherbfolge unwirksam wird, weder im Konkurse über das Vermögen des Vorerben, noch im Wege einer gegen diesen erwirkten Zwangsvollstreckung veräußert oder überwiesen werden darf. Von diesen beiden Sätzen des § 1829 giebt der erstere dem maßgebenden Rechtsgedanken Ausdruck. Der andere enthält Vorschriften für das Zwangsvollstreckung- und das Konkursverfahren, welche die Anwendung der im ersteren Satze enthaltenen Rechtsnorm durch entsprechende Verbote sicher stellen sollen. An die Stelle des ersteren der beiden Sätze ist bei der zweiten Lesung des Entwurfes der jetzige erste Satz des § 2115 des bürgerlichen Gesetzbuches getreten. Die im zweiten Satze des § 1828 des ersten Entwurfes enthaltenen Verbotsbestimmungen sind in das bürgerliche Gesetzbuch nicht aufgenommen. Sie haben, wie die Sitzungprotokolle der Kommission für die zweite Lesung des Entwurfes ergeben, als Vorschriften, die das Verfahren betreffen, in die Konkursordnung und in die Civilprozeßordnnng Aufnahme finden sollen. Sie lauten in den entsprechenden Entwürfen: 1. Die Vorschrift der Konkursordnung: „Ist der Gemeinschuldner Vorerbe, so darf der Konkursverwalter die zur Erbschaft gehörenden Gegenstände nicht veräußern, wenn die Veräußerung im Falle des Eintrittes der Nacherbfolge nach § 2115 des bürgerlichen Gesetzbuches dem Nacherben gegenüber unwirksam ist". 2. Die Vorschrift der Civilprozeßordnung: „Ein Gegenstand, der zu einer Vorerbschaft gehört, soll nicht im Wege der Zwangsvollstreckung veräußert oder überwiesen werden, wenn die Veräußerung oder die Überweisung im Falle des Eintrittes der Nacherbfolge nach § 2115 des bürgerlichen Gesetzbuches dem Nacherben gegenüber unwirksam ist.

Der Nacherbe kann nach § 690 C.P.O. Widerspruch erheben."[6] Diesen Beschlüssen entsprechend hat die erstere Vorschrift in die Reichskonkursordnung, die letztere in die Reichscivilprozeßordnung Aufnahme gefunden.[7]

Die beiden Bestimmungen, welche in die fraglichen Reichsgesetze aufgenommen sind, beziehen sich nur auf Veräußerungen durch den Konkursverwalter und auf Veräußerungen und Überweisungen im Wege der Zwangvollstreckung, haben also einen engeren Kreis der Anwendbarkeit als die Vorschrift des § 2115 B.G.B. insofern, als sie sich nur auf Veräußerungen und Überweisungen von Erbschaftgegenständen, nicht auf andere Verfügungen beziehen, und als sie Verfügungen, die im Wege der Arrestvollziehung geschehen, überhaupt nicht zum Gegenstande haben. Man wird daraus zu schließen haben, daß sie Verfügungen über Erbschaftgegenstände zu verhindern bestimmt sind, durch welche diese Gegenstände unmittelbar und endgültig aus der Erbschaft ausscheiden und in ein anderes Vermögen übergehen sollen. Im übrigen sind sie im Verhältnisse zu der Bestimmung des § 2115 B.G.B., die den Rechtsgedanken selbst ausspricht, wesentlich rechtspolitischer Natur, indem sie, auch ohne daß die Voraussetzungen des Rechtsgedankens vollständig vorliegen, doch im Interesse der leichteren Verwirklichung des Rechtsgedankens Verfügungen über Erbschaftsachen verbieten, die, wenn man sie zuließe, sich zu Rechtsverletzungen würden gestalten können.

Von den Ausnahmen, die das Gesetz im Schlußsatze des § 2115 macht, erfordert die zweite eine besondere Erwähnung. Das Gesetz erklärt nämlich eine Verfügung der im § 2115 Satz 1 bezeichneten Art für unbeschränkt wirksam, wenn ein an einem Erbschaftgegenstande bestehendes Recht geltend gemacht wird, das im Falle des Eintrittes der Nacherbfolge dem Nacherben gegenüber wirksam ist. Die Bestimmung hat, wie sich schon aus ihrem Wortlaute ergiebt, ein dingliches Recht an einem Erbschaftgegenstande zur Voraussetzung. Dies ist auch bei der Beratung der Kommission für die zweite Lesung des Entwurfes klar gestellt worden. Als Beispiel des Ausnahmefalles wird eine vom Vorerben mit Zustimmung des Nacherben bestellte Hypothek vorgeführt, aus welcher der Nacherbe sich die Zwangsvollstreckung gefallen lassen müßte, wenn sie nicht schon gegen den Vorerben durchgeführt wäre.[8]

Den Verfügungen gegenüber, die von Gläubigern des Vorerben im

---

[6] Protokolle der Kommission für die zweite Lesung des Entwurfes, 343. Sitzung III.

[7] Die erstere Vorschrift ist durch das Gesetz vom 17. Mai 1898, betreffend Änderungen der Konkursordnung, als § 117a in die Konkursordnnng, die letztere durch das Gesetz vom 17. Mai 1898, betreffend Änderungen der Civilprozeßordnung, als § 690b in die Civilprozeßordnung eingestellt worden.

[8] Protokolle a. a. O.

Wege der Zwangsvollstreckung oder der Arrestvollziehung oder durch den Verwalter in dem über das Vermögen des Vorerben eröffneten Konkurse herbeigeführt werden, sind die in Frage stehenden Bestimmungen des Gesetzes nicht als Einschränkungen der Verfügungmacht des Vorerben gedacht.[9] Das Gesetz beabsichtigt vielmehr, wie schon bemerkt ist, eine Verhinderung des Mißbrauches der dem Vorerben vom Gesetze beigelegten Verfügungmacht durch die Gläubiger des Vorerben und den ihm bestellten Konkursverwalter. Es beschränkt sodann zwar die Unwirksamkeit der in Frage stehenden Verfügungen in derselben Weise, wie in der vorher besprochenen Bestimmung die Unwirksamkeit der Verfügungen des Vorerben über gewisse Arten von Erbschaftgegenständen und die Unwirksamkeit der unentgeltlichen und der als Erfüllung von Schenkungversprechen sich darstellenden Verfügungen eingeschränkt wird, nämlich in der Art, daß die Verfügungen nur insoweit für unwirksam erklärt werden, als sie das Recht des Nacherben beeinträchtigen oder erweitern würden. Es unterscheidet sich aber von der vorher besprochenen Bestimmung darin, daß es nicht, wie jene Bestimmung, die in der Rücksicht auf redlichen Erwerb liegende Maßgabe beifügt.

Die Bestimmung des Gesetzbuches, nach der die im Wege der Zwangsvollstreckung oder der Arrestlegung oder durch den Konkursverwalter getroffenen Verfügungen über einen Erbschaftgegenstand im Falle des Eintrittes der Nacherbfolge insoweit unwirksam sind, als sie das Recht des Nacherben vereiteln oder beeinträchtigen würden, gehört zu den Bestimmungen des Gesetzbuches, deren Anwendung der Erblasser nicht ausschließen kann. In der Kommission für die zweite Lesung des Entwurfes war beantragt worden, die fragliche Bestimmung für den Fall nicht gelten zu lassen, daß der Erblasser den Nacherben auf dasjenige eingesetzt habe, was von der Erbschaft bei dem Eintritte der Nacherbfolge übrig sein werde. Die Mehrheit der Kommission lehnte den Antrag ab, indem sie ausführte, das Recht der freien Verfügung über die Nachlaßgegenstände werde dem Vorerben von dem Erblasser als ein durch das Vertrauen des Erblassers gebundenes Vermögensrecht eingeräumt. Den Absichten des Erblassers widerspreche es aber, wenn man an Stelle des von Pietät geleiteten Interesses des Vorerben das einseitige Geldinteresse der Nachlaßgläubiger setze. Es sei auch nicht richtig, auf den Umstand entscheidendes Gewicht zu legen, daß der Vorerbe über die Nachlaßgegenstände frei verfügen könne. Solange der Vorerbe über die Nachlaßgegenstände nicht frei verfügt habe, bilde der Nachlaß nicht ein freies, sondern ein gebundenes Vermögen des Vorerben. Dieser

[9] S. oben § 68.

sei zwar berechtigt, die Gebundenheit aufzuheben, aber seine Gläubiger hätten kein Recht darauf, daß die Aufhebung erfolge.[10]

§ 70. IX. Weitere Beschränkungen der Verfügungmacht des Vorerben.

Andere Vorschriften des bürgerlichen Gesetzbuches stehen der Verfügungmacht des Erblassers nicht sowohl in dem Sinne entgegen, daß sie die vom Vorerben über Erbschaftgegenstände getroffenen Verfügungen von vornherein rechtlich unwirksam machen. Sie sind vielmehr dazu bestimmt, Verfügungen des Vorerben ohne Zustimmung des Nacherben thatsächlich zu hindern. Sie sind also in diesem Sinne Mittel des Schutzes und der Sicherung des Nacherben.

Die Vorschriften beziehen sich in erster Reihe auf die zur Erbschaft gehörigen Inhaberpapiere.[1] Der Vorerbe hat auf Verlangen des Nacherben diese Inhaberpapiere nebst den Erneuerungscheinen bei einer Hinterlegungstelle oder bei der Reichsbank mit der Bestimmung zu hinterlegen, daß die Herausgabe nur mit Zustimmung des Nacherben verlangt werden kann. Den Inhaberpapieren stehen Orderpapiere gleich, die mit Blankoindossament versehen sind. Über die hinterlegten Papiere kann der Vorerbe nur mit Zustimmung des Nacherben verfügen.[2] Die Inhaberpapiere

---

[10] Protokolle, 345. Sitzung XXV. S. 6865 flg.

[1] B.G.B. §§ 2116, 2117. Die entsprechenden Vorschriften des ersten Entwurfes bezogen sich auf die der Nacherbfolge unterliegenden, auf den Inhaber lautenden Schuldverschreibungen oder Aktien mit Ausnahme der dazu gehörigen Zinsscheine, Rentenabschnitte, Gewinnanteilscheine und Erneuerungscheine (§ 1822 Abs. 1 des ersten Entwurfes).

[2] B.G.B. § 2116 Abs. 1 Satz 1. Die Hinterlegung selbst, die durch den Vorerben mit der Bestimmung geschieht, daß die Herausgabe nur mit Zustimmung des Nacherben verlangt werden kann, ist also das Mittel, den Vorerben an der Verfügung über die Papiere zu hindern. Es wirkt aber nur, solange die Papiere thatsächlich hinterlegt sind. Gelänge es dem Vorerben, die Papiere ohne Zustimmung des Nacherben der Hinterlegung zu entziehen und in den Verkehr zu bringen, so würde die Thatsache, daß der Vorerbe die Papiere mit der fraglichen Bestimmung hinterlegt hat, den Nacherben gegen den Verlust seines Rechtes auf die Papiere nicht schützen können. — In der Kommission für die zweite Lesung des Entwurfes waren die Meinungen darüber geteilt, ob die fragliche Sicherheitmaßregel nur auf Verlangen des Nacherben auszuführen sei. Der erste Entwurf (§ 1822) hatte bestimmt, daß der Vorerbe die in Frage stehenden Papiere auch ohne Verlangen des Nacherben bei einer öffentlichen Hinterlegungstelle dergestalt in Verwahrung geben oder auf seinen Namen umschreiben lassen sollte, daß im ersteren Falle die Herausgabe des Papieres, im anderen die Einziehung der Forderung oder die Ersetzung des umgeschriebenen Papieres durch ein Inhaberpapier nur mit Einwilligung des Nacherben erfolgen könne. Die Kommission nahm an, daß die Maßregel, da sie zum Vorteile

ist er aber auch berechtigt, statt sie zu hinterlegen, auf seinen Namen mit der Bestimmung umschreiben zu lassen, daß er über sie nur mit Zustimmung des Nacherben verfügen kann.[3] Es steht ihm, wenn die Papiere vom Reiche oder einem Bundesstaate ausgestellt sind, auch frei, sie mit der gleichen Bestimmung in Buchforderungen gegen das Reich oder den Bundesstaat umwandeln zu lassen.[4] Ausgenommen und nicht getroffen von der Hinterlegungpflicht werden die Papiere, deren bestimmungmäßiger Gebrauch in dem Verbrauche oder in der Veräußerung besteht, die also zu den verbrauchbaren Sachen gehören, sowie Zins-, Renten- und Gewinnanteilscheine.[5] Nicht getroffen von der Hinterlegungpflicht werden ferner die sogenannten Legitimationpapiere.[6]

In ähnlicher Weise erklärt das bürgerliche Gesetzbuch in Ansehung der zur Erbschaft gehörigen Buchforderungen gegen das Reich oder gegen einen Bundesstaat den Vorerben auf Verlangen des Nacherben für verpflichtet, in das Schuldbuch den Vermerk eintragen zu lassen, daß er über die Forderungen nur mit Zustimmung des Nacherben verfügen könne.[7]

---

des Nacherben zu dienen habe und ein Recht in Frage stehe, auf das der Nacherbe verzichten könne, nur auf Verlangen des Nacherben zu geschehen habe (Protokolle, 342. Sitzung III. S. 6778, 6780). Die Erwägung gilt auch von den anderen in den §§ 2116, 2117 vorgeschriebenen Sicherheitmaßregeln.

[3] B.G.B. § 2117 Satz 1. [4] B.G.B. § 2117 Satz 2.

[5] B.G.B. § 2116 Abs. 1 Satz 2.

[6] Ein bei den Beratungen der Kommission für die zweite Lesung des Entwurfes gestellter Antrag, den Inhaberpapieren auch die sogenannten Legitimationpapiere gleichzustellen, wurde abgelehnt. Es wurde in der Kommission anerkannt, daß diesen Papieren, namentlich den meist als Legitimationpapiere ausgestellten Sparkassenbüchern, eine nicht unerhebliche praktische Bedeutung zukomme, und daß für den Nacherben die Gefahr bestehe, durch Leistung des Schuldners an den, der das Buch vorlegt, sein Recht zu verlieren. Man hielt es jedoch nicht für angemessen, den Vorerben hinsichtlich der Legitimationpapiere den gleichen Beschränkungen zu unterwerfen wie in Ansehung der Inhaber- und Blankopapiere, da man auch an anderen Stellen des Gesetzbuches die Legitimationpapiere den Inhaberpapieren nicht gleichgestellt und da man dem Vorerben im übrigen die freie Verfügung über die auf Zinsen ausstehenden Forderungen — abgesehen von den Hypothekenforderungen und den aus Grund- und Rentenschulden herrührenden Forderungen — belassen habe (Protokolle der Kommission, 342. Sitzung III. S. 6792 f.).

[7] B.G.B. § 2118. Die Kommission für die zweite Lesung des Entwurfes beschäftigte sich mit der Frage, ob die in das Reichsschuldbuch oder in ein Staatsschuldbuch eingetragenen Forderungen nicht materiellrechtlich den Hypothekenforderungen gleichzustellen und daher diesen insofern gleich zu behandeln seien, als den Verfügungen des Vorerben über die Buchschulden ohne Rücksicht auf Eintragung der Beschränkung überhaupt keine Wirksamkeit — vorbehaltlich der Rechte gutgläubiger Dritter — beigelegt werden dürfe. Die Mehrheit der Kommission lehnte aber diese Gleichstellung ab und beschloß, die fraglichen Buchschulden wie Wertpapiere zu behandeln (Protokolle

§ 71. X. Erbschaftverwaltung des Vorerben.

1. Allgemeine Grundsätze.

Sobald der Fall der Nacherbfolge eintritt, hat der Vorerbe dem Nacherben die Erbschaft in dem Zustande herauszugeben, der sich bei einer bis zur Herausgabe fortgesetzten ordnungmäßigen Verwaltung ergiebt oder ergeben würde.[1] Mit dieser Bestimmung wird dem Vorerben neben dem Rechte, die Erbschaft zu verwalten, das ihm das Gesetz giebt, auch eine auf die Erbschaft bezügliche Verwaltungpflicht auferlegt.[2] Bei den Beratungen der Kommission für die zweite Lesung des Ent-

a. a. O. III. S. 6779). — Eine andere Verschiedenheit der Ansichten in der Kommission betraf die Frage, ob das Gesetz, indem es dem Vorerben die Verpflichtung auflege, die Eintragung der Beschränkung in das Schuldbuch zu veranlassen oder zu dulden, zur Erreichung des Zweckes der Unwirksamkeit einer vom Vorerben über die in Frage stehenden Buchforderungen getroffene Verfügung noch besonders aussprechen müsse: daß mit der Eintragung der Beschränkung die angegebene Wirkung verbunden sei. Von der einen Seite wurde dabei der Satz aufgestellt, daß niemand durch Vertrag oder einseitige Erklärung gegenüber einem Anderen sich selbst wirksam eine Verfügungbeschränkung in der Weise auflegen könne, daß er bei einem Rechtsgeschäfte an die Mitwirkung eines Dritten gebunden sein wolle. Das Gesetz müsse daher den Eintritt der Beschränkung besonders aussprechen. Von anderer Seite wurde die Richtigkeit des Satzes bestritten. Die Kommission hat die Frage nicht ausdrücklich entschieden. S. Protokolle a. a. O. III. Und das bürgerliche Gesetzbuch enthält zwar in Ansehung der zur Erbschaft gehörenden Inhaberpapiere, die der Vorerbe mit der Bestimmung hinterlegt hat, daß die Herausgabe nur mit Zustimmung des Nacherben verlangt werden könne, den objektivrechtlichen Satz, daß über die solchergestalt hinterlegten Papiere der Vorerbe nur mit Zustimmung des Nacherben verfügen könne (§ 2116). In Ansehung der zur Erbschaft gehörigen Buchforderungen gegen das Reich oder einen der Bundesstaaten aber, zu denen der Vorerbe auf Verlangen des Nacherben in das Schuldbuch den Vermerk hat eintragen lassen, daß er über die Forderungen nur mit Zustimmung des Nacherben verfügen könne (§ 2118), enthält es einen objektivrechtlichen Satz des fraglichen Inhaltes nicht. Es ist also die alte Streitfrage, ob sich jemand gegenüber einem Anderen wirksam eine Verfügungbeschränkung in der Weise auflegen kann, daß er bei einem Rechtsgeschäfte an die Mitwirkung des Anderen gebunden sein will, für den Fall des § 2118 vom Gesetzbuche ungelöst gelassen worden. Und es steht nichts entgegen, die Frage zum Gegenstande neuen Streites zu machen.

[1] B.G.B. § 2130 Abs. 1 Satz 1.

[2] Der erste Entwurf enthält eine Bestimmung in diesem Sinne nicht. Nach den dem Entwurfe beigegebenen Motiven (Bd. 5 S. 101, 102) wurde es nicht für angemessen erachtet, den Vorerben gegenüber dem Nacherben für verpflichtet zu erklären, die Erbschaft ordnungmäßig zu verwalten, für die Verwaltung zu sorgen und die der Nacherbfolge unterliegenden Gegenstände herauszugeben. Man nahm an, daß das Recht des Vorerben auf die einzelnen der Nacherbfolge unterliegenden Gegenstände sich beziehe und daß der Entwurf die obligatorischen Pflichten des Vorerben im einzelnen zu bestimmen habe, und sah es als unbillig an, die Thätigkeit des Vorerben wie die Ausführung eines fremden Geschäftes zu beurteilen.

wurfes ist diese Verwaltungpflicht als ein Korrelat des Verfügungrechtes des Vorerben bezeichnet worden. Ursprünglich war der Antrag gestellt, auszusprechen, daß der Vorerbe für die Erhaltung der Erbschaft in ihrem wirthschaftlichen Bestande zu sorgen habe.[3] Mit Rücksicht indes darauf, daß der Vorerbe erst am Schlusse seiner Verwaltung zur Rechenschaftablegung verpflichtet ist, und daß er wegen Vernachlässigung seiner Verwaltungpflicht erst nach dem Eintritte der Nacherbfolge in Anspruch genommen werden kann,[4] hat die Kommission angenommen, daß nicht eine einzelne Verwaltunghandlung des Vorerben herausgegriffen werden dürfe, sondern daß auf das Gesamtergebnis der Verwaltung gesehen werden müsse, das sich erst bei der mit der Herausgabe der Erbschaft an den Nacherben eintretenden Beendigung der Herrschaft des Vorerben herausstelle.[5]

Als Maßstab der Sorgfalt, die dem Vorerben bei dieser Verwaltung obliegt, stellt das Gesetzbuch den Satz hin, daß der Vorerbe dem Nacherben gegenüber nur für diejenige Sorgfalt einzustehen hat, die er in eigenen Angelegenheiten anzuwenden pflegt.[6] Der Satz beruht auf der Erwägung, daß die in Rede stehende Beschränkung der Haftung des Vorerben nicht allein dem mutmaßlichen Willen des Erblassers, sondern auch dem Umstande entspreche, daß der Vorerbe rechtlich zum Herrn der Erbschaft (Eigentümer, soweit Sachen in Frage stehen) werde, und daß man von ihm daher die Anwendung einer größeren Sorgfalt nicht beanspruchen köune, als die sei, die er auf sein übriges Vermögen verwende.[7]

Wird durch das Verhalten des Vorerben oder durch seine ungünstige Vermögenslage die Besorgnis einer erheblichen Verletzung der Rechte des Nacherben begründet, so kann der Nacherbe Sicherheitleistung verlangen.[8] Ist der Vorerbe zur Sicherheitleistung rechtskräftig verurteilt, so kann der Nacherbe statt der Sicherheitleistung verlangen, daß die Ausübung der Rechte des Vorerben für Rechnung des Vorerben einem vom Gerichte zu bestellenden Verwalter übertragen wird.[9] Der Verwalter steht unter der Aufsicht des Gerichtes wie ein für die Zwangsverwaltung eines Grundstückes bestellter Verwalter.[10] Zum Verwalter kann auch der Nacherbe bestellt werden.[11] Die Anordnung der Verwaltung ist nur zulässig, wenn dem Vorerben auf Antrag des

---

[3] Protokolle der Kommission für die zweite Lesung des Entwurfes, 341. Sitzung IV. S. 6755.

[4] B.G.B. § 2130.

[5] Protokolle a. a. O. S. 6753 flg.

[6] B.G.B. § 2131.

[7] Protokolle a. a. O. V. S. 6756.

[8] B.G.B. § 2128 Abs. 1.

[9] B.G.B. § 2128 Abs. 2, § 1052 Abs. 1 Satz 1.

[10] B.G.B. § 1052 Abs. 2 Satz 1.

[11] B.G.B. § 1052 Abs. 2 Satz 2.

Nacherben vom Gerichte eine Frist zur Sicherheitleistung bestimmt worden und die Frist verstrichen ist. Sie ist unzulässig, wenn die Sicherheit vor dem Ablaufe der Frist geleistet wird.[12] Wenn die Sicherheit nachträglich geleistet wird, so ist die Verwaltung aufzuheben.[13]

Wird dem Vorerben die Verwaltung der Erbschaft solchergestalt entzogen, so verliert er das Recht, über Erbschaftgegenstände zu verfügen.[14] Dabei finden die Vorschriften Anwendung, die zu Gunsten derjenigen gegeben sind, welche Rechte von einem Nichtberechtigten ableiten.[15] Und für die zur Erbschaft gehörigen Forderungen ist die Entziehung der Verwaltung dem Schuldner gegenüber erst wirksam, wenn er von der getroffenen Anordnung Kenntnis erlangt hat, oder wenn ihm eine Mitteilung von der Anordnung zugestellt worden ist.[16] Die gleichen Vorschriften kommen im Falle der Wiederaufhebung der Entziehung zur Anwendung.[17]

Das bürgerliche Gesetzbuch sieht aber auch den Fall vor, daß zur ordnungmäßigen Verwaltung der Erbschaft eine Verfügung erforderlich ist, die der Vorerbe für sich nicht mit Wirkung gegen den Nacherben vornehmen kann.[18] Und es erklärt den Nacherben für verpflichtet, seine Einwilligung zu einer solchen Verfügung zu erteilen.[19] Der Vorerbe kann verlangen, daß der Nacherbe die Einwilligung in öffentlich be-

---

[12] B.G.B. § 1052 Abs. 1 Satz 2.

[13] B.G.B. § 1052 Abs. 3.

[14] B.G.B. § 2129 Abs. 1.

[15] B.G.B. § 2129 Abs. 2 Satz 1. Der Aufnahme der Bestimmung zu Gunsten des gutgläubigen Schuldners wurde bei den Beratungen der Kommission für die zweite Lesung des Entwurfes widersprochen, weil das Gesetzbuch in anderen, ähnlich liegenden Fällen keine entsprechende Bestimmung enthalte, die Vorschrift auch nicht mit den Vorschriften des allgemeinen Teiles im Einklange stehe. Die Mehrheit der Kommission erachtete es aber für notwendig, den Schuldner dagegen zu schützen, daß eine von ihm geleistete Zahlung ungültig sei, weil durch einen Rechtsakt, von dem er selbst keine Kenntnis erlangt habe, dem Vorerben die Verwaltung entzogen sei. In anderen Fällen, insbesondere in dem der Beschlagnahme einer Forderung, liege die Sache insofern wesentlich anders, als dem Schuldner die Beschlagnahmeverfügung zugestellt werden müsse. Die Kommission entschied sich daher für die Aufnahme der Bestimmung (Protokolle, 344. Sitzung IV. S. 6818 f.).

[16] B.G.B. § 2129 Abs. 2 Satz 2.

[17] B.G.B. § 2129 Abs. 2 Satz 3.

[18] B.G.B. § 2120. Das Gesetzbuch hebt als Beispiel den Fall hervor, daß eine Verfügung, zu welcher der Vorerbe der Einwilligung des Nacherben bedarf, zur Berichtigung von Nachlaßverbindlichkeiten erforderlich ist, also einen der Fälle, in welchen nach gemeinem Rechte für den mit einem Erbschaftvermächtnisse beschwerten Erben das Verbot der Veräußerung der Erbschaftsachen nicht in Kraft tritt (siehe oben § 67 Anm. 2).

[19] B.G.B. § 2120 Satz 1.

glaubigter Form erkläre.[20] Die Kosten der Beglaubigung legt das Gesetzbuch dem Vorerben auf.[21] Der erste Entwurf wollte dem Vorerben ein Recht zu jeder Verfügung geben, die zur ordnungmäßigen Verwaltung der Gegenstände, welche der Nacherbfolge unterlägen, erforderlich wäre. Und wenn die Notwendigkeit der Verfügung einem Dritten gegenüber geltend gemacht würde, sollte der Dritte das Recht haben, die Beibringung der Einwilligung des Nacherben zu verlangen.[22]

§ 72. 2. Besondere Bestimmungen.

Das bürgerliche Gesetzbuch enthält sodann Vorschriften, welche dem Vorerben Beschränkungen in Bezug auf die Verwaltung gewisser zur Erbschaft gehöriger Gegenstände auflegen.

Gehört ein Wald, ein Bergwerk oder eine andere auf Gewinnung von Bodenbestandteilen gerichtete Anlage zur Erbschaft, so kann der Nacherbe sowohl wie der Vorerbe auf Kosten der Erbschaft verlangen, daß das Maß der Nutzung und die Art der wirtschaftlichen Behandlung durch einen Wirtschaftplan festgestellt werden. Beim Eintritte einer erheblichen Änderung der Umstände aber kann jeder Teil eine entsprechende Änderung des Wirtschaftplanes auf Kosten der Erbschaft verlangen.[1]

Hierher gehört auch die Vorschrift, nach welcher der Vorerbe Geld, das nach den Regeln einer geordneten Wirtschaft dauernd anzulegen ist, nur nach den für die Anlegung von Mündelgeld geltenden Bestimmungen anlegen darf.[2] Die Vorschrift ist bei den Beratungen der Kommission für die zweite Lesung des Entwurfes beigefügt worden. Es wird mit ihr bezweckt, daß die Substanz der Erbschaft möglichst erhalten werde, und daß die Erbschaft auf den Nacherben in wirklichen Vermögensbeständen übergehe und nicht in Ersatzansprüchen gegen den Nacherben. Sie soll den Satz zum Ausdrucke bringen, daß die Sorge für die Erhaltung des Kapi-

[20] B.G.B. § 2120 Satz 2.

[21] B.G.B. § 2120 Satz 3.

[22] Erster Entwurf § 1823 Abs. 1 Satz 1. 2. Diese Bestimmungen bezogen sich auf den Fall, daß der Dritte, gegen den der Vorerbe die Notwendigkeit der in Frage kommenden Verfügung geltend machte, diese Notwendigkeit bestritt. Dies Bestreiten würde den Vorerben genötigt haben, vom Nacherben die Einwilligung zu der in Frage kommenden Verfügung zu verlangen und, wenn die Einwilligung verweigert wurde, klagend gegen den Nacherben auf Erteilung der Genehmigung vorzugehen.

[1] B.G.B. § 2123. Die Bestimmung ist vom Nießbrauche (B.G.B. § 1038) auf die Nacherbschaft übertragen worden.

[2] B.G.B. § 2119.

tales über die Sorge für die Erzielung einer möglichst hohen Rente gestellt werde. Sie soll also dem Nacherben gegen gewagte Geschäfte des Vorerben Schutz gewähren. Doch ist sie nur dazu bestimmt, bei Neuanlagen von Kapital Anwendung zu finden. Es soll mit ihr dem Vorerben nicht zur Pflicht gemacht werden, alle in der Erbschaft bereits vorhandenen Kapitalsanlagen in mündelsichere umzugestalten. Übrigens wurde angenommen, daß die Verletzung der dem Vorerben in der hier fraglichen Beziehung auferlegten Verpflichtung eine der Voraussetzungen bilden werde, unter denen der Nacherbe Sicherheitleistung werde fordern können. Und der Bestimmung gegenüber, daß der Vorerbe nur für diejenige Sorgfalt einzustehen habe, die er in eigenen Angelegenheiten anzuwenden pflege, wurde dem hier in Rede stehenden Satze die Bedeutung einer Ausnahmevorschrift beigelegt, nach der bei der Anlegung von Geldern die dem Vorerben obliegende Sorgfalt als beobachtet nur anzunehmen ist, wenn die Gelder mündelsicher angelegt werden.[3]

Ferner sind die Vorschriften über Fruchtnutzung hier anzureihen, nach denen, wenn der Vorerbe Früchte den Regeln einer ordnungmäßigen Wirtschaft zuwider zieht oder Früchte im Übermaße deshalb zieht, weil dies infolge eines besonderen Ereignisses notwendig geworden ist, der Wert der Früchte dem Vorerben nur insoweit gebührt, als durch den ordnungwidrigen oder den übermäßigen Fruchtbezug die dem Vorerben zustehenden Nutzungen beeinträchtigt werden, und nicht der Wert der Früchte nach den Regeln einer ordnungmäßigen Wirtschaft zur Wiederherstellung der durch den unregelmäßigen Fruchtbezug erschöpften Sache zu verwenden ist.[4]

Desgleichen die Bestimmungen darüber, wie es gehalten werden soll, wenn der Vorerbe ein zur Erbschaft gehöriges Grundstück vermietet oder verpachtet hat und das Miet- oder Pachtverhältnis beim Eintritte der Nacherbfolge noch fortbesteht.[5] Der Rechtszustand, der sich nach

---

[3] Protokolle der Kommission für die zweite Lesung des Entwurfes, 342. Sitzung II. S. 6774 flg.

[4] B.G.B. § 2133.

[5] B.G.B. § 2135. Der § 2135 ordnet auf den Fall der Nacherbschaft die entsprechende Anwendung der Bestimmung des § 1056 an, welche sich auf den Fall bezieht, daß der Nießbraucher ein Grundstück über die Dauer des Nießbrauches hinaus vermietet oder verpachtet hat. Der § 1056 aber schreibt vor, daß in diesem Falle nach der Beendigung des Nießbrauches die entsprechende Anwendung der Bestimmungen der §§ 571, 572, des § 573 Satzes 1, der §§ 574 bis 576 und des § 579 eintreten soll, welche für den Fall gelten, daß ein vermietetes oder verpachtetes Grundstück durch den Vermieter oder Verpächter an einen Dritten veräußert worden ist. Von diesen letzteren Bestimmungen sieht die eine (§ 579) den Fall vor, daß der Erwerber das vermietete Grundstück weiter veräußert oder belastet hat, und ordnet die

den zur Anwendung kommenden Bestimmungen des bürgerlichen Gesetzbuches, wenn das Grundstück vom Vorerben vermietet oder verpachtet ist und die Miet- oder Pachtzeit das Recht des Vorerben überdauert, herausstellt, und der bei Weiterveräußerung des Grundstückes durch den Nacherben noch weitere Veränderungen erleidet, ist folgender:

Der Nacherbe und, wenn er das Grundstück weiter veräußert hat, sein Rechtsnachfolger treten an Stelle des Vorerben in die während der Dauer ihrer Eigentumsrechte aus dem Miet- oder Pachtverhältnisse sich ergebenden Rechte und Verpflichtungen ein.[6] Erfüllt der Nacherbe oder sein Rechtsnachfolger die Verpflichtungen nicht, so haftet der Vorerbe für den von dem Nacherben — oder dessen Rechtsnachfolger — zu ersetzenden Schaden wie ein Bürge, der auf die Einrede der Vorausklage verzichtet hat.[7] Erlangt der Mieter oder Pächter von dem Eintritte des Nacherbenrechtes — oder bei einer durch den Nacherben erfolgten Weiterveräußerung des Grundstückes von dieser Weiterveräußerung — Kenntnis, so wird der Vorerbe von der Haftung befreit, wenn nicht der Mieter oder Pächter das Miet- oder Pachtverhältnis für den ersten Termin kündigt, für den die Kündigung zulässig ist.[8] Hat der Mieter oder Pächter für die Erfüllung seiner Verpflichtungen Sicherheit geleistet, so tritt der Nacherbe — oder dessen Rechtsnachfolger — in die dadurch begründeten Rechte ein. Zur Rückgewähr der Sicherheit ist der Nacherbe — oder dessen Rechtsnachfolger — nur verpflichtet, wenn ihm die bestellte Sicherheit ausgehändigt worden ist, oder wenn er dem Vorerben gegenüber die Verpflichtung zur Rückgewähr übernommen hat.[9] Eine Verfügung, die der Vorerbe vor dem Eintritte der Nacherbfolge über den auf die Zeit der Berechtigung des Nacherben entfallenden Mietzins getroffen hat, ist insofern wirksam, als sie sich auf den Mietzins für das zur Zeit des Eintrittes der Nacherbfolge laufende und das folgende Kalendervierteljahr bezieht. Ein Rechtsgeschäft, das zwischen dem Mieter und dem Vorerben in Ansehung der Mietzinsforderung vorgenommen wird, insbesondere die Zahlung des Mietzinses, ist dem Nacherben — oder dem Rechtsnachfolger desselben — gegenüber wirksam, soweit es sich nicht auf den Mietzins für eine spätere Zeit als das

---

entsprechende Anwendung des § 571 Abs. 1 und der §§ 572 bis 578 an. Also entsprechende Anwendung im dritten Grade. Man kann vielleicht verschiedener Meinung darüber sein, ob diese Reihe von verschiedenen Anwendbarkeiten dem Gesetzbuche zur Zierde gereicht. Keinesfalls wird das Verständnis des Gesetzbuches durch sie erleichtert.

[6] B.G.B. §§ 2135, 1056, 571 Abs. 1, § 579.

[7] B.G.B. § 571 Abs. 2 Satz 1 § 579.

[8] B.G.B. § 571 Abs. 2 Satz 2 § 579.

[9] B.G.B. §§ 572, 579.

Kalendervierteljahr, in dem der Mieter von dem Eintritte des Nacherbenrechtes Kenntnis erlangt, und das folgende Vierteljahr bezieht.[10] Ein Rechtsgeschäft, das nach dem Eintritte des Nacherbenrechtes — oder, wenn der Nacherbe das Grundstück veräußert hat, nach der Veräußerung — vorgenommen worden ist, hat keine Wirkung, wenn der Mieter bei der Vornahme des Rechtsgeschäftes von dem Eintritte des Nacherbenrechtes — oder von der Veräußerung — Kenntnis hat.[11]. Soweit die Entrichtung des Mietzinses an den Vorerben dem Nacherben — oder dem Rechtsnachfolger des Nacherben — gegenüber wirksam ist, kann der Mieter eine ihm gegen den Vorerben zustehende Forderung gegen die Mitzinsforderung des Nacherben — oder des Rechtsnachfolgers des Nacherben — aufrechnen. Die Aufrechnung ist ausgeschlossen, wenn der Mieter die Gegenforderung erworben hat, nachdem er von dem Eintritte des Nacherbenrechtes — oder von der Veräußerung — Kenntnis erlangt hat, oder wenn die Gegenforderung erst nach der Erlangung der Kenntnis und später als der Mietzins fällig geworden ist..[12] Zeigt der Vorerbe dem Mieter an, daß das Nacherbenrecht an der Erbschaft, zu der das vermietete Grundstück gehört, eingetreten sei, so muß er in Ansehung der Mitzinsforderung den angezeigten Eintritt des Nacherbenrechtes gegen sich gelten lassen, auch wenn der Eintritt in Wahrheit nicht erfolgt ist. Die Anzeige kann nur mit Zustimmung desjenigen zurückgenommen werden, der als der Nacherbe bezeichnet worden ist. Dieselben Rechtssätze gelten von einer durch den Nacherben erstatteten Anzeige, daß das Grundstück weiterveräußert sei.[13] — Der Nacherbe ist berechtigt, das Miet- oder Pachtverhältnis unter Einhaltung der gesetzlichen Kündigungfrist zu kündigen. Dasselbe Recht hat bei der Veräußerung des Grundstückes durch den Nacherben der Rechtsnachfolger des letzteren.[14] Verzichtet der Vorerbe auf das ihm als Vorerben zustehende Recht zur Verwaltung und Nutzung des vermieteten oder verpachteten Grundstückes, so ist die Kündigung doch erst mit dem Eintritte der Nacherbfolge zulässig, und der Verzicht hat für die Kündigung keine Bedeutung.[15] Der Mieter oder Pächter ist berechtigt, den Nacherben — oder den Rechtsnachfolger desselben — unter Bestimmung einer angemessenen Frist zur Erklärung darüber aufzufordern, ob er von dem

[10] B.G.B. § 573 Satz 1.
[11] B.G.B. §§ 574, 579.
[12] B.G.B. §§ 575, 574, 579.
[13] B.G.B. §§ 576, 579.
[14] B.G.B. §§ 2135, 1056 Abs. 2 Satz 1.
[15] B.G.B. §§ 2135, 1056 Abs. 2 Satz 2.

Kündigungrechte Gebrauch mache. Die Kündigung kann nur bis zum Ablaufe der Frist erfolgen.[16]

§ 73. 3. Kosten der Verwaltung.

Über die Kosten der Verwaltung erhält das bürgerliche Gesetzbuch Bestimmungen dahin, daß der Vorerbe dem Nacherben gegenüber die gewöhnlichen Erhaltungkosten zu tragen hat,[1] daß er aber andere Aufwendungen, die er zum Zwecke der Erhaltung von Erbschaftgegenständen den Umständen nach für erforderlich halten darf, aus der Erbschaft bestreiten kann, und daß, wenn er sie aus seinem Vermögen bestreitet, der Nacherbe im Falle des Eintrittes der Nacherbfolge zum Ersatze verpflichtet ist.[2] Die außerordentlichen Lasten, die als auf den Stammwert der Erbschaftgegenstände gelegt anzusehen sind, hat der Vorerbe im Verhältnisse zum Nacherben nicht zu tragen. Er kann sie aus der Erbschaft bestreiten und hat, wenn er sie aus seinem Vermögen bestreitet, gegen den Nacherben im Falle des Eintrittes der Nacherbfolge Anspruch auf Ersatz.[3] Macht der Vorerbe andere Verwendungen auf die Erbschaft, so ist der Nacherbe im Falle des Eintrittes der Nacherbfolge nur nach den Vorschriften über die Geschäftsführung ohne Auftrag zum Ersatze verpflichtet. Dies gilt insbesondere von Verwendungen zum Zwecke der Verbesserung von Erbschaftsachen. Der Vorerbe ist aber berechtigt, eine Einrichtung, mit der er eine zur Erbschaft gehörige Sache versehen hat, wegzunehmen.[4] Veränderungen oder Verschlechterungen von Erb-

[16] B.G.B. §§ 2135, 1056 Abs. 3.

[1] B.G.B. § 2124 Abs. 1.

[2] B.G.B. § 2124 Abs. 2.

[3] B.G.B. § 2126, § 2124 Abs. 2.

[4] B.G.B. § 2125. Nach der im ersten Entwurfe bezüglich der Bestimmung des Rechtsverhältnisses zwischen dem Vorerben und dem Nacherben ausgesprochenen Verweisung auf die Vorschriften über den Nießbrauch (§ 1815) sollte der Vorerbe für die ordnungmäßige Erhaltung der zur Erbschaft gehörigen Sachen und ihres wirtschaftlichen Bestandes sorgen (§ 991). Er sollte die Sache für die Dauer seines Rechtes gegen Brandschaden und andere Unfälle unter Versicherung bringen, vorausgesetzt, daß die Versicherung einer ordnungmäßigen Wirtschaft entspricht, und, wenn die Sache bereits versichert ist, unter der gleichen Voraussetzung für die Dauer seines Rechtes die Kosten der Versicherung tragen (§§ 1001, 1003 Ziff. 4). Er sollte ferner für die Dauer seines Rechtes die auf der Sache ruhenden öffentlichen Lasten mit Ausnahme der außerordentlichen Lasten, die als auf den Stammwert der Sache gelegt anzusehen sind, sowie die auf der Sache ruhenden privatrechtlichen Lasten tragen, die der Erblasser oder dessen Rechtsvorgänger auf die Sache gelegt hat (§ 1003). Die Kommission für die zweite Lesung des Entwurfes ging dagegen von dem Gesichtspunkte aus, daß das Recht des Vorerben, wenn auch in allen seinen Bestandteilen durch das Recht des Nacherben

schaftsachen, die durch ordnungmäßige Benutzung herbeigeführt worden sind, hat der Vorerbe nicht zu vertreten.[5]

Besondere Bestimmungen enthält das Gesetzbuch über die Kosten der Verwaltung für den Fall, daß sich unter den herauszugebenden

---

beschränkt, doch seinem Wesen nach ebenso wie das Eigentum und das Gläubigerrecht unbeschränkt sei, und daß das Rechtsverhältnis zwischen dem Vorerben und dem Nacherben nur insoweit der Regelung bedürfe, als die Pflichten und die Schranken des Vorerben bestimmt werden müßten. Von diesem Standpunkte aus wurde erwogen, daß die Kosten der Erhaltung der Erbschaftsachen ungleich zu behandeln seien, je nachdem es sich um gewöhnliche oder um außergewöhnliche Erhaltungkosten handle. Die laufenden Erhaltungkosten müßten nach wirtschaftlichen Grundsätzen aus den jährlichen Nutzungen bestritten werden, während es in Ansehung der außerordentlichen Erhaltungkosten der Billigkeit und dem eigenen Interesse des Nacherben entspreche, sie erst im Laufe der Zeit abtragen zu lassen. Der Vorerbe werde in den letzten Jahren der Dauer seines Rechtes oder bei ungewisser Dauer des Rechtes nur durch die sichere Aussicht auf vollständige Schadloshaltung veranlaßt sein, notwendige größere Reparaturen und andere zur Erhaltung der Sache erforderliche Anlagen ordnungmäßig ausführen zu lassen. Und er dürfe nicht in die Notwendigkeit versetzt werden, eigenes Vermögen in Aussicht auf dessen Erstattung zur Bestreitung der Kosten der Erhaltung der Erbschaftsachen zu verwenden. Es müsse ihm vielmehr freistehen, außerordentliche Erhaltungkosten aus der Substanz der Erbschaft zu entnehmen. Zu diesem Zwecke müsse er auch Erbschaftsachen zu veräußern in der Lage sein, und zwar selbst dann, wenn die Veräußerung nur unter ungünstigen Bedingungen geschehen könne. Und er sei solchenfalls gegen die Ersatzansprüche des Nacherben geschützt, wenn er die in Frage kommende Ausgabe der Kosten der Erhaltung den Umständen nach für erforderlich habe halten dürfen. Seien aber nicht Erhaltungkosten, sondern andere Aufwendungen in Frage, so müsse das Rechtsverhältnis nach den Rechtssätzen über Geschäftsführung ohne Auftrag beurteilt werden, und der Vorerbe habe dann nur im Falle der Genehmigung der Geschäftsführung durch den Nacherben den Anspruch auf Ersatz der Verwendungen und auf Befreiung von den eingegangenen Verbindlichkeiten.

Gegen diese Erwägungen wurde bei der Beratung mit der Ausführung vorgegangen, daß das Verhältnis sehr verwickelt werden müsse, wenn man zwischen den notwendigen und den nicht notwendigen Aufwendungen unterscheide und die einen nach den Grundsätze vom Auftrage, die anderen nach den Grundsätzen von der Geschäftsführung ohne Auftrag beurteile. Es liege kein Bedürfnis vor, für den Ersatz der nicht notwendigen Aufwendungen besondere Bestimmungen zu treffen.

Die Kommission lehnte indes das aufgestellte Bedenken ab und hielt die zwischen notwendigen und nicht notwendigen Aufwendungen bei der Nacherbschaft gemachte Unterscheidung mit dem Bemerken fest, daß sie in den Verhältnissen begründet sei und nicht auf Willkür beruhe, und daß es namentlich wegen des dem Vorerben eingeräumten Rechtes der Wegnahme der Einrichtungen, mit denen er zur Erbschaft gehörige Sachen versehen habe (B.G.B. § 2125 Abs. 2), zweckmäßig sei, das Verhältnis wie geschehen zu regeln. Auch im übrigen billigte die Kommission die angegebenen Erwägungen, auf denen die §§ 2124, 2125, 2126 B.G.B. beruhen (Protokolle, 343. Sitzung V. S. 6802 flg.).

[5] B.G.B. § 2132.

Gegenständen landwirtschaftliche Grundstücke befinden und der Fall der Nacherbfolge im Laufe eines Wirtschaftjahres eintritt. Der Nacherbe hat solchenfalls die Kosten, die der Vorerbe auf die noch nicht getrennten, jedoch nach den Regeln einer ordnungmäßigen Wirtschaft vor dem Ende des Wirtschaftjahres vom Boden zu trennenden Früchte verwendet hat, insoweit zu ersetzen, als sie einer ordnungmäßigen Wirtschaft entsprechen und den Wert dieser Früchte nicht übersteigen.[6]

Gehört zu der herauszugebenden Erbschaft ein Landgut, so hat der Vorerbe von den beim Eintritte der Nacherbfolge vorhandenen landwirtschaftlichen Erzeugnissen soviel zurückzulassen, als zur Fortführung der Wirtschaft bis zu der Zeit erforderlich ist, zu welcher gleiche oder ähnliche Erzeugnisse voraussichtlich gewonnen werden. Ist er darnach verpflichtet, landwirtschaftliche Erzeugnisse in größerer Menge oder in besserer Beschaffenheit zurückzulassen, als er bei seinem Erwerbe der Erbschaft übernommen hat, so kann er von dem Nacherben Ersatz des Wertes fordern. Den vorhandenen auf dem Gute gewonnenen Dünger hat der Vorerbe zurückzulassen, ohne daß ihm ein Anspruch auf Ersatz des Wertes zusteht.[7]

Nach römischem Rechte kann der Erbe gegenüber dem Erbschaftvermächtnisnehmer bei der mit der Herausgabe der Erbschaft in Verbindung stehenden Auseinandersetzung Ersatz der von ihm auf die Erbschaftsachen gemachten notwendigen oder nützlichen Verwendungen oder Befreiung von den in dieser Richtung von ihm eingegangenen Verbindlichkeiten fordern, soweit der Betrag der Verwendungen nicht durch den Wert des dem Erben gebührenden Fruchtertrages ausgeglichen wird.[8] Das preußische,[9] das österreichische[10] und das sächsische[11] Gesetzbuch

[6] B.G.B. § 2130 Abs. 1 Satz 2 § 592. Das bürgerliche Gesetzbuch schreibt hier die entsprechende Anwendung der Bestimmungen vor, welche sich auf den Fall beziehen, daß die Pacht eines landwirtschaftlichen Grundstückes im Laufe eines Pachtjahres endigt.

[7] B.G.B. § 2130 Abs. 1 Satz 2, §§ 592, 593. Das bürgerliche Gesetzbuch schreibt hier die entsprechende Anwendung der Bestimmungen vor, die sich auf den Fall beziehen, daß die Pacht eines Landgutes im Laufe eines Pachtjahres endigt.

[8] Der Ersatz der Verwendungen muß gegenüber der Klage des Fideikommissars aus dem Universalfideikommisse vom Fiduziar durch Einrede geltend gemacht werden.

[9] A.L.R. I 12 § 467. Der Fiduziar hat nach dem Gesetze die Erbschaft ohne den geringsten Abzug nach den Vorschriften, die zwischen dem Nießbraucher und dem Eigentümer für den Fall der Beendigung des Nießbrauches festgesetzt sind, herauszugeben. Die Worte „ohne den geringsten Abzug" beziehen sich auf die Abschaffung der Trebellianischen Quart. In Bezug auf den Ersatz der für Verbesserungen aufgewendeten Kosten s. §§ 124 flg. A.L.R. I 21.

[10] Österreich. Gesetzb. §§ 613, 515, 517. Unger, österreich. Erbrecht § 48 Anm. 6.

[11] Sächs. Gesetzb. §§ 2515, 616, 312 flg.

geben dem beschwerten Erben einen Anspruch auf Ersatz von Verwendungen nach den Vorschriften, die das Recht des Nießbrauchers bei Rückgabe der dem Nießbrauche unterworfen gewesenen Sache dem Eigentümer gegenüber bestimmen.

§ 74. XI. Einsetzung des Nacherben auf den Überrest.

1. Das bürgerliche Gesetzbuch.

Für den Fall, daß der Erblasser den Nacherben auf dasjenige, was von der Erbschaft bei dem Eintritte der Nacherbfolge übrig sein wird, eingesetzt hat, bestimmt das bürgerliche Gesetzbuch, daß die Herausgabepflicht des Vorerben auf die bei ihm noch vorhandenen Erbschaftgegenstände beschränkt ist.[1] An eine letztwillige Verfügung des an-

[1] B.G.B. § 2137 Abs. 1, § 2138 Abs. 1 Satz 1. Die Bestimmungen des ersten Entwurfes (§ 1839) stimmen im wesentlichen mit den Sätzen des bürgerlichen Gesetzbuches überein. Bei den Beratungen der Kommission für die zweite Lesung des Entwurfes wurde der Antrag gestellt, die Bestimmung aufzunehmen, daß bei der Einsetzung des Nacherben auf den Überrest der Vorerbe den Wert der von ihm in seinen Nutzen verwendeten Erbschaftgegenstände dem Nacherben insoweit zu ersetzen verpflichtet sei, als sich der Wert noch in seinem Vermögen befinde. Begründet wurde der Antrag durch die Ausführung, daß auch bei der Einsetzung des Nacherben auf den Überrest der Erblasser die Substanz des Nachlasses möglichst für den Nacherben erhalten wissen wolle, und daß dem Vorerben nur eine gewisse Freiheit der Bewegung eingeräumt sein solle, indem er nicht nur über die Nutzungen frei verfügen, sondern auch verbrauchbare Sachen aufzehren und zur Erbschaft gehörige Gegenstände, insbesondere Gelder, in seinen Nutzen verwenden dürfe. Befinde sich der Wert der so verwendeten Gegenstände noch im Vermögen des Vorerben, so sei der letztere nach den Grundsätzen, nach welchen, was der Vorerbe durch Rechtsgeschäft aus Mitteln der Erbschaft erworben habe, zur Erbschaft gehöre, zur Herausgabe verpflichtet. Diese Grundsätze seien aber nicht ausreichend, eine Herausgabepflicht in allen den Fällen anzunehmen, in denen sie nach der zu vermutenden Absicht des Erblassers bestehen solle. Hervorgehoben wurden dabei die Fälle, welche vorliegen, wenn der Vorerbe Erbschaftgegenstände als wesentliche Bestandteile mit seinen eigenen Sachen verbunden oder wenn er Schulden, die er vor dem Erwerbe der Erbschaft gemacht, demnächst aus den Mitteln der Erbschaft bezahlt habe. Die Mehrheit der Kommission lehnte aber den Antrag ab. Man erwog, der Erblasser habe bei der Berufung eines Nacherben nicht bloß die Wahl zwischen der regelmäßig eintretenden Abgrenzung der Rechte und Pflichten des Vorerben und derjenigen des Nacherben einerseits und der Einsetzung des Nacherben auf das, was von der Erbschaft übrig bleibe, andererseits. Er könne auch bestimmen, daß die Substanz des Nachlasses grundsätzlich dem Nacherben erhalten bleiben und dem Vorerben nur eine größere Verfügungfreiheit als bei der gewöhnlichen Nacherbschaft gewährt sein solle. Wenn er aber den Nacherben auf das berufe, was übrig sein werde, so müsse man annehmen, der Absicht des Erblassers entspreche es, daß der Nacherbe nur erhalte, was beim Eintritte der Nacherbfolge noch vorhanden sei. Die Herausgabepflicht be-

gegebenen Inhaltes knüpft das Gesetzbuch die Befreiung des Vorerben von den meisten der ihm regelmäßig durch das Gesetz auferlegten Beschränkungen und Verpflichtungen. Die meisten dieser Beschränkungen und Verpflichtungen sind nämlich vom Willen des Erblassers in der Art abhängig, daß der Erblasser die Befreiung des Vorerben von ihnen anordnen kann.[2] Von Beschränkungen des Vorerben in der Verfügung über Nachlaßgegenstände besteht eine, von welcher der Erblasser eine Befreiung wirksam nicht anordnen kann. Es ist dies die Beschränkung, welche unentgeltliche Verfügungen des Vorerben über Nachlaßsachen und solche Verfügungen, die zum Zwecke der Erfüllung eines von dem Vorerben gemachten Schenkungversprechens gemacht sind, insoweit für unwirksam erklärt, als die Schenkung oder die Erfüllung des Schenkungversprechens das Recht des Nacherben vereiteln oder beeinträchtigen würde.[3] Unter den dem Vorerben zum Besten des Nacherben durch das Gesetzbuch auferlegten Verpflichtungen sind zwei als solche hinzustellen, von welchen der Vorerbe durch Anordnung des Erblassers nicht wirksam befreit werden kann. Es sind dies die Verpflichtung, dem Nacherben ein mit der Angabe des Tages der Aufnahme zu versehendes und von dem Vorerben zu unterzeichnendes Verzeichnis der zur Erbschaft gehörigen Gegenstände mitzuteilen, bei dessen Aufnahme der Nacherbe zugezogen zu werden verlangen kann und dessen Unterzeichnung der Vorerbe auf Verlangen öffentlich beglaubigen zu lassen hat,[4] sowie die Verpflichtung, sich gefallen zu lassen, daß der Zustand der zur Erbschaft gehörenden Sachen auf Kosten des Nacherben durch Sachverständige festgestellt werde.[5]

---

stimme sich zwar nach den Grundsätzen, nach denen der herauszugebenden Erbschaft in gewissen Fällen Gegenstände hinzutreten, die anfänglich zur Erbschaft nicht gehört haben (§ 1825 des ersten Entwurfes, § 1984 des Entwurfes zweiter Lesung, § 2111 B.G.B.). Aber über diese Grundsätze sei nicht hinauszugehen. Wenn der Vorerbe Erbschaftgegenstände als wesentliche Bestandteile mit seinen eigenen Sachen verbunden, wenn er z. B. zum Nachlasse gehörige Balken dem eigenen Hause eingefügt habe, so liege das Eintreten einer Ersatzpflicht des Vorerben ebenso außerhalb des Willens des Erblassers, wie wenn der Vorerbe die Balken als Brennholz verbraucht habe. Und wenn er Schulden, die früher von ihm gemacht worden seien, aus den Mitteln des Nachlasses bezahlt habe, so liege der Fall ebenso, wie wenn er die Schulden aus seinem eigenen Vermögen bezahlt und den entsprechenden Betrag zu seinen Lebensbedürfnissen aus der Erbschaft verwendet habe. Protokolle der Kommission für die zweite Lesung des Entwurfes, 346. Sitzung I. S. 6869.

[2] B.G.B. § 2136.

[3] B.G.B. § 2113 Abs. 2, § 2136. Die Bestimmung des § 2115 enthält keine Verfügungbeschränkung des Vorerben. S. oben § 69.

[4] B.G.B. § 2136, § 2113 Abs. 2. S. oben § 65.

[5] B.G.B. §§ 2136, 2121 Abs. 1. S. oben § 65 zu Anm. 19, 20.

Dagegen kann der Erblasser Verfügungen des Vorerben über die zur Erbschaft gehörigen Grundstücke und über die zur Erbschaft gehörigen Rechte an Grundstücken ohne andere Beschränkung als die angegebene auf unentgeltliche Verfügungen und Schenkungversprechen bezügliche für gültig erklären.[6] Der Erblasser kann ferner den Vorerben von der Verpflichtung befreien, die das Gesetzbuch in Bezug auf Inhaberpapiere, die dazu gehörigen Erneuerungscheine, auf Orderpapiere, die mit Blankoindossament versehen sind, und in Bezug auf Buchforderungen gegen das Reich oder einen Bundesstaat,[7] sowie in Bezug auf die dauernde Anlegung des zur Erbschaft gehörigen Geldes[8] dem Vorerben auferlegt. Der Erbe kann weiter, wenn ein Wald, ein Bergwerk oder eine andere auf Gewinnung von Bodenbestandteilen gerichtete Anlage zur Erbschaft gehört, dem Vorerben freie Verfügung einräumen.[9] Der Erblasser kann sodann den Vorerben von der Verpflichtung, dem Nacherben auf dessen Verlangen Auskunft über den Bestand der Erbschaft zu erteilen, auch befreien, wenn Grund zu der Annahme besteht, daß der Vorerbe durch seine Verwaltung die Rechte des Nacherben erheblich verletze.[10] Er kann dem Vorerben die Sicherheitleistung erlassen, auch wenn durch das Verhalten des Vorerben oder durch die ungünstige Vermögenslage desselben die Besorgnis einer erheblichen Verletzung der Rechte des Nacherben begründet sein würde.[11] Er kann auch für den Fall, daß der Vorerbe rechtskräftig zur Sicherheitleistung verurteilt ist, dem Vorerben die vom Gesetze an die Nichtbestellung der Sicherheit regelmäßig geknüpfte Folge, daß die Verwaltung der Erbschaft einem vom Gerichte zu bestellenden Verwalter übertragen wird, erlassen.[12] Er kann für den Fall, daß dem Vorerben wegen Nichtbestellung der Sicherheit die Verwaltung entzogen wird, anordnen, daß gegen den Vorerben der regelmäßig mit der Entziehung der Verwaltung verbundene Verlust des Rechtes, über Erbschaftgegenstände zu verfügen, nicht eintritt.[13] Er kann den Vorerben von der Verpflichtung befreien, dem Nacherben die Erbschaft in dem Zustande herauszugeben, der sich bei einer bis zur Herausgabe fortgesetzten ordnungmäßigen Verwaltung herausstellen würde.[14] Er kann, wenn zur Erbschaft ein Landgut gehört, den Vorerben von der solchenfalls nach dem Gesetze ihm regelmäßig obliegenden Verpflichtung entbinden, den auf dem Gute gewonnenen Dünger und von den landwirtschaftlichen Er-

[6] B.G.B. § 2113 Abs. 1, § 2114, 2136.
[7] B.G.B. §§ 2116 bis 2118, § 2136.
[8] B.G.B. § 2119, 2136.
[9] B.G.B. § 2123, 2136.
[10] B.G.B. § 2127, 2136.
[11] B.G.B. § 2128, 2136.
[12] B.G.B. §§ 2128, 1052, 2136.
[13] B.G.B. § 2129 Abs. 1, § 2136.
[14] B.G.B. § 2130 Abs. 1 Satz 1, § 2136.

zeugnissen, welche vorhanden sind, wenn der Vorerbe aufhört Erbe zu sein und der Nacherbe Erbe wird, soviel zurückzulassen, als zur Fortführung der Wirtschaft bis zu der Zeit erforderlich ist, zu welcher gleiche oder ähnliche Erzeugnisse voraussichtlich gewonnen werden.[15] Er kann dem Vorerben die pflichtung erlassen, auf Verlangen Rechenschaft abzulegen.[16] Er kann Verdie vom Vorerben in Ansehung der Verwaltung zu beobachtende Sorgfalt auf einen geringeren Grad bestimmen als den, den der Vorerbe in eigenen Angelegenheiten anzuwenden pflegt.[17] Er kann für den Fall, daß der Vorerbe den Regeln einer ordnungmäßigen Wirtschaft zuwider Früchte zieht, oder wenn er deshalb Früchte im Übermaße zieht, weil dies infolge eines besonderen Ereignisses notwendig geworden ist, den Vorerben von der für ihn solchenfalls regelmäßig eintretenden Verpflichtung entbinden, dem Nacherben den Wert der Früchte insoweit herauszugeben, als die dem Vorerben gebührenden Nutzungen über den Wert des ordnungwidrigen oder übermäßigen Fruchtgenusses hinausgehen und nicht der Wert der Früchte nach der Regeln einer ordnungmäßigen Wirtschaft zur Wiederherstellung der Sache zu verwenden ist.[18] Er kann endlich für den Fall, daß der Vorerbe einen Erbschaftgegenstand für sich verwendet, den Vorerben von der Verpflichtung befreien, dem Nacherben nach dem Eintritte der Nacherbfolge den Wert der Sache zu ersetzen.[19]

Die Befreiung des Vorerben von den angegebenen Beschränkungen und Verpflichtungen kann der Erblasser für alle die Fälle, die unter die fraglichen Bestimmungen fallen, allgemein aussprechen. Er kann aber auch für bestimmte Gruppen von Verpflichtungen nnd Beschränkungen die Befreiung des Vorerben anordnen. Er kann endlich auch Verfügung dahin treffen, daß die Befreiung nur in dem einen oder anderen besonders von ihm vorgesehenen einzelnen Falle eintritt. Hat der Erblasser den Nacherben auf dasjenige eingesetzt, was von der Erbschaft bei dem Eintritte der Nacherbfolge übrig sein werde, so gilt die Befreiung von allen aufgeführten Beschränkungen und Verpflichtungen als angeordnet.[20] Hat der Erblasser bestimmt, daß der Vorerbe zur freien Verfügung über die Erbschaft berechtigt sein soll, so wird im Zweifel angenommen, daß der Vorerbe von allen in Frage stehenden Beschränkungen und Verpflichtungen befreit sein soll.[21] Es ist also der Gegenbeweis gestattet, während im ersteren Falle der Gegenbeweis ausgeschlossen und nur nach allgemeinen Grundsätzen eine Anfechtung

[15] B.G.B. § 2130 Abs. 1 Satz 2, §§ 592, 593, 2136.
[16] B.G.B. § 2130 Abs. 2, § 2136.
[17] B.G.B. §§ 2131, 2136.
[18] B.G.B. §§ 2133, 2136.
[19] B.G.B. §§ 2134, 2136.
[20] B.G.B. § 2137 Abs. 1, § 2136.
[21] B.G.B. § 2137 Abs. 2, § 2136.

der letztwilligen Verfügung in der Art zulässig ist, daß der Anfechtende den Beweis des Irrtumes führen, also klarstellen kann, daß der Wille des Erblassers auf eine Verfügung von dem beurkundeten Inhalte nicht gegangen ist.

Gegen den arglistigen Mißbrauch der letztwilligen Verfügung, durch die der Vorerbe von den in Frage stehenden Beschränkungen und Verpflichtungen befreit wird, und der letztwilligen Anordnungen, denen gleiche Bedeutung beigelegt ist, giebt das Gesetzbuch ein Klagerecht auf Schadensersatz, indem es vorschreibt, daß der Vorerbe, der die Erbschaft in der Absicht, den Nacherben zu benachteiligen, vermindert, dem Nacherben zum Schadensersatze verpflichtet ist.[22]

Die in den angegebenen Fällen eintretende Beschränkung der Herausgabepflicht des Vorerben hat für den Fall, daß der Vorerbe Verwendungen auf nicht mehr vorhandene Erbschaftgegenstände gemacht hat, für die er infolge der Beschränkung seiner Herausgabepflicht, weil sie nicht mehr bei ihm vorhanden sind, auch nicht ersatzpflichtig ist, die Wirkung, daß dem Vorerben der Anspruch auf Ersatz von Verwendungen, die er auf die beim Eintritte der Nacherbfolge nicht mehr vorhandenen Erbschaftgegenstände gemacht hat, versagt ist.[23]

---

[22] B.G.B. § 2138 Abs. 2, § 2113 Abs. 2.

[23] B.G.B. § 2138 Abs. 2. Die Bestimmung ist von der Kommission für die zweite Lesung des Entwurfes aufgenommen worden. In dem ihr zu Grunde liegenden Antrage lautete sie: „Ersatz für Aufwendungen und für Verwendungen kann der Vorerbe — nur insoweit verlangen, als sie sich auf die noch vorhandenen Erbschaftgegenstände bezogen haben." Die Kommission erklärte sich damit einverstanden, daß der Vorerbe Verwendungen auf Gegenstände, die er infolge seiner freieren Stellung nicht herauszugeben habe, selbst tragen müsse. Sie sprach aber weiter aus, der Antrag treffe für die Gegenstände nicht zu, die der Vorerbe auch dann nicht herauszugeben habe, wenn ihm die freiere Stellung nicht eingeräumt sei. Insbesondere dürfe der Vorerbe des Anspruches auf außergewöhnliche Erhaltungkosten für eine Sache, die er behalten und dem Nacherben herausgeben wollte, nicht durch zufälligen Untergang der Sache verlustig werden. Die freiere Stellung, die ihm eingeräumt sei, rechtfertige es nicht, ihn die Gefahr der Verwendungen auf Gegenstände tragen zu lassen, in Ansehung deren er von der freieren Stellung keinen Gebrauch gemacht habe (Protokolle der Kommission, 346. Sitzung I. S. 6875). Soweit die hier gebrauchten Worte überhaupt verständlich sind, sprechen sie den Gedanken aus, daß der Vorerbe zwar Ersatz von Verwendungen und Aufwendungen auf Gegenstände, über die er infolge der Beschränkung seiner Herausgabepflicht verfügt habe, die er also herauszugeben nicht verbunden sei, nicht fordern könne, daß ihm aber der Ersatzanspruch zustehe, wenn er durch zufälligen Untergang der Sache, für die er nicht einzustehen brauche, verhindert sei, die Sache, auf die er Verwendungen und Aufwendungen gemacht habe, herauszugeben. Dieser Auffassung entsprechen auch die Worte des Gesetzes: „Für Verwendungen auf Gegenstände, die er infolge dieser Beschränkung" (d. h. der Beschränkung der Herausgabepflicht auf die bei ihm noch vorhandenen Gegenstände) „nicht herauszugeben hat, kann er nicht Ersatz verlangen."

§ 75. 2. Die älteren Rechte.

Nach römischem Rechte steht dem Erben, wenn der Erblasser die Herausgabepflicht des mit dem Erbschaftvermächtnisse beschwerten Erben in der Art eingeschränkt hat, daß der Erbe nur herausgeben soll, was bei dem Eintritte der Fälligkeit des Erbschaftvermächtnisses von der Erbschaft noch vorhanden ist, die freie Verfügung über drei Vierteile der Erbschaft zu. Aber auch das vierte Vierteil darf er im Falle der Not verbrauchen.[1] Hat der Erbe Erbschaftgegenstände veräußert und den Kaufpreis zur Anschaffung anderer Sachen verwendet, so treten für die Herausgabepflicht die neu erworbenen Sachen an die Stelle der veräußerten.[2] Die Frage, ob die Verpflichtung des beschwerten Erben zur Herausgabe dessen, was übrig ist, sich auf die Früchte und Nutzungen der Erbschaftsachen erstreckt, die beim Eintritte der Bedingung, von der die Herausgabe des Erbschaftvermächtnisses abhängig gemacht ist, oder des Zeitpunktes, in dem sie erfolgen soll, noch unverbraucht oder unveräußert sind, haben die römischen Juristen darnach beantwortet, wie der Erblasser die Herausgabepflicht bestimmt hat. Soll der Erbe herausgeben, was bei der Fälligkeit des Erbschaftvermächtnisses von dem Vermögen übrig sein wird, so erstreckt sich die Herausgabepflicht auf das, was von Früchten und Zinsen bei der Fälligkeit des Vermächtnisses sich in den Händen des Erben befindet. Hat der Erblasser angeordnet, daß der Erbe herausgebe, was von der Erbschaft in dem fraglichen Zeitpunkte übrig sein werde, so sind Früchte und Nutzungen nicht herauszugeben, weil sie nicht Teil der Erbschaft sind.[3]

Nach preußischem Rechte ist, wenn der Erblasser die Herausgabepflicht auf das beschränkt hat, was bei dem Eintritte des Substitutionfalles von der Erbschaft noch vorhanden ist, der Fiduziar unter Lebenden nur zu lästigen Verfügungen, aber nicht zu Schenkungen, die auf bloßer Freigebigkeit beruhen, ermächtigt.[4]

---

[1] Als Notfälle in diesem Sinne werden angesehen der Fall der Bestellung einer dos sowie der Fall der Bestellung einer donatio propter naptias, wenn der mit dem Erbschaftvermächtnisse beschwerte Erbe anderes Vermögen nicht hat, und der Fall der Verwendung zum Loskaufe von Gefangenen. Nov. 108 cap. 1.

[2] L. 70 § 3, l. 71, l. 72 D. de leg. II (31).

[3] L. 3 § 2 D. de usur. (22, 1), l. 60 (58) § 7 D. ad Sct. Trebell. (36, 1).

[4] A.L.R. I 12 §§ 468, 469. Belohnende Schenkungen kann der Fiduziar wirksam vornehmen (Entsch. d. R.G.'s in Civils. Bd. 29 S. 189. — Aus der landrechtlichen Bestimmung, daß der Fiduziar unter Lebenden durch Schenkungen, die auf einer bloßen Freigebigkeit beruhen, das Recht des Substituten nicht vereiteln kann, ist mit Hilfe des Satzes, daß es sich hier um Akte handelt, für welche dem Fiduziar die Verfügungfähigkeit fehlt, der Schluß gezogen worden, daß der Fideikommissar Schenkungen des Fiduziars aus dem Nachlasse für sich zurückfordern kann, ohne daß er

Streitig ist im preußischen Recht die Frage, ob für die Herausgabepflicht des Fiduziars beim Fideikommisse auf den Überrest an die Stelle der vom Fiduziar veräußerten Erbschaftsachen diejenigen Sachen treten, die der Fiduziar für die veräußerten oder mit dem Kaufpreise der veräußerten erworben hat. Von mehreren Seiten ist angenommen worden, daß der römischrechtliche Satz, nach welchem an die Stelle der vom Erben veräußerten Erbschaftgegenstände die erworbenen treten, nach preußischem Rechte nicht anwendbar sei, sondern daß, was der Fiduziar erwerbe, sein freies, der Herausgabepflicht nicht unterliegendes Eigentum werde. Von anderer Seite ist die Ansicht bestritten worden. Das Reichsgericht hat sich für die Meinung entschieden, daß der Fideikommissar auf die Sachen Anspruch habe, die der Fiduziar an Stelle der veräußerten neu erworben hat. Als Hauptentscheidunggrund ist dabei die Rücksicht auf den mutmaßlichen Willen des Erblassers hingestellt worden.[5]

Die Frage, wie die Herausgabepflicht des Fiduziars in Ansehung der beim Eintritte des Substitutionfalles noch vorhandenen Früchte und Nutzungen der Erbschaftsachen zu bestimmen ist, muß nach preußischem Rechte bei dem Fideikommisse auf den Überrest ebenso beantwortet werden, wie bei jeder anderen fideikommissarischen Substitution, nämlich dahin, daß der Fiduziar und der Fideikommissar die Früchte und Nutzungen des Jahres, in dem der Substitutionfall eingetreten ist, soweit sie bei dem Eintritte des Falles noch vorhanden sind, nach Inhalt der Vorschriften über die Auseinandersetzung zwischen dem Nießbraucher und dem Eigentümer verhältnismäßig zu teilen haben.[6]

Nach österreichischem Rechte kann der Fiduziar, wenn der Erblasser das Fideikommiß auf das beschränkt hat, was beim Eintritte des Falles der Substitution noch vorhanden sein werde, die Erbschaft nach Belieben, nur nicht arglistig, verbrauchen. Und die Herausgabepflicht bezieht sich auf das, was beim Eintritte des Substitutionfalles von der Erbschaft noch übrig ist, mit der Maßgabe, daß der noch vorhandene Wert veräußerter Erbschaftgegenstände an die Stelle der letzteren tritt.[7]

Das sächsische Gesetzbuch bestimmt, daß, wenn der Erblasser die

---

nötig hat, bis zum Tode des Fiduziars mit dieser Zurückforderung zu warten (Dernburg, preuß. Privatrecht Bd. 3 § 160 S. 440 Abs. 1). Die Nichtigkeit der Verfügung des Fiduziars über die Sache soll also die Entstehung eines gegenwärtigen Rechtes des Fideikommissars auf die Sache oder doch die Fälligkeit des Rechtes, mittels dessen der Fideikommissar die ungültig veräußerte Sache für sich zurückfordern könne, vermitteln.

[5] Gruchot, preuß. Erbrecht Bd. 2 S. 107flg.; Dernburg, preuß. Privatr. Bd. 3 § 160 Anm. 13, 14; Entsch. des R.G.'s in Civils. Bd. 7 S. 206flg.

[6] S. Gruchot a. a. O. S. 108f.; Dernburg a. a. O. § 160 zu Anm. 15.

[7] Unger, österreich. Erbrecht § 48 zu Anm. 14.

Anwartschaft auf das, was beim Tode des Erben noch vorhanden sein werde, beschränkt oder dem Erben sonst die freie Verfügung gestattet hat, der Erbe das, was ihm vom Erblasser hinterlassen worden ist, veräußern, verbrauchen und selbst verschenken kann, daß ihm aber die Verfügung von Todes wegen darüber versagt ist. Die Aufnahme eines Verzeichnisses der Erbschaftsachen ist aber der Anwärter zu fordern berechtigt.[8]

§ 76. XII. Eintritt des Falles der Nacherbfolge, Überlegungsfrist, Ausschlagung, Annahme der Nacherbschaft.

Das bürgerliche Gesetzbuch enthält den Satz, daß mit dem Eintritte des Falles der Nacherbfolge der Vorerbe aufhört, Erbe zu sein.[1] Der Satz ist aber in dieser Allgemeinheit nicht richtig. Seine Geltung ist beschränkt durch den anderen Satz des Gesetzbuches, daß die Erbschaft, wenn der ernannte Nacherbe sie ausschlägt, und der Erblasser für diesen Fall nicht eine andere Bestimmung getroffen hat, dem Vorerben verbleibt.[2] Ausschlagen aber kann nach dem Gesetzbuche der Nacherbe die Erbschaft, sobald der Erbfall eingetreten ist.[3]

Es entsteht die Frage, ob unter diesem Eintritte des Erbfalles der Tod des Erblassers oder der Eintritt des Falles der Nacherbfolge zu verstehen ist. Der erste Entwurf enthielt die Bestimmung, daß die Ausschlagung der Nacherbschaft erfolgen kann, sobald die Erbschaft dem Vorerben angefallen ist.[4] Die Protokolle der Kommission für die zweite Lesung des Entwurfes ergeben, daß die Kommission diesen Satz gebilligt hat.[5] Es muß also angenommen werden, daß nach dem bürgerlichen Gesetzbuche dem berufenen Nacherben die Möglichkeit, die Nacherbschaft auszuschlagen, schon mit dem Tode des Erblassers und nicht erst mit dem Eintritte des vom Erblasser gesetzten Falles der Nacherbfolge gegeben ist. Nun bestimmt das bürgerliche Gesetzbuch, daß dem Nacherben die Erbschaft mit dem Eintritte des Falles der Nacherbfolge anfällt,[6] während für jeden anderen Erben der Anfall der Erbschaft schon mit dem Erbfalle, also mit dem Tode des Erblassers, geschieht.[7] Die Möglichkeit, die Erbschaft auszuschlagen, tritt also für den Nach-

---

[8] Sächs. Gesetzb. §§ 2522, 2523, 632.

[1] B.G.B. § 2139.

[2] B.G.B. § 2142 Abs. 2.

[3] B.G.B. § 2142 Abs. 1.

[4] Erster Entwurf § 1832 Abs. 2.

[5] Protokolle der Kommission für die zweite Lesung des Entwurfes, 344. Sitzung XVII. S. 6829.

[6] B.G.B. § 2139.

[7] B.G.B. § 1942 Abs. 1, §§ 1922, 1946.

erben schon ein, bevor ihm die Erbschaft angefallen ist, während jedem anderen Erben die Erbschaft angefallen sein muß, wenn ihm die Möglichkeit, sie auszuschlagen, gegeben sein soll.

Ist bei dem Eintritte des Falles der Nacherbfolge die Geburt eines Nacherben zu erwarten, so kommt die Bestimmung des bürgerlichen Gesetzbuches zur (entsprechenden) Anwendung, nach welcher, wenn zur Zeit des Erbfalles die Geburt eines Erben zu erwarten ist, die Mutter, falls sie außer stande ist, sich selbst zu unterhalten, bis zur Entbindung standesmäßigen Unterhalt aus dem Nachlasse oder, wenn noch andere Personen als Erben berufen sind, aus dem Erbteile des Kindes verlangen kann, und bei Bemessung des Erbteiles anzunehmen ist, daß nur ein Kind geboren wird.[8]

Der Grundgedanke der Bestimmung ist im prätorischen Edikte ausgesprochen, nach welchem die Mutter eines beim Anfalle der Erbschaft noch ungeborenen Erben, wenn sie unvermögend ist, sich ihren Unterhalt in anderer Weise zu verschaffen, verlangen kann, in den einstweiligen Besitz der Erbschaft mit dem Rechte, die Erbschaft zu verwalten, gesetzt zu werden. Ist der ungeborene Erbe ein Abkömmling des Erblassers, so ist das Unvermögen der Mutter, sich selbst zu unterhalten, kein Erfordernis ihrer Einweisung in den Besitz der Erbschaft.[9] Die Auffassung, daß die Mutter eines ungeborenen Erben Anspruch auf Unterhalt hat, ist auch in einige neuere Gesetzgebungen übergegangen. So in das bayerische Landrecht.[10] Eine ähnliche Bestimmung enthält das preußische Gesetzbuch, indem es vorschreibt, daß, wenn beim Tode des Erblassers eine Leibesfrucht vorhanden ist, die, wenn sie zur Welt käme, Erbe werden würde, die Kosten der Verpflegung der Leibesfrucht und ihrer Mutter von der Erbmasse vor der Teilung in Abzug gebracht werden müssen.[11]

---

[8] B.G.B. §§ 2141, 1963. Die Sätze des Gesetzbuches waren in anderer Fassung schon im § 2027 des ersten Entwurfes enthalten.

[9] Tit. Dig. de ventre in possessionem mittendo etc. (37, 9). Darüber gehen die Meinungen auseinander, wer den Besitz der Erbschaft erhalte, ob die Mutter die berechtigte Person sei oder der ungeborene Erbe selbst. Windscheid (Pandekten Bd. 3 § 618) läßt die Mutter im Namen des noch ungeborenen Erben den Antrag auf einstweilige Einweisung in den Besitz der Erbschaft stellen. Auch Bachofen (Pfandrecht B. 1 S. 282) nimmt an, daß der ungeborene Erbe selbst in der Person der schwangeren Mutter den Erbschaftbesitz erhalte. Die Ausdrucksweise der Quellen wechselt (siehe Windscheid a. a. O., Anm. 1).

[10] Bayr. Gesetzb. I 4 § 10 Nr. 3, 4, III 1 § 12; v. Kreittmayr zu III 1 § 12 Anm. 5; Roth, bayr. Civilr. 2. Aufl. Teil 3 § 425 Anm. 37 flg.

[11] A.L.R. I 9 §§ 371 flg., 377, 381. Ob diese Bestimmungen bei einer fideikommissarischen Substitution des preußischen Rechtes in dem Falle analoge Anwendung zu finden haben, daß beim Eintritte des Substitutionsfalles der fideikommissarische

Nach dem sächsischen Gesetzbuche[12] steht der Mutter eines zur Erbfolge berechtigten Kindes, welches beim Tode des Erblassers empfangen, aber noch nicht geboren ist, während ihrer Schwangerschaft das Recht zu, aus den Nutzungen der Erbschaft den Unterhalt zu fordern. Doch kann sie dieses Recht, falls sie nicht zugleich Witwe des Erblassers ist, nur geltend machen, wenn ihr anderweite Unterhaltsmittel mangeln.[13]

Ausschlagen kann nach dem bürgerlichen Gesetzbuche der Erbe, also auch der Nacherbe, die Erbschaft der Regel nach binnen einer Frist von sechs Wochen. Die Frist beginnt mit dem Zeitpunkte, in welchem der Erbe von dem Anfalle und dem Grunde der Berufung Kenntnis erlangt. Ist der Erbe durch eine Verfügung von Todes wegen berufen, so beginnt die Frist nicht vor der Verkündung der Verfügung.[14] Dieser Fall tritt immer ein, wenn die Berufung eines Nacherben in Frage steht. Die Ausschlagung erfolgt in der Form einer Erklärung gegenüber dem Nachlaßgerichte. Die Erklärung ist in öffentlich beglaubigter Form abzugeben. Sie kann durch einen Bevollmächtigten abgegeben werden. Die Vollmacht muß öffentlich beglaubigt sein und der Erklärung beigefügt oder innerhalb der Ausschlagungfrist beigebracht werden.[15] Die Frist beträgt sechs Monate, wenn der Erblasser seinen letzten Wohnsitz nur im Auslande gehabt hat, oder wenn sich der Erbe bei dem Beginne der Frist im Auslande aufhält.[16] Die Frist läuft nicht, solange der berufene Erbe durch Stillstand der Rechtspflege oder in anderer Weise durch höhere Gewalt an der Abgabe der Erklärung verhindert ist.[17] Wenn der Erbe eine geschäftsunfähige oder in der Geschäftsfähigkeit beschränkte Person ist und keinen gesetzlichen Vertreter hat, so läuft die Frist zur Erklärung, wenn die sechswöchige Frist eintritt, nicht vor dem Ablaufe von sechs Wochen nach dem Zeitpunkte ab, in welchem der Erbe unbeschränkt geschäftsfähig wird oder der Mangel der Vertretung aufhört. Findet die Frist von sechs Monaten Anwendung, so läuft sie nicht vor dem Ablaufe von sechs Monaten nach einem der angegebenen Zeitpunkte ab.[18] Es

---

Substitut oder einer der Substituten erzeugt, aber noch nicht geboren ist, erscheint zweifelhaft. Die Frage wird nicht ohne weiteres zu verneinen sein.

[12] Sächs. Gesetzb. § 2345.

[13] Auch hier kann die Frage entstehen, ob die Bestimmung auf den Fall analoge Anwendung zu finden hat, daß ein Erbanwärter zur Zeit des Anfalles der Anwartschaft erzeugt, aber noch nicht geboren ist.

[14] B.G.B. § 1944 Abs. 1 u. 2.

[15] B.G.B. § 1945.

[16] B.G.B. § 1944 Abs. 3.

[17] B.G.B. § 1944 Abs. 2 Schlußsatz, § 203.

[18] B.G.B. § 1944 Abs. 2 Schlußsatz, § 206.

fragt sich, wie diese Bestimmungen sich zu dem erwähnten Satze verhalten, nach welchem der Nacherbe die Erbschaft ausschlagen kann, sobald mit dem Tode des Erblassers der Erbfall eingetreten ist.

Die vom bürgerlichen Gesetzbuche dem berufenen Erben gegebene Frist zur Erklärung über die Ausschlagung der Erbschaft hängt rechtsgeschichtlich mit der Überlegungfrist zusammen, die nach römischem Rechte dem berufenen Erben gegeben werden kann, um sich über Antretung oder Ablehnung der Erbschaft zu entscheiden. Diese Frist ist nach römischem Rechte keine gesetzliche.[19] Sie kann vom Gericht auf Antrag der Nachlaßgläubiger dem berufenen Erben in der Art gestellt werden, daß dieser die verlangte Erklärung binnen einer billigen Frist abzugeben hat, oder von dem berufenen Erben selbst infolge der Ausübung des Fragerechtes zur Überlegung und Entscheidung über Antretung oder Ablehnung erbeten und vom Gericht erteilt werden.[20] Von neueren Rechten haben das preußische,[21] das französische[22] und das sächsische[23] dem berufenen Erben von Rechts wegen Fristen zur Erklärung über Annahme oder Ausschlagung mit der Wirkung gegeben, daß, wenn der Erbe sich innerhalb der Frist nicht erklärt, angenommen wird, er nehme die Erbschaft an. Das österreichische Recht hat keine gesetzliche Frist vorgeschrieben. Es enthält die Vorschrift, daß das „Abhandlungsgericht" dem berufenen Erben zur Abgabe der Erklärung über Annahme oder Ausschlagung der Erbschaft eine bestimmte Frist zu setzen habe.[24]

Unter den Begriff einer solchen Überlegungfrist fällt die Frist von sechs Wochen oder sechs Monaten, die der berufene Erbe nach dem bürgerlichen Gesetzbuche zu seiner Erklärung über Annahme oder Ausschlagung der Erbschaft hat. Der Befugnis, die nach dem bürgerlichen Gesetzbuche der Nacherbe haben soll, die Erbschaft auszuschlagen, sobald mit dem Tode des Erblassers der Erbfall eingetreten ist, läßt sich aber

---

[19] S. v. Vangerow im Archiv für Civil-Praxis Bd. 22 S. 151 flg.; Mühlenbruch in Glück, Pandektenkommentar Bd. 41 S. 295 flg.

[20] Streitig ist, ob nach römischem Rechte eine Überlegungfrist dem Erben auch auf den Antrag der Nachberufenen, der Mitberufenen und der Vermächtnisnehmer gestellt werden kann. S. darüber Windscheid, Pandekten Bd. 3 § 598 Anm. 5 und die dort angegebene Litteratur.

[21] A.L.R. I 9 §§ 384 flg., I 12 § 242.

[22] Code civil Art. 795 flg.; Zachariä v. Lingenthal-Crome, französ. Civilrecht, Bd. 4 § 624.

[23] Sächs. Gesetzb. § 2265.

[24] Gesetz vom 9. August 1854 §§ 115, 116, 120; Unger, österreich. Erbrecht § 36 Anm. 13 bis 16.

die Bedeutung nicht beilegen, daß mit dem Eintritte des Erbfalles für den Nacherben der Lauf einer Frist eröffnet werde, innerhalb welcher er sich für den Fall, daß er zur Nacherbschaft berufen werden sollte, über Annahme oder Ablehnung der Nacherbschaft zu entscheiden und zu erklären hätte. Der fragliche, die Befugnis des Nacherben zur Ablehnung der Nacherbschaft aussprechende Satz steht in der fraglichen Richtung außerhalb der Rechtskonsequenz.

Es fragt sich aber weiter, ob nicht das bürgerliche Gesetzbuch für den Nacherben wie für den Vorerben und jeden anderen Erben nach Maßgabe der obigen Vorschriften eine Überlegungfrist in dem Sinne gegeben hat, daß mit dem Zeitpunkte des Anfalles der Erbschaft, für den Nacherben also mit dem Zeitpunkte, in welchem der Fall der Nacherbfolge eintritt, eine Frist zur Erklärung über Annahme oder Ausschlagung der Nacherbschaft beginnt, so daß, wenn der berufene Nacherbe innerhalb der Frist keine Erklärung abgiebt, angenommen wird, er nehme die Nacherbschaft an. Eine ausdrückliche Bestimmung hierüber ist im bürgerlichen Gesetzbuche nicht enthalten. Aber die in Frage stehende Anwendbarkeit der Rechtssätze, welche die dem berufenen Erben vom Gesetzbuche gegebene Überlegungfrist regeln, auf den Fall, daß die Erbschaft dem Nacherben anfällt, folgt mit Notwendigkeit aus dem Geiste jener Vorschriften, ebenso wie daraus die Nichtanwendbarkeit der Vorschriften auf den Fall zu entnehmen ist, daß mit dem Erbfalle der Nacherbe die Befugnis zur Ausschlagung der Nacherbschaft erlangt hat.

Es fragt sich weiter, ob daraus, daß das Gesetz dem Nacherben mit dem Eintritte des Erbfalles die Befugnis zur Ausschlagung der Erbschaft giebt, nicht der Schluß gezogen werden muß, daß der Nacherbe mit dem Eintritte des Erbfalles sich wirksam alsbald auch für die Annahme der Nacherbschaft unter der Voraussetzung des Eintrittes des Falles der Nacherbfolge entscheiden und die Annahme wirksam erklären kann. Das Recht würde sich, wenn diese Frage zu bejahen wäre, dahin gestalten, daß der Nacherbe mit dem Erbfalle in die Lage käme, sich endgültig dafür zu entscheiden, ob er für den Fall des Eintrittes der Nacherbfolge die Erbschaft annehmen oder ausschlagen wolle. Er würde aber nicht nötig haben, schon jetzt die Entscheidung zu treffen, sondern damit warten können, bis mit dem Falle des Eintrittes der Nacherbfolge für ihn die Überlegungfrist eröffnet wäre. Das Gesetzbuch entscheidet die Frage nicht ausdrücklich. Die Frage ist zweifelhaft. Zu Gunsten ihrer Bejahung kommt zwar die Erwägung in Betracht, daß, wenn dem Nacherben die Möglichkeit der endgültigen Ausschlagung eröffnet wird, ihm auch die Möglichkeit der endgültigen Annahme gegeben sein möchte, man müßte denn den Satz von der vorhandenen Möglichkeit der Ausschlagung als einen ganz singulären, außerhalb aller Rechtskonsequenz stehenden behandeln wollen. Auf der anderen Seite spricht aber das Gesetzbuch nicht aus, daß mit dem Eintritte des Erbfalles für den Nacherben der Zeitpunkt für eine wirksame, d. h. nicht widerrufliche Erklärung der Annahme der Nacherbschaft gekommen sei. Und mangels eines solchen Ausspruches kann man den Nacherben auch nicht an eine solche, schon vor dem Eintritte des Falles der Nacherbfolge abgegebene Erklärung der Annahme für gebunden ansehen.

Der Vorerbe hört also mit dem Eintritte des Falles der Nacherbfolge nur dann auf Erbe zu sein, wenn der Nacherbe, dem die Erbschaft nunmehr anfällt, die Erbschaft annimmt. Mit dieser Annahme oder, was gleichbedeutend ist, mit der Nichtausschlagung der Erbschaft innerhalb der dem Nacherben gestellten, vom Zeitpunkte des Anfalles der Nacherbschaft ab laufenden Überlegungfrist tritt die Nacherbfolge ein.[25]

Für das preußische Recht ist die Ansicht aufgestellt worden, daß der Vorerbe, wenn der Fall der Nacherbfolge eingetreten ist, aufhört, Erbe zu sein, auch wenn der berufene Nacherbe die Erbschaft ausschlägt, und daß solchenfalls mit dem Eintritte des Falles der Nacherbfolge die gesetzliche Erbfolge eröffnet wird.[26] Die Meinung ist aber bestritten. Von anderer Seite[27] wird die Geltung des vom bürgerlichen Gesetzbuche aufgestellten Satzes, daß die Erbschaft dem Vorerben verbleibt, wenn der Nacherbe sie ausschlägt, auch für das preußische Recht behauptet.

Hört nun auch mit dem Eintritte des Falles der Nacherbfolge der Vorerbe auf, Erbe zu sein, wenn der Nacherbe die Erbschaft annimmt, so folgt daraus doch nicht, daß er von da ab nicht mehr zur Verfügung über Nachlaßgegenstände berechtigt ist. Das Gesetzbuch erklärt ihn vielmehr in demselben Umfange wie vorher so lange zur Verfügung für berechtigt, bis er von dem Eintritte des Falles der Nacherbfolge Kenntnis hat oder davon Kenntnis haben muß.[28] Sein guter Glaube soll ihm also dagegen Schutz geben, daß ein von ihm nach dem Eintritte des Falles der Nacherbfolge vorgenommenes Rechtsgeschäft um dieses Eintrittes willen ungültig ist, wenn er selbst in entschuldbarer Unkennt-

---

[25] B.G.B. §§ 2139, 2143. Das Gesetzbuch unterscheidet hier zwischen dem Eintritte des Falles der Nacherbfolge, d. h. des vom Erblasser vorgesehenen Falles, in dem der Vorerbe aufhören soll, Erbe zu sein, und der Nacherbe Erbe werden soll, und dem Eintritte der Nacherbfolge, d. h. dem Eintritte des Falles, daß der Vorerbe wirklich aufhört, Erbe zu sein und der Nacherbe Erbe wird.

[26] Gruchot, Erbrecht Bd. 2 S. 100.

[27] Dernburg, preuß. Privatrecht Bd. 3 § 159 Anm. 4.

[28] B.G.B. § 2140 Satz 1.

nis der Thatsache des Eintrittes ist. Doch kann sich ein Dritter auf diese Berechtigung nicht berufen, wenn ein Rechtsgeschäft in Frage steht, bei dessen Vornahme er selbst den Eintritt des Falles der Nacherbfolge gekannt hat oder ihn hat kennen müssen.[29]

Ist der Fall der Nacherbfolge eingetreten und hat der Nacherbe die Erbschaft angenommen, so gelten die infolge des Erbfalles durch Vereinigung von Recht und Verbindlichkeit oder von Recht und Belastung erloschenen Rechtsverhältnisse als nicht erloschen.[30] Die Bestimmung hat in ihrer Beziehung auf den Fall der Vereinigung von Recht und Verbindlichkeit Schuldverhältnisse, in ihrer Beziehung auf den Fall der Vereinigung von Recht und Belastung dingliche Rechtsverhältnisse zum Gegenstande. Und das Gesetz spricht aus, daß Schuldverhältnisse, die dadurch, daß der Vorerbe Gläubiger oder Schuldner des Erblassers war, auf Grund der mittels des Erbfalles in der Person des Vorerben herbeigeführten Vereinigung des Gläubigerrechtes und der Schuldverbindlichkeit erloschen sind, infolge des Umstandes, daß der Vorerbe aufhört, Erbe zu sein und der Nacherbe als Erbe an die Stelle des Vorerben tritt, als nicht erloschen gelten. Ebenso spricht es aus, daß dingliche Rechtsverhältnisse, die dadurch erloschen waren, daß in der Person des Vorerben das Eigentum an einer mit einem dinglichen Rechte belasteten Sache mit dem dinglichen Rechte selbst vereinigt wurde, infolge des Umstandes, daß der Vorerbe aufhört Erbe zu sein, und der Nacherbe an seiner Stelle Erbe wird, als nicht erloschen gelten. Das Gesetz behandelt also die in Rede stehenden Rechtsverhältnisse, die durch die fraglichen Rechtsvorgänge erloschen sind, wie wenn sie nicht erloschen wären.

Mit dem Eintritte der Nacherbfolge, also mit der Annahme der Erbschaft durch den Nacherben, läßt das bürgerliche Gesetzbuch die Verbindlichkeit des Vorerben den Nachlaßgläubigern gegenüber eintreten, den Eintritt der Nacherbfolge unverzüglich dem Nachlaßgerichte anzuzeigen. Wird die Anzeige vom Nacherben dem Nachlaßgerichte erstattet, so ersetzt dies die dem Vorerben obliegende Anzeige in der Art, daß die Verpflichtung des Vorerben zur Anzeige damit als erfüllt gilt. Das Nachlaßgericht ist verpflichtet, die Einsicht der Anzeige einem jeden zu gestatten, der ein rechtliches Interesse glaubhaft macht.[31] Die Anzeigepflicht ist, wie das Gesetz ausspricht, auf das Interesse der Nachlaßgläubiger berechnet. Und der Satz, daß jeder die Anzeige einsehen darf, der ein rechtliches Interesse hat, ist dahin zu verstehen, daß die

[29] B.G.B. § 2140 Satz 2.
[30] B.G.B. § 2143.
[31] B.G.B. § 2146.

Einsicht jedem zu gestatten ist, der einen Anspruch an den Nachlaß glaubhaft macht, den er verfolgen möchte. Indem also das Gesetz die Anzeigepflicht des Vorerben ausspricht und damit den Vorerben für die Folgen der Unterlassung der Anzeige verantwortlich macht, und indem es weiter jeden zur Einsicht der Anzeige für befugt erachtet, der ein Interesse daran hat, zu wissen, wer der Erbe sei, giebt es jedem, der einen Anspruch an den Nachlaß erheben will, die Möglichkeit, sich mit dem größtmöglichen Grade von Sicherheit darüber zu unterrichten, wen er als seinen Schuldner und als zur Vertretung des Nachlasses berechtigt in Anspruch zu nehmen hat.

§ 77. XIII. 1. Einfluß des Wechsels der Erben auf die Rechtsstellung der Nachlaßgläubiger.

Vor Erörterung der Frage, wie von dem mit dem Erbewerden des Nacherben sich vollziehenden Wechsel der Erben die Rechtsstellung der Nachlaßgläubiger beeinflußt wird, ist ein Eingehen auf das bezüglich der Haftung des Erben für die Nachlaßverbindlichkeiten geltende und in Geltung tretende Recht überhaupt erforderlich.

Das bürgerliche Gesetzbuch stellt an die Spitze seiner die Haftung des Erben für die Nachlaßverbindlichkeiten normierenden Bestimmungen den Satz: „Der Erbe haftet für die Nachlaßverbindlichkeiten.“[1] Die dem Entwurfe von 1896 beigegebene Denkschrift bemerkt zu diesem Satze, der Entwurf gehe davon aus, daß die Nachlaßgläubiger an sich nur ein Recht auf Befriedigung aus dem Nachlasse hätten, und daß der Erbe gegen die Gefahr, mit seinem eigenen Vermögen für die Verbindlichkeiten eines überschuldeten Nachlasses zu haften, thunlichst geschützt werden müsse. Und wenn der Entwurf bestimme, daß der Erbe für die Nachlaßverbindlichkeiten hafte, so habe er zunächst nur eine Haftung mit dem Nachlasse im Auge.[2] Die Denkschrift verweist dabei auf eine Reihe von Bestimmungen des Entwurfes, welche von dem Satze ausgehen, daß die Haftung des Erben für die Nachlaßverbindlichkeiten sich auf den Nachlaß beschränke, wenn eine Nachlaßpflegschaft zum Zwecke der Befriedigung der Nachlaßgläubiger angeordnet oder der Nachlaßkonkurs eröffnet sei.[3] Weiter enthält die Denkschrift die Bemerkung, es sei Sache des Erben;

---

[1] B.G.B. § 1967 Abs. 1.

[2] Denkschrift zum Entwurfe eines bürgerlichen Gesetzbuches. 1896. S. 263.

[3] Es sind dies die §§ 1950 flg. des Entwurfes, denen die §§ 1975 flg. B.G.B. entsprechen.

diese Beschränkung seiner Haftung im Wege der Einrede gegen den einzelnen Nachlaßgläubiger geltend zu machen.[4] In dieser Weise werden die Sätze des Entwurfes, welche die Haftung des Erben für die Nachlaßverbindlichkeiten normieren, vom Entwurfe eingeführt und in der Denkschrift beleuchtet. Die Sätze des Entwurfes sind beim Fortgange des Gesetzgebungwerkes mit geringen Änderungen der Fassung Teil des bürgerlichen Gesetzbuches geworden.

Tritt man den Worten des Gesetzbuches und der Beleuchtung, die sie durch die Denkschrift erhalten sollen, näher, so ist nicht zweifelhaft, daß die Worte des Gesetzes, nach denen der Erbe für die Nachlaßverbindlichkeiten haften soll, das Gegenteil des Gedankens aussprechen, von dem der Entwurf nach der Denkschrift ausgehen soll, des Gedankens nämlich, daß die Nachlaßgläubiger an sich nur ein Recht auf Befriedigung aus dem Nachlasse haben. In der Frage der Haftung des Erben für die Nachlaßverbindlichkeiten stehen sich zwei Auffassungen grundsätzlich gegenüber, die deutschrechtliche, welche die Haftung des Erben auf den Nachlaß beschränkt, und die römischrechtliche, welche den Erben für die Nachlaßverbindlichkeiten mit seiner Person und seinem eigenen Vermögen haften läßt, wenn er nicht die Voraussetzungen erfüllt, die der Gebrauch der Rechtswohlthat des Inventars an den Erben stellt. Mit der vom bürgerlichen Gesetzbuche in dem vorangestellten Satze ohne Andeutung einer Beschränkung ausgesprochenen Haftung des Erben kann aber nur eine — unbeschadet der Zulassung gewisser Ausnahmen — grundsätzlich unbeschränkte gemeint sein. Dies ist in Wahrheit auch der Standpunkt des Entwurfes. Der Entwurf und mit ihm das Gesetzbuch selbst lassen den Erben ohne weiteres unbeschränkt haften. Aber sie geben ihm dem Anspruche des Nachlaßgläubigers gegenüber gewisse Schutzmittel und dementsprechende Einreden, die es ihm möglich machen, sich mit der gegen ihn geltend gemachten Haftung auf den Nachlaß zurückzuziehen und das eigene Vermögen von ihr frei zu erhalten. Die Bemerkung in der Denkschrift, es sei Sache des Erben, die Beschränkung seiner Haftung im Wege der Einrede geltend zu machen, ist also richtig. Ebenso ist es richtig, daß der Entwurf auf dem Standpunkte steht, der Erbe müsse gegen die Gefahr, mit seinem eigenen Vermögen, für die Verbindlichkeiten eines überschuldeten Nachlasses zu haften, thunlichst geschützt werden. Der Entwurf und das Gesetzbuch geben in der That dem Erben Ansprüchen der Nachlaßgläubiger gegenüber einen recht weitgehenden wirksamen Schutz gegen die Gefahr, mit dem eigenen Vermögen haften zu müssen. Aber es ist immer ein Schutz, der den Gebrauch be-

[4] Denkschrift a. a. O.

sonderer Hilfsmittel erfordert. Und es ist irreführend, auszusprechen, wie solches in der Denkschrift geschieht, daß die Nachlaßgläubiger nach dem Entwurfe an sich nur ein Recht auf Befriedigung aus dem Nachlasse haben.

Von den neueren Gesetzbüchern ist das sächsische der deutschrechtlichen Auffassung bestimmt gefolgt. Dasselbe spricht den Grundsatz aus, daß der Erbe für die Erbschaftschulden soweit haftet, als die Erbschaft einschließlich der davon gezogenen Früchte und Zinsen sowie dessen, was der Erbe der Erbschaft selbst schuldet, reicht. Verantwortlich ist der Erbe den Nachlaßgläubigern nur, wenn er bei vorliegender oder doch zu befürchtender Unzulänglichkeit der Erbschaft, ohne ein Nachlaßverzeichnis aufzunehmen, Erbschaftgegenstände veräußert und Nachlaßverbindlichkeiten ohne Rücksicht auf das Vorzugsrecht befriedigt. Das Nachlaßverzeichnis hat er innerhalb eines Jahres, nachdem er den Anfall erfahren, von einem Gerichte oder von einem Notar aufnehmen zu lassen und bei Gericht zu überreichen.[5] Nach römischem Rechte haftete der Erbe den Nachlaßgläubigern ohne Beschränkung auf den Nachlaß mit seiner Person und seinem Vermögen,[6] bis Justinian dem Erben die Rechtswohlthat verlieh, durch Errichtung eines Nachlaßinventars die Haftung den Nachlaßgläubigern gegenüber auf den Bestand der Erbschaft zu beschränken. Zur Errichtung des Inventars hat er eine Frist von drei Monaten, wenn er sich aber an einem anderen Orte aufhält als an dem, an welchem die meisten Erbschaftsachen sich befinden,[7] eine Frist von einem Jahre. Beginnen muß er mit der Errichtung innerhalb eines Monates, nachdem er den Anfall erfahren.[8] Das württembergische Gesetzbuch,[9] das bayrische,[10] das preußische,[11] das französische[12] und das öster-

[5] Sächs. Gesetzb. §§ 2328, 2331, 2332.

[6] L. 8 pr. D. de A. v. O. H. (29, 2): verba: hereditas autem quin obliget nos aeri alieno, etiamsi non sit solvendo, plus quam manifestum est.

[7] Mühlenbruch (Glück, Pandektenkommentar Bd. 41 S. 356) bemerkt zu dieser Vorschrift, daß sie zu den unter den neueren Kaisern ergangenen zahllosen Vorschriften gehöre, bei denen weder Maß noch Verhältnis recht erwogen sei.

[8] L. 22 C. de iure deliber. (6, 30). Windscheid, Pandekten Bd. 3 § 606. Die Erklärung des Erben, daß er mit dem Vorbehalte des Inventars antrete, ist nicht erforderlich. Es genügt, wenn zur Erbschaftantretung die Thatsache der Errichtung des Inventars hinzukommt.

[9] Württembergisches Landrecht von 1610, III 22.

[10] Cod. Maximil. Bav. civ. I 1 § 18; v. Kreittmayr, Anmerkungen über den Cod. Maxim. Bav. civ., Anm. 6 bis 11 zu I 1 § 18.

[11] A.L.R. I 9 §§ 413 flg. Der Erbe braucht nicht zu erklären, ob er mit Vorbehalt antreten wolle. Giebt er keine Erklärung ab, so gilt er als Vorbehaltserbe, verliert aber die Rechtswohlthat, wenn er das Inventar in der bestimmten Frist dem Nachlaßgerichte nicht einreicht.

reichische Gesetzbuch[13] sind der Auffassung des justinianischen Rechtes gefolgt, indem sie dem Erben die Befugnis geben, sich von der unbeschränkten Haftung für die Schulden des Nachlasses durch den Gebrauch der Rechtswohlthat des Inventars zu befreien.

Im bürgerlichen Gesetzbuche ist das Inventarrecht wesentlich anders gestaltet als im gemeinen Rechte und in den Rechten, die dem gemeinen Rechte gefolgt sind. Während nach diesen Rechten der Erbe, der sich der Rechtswohlthat teilhaftig machen wollte, den Nachlaßgläubigern nicht über den Bestand der Erbschaft hinaus zu haften, die Errichtung eines Inventars vornehmen mußte und sich dadurch allen Nachlaßgläubigern gegenüber dagegen schützte, ihnen mit anderem Vermögen als dem zum Nachlasse gehörigen haften zu müssen, hat nach dem bürgerlichen Gesetzbuche die Errichtung eines Nachlaßinventars durch den Erben überhaupt nur Bedeutung für den Umfang der Haftung des Erben, wenn das Nachlaßgericht dem Erben auf Antrag eines Nachlaßgläubigers eine Frist zur Errichtung des Inventars bestimmt hat.[14] Die Errichtung des Inventars hat aber an sich noch nicht die Wirkung, daß sie die Haftung des Erben auf den Bestand des Nachlasses beschränkt. Es kommt ihr nur negative Bedeutung insofern zu, als der Erbe, der das Inventar bis zum Ablaufe der Frist nicht errichtet hat, allen Nachlaßgläubigern gegenüber für die Nachlaßverbindlichkeiten unbeschränkt haftet.[15]

In Bezug auf den Nacherben bestimmt das bürgerliche Gesetzbuch, daß die Vorschriften über die Beschränkung der Haftung des Erben auch für den Nacherben gelten, daß an die Stelle des Nachlasses dasjenige tritt, was der Nacherbe aus der Erbschaft erlangt, mit Einschluß der ihm gegen den Vorerben als solchen zustehenden Ansprüche, und daß das von dem Vorerben errichtete Inventar auch dem Nacherben zu statten kommt.[16] Man muß also annehmen, daß, wenn der Fall der Nacherbfolge eingetreten ist, ein Nachlaßgläubiger bei dem Nachlaßgerichte zu dem Antrage berechtigt ist, dem Nacherben eine Frist zur Errichtung des Inventars zu bestimmen. Mit Rücksicht darauf, daß, wenn sich bei dem Nachlaßgericht ein vorschriftmäßiges Inventar schon befindet, es

[12] C. c. Art. 802. Zachariä v. Lingenthal-Crome, französisches Civilrecht Bd. 4 §§ 612, 619. Der Erbe muß sich förmlich erklären, daß er die Erbschaft nur in Gemäßheit des Inventars annehme.

[13] Österr. Gesetzb. §§ 547, 800, 801. Unger, österreich. Erbrecht § 42. Die Antretung der Erbschaft muß zugleich die Erklärung des Erben enthalten, ob sie unbedingt oder mit dem Vorbehalte der Rechtswohlthat des Inventars geschehe.

[14] B.G.B. § 1994.

[15] B.G.B. § 1994 Abs. 1 Satz 2.

[16] B.G.B. § 2144 Abs. 1, 2.

genügt, daß der Erbe vor dem Ablaufe der Inventarfrist dem Nachlaßgericht gegenüber erklärt, das Inventar solle als von ihm eingereicht gelten,[17] erscheint der Nacherbe berechtigt, die an ihn erlassene Fristbestimmung mit der Erklärung zu beantworten, daß das vom Vorerben eingereichte Inventar als von ihm selbst eingereicht gelten soll. Dabei wird der Natur der Sache nach vorausgesetzt, daß der Nachlaß seit der Errichtung des von dem Vorerben eingereichten Inventars keine wesentlichen Veränderungen erlitten hat. Sind solche Veränderungen vorgegangen, so muß eben ein anderes Inventar errichtet oder, wenn thunlich, das ältere Inventar nach Maßgabe der Veränderungen berichtigt und ergänzt werden, so daß es sich als ein Inventar dessen darstellt, was der Nacherbe aus der Erbschaft erlangt hat.

Das erste Schutzmittel, das dem Erben gegen unbeschränkte Haftung geboten wird, ist in der Bestimmung enthalten, nach welcher der Erbe berechtigt ist, die Berichtigung einer Nachlaßverbindlichkeit bis zum Ablaufe der ersten drei Monate nach der Annahme der Erbschaft, jedoch nicht über die Errichtung des Inventars hinaus, zu verweigern.[18] Der Satz, der dem Erben, gegen den die Voraussetzungen unbeschränkter Haftung nicht vorliegen, den in Frage stehenden Rechtsbehelf giebt, ist bei den Beratungen der Kommission für die zweite Lesung des Entwurfes aufgenommen worden.[19] Die dem Entwurfe von 1896

---

[17] B.G.B. § 2004.

[18] B.G.B. § 2014. Die Anwendbarkeit der Bestimmung hat zur selbstverständlichen Voraussetzung, daß der Erbe nicht unbeschränkt haftet (B.G.B. § 2016).

[19] Die Rechtsgedanken, die im § 2014 und im § 2015 Abs. 1 Ausdruck erhalten haben, finden sich zuerst in der Vorlage, die eine von der Kommission für die zweite Lesung des Entwurfes für das Inventarrecht niedergesetzte Subkommission zur Beratung der Kommission gestellt hat. Der Standpunkt dieser Vorlage war folgender: dem Erben müsse, so wurde erwogen, bevor er von den Nachlaßgläubigern in Anspruch genommen werden dürfe, und bevor seinen übrigen Gläubigern der Zugriff auf den Nachlaß gestattet sei, eine billige Frist gegeben werden. Er müsse zunächst Zeit haben, zu überlegen, ob er die Erbschaft überhaupt annehmen wolle. Dann müsse ihm Zeit gelassen werden, sich über die Kräfte des Nachlasses zu vergewissern und das Inventar zu errichten. In ersterer Hinsicht werde, so wird der Standpunkt der Subkommission weiter bestimmt, für den Erben durch die Vorschrift ausreichend Sorge getragen, daß vor der Annahme der Erbschaft ein Anspruch, der sich gegen den Nachlaß richte, nicht gegen den Erben gerichtlich geltend gemacht werden könne (B.G.B. § 1958, Entw. II. Lesung § 1835, erster Entwurf § 2057 Satz 1). Auf die letztere Rücksicht wird die Bestimmung zurückgeführt, die dem Erben das Recht giebt, solange er das Inventar nicht errichtet hat, jedoch nicht über drei Monate seit der Annahme der Erbschaft, die Berichtigung einer Nachlaßverbindlichkeit zu verweigern (B.G.B. § 2014, Entwurf II. Lesung § 1888). Eine weitere gesetzliche Frist zur Ermittelung des Schuldenstandes mit der Wirkung der Befugnis zur Verweigerung der Befriedigung der Nachlaßgläubiger ist dem Erben dann noch für den Fall gewährt worden, daß

beigegebene Denkschrift bemerkt dazu, der Erbe werde mit den Verhältnissen des Nachlasses nur selten so vertraut sein, daß er ohne weiteres sich über die Ausschlagung der Erbschaft und über die Geltendmachung der beschränkten Haftung schlüssig machen könne. Es liege daher im Interesse aller Beteiligten, daß ihm eine angemessene Frist gewährt werde, ehe man den Nachlaßgläubigern die Verfolgung ihrer Rechte gegen den Erben, den Gläubigern des Erben den Zugriff gegen den Nachlaß gestatte. Die sechswöchige Ausschlagungfrist, welche im Gesetzbuche dem berufenen Erben gegeben sei, genüge dem Bedürfnisse nicht, da die Verhältnisse häufig so lägen, daß der Erbe während dieser Frist außer stande sei, sich über die Lage des Nachlasses vollständig zu unterrichten. Daher werde dem Erben das Recht gegeben, nach der Annahme der Erbschaft, jedoch nicht über die Errichtung des Inventars hinaus, die Berichtigung der Nachlaßverbindlichkeiten bis zum Ablaufe der ersten drei Monate zu verweigern.[20]

Da der Nacherbe immerhin Erbe ist und die Frage der Ausschlagung der Erbschaft, die des Unterrichtetseins über die Lage des Nachlasses und die der Geltendmachung der beschränkten Haftung für den Nacherben dieselbe Bedeutung haben, wie für jeden anderen Erben, so liegt kein Grund vor, die Anwendung des Satzes auf den Nacherben auszuschließen. Der Bemerkung gegenüber, daß die Berichtigung der Nachlaßverbindlichkeiten nicht über die Errichtung des Inventars hinaus verweigert werden dürfe, ist darauf hinzuweisen, daß die im Gesetzbuche in Frage kommende Frist zur Errichtung eines Nachlaßinventars auch dem Nacherben, wenn ein Nachlaßgläubiger darauf anträgt, vom Nachlaßgerichte zu stellen ist, und daß sie, wenn der Nacherbe, dem sie gestellt wird, innerhalb der Frist das Inventar nicht errichtet, zur Folge

---

er das Aufgebot der Nachlaßgläubiger innerhalb eines Jahres nach der Annahme der Erbschaft beantragt (s. unten zu Anm. 35 bis 37). Während nach dem ersten Entwurfe (§§ 2130, 2143) dem Erben für die Dauer des Aufgebotsverfahrens und der Inventarserrichtung eine gegen die Zwangsvollstreckung vorzuschützende prozessualische Einrede gegeben werden sollte, ist die von der Subkommission dem Erben zugedachte Befugnis, die Berichtigung der Nachlaßschulden in den angegebenen Fällen und Fristen zu verweigern, als Inhalt einer materiellrechtlichen Einrede gedacht. Die materiellrechtliche Wirkung der Einrede wird insbesondere darin gefunden, daß der Erbe durch den Gebrauch des Schutzmittels nicht in Verzug kommt. Dagegen hemmt die Einrede nach der Auffassung der Kommission prozeßrechtlich weder die Belangung noch die Verurteilung des Erben, auch nicht die Einleitung der Zwangsvollstreckung. Der Erbe kann nur, wenn für eine Forderung, die nach den fraglichen Bestimmungen zu beurteilen ist, Maßregeln der Zwangsvollstreckung erfolgen oder erfolgt sind, die Beschränkung derselben auf dasjenige Maß verlangen, welches zur Vollziehung eines Arrestes zulässig ist (Protokolle der Kommission für die zweite Lesung des Entwurfes, 393. Sitzung XVIII.).

[20] Denkschrift von 1896 S. 271.

hat, daß der Nacherbe für die Nachlaßverbindlichkeiten unbeschränkt haftet.[21] Im übrigen muß die oben erwähnte Bestimmung des Gesetzbuches, daß ein vom Vorerben errichtetes Inventar auch dem Nacherben zu statten komme, mit Rücksicht auf die Vorschrift des Gesetzbuches, nach der, falls bei dem Nachlaßgerichte ein vorschriftmäßiges Inventar sich bereits befindet, es genügt, wenn der Erbe vor dem Ablaufe der Inventarfrist dem Nachlaßgerichte gegenüber erklärt, daß das Inventar als von ihm eingereicht gelten soll,[22] dahin verstanden werden, daß es für den Nacherben, wenn ihm seinerseits auf den Antrag eines Nachlaßgläubigers vom Nachlaßgerichte eine Frist zur Errichtung eines Inventars der Nacherbschaft gestellt wird, genügend sein kann, vor dem Ablaufe der Inventarfrist dem Nachlaßgerichte gegenüber zu erklären, daß das Inventar als von ihm eingereicht gelten soll. Vorausgesetzt wird dabei allerdings, daß das Inventar vollständig ist. Liegt eine erhebliche, vom Erben beabsichtigte Unvollständigkeit der im Inventar angegebenen Nachlaßgegenstände vor, oder ist in der Absicht, die Nachlaßgläubiger zu benachteiligen, die Aufnahme einer nicht bestehenden Nachlaßverbindlichkeit herbeigeführt worden, und ist für jene Unvollständigkeit oder für diese Unrichtigkeit der Nacherbe, der die Erklärung abgegeben hat, daß das Inventar als von ihm eingereicht gelten soll, auch nur in dem Sinne verantwortlich zu machen, daß er es absichtlich unterlassen hat, in der fraglichen Richtung das vorliegende Inventar zu berichtigen oder zu vervollständigen, so haftet der Nacherbe für die Nachlaßverbindlichkeiten unbeschränkt,[23] während, wenn die Angabe der Nachlaßgegenstände unvollständig ist, ohne daß die Unvollständigkeit absichtlich herbeigeführt ist, und ohne daß die Aufnahme nicht bestehender Nachlaßverbindlichkeiten auf der Absicht einer Benachteiligung der Nachlaßgläubiger beruht, dem Nacherben eine neue Inventarfrist zur Ergänzung des Inventars bestimmt werden kann.[24] Hat der Vorerbe ein Inventar nicht errichtet, ist er also nicht auf den Antrag eines Nachlaßgläubigers durch das Nachlaßgericht zur Errichtung aufgefordert worden, oder hat er die Errichtung versäumt, so daß er den Nachlaßgläubigern unbeschränkt haftet, oder ist das vom Vorerben errichtete Inventar wegen der in der Zeit des Erbeseins des Vorerben mit den Erbschaftsachen eingetretenen Veränderungen für die Anforderungen, die nach dem Eintritte der Nacherbfolge an ein Inventar gestellt werden müssen, unbrauchbar, so ist nicht ausgeschlossen, daß nach dem Eintritte der Nacherbfolge, also nach der Annahme der Nacherbschaft durch den Nacherben, das Verlangen der Errichtung eines Inventars

---

[21] S. oben zu Anm. 12, 13.
[22] S. oben zu Anm. 14, 15.
[23] B.G.B. § 2005 Abs. 1.
[24] B.G.B. § 2005 Abs. 2.

auf den Antrag eines der Nachlaßgläubiger durch das Nachlaßgericht an den Nacherben gestellt wird und der letztere dem Antrage zu entsprechen hat, widrigenfalls er selbst den noch unbefriedigt gebliebenen Nachlaßgläubigern unbeschränkt zu haften hat. Das vom Nacherben zu errichtende Inventar kann sich der Natur der Sache nach nur auf dasjenige erstrecken, was der Nacherbe aus der Erbschaft erlangt hat, mit Einschluß der dem Nacherben gegen den Vorerben als solchen zustehenden Ansprüche.[25] Steht der Vorerbe als Nachlaßgläubiger dem Nacherben gegenüber, so kann sich der Nacherbe auf die Beschränkung seiner Haftung auch dann berufen, wenn er den übrigen Nachlaßgläubigern gegenüber unbeschränkt haftet.[26] Er kann also dem Vorerben gegenüber den Rechtsbehelf nicht verlieren, daß dasjenige, was von dem Nachlasse an ihn selbst gelangt ist, zur Befriedigung des von ihm Befriedigung verlangenden Vorerben nicht ausreichend ist. Nur ist er verpflichtet, was er aus der Erbschaft erlangt hat, zum Zwecke der Befriedigung des Gläubigers im Wege der Zwangsvollstreckung herauszugeben. Macht er von dem Rechtsbehelf Gebrauch, so erhält das Vermögen, was ihm aus der Erbschaft zugeflossen ist, eine gewisse Selbständigkeit für das in Rede stehende Gläubigerverhältnis. Der Nacherbe steht dem fraglichen Vermögen insofern seinerseits verpflichtet und berechtigt gegenüber, als er für seine bisherige Verwaltung des Nachlasses dem Vorerben und Nachlaßgläubiger in Betreff der Zeit seit der Annahme der Erbschaft wie ein Beauftragter, in Betreff der früheren Zeit wie ein Geschäftsführer ohne Auftrag haftet, und als ihm Aufwendungen, die er für die Nachlaßgegenstände gemacht hat, denselben Zeitverhältnissen entsprechend nach den Vorschriften über den Auftrag oder über die Geschäftsführung ohne Auftrag zu ersetzen sind.[27] Hat der Nacherbe, dem der Vorerbe als Nachlaßgläubiger gegenübersteht, Nachlaßverbindlichkeiten berichtigt, so wird die Berichtigung als für Rechnung des Nachlasses erfolgt angesehen, wenn der Nacherbe den Umständen nach annehmen durfte, daß der Nachlaß zur Berichtigung aller Nachlaßverbindlichkeiten ausreiche.[28]

Das in Frage stehende Schutzmittel der Verweigerung der Berichtigung einer Nachlaßverbindlichkeit bis zur Errichtung des Inventars oder bis zum Ablaufe der ersten drei Monate nach der Annahme der Erbschaft soll dem Erben Zeit geben, sich über den Erbschaftbestand und über die Ansprüche, die an die Erbschaft gemacht werden, zu unterrichten. Die Inventarerrichtung hat nicht die Bedeutung, die ihr

---

[25] B.G.B. § 2144 Abs. 1, Halbsatz 2. [26] B.G.B. § 2144 Abs. 3.
[27] B.G.B. § 1990 Abs. 1, § 1991 Abs. 1, § 1978.
[28] B.G.B. § 1990 Abs. 1, § 1991 Abs. 1, § 1979.

die bisher auf dem Boden des römischen Rechtes erwachsenen Rechte geben, die Haftung des Erben auf den Bestand der Erbschaft einzuschränken. Ist also auf Veranlassung des Erben, von dem ein Nachlaßgläubiger die Berichtigung einer Nachlaßschuld verlangt hat, das Inventar errichtet, so steht der Erbe vor der Wahl, den Nachlaßgläubiger, der mit dem Verlangen der Befriedigung an ihn herangetreten ist, zu befriedigen und die Nachlaßschulden überhaupt zu berichtigen oder, wenn ihm die durch die Errichtung des Inventars erhaltene Kenntnis von den Nachlaßschulden noch nicht genügend erscheint, ihm die wünschenswerte Sicherheit dafür zu geben, daß der Nachlaß für die Berichtigung der Nachlaßschulden ausreichen werde, in erster Reihe von dem Rechte Gebrauch zu machen, das Aufgebot der Nachlaßgläubiger zu beantragen.[29]

Das Aufgebotsverfahren soll dem Erben die Kenntnis der Nachlaßgläubiger, soweit sie ihm unbekannt sind, verschaffen, damit er in die Lage kommt, zu wissen, bis zu welchem Betrage die Nachlaßgegenstände zur Befriedigung der Nachlaßgläubiger voraussichtlich zu verwenden sein werden. Der Antrag auf das Aufgebot hat daher seinem durch seinen Zweck bestimmten Wesen nach zur Voraussetzung, daß der Erbe den Nachlaßgläubigern nicht unbeschränkt haftet. Ist also dem Erben auf den Antrag eines Nachlaßgläubigers eine Inventarfrist bestimmt gewesen, und hat der Erbe das Inventar innerhalb der Frist nicht errichtet, so daß er den Nachlaßgläubigern unbeschränkt haftet, so ist er zu dem Antrage auf Erlassung des Aufgebotes nicht zuzulassen. Der Wirkung eines dieser Vorschrift zuwider ergangenen Aufgebotes würde die Einrede der Erschleichung entgegenstehen. Nicht betroffen von dem Aufgebote werden Pfandgläubiger, Gläubiger, die im Konkurse den Pfandgläubigern gleichstehen, sowie Gläubiger, die bei der Zwangsvollstreckung in das unbewegliche Vermögen ein Recht auf Befriedigung aus diesem Vermögen haben, soweit es sich um die Befriedigung aus den ihnen haftenden Gegenständen handelt. Ebensowenig Gläubiger, deren Ansprüche durch eine Vormerkung gesichert sind oder denen im Konkurse ein Aussonderungrecht zusteht, in Ansehung des Gegenstandes ihres Rechtes.[30] Auch die Gläubiger aus Pflichtteilsrechten, Vermächtnissen und Auflagen haben dem Aufgebote der Nachlaßgläubiger gegenüber eine besondere Stellung. Die Wirksamkeit des Aufgebotes tritt ihnen gegenüber nur beim Vorhandensein mehrerer Miterben nach der Teilung des Nachlasses unter den Miterben in der Art ein, daß, wenn der Gläubiger

[29] B.G.B. §§ 1970 flg. Nach dem ersten Entwurfe sollte das Aufgebot der Nachlaßgläubiger nur auf den Antrag des Erben stattfinden, dessen Inventarrecht noch nicht erloschen war (§ 2120 Abs. 1).

[30] B.G.B. § 1971.

aus einem Pflichtteilrechte oder aus einem Vermächtnisse oder aus einer Auflage im Aufgebotsverfahren ausgeschlossen ist, jeder Miterbe nach der Teilung des Nachlasses nur für den, seinem Erbteile entsprechenden Teil der fraglichen Nachlaßverbindlichkeit haftet.[31]

Hat der Erbe den Antrag auf das Aufgebot der Nachlaßgläubiger innerhalb eines Jahres nach der Annahme der Erbschaft gestellt und ist der Antrag zugelassen, so ist der Erbe berechtigt, die Berichtigung einer Nachlaßverbindlichkeit bis zur Beendigung des Aufgebotsverfahrens zu verweigern.[32] Um zu verhindern, daß der Erbe zum Nachteile der Nachlaßgläubiger die Beendigung des Verfahrens verzögert, schreibt das bürgerliche Gesetzbuch vor, daß es der Beendigung des Verfahrens gleichstehe, wenn der Erbe in dem Aufgebotstermine nicht erschienen sei und nicht binnen zwei Wochen die Bestimmung eines neuen Termines beantrage, oder wenn er auch in dem neuen Termine nicht erscheine.[33] Für den Fall, daß das Ausschlußurteil erlassen oder der Antrag auf Erlassung des Urteiles zurückgewiesen wird, bestimmt das Gesetzbuch, daß das Verfahren nicht vor dem Ablaufe einer mit der Verkündung der Entscheidung beginnenden Frist von zwei Wochen und nicht vor der Erledigung einer rechtzeitig eingelegten Berufung in dem Sinne als beendigt anzusehen ist, daß nunmehr der Erbe keine Berechtigung mehr zur Verweigerung der Berichtigung von Nachlaßschulden hat.[34]

Die Erlassung des Ausschlußurteils stellt den Erben, auf dessen Antrag das Aufgebot erfolgt ist, dagegen sicher, daß der ausgeschlossene Gläubiger von ihm Befriedigung aus seinem eigenen Vermögen fordere. Der Erbe haftet ihm nur noch mit dem Nachlasse insoweit, als der Nachlaß durch die Befriedigung der nicht ausgeschlossenen Gläubiger nicht erschöpft wird.[35] Auch kann selbst der ausgeschlossene Gläubiger Befriedigung immer noch aus dem, was vom Nachlasse nach der Befriedigung der nicht ausgeschlossenen Gläubiger übrig geblieben ist, fordern, bevor die Verbindlichkeiten aus Pflichtteilsrechten, Vermächtnissen und Auflagen befriedigt werden. Macht aber der ausgeschlossene Gläubiger seine Nachlaßforderung erst nach der Befriedigung der in Rede stehenden Verbindlichkeiten geltend, so kann er nur Herausgabe dessen fordern, was nun noch vom Nachlasse übrig ist.[36] Diesen Überschuß hat der Erbe zum Zwecke der Befriedigung des Gläubigers im Wege der Zwangsvollstreckung nach den Vorschriften über die Herausgabe einer ungerechtfertigten Bereicherung herauszugeben. Er kann aber

---

[31] B.G.B. § 1972 § 2062 Abs. 1.
[32] B.G.B. § 2015 Abs. 1.
[33] B.G.B. § 2015 Abs. 2.
[34] B.G.B. § 2015 Abs. 3.
[35] B.G.B. § 1973 Abs. 1 Satz 1.
[36] B.G.B. § 1973 Abs. 1 Satz 2.

die Herausgabe der noch vorhandenen Nachlaßgegenstände durch Zahlung des Wertes abwenden.[37]

§ 78. 2. Fortsetzung.

Kann der Erbe gegen die Befriedigung der Nachlaßgläubiger auch das schwebende Aufgebotsverfahren nicht mehr geltend machen, so hat er sich nach dem bürgerlichen Gesetzbuche zu entscheiden, ob er nunmehr Stellung zum Nachlasse in der Art nehmen will, daß er die Nachlaßgläubiger, die sich melden, aus dem Nachlasse befriedigt auf die Gefahr hin, daß der Nachlaß zu Aller Befriedigung nicht ausreicht, oder ob er noch ein weiteres Mittel anwenden will, sich dagegen zu sichern, daß er über die Kräfte des Nachlasses hinaus zur Befriedigung der Nachlaßgläubiger herangezogen wird. Als nächstliegendes Mittel bietet dem Erben, der weder genügenden Grund hat, den Nachlaß für ausreichend zur Befriedigung der Nachlaßgläubiger anzusehen, noch auch in der Lage ist, ihn für überschuldet zu erachten, das Gesetzbuch, wenn er seine Haftung auf den Nachlaß beschränken will, noch das Mittel, bei dem Nachlaßgericht auf Anordnung einer Nachlaßverwaltung anzutragen.[1] Den Antrag kann neben dem Erben selbst auch ein Nachlaßgläubiger stellen. Auf den Antrag eines Nachlaßgläubigers ist die Nachlaßverwaltung anzuordnen, wenn Grund zu der Annahme besteht, daß die Befriedigung der Nachlaßgläubiger aus dem Nachlasse durch das Verhalten oder durch die Vermögenslage des Erben gefährdet werde.[2] Der Ablauf einer Frist von zwei Jahren nach der Annahme der Erbschaft macht den Antrag auf Anordnung der Nachlaßverwaltung unzulässig.[3] Dies gilt sowohl von dem Antrage eines Nachlaßgläubigers als auch von dem des Erben, und zwar von dem eines jeden Erben, auch eines Nacherben, wenn der Fall der Nacherbfolge eingetreten ist und der Nacherbe die Erbschaft angenommen hat.

Die Anordnung der Nachlaßverwaltung verschafft dem Nachlasse die Bedeutung eines selbständigen Vermögens gegenüber der Person des Erben, und zwar mit rückwirkender Kraft. Die Rechtsverhältnisse, welche, wenn ein Vorerbe in Frage steht, infolge des Erbfalles, wenn es sich um einen Nacherben handelt, infolge des Erbewerdens des Nacherben durch Vereinigung von Recht und Verbindlichkeit oder von Recht und Belastung erloschen sind, gelten nunmehr als nicht erloschen.[4] Aufrechnungen, die vor der Anordnung der Nachlaßverwaltung ein Nachlaß-

---

[37] B.G.B. § 1973 Abs. 2 Satz 1 u. 2.

[1] B.G.B. §§ 1975, 1981 Abs. 1.

[2] B.G.B. § 1981 Abs. 2 Satz 1.

[3] B.G.B. § 1981 Abs. 2 Satz 2.

[4] B.G.B. § 1976.

gläubiger mit seinen Forderungen gegen Forderungen des Erben, die nicht zum Nachlasse gehören, ohne Zustimmung des Erben, und Aufrechnungen, die ein Gläubiger, der nicht Nachlaßgläubiger ist, mit den ihm selbst gegen den Erben zustehenden Forderungen gegen zum Nachlasse gehörende Forderungen vorgenommen hat, gelten als nicht erfolgt.[5] Die Verwaltung des Nachlasses geht mit der Anordnung der Nachlaßverwaltung auf den vom Gericht bestellten Nachlaßverwalter über.[6] Und der Erbe, der bis zur Anordnung der Nachlaßverwaltung, sei es als Vorerbe, sei es als Nacherbe, in eigenem Namen und für eigene Rechnung den Nachlaß verwaltet hat, verliert mit der Anordnung der Nachlaßverwaltung die Befugnis, den Nachlaß zu verwalten und über ihn zu verfügen.[7] Er wird aber auch für die Vergangenheit so behandelt, als sei er bis zur Anordnung der Nachlaßverwaltung ein Verwalter in fremdem Namen gewesen. Er ist nämlich den Nachlaßgläubigern für die Verwaltung, die er, seit er die Erbschaft angenommen, geführt hat, wie ein Beauftragter, und für die vorher von ihm für die Erbschaft geführten Geschäfte wie ein Geschäftsführer ohne Auftrag verantwortlich. Und die Ansprüche, welche den Gläubigern auf Grund dieser Verantwortlichkeit des Erben zustehen, gelten als zum Nachlasse gehörig. Aufwendungen, die der Erbe für den Nachlaß oder einzelne Nachlaßsachen gemacht hat, geben ihm einen Anspruch auf Ersatz nach den Bestimmungen über den Auftrag, wenn die Aufwendungen erfolgt sind, nachdem er die Erbschaft angenommen hat, nach den Bestimmungen über Geschäftsführung ohne Auftrag, wenn sie vor der Annahme geschehen sind.[8] Ein Anspruch, der sich gegen den Nachlaß richtet, kann nach der Anordnung der Nachlaßverwaltung nur gegen den Nachlaßverwalter geltend gemacht werden. Dieser hat die Nachlaßverbindlichkeiten aus dem Nachlasse zu berichtigen.[9] Zwangsvollstreckungen und Arreste in den Nachlaß zu Gunsten eines Gläubigers, der nicht Nachlaßgläubiger ist, sind nach der Anordnung der Nachlaßverwaltung ausgeschlossen.[10] Hat der Erbe vor der Anordnung der Nachlaßverwaltung Nachlaßverbindlichkeiten berichtigt, so müssen die Nachlaßgläubiger die Berichtigung als für Rechnung des Nachlasses erfolgt gelten lassen, wenn der Erbe den Umständen nach annehmen durfte, daß der Nachlaß zur Berichtigung aller Nachlaßverbindlichkeiten ausreiche.[11]

---

[5] B.G.B. § 1977. [6] B.G.B. § 1985 Abs. 1.

[7] B.G.B. §§ 1984 Abs. 1 Satz 1.

[8] B.G.B. § 1978 Abs. 3.

[9] B.G.B. § 1984 Abs. 1 Satz 3, § 1985 Abs. 1.

[10] B.G.B. § 1984 Abs. 2.

[11] B.G.B. § 1979.

Sind die bekannten Nachlaßverbindlichkeiten berichtigt, so darf der Nachlaßverwalter den Nachlaß dem Erben ausantworten.[12] Ist die Berichtigung einer Verbindlichkeit zur Zeit nicht ausführbar, oder ist die Verbindlichkeit streitig, so darf die Ausantwortung nur erfolgen, wenn dem Gläubiger Sicherheit bestellt ist. Der Fall der Nichtausführbarkeit kann auch vorliegen, wenn die Verbindlichkeit von einer Bedingung abhängig ist. Sicherheitleistung aber ist solchenfalls nicht erforderlich, wenn die Möglichkeit des Eintrittes der Bedingung eine so entfernte ist, daß die Forderung einen gegenwärtigen Vermögenswert nicht hat.[13]

Das letzte Mittel, das im Gesetze dem Erben gegeben ist, sich Nachlaßverbindlichkeiten gegenüber, wenn der Nachlaß unzureichend ist, gegen die Haftung über die Kräfte des Nachlasses hinaus zu schützen, ist der Antrag auf Eröffnung des Konkurses über den Nachlaß. Das bürgerliche Gesetzbuch erklärt den Erben, sobald er von der Überschuldung des Nachlasses Kenntnis erhalten hat, für verpflichtet unverzüglich die Eröffnung des Nachlaßkonkurses zu beantragen, und spricht aus, daß der Erbe den Gläubigern im Falle der Unterlassung für den daraus entstehenden Schaden verantwortlich sei.[14] Die auf Fahrlässigkeit beruhende Unkenntnis der Überschuldung wird vom Gesetzbuche ihrer Kenntnis gleichgestellt. Als einen Fall solcher Fahrlässigkeit führt das Gesetzbuch den auf, daß der Erbe das Aufgebot der Nachlaßgläubiger nicht beantragt, obwohl er Grund hat, das Vorhandensein unbekannter Nachlaßverbindlichkeiten anzunehmen. Es macht aber eine Ausnahme und erklärt das Aufgebot für nicht erforderlich, wenn die Kosten des Verfahrens dem Bestande des Nachlasses gegenüber unverhältnismäßig groß sind.[15] Bei der Bemessung der Zulänglichkeit des Nachlasses bleiben die Verbindlichkeiten aus Vermächtnissen und Auflagen außer Betracht.[16] Der Erbe kann, wenn er die anderen Nachlaßverbindlichkeiten aus dem Nachlasse berichtigt hat, die Berichtigung der Verbindlichkeiten aus Vermächtnissen und Auflagen insoweit verweigern, als der übrige Nachlaß dazu nicht ausreicht. Er hat aber in diesem Falle den noch übrigen Nachlaß zum Zwecke der Befriedigung der fraglichen Gläubiger im Wege der Zwangsvollstreckung herauszugeben. Und seine Befugnis, in dieser Weise den Verbindlichkeiten aus Vermächtnissen und Auflagen gegenüber vorzugehen, wird dadurch nicht ausgeschlossen, daß der Gläubiger nach dem Eintritte des Erbfalles im Wege der Zwangsvollstreckung

---

[12] B.G.B. § 1986 Abs. 1.
[13] B.G.B. § 1986 Abs. 2.
[14] B.G.B. § 1980 Abs. 1 Satz 1.
[15] B.G.B. § 1980 Abs. 2.
[16] B.G.B. § 1980 Abs. 1 Satz 2.

oder der Arrestvollziehung ein Pfandrecht oder eine Hypothek oder im Wege der einstweiligen Verfügung eine Vormerkung erlangt hat. Die Herausgabe der noch vorhandenen Nachlaßgegenstände kann der Erbe aber auch durch Zahlung des Wertes abwenden.[17]

Dieselbe Bedeutung, die nach den obigen Bestimmungen des bürgerlichen Gesetzbuches die Anordnung einer Nachlaßverwaltung für die Selbständigkeit des Nachlasses gegenüber der Person des Erben hat, kommt der Eröffnung des Konkurses über den Nachlaß zu. Die Rechtsverhältnisse, die durch Vereinigung von Recht und Verbindlichkeit oder von Recht und Belastung in der Person des Erben erloschen waren, treten mit der Konkurseröffnung wieder in Kraft.[18] Aufrechnungen, die ein Nachlaßgläubiger mit den ihm an den Nachlaß zustehenden Forderungen gegen Forderungen des Erben und die ein Gläubiger des Erben gegen Nachlaßforderungen vorgenommen hat, sind infolge der Eröffnung des Konkurses über den Nachlaß unter denselben Voraussetzungen als nicht erfolgt anzusehen, unter denen die Anordnung einer Nachlaßverwaltung die geschehene Aufrechnung einer Nachlaßforderung unkräftig macht.[19] Ebenso entstehen mit der Eröffnung des Konkurses über den Nachlaß aus der Verwaltung des Nachlasses durch den Erben Ansprüche der Konkursmasse an den Erben und aus den für den Nachlaß erfolgten Aufwendungen des Erben Ansprüche des letzteren an die Konkursmasse unter denselben Voraussetzungen, unter denen der Erbe durch die Anordnung einer Nachlaßverwaltung Schuldner oder Gläubiger des Nachlasses wird.[20]

Ist der Konkurs durch Verteilung der Masse oder durch Zwangsvergleich beendet, so ist der Erbe von der Haftung den Nachlaßgläubigern gegenüber insoweit frei, als von dem Nachlasse infolge seiner Verteilung oder vergleichsmäßigen Verwendung nichts mehr übrig ist. Gläubiger, die sich im Konkurse nicht gemeldet haben, können solchenfalls einen Anspruch an den Erben nicht mehr geltend machen.[21] Hat aber der Nachlaß im Konkurse einen Überschuß ergeben, und verlangt ein Nachlaßgläubiger, der sich im Konkurse nicht gemeldet hat, vom Erben seine Befriedigung, so ist der Erbe verpflichtet, den Überschuß zum Zwecke der Befriedigung im Wege der Zwangsvollstreckung nach den Vorschriften über die Herausgabe einer ungerechtfertigten Bereicherung heraus-

---

[17] B.G.B. §§ 1992, 1990, 1991.
[18] B.G.B. § 1976.
[19] B.G.B. § 1977.
[20] B.G.B. § 1978.
[21] B.G.B. § 1989, § 1973 Abs. 1 Satz 1.

zugeben.[22] Ein Nachlaßgläubiger, der sich im Konkurse nicht gemeldet hat, geht bei der Verteilung eines solchen Überschusses dem Gläubiger vor, der seinen Anspruch aus einem Pflichtteilsrechte, aus einem Vermächtnisse oder aus einer Auflage herleitet.[23]

Besondere Vorschriften enthält das bürgerliche Gesetzbuch für den Fall, daß die Anordnung der Nachlaßverwaltung oder die Einleitung des Konkurses wegen Mangels einer den entstehenden Kosten entsprechenden Nachlaßmasse unthunlich ist, oder daß aus gleichem Grunde die Nachlaßverwaltung wieder aufgehoben oder der Konkurs eingestellt werden muß. Das Gesetzbuch giebt in diesem Falle dem Erben die Befugnis, die von ihm begehrte Befriedigung der Nachlaßgläubiger insoweit zu verweigern, als der Nachlaß nicht hinreicht. Macht der Erbe von dieser Befugnis Gebrauch, so ist er verpflichtet, den Nachlaß zum Zwecke der Befriedigung des Gläubigers, der Zahlung begehrt, im Wege der Zwangsvollstreckung herauszugeben.[24] Er ist den Nachlaßgläubigern gegenüber für die bisherige Verwaltung des Nachlasses von dem Zeitpunkte an, in dem er die Erbschaft angenommen hat, ebenso verantwortlich, wie wenn er die Erbschaft als Beauftragter zu verwalten gehabt hätte, und in Ansehung der in der Zeit vorher von ihm für die Erbschaft besorgten Geschäfte wie ein Geschäftsführer ohne Auftrag. Ebenso steht er in Ansehung der von ihm für die Erbschaft oder die von ihm herauszugebenden Erbschaftsachen gemachten Aufwendungen den Gläubigern wie ein Beauftragter oder ein Geschäftsführer ohne Auftrag gegenüber, je nachdem die Aufwendungen in die Zeit nach der Annahme der Erbschaft oder in die frühere Zeit fallen.[25] Auch insoweit nimmt der Nachlaß gegenüber dem Erben die Bedeutung eines selbständigen Vermögens an, als die infolge des Erbfalles oder, wenn der Fall der Nacherbfolge in Frage steht, infolge des Eintrittes dieses Falles durch Vereinigung von Recht und Verbindlichkeit oder von Recht und Belastung erloschenen Rechtsverhältnisse im Verhältnisse zwischen dem Gläubiger, der mit Zwangsvollstreckungmaßregeln vorgeht, und dem Erben als nicht erloschen gelten.[26] Die Befugnis des Erben, dem andringenden Gläubiger die Zahlung zu verweigern, und die damit in Verbindung stehende Rechtsstellung wird nicht dadurch ausgeschlossen, daß der Gläubiger nach dem Eintritte des Erbfalles oder, wenn der Fall der Nacherbfolge ein-

---

[22] B.G.B. § 1989, § 1973 Abs. 2 Satz 2.
[23] B.G.B. § 1989, § 1973 Abs. 1 Satz 2.
[24] B.G.B. § 1990 Abs. 1.
[25] B.G.B. § 1991 Abs. 1 § 1978.
[26] B.G.B. § 1991 Abs. 2.

getreten ist, nach dem Eintritte dieses Falles im Wege der Zwangsvollstreckung oder der Arrestvollziehung ein Pfandrecht oder eine Hypothek oder im Wege der einstweiligen Verfügung eine Vormerkung erlangt hat.[27]

Es liegt in der Natur der Sache, daß, sobald mit dem Eintritte des Falles der Nacherbfolge der Nacherbe Erbe wird und der Vorerbe aufhört, Erbe zu sein, der Vorerbe durch die Nachlaßverbindlichkeiten regelmäßig nicht mehr belastet wird, diese vielmehr auf den Nacherben übergehen. Ausnahmen treten selbstverständlich ein, wenn vom Erblasser Anordnungen getroffen worden sind, nach denen von einer bestimmten, durch den Erblasser angeordneten Belastung der Nacherbe frei bleiben und nur der Vorerbe getroffen werden soll, wenn also der Erblasser Vermächtnisse oder Auflagen ausschließlich zu Lasten des Vorerben angeordnet hat, ohne damit den Nacherben überhaupt beschweren zu wollen. Anders gestaltet sich das Rechtsverhältnis, wenn der Erblasser über die Bezahlung schon bestehender Nachlaßschulden die Anordnung getroffen hat, daß dafür nur der Vorerbe aufkommen soll, oder wenn Schulden in Frage stehen, die nach dem Erbfalle während der Verwaltung des Nachlasses durch den Vorerben vor dem Erbewerden des Nacherben entstanden sind. In diesen Fällen haftet der Nacherbe als Erbe zwar den Nachlaßgläubigern, soweit sie der Vorerbe nicht befriedigt hat, aber dem Nacherben gegenüber ist der Vorerbe zur Befriedigung der Nachlaßgläubiger verpflichtet. Das bürgerliche Gesetzbuch trifft für alle diese Fälle Bestimmung. Es schreibt vor, daß der Vorerbe nach dem Eintritte der Nacherbfolge für die Nachlaßverbindlichkeiten noch insoweit haftet, als der Nacherbe nicht haftet,[28] und daß die Haftung des Vorerben auch für diejenigen Nachlaßverbindlichkeiten bestehen bleibt, welche im Verhältnisse zwischen dem Vorerben und dem Nacherben dem Vorerben zur Last fallen.[29]

Das bürgerliche Gesetzbuch hat in Ansehung der Nachlaßverbindlichkeiten, für welche der Vorerbe nach dem Eintritte der Nacherbfolge auf

---

[27] B.G.B. § 1990 Abs. 2. [28] B.G.B. § 2145 Abs. 1 Satz 1.

[29] B.G.B. § 2145 Abs. 1 Satz 2. Die letztere Bestimmung war im ersten Entwurfe noch nicht enthalten. Die Motive (Bd. 5 S. 127) bemerkten, durch eine Vorschrift dahin, daß die Haftung des Vorerben in Ansehung solcher Verpflichtungen, welche der Vorerbe gegenüber dem Nacherben selbst zu tragen habe, würde in einigen Fällen eine Abkürzung erzielt werden. Allein das Ergebnis wäre eine Übertragung der dem Nacherben an den Vorerben zustehenden Ersatzansprüche auf die Nachlaßgläubiger. Und man nahm an, daß es zur Aufnahme einer solchen nicht unbedenklichen Bestimmung an genügendem Anlasse fehle. Die Kommission für die zweite Lesung des Entwurfes fand jedoch solchen Anlaß in den mit der fraglichen Bestimmung verbundenen praktischen Vorteilen und beschloß die Aufnahme der Bestimmung. Protokolle, 345. Sitzung XXIV.

Grund der besprochenen Bestimmungen an sich noch zu haften hat, die Vorschrift aufgenommen, daß der Vorerbe, sofern nicht seine Haftung eine unbeschränkte ist, die Berichtigung insoweit verweigern kann, als dasjenige nicht ausreicht, was ihm von der Erbschaft gebührt.[30] Dabei ist bestimmt, daß die Vorschriften entsprechende Anwendung finden sollen, welche für die Fälle gegeben sind, daß die Anordnung der Nachlaßverwaltung oder die Eröffnung des Nachlaßkonkurses wegen Mangels einer den Kosten entsprechenden Masse nicht thunlich ist, oder daß aus diesem Grunde die Nachlaßverwaltung aufgehoben oder das Konkursfahren eingestellt wird.[31] Die Vorschrift scheint also zu unterstellen, daß dasjenige, was nach dem Eintritte der Nacherbfolge dem Vorerben von der Erbschaft gebührt, eine den Kosten einer Nachlaßverwaltung oder eines Nachlaßkonkurses entsprechenden Masse nicht darstellen würde,[32] und daher ohne weiteres den Gedanken abzuweisen, zum Zwecke der Verteilung dessen, was dem Vorerben von der Erbschaft gebührt, die Anordnung einer Nachlaßverwaltung oder die Eröffnung des Nachlaßkonkurses eintreten zu lassen. Die Sache kann aber so liegen, daß dem Vorerben bedeutende Einkünfte aus einer längeren Erbschaftverwaltung gebühren, daß die Erbschaftverwaltung mit großen Schwierigkeiten, Streitigkeiten und Kosten verbunden gewesen ist, und daß nach dem Eintritte der Nacherbfolge die vom Gesetze vorgesehene Herausgabe des Nachlasses zum Zwecke der Befriedigung des Gläubigers oder der Gläubiger im Wege der Zwangsvollstreckung dem Rechtsbedürfnisse nicht entsprechen würde, während der Fall in Wahrheit so liegt, daß die Einleitung des Konkurses das zweckentsprechende Mittel zuerst zur Feststellung dessen, was dem Vorerben aus der Erbschaft gebührt, dann zur Verteilung dessen, was ihm gebührt, unter die Nachlaßgläubiger, denen der Vorerbe noch nach dem Eintritte der Nacherbfolge haftet, sein würde. Man wird anzunehmen haben, daß in einem solchen Falle durch das Gesetzbuch, das die Herausgabe der dem Vorerben aus der Erbschaft gebührenden Vermögensmasse an den Gläubiger oder an die Gläubiger, die Zwangsvollstreckung begehrt haben, anordnet, beim Vorhandensein mehrerer Gläubiger, die aus der Masse Befriedigung fordern, die Eröffnung des Konkurses über die fragliche Vermögensmasse, wenn die sonstigen Voraussetzungen der Konkurseröffnung gegeben sind, nicht ausgeschlossen wird, und die im § 2145 B.G.B. vorgeschriebene entsprechende Anwendung des § 1990 in dem Sinne gemeint ist, daß die Anwendung für den Fall des Mangels einer den Kosten nicht entsprechenden Masse stattfinden soll.

---

[30] B.G.B. § 2145 Abs. 2. [31] B.G.B. § 2145 Abs. 2 Satz 2.
[32] B.G.B. § 1990.

§ 79. Die Pupillar- und die Quasipupillarsubstitution.

Bei der Darstellung des gemeinen Rechtes und der meisten derjenigen Rechte, die mit dem gemeinen Rechte die gleiche Grundlage haben, hat sich an die Besprechung der gewöhnlichen (Vulgar-) Substitution die der Pupillar- und der Quasipupillarsubstitution anzureihen. Die erstere Rechtseinrichtung giebt dem Vater eines unter väterlicher Gewalt stehenden Kindes die Befugnis, dem Kinde für den Fall, daß es das zur Errichtung eines Testamentes erforderliche Lebensalter nicht erreichen sollte, einen Erben zu ernennen.[1] Mit der Rechtseinrichtung ist also die Rechtsbildung von einer Grundlage des römischrechtlichen Erbrechtes, nämlich von dem Satze, daß eine letztwillige Verfügung immer nur von dem in Person abgegeben werden könne, dessen Vermögen Gegenstand der Verfügung ist, abgewichen. Die Abweichung in der Weise, wie sie in der Rechtseinrichtung Gestalt gewonnen hat, wird auf das Bedürfnis zurückgeführt, in der Einsetzung eines Erben für das Kind eine gewisse Sicherheit dagegen zu schaffen, daß, wenn das Kind nach dem Tode des Vaters im Alter der Unmündigkeit verstürbe, entferntere Verwandte sich des Nachlasses des Kindes bemächtigen.[2] Die Bezeichnung „Substitution" für diese Art der Erbeinsetzung rührt daher, daß der Vater, der für sein unmündiges Kind einen Erben ernennt, in der Regel selbst ein Testament für sich errichtet und darin das Kind zu seinem Erben einsetzt, so daß also regelmäßig zwei Testamente vorliegen und der für das Kind ernannte Erbe in Ansehung des mit dem Tode des Vaters auf das Kind übergehenden väterlichen Vermögens als Substitut des Kindes bezeichnet werden darf. Die Rechtseinrichtung erfordert aber nicht, daß das Kind zum Erben des Vaters ernannt wird. Sie kann ohne solche Ernennung bestehen. Ebenso hat sie, wenn das Kind außer dem Vermögen, das es aus dem Nachlasse des Vaters erhalten hat, anderes Vermögen hinterläßt, zur Folge, daß auch dies Vermögen auf den dem Kinde vom Vater ernannten Erben übergeht. Es liegt auf der Hand, daß der logische Aufbau der Rechtseinrichtung mit Schwierigkeiten verbunden sein mußte.[3] Das römische Recht giebt auch den Ascendenten eines geisteskranken oder aus einem anderen natürlichen Grunde zur Testamentserrichtung unfähigen Kindes die Befugnis, dem Kinde einen Erben für den Fall zu ernennen, daß das Kind im Zustande der natürlichen Unfähigkeit zur Testamentserrichtung versterben sollte, jedoch mit der

---

[1] Gaj. instit. II 179; Tit. Inst. de pupillari substitutione (2, 16); Dig. de vulg. et pupill. subst. (28, 6); Cod. de impub. et de aliis substitut. (6, 26).

[2] Gaj. instit. II 181.

[3] S. insbesondere Brinz, Pandekten 2. Ausg. Bd. 3 § 374; Windscheid, Pandekten Bd. 3 § 558 Anm. 8; v. Vangerow, Pandekten Bd. 2 § 452; Dernburg, Pandekten Bd. 3 § 89.

Einschränkung, daß das Kind aus dem Nachlasse des erbeinsetzenden Parens den Pflichtteil erhalten und daß der Erbe des Kindes unter den geistig gesunden Kindern des kranken Kindes oder in Ermangelung solcher unter den geistig gesunden Geschwistern des Kindes zu wählen ist, wenn solche vorhanden sind.[4] Auch über diese Rechtseinrichtung bestehen viele Zweifel.[5]

Von neueren Gesetzbüchern haben das württembergische Landrecht von 1610,[6] das bayerische Landrecht von 1756,[7] das preußische allgemeine Landrecht[8] und das sächsische Gesetzbuch[9] beide Rechtseinrichtungen aufgenommen, das französische und das österreichische Gesetzbuch haben sie nicht aufgenommen. Das bürgerliche Gesetzbuch für das Deutsche Reich hat die Aufnahme ebenfalls abgelehnt. Die dem ersten Entwurfe beigegebenen Motive bemerken, daß von der Rechtseinrichtung in der Gegenwart nur sehr selten Gebrauch gemacht werde, und daß die unter elterlicher Gewalt stehenden Kinder nicht häufig eigenes Vermögen von Belang hätten. Im übrigen enthalten die Motive die Ausführungen, für die Rechtseinrichtung der Pupillarsubstitution lasse sich geltend machen, daß sie geeignet sei, die Kinder vor Gefahren zu schützen, die ihnen, solange sie nicht selbst letztwillig zu verfügen im Stande wären, von den nächsten gesetzlichen Erben drohen könnten. Sie nehmen aber an, eine solche Gefahr werde nur in den seltensten Fällen begründet sein. Es lasse sich auf anderem Wege Abhilfe schaffen. Insbesondere müsse Sorge dafür getragen werden, daß habsüchtigen gewissenlosen Verwandten aufmerksame thatkräftige Vormünder gegenüberständen. Und es sei nicht einmal Aufgabe des bürgerlichen Rechtes, für den Schutz des Lebens und der Gesundheit der Unmündigen zu sorgen. Weiter wird bemerkt, daß in der Rechtseinrichtung auch ein Mittel gesehen werde, unwürdigen gesetzlichen Erben den Nachlaß zu entziehen. Diesem Argumente gegenüber nehmen die Motive auf die in den Bestimmungen über die eigentliche Erbunwürdigkeit vorgesehenen Fälle Bezug und bemerken dazu, es könne nicht die Aufgabe des bürgerlichen Gesetzbuches sein, zu bewirken, daß das hinterlassene Vermögen nur in würdige Hände gelange. Die

---

[4] L. 43 pr. D. de vulg. et pupill. substit. (28, 6); l. 9 C. de impub. et aliis substitut. (6, 26) § 1 I. de pupill. substitut. (2, 16).

[5] S. Brinz a. a. O. § 375; Windscheid a. a. O. § 560; v. Vangerow a. a. O. § 456; Dernburg a. a. O. § 90.

[6] Württembergisches Landrecht III 12 §§ 1 bis 12.

[7] Cod. Maximil. Bav. civ. III 3 §§ 20 flg.

[8] A.L.R. II 2 §§ 521 flg. Der Aufnahme der Rechtseinrichtung in das allgemeine Landrecht wurde von mehreren Seiten widersprochen. Suarez sprach sich für die Aufnahme aus. Jahrb. Bd. 41 S. 143.

[9] Sächs. Gesetzb. §§ 2203 flg.

Rechtseinrichtung biete aber auch keine Gewähr dafür, daß die Befugnis, für das Kind letztwillig zu verfügen, nicht zu willkürlichen Verfügungen mißbraucht werde, die einem unbegründeten Familienhasse oder grundlosen Neigungen oder Abneigungen entsprängen.[10]

§ 80. Die Vermächtnisse.

I. Begriff des Vermächtnisses.

Das bürgerliche Gesetzbuch für das Deutsche Reich bestimmt den Begriff des Vermächtnisses als den eines Vermögensvorteils, den der Erblasser durch das Testament einem Anderen zuwendet, ohne diesen als Erben einzusetzen.[1] Der erste Entwurf bestimmte den Begriff als eine durch letztwillige Verfügung in anderer Art als im Wege der Erbeinsetzung erfolgte Zuwendung an einen Anderen.[2] Beide Begriffsbestimmungen legen Zeugnis ab von der mit der Aufstellung des Vermächtnisbegriffes verbundenen Schwierigkeit.[3] Noch in neuer Zeit ist das Vermächtnis im Gegensatze zur Erbeinsetzung als einer letztwillig angeordneten Gesamtrechtsnachfolge von vielen Schriftstellern als eine letztwillig angeordnete Sonderrechtsnachfolge (Singularsuccession) bestimmt worden.[4] Aber wenn auch davon abgesehen wird, daß bei diesem Begriffsinhalte das Erbschaftvermächtnis aus dem Begriffe, von dem es doch nach römischem Rechte noch umfaßt werden soll, ausgeschieden werden müßte, läßt sich die fragliche Begriffsbestimmung weder auf den durch Vermächtnis angeordneten Erlaß einer Schuld, noch auf die durch Vermächtnis angeordnete Befreiung eines Grundstückes von

[10] Motive Bd. 5 S. 132, 133.

[1] B.G.B. § 1939.

[2] Erster Entwurf § 1756 Abs. 1.

[3] Nach den dem ersten Entwurfe beigegebenen Motiven (Bd. 5 S. 10) ist es nicht für ratsam erachtet worden, über den Begriff des Vermächtnisses ganz zu schweigen. Man hat deshalb „eine Art Begriffsbestimmung" geben wollen, sich aber im Anschlusse an die Theorie des gemeinen Rechtes (dabei werden Windscheid §§ 533, 623 und Roth § 317 in Bezug genommen) und an das französische Recht (Code civil Art. 1010) mit einer negativen Feststellung begnügt, indem man sich bewußt gewesen ist, daß sich kaum eine Fassung finden lasse, die alle Arten der Vermächtnisse einbeziehe (Motive Bd. 5 S. 9). Bei den Beratungen der Kommission für die zweite Lesung des Entwurfes war angeregt worden, zu erwägen, ob sich nicht eine befriedigende positive Begriffsbestimmung finden lasse. (Protokolle der Kommission, 332. Sitzung IX. S 6580 f.). Man hat aber keine passende positive Begriffsbestimmung gefunden und schließlich die im § 1939 enthaltene Bestimmung angenommen.

[4] Puchta, Pandekten § 452; derselbe, Vorlesungen Bd. 2 ebenda; Sintenis, Civilrecht Bd. 3 §§ 161, 207; Unger, österreich. Erbrecht § 54; Kuntze, römisches Recht § 912; Roth, bayr. Civilrecht 2. Aufl. Bd. 3 § 346 Überschrift.

einer Grunddienstbarkeit oder anderen Last, noch auf die dem Erben oder einem anderen Bedachten und gleichzeitig Belasteten auferlegte Pflicht anwenden, dem Bedachten eine nicht zur Erbschaft gehörige Sache zu verschaffen oder ihm eine andere Handlung zu leisten. Viele Juristen sind dann wieder zu der in den Pandekten enthaltenen, von Modestinus und Florentinus aufgestellten Begriffsbestimmung zurückgekehrt.[5] Modestinus hat das Vermächtnis als donatio testamento relicta,[6] Florentinus als delibatio hereditatis, qua testator ex eo, quod universum heredis foret, alicui quid collatum velit[7] bestimmt. Und man hat geprüft, was den fraglichen Begriffsbestimmungen noch fehlen möchte, damit der Begriff gedeckt würde. Inzwischen sind noch neue Versuche zur Klarstellung des Begriffes entnommen worden. So hat Köppen wie das Erbrecht so auch das Vermächtnisrecht als ein Familienrecht hingestellt, das zu seiner Entstehung ein natürliches oder durch Testament künstlich geschaffenes Familienverhältnis zum Erblasser voraussetze und einen Anspruch auf Vermögenserwerb zwar gebe, aber selbst kein Vermögensrecht sei.[8] Nachfolge hat Köppen, soweit bekannt, mit dieser Aufstellung nicht gefunden. Dagegen hat Hartmann das Vermächtnis als eine Rechtsform letztwilliger Zuwendung von Vermögensstoff auf rechtlicher Grundlage der Beerbung bestimmt.[9] Ihm ist Karlowa in einigen Punkten beigetreten.[10] Nur negativ hat Windscheid den Begriff bestimmen zu können erklärt, indem er das Vermächtnis als eine Zuwendung von Todes wegen hinstellt, die weder Erbeinsetzung noch Schenkung von Todes wegen sei.[11]

Die erstere der in den Pandekten aufgestellten oben erwähnten Begriffsbestimmungen wird dem Begriffe nicht gerecht. Der Begriff des Vermächtnisses geht über den der Schenkung hinaus. Denn in den Digesten wird der vom Erblasser angeordnete Verkauf einer Erbschaftsache für den wahren Wert der Sache als ein Vermächtnis zu Gunsten

---

[5] Brinz, Pandekten 2. Aufl. Bd. 3 § 412; Dernburg, preuß. Privatrecht Bd. 3 § 182, Pandekten Bd. 3 § 98; Roth a. a. O.: „letztwillige Verfügung, durch die der Erblasser einem Dritten einen Vermögensvorteil aus seinem Nachlasse zuwendet"; Köppen, Lehrbuch des heut. röm. Erbr. § 107: „Ein Vermächtnis ist eine letztwillige einseitige Liberalität aus der Erbschaft, welche ein Honorierter leisten soll, nachdem er das ihm Hinterlassene erworben hat."

[6] L. 36 D. de leg. II (31). Ähnlich § 1 J. de leg. (2, 20).

[7] L. 116 pr. D. de leg. I (30).

[8] Gerber und Ihering, Jahrb. für Dogmatik Bd. 5 S. 125 flg., 184 flg.; Köppen, Lehrbuch des heut. röm. Erbr. Einl.

[9] Hartmann, über Begriff und Natur der Vermächtnisse (1872).

[10] Karlowa, das Rechtsgeschäft und seine Wirkungen § 44.

[11] Windscheid, Pandekten Bd. 3 § 623.

des Kauflustigen und der vom Erblasser dem Erben oder einem Anderen aufgetragene Ankauf einer bestimmten Sache von einem Dritten für deren wahren Wert als ein Vermächtnis zu Gunsten dessen, dem die Sache feil steht, hingestellt.[12] Man hat daher in der Begriffsbestimmung an die Stelle der Schenkung die Zuwendung eines Vermögensvorteiles aus dem Nachlasse (delibatio hereditatis) gesetzt.[13] Aber auch diese Begriffsbestimmung ist keineswegs allgemein anerkannt. Insbesondere werden als Beispiele von Vermächtnissen, bei denen der Bedachte keinen Vermögensvorteil hat, Vermächtnisse aufgeführt, die mit der dem Bedachten auferlegten Verpflichtung ausgesetzt sind, den Gegenstand des Vermächtnisses einem Dritten herauszugeben.[14] Hierher gehört der Fall eines Nießbrauchsvermächtnisses mit gleichzeitigem Fideikommisse des vermachten Nießbrauches an einen Dritten. In diesem Falle hat der Nießbrauchsvermächtnisnehmer, wenn er das Vermächtnis annimmt, dem Erben die dem Nießbraucher gesetzlich obliegende Sicherheit zu leisten, und er selbst hat gegen den Fideikommissar, wenn dieser das Fideikommiß annimmt, Anspruch auf Leistung der dem Nießbraucher obliegenden Sicherheit. Die Dauer des Nießbrauches aber bestimmt sich nicht sowohl nach der Person des ersten Bedachten, als nach der des Fideikommissars.[15] Als weitere Bespiele dafür, daß der Begriff des Vermächtnisses einen Vermögensvorteil des Bedachten nicht notwendig erfordert, werden noch vorgeführt der Fall, daß, wenn ein Legat ausgesetzt und der Gegenstand des Legates zu einem Fideikommisse für einen Dritten gemacht ist, der Legatar mit seiner Klage aus dem Legate abzuweisen ist, wenn der Erbe dem Fideikommissar Befriedigung gewährt hat,[16] ferner der Fall, daß, wenn ein Vermächtnis ausgesetzt und dem Vermächtnisnehmer eine Auflage gemacht ist, der Erbe Sicherheitleistung für die Erfüllung der Auflage fordern kann und der Vermächtnisnehmer

---

[12] L. 49 § 8 l. 66 D. de leg. I (30). Zu vergl. v. Savigny, System Bd. 4 S. 21.

[13] So bezeichnet u. a. Dernburg (preuß. Privatrecht a. a. O.) das Vermächtnis als eine in liberaler Absicht erfolgte Zuwendung eines Vermögensvorteiles. Dagegen Pfaff und Hoffmann, Exkurse über österreich. Recht Bd. 2 S. 322: „Das Vermächtnis enthält keine Freigebigkeit, keine Liberalität des Erblassers. Er giebt mit dem Vermächtnisse nichts weg. Er gönnt das Vermachte aber lieber dem Bedachten als dem Erben. Das Vermächtnis enthält also eine Begünstigung.“ Zu vergl. Dernburg, Pandekten a. a. O.

[14] Windscheid a. a. O. Anm. 5. Zu vergl. auch v. Meyerfeld, Schenkungen S. 69 flg.

[15] L. 9 pr. D. usufr. quemadm. cav. (7, 9), l. 4 D. quib. mod. usufr. (7, 4) l. 29 D. de usu et usufr. (33, 2).

[16] L. 20 § 1 D. de bon. lib. (38, 2).

mit der Vermächtnisklage abgewiesen wird, wenn er die Sicherheitleistung verweigert.[17]

In allen diesen Fällen liegt auf Seite der unmittelbar bedachten Person bei regelmäßigem Verlaufe der Dinge weder ein Vermögensvorteil vor, noch ein anderer Vorteil, der Gegenstand einer Freigebigkeit sein könnte. Das Vermächtnis gereicht vielmehr erst demjenigen zum Vorteile, der den Gegenstand des Vermächtnisses von dem ersten Bedachten erhalten soll oder zu dessen Gunsten dem Bedachten eine Auflage gemacht ist. Und man wird auch annehmen dürfen, daß die Absicht des Erblassers, wenn einer der Thatbestände der angegebenen Fälle vorliegt, nicht dahin gerichtet zu sein braucht, dem Erstbedachten überhaupt einen Vorteil zuzuwenden. Die fraglichen Thatbestände weisen vielmehr darauf hin, daß nur der Vorteil des Dritten beabsichtigt ist. Und wenn sich der Erblasser, um diesem Dritten den Vorteil zuzuwenden, des Mittels bedient hat, die Zuwendung durch die Hand des ersten Bedachten, der aber davon nichts behalten soll, gehen zu lassen, so handelt es sich dabei um ein Mittel, den Endzweck des Vorhabens, die Zuwendung an den Dritten, besser durchzuführen. Aber ein Vermögensvorteil für den ersten Bedachten braucht nicht vorzuliegen.

§ 81. II. Fortsetzung.

Es ist die Meinung aufgestellt worden, daß das für das Vermächtnis bestehende Erfordernis der Freigebigkeit in den fraglichen Fällen mit Rücksicht darauf für gegeben zu erachten sei, daß, wenn der Dritte, der den Vorteil haben soll, ihn nicht annimmt oder die Sache sich in anderer Weise so gestaltet, daß er ihn nicht erhält, der Vorteil bei der in erster Reihe bedachten Person verbleibt. Es wird also, wenn die letztwillige Verfügung nicht in der Absicht vorgenommen ist, dem ersten Bedachten einen Vorteil zu bringen, sondern nur mit dem Willen, dem zweiten Bedachten oder dem, zu dessen Gunsten die Auflage angeordnet ist, einen Vorteil zuzuwenden, die Eventualität, welche mit der Möglichkeit gegeben ist, daß der Dritte den Vorteil nicht erhält, zu Gunsten der Annahme, daß das Vermächtnis in den fraglichen Fällen auch für den ersten Bedachten eine Freigebigkeit enthält, verwertet.[1] Aber auch diese Erwägung trifft nicht in allen Fällen zu, die in Betracht kommen können. Sie ist insbesondere ausgeschlossen, wenn das Vermächtnis von der Bedingung abhängig gemacht ist, daß der Dritte den Vorteil, den ihm der Erblasser durch Vermittelung des Vermächtnisnehmers zuwenden

---

[17] L. 48 D. de fideic. lib. (40, 5).

[1] Dernburg, preuß. Privatrecht Bd. 3 § 132 Anm. 7.

will, auch wirklich erhält.[2] Man müßte denn mit einem Vermächtnisse rechnen wollen, das nur unter der Bedingung bestehen soll, daß ihm eines der Erfordernisse des Vermächtnisbegriffes abgeht.

Man ist also, wenn man das Vermächtnis als letztwillige Zuwendung eines Vermögensvorteiles hinstellen will, genötigt, das Erfordernis des zuzuwendenden Vermögensvorteiles nicht in dem Sinne zu nehmen, daß derjenige, dem der Vermögensstoff, über den der Erblasser mit dem Vermächtnisse verfügt, unmittelbar zugehen soll, aus dieser Zuwendung einen Vermögensvorteil für sich erhält. Ein Vermächtnis kann vielmehr auch schon dann vorliegen, wenn der Erblasser eine letztwillige Verfügung dahin errichtet, daß ein Vermögensstoff aus der Erbschaft ausgeschieden wird, der die wirtschaftliche Bestimmung erhält, sich zu einem Vermögensvorteile für den zu gestalten, der den Vorteil nach dem Willen des Erblassers oder dessen, der nach dem Willen des Erblassers die Bestimmung hieruber zu treffen hat, haben soll.[3] In diesem Sinne umfaßt das Vermächtnis auch den Fall, daß zum Gegenstande des Vermächtnisses eine Sache gemacht ist, die der Beschwerte aus den ihm selbst vom Erblasser zugewendeten Mitteln erst anzuschaffen hat.[4]

Ein Vermögensvorteil kann auch in der Weise zum Gegenstande eines Vermächtnisses gemacht werden, daß der Erblasser durch letztwillige Verfügung dem Erben oder dem, den er sonst belasten will, die Zahlung einer Nachlaßschuld aufträgt. Nach den römischen Rechtsbüchern ist in dem Fragefalle die Gültigkeit eines Vermächtnisses allerdings davon abhängig zu machen, daß die Verfügung dem Gläubiger einen Vorteil bringt.[5] Der Vorteil kann aber gerade darin bestehen, daß im Rechtsstreite bei Verfolgung des Anspruches der Schuldgrund versagt und der Gläubiger daher auf den Vermächtnisanspruch angewiesen und beschränkt ist. Hat also der Bedachte von dem Vermächtnisse auch weiter keinen Vorteil als den, daß er neben dem Klagerechte, das er sich bis dahin beigemessen hat, ein Klagerecht aus dem Vermächtnisse auf Zahlung er-

[2] Dies ist der Fall der oben (Anm. 17) angezogenen l. 48 de fideic. lib.

[3] Brinz, a. a. O. Anm. 3, spricht sich hierüber dahin aus, daß der animus donandi beim Vermächtnisse dadurch keinen Abbruch erleide, daß der Nächsthonorierte häufig bloß als Mittelsperson für Weiterbegebung an einen Dritten erscheine und in eigener Person von dem Vermächtnisse keinen Vorteil habe. Denn man müsse beide Verfügungen wie ein zusammengesetztes Geschäft als ein Ganzes betrachten. Darauf erwidert Windscheid a. a. O. Anm. 5: „Aber dann ist doch das erste Vermächtnis nicht animo donandi hinterlassen." Richtig. Für jedes der beiden Vermächtnisse läßt sich der animus donandi nicht retten.

[4] Zu vergl. unten Anm. 6.

[5] Steht der Forderung, deren Zahlung zum Gegenstande des Vermächtnisses gemacht ist, eine Einrede entgegen oder ist die Forderung bedingt oder betagt, so ist

hält, so reicht dies eben hin, dem Erfordernisse des Vermächtnisbegriffes zu entsprechen.

Auf den in Frage stehenden Grundgedanken des Vermächtnisbegriffes weist auch der in den Digesten aufgestellte Satz hin, daß mit dem Erwerbe eines Vermächtnisses ein vermögensrechtlicher Nachteil niemals verknüpft sein kann.[6] Desgleichen die Rechtsnorm, daß derjenige, dem ein Vermächtnis auf Höhe eines bestimmten Betrages zugewendet ist, nicht mit einem Fideikommisse von einem höheren Betrage gültig belastet werden kann, und daß, wenn eine solche Belastung ausgesprochen

das Vermächtnis zweifellos gültig in dem Sinne, daß mit dem Vermächtnisse die Einrede oder die Bedingung oder die Zeitbestimmung beseitigt wird (l. 28 D. de leg. I (30), l. 13 (Schlußsatz) l. 14 D. de lib. leg. (34, 3). Ist bei einer betagten Forderung die Frist nach der Geltendmachung des Vermächtnisses abgelaufen, so bleibt der Vermächtnisanspruch bestehen (nec tollitur petitio, si interim annus supervenerit l. 82 pr. D. de leg. II (31). Für den Fall aber, daß die Frist schon bei Lebzeiten des Erblassers abgelaufen war, nimmt Paulus an, daß das Legat inutile geworden sei (quod si vivo testatore annus superveniat, dicendum erit inutile effici legatum, quamquam constiterit ab initio (a. a O.), während die Institutionen auf Grund der Auctorität Papinians das Vermächtnis für gültig erklären, quia semel constitit (§ 14 J. de leg. II 20). Im übrigen wird das Vermächtnis, durch das dem Beschwerten die Bezahlung der Forderung eines Gläubigers aufgetragen wird, als inutile bezeichnet, wenn es dem Gläubiger keinen Vorteil bringt, der Gläubiger also durch das Vermächtnis nicht besser gestellt wird, als er schon gestellt war. So l. 11 D. de lib. leg. (34, 3) Julianus: — respondi, quotiens debitor creditori suo legaret, ita inutile esse legatum, si nihil interesset creditoris ex testamento potius agere quam ex pristina obligatione; ferner l. 25 ib. Paulus: — si (debitor) id demonstret, quod debere se confitetur, nulla utilitas est nisi in his speciebus, in quibus emolumentum debiti ampliatur —. Desgleichen l. 1 § 10 D. ad leg. Falc. (35, 2) Paulus: — inutile legatum erit, si nullum commodum in eo versabitur. — Anders drückt sich Scaevola in der l. 28 § 13 de lib. leg. aus: si debita fuissent (sc. mutua), nullum esse fideicommissum. Aber durch ein Urteil, das die Klage aus dem Schuldgrunde abweist, weil die Schuld nicht besteht, wird die Vermächtnisklage begründet l. 28 § 14 ib. — posse ex causa fideicommissi peti, quod apparuisset non fuisse ex alia causa debitum. — Zu vergl. auch Windscheid, Pand. Bd. 3 § 658 Anm. 2 und die dort aufgeführten Schriftsteller.

[6] L. 32 D. mand. (17, 1): — legatum adquisitum numquam illi (nämlich dem, der es angenommen hat) damno esse potuit. — Hartmann (a. a. O. S. 27) bezeichnet den in dieser Stelle enthaltenen Ausspruch Julians als unrichtig. Er erinnert an den Fall der l. 70 § 1 de leg. II (31) Worte: enimvero si pecunia accepta rogatus sit rem propriam, quamquam majoris pretii est, restituere, non est andiendus legatarius, legato percepto si velit computare: non enim aequitas hoc probare patitur, si, quod legatorum nomine perceperit, legatarius offerat. Dem mit einem Geldvermächtnisse Bedachten ist hier das Fideikommiß auferlegt, eine ihm selbst gehörige Sache, deren Wert den Betrag des Geldvermächtnisses übersteigt, herauszugeben. Der Jurist nimmt an, daß der Vermächtnisnehmer, wenn er das Geldvermächtnis angenommen habe, die Sache trotz ihrem größeren Werte herausgeben

ist, der beschwerte Vermächtnisnehmer nur in Höhe des Betrages, den er selbst erhalten hat, dem Fideikommissar verhaftet ist.[7] Auch ist es nach der Auffassung der älteren römischen Juristen als begriffswidrig angesehen worden, ein Vermächtnis zur Strafe aufzulegen, d. h. es von einer Bedingung in der Art abhängig zu machen, daß es entrichtet werden soll, wenn der Beschwerte eine Handlung, die der Erblasser verhindern will, vornimmt, oder eine Handlung, die der Erblasser herbeiführen will, unterläßt. Ein solches Vermächtnis galt für nichtig auf Grund der Erwägung, daß es dem Begriffe des Vermächtnisses, als einer Verfügung, mit der dem Vermächtnisnehmer die Gunst des Erblassers bezeugt werden soll, widerspricht, die Vermächtnispflicht dem Erben als Strafe dafür anzudrohen, daß er eine Handlung vornimmt oder nicht vornimmt.[8]

Bei den Römern hat sich die Rechtseinrichtung des Vermächtnisses in zwei Formen entwickelt, in der dem Civilrechte angehörigen Form der Legate und in der durch kaiserliche Verordnungen entstandenen und ausgebildeten Gestalt der Fideikommisse. Die ersteren konnten nur in Testamenten oder Kodizillen errichtet werden. Sie gewährten civilrechtliche Klagen und hatten beim Zusammentreffen gewisser Voraussetzungen die Wirkung, daß der Bedachte unmittelbar mit dem Antritte der Erbschaft durch den berufenen Erben das Eigentum an der vermachten Sache oder das ihm bestimmte dingliche Recht erwarb. Sie konnten nur dem Testamentserben auferlegt und mußten in bestimmten feierlichen Worten erklärt werden. Die Fideikommisse konnten formlos und ohne den Gebrauch bestimmter Worte errichtet und jedem auferlegt werden, der vom Erblasser letztwillig bedacht wurde. Der Fideikommissar hatte nur einen persönlichen Anspruch, welcher der extraordinaria cognitio unterlag. Beide Rechtsformen haben sich allmählich miteinander verschmolzen. Und für diese zuletzt durch eine Konstitution Justinians ein-

---

müsse. Hierzu bemerkt Brinz (a. a. O. Anm. 2), daß der Vermächtnisnehmer, wenn es für ihn in dem fraglichen Falle zu einem Schaden käme, nach Annahme des Geldes sich verständigerweise nicht beschweren könnte, und daß der Schade auf der eigenen Schuld des Vermächtnisnehmers beruhen würde. Man wird dem beitreten müssen.

[7] L 70 § 1 D. de leg. II (31): Si centum legatis duplum restituere rogatus sit, ad summam legati videbitur constituisse: si autem post tempus fideicommissum relictum sit, usurarum dumtaxat additamentum admittetur. Nec mutanda sententia erit, quod forte legato percepto magnum emolumentum ex aliquo negotio consecutus est aut poenam stipulationis imminentom evasit. Haec ita, si quantitas cum quantitate conferatur. — Die Fortsetzung der Stelle ist oben Anm. 6 enthalten.

[8] Ulp. 24, 17; Gai. 2, 235, 236; l. 1 D. de his, quae poenae caus. (34, 6), l. un. C. de his, quae poenae nom. (6, 41).

heitlich gewordene Rechtseinrichtung sind die strengen Formen der Legate gemildert, der Vermächtnisanspruch aber ist mit dinglichen Klagen ausgestattet worden.

Diese Einheitlichkeit ist der Rechtseinrichtung in den Gesetzbüchern, die auf deutschrechtlichem Boden erwachsen sind, verblieben. Auch der Begriffsinhalt ist im wesentlichen durch die einzelstaatlichen deutschen Gesetzgebungen nicht verändert worden. Den Umfang der Rechtseinrichtung hat das bürgerliche Gesetzbuch für das Deutsche Reich insofern anders gestaltet, als es nach dem neuen Rechte ein Vermächtnis der eigenen Erbschaft des Erblassers nicht mehr giebt und die Anordnung, durch die ein Erblasser sein Vermögen oder einen Bruchteil seines Vermögens dem Bedachten durch Vermittelung eines Anderen zuwendet, durch dessen Hand der Gegenstand dieser Zuwendung zu gehen hat, künftig nicht mehr die rechtliche Bedeutung eines Vermächtnisses haben kann, sondern als Erbeinsetzung behandelt werden muß.

§ 82. III. **Personen beim Vermächtnisse.**

1. Der Erblasser.

Zur Anordnung eines Vermächtnisses gehören außer dem Erblasser, der es aussetzt, wenigstens zwei Personen, der eine, der mit ihm bedacht wird, der andere, dem es auferlegt wird.

Daß ein Vermächtnis nur von dem gültig errichtet werden kann, der fähig ist, sich einen Erben zu ernennen, ist im römischen Rechte ausdrücklich bestimmt.[1] Die neueren Gesetzbücher machen die persönliche Fähigkeit zur Errichtung von Vermächtnissen ebenfalls von denselben Voraussetzungen abhängig, wie die Fähigkeit zur Erbeinsetzung. Auch nach dem bürgerlichen Gesetzbuche fällt die persönliche Fähigkeit zur Errichtung eines Vermächtnisses mit der Fähigkeit zur Errichtuug eines Testamentes zusammen. Daß die in Frage stehende Fähigkeit zur Zeit der Errichtung des Vermächtnisses vorhanden gewesen sein muß, und daß es nicht genügt, wenn sie erst nach der Errichtung eingetreten, aber zur Zeit des Todes des Erblassers vorhanden gewesen ist, scheint ohne weiteres angenommen werden zu müssen. Aber für Fideikommisse, die ein Unfähiger, der später fähig geworden, in der Zeit der Unfähigkeit errichtet hat, bestimmen die Digesten in zwei Stellen, daß sie gültig sein sollen.[2] In dem einen Falle wird die Entscheidung damit be-

---

[1] L. 2 D. de leg. I (30). Sciendum est eos demum fideicommissum posse relinquere, qui testandi ius habent.

[2] L. 1 § 1 D. de leg. III (32): — si filius familias vel servus fideicommissum reliquerit, non valet; si tamen manumissi decessisse proponantur,

gründet, daß das Fideikommiß so angesehen werden soll, als sei es zur Zeit des Todes errichtet. In beiden Fällen wird die Gültigkeit an die Voraussetzung geknüpft, daß der Erblasser seinen Willen nicht geändert habe. Es wird darüber gestritten, wie die Stellen zu erklären sind. Man wird anzunehmen haben, daß die fragliche Fähigkeit für die in einem Testamente angeordneten Vermächtnisse zur Zeit der Testamentserrichtung vorhanden gewesen sein müsse, daß es aber für andere Vermächtnisse genüge, wenn die Unfähigkeit des Erblassers zur Zeit seines Todes nicht mehr bestanden und der Erblasser seinen Willen nicht geändert habe.[3] Mit Rücksicht auf die Gleichstellung der Legate und Fideikommisse im justinianischen Rechte wird der Gedanke, der in den beiden Stellen ausgesprochen ist, für alle Vermächtnisse einheitlich dahin zu bestimmen sein, daß ein Vermächtnis, das zu seinem Rechtsbestande nur des zum Ausdrucke gelangten Vermächtniswillens bedarf, rechtsbeständig ist, wenn feststeht, daß der früher ausgesprochene Vermächtniswille noch beim Tode des Erblassers in Kraft gewesen ist, auch wenn der Erblasser zu der Zeit, in der er das Vermächtnis zu errichten beabsichtigt hat, die Fähigkeit zur Errichtung eines Testamentes nicht gehabt hat. Man wird nicht umhin können, den damit ausgesprochenen Rechtssatz vermöge seiner Aufnahme in die Digesten als einen noch jetzt im gemeinen Rechte geltenden anzusehen. Der Satz verliert auch den Schein des Absonderlichen, wenn der Kodizill, von dem in der zweiten Stelle die Rede ist, einen vom Erblasser dem Intestaterben erteilten, dem Vermächtniswillen entsprechenden Auftrag enthalten hat und in der Aufbewahrung des Kodizilles der Ausdruck der Fortdauer des dem Inhalte des Kodizilles entsprechenden Vermächtniswillens bis zum Tode des Erblassers gefunden wird. Nach dem bürgerlichen Gesetzbuche für das Deutsche Reich kann die in den beiden Digestenstellen zu Tage tretende Rechtsauffassung nicht mehr in Frage kommen. Das bürger-

---

constanter dicemus fideicommissum relictum videri quasi nunc datum, quum mors ei contingit, videlicet si duraverit voluntas post manumissionem. L. 1 § 5 eod.: Si quis plane in insulam deportatus codicillos ibi fecerit et indulgentia imperatoris restitutus iisdem codicillis durantibus decesserit, potest defendi fideicommissum valere, si modo in eadem voluntate duravit.

[3] Brinz, Pandekten 2. Aufl. Bd. 3 § 421 Anm. 3. Zu vgl. Fein in Glück, Pandektenkommentar Bd. 44 S. 41 flg. und Arndts ebenda Bd. 46 S. 344, ferner Sintenis, der die l. 1 §§ 1, 5 de leg. III damit erklärt, daß die regula Catoniana bei den Fideikommissen nicht gegolten habe, es vielmehr bei diesen nur von der Fortdauer des Willens des Erblassers abgehangen habe, ob man sie bei weggefallenen äußeren Hindernissen noch zur Ausführung gelangen lassen wolle (Civilrecht Bd. 3 § 212 Anm. 6 Spalte 4). Zu vgl. ferner v. Vangerow, Pandekten Bd. 3 § 540 Anm. V, auch Anm. III 3.

liche Gesetzbuch kennt in Ansehung der Fähigkeit zur Errichtung eines Vermächtnisses die im römischen Rechte bestehenden Gründe der Unfähigkeit nicht. Die nach dem Gesetzbuche geltenden Gründe der Unfähigkeit, die mit den Gründen zur Testamentserrichtung überhaupt zusammenfallen, machen, wenn sie zur Zeit der Testamentserrichtung bestehen, das Testament ohne Rücksicht darauf, ob sie zur Zeit des Erbfalles noch vorhanden sind, unwirksam. Der im Gesetzbuche entschiedene Fall der Errichtung eines Testamentes durch eine Person, die zur Zeit der Testamentserrichtung entmündigt, deren Entmündigung aber zur Zeit ihres Todes wieder aufgehoben war, hat sein besonderes Recht.[4]

§ 83. 2. Der Bedachte.

I. Als fähig, mit einem Vermächtnisse bedacht zu werden, bezeichnen die römischen Rechtsbücher den, der zum Erben ernannt werden kann.[1] Darüber besteht jedoch im römischen Rechte Meinungverschiedenheit, ob mit einem Vermächtnisse nur derjenige, der zur Zeit des Todes des Erblassers schon geboren oder doch schon erzeugt ist, oder ob auch eine künftige Person, die noch nicht erzeugt ist, bedacht werden kann. Zu Gunsten der ausdehnenden Auffassung wird die Verschiedenheit der Rechtsstellung des Erben und des Vermächtnisnehmers in der Art geltend gemacht, daß der zum Eintritte in die vermögensrechtliche Persönlichkeit des Erblassers bestimmte Erbe zur Zeit des Todes des Erblassers wenigstens erzeugt sein müsse, während beim Vermächtnisse nur erforderlich sei, daß der Bedachte in dem Zeitpunkte da sei, in dem er den Gegenstand des Vermächtnisses haben solle.[2] Für die andere Meinung wird die Erwägung vorgeführt, daß es bedenklich erscheinen müsse, das Vermächtnis allgemein von der Schranke loszulösen, daß der bedachte Postumus bei Lebzeiten des Erblassers wenigstens empfangen sein müsse, also zuzulassen, daß man jedem Nachkommen einer bestimmten Person in spätester Generation ein Vermächtnis aufbehalten könne.[3] Die römischen Gesetzbücher enthalten keine ganz bestimmte Entscheidung der Frage. Die

---

[4] B.G.B. § 2230 Abs. 2. S. oben § 4 zu Anm. 19 S. 10, 11.

[1] § 24 J. de leg. (2, 20): Legari autem illis solis potest, cum quibus testamenti factio est.

[2] S. Mühlenbruch in Glück, Pandektenkommentar Bd. 39 S. 118 Anm. 11 S. 412 flg.; Sintenis, Civilrecht Bd. 3 § 207 Anm. 4; Köppen, Erbrecht § 108 III Anm. 5; Windscheid, Pandekten Bd. 3 § 625 Anm. 8.

[3] S. Arndts in Glück, Pandektenkommentar Bd. 46 S. 410.

beiden Stellen, die für die ausdehnende Auffassung vorgeführt werden,[4] beziehen sich ihrem Inhalte nach auf die Rechtseinrichtung der Familienfideikommisse, bei denen sich nach der Bedeutung, die sie schon zur Zeit der klassischen römischen Juristen gehabt haben, von selbst versteht, daß sie auf Personen, die zur Zeit des Todes des Erblassers noch nicht erzeugt waren, übergehen können. Aber wenn die Stellen auch ihre Hauptbedeutung für die Familienfideikommisse haben, so folgt daraus nicht, daß sie auf diese Rechtseinrichtung zu beschränken sind. Es folgt vielmehr gerade aus dieser Rechtseinrichtung, daß bei der Anordnung eines Vermächtnisses das Dasein des Bedachten zur Zeit des Todes des Erblassers kein Erfordernis für das Bedachtwerden ist.

In Ansehung der Fähigkeit, mit einem Vermächtnisse bedacht zu werden, ist das Bedenken nicht vorhanden, das der Erbeinsetzung juristischer Personen, denen die Erbfähigkeit nicht besonders verliehen worden ist, nach Ansicht mancher Schriftsteller im gemeinen Rechte entgegensteht.[5] Auch an der Fähigkeit einer Stiftung, die noch nicht besteht, mit einem Vermächtnisse bedacht zu werden, ist nicht zu zweifeln, um so weniger, als die Fähigkeit einer noch nicht vorhandenen Stiftung, zum Erben eingesetzt zu werden, angenommen werden muß.[6]

Im übrigen haben die oben dargelegten Gründe, welche nach gemeinem Rechte die Fähigkeit, zum Erben eingesetzt zu werden, aufheben oder beschränken, die Bedeutung, daß sie auch unfähig machen, mit einem Vermächtnisse bedacht zu werden.

Auch nach den neueren Gesetzgebungen ist die Fähigkeit oder Unfähigkeit, mit einem Vermächtnisse bedacht zu werden, von denselben Voraussetzungen abhängig wie die Fähigkeit oder Unfähigkeit, zum Erben eingesetzt zu werden. Das württembergische und das bayerische Gesetzbuch enthalten ausdrückliche Bestimmungen des angegebenen Inhaltes.[7] Nach preußischem Rechte regelt sich die Fähigkeit, mit einem Vermächtnisse bedacht zu werden, nach den allgemeinen Vorschriften, welche die Fähigkeit einer Person

---

[4] L. 32 § 6 D. de leg. II (31): In fideicommisso, quod familiae relinquitur, hi ad petitionem eius admitti possunt, qui nominati sunt, aut post omnes eos exstinctos, qui ex nomine defuncti fuerint eo tempore, quo testator moreretar, et qui ox his primo gradu procreati sint, nisi specialiter defunctus ad ulteriores voluntatem suam extenderit; l. 22 C. de leg. (6, 37): In annalibus legatis vel fideicommissis, quae testator non solum certae personae, sed etiam eius heredibus praestari voluit, eorum exactionem omnibus heredibus et heredum heredibus conservari pro voluntate testatoris praecipimus.

[5] L. 38 § 6 D. de leg. III; l. 20 (21) D. de reb. dub. (34, 5).

[6] S. oben § 48 S. 272f.

[7] Württembergisches Landr. III 24 § 2; Cod. Maximil. Bav. civ. III 6 § 4.

zum Vermögenserwerbe bestimmen.[8] Das österreichische Gesetzbuch schreibt vor, daß jeder mit einem Vermächtnisse bedacht werden kann, der den Erblasser zu beerben fähig ist.[9] Auch das sächsische Gesetzbuch verweist in Ansehung der Fähigkeit, ein Vermächtnis zu erwerben, auf den Rechtssatz, der über die Fähigkeit, Erbe zu werden, Bestimmung trifft. Es enthält aber noch die Vorschrift, daß mit Vermächtnissen auch Personen bedacht werden können, welche zur Zeit des Todes des Erblassers noch nicht empfangen waren.[10]

Das bürgerliche Gesetzbuch für das Deutsche Reich bestimmt das in dem Vorhandensein des Bedachten bestehende Erfordernis der Fähigkeit, mit einem Vermächtnisse bedacht zu werden, dahin, daß, wenn der Bedachte zur Zeit des Erbfalles noch nicht erzeugt ist, der Anfall des Vermächtnisses mit der Geburt erfolgt.[11]

II. Die Person des Vermächtnisnehmers bestimmt sich darnach, wer von dem Vermächtnisse Vorteil haben soll. Dies kann ein ganz anderer sein als der, an den nach der Anordnung des Erblassers der Gegenstand des Vermächtnisses zu leisten ist. Es können aber auch mit einem und demselben Vermächtnisse verschiedenartige Vorteile mehrerer Personen beabsichtigt sein. Solchenfalls sind alle diese Personen Vermächtnisnehmer. So wird, wenn der Erblasser durch Vermächtnis die Zahlung von Schulden, die ein anderer gemacht hat, anordnet, der Regel nach der Schuldner als bedacht anzusehen sein. Es kann aber auch der Fall so liegen, daß der Erblasser mit dem Vermächtnisse dem Gläubiger oder dem Bürgen oder einem oder mehreren Mitschuldnern einen Vermögensvorteil hat zuwenden wollen und zugewendet hat. Solchenfalls müssen alle diese Personen als bedacht angesehen werden.[12] Dies gilt nicht bloß

---

[8] A.L.R. I 12 §§ 36 flg.

[9] Österreich. Gesetzb. § 647.

[10] Sächs. Gesetzb. §§ 2396, 2008.

[11] B.G.B. § 2178.

[12] L. 49 §§ 4, 5 de leg. I: Vermächtnis eines Geldbetrages, damit der Empfänger eine Schuld des Erblassers bezahle. Der Gläubiger gilt nicht als der Bedachte. Der Empfänger ist der Bedachte und der Erbe kann gegen ihn auf Herbeiführung der Befreiung durch Zahlung klagen. L. 49 §§ 6, 7 ibid.: Vermächtnis eines Geldbetrages zur Bezahlung einer Schuld, für die der Erblasser sich verbürgt hatte. Der Schuldner gilt als der Bedachte und nach Lage des Falles auch der Erbe des Bürgen. L. 69 § 2 ibid.: Anordnung der Hergabe einer dos für die Tochter an deren Ehemann oder Bräutigam. Als bedacht gilt nur die Tochter. L. 11 § 22 de leg. III: Anordnung der Bezahlung der Schuld eines Dritten durch Vermächtnis. Der Dritte gilt regelmäßig als der Bedachte. L. 3 §§ 3 bis 5 D. de lib. leg. (34, 3): Vermächtnis der Befreiung von einer Schuld beim Vorhandensein eines Mitschuldners. Bedacht sind der Schuldner und nach Lage des Falles auch der Mit-

nach dem römischen und gemeinen Rechte, sondern auch nach dem Rechte der neueren Gesetzgebungen und nach dem Rechte des bürgerlichen Gesetzbuches für das Deutsche Reich.

III. Mehrere Personen können aber mit einem Vermächtnisse, das einen und denselben Gegenstand hat, auch dergestalt bedacht werden, daß der mit der Anordnung des Vermächtnisses beabsichtigte Vorteil für die Vermächtnisnehmer gleichartig ist. Ein solches Vermächtnis kann so angeordnet sein, daß die mehreren Bedachten den Gegenstand des Vermächtnisses zu teilen haben. In solchem Falle hat im Zweifel die Teilung nach Kopfteilen zu erfolgen. Der Satz ist in den römischen Rechtsbüchern ausdrücklich ausgesprochen.[13] Er folgt aus der Natur der Sache und gilt daher auch nach den neueren Gesetzgebungen, soweit sie in dieser Hinsicht keine Vorschriften enthalten. Aber auch für den Fall, daß unter den Bedachten Erben sind, bestimmt das römische Recht, daß diese im Zweifel an der Teilung nicht nach dem Verhältnisse ihrer Erbteile, sondern nach Köpfen teilnehmen.[14] Die neueren Gesetzgebungen enthalten in der fraglichen Richtung keine Bestimmungen. Es läßt sich aber nicht behaupten, daß auch in diesem Falle die Natur der Sache für die Teilung nach Köpfen spricht. Ebensoviel läßt sich, soweit mehrere Erben bei der Teilung des Vermächtnisgegenstandes in Frage kommen, dafür geltend machen, daß sie das, was bei der Teilung auf sie fällt, nach dem Verhältnisse ihrer Erbteile zur Teilung bringen.

Das bürgerliche Gesetzbuch für das Deutsche Reich bestimmt, daß, wenn mehreren Personen derselbe Gegenstand vermacht ist, und der Erblasser über ihre Teilnahmerechte nichts bestimmt hat, die mehreren als zu gleichen Teilen bedacht anzusehen sind.[15] Als mit einem und dem-

---

schuldner, selbst wenn dessen Name in der letztwilligen Verfügung nicht enthalten ist. L. 71 § 3 D. de condic. et dem (35, 1): Anordnung der Zahlung einer dos für die Tochter des Erblassers an den Ehemann. Hier wird neben der Tochter auch der Ehemann als bedacht hingestellt.

[13] L. 19 § 2 D. de leg. I (30), l. 88 § 6 D. de leg. II (31).

[14] L. 67 § 1 D. de leg. I (30).

[15] Die Bestimmung ist nicht ausdrücklich im Gesetzbuche ausgesprochen. Sie folgt aber daraus, daß das Gesetzbuch in § 2157 für den Fall, daß mehreren derselbe Gegenstand vermacht ist, die „entsprechende Anwendung" der §§ 2089 bis 2093 anordnet, und der § 2091 den Satz enthält, daß mehrere ohne Bestimmung der Erbteile eingesetzte Erben zu gleichen Teilen eingesetzt sind, soweit sich nicht aus den §§ 2066 bis 2069 ein anderes ergiebt. Die letzteren Paragraphen enthalten Bestimmungen, nach denen letztwillige Verfügungen, die der Erblasser zu Gunsten seiner Abkömmlinge und anderen Verwandten errichtet hat, unter gewissen Voraussetzungen nach Inhalt der Rechtssätze über die gesetzliche Erbfolge ergänzt werden sollen.

selben Gegenstande bedacht gelten mehrere Vermächtnisnehmer auch dann, wenn eine Forderung oder eine Menge vertretbarer Sachen Gegenstand des Vermächtnisses ist.[16]

Für den Fall, daß mehreren derselbe Gegenstand vermacht ist, läßt das bürgerliche Gesetzbuch das Anwachsungrecht in der Art eintreten, daß, wenn von den mehreren mit einem und demselben Gegenstande bedachten Personen der eine Bedachte vor oder nach dem Erbfalle wegfällt, dessen Anteil den übrigen Bedachten nach dem Verhältnisse ihrer Anteile anwächst. Die Anwachsung findet auch dann statt, wenn der Erblasser die einzelnen Anteile der Bedachten bestimmt hat. Sind aber einige der Bedachten zu einem und demselben Anteile berufen, so tritt die Anwachsung zunächst unter ihnen ein.[17]

Das bürgerliche Gesetzbuch für das Deutsche Reich enthält sodann eine Bestimmung, nach welcher der Erblasser mehrere Personen in der Weise mit einem Vermächtnisse bedenken kann, daß der Beschwerte oder ein Dritter zu bestimmen hat, was jeder von dem vermachten Gegenstande erhalten soll.[18] Diese Vorschrift erklärt sich aus der Erwägung,

---

[16] Dieser letztere Satz des Textes ist in das Gesetzbuch nicht aufgenommen. Der erste Entwurf (§ 1846 Abs. 2) enthielt ihn. Nach den Motiven (Bd. 5 S. 141) sollte er verhindern, daß bei Zuwendungen der fraglichen Art wegen der Natur des Gegenstandes und in Ansehung der auf teilbare Leistungen gerichteten Forderungen wegen des im § 320 des ersten Entwurfes (§ 420 B.G.B.) ausgesprochenen Grundsatzes angenommen würde, eine Realteilung liege ohne weiteres vor. In der Kommission für die zweite Lesung des Entwurfes wurde die Streichung des Satzes beantragt, weil die Bestimmung selbstverständlich sei. Werde eine Forderung als einheitlicher Gegenstand mehreren Vermächtnisnehmern hinterlassen, so sei dadurch die Forderung nicht schon ohne weiteres geteilt. Vielmehr gebe das Vermächtnis nur einen Anspruch auf Übertragung der Forderung und, da die Forderung nur in der Weise übertragen werden könne, daß der Erbe sie teile, einen Anspruch auf Teilung. Die Kommission stimmte der Streichung des Satzes zu (Protokolle, 346. Sitzung XI. S. 6885 f.).

[17] B.G.B. § 2158.

[18] B.G.B. §§ 2153, 2151 Abs. 2 Abs. 3 Satz 2. Der Entwurf erster Lesung enthielt (im § 1777 Satz 2) den Satz, daß, wenn der Erblasser im Falle einer Zuwendung an mehrere Bedachte die Bestimmungen desjenigen, was der Einzelne von dem Gegenstande der Zuwendung erhalten solle, dem Beschwerten oder einem Dritten überlassen habe, die Bedachten als zu gleichen Anteilen bedacht anzusehen seien. Der Satz bezog sich auf Erbeinsetzungen ebenso wie auf Vermächtnisse. Dem Satze lag der Gedanke zu Grunde, daß die Anordnung des Erblassers, soweit sie dem Beschwerten oder dem Dritten bei der Teilung des Gegenstandes der Zuwendung freie Hand läßt, als grundsätzlich fehlerhaft beseitigt und durch die Anordnung gleicher Teilung ersetzt werden soll (Motive Bd. 5 S. 41 flg.). Die Kommission für die zweite Lesung des Entwurfes war darin einig, daß die Bestimmung in ihrer Beziehung auf Erbeinsetzungen mit den angenommenen Grundsätzen überhaupt nicht verträglich sei (siehe oben § 16 S. 53 flg.). Sie nahm ferner, soweit Vermächtnisse in Frage stehen, ein-

daß mit ihr dem Erblasser die Möglichkeit gegeben werden soll, einer Vertrauensperson die Teilung des Vermächtnisgegenstandes zu übertragen und sich, soweit thunlich, Gewähr dafür zu verschaffen, daß jeder der Bedachten von dem vermachten Gegenstande den Vorteil hat, den ihm der Erbteiler zugeteilt wissen möchte. Kann der Beschwerte oder kann der Dritte die Bestimmung nicht treffen, oder giebt derjenige, den der Erblasser mit der Bestimmung betraut hat, innerhalb einer vom Nachlaßgerichte auf Antrag eines der Bedachten gestellten Frist keine Erklärung ab, so sind die Bedachten zu gleichen Teilen berechtigt.

Ist eine und dieselbe Sache mehreren vermacht, so kann die Absicht aber auch dahin gehen, daß der Beschwerte die vermachte Sache einem jeden der Bedachten ganz zu leisten hat, und daß, wenn die vermachte Sache nicht zweimal vorhanden ist, der eine der Bedachten die Sache selbst erhält, der andere auf ihren Wert Anspruch hat. Es kann aber auch der Wille des Erblassers darauf gerichtet sein, daß von den mehreren, die in der letztwilligen Verfügung benannt sind, nur einer das Vermächtnis erhält und die anderen leer ausgehen.

In der Zeit der Geltung der alten römischen Legatsformen war in dem Gebrauche dieser Formeln ein geeignetes Mittel vorhanden, dem Vermächtniswillen, je nachdem er bei dem Vermächtnisse einer und derselben Sache an mehrere diese oder jene Richtung genommen hatte, den solchem Willensinhalte entsprechenden Ausdruck zu geben. Außerdem konnte bei dem Vermächtnisse einer und derselben Sache an mehrere die Art der Satzbildung zu einem Mittel für den Ausdruck des dem Vermächtniswillen zu gebenden Inhaltes insofern dienen, als es je nach der Legatsform eine ganz andere Bedeutung hatte, wenn mehreren Personen in verschiedenen Sätzen eine und dieselbe Sache vermacht wurde, als

---

stimmig an, daß der Erblasser wirksam dem Beschwerten oder einem Dritten die Teilung des Vermächtnisgegenstandes unter den Bedachten übertragen könne, daß die Bestimmung der Teile seitens des Beschwerten durch Erklärung gegenüber dem Bedachten, seitens des Dritten durch Erklärung gegenüber dem Beschwerten zu erfolgen habe, daß die Bestimmung unwiderruflich sei, und daß, wenn eine Bestimmung nicht zustande komme, die Bedachten zu gleichen Teilen berechtigt seien. Über die Frage, was zu geschehen habe, damit eine Bestimmung durch den Beschwerten oder den Dritten erfolge, gingen die Meinungen auseinander. Die Mehrheit der Kommission entschied sich dafür, daß das Nachlaßgericht auf den Antrag eines der Beteiligten dem Beschwerten oder dem Dritten eine Frist zur Vornahme der Bestimmung zu setzen, daß nach erfolglosem Ablaufe der Frist die Wahl allen Bedachten gegenüber als verweigert zu gelten habe, und daß die Bedachten nunmehr zu gleichen Teilen berechtigt seien (Protokolle der Kommission für die zweite Lesung, 336. Sitzung I. B. C. S. 6648 flg.).

wenn solches in einem Satze geschah.[19] Der Gebrauch der alten Legatsformen war in der Zeit der klassischen römischen Juristen noch im Gange. Und die in die Pandekten aufgenommenen Stellen aus den Schriften dieser Juristen lassen zum Teile auch erkennen, um welcherlei Formel es sich in der betreffenden Stelle handelt. Soweit solche Stellen dazu benutzt werden sollen, für die Feststellung des Willensinhaltes des Erblassers bei Aussetzung von Vermächtnissen eine Handhabe zu bieten, sind sie für das gemeine Recht als Entscheidungnormen von zweifelhafter Verwertbarkeit. Wo es sich aber darum handelt, die Satzbildung für die Willensfeststellung nutzbar zu machen und auf die Zusammenstellung der Namen oder Bezeichnungen mehrerer mit einem und demselben Gegenstande bedachter Personen in einem Satze oder die getrennte Aufzählung der Bedachten in verschiedenen Sätzen besondere Schlußfolgerungen zu gründen, da erscheinen die römischen Rechtssätze wegen ihrer Abhängigkeit vom Sprachgebrauche für die Bestimmung des Willensinhaltes gegenwärtig überhaupt wertlos.

IV. Sind mehrere Personen in der Art bedacht, daß nur einer den Gegenstand des Vermächtnisses haben soll, und hat der Erblasser dem Beschwerten das Recht gegeben, den zu bestimmen, der die Sache haben soll, so wird der Beschwerte von seiner Verbindlichkeit frei, wenn er einem der vom Erblasser zur Wahl gestellten Personen den Gegenstand giebt. Dies ist in der l. 16 D. de leg. II (31), in der ein Damnationslegat in Frage steht, unzweideutig vorgeschrieben. Nach dem weiteren Inhalte der Stelle soll, wenn der Beschwerte die Wahl nicht trifft, jeder der Bedachten ein Klagerecht auf den Gegenstand des Vermächtnisses haben, wie wenn er allein der Berechtigte wäre. Und das Rechtsverhältnis der mehreren Bedachten soll wie das mehrerer Forderungberechtigter beurteilt werden, von denen jeder durch Stipulation auf Höhe des ganzen Anspruches forderungberechtigt geworden ist. Allein die Bedeutung dieses Teiles der Stelle ist mit Rücksicht auf den Inhalt der l. 4 C. de V. S. (6, 38) bestritten.[20]

---

[19] Wenn eine und dieselbe Sache nach Teilen mehreren Personen per vindicationem vermacht war (l. 89 de leg. III), so erhielt jeder den ihm gebührenden Teil. War sie ihnen per damnationem zugewandt, so wurde unterschieden, je nachdem der Erblasser die Zuwendung in einem und demselben Satze oder in getrennten Sätzen ausgesprochen hatte. Im ersteren Falle wurde die Sache den Bedachten nach Teilen, also im Zweifel nach Kopfteilen, geschuldet, im letzteren hatte jeder Anspruch auf die ganze Sache (Gaj. II § 205 flg.). Beim legatum sinendi modo und beim Präceptionlegate war die Frage streitig. Arndts in Glück, Pandektenkommentar Bd. 46 S. 476 flg.

[20] S. oben § 53. Daß diese Konstitution kein Muster eines Gesetzes ist, sondern ein Machtspruch des Gesetzgebers, der den Knoten zerhaut, aber ihn nicht löst, ist schon

Für einen Fall, in welchem der Erblasser ein Vermächtnis in der Art ausgesetzt hat, daß eine einem größeren Personenkreise angehörige Person es haben soll, ohne daß aber diese Person näher bezeichnet ist, wird in der l. 17 § 1 de leg. II in der ebenfalls von einem Damnationslegate die Rede ist, bestimmt, daß das Vermächtnis vom Belasteten an alle dem fraglichen Personenkreise angehörigen Personen zu entrichten ist. Dies ist nicht in dem Sinne zu verstehen, daß jeder einzelne, der dem Personenkreise angehört, einen Anspruch auf das ganze Vermächtnis hat. Der Belastete hat vielmehr das Vermächtnis an alle jene Personen zusammen zu entrichten. Das Ergebnis, zu dem die Stelle führt, ist also im wesentlichen dasselbe, wie die Ersetzung des aut durch et in den Fällen, auf welche die Anwendung der l. 4 C. de V. S. berechnet ist. Die Stelle führt ebenso zur Teilung des Vermächtnisses unter denen, die dem in Rede stehenden Personenkreise angehören, wie die l. 4 C. de V. S. zur Teilung führt, auch wenn der Wille des Erblassers dahin gegangen ist, nur eine Person von den mehreren zu bedenken.

§ 84. 3. Fortsetzung.

I. In einer Reihe anderer Stellen, die es mit Fällen zu thun haben, in denen Vermächtnisse für je einen einem größeren Personenkreise angehöriger Bedachter ausgesetzt sind und der Belastete den Bedachten zu wählen hat, eine Wahl aber nicht getroffen wird, ist die Entscheidung dahin ausgefallen, daß der Vermächtnisanspruch von den Per-

---

von Arndts gesagt worden (Glücks Pandektenkommentar Bd. 46 S. 456 f.). Aber die Konstitution ist für die gemeinrechtlichen Teile Deutschlands noch in Ansehung der letztwilligen Verfügungen, die bis zum 1. Januar 1900 errichtet werden, Gesetz. Die Frage ihrer Anwendbarkeit kann also noch lange in den Gerichtshöfen Gegenstand des Streites sein. Windscheid (Pandekten Bd. 3 § 625 Anm. 11) will die Verordnung nur dann Platz greifen lassen, wenn nicht ein anderer Wille des Erblassers unzweideutig erhellt. Es wird gewiß zugegeben werden müssen, daß es sich empfiehlt, die von Justinian angeordnete Ersetzung des aut durch et soviel als möglich zu beschränken. Und es mag auch richtig sein, mit Arndts die Tragweite der Verordnung insoweit einzuschränken, daß die zweite Bestimmung der l. 16 D. de leg. II für den Fall der dem Belasteten gegebenen Wahl auch unter der Voraussetzung aufrecht erhalten wird, daß der Belastete die Wahl nicht treffe (Arndts a. a. O. S. 453 flg.). Zu vgl. auch Ribbentrop, Korrealobligationen S. 119; v. Savigny, Obligationenrecht Bd. 1 S. 157; Fitting, Korrealobligationen S. 154. Aber ist dem Belasteteten die Wahl nicht gegeben, fehlt es also an dieser Voraussetzung der Anwendbarkeit der l. 16 de leg. II, und wird mangels einer anderen Bestimmung die l. 4 C. de V. S. anwendbar, so kann man sich mit dieser Stelle doch wohl nicht in der Art abfinden, daß man die

sonen, die dem fraglichen Personenkreise angehören, gemeinschaftlich geltend zu machen ist.[1] Es ist also auf den ersten Blick ein Widerspruch vorhanden zwischen der l. 16 de leg. II, nach welcher, wenn der Belastete die Wahl nicht trifft, eine Gesamtgläubigerschaft derer, zwischen denen er zu wählen hätte, angenommen werden soll, und der l. 17 § 1 de leg II, sowie den übrigen in Bezug genommenen Stellen, nach denen, wenn nicht bestimmt ist, wer unter den mehreren die Sache haben soll, ein gemeinschaftlicher Anspruch aller derjenigeu, unter denen gewählt werden müßte, vorliegen soll. Fitting nimmt an, daß ein solcher Widerspruch wirklich bestehe. Er hält dafür, daß der in der l. 16 de leg II ausgesprochene Rechtsgedanke durch eine in der l. 21 § 1 de statulib. in Bezug genommene Verordnung des Kaisers Antoninus Pius aufgehoben und daß dies bei Zusammenstellung des Corpus juris übersehen worden sei. Arndts dagegen sucht die Verschiedenheit der in den Stellen enthaltenen Entscheidungen durch die Verschiedenheit der den Entscheidungen zu Grunde liegenden Thatbestände zu erklären. Während nämlich in der l. 16 de leg. II es sich um eine nicht getroffene Wahl zwischen zwei bestimmten Personen, dem Titius und dem Sejus, handele, sei in den übrigen Stellen davon die Rede, daß eine einem größeren Personenkreise angehörige Person, die nach der l. 24, l. 67 § 7, l. 77 § 4 de leg. II, l. 21 § 1 statulib. von dem Belasteten aus diesem Kreise auszuwählen sei, das Vermächtnis haben solle. Und hierin findet Arndts die Erklärung dafür, daß im Falle der l. 16 de leg. II eine Gesamtgläubigerschaft der beiden Bedachten, in den Fällen der übrigen Stellen eine gemeinschaftliche Forderung aller der dem fraglichen Personenkreise angehörigen Personen angenommen worden sei. Für das heutige gemeine Recht ist die Streitfrage ohne eigentliche praktische Bedeutung. Hat man sich dafür zu entscheiden, ob im gegebenen Falle ein Gesamtforderungverhältnis der mehreren Vermächtnisnehmer oder eine gemeinschaftliche Forderung derselben auf den Gegenstand des Vermächtnisses oder — dies ist der dritte mögliche Fall — ein Anspruch eines jeden

---

Bestimmung wie eine sprachlich unzutreffend gewordene Auslegungvorschrift des römischen Rechtes außer Anwendung setzt. Die Ersetzung des aut durch et war zu Justinians Zeit ebenso zutreffend oder unzutreffend wie heute die Ersetzung des „oder" durch „und" Und wenn der Gesetzgeber unter bestimmten Voraussetzungen wegen der Schwierigkeit, eine Entscheidung nach Rechtsgrundsätzen zu treffen, die Teilung des Streitgegenstandes unter den Streitteilen anordnet, — darauf kommt schließlich die von Justinian angeordnete Ersetzung des aut durch et hinaus, — so ist dies seine Sache. Man mag die Bestimmung tadeln; aber sie ist Gesetz.

[1] L. 24, l. 67 § 7, l. 77 § 4 D. de leg. I (30), l. 21 § 1 D. de statulib. (40, 7). In diesen Stellen sind Fideikommisse in Frage.

der Bedachten auf den ganzen Gegenstand des Vermächtnisses oder den entsprechenden Wert bestehe, so kann die Frage nur nach dem Willen des Erblassers entschieden werden. Ist aber der Wille nicht erkennbar, so bleibt nur die Annahme einer gemeinschaftlichen Forderung, also in letzter Linie die Teilung, übrig.

Von den vorgedachten Sätzen der römischen Rechtsbücher sind die Fälle der l. l. 16, 17 § 1 de leg. II und l. 4 C. de V. S. noch darauf zu untersuchen, wie die Entscheidung dieser Fälle sich nach den neueren Gesetzgebungen gestalten würde. Die l. 16 hat es in ihrem ersten Teile mit dem Falle zu thun, daß einer von mehreren Personen mit einem Vermächtnisse bedacht, die Wahl dessen, der das Vermächtnis haben soll, dem Belasteten überlassen ist, und dieser das Wahlrecht in der Art ausübt, daß er dem einen, den er ausgewählt hat, das Vermächtnis giebt. Damit ist die Angelegenheit erledigt, die Vermächtnisschuld ist getilgt, der Belastete befreit. Nach preußischem und sächsischem Rechte muß die Entscheidung dieses Falles ebenso ausfallen. Desgleichen nach dem bürgerlichen Gesetzbuche für das Deutsche Reich.

Für den Fall, daß der Belastete nicht wählt, die Angelegenheit also in der Schwebe bleibt, hat Justinian die Streitfrage durch die l. 4 C. de V. S. ausgetragen. Daß diese Entscheidung nicht vermöge ihres wissenschaftlichen Wertes für andere Gesetzgebungen Bedeutung haben kann, scheint bei der Art der Begründung der l. 4 C. de V. S. selbstverständlich zu sein. Und doch hat der Gedanke Justinians sich ausnehmend fruchtbar erwiesen. Daß er für die Frage der Erbeinsetzung die Grundlage der Bestimmung des § 2167 des sächsischen Gesetzbuches bildet, nach der, wenn der Erblasser mehrere in der Weise zu Erben ernannt hat, daß entweder der eine oder der andere Erbe sein soll, anzunehmen ist, daß alle Erben sein sollen, ist bereits bemerkt worden. Ebenso, daß nach den Ansichten C. F. Kochs und Ungers auch nach dem preußischen und nach dem österreichischen Gesetzbuche die Entscheidung Justinians, soweit die Erbeinsetzung in Frage steht, für richtig zu halten, also das aut durch et zu ersetzen sei.[2] Der Fall der Anordnung eines Vermächtnisses, für das der Belastete den Berechtigten aus einer Reihe bestimmter anderer Personen auswählen soll und seine Wahl trifft, liegt allerdings immerhin anders als der einer Erbeinsetzung, die sich mit: „entweder" „oder" einleitet.

Trifft also der zur Wahl berechtigte Belastete die Wahl nicht, so hat man sich dafür zu entscheiden, entweder diejenigen, aus denen der Vermächtnisnehmer gewählt werden soll, als Gesamtgläubiger anzusehen

[2] S. oben § 53.

und das Vermächtnis dem zuzusprechen, der zuerst die Vermächtnisklage gegen den Berechtigten erhebt, oder diejenigen, aus denen der Vermächtnisnehmer gewählt werden soll, als Mitberechtigte im Sinne des preußischen Landrechtes aufzufassen, also ihnen gemeinschaftlich ein Klagerecht zu geben und ihnen gemeinschaftlich den Gegenstand des Vermächtnisses zuzusprechen, das aut also durch et zu ersetzen, oder endlich anzunehmen, daß das Vermächtnis mangels ausreichender Bestimmtheit des Vermächtnisnehmers ungültig ist. Bei der Entscheidung der Frage nach preußischem Rechte ist zu erwägen, daß das preußische Gesetzbuch den Fall eines Gesamtgläubigerverhältnisses überhaupt nicht vorgesehen hat. Stehen mehrere Personen als Gläubiger einem und demselben Schuldner in der Art gegenüber, daß der Gegenstand der Schuld einmal zu leisten ist, so sind sie nach preußischem Rechte der Regel nach gemeinschaftlich forderungberechtigt, können also gemeinschaftlich klagen, und der Schuldner wird frei, wenn er an sie alle leistet. Unter sich mögen sie dann teilen. Dieser Zustand der Gesetzgebung steht allerdings der Möglichkeit der Begründung eines Gesamtgläubigerverhältnisses durch Vertrag oder durch letztwillige Verfügung nicht entgegen. Macht also der Inhalt der letztwilligen Verfügung klar, daß nur einer den Gegenstand des Vermächtnisses haben sollte, und daß dem Willen des Erblassers durch eine Leistung des Gegenstandes an alle mit dem Erfolge der Teilung nicht entsprochen sein würde, so wird immerhin auch nach preußischem Rechte ein Gesamtgläubigerverhältnis anzunehmen und das Vermächtnis dem zuzusprechen sein, der unter der Voraussetzung der Fälligkeit des Vermächtnisses von den mehreren zuerst die Vermächtnisklage dem Belasteten zustellen läßt und dadurch Rechtshängigkeit herbeiführt. Nach dem sächsischen Gesetzbuche[3] und nach dem bürgerlichen Gesetzbuche für das Deutsche Reich[4] liegt der Zweifelsgrund, der gegen die Annahme eines Gesamtgläubigerverhältnisses aus dem preußischen Gesetzbuche herzunehmen sein möchte, nicht vor. Die beiden zuletzt genannten Gesetzbücher haben die Rechtseinrichtung eines Gesamtgläubigerverhältnisses wohl vorgesehen. Man wird also, wenn anzunehmen ist, daß der Erblasser einer von mehreren Personen ein Vermächtnis hat zuwenden wollen, und wenn der Erblasser dem Vermächtniswillen dahin Ausdruck gegeben hat, daß der eine oder der andere von den mehreren das Vermächtnis haben soll, ein Gesamtrechtsverhältnis als vorliegend zu erkennen haben, aus dem jeder auf das ganze Vermächtnis für sich klagen kann, und das nach sächsischem Rechte (§ 1023) mit Zustellung der einen Klage rechtshängig wird.

---

[3] Sächs. Gesetzb. § 1023.
[4] B.G.B. §§ 420 flg. § 2151 Abs. 3.

II. Das bürgerliche Gesetzbuch für das Deutsche Reich enthält für den Fall eines Vermächtnisses, mit dem mehrere in der Art bedacht sind, daß der Beschwerte oder ein Dritter zu bestimmen hat, wer von den mehreren das Vermächtnis erhalten soll, die Vorschriften, daß die Bestimmung des Beschwerten durch Erklärung gegenüber demjenigen, der das Vermächtnis erhalten soll, die Bestimmung des Dritten gegenüber dem Beschwerten erfolgt, und daß, wenn der Beschwerte oder der Dritte die Bestimmung nicht treffen kann, oder wenn das Nachlaßgericht dem Beschwerten oder dem Dritten auf den Antrag eines der Beteiligten eine Frist zur Abgabe der Erklärung bestimmt hat und die Frist verstrichen ist, ohne daß bis zu ihrem Ablaufe eine Erklärung abgegeben ist, die Bedachten Gesamtgläubiger sind. Daneben enthält das Gesetzbuch für den Fall eines Vermächtnisses, mit dem mehrere in der Art bedacht sind, daß der Beschwerte oder ein Dritter zu bestimmen hat, was jeder von dem vermachten Gegenstande erhalten soll, die Vorschrift, daß diese Bestimmung des Beschwerten durch Erklärung gegenüber dem bestimmten Empfänger und die Bestimmung des Dritten durch Erklärung gegenüber dem Beschwerten zu erfolgen hat, daß, wenn der Beschwerte oder der Dritte die Bestimmung nicht treffen kann, die Bedachten zu gleichen Teilen berechtigt sind, und daß dasselbe gilt, wenn das Nachlaßgericht dem Beschwerten oder dem Dritten auf den Antrag eines der Beteiligten eine Frist zur Erklärung bestimmt hat, die bestimmte Frist aber ohne Erfolg verstrichen ist.[5] Aus der ersteren Vor-

---

[5] B.G.B. § 2151. Diese Bestimmungen sind nach mehrfachem Wechsel der Auffassung angenommen worden. Der Entwurf erster Lesung enthielt (im § 1769 Abs. 2) für den Fall, daß in einer letztwilligen Verfügung mehrere Personen in der Weise mit einem Vermächtnisse bedacht sind, daß nur die eine oder die andere dieser Personen das Vermächtnis erhalten soll, den Satz, daß die mehreren Personen alsbald als Gesamtgläubiger zu gelten haben, und daß die Person, die das Vermächtnis erhält, im Zweifel zur Teilung nicht verpflichtet ist. Bei den Beratungen der Kommission für die zweite Lesung des Entwurfes entschied sich die Mehrheit der Kommission zuerst zur Annahme der Sätze, daß, wenn mehrere Personen in der Weise mit einem Vermächtnisse bedacht seien, daß die Wahl dem Beschwerten zustehe, die Bedachten Gesamtgläubiger seien, derjenige, der das Vermächtnis erhalte, im Zweifel keine Verpflichtung zur Teilung habe, daß mit der Vollziehung der Wahl die Rechte aller übrigen Gläubiger erlöschen, daß die Wahl durch Erklärung gegenüber dem zu wählenden erfolge und unwiderruflich sei, und daß, wenn der Erblasser mehrere mit einem Vermächtnisse in der Weise bedacht habe, daß nur der eine oder der andere das Vermächtnis erhalten solle, die Wahl dem Beschwerten zustehe (Protokolle der Kommission für die zweite Lesung, 334. Sitzung V. B. S. 6617 flg.). Für den Fall dagegen, daß der Erblasser die Wahl einem Dritten übertragen hat, entschied sich die Kommission dafür, die Wahl, wenn der Dritte nicht wählen könne oder wolle, oder binnen einer vom Nachlaßgerichte zu bestimmenden Frist die Wahl nicht vor-

schrift, nach der bei Nichtabgabe der Erklärung ein Gesamtgläubigerverhältnis entsteht, folgt nach den im Gesetzbuche enthaltenen, das Rechtsverhältnis der Gesamtgläubiger betreffenden Rechtssätzen, daß jeder der Bedachten berechtigt ist, die ganze Leistung zu fordern, daß aber der Belastete das Vermächtnis nur einmal zu leisten verpflichtet ist, daß er es nach seinem Belieben an jeden der Bedachten entrichten kann, und daß in diesem Belieben auch durch die von einem der Bedachten auf Leistung des Vermächtnisses erhobene Klage und deren Zustellung nichts geändert wird. Das Gesetzbuch enthält dabei den Satz, daß der Bedachte, der das Vermächtnis erhält, im Zweifel nicht zur Teilung verpflichtet ist.[6]

III. An die erwähnte Bestimmung des bürgerlichen Gesetzbuches, mit der den Rechtsverhältnissen auch der l. 24, l. 67 § 7, l. 77 § 4 de leg. II, l. 21 § 1 de statulib. eine Ordnung gegeben wird, wie sie der in der l. 16 de leg. II enthaltenen Entscheidung entspricht, schließt sich eine zweite Bestimmung an, nach der, wenn der Erblasser mehrere mit einem Vermächtnisse in der Art bedacht hat, daß nur der eine oder der andere das Vermächtnis erhalten soll, anzunehmen ist, daß der Belastete bestimmen soll, wer von ihnen das Vermächtnis erhält.[7] Trifft der Belastete die Bestimmung, so ist die Sache erledigt. Trifft er sie nicht, so gestaltet sich die Ausführung des Willens des Erblassers nach Inhalt der vorangehenden Vorschrift. Es entsteht alsa eine Gesamtgläabigerschaft der mehreren Bedachten mit den auf eine solche bezüglichen Bestimmungen des bürgerlichen Gesetzbuches.[8] Nach der in Frage stehenden Bestimmung des Gesetzbuches, die den in der vorangehenden Bestimmung enthaltenen Rechtsgedanken weiter ausbaut, ist der Fall der l. 17 § 1 de leg. II in derselben Weise zu entscheiden, wie die in der l. 16 de leg. II und in den übrigen vorerwähnten Digestenstellen besprochenen Fälle.

---

nehme, auf den Beschwerten übergehen und damit, wie in dem vorgedachten Falle ein Gläubigerverhältnis eintreten zu lassen (Protokolle, 335. Sitzung I. A. S. 6621 flg.). Als die Kommission aber für den Fall, daß der Erblasser mehrere mit einem Vermächtnisse in der Weise bedacht hat, daß der Beschwerte oder ein Dritter zu bestimmen hat, was jeder von dem vermachten Gegenstande erhalten soll, die gegenwärtig im Gesetzbuche enthaltene Bestimmung aufgestellt hatte, entschied man sich bei nochmaliger Beratung dafür, den Fall, daß der Erblasser mehrere mit einem Vermächtnisse in der Weise bedacht hat, daß der Beschwerte oder ein Dritter zu bestimmen hat, wer das Vermächtnis erhalten soll, ebenso zu behandeln, wie den eben bezeichneten Fall, also für alle drei Fälle die gleichen Normen aufzustellen (Protokolle, 336 Sitzung I. B. S. 6650 flg.).

[6] B.G.B. § 2151 Schlußsatz.

[7] B.G.B. § 2152.

[8] B.G.B. § 2151 Abs. 3 Satz 1, §§ 420 flg.

§ 85. 4. Der Beschwerte.

I. Mit einem Vermächtnisse beschwert werden kann nach dem bürgerlichen Gesetzbuche der Erbe oder der Vermächtnisnehmer. Soweit nicht der Erblasser ein anderes bestimmt hat, ist der Erbe beschwert.[1] Für den Fall, daß mehrere Erben oder mehrere Vermächtnisnehmer beschwert sind, bestimmt das Gesetzbuch, daß die Erben nach dem Verhältnisse ihrer Erbteile, die Vermächtnisnehmer nach dem Verhältnisse des Wertes der Vermächtnisse beschwert sind.[2]

Darnach zieht das Gesetzbuch den Kreis derer, die mit einem Vermächtnisse beschwert werden können, den Worten nach enger als das römische Recht. Nach den römischen Rechtsbüchern umfaßt der Kreis alle diejenigen, die infolge des Todes des Erblassers mit dem Willen des Erblassers etwas erhalten, gleichviel ob der Erblasser es ihnen durch seine letztwillige Verfügung zuwendet, oder ob er es ihnen nicht entzieht,[3] also außer dem Erben,[4] dem Vermächtnisnehmer[5] und dem, den der Erblasser von Todes wegen beschenkt hat,[6] auch die Erben dieser Personen[7] und den, in dessen väterlicher Gewalt der Bedachte steht,[8] ferner den, der durch Erfüllung einer vom Erblasser einem Erben oder Vermächtnisnehmer gestellten Bedingung bereichert ist.[9] Allein es hat nicht die Absicht bestanden, in der fraglichen Richtung neues Recht einzuführen.

---

[1] B.G.B. § 2147. Der Beschwerte braucht, auch wenn nicht der Erbe beschwert sein soll, sondern ein Anderer, nicht ausdrücklich bezeichnet zu sein. Es reicht in allen Fällen hin, daß sich aus den Umständen ergiebt, wer beschwert sein soll (Protokolle der Kommission für die zweite Lesung des Entwurfes, 346. Sitzung VII. S. 6882. — Manche Schriftsteller nennen den Beschwerten auch „Vermächtnisträger". Man hat damit eine wissenschaftliche Bezeichnung aufstellen wollen, die sich dem Vermächtnisnehmer dem Wortklange nach gegenüberstellen läßt. Die Bezeichnung ist aber künstlich gemacht, auch dem Wortsinne nach nicht sofort verständlich und überdies entbehrlich.

[2] B.G.B. § 2148.

[3] L. 1 § 6 D. de leg. III (32).

[4] Auch der gesetzliche Erbe kann mit einem Vermächtnisse beschwert werden. L. 3 pr. § 1 D. de iure codicill. (29, 7), l. 8 § 1 ibid. Ebenso der Fiskus vermöge seines Rechtes auf erblose Verlassenschaften, l. 114 § 2 D. de leg. I (30). Daß auch nach dem bürgerlichen Gesetzbuche (§ 1936), wenn der gesetzliche Erbe mit einem Vermächtnisse beschwert ist, die Belastung bei erbloser Verlassenschaft den Fiskus trifft, ist nicht zweifelhaft. Eine Beschwerung des Vertragserben mit Vermächtnissen kann nur im Erbvertrage selbst erfolgen, wenn nicht der Vertrag dieserhalb einen Vorbehalt enthält.

[5] Pr. J. de sing. reb. (2, 24).

[6] L. 77 § 1 D. de leg. II (31). l. 3 pr. § 3 D. de leg. III (32).

[7] L. 5 § 1 D. de leg. II (32), l. 15 D. de liber. leg. (34, 3).

[8] L. 11 D. de leg. I (30), l. 4 D. de leg. II (32).

[9] L. 96 § 4 D. de leg. I (30).

Der erste Entwurf nannte ebenso wie das Gesetzbuch Erben und Vermächtnisnehmer als die Personen, die mit einem Vermächtnisse beschwert werden können.[10] In den Motiven war dabei ausgesprochen, daß jeder beschwert werden könne, der bedacht sei. Und es erscheine nicht notwendig, diesen Satz näher zu spezialisieren. Denn es handele sich immer um einen Erben oder Vermächtnisnehmer, dem unmittelbar oder auf einem Umwege etwas zugewendet werde.[11] Darnach hat die Absicht nicht bestanden, den Kreis derer, die mit einem Vermächtnisse beschwert werden können, enger zu ziehen, als er im römischen Rechte gezogen ist. Der Verfasser der Motive hat offenbar angenommen, daß jeder, der infolge des Todes des Erblassers mit dem Willen des Erblassers eine Bereicherung erhält, entweder Erbe oder Vermächtnisnehmer ist. Die Fassung der Bestimmung des Entwurfes zeigt nicht, daß dieser Annahme widersprochen worden ist. Und auch der weitere Fortgang des Gesetzgebungwerkes macht nicht ersichtlich, daß man beabsichtigt hat, die Auffassung des römischen Rechtes und der anderen im Deutschen Reiche gegenwärtig geltenden Rechte in der hier fraglichen Richtung zu ändern. Es muß also angenommen werden, daß man einen Unterschied zwischen der Eigenschaft des Erben oder Vermächtnisnehmers und der Fähigkeit, mit einem Vermächtnisse beschwert zu werden, nicht hat machen wollen. Und es erscheint daher nach dem bürgerlichen Gesetzbuche ebenso wie nach gemeinem Rechte zulässig, den Vater eines unter väterlicher Gewalt stehenden, zum Erben eingesetzten oder mit einem Vermächtnisse bedachten Kindes vermöge des ihm zustehenden Nießbrauches des Kindesvermögens wie einen Vermächtnisnehmer und den zur Erbschaft gelangten Erbeserben des Erblassers wie einen Erben des Erblassers in der Art zu behandeln, daß Vermächtnisse, die ihnen auferlegt werden, gültig sind.

In Bezug auf die Haftung mehrerer mit einem Vermächtnisse beschwerter Erben besteht im gemeinen Rechte eine große Streitfrage darüber, ob die mehreren Erben, wenn der Erblasser über ihre Haftung nichts bestimmt hat, nach Kopfteilen oder nach dem Verhältnisse ihrer Erbteile haften. Der Streit ist durch mehrere miteinander nicht in Übereinstimmung zu bringende Stellen der Rechtsbücher veranlaßt.[12] Und er betrifft die Fragen, wie es gehalten werden soll, wenn von mehreren Miterben nur einige beschwert sind und der Erblasser die be-

[10] Erster Entwurf § 1756 Abs. 2.

[11] Motive Bd. 5 S. 10.

[12] L. 54 § 3 D. de leg. I (30), l. 124 eod., l. 33 pr. D. de leg. II (31), l. 17 D. de duob. reis constit. (45, 2). Über die Streitfrage s. v. Vangerow, Pandekten Bd. 2 § 521 Anm. 3; ferner Windscheid, Pandekten Bd. 3 § 626 Anm. 11.

schwerten Erben einzeln namentlich aufgeführt hat. Für den Fall, daß der Erblasser die Vermächtnisse seinen Erben auferlegt hat, ohne die Beschwerten einzeln aufzuführen, besteht kein Streit, daß die Erben nach dem Verhältnisse der Erbteile zu haften haben.[13] Nichterben, die mit Vermächtnissen beschwert sind, haften nach römischem Rechte im Zweifel nach Kopfteilen. Die Haftung nach dem Werte der Zuwendung, wie sie das bürgerliche Gesetzbuch eingeführt hat, ist neues Recht.[14]

Das bayerische Gesetzbuch enthält die Bestimmungen, daß alle diejenigen, welche von der letztwilligen Verfügung des Erblassers Vorteil haben, insoweit belastet werden können, als der Vorteil reicht, daß, wenn der Erblasser nicht erklärt hat, wer belastet sein soll, der Erbe, mehrere Miterben nach dem Verhältnisse ihrer Erbteile belastet sein und daß, wenn einer der Miterben nicht mehr zahlungfähig ist, die anderen für ihn haften sollen.[15]

Das preußische Gesetzbuch bezeichnet als diejenigen, die mit einem Vermächtnisse belastet werden können, ausdrücklich ebenfalls nur den Erben und den Vermächtnisnehmer. Allein es besteht kein Zweifel, daß wie nach römischen Rechte jeder mit einem Vermächtnisse beschwert werden kann, der mit dem Willen des Erblassers einen von dessen Tode abhängigen Vorteil erhält.[16]

Auch nach österrichischen Rechte wird angenommen, daß mit einem Vermächtnisse jeder, der bei dem Tode des Erblassers durch dessen Gunst einen Vermögensvorteil unmittelbar oder mittelbar erhält, mit einem Vermächtnisse beschwert werden kann.[17]

Das sächsische Gesetzbuch bestimmt ausdrücklich, daß mit einem Vermächtnisse jeder beschwert werden kann, der mittelbar oder unmittelbar von dem Erblasser etwas auf den Todesfall erhält. Dabei hat es den römischrechtlichen Satz ausdrücklich aufgenommen, nach dem es gleichgültig ist, ob der Beschwerte den Vorteil dadurch bekommt, daß der Erblasser zu seinen Gunsten letztwillig verfügt oder dadurch behält, daß der Erblasser von der rechtlichen Möglichkeit, anders zu verfügen, keinen Gebrauch macht.[18]

---

[13] L. 33 pr. D. de leg. II (31), l. un. § 8 C. de caduc. toll. (6, 51).

[14] Der erste Entwurf enthielt die Bestimmung, daß mehrere Vermächtnisnehmer nach dem Verhältnisse des ihnen Zugewendeten beschwert sein sollen (§ 1843). Die in das Gesetzbuch aufgenommene abweichende Fassung will den Gedanken nur bestimmter zum Ausdruck bringen.

[15] Cod. Maximil. Bav. civ. III 6 § 6.

[16] A.L.R. I 12 §§ 293, 544. Dernburg, preuß. Privatrecht Bd. 3 § 136; Förster-Eccius, preuß. Privatrecht § 252 II.

[17] Unger, österreich. Erbrecht § 55.

[18] Sächs. Gesetzb. § 2388.

II. Das bürgerliche Gesetzbuch bestimmt, daß ein Vermächtnis, sofern nicht ein anderer Wille des Erblassers vorliegt, wirksam bleibt, auch wenn die mit dem Vermächtnisse beschwerte Person nicht Erbe oder Vermächtnisnehmer wird, und daß an Stelle des wegfallenden Beschwerten nun derjenige beschwert ist, dem der Wegfall des Zunächstbeschwerten unmittelbar zu statten kommt.[19] Dieser Rechtssatz weicht vom römischen Rechte insoweit ab, als darnach der Regel nach, wenn der eingesetzte Erbe nicht Erbe wird, das ganze Testament hinfällig ist. Soweit aber der Satz, daß das Nichterbewerden des eingesetzten Erben die Hinfälligkeit des ganzen Testamentes nach sich zieht, nicht in Frage kommt, hat auch nach römischem Rechte nach dem Willen des Erblassers beim Wegfalle des Zunächstbeschwerten im Zweifel der das Vermächtnis zu tragen, dem der Wegfall zu statten kommt. Dies gilt vom Ersatzerben,[20] von dem Miterben, der den Erbteil eines mit dem Vermächtnisse beschwerten Miterben vermöge der Anwachsung erhält,[21] von dem Fiskus, an den eine erblos gewordene, mit Vermächtnissen beschwerte Erbschaft fällt,[22] von dem, der von einem mit einem Vermächtnisse beschwerten Vermächtnisse frei wird.[23]

Nach preußischem Rechte ist die Geltung des Satzes, daß beim Wegfalle des Zunächstbeschwerten das Vermächtnis im Zweifel von dem zu tragen ist, dem der Vermögensvorteil zufällt, der dem wegfallenden Beschwerten zugedacht war, ebenfalls nicht zu bestreiten. Fallen die eingesetzten Erben sämtlich weg, und sind auch keine Ersatzerben ernannt, auf welche die Verpflichtung zur Tragung der Vermächtnisse in erster Reihe übergehen würde, so sind die angeordneten Vermächtnisse von den gesetzlichen Erben zu tragen. Ausgenommen sind Vermächtnisse, durch die der Erblasser dem eingesetzten Erben rein persönliche Leistungen auferlegt hat. Ein solches Vermächtnis fällt mit dem Wegfalle des eingesetzten Erben ebenfalls weg.[24] Im übrigen bestimmt das preußische Gesetzbuch, daß für Vermächtnisse, die nach barem Gelde zu bestimmen sind, wenn der Erblasser nichts anderes bestimmt hat, die sämtlichen Erben gemeinschaftlich zu haften haben, und daß die Erbschaft regelmäßig erst zur Teilung zu kommen hat, wenn außer den Nachlaß-

---

[19] B.G.B. § 2161.
[20] L. 74 D. de leg. I (30), l. 82 § 1 D. de leg. II (31).
[21] L. 49 § 4 D. de leg. II (31), l. 61 § 1 ib.
[22] L. 96 § 1 D. de leg. I (30).
[23] L. 29 pr. D. de leg. II (31), l. un. §§ 4, 9 C. de cad. toll. (6, 51).
[24] A.L.R. I 12 §§ 279, 280. Dernburg, preuß. Privatrecht Bd. 3 § 136; Förster-Eccius, preuß. Privatrecht Bd. 4 Abth. 2 § 252 II.

schulden die Vermächtnisse berichtigt sind.[25] Als Vermächtnisse, die nach barem Gelde zu bestimmen sind, werden nicht bloß eigentliche Geldvermächtnisse angesehen, sondern auch Vermächtnisse einzelner bestimmter Sachen, deren Wert von den Erben vertreten werden muß.[26] Dieser Fall kann sowohl vorliegen, wenn der Wert zur Erbschaft gehöriger Sachen, weil die Sachen zu Gegenständen von Vermächtnissen gemacht sind, aus der zu teilenden Erbschaft ausscheidet, als auch, wenn einzelne Sachen, die der Erblasser zu Vermächtnissen bestimmt hat, auf Kosten der Erbschaft erst angeschafft werden sollen, insofern also der Wert dieser Sachen bei der Teilung der Erbschaft von den Erben zu vertreten ist. Ist Gegenstand des Vermächtnisses eine Sache bestimmter Gattung und befinden sich noch mehr Sachen derselben Gattung in der Erbschaft, so gilt als belastet derjenige, dem der Erblasser die übrigen Sachen derselben Gattung sei es durch Vermächtnis, sei es durch Teilungvorschrift zugewendet hat.[27]

Auch das sächsische Gesetzbuch bestimmt, daß, wenn ein Beschwerter nicht annehmen kann oder will, was ihm vom Erblasser hinterlassen ist, die Verpflichtung zur Entrichtung des Vermächtnisses auf den übergeht, der an seine Stelle tritt, sofern nicht das Vermächtnis bloß in Rücksicht auf die Person des Wegfallenden angeordnet worden ist.[28]

III. Das Gesetz will, daß die Last, die durch Anordnung eines Vermächtnisses dem Beschwerten auferlegt wird, nicht größer ist als der Vorteil, der dem Beschwerten infolge des Todes des Erblassers durch dessen Verfügung zu teil wird.

Für den Fall, daß der Erbe beschwert und daß der Nachlaß infolge von Vermächtnissen und Auflagen überschuldet ist, erklärt das bürgerliche Gesetzbuch den Erben für berechtigt, die Berichtigung der Ansprüche aus Vermächtnissen und Auflagen insoweit zu verweigern, als der Nachlaß nicht ausreicht.[29] Es legt aber für diesen Fall dem Erben die Verpflichtung auf, den Nachlaß, soweit er noch vorhanden ist, zum Zwecke der Befriedigung der Anspruchsberechtigten im Wege der Zwangsvollstreckung herauszugeben. Doch kann er die Herausgabe der noch vorhandenen Nachlaßgegenstände durch Zahlung des Wertes abwenden. Die Befugnis des Erben, die Befriedigung der Anspruchsberechtigten zu verweigern, wird dadurch nicht ausgeschlossen, daß ein

---

[25] A.L.R. I 12 §§ 289, 292.
[26] A L.R. I 12 § 291.
[27] A.L.R. I 12 § 544.
[28] Sächs. Gesetzb. § 2395.
[29] B.G.B. §§ 1992, 1990, 1991.

Anspruchsberechtigter im Wege der Zwangsvollstreckung oder der Arrestvollziehung ein Pfandrecht oder eine Hypothek oder im Wege der einstweiligen Verfügung eine Vormerkung erlangt hat. Macht der Erbe von der Befugnis, die Befriedigung der bezeichneten Anspruchsberechtigten zu verweigern, Gebrauch, so ist er ihnen für die bisherige Verwaltung des Nachlasses so verantwortlich, wie wenn er von der Annahme der Erbschaft an die Verwaltung für sie als Beauftragter zu führen gehabt hätte. Auf die vor der Annahme der Erbschaft von dem Erben besorgten erbschaftlichen Geschäfte finden die Vorschriften über die Geschäftsführung ohne Auftrag entsprechende Anwendung. Diese gegen den Erben begründeten Ansprüche gelten als zum Nachlasse gehörig. Dagegen hat der Erbe Anspruch auf Ersatz seiner Aufwendungen aus dem Nachlasse, soweit er nach den Vorschriften über den Auftrag oder über die Geschäftsführung ohne Auftrag Ersatz verlangen könnte. Die Berichtigung einer Nachlaßverbindlichkeit durch den Erben und die eines Vermächtnisses oder einer Auflage durch den Erben, sofern dieser damit beschwert ist, müssen die in Betracht kommenden Anspruchsberechtigten als für Rechnung des Nachlasses erfolgt gelten lassen, wenn der Erbe den Umständen nach annehmen durfte, daß der Nachlaß zur Berichtigung aller Nachlaßverbindlichkeiten ausreiche. Die infolge des Erbfalles durch Vereinigung von Recht und Verbindlichkeit oder von Recht und Belastung erloschenen Rechtsverhältnisse gelten im Verhältnisse zwischen dem Gläubiger und dem Erben als nicht erloschen. Die rechtskräftige Verurteilung des Erben zur Befriedigung eines Gläubigers wirkt einem anderen Gläubiger gegenüber wie die Befriedigung. Die Verbindlichkeiten aus Pflichtteilsrechten, Vermächtnissen und Auflagen hat der Erbe so zu berichtigen, wie sie im Falle des Konkurses zur Berichtigung kommen würden.[30]

Für den Fall, daß ein Vermächtnisnehmer mit einem Vermächtnisse beschwert ist, hat er die Verpflichtung zur Erfüllung erst dann, wenn er die Erfüllung des ihm zugewendeten Vermächtnisses zu verlangen berechtigt ist.[31] Aber auch nach der Annahme des ihm zugewendeten Vermächtnisses kann er die Erfüllung des Vermächtnisses, mit dem er beschwert ist, insoweit verweigern, als dasjenige, was er aus seinem Vermächtnisse erhält, zur Erfüllung nicht ausreicht.[32] Das Maß der Haftung wird hierbei, wenn der ursprüngliche Beschwerte weggefallen und an seine Stelle ein anderer, nämlich derjenige getreten ist, der den

---

[30] B.G.B. §§ 1978, 1979.
[31] B.G.B. § 2186.
[32] B.G B. § 2187 Abs. 1.

Vorteil von dem Wegfalle des Zunächstbeschwerten gehabt hat, nach dem bestimmt, was der Zunächstbeschwerte, der aber als Beschwerter weggefallen ist, durch das ihm bestimmte Vermächtnis erhalten haben würde. Darüber hinaus haftet der an die Stelle des ersten getretene zweite Beschwerte nicht.[33] Im übrigen läßt das Gesetzbuch die für die Haftung des mit einem Vermächtnisse beschwerten Erben gegenüber dem Bedachten gegebenen Vorschriften entsprechende Anwendung finden.[34] Durch diese Bestimmung erhält der beschwerte Vermächtnisnehmer die Befugnis, die Befriedigung des Bedachten insoweit zu verweigern, als die ihm selbst gemachte Zuwendung zu dieser Befriedigung nicht ausreicht. Macht er von dieser Befugnis Gebrauch, so ist er verpflichtet, den Gegenstand der ihm gewordenen Zuwendung, soviel er davon noch hat, herauszugeben, damit der Bedachte, soweit möglich, sich daraus Befriedigung verschaffe. Ein im Wege der Zwangsvollstreckung oder der Arrestvollziehung vom Bedachten erlangtes Pfand- oder Hypothekenrecht steht dem Rechte des Beschwerten, sich durch Herausgabe des Gegenstandes des Vermächtnisses von der Haftung frei zu machen, ebensowenig entgegen, wie eine im Wege der einstweiligen Verfügung erlangte Vormerkung.[35] Diese Bestimmung hat die Bedeutung, daß ein vom Bedachten, wie angegeben, erlangtes Pfand- oder Hypothekenrecht, sowie eine vom Bedachten, wie angegeben, erlangte Vormerkung auf andere Vermögensgegenstände des Bedachten mit der Erklärung des Beschwerten, daß er die Befriedigung des Bedachten verweigere, und mit der Herausgabe des Gegenstandes des Vermächtnisses zur Befriedigung des Bedachten die rechtliche Wirkung verliert und die von den fraglichen Maßregeln betroffenen Vermögensgegenstände des Beschwerten frei werden. Der beschwerte Vermächtnisnehmer, der den Gegenstand seines Vermächtnisses herausgiebt, um sich von der weiteren Haftung zu befreien, ist nach derselben Vorschrift ebenso wie im gleichen Falle der Erbe, der die Erbschaft herausgiebt, für die Verwaltung des Gegenstandes des Vermächtnisses bis zur Herausgabe verantwortlich und, wenn er bei seiner Verwaltung Aufwendungen gemacht, wie ein Beauftragter oder wie ein Geschäftsführer ohne Auftrag Ersatz zu verlangen berechtigt.[36] Auch im übrigen ist die Rechtsstellung des beschwerten Vermächtnisnehmers, der den Gegenstand seines Vermächtnisses herausgiebt, um sich von der mit dem ihm aufgetragenen Vermächtnisse verbundenen Beschwerung frei zu machen, ebenso zu beurteilen, wie die des

---

[33] B.G.B. § 2187 Abs. 2.

[34] B.G.B. § 2187 Abs. 3.

[35] B.G.B. § 2187 Abs. 3, §§ 1992, 1990, 1991.

[36] B.G.B. § 2187 Abs. 3, § 1991 Abs. 1, §§ 1978, 1079.

Erben, der die Erbschaft herausgiebt, um von seiner Belastung frei zu werden.[37]

§ 86. IV. Die Falcidische Quart.

Die im vorigen Paragraphen besprochenen Rechtssätze des bürgerlichen Gesetzbuches, die es mit der Befugnis des mit Vermächtnissen und Auflagen beschwerten Erben und des gleichermaßen beschwerten Vermächtnisnehmers zu thun haben, die Befriedigung der ihnen auferlegten Vermächtnisse und Auflagen insoweit zu verweigern, als die belastete Erbschaft oder das belastete Vermächtnis zur Befriedigung der fraglichen Beschwerungen nicht ausreicht, gehören im wesentlichen der neuesten Rechtsentwickelung an. Nach römischem Rechte ist der Erbe befugt, zu verlangen, daß ihm ein Viertel seines Erbteils frei von Vermächtnissen und anderen Belastungen gelassen werde.[1] Und er hat einen durch Klage oder Einrede geltend zu machenden Anspruch darauf, daß die ihm auferlegten Vermächtnisse und Beschwerungen insoweit verhältnismäßig gekürzt werden, als zur Herstellung des ihm zu belassenden Viertels des Erbteiles erforderlich ist.[2] Ist eine unteilbare Leistung Gegenstand des Vermächtnisses, so hat der Vermächtnisnehmer den auf das Vermächtnis fallenden Beitrag zu dem Erbteilsviertel nach dem Verhältnisse des Wertes des Vermächtnisgegenstandes in Geld zu leisten.[3] Das Recht des Erben auf Freilassung des Viertels seines Erbteiles wurde durch das Falcidische Gesetz gegenüber den Legaten eingeführt[4] und durch spätere Gesetze auf Fideikommisse,[5] Schenkungen von Todeswegen[6] und bedingte Auflagen[7] ausgedehnt. Unter Justinian hat der Erblasser die Befugnis erhalten, das Recht des Erben auf ein freizulassendes Viertel des Erbteiles auszuschließen.[8] Dem Vermächtnisnehmer giebt, wenn die

---

[37] B.G.B. § 2187 Abs. 3, § 1991 Abs. 2, 3, 4.

[1] L. 1 pr. D. ad leg. Falcidiam (35, 2).

[2] L. 23 D. de dolo (4,3), l. 1 § 11, l. 26, 31 D. ad leg. Falc. (35, 2), l. 9 C. ad leg. Falc. (6, 50).

[3] L. 80 § 1 D. ad leg. Falc. (35, 2), l. 5 § 1 D. de doli et met. exc. (44, 4).

[4] L. 1 pr. ad leg. Falc. (35, 2). Das Gesetz wurde im Jahre der Stadt 714 erlassen.

[5] Durch das Sctum. Pegasianum unter Vespasian, Gai. II 254, § 5 J. de fideicomm. her. (2, 23).

[6] Durch Septimus Severus, l. 32 § 1 D. de don. i. v. e. u. (24, 1).

[7] Durch Justinian, l. 18 C. ad leg. Falc. (6, 50).

[8] Nov. 1 c. 2 § 2.

ihm bestimmte Zuwendung mit Vermächtnissen oder anderen Beschwerungen belastet ist, das römische Recht ein entsprechendes Recht nicht.[9] Ein beschwerter Vermächtnisnehmer ist nur berechtigt, den Bedachten, die er selbst zu befriedigen hat, soviel abzuziehen, als er selbst von seinem Vermächtnisse infolge des vom Erben wegen dessen Rechtes auf das Erbteilsviertel gemachten Abzuges weniger erhalten hat.[10]

Von den auf deutschem Boden in Geltung stehenden Gesetzbüchern haben das württembergische vom Jahre 1610[11] und das bayerische vom Jahre 1756[12] das Recht des Erben darauf, daß ihm der vierte Teil seines Erbteiles von Vermächtnissen und Belastungen frei bleibe, aufrecht erhalten. Die späteren Gesetzgebungen haben das Recht des Erben nicht beibehalten.[13]

Das preußische Gesetzbuch bestimmt, daß der Erbe darum, weil für ihn nach Bezahlung der Nachlaßschulden und der Vermächtnisse nichts übrig bleibt, den Vermächtnisnehmern Abzüge zu machen nicht berechtigt ist.[14] Es bestimmt weiter, daß, wenn der Nachlaß zur Bezahlung der Schulden, der Vermächtnisse und der übrigen Lasten des Nachlasses nicht hinreicht, die Vermächtnisnehmer nach dem Verhältnisse der auf einen jeden von ihnen fallenden Vorteile die übrigen Lasten der Erbschaft zu tragen haben.[15] Zu diesen Lasten der Erbschaft werden auch die den Erben erwachsenen Kosten der Erhaltung und Verwaltung des Nachlasses sowie die auf die Feststellung und Teilung des Nachlasses verwendeten Kosten, die dem Erben zu erstatten sind, ebenso die dem Erben für seine Bemühungen und Versäumnisse gebührende billige Vergütung gerechnet.[16] Auf dergleichen Vergütung hat der Erbe aber nur Anspruch, wenn sie den Betrag des Wertes, der dem Erben von dem Nachlasse übrig bleibt, übersteigt.[17]

---

[9] L. 23 (22) § 5 l. 26 (25) § 2 D. ad Sctum. Treb. (36, 1).

[10] L. 43 § 3 D. de cond. (35, 1).

[11] Württembergisches Landrecht von 1610 III 25.

[12] Cod. Max. Bav. civ. III §§ 14, 15.

[13] Eins der neuesten Gesetzbücher, das Züricher, giebt dem Erben Anspruch darauf, daß ihm ein Zwölftel seines Erbteiles von Vermächtnissen und Beschwerungen frei bleibe (§ 2092).

[14] A.L.R. I 12 § 333.

[15] A.L.R. I 12 § 334. Diesem Beitrage und Abzuge unterwirft das Gesetzbuch außer den Vermächtnissen auch die Schenkungen von Todes wegen (a. a. O. § 335). Darüber, wie der Abzug zu bewerkstelligen ist, enthalten die §§ 336 flg. nähere Bestimmungen.

[16] A.L.R. I 12 §§ 354 flg.

[17] A.L.R. I 12 § 358. Will der Erbe mit der Ordnung des Nachlasses sich nicht befassen, so steht ihm unbeschadet seines Erbrechtes frei, auf Bestellung eines Nachlaßkurators anzutragen, dem sodann jenes Geschäft obliegt (§ 359 flg. a. a. O.).

Einen Anspruch auf Ersatz der ihm bei Verwaltung und Verteilung der Erbschaft entstandenen Kosten und auf Belohnung für seine Mühewaltungen giebt dem Erben auch die österreichische Gesetzgebung, wenn für ihn nach Bezahlung der Erbschaftschulden, der Vermächtnisse und der sonstigen Lasten der Erbschaft nicht soviel übrig bleibt, daß der Betrag der Auslagen und der dem Erben gebührenden Vergütung gedeckt wird.[18]

Das sächsische Gesetzbuch enthält für den Fall, daß zur Entrichtung der angeordneten Vermächtnisse die Erbschaft nach Abzug der auf ihr ruhenden Schulden und Lasten oder der zur Befriedigung der Vermächtnisse bestimmte Teil der Erbschaft nicht hinreicht, eine Reihe von Bestimmungen über die vorzunehmenden Kürzungen der Vermächtnisse, giebt aber dem Erben keinen Anspruch auf irgend welchen Abzug, den er für sich machen könnte.[19]

§ 87. V. Das Vorausvermächtnis.

Ein Vorausvermächtnis liegt vor, wenn mehreren Miterben zu Gunsten des einen von ihnen ein Vermächtnis auferlegt ist. Das bürgerliche Gesetzbuch für das Deutsche Reich enthält darüber den Rechtssatz, daß das einem Erben zugewendete Vermächtnis, das Vorausvermächtnis, als Vermächtnis auch insoweit gilt, als der Erbe selbst beschwert ist.[1]

In diesem Satze zeigt sich die Rechtswissenschaft im Verhältnisse zu dem Wege, den sie die römischen Juristen haben einschlagen lassen, auf der Umkehr. In dem Vorausvermächtnisse liegt nämlich insoweit, als man anzunehmen hätte, daß der damit bedachte Erbe den auf ihn als Belasteten fallenden Teil des Vorausvermächtnisses an sich selbst entrichten müßte, ein innerer Widerspruch. Dem Widerspruche haben die römischen Juristen durch die Annahme zu begegnen gesucht, dem Vorausvermächtnisse komme insoweit Rechtswirkung nicht zu, als der damit bedachte Miterbe selbst beschwert sei.[2] Diesem Miterben gebühre allerdings der Teil des Vermächtnisses, mit dem er selbst be-

---

[18] Österreich. Gesetzb. § 690; Unger, österreich. Erbrecht § 66.

[19] Sächs. Gesetzb. §§ 2443 flg.

[1] B.G.B. § 2150. Der hergebrachte deutsche Ausdruck für das römische Prälegat ist „Vorvermächtnis". Das bürgerliche Gesetzbuch hat den sinngemäßeren „Vorausvermächtnis" aufgenommen, den auch Unger (Erbrecht § 55 Nr. 3) vorgezogen hat.

[2] L. 34 § 11 D. de leg. I (30): — a semet ipso ei (heredi) legatum inutiliter videtur; l. 116 § 1 ib.: Heredi a semet ipso legatum dari non potest; l. 18 § 2 D. quae ut indignis (34, 9): — quanquam legatum pro ipsius parte non constitisset ideoque portionem istam pro herede possideret.

schwert sei, und den er, wenn ein Nichterbe mit dem Vermächtnisse bedacht wäre, als den auf ihn selbst fallenden Teil der Vermächtnisschuld an diesen Vermächtnisnehmer zu entrichten haben würde. Er erhalte ihn aber, wenn er Erbe werde, nicht als Vermächtnisnehmer vermöge des Vorausvermächtnisses, sondern behalte ihn als Erbe und brauche ihn auf Grund des insoweit ungültigen Vorausvermächtnisses nicht herauszugeben.[3]

Aus dem in Frage stehenden Satze des römischen Rechtes werden weitere Folgesätze abgeleitet. Zuerst der Satz, daß der Teil des Vorausvermächtnisses, den der bedachte Erbe nicht als Vorausvermächtnisnehmer von den zu seinen Gunsten belasteten Miterben erhalten hat, den er vielmehr als Erbe nicht herauszugeben braucht, als Bestandteil der Erbschaft, wenn dem mit dem Vorausvermächtnisse bedachten Miterben ein Erbschaftvermächtnis auferlegt ist, an den Erbschaftvermächtnisnehmer mit herausgegeben werden muß[4] und, wenn es sich um das Recht zur Kürzung des Gesamtwertes der Vermächtnisse bis auf den vierten Teil des Erbteiles handelt, auf dies Viertel mit anzurechnen ist.[5]

Ein zweiter Folgesatz bezieht sich auf den Fall, daß der Vorausvermächtnisnehmer nicht Erbe wird. Tritt nämlich der ernannte Miterbe, zu dessen Gunsten den sämtlichen Erben ein Vorausvermächtnis auferlegt ist, die Erbschaft nicht an, oder entschlägt er sich der Erbschaft, und geht der Erbteil, der ihm als Miterben zugedacht war, vermöge Anwachsungrechtes auf andere Miterben oder, wenn dem fraglichen Miterben ein Ersatzerbe bestellt ist, auf diesen über, so geht damit auch die in dem Vorausvermächtnisse bestehende Belastung des Erbteiles mit über, und das Vorausvermächtnis, das nunmehr ein gewöhnliches Vermächtnis geworden ist, da es die Erben zu Gunsten eines Vermächtnisnehmers, der zwar Miterbe werden sollte, es aber nicht geworden ist, belastet, ist von den Miterben in seiner ganzen Höhe zu entrichten.[6] Über den Aufbau des Rechtsverhältnisses gehen aber die Meinungen auseinander.

---

[3] Der Satz, daß der Vorausvermächtnisnehmer den in Frage stehenden Teil des Vorausvermächtnisses nicht als Vermächtnisnehmer erhält, sondern als Erbe behält, ist indes nicht unbestritten. Am schärfsten drückt sich darüber Claußen, (Juristische Zeitschrift des Schleswig-Holstein-Lauenburgischen Advokatenvereins 1845 S. 144 flg.), aus, indem er ihn (S. 157 ebenda) als verwerfliche Spitzfindigkeit, wodurch der wahre Wille des Erblassers verdreht wird, bezeichnet. Anders v. Vangerow (Archiv für civilistische Praxis Bd. 35 S. 260 flg.) und v. Buchholtz (Lehre von den Prälegaten S. 200 flg.).

[4] L. 19 (18) § 3 D. ad Sct. Trebell. (36, 1).

[5] L. 74, 86 D. ad leg. Falcid. (35, 2).

[6] L. 17 § 2, l. 87, 89, 90 pr. D. de leg. I (30).

Der Meinungstreit reicht bis in die Zeit der Glossatoren zurück.[7] Es werden drei verschiedene Meinungen aufgestellt. Von der einen Seite wird angenommen, das einem Miterben zugewendete Vorausvermächtnis sei, soweit es der Miterbe an sich selbst entrichten müßte, nicht von Anfang an unwirksam, sondern werde erst unwirksam, sobald der Vorausvermächtnisnehmer Erbe werde.[8] Von der anderen Seite wird der Satz aufgestellt, daß das Vorausvermächtnis, soweit es der Erbe an sich selbst zu entrichten haben würde, von Anfang an unwirksam ist. Die Meinungen der Anhänger dieser Lehre stehen aber untereinander nicht im Einklange. Die älteste Meinung bedient sich des Hilfsmittels der Annahme einer stillschweigenden Bedingung. Sie sieht nämlich das Vorausvermächtnis, soweit es der Erbe an sich selbst abzuführen haben würde, als vom Erblasser unter die Bedingung gestellt an, daß der zum Miterben eingesetzte Vorausvermächtnisnehmer nicht Erbe wird.[9] Eine andere Meinung geht dahin, daß das zu Gunsten des Miterben errichtete Vermächtnis, soweit es, wenn der Vorausvermächtnisnehmer Erbe werde, nicht bestehen könne, auf Grund des anzunehmenden Willens des Erblassers in dem Falle, daß der Vorausvermächtnisnehmer nicht Erbe wird oder doch nicht Erbe bleibt, konvalesziere.[10] Eine Ansicht endlich geht dahin, daß das Vorausvermächtnis zwar rechtlich wie ein bedingtes behandelt werde, daß aber in ihm keine als solche vom Erblasser gewollte und gesetzte Bedingung enthalten sei, und daß der Erblasser den Vorausvermächtnisnehmer primär mit belaste, daß aber sekundär die Miterben allein belastet seien.[11]

Die römischen Juristen sind bei dem Aufbaue des Rechtsverhältnisses nicht durchweg folgerichtig vorgegangen. Für den Fall nämlich, daß der mit dem Vorausvermächtnisse bedachte Miterbe zwar den Zeitpunkt des Vermächtniserwerbes erlebt, aber nicht Erbe wird, weil er, ohne die Erbschaft angetreten zu haben, mit Tode abgeht, schreibt

---

[7] Dogmengeschichtliches bei v. Buchholtz, Lehre von den Prälegaten. S. 168 flg.

[8] Neuere Vertreter dieser Meinung sind: Pfeiffer, vermischte Aufsätze S. 376 flg. § 6; v. d. Pfordten, de praelegatis § 15; Kuntze, Kursus des römischen Rechtes § 923; Arndts in Glück, Pandektenkommentar Bd. 47 S. 103 flg.; Brinz, Pandekten 2. Aufl. Bd. 3 § 423a Anm. 4.

[9] Unter den Neueren vertritt diese Meinung v. Vangerow, Pandekten Bd. 2 § 523 Anm. IV. Derselbe subintelligiert bei jedem Prälegate den Zusatz: „wenn der Prälegatar nicht Erbe wird, soll er den ganzen Gegenstand des Prälegates haben", sofern nicht etwa der Erblasser die Bedingung: „si heres erit" zugefügt hatte (S. 430 a. a. O.).

[10] v. Buchholtz a. a. O. S. 194 flg.

[11] Kretschmar, die Natur des Prälegats S. 234 flg.

das Gesetz vor, daß der Teil des Vorausvermächtnisses, den der Bedachte von seinen Miterben zu erhalten hat, auf seine Erben übergeht, der Teil aber, den er als belasteter Miterbe an sich selbst zu entrichten hätte, mit der Erbschaft als Bestandteil derselben vermöge Anwachsungrechtes den als Ersatzerben für ihn eingesetzten Miterben zufällt.[12]

Ganz besonders bemerkenswerte Ergebnisse folgen aus der Anwendung der das Vorausvermächtnis beherrschenden Rechtssätze des römischen Rechtes in dem Falle, daß ein Vermächtnis sämtlichen Erben zu Gunsten des einen Miterben und eines Nichterben als Vermächtnisnehmer auferlegt ist. Aus dem Grundsatze nämlich, nach welchem das Vermächtnis unwirksam ist, soweit der mitbedachte Miterbe mitbelastet ist, ergiebt sich, daß vermöge des Anwachsungrechtes der unwirksam vermachte Anteil des Miterben an dem Vermächtnisse an den mitbedachten Nichterben gelangt. Diese Schlußfolgerung haben die römischen Juristen in der That gezogen.[13] Sie haben dann auch das weitere Ergebnis als folgerichtig mit in den Kauf genommen, welches sich herausstellt, wenn Miterben zu ungleichen Erbteilen eingesetzt und gleichzeitig zusammen mit einem Vorausvermächtnisse bedacht sind. Sind nämlich zwei Miterben eingesetzt, der eine zu einem Zwölftel, der andere zu elf Zwölfteln, und ist ihnen zusammen ein Grundstück als Vorausvermächtnis ausgesetzt, so ergiebt sich aus der Anwendung jener Grundsätze, daß von dem Grundstücke der zu elf Zwölfteln eingesetzte Miterbe ein Zwölftel und der zu einem Zwölftel eingesetzte Erbe elf Zwölftel erhält, jeder Erbe nämlich den dem Miterben ungültig vermachten Grundstücksanteil.[14] Dernburg bezeichnet diese Behandlung des Anwachsungrechtes beim Vorausvermächtnisse mit Recht als „virtuos“. Er bemerkt, daß sich die fraglichen Sätze in altrömischer Zeit gebildet haben müssen, in der man die Rechtsregeln mehr mechanisch angewandt und die Folgen wie ein Fatum getragen habe,

---

[12] L. 75 § 1 D. de leg. II (31). Windscheid, a. a. O. Anm. 6, bemerkt zu der Stelle, daß die günstige Auslegung des Willens des Erblassers, nach welcher der Vorausvermächtnisnehmer, wenn er nicht Erbe wird, das Vermächtnis als Vermächtnisnehmer auch für den seinem Erbteile entsprechenden Anteil bekomme, nicht eintrete, wenn von ihr nur die Erben des Vermächtnisnehmers Vorteil haben würden, an die der Erblasser gar nicht gedacht habe, und daß mit dieser Annahme die Schwierigkeit am leichtesten zu beseitigen sei, die sich aus l. 104 § 6 D. de leg. I, l. 31 D. quando dies (36, 2) und l. 28 D. de cond. iust. (28, 7) entgegenstellen. Es besteht aber großer Streit über die Bedeutung der l. 75 § 1. S. Arndts a. a. O. S. 116 flg.; Kretschmar a. a. O. S. 80 flg., 270 flg.; v. Vangerow a. a. O. — Brinz, a. a. O. Anm. 4, bemerkt, daß die Stelle jeder Theorie Schwierigkeiten mache und keinem der bisherigen Erklärungversuche zu weichen scheine. S. auch Dernburg, Pandekten Bd. 3 § 115 Anm. 5.

[13] L. 34 § 11, l. 116 § 1 D. de leg. I (30).

[14] L. 34 § 12 a. a. O.

und fügt hinzu, daß, da die Sätze einmal in Geltung gewesen seien, der Wille der römischen Erblasser sich ihnen anbequemt habe, und daß es viele gegeben haben möge, die ihre Freude an dem neckischen Spiele solcher Verfügungen hatten.[15] Daß die heutige gemeinrechtliche Rechtsprechung es nicht nötig hat, auf diesen Wegen einer in die Irre geratenen Logik weiter zu wandeln, sondern bei der ihr gestellten Aufgabe, den wahren Willen des Erblassers festzustellen, sich von den fraglichen Schlußfolgerungen frei machen kann, hat auch Windscheid ausgeführt.[16]

Die neueren Gesetzgebungen haben zum Teile andere Bahnen betreten als das römische Recht. Nach bayerischem Landrechte erhält der Vorausvermächtnisnehmer, wenn er Miterben hat, das ganze Vorausvermächtnis bei der Teilung des Nachlasses voraus.[17] Das allgemeine preußische Landrecht bestimmt, daß mit einem Vorausvermächtnisse, das dem einen von mehreren Miterben beschieden ist, alle Erben nach dem Verhältnisse ihrer Erbteile belastet sind, und daß der bei dieser Belastung auf den Vermächtnisnehmer selbst fallende Teil von dem Vermächtnisnehmer selbst zu tragen ist, daß aber der Vermächtnisnehmer diesen Teil nicht vermöge Erbrechtes, sondern kraft Vermächtnisrechtes erwirbt.[18] Als Folge dieses Aufbaues des Rechtsverhältnisses ergiebt sich im Gegensatze zum römischen Rechte, daß bei einem Erbschaftvermächtnisse der Fiduziar das ganze Vorausvermächtnis für sich behält. Ebenso ist die Auffassung des österreichischen Rechtes.[19]

Das sächsische Gesetzbuch hat sich dagegen wieder auf den Boden des römischen Rechtes gestellt. Es enthält die Bestimmung, daß das einem Miterben aus der Erbschaft hinterlassene Vermächtnis bloß insoweit als Vermächtnis gilt, als es auf den Erbteilen der Miterben lastet.[20] Aus diesem Satze folgt von selbst, daß der mit einem Erbschaftvermächtnisse belastete Miterbe nur den Teil eines ihm auferlegten Vorausvermächtnisses für sich behalten kann, der ihm infolge der Belastung der Miterben zuteil geworden ist. Eine weitere Bestimmung des Gesetzbuches geht dahin, daß, wenn ein Vermächtnis einem Erben und einem Nichterben gemeinschaftlich hinterlassen ist, sie das teilen, was die übrigen Miterben zu dem Vermächtnisse beizutragen haben.[21] Aus den aufgestellten

[15] Dernburg a. a. O. § 116b.

[16] Windscheid a. a. O. Anm. 8.

[17] Cod. Maximil. Bav. civ. III 6 § 5 No. 3. S. auch v. Kreittmayr, Anmerkungen über den Cod. Maximil. Bav. civ. Bd. 3 S. 485.

[18] A.L.R. I 12 §§ 262, 263, 271, 273. Dernburg, preuß. Privatr. Bd. 3 § 137 Anm. 7 flg.

[19] Österreich. Gesetzb. § 648. Unger, österreich. Erbrecht § 55 Anm. 9 flg.

[20] Sächs. Gesetzb. § 2401.

[21] Sächs. Gesetzb. § 2402.

Sätzen zieht das Gesetzbuch selbst die Schlußfolgerung, daß der mit einem Vorausvermächtnisse bedachte Erbe, wenn er die Erbschaft ausschlägt, das Recht hat, das Vermächtnis auch zu dem Teile, der auf seinem eigenen Erbteile lastet, zu fordern oder, wenn ein Nichterbe sein Mitvermächtnisnehmer ist, mit diesem zu teilen.[22]

Bei den Beratungen des bürgerlichen Gesetzbuches für das Deutsche Reich ist der Standpunkt, von dem aus die römischen Juristen das Vorausvermächtnis bestimmt haben, von vornherein verlassen worden. Der erste Entwurf enthielt den Satz, daß das Vorausvermächtnis im Verhältnisse des bedachten Erben zu Miterben, Vermächtnisnehmern, Nacherben und Erbschaftkäufern auch insoweit als wirksam anzusehen sei, als der bedachte Erbe selbst beschwert ist.[23] Der erste Entwurf nahm also das Verhältnis des bedachten Erben zu den Nachlaßgläubigern hier aus. Bei den Beratungen der Kommission für die zweite Lesung des Entwurfes wurde der Antrag gestellt, der Bestimmung, ohne die Nachlaßgläubiger auszunehmen, den Inhalt zu geben, daß ein Vorausvermächtnis auch insoweit als Vermächtnis gilt, als der Erbe selbst beschwert ist. Praktische Bedeutung gewinne die Frage, ob der Erbe auch den Nachlaßgläubigern gegenüber als Vermächtnisnehmer hinsichtlich des Vorausvermächtnisses zu behandeln sei, — so wurde ausgeführt — zum Beispiele, wenn etwa ein Nachlaßgläubiger seine Forderung im Nachlaßkonkurse oder im Aufgebotsverfahren nicht anmelde. Der Erbe brauche in solchen Fällen, wenn der Gläubiger sich erst nachträglich melde, ihm gegenüber das Vorausvermächtnis sich nicht als Teil der Erbschaft anrechnen zu lassen, sondern behalte dasselbe als Vermächtnis. Die Kommission nahm den Antrag an.[24]

Die Redaktoren des ersten Entwurfes sind bei ihrer grundsätzlich vom römischen Recht abweichenden Behandlung des Vorausvermächtnisses nach den dem Entwurfe beigegebenen Motiven von der Erwägung ausgegangen, daß die aus der römisch-rechtlichen Auffassung sich ergebenden Schlußfolgerungen mit dem anzunehmenden Willen des Erblassers insofern in Widerspruch ständen, als der Erblasser mit der Anordnung eines Vorausvermächtnisses gewiß nicht den Willen verbinde, den mit dem Vorausvermächtnisse bedachten Erben ungünstiger zu stellen, als er an sich stehe, daß vielmehr angenommen werden müsse, der Wille des Erblassers gehe dahin, dem bedachten Erben neben der Rechtsstellung, die ihm als Erben gebühre, auch die Stellung des Vermächt-

---

[22] Sächs. Gesetzb. § 2403.

[23] Erster Entwurf § 1845 Abs. 2.

[24] Protokolle der Kommission für die zweite Lesung des Entwurfes, 346. Sitzung X. B. S. 6884 f.

nisnehmers, soweit diese günstiger sei, zu geben. Demgemäß behandele der Entwurf das Vorausvermächtnis, soweit es dem bedachten Erben selbst zur Last falle, im Wege der Fiktion als wirksames Vermächtnis gegenüber allen, denen gegenüber solches dem bedachten Erben vorteilhaft sein könne, mithin gegenüber den Miterben, den übrigen Vermächtnisnehmern und den Nacherben.[25]

Dazu ist zu bemerken, daß die Aufstellung einer Fiktion zur Begründung der in Rede stehenden Annahme wohl nicht erforderlich ist. Die Art der Begründung der neuen Auffassung in den Motiven selbst weist darauf hin, daß die aus dem römischrechtlichen Begriffe des Vorausvermächtnisses sich ergebenden Schlußfolgerungen dem in der Regel anzunehmenden Willen des Erblassers nicht gerecht werden. Darnach liegt in erster Linie die Anforderung vor, dem Begriffe des Vorausvermächtnisses einen anderen Inhalt zu geben als den, den er nach der Auffassung der römischen Juristen hat. Bedenkt der Erblasser einen der Miterben mit einem Vorausvermächtnisse, so will er in erster Reihe, daß dieser Miterbe das ganze Vorausvermächtnis, und zwar als Vermächtnis, erhält, und daß er auf Höhe des ganzen Vermächtnisses nicht als Erbe behandelt wird, wenn ihm auch der Teil des Vorausvermächtnisses, der auf seinen Erbteil fällt, bei der Teilung der Erbschaft von seinem Erbteile als Last der Erbschaft in Abzug gebracht werden muß. Diese Stellung des Vermächtnisnehmers hat der bedachte Miterbe in allen erbrechtlichen Beziehungen, und zwar kraft anzunehmenden Willens des Erblassers, der ihn in erster Reihe zum Vermächtnisnehmer in Höhe des ganzen Vermächtnisses auf Kosten der Erbschaft, wie solches im Begriffe des Vermächtnisses liegt, und in zweiter Reihe zum Miterben bestimmt hat.

§ 88. VI. **Anfall und Erwerb des Vermächtnisses.**

1. Nach dem bürgerlichen Gesetzbuche.

Als Anfall der Erbschaft bezeichnet das bürgerliche Gesetzbuch für das Deutsche Reich den Rechtsvorgang, mit dem das Vermögen des Erblassers als Ganzes auf den Erben oder die Gesamtheit der Erben übergeht.[1] Dieser Rechtsvorgang vollzieht sich in den gewöhnlichen Fällen mit dem Erbfalle, also mit dem Tode des Erblassers, vorbehaltlich des Rechtes des berufenen Erben, innerhalb der vom Gesetzbuche gestellten Überlegungfrist die Erbschaft auszuschlagen,[2] und in dem Falle,

[25] Motive Bd. 5 S. 139 f.

[1] B.G.B. § 1942 Abs. 1.

[2] B.G.B. § 1922 Abs. 1.

daß ein Nacherbe eingesetzt ist, mit dem Eintritte des Falles der Nacherbfolge, auch in diesem Falle vorbehaltlich des Rechtes des berufenen Nacherben zur Ausschlagung der Erbschaft.[3] Mit dem Anfalle der Erbschaft läßt also das bürgerliche Gesetzbuch die zur Erbschaft berufene Person Erbe werden, so daß es daneben eines Erwerbes der Erbschaft nicht bedarf. Das Gesetzbuch stellt allerdings dem Anfalle der Erbschaft deren Annahme gegenüber als die — ausdrückliche oder stillschweigende — Erklärung der zur Erbschaft berufenen Person, daß sie Erbe sein, daß sie mithin die Erbschaft haben und behalten wolle, aber nur in dem Sinne, daß mit dieser Erklärung, welche unwiderruflich ist, wenn sie in der gesetzlichen Überlegungsfrist abgegeben wird, ebenso wie durch Stillschweigen während des Laufes dieser Frist die zur Erbschaft berufene Person die Entscheidung dafür trifft, daß sie Erbe sein wolle.[4] Als Anfall des Vermächtnisses sieht dagegen das bürgerliche Gesetzbuch den Rechtsvorgang an, mit welchem das Recht des Vermächtnisnehmers auf das Vermächtnis entsteht. Dieser Rechtsvorgang fällt in den gewöhnlichen Fällen ebenfalls mit dem Erbfalle zusammen.[5] Ist aber das Vermächtnis unter einer aufschiebenden Bedingung oder unter Bestimmung eines Anfangszeitpunktes angeordnet, so fällt es dem Bedachten mit dem Eintritte der Bedingung oder des Anfangszeitpunktes an, wenn nicht schon vor dem Erbfalle die eine oder der andere eingetreten ist.[6] In allen Fällen geschieht der Anfall des Vermächtnisses mit dem Vorbehalte der Befugnis zur Ausschlagung. Mit der in Frage stehenden Gleichstellung der aufschiebenden Bedingung und des Anfangszeitpunktes in der Art, daß das Recht auf das Vermächtnis mit dem Eintritte des Anfangszeitpunktes ebenso wie mit dem Eintritte der aufschiebenden Bedingung entsteht, und nicht bloß fällig wird, erhält der Gedanke des Gesetzbuches, daß die aufschiebende Bedingung und der Anfangszeitpunkt in ihrer Bedeutung für das in Frage kommende Rechtsverhältnis einander gleichstehen sollen,[7] erneuten Aus-

[3] B.G.B. §§ 2139, 2142.

[4] B.G.B. §§ 1943, 1944.

[5] B.G.B. §§ 2174, 2176.

[6] B.G.B. § 2177.

[7] B.G.B. §§ 158, 163. S. oben § 38 S. 141 f. Der Verfasser hat dort der Auffassung Ausdruck gegeben, daß, wenn ein Vermächtnis unter Bestimmung eines Anfangstermines angeordnet ist, und der Bedachte vor dem Eintritte des Termines gestorben ist, ein Vermächtnisrecht für den Bedachten ebensowenig entstanden ist wie in dem Falle, daß der Bedachte bei einem unter eine aufschiebende Bedingung gestellten Vermächtnisse den Eintritt der Bedingung nicht erlebt hat. Die Auffassung ist auf den Wortlaut der §§ 158, 163, 2176, 2177 B.G.B. gegründet, welche lauten: § 158: „Wird ein Rechtsgeschäft unter einer aufschiebenden Bedingung vorgenommen,

druck.[8] Ist eine zur Zeit des Erbfalles noch nicht erzeugte Person mit einem Vermächtnisse bedacht, oder soll die Persönlichkeit des Bedachten durch ein nach dem Erbfalle eintretendes Ereignis bestimmt werden, so erfolgt der Anfall im ersteren Falle mit der Geburt des Bedachten, im anderen mit dem Eintritte des Ereignisses.[9] Ist eine zur Zeit des Erbfalles noch nicht staatlich genehmigte Stiftung mit einem Vermächtnisse

---

so tritt die von der Bedingung abhängig gemachte Wirkung mit dem Eintritte der Bedingung ein." § 163: „Ist für die Wirkung eines Rechtsgeschäfts bei dessen Vornahme ein Anfangstermin bestimmt worden, so finden die — für die aufschiebende Bedingung geltenden — Vorschriften der §§ 158 — entsprechende Anwendung. § 2176: „Die Forderung des Vermächtnisnehmers kommt, unbeschadet des Rechts, das Vermächtnis auszuschlagen, zur Entstehung (Anfall des Vermächtnisses) mit dem Erbfalle". § 2177: „Ist das Vermächtnis unter einer aufschiebenden Bedingung oder unter Bestimmung eines Anfangstermins angeordnet und tritt die Bedingung oder der Termin erst nach dem Erbfall ein, so erfolgt der Anfall des Vermächtnisses mit dem Eintritte der Bedingung oder des Termins." Die im § 2074 B.G.B. enthaltene Bestimmung: „Hat der Erblasser eine letztwillige Zuwendung unter einer aufschiebenden Bedingung gemacht, so ist im Zweifel anzunehmen, daß die Zuwendung nur gelten soll, wenn der Bedachte den Eintritt der Bedingungen erlebt," hat der Verfasser auf Grund der erwähnten Gleichstellungen des Anfangstermins und der aufschiebenden Bedingung Mangels einer anderen auf Anfangstermine bezüglichen Bestimmung dahin aufgefaßt, daß sie auch von letzteren zu gelten habe. Die Absicht der Kommission für die zweite Lesung des Entwurfes ist aber dahin gegangen, der aufschiebenden Bedingung den Anfangstermin nicht in dem Sinne gleichzustellen, daß die Zuwendung auch unwirksam werde, wenn der Bedachte den Eintritt des Anfangstermins nicht erlebe. S. Anm. 8.

[8] Der erste Entwurf hatte den Fall nicht erwähnt, daß einem Vermächtnisse ein Anfangszeitpunkt beigefügt ist, bis zu dessen Eintritte das Entstehen der rechtlichen Wirkung der auf die Vermächtniswirkung gerichteten letztwilligen Verfügung hinausgeschoben sein soll. Nach den Motiven (Bd. 5 S. 179) hatte man eine Vorschrift dieses Inhaltes nicht für erforderlich, den Fall, daß ein Erblasser in der vorausgesetzten Weise verfügt, vielmehr für so selten gehalten, daß die Übergehung des Falles im Gesetze für gerechtfertigt angesehen wurde. Die Kommission für die zweite Lesung des Entwurfes (Protokolle, 351. Sitzung II. B. S. 6967 f.) nahm an, daß beide Fälle, der Fall der aufschiebenden Bedingung und der des Anfangszeitpunktes, unbedenklich gleich zu behandeln seien. Es wurde aber dabei bemerkt, daß, auch wenn man hier der aufschiebenden Bedingung die Bestimmung eines Anfangstermines gleichstelle, insofern ein Unterschied bleibe, als ein Vermächtnis zwar unwirksam werde, wenn der Bedachte den Eintritt der aufschiebenden Bedingung nicht erlebe, in dieser Hinsicht aber der aufschiebenden Bedingung der Anfangstermin nicht gleichgestellt sei. Dabei wurde darauf Bezug genommen, daß bei der Beratung des § 1761 des ersten Entwurfes (§ 1947 des Entwurfes zweiter Lesung, § 2074 des bürgerlichen Gesetzbuches), nach welcher Bestimmung eine unter einer aufschiebenden Bedingung gemachte letztwillige Zuwendung im Zweifel nur gelten soll, wenn der Bedachte den Eintritt der Bedingung erlebt, ein Antrag, die Bestimmung auch auf den Fall eines Anfangstermines zu erstrecken, abgelehnt worden ist (Protokolle, 333. Sitzung IV.).

[9] B.G.B. § 2178.

bedacht, so gilt die Stiftung, wenn der Stifter selbst als Erblasser das Vermächtnis errichtet hat, als schon vor dem Erbfalle entstanden.[10]

Die Bestimmungen des bürgerlichen Gesetzbuches, nach denen die zur Erbschaft berufene Person in den gewöhnlichen Fällen mit dem Tode des Erblassers zur Erbschaft berufen wird, sind auf den deutschrechtlichen Satz zurückzuführen: „Der Tote erbt den Lebendigen." Auf demselben Satze beruhen die Bestimmungen des preußischen Gesetzbuches[11] und die des französischen[12] über das Erbewerden der zur Erbschaft berufenen Person. Der deutschrechtlichen Auffassung steht die römischrechtliche gegenüber, nach der das Erbewerden neben der als Delation der Erbschaft bezeichneten Berufung zur Erbschaft durch Testament oder Gesetz den von dem berufenen Erben ausdrücklich oder stillschweigend ausgesprochenen Willen, Erbe zu werden, und damit den Erbschaftantritt erfordert, wenn die zur Erbschaft berufene Person nicht in der unmittelbaren Gewalt des Erblassers gestanden hat.[13] Auf demselben Standpunkte stehen das württembergische,[14] das bayerische,[15] das österreichische[16] und das sächsische[17] Gesetzbuch.

Für ein unter eine aufschiebende Bedingung oder unter einen Anfangszeitpunkt gestelltes Vermächtnis enthält das bürgerliche Gesetzbuch eine wesentliche Beschränkung der Wirksamkeit. Ein solches Vermächtnis wird nämlich mit dem Ablaufe von dreißig Jahren nach dem Erbfalle unwirksam, wenn nicht vorher die Bedingung oder der Zeitpunkt eingetreten ist.[18] Die Beschränkung ist der nachgebildet, die das Gesetzbuch der Wirksamkeit der Einsetzung eines Nacherben gesetzt hat.[19] Für den Fall

---

[10] B.G.B. § 84. Die Bestimmung besagt, daß eine Stiftung, die erst nach dem Tode des Stifters genehmigt wird, für die Zuwendungen des Stifters als schon vor dessen Tode entstanden gilt. Auf den Fall der Erbeinsetzung einer Stiftung ist die Bestimmung ebenfalls anwendbar (B.G.B. § 2101 Abs. 2 Schlußsatz).

[11] A.L.R. I 9 §§ 367 flg.

[12] Code civil Artt. 718, 724.

[13] Brinz, Pandekten 2. Aufl. Bd. 3 §§ 393 flg.; Windscheid, Pandekten Bd. 3 §§ 595 flg.

[14] Württembergisches Landrecht III 21.

[15] Cod. Maximil. Bav. civ. III 1 §§ 5 flg.

[16] Österreich. Gesetzb. §§ 547, 799.

[17] Sächs. Gesetzb. §§ 2250 flg.

[18] B.G.B. § 2162 Abs. 1.

[19] S. oben § 61 S. 220 flg. — Der erste Entwurf (§ 1869) enthielt die Bestimmung, daß ein unter eine aufschiebende Bedingung gestelltes Vermächtnis, das nicht mit dem Tode des Beschwerten anfalle, unwirksam werde, wenn der Beschwerte und der Vermächtnisnehmer gestorben und seit dem Erbfalle dreißig Jahre verstrichen seien, bevor die Bedingung erfüllt sei. Weiter bestimmte er, daß, wenn der Vermächtnisnehmer eine zur Zeit des Erbfalles noch nicht empfangene Person sei oder

sodann, daß der Bedachte zur Zeit des Erbfalles noch nicht erzeugt ist, bestimmt es, daß das Vermächtnis mit dem Ablaufe von dreißig Jahren nach dem Erbfalle unwirksam wird, wenn nicht vorher der Bedachte erzeugt ist.[20] Für den Fall endlich, daß die Persönlichkeit des Bedachten durch ein erst nach dem Erbfalle eintretendes Ereignis bestimmt werden soll, ordnet es an, daß das Vermächtnis mit dem Ablaufe von dreißig Jahren nach dem Erbfalle unwirksam wird, wenn nicht vorher das Ereignis eintritt, durch das die Persönlichkeit bestimmt werden soll.[21] Die Unwirksamkeit tritt aber nicht ein, das Vermächtnis bleibt also in den angegebenen Fällen auch nach dem Ablaufe der dreißig Jahre wirksam, wenn es für den Fall angeordnet ist, daß in der Person des Beschwerten oder des Bedachten ein bestimmtes Ereignis eintritt und derjenige, in dessen Person das Ereignis eintreten soll, zur Zeit des Erbfalles lebt.[22] Ist der Beschwerte, in dessen Person das Ereignis eintreten soll, oder der Bedachte, in dessen Person es eintreten soll, eine juristische Person, so bewendet es bei der dreißigjährigen Frist.[23] Eine Ausnahme tritt ferner ein, und das Vermächtnis bleibt trotz dem Ablaufe der dreißig Jahre wirksam, wenn ein Erbe, ein Nacherbe oder ein Vermächtnisnehmer für den Fall, daß ihm ein Bruder oder eine Schwester geboren wird, zu Gunsten des Bruders oder der Schwester beschwert ist.[24]

Für den **Begriff** des Vermächtnis**erwerbes** im Gegensatze zum Vermächtnis**anfalle** giebt das bürgerliche Gesetzbuch keine Bestimmung. Es spricht überhaupt nicht vom Vermächtniserwerbe. Will man den römischrechtlichen Gegensatz zwischen dem dies legati cedens und dem dies legati veniens als Gegensatz zwischen dem Anfalle und dem Erwerbe des Vermächtnisses für das bürgerliche Gesetzbuch verwerten, so kann man dem Anfalle die Bedeutung eines vorläufigen Erwerbes, nämlich eines Erwerbes unter dem Vorbehalte des Ausschlagungrechtes geben. Dann

---

dessen Persönlichkeit durch ein erst nach dem Erbfalle eintretendes Ereignis bestimmt werden solle, das Vermächtnis unwirksam werde, wenn seit dem Erbfalle dreißig Jahre verstrichen seien, der Beschwerte gestorben und der Vermächtnisnehmer noch nicht empfangen oder das Ereignis, durch das er bestimmt werden solle, noch nicht eingetreten sei. Die Kommission für die zweite Lesung des Entwurfes beanstandete die hier ausgesprochene Beschränkung eines bedingten Vermächtnisses im **Prinzip** nicht, widersprach auch nicht der Erstreckung die Vorschrift auf das **betagte** Vermächtnis und war darin einig, daß man sich bei der Regelung im einzelnen an die für die Nacherbschaft gegebenen Vorschriften anzuschließen habe (Protokolle, 351. Sitzung IV. A.)

[20] B.G.B. § 2162 Abs. 2.

[21] B.G.B. a. a. O.

[22] B.G.B. § 2163 Ziff. 1.

[23] B.G.B. § 2163 Abs. 2.

[24] B.G.B. § 2163 Ziff. 2.

würde als Erwerb die vom Gesetzbuche als unwiderruflich hingestellte Erklärung des Bedachten, das Vermächtnis anzunehmen, anzusehen sein. Man kann aber auch den Erwerb im Gegensatze zum Anfalle dahin verstehen, daß man unter dem Erwerbe die durch Leistung des Gegenstandes des Vermächtnisses sich vollziehende Befriedigung des Bedachten mit dem Anspruche aus dem Vermächtnisse begreift.

In dieser Richtung nimmt das bürgerliche Gesetzbuch eine Stellung ein, die von der des gemeinen Rechtes und anderer auf dem Boden des Deutschen Reiches geltender Rechte abweicht. Es läßt nämlich durch ein Vermächtnis immer nur ein Forderungrecht des Bedachten an den Beschwerten zur Entstehung kommen,[25] während andere Rechte wenigstens unter gewissen Voraussetzungen zwischen dem Bedachten und dem Gegenstande des Vermächtnisses unmittelbar dingliche Wirkungen zur Entstehung bringen.[26]

Diese Grundanschauung des bürgerlichen Gesetzbuches gehört schon dem ersten Entwurfe an[27] und ist während des ganzen Entwickelunganges des Gesetzgebungwerkes aufrecht erhalten worden. Nach den dem ersten Entwurfe beigegebenen Motiven hat man zunächst die Frage aufgestellt, ob nicht schon mit der Auffassung des Entwurfes, der die bloße Willenserklärung zur Herbeiführung des Eigentumsüberganges mittels Rechtsgeschäftes unter Lebenden als nicht ausreichend behandele, vielmehr das Hinzutreten eines äußeren Umstandes (Übergabe, Auflassung) zu der Willenserklärung erfordere, die Anerkennung unmittelbarer Eigentumswirkung des Vermächtniserwerbes unverträglich sei. Man hat diese Frage aber nicht entscheiden wollen. Man hat ferner erwogen, ob die Eigentumswirkung des Vermächtniserwerbes sich mit dem vom Entwurfe — und jetzt auch vom bürgerlichen Gesetzbuche — angenommenen Grundbuchsysteme vertragen würde, und ist der Meinung gewesen, daß die Annahme der dinglichen Wirkung des Vermächtniserwerbes zahlreiche, dem Verkehre wenig dienliche Sondervorschriften erforderlich machen würde. Aber auch dieser Grund hat nicht entscheidend gewirkt. Den Ausschlag hat vielmehr die Erwägung gegeben, daß der Erbe, der allein für die Nachlaßverbindlichkeiten zu haften habe, in der Lage sein müsse, erforderlichenfalls auch über den vermachten Gegenstand, der gleichfalls zur Befriedigung der Erbschaftgläubiger zu dienen habe, zu verfügen. Und es ist weiter erwogen worden, daß, wenn man auch, wie das geltende Recht thut, der Gefährdung des Erben und der Nachlaßgläubiger

[25] B.G.B. § 2174.
[26] S. unten § 89 S. 352 zu Anm. 14 flg.
[27] Erster Entwurf § 1865.

durch Beschränkung des Vermächtnisnehmers entgegenwirken wollte, daraus eine nach keiner Seite hin befriedigende Zwittergestaltung sich ergeben würde.[28]

In der Kommission für die zweite Lesung des Entwurfes ist die Frage noch einmal zur Beratung gestellt worden.[29] Die Mehrheit der Kommission hat sich aber wiederum gegen die von mehreren Seiten gestellten, auf Beibehaltung des sogenannten Vindikationlegates gerichteten Anträge ausgesprochen.

Der Auffassung gegenüber, daß der unmittelbare Übergang des Eigentums der vermachten Sache auf den Vermächtnisnehmer dem Willen des Erblassers entspreche, hat sich die Mehrheit der Kommission[30] bestreitend verhalten und nur zugegeben, daß dieser unmittelbare Übergang vom Erblasser gewollt sein könne. Man hat aber angenommen, daß der Beachtung eines solchen Willens, wenn er vorhanden wäre, überwiegende Gründe entgegenständen. In die erste Reihe hat man dabei den für den rechtsgeschäftlichen Verkehr mit beweglichen Sachen unter Lebenden angenommenen Grundsatz gestellt, daß das Eigentum unter Lebenden nicht durch bloße Willenserklärung übertragen werden könne, daß dazu vielmehr die Übergabe der Sache an den Erwerber erforderlich sei. Man hat erwogen, daß dieser Grundsatz auf zwei Grundgedanken zurückzuführen sei. Zuerst auf den, wie durch die Übergabe klargestellt werden solle, daß der Wille der Beteiligten auf den Eigentumsübergang, nicht bloß auf die Begründung obligatorischer Beziehungen gerichtet sei. Dann aber auch auf die Absicht, den Eigentumsübergang nach außenhin erkennbar zu machen. Geringeres Gewicht hat man auf die Bedenken gelegt, die dem Satze von dem unmittelbaren Übergange des Eigentumes auf den Vermächtnisnehmer von dem Standpunkte des Grundbuchsystemes aus entgegengestellt werden könnten.[31] Daß durch den Tod des eingetragenen Eigentümers der Inhalt des Grundbuches unrichtig werde, liege in der Natur der Sache. Es müsse also jedenfalls ermittelt werden, auf wen das Eigentum übergehe. Werde der Entwurf angenommen, so habe sich die Ermittelung zunächst auf die Person des Erben des eingetragenen Eigentümers zu beschränken, während bei unmittelbarem Übergange des Eigentumes auf den Vermächtnisnehmer auch Ermittelungen darüber notwendig würden, ob der eingetragene Eigentümer durch Vermächtnis über das Grundstück verfügt

---

[28] Motive S. 133 flg.
[29] Protokolle, 350. Sitzung II.
[30] Protokolle a. a. O. S. 6960 flg.
[31] Protokolle a. a. O. S. 6961 f.

habe. Allein wenn einmal Ermittelungen betreffs der Person des Eigentumsnachfolgers notwendig würden, so komme es nicht wesentlich darauf an, ob man sich dabei auf die Person des Erben zu beschränken oder auch etwaige Vermächtnisse in Betracht zu ziehen habe

Die Kommission hat sich sodann noch mit der Frage beschäftigt, ob nicht die Aufstellung des Satzes vom unmittelbaren Eigentumserwerbe des Vermächtnisnehmers zum Schutze des Vermächtnisnehmers gegen unredliches Verhalten des Erben für erforderlich zu erachten sei. Die Mehrheit der Kommission hat die Frage verneint. Man hat angenommen, daß, wenn man auch das Eigentum der vermachten Sache auf den Vermächtnisnehmer unmittelbar übergehen lasse, der Erbe doch in die Lage gebracht werden müsse, über die vermachte Sache zum Zwecke der Befriedigung der Gläubiger zu verfügen, und daß der Vermächtnisnehmer, auch wenn man ihn formell zum Eigentümer mache, doch in Wahrheit auf einen mehr oder minder unsicheren Anspruch gegenüber dem Erben angewiesen sei und unter Umständen überhaupt nichts, unter anderen Umständen an Stelle der vermachten Sache einen mehr oder minder angemessenen Ersatz in Gelde erhalten würde. Auch war man darüber einig, daß das Vermächtnis im Falle des Nachlaßkonkurses den Konkursgläubigern gegenüber und im Falle der Zwangsvollstreckung in den Nachlaß dem betreibenden Gläubiger gegenüber unwirksam sein solle.[32].

§ 89. 2. Nach anderen Gesetzbüchern.

Der römischrechtlichen Delation der Erbschaft, mit der die Erbschaft dem berufenen Erben anfällt, entspricht ein ähnlicher Rechtsvorgang bei dem Vermächtnisse, den die römischen Juristen dies legati cedens nannten, während neuere Juristen ihn als den Anfall des Vermächtnisses bezeichnen. Anfall in diesem Sinne ist der Erwerb der festen und vererblichen Antwartschaft auf das Vermächtnis. Er tritt regelmäßig mit dem Tode des Erblassers ein, bei einem unter eine aufschiebende Bedingung oder unter eine aufschiebende Zeitbestimmung gestellten Vermächtnisse aber erst mit dem Eintritte der Bedingung.[1] Dem Anfalle wird der Erwerb des Vermächtnisses gegenübergestellt, der nach römischem Rechte mit dem Erwerbe der Erbschaft durch den eingesetzten Erben, wenn

---

[32] Protokolle a. a. O. S 6962 flg.

[1] L. 5 pr. § 2 l. 7 pr. D. quando dies leg. vel fideic. ced. (36, 2), l. 3 C. quando dies leg. vel fideic. ced. (6, 53). Der Sprachgebrauch ist aber nicht gleichförmig. S. Brinz, Pandekten Bd. 3 § 427 Anm. 5; Windscheid, Pandekten Bd. 3 § 642 Anm. 4.

das Vermächtnis in einem Testamente errichtet ist, durch den gesetzlichen Erben, wenn es in einem Intestatkodizille angeordnet ist, erfolgt.[2] Ist das Vermächtnis unter eine aufschiebende Zeitbestimmung gestellt, so wird auch deren Eintritt zum Erwerbe des Vermächtnisses erfordert.[3] Den Rechtsvorgang des Erwerbes des Vermächtnisses in diesem Sinne nannten die römischen Juristen dies lagati veniens. Manche Juristen unterscheiden noch zwischen dem Erwerbe des Vermächtnisses oder des Vermächtnisrechtes und dem Erwerbe des vermachten Rechtes.[4]

Daß der Erwerb der Erbschaft durch den Erben zur Voraussetzung des Vermächtniserwerbes gemacht ist, folgt aus der Bedeutung, die nach dem römischen Rechte das Erbewerden des vom Erblasser ernannten Erben für die Gültigkeit der vom Erblasser errichteten Vermächtnisse hat, die ohne das Inkrafttreten der vom Erblasser gewollten Beerbung nicht bestehen können. Der Rechtsgedanke aber, welcher der in Rede stehenden Unterscheidung zwischen dem Anfalle und dem Erwerbe des Vermächtnisses zu Grunde liegt, ist darin zu finden, daß der Erwerb des Vermächtnisses, wenngleich er nicht vor dem Erbschafterwerbe eintreten kann, doch nicht mehr infolge der Verzögerung der Erbschaftantretung, wenn der Bedachte nach dem Tode des Erblassers, aber vor dem Erbschafterwerbe des Erben stirbt, ausgeschlossen werden soll. Vor dem Erbschafterwerbe ist also das Vermächtnis zwar noch nicht erworben, aber doch angefallen. Das heißt: es gilt in dem Sinne als erworben, daß der Tod des Bedachten den Erwerb nicht mehr in Frage stellen kann. Anders bei dem bedingten Vermächtnisse. Während es beim Erbschafterwerbe als der Voraussetzung des Vermächtniserwerbes darauf ankommt, ob und in welchem Grade der berufene Erbe mit der Erbschaftantretung sich beeilt, die römischen Juristen es aber nicht für angemessen gehalten haben, von der größeren oder geringeren Säumnis des Erbeu hierbei den Vermächtniserwerb ganz und gar abhängig zu machen, liegt die Sache wesentlich anders bei dem bedingten Vermächtnisse. Hier kann der Standpunkt wohl berechtigt erscheinen, daß es dem Wesen der Bedingung und damit dem Willen des Erblassers selbst entspricht, den Vermächtniserwerb ganz und gar von dem Eintritte der Bedingung in der Art abhängig zu machen, daß der Erwerb durch den vor dem Eintritte der Bedingung erfolgten Tod des Bedachten ausgeschlossen wird.[5]

---

[2] L. 69 pr. de leg. I (30), l. 32 pr. l. 38 D. de leg. II (31).

[3] L. 1 § 1 D. de cond. et dem. (35, 1), l. 73 § 4 ad leg. Falcid. (35, 2). S. Brinz a. a. O. § 427 Ziff. 2; Windscheid a. a. O.

[4] Vgl. Puchta, Vorlesungen zu § 541; Unger, österreich. Erbr. § 62 Anm. 3. Anders Windscheid a. a. O.

[5] L. 6 § 1 D. quando dies leg. vel fideic. ced. (36, 2). Der Jurist unter=

Im Zusammenhange mit diesem Aufbaue des Rechtsverhältnisses steht die Auffassung, daß, wenn der Erbe die Erbschaft ohne Antretung erwirbt, der Erwerb des Vermächtnisses, sofern das Vermächtnis nicht bedingt und nicht betagt ist, schon mit dem Tode des Erblassers eintritt, Anfall und Erwerb also damit zusammenfallen. Solchenfalls ist ein Bedürfnis zu einer Sonderung zwischen dem Anfalle und dem Erwerbe nicht anerkannt worden. Und die Quellen enthalten den ausdrücklichen Ausspruch, daß der Erblasser, der einen suus heres hat, nicht ohne Erben sei, auch dann nicht, wenn der suus heres sich der Erbschaft entschlage.[6] Ebenso ist die Sachlage in dem Falle, wenn der Übergang des Vermächtnisses auf die Erben des Bedachten durch die Beschaffenheit des vermachten Rechtes überhaupt ausgeschlossen ist.[7] Kann das Vermächtnis auf die Erben des Bedachten nicht übergehen, so hat die Sonderung zwischen dem Anfalle und dem Erwerbe des Vermächtnisses nur für die Fälligkeit des Vermächtnisses, wenn dasselbe ein betagtes ist, Bedeutung.

Von den einzelstaatlichen deutschen Gesetzbüchern sind das württembergische[8] und das bayerische[9] bei dem römischrechtlichen Grundsatze verblieben, daß die Wirksamkeit eines Vermächtnisses das Erbewerden des vom Erblasser eingesetzten oder in Aussicht genommenen Erben zur regelmäßigen Voraussetzung hat. Es kann also auch nach diesen Gesetzbüchern zwischen dem Anfalle und dem Erwerbe, dem dies cedens und dem dies veniens des Vermächtnisses in römischrechtlichem Sinne, unterschieden werden.

Das preußische Recht steht auf wesentlich anderem Standpunkte. Es läßt den Vermächtniserwerb unabhängig vom Erbschafterwerbe mit dem Tode des Erblassers und den Übergang eines bedingten Ver-

scheidet hier das extrinsecus suspendi legatum von dem ex testamento suspendi. Von extrinsecus suspendi spricht er, wenn der Erbe den Erwerb der Erbschaft und damit für den Vermächtnisnehmer den Erwerb des Vermächtnisses verzögert. Diese Art der Säumnis hindert nicht den Übergang des Vermächtnisses auf den Erben. Stirbt dagegen der Vermächtnisnehmer vor der Erfüllung der Bedingung, so liegt ein suspendi legatum ex ipso testamento vor. Und solchenfalls kann der Übergang des Vermächtnisses auf die Erben des Bedachten nicht erfolgen. Zu vergleichen Zimmern, Archiv für civilist. Praxis Bd. 9 S. 366; Brinz, Pandekten 2. Aufl. Bd. 3 § 427 Anm. 9.

[6] L. 68 § 1 i. f. D. de leg. I (30). Der Bedachte erwirbt das Vermächtnis, auch wenn der in der Gewalt des Erblassers stehende, zum Erben eingesetzte Abkömmling sich der Erbschaft entschlägt. L. 30 § 10 D. de fideicomm. (40, 5).

[7] L. 3 D. quando dies leg. vel fideic. ced. (36, 2): Nam cum ad heredem non transferatur (sc. legatum), frustra est, si ante quis diem eius cedere dixerit.

[8] Württembergisches Landrecht III 24 § 11.

[9] Cod. Maximil. Bav. civ. III 6 § 16.

mächtnisses mit dem Eintritte der Bedingung eintreten, ohne aber den Übergang eines bedingten Vermächtnisses auf die Erben des Bedachten davon abhängig zu machen, daß die Bedingung bei Lebzeiten des Bedachten eintritt. Das Gesetzbuch unterscheidet daher nicht zwischen dem Anfalle und dem Erwerbe des Vermächtnisses im römischrechtlichen Sinne. Das unbedingte Vermächtnis wird mit dem Tode des Erblassers, das bedingte mit dem Eintritte der Bedingung erworben, auch wenn vorher der Bedachte verstorben ist.[10] Besondere Bedeutung hat also nur beim betagten Vermächtnisse der vom Erblasser angeordnete Eintritt der Fälligkeit.

Das französische Gesetzbuch läßt das unbedingte Vermächtnis mit dem Tode des Erblassers, das unter eine aufschiebende Bedingung gestellte mit dem Eintritte der Bedingung erworben werden, ohne einen vom Erwerbe des Vermächtnisses gesonderten Anfall zu kennen.[11]

Nach österreichischem Erbrecht geschieht der Anfall des Vermächtnisses in der Regel mit dem Tode des Erblassers, bei einem unter eine aufschiebende Bedingung gestellten Vermächtnisse mit dem Eintritte der Bedingung. Der Anfall giebt dem Bedachten eine vererbliche Anwartschaft auf den Erwerb des Vermächtnisses. Der Erwerb geschieht mit der Annahme des Vermächtnisses, erfordert also Wissen und Willen des Bedachten.[12]

Auch das sächsische Gesetzbuch kennt einen von dem Zeitpunkte des Erwerbes eines Vermächtnisses verschiedenen Zeitpunkt des Anfalles in der Art, wie das römische Recht die Unterscheidung hinstellt, nicht. Erworben wird ein Vermächtnis mit dem Tode des Erblassers. Ist es von einer aufschiebenden Bedingung abhängig gemacht, so vollzieht sich der Erwerb mit dem Eintritte der Bedingung. Mit der aufschiebenden Bedingung hat ein Zeitpunkt, von dem es ungewiß ist, ob er eintreten wird, gleiche Wirkung.[13]

Die vom bürgerlichen Gesetzbuche für das Deutsche Reich beseitigten dinglichen Wirkungen[14] treten nach römischem Rechte[15] beim Vermächtnis-

[10] A.L.R. I 12 §§ 288, 478.

[11] Zachariä v. Lingenthal-Crome, französisches Civilrecht Bd. 4 § 726.

[12] Österreich. Gesetzb. §§ 545, 684, 703, 705. Unger, österr. Erbrecht § 62.

[13] Sächs. Gesetzb. § 2426.

[14] S. oben § 88 zu Anm. 25.

[15] Nach älterem römischen Rechte ging das Eigentum an einer dem Erblasser gehörigen Sache nur beim Vindikations- und beim Präceptionlegate auf den Vermächtnisnehmer über. Mit der Aufhebung der alten Legatsformen und infolge der Verschmelzung der Legate mit den Fideikommissen ist für die Hervorbringung der in Rede stehenden dinglichen Wirkung eines Vermächtnisses unter den Voraussetzungen des Vermächtniserwerbes der Wille des Erblassers allein entscheidend geworden. L. 1, 2 C. commun. de leg. (6, 43). Die Eigentumswirkung ist indes nicht unbestritten. Nach

erwerbe ein, wenn Gegenstand des Vermächtnisses eine Sache ist, deren Eigentum dem Erblasser selbst zur Zeit des Todes zugestanden hat, und der Vermächtnisnehmer durch das Vermächtnis Eigentümer der Sache werden oder ein dingliches Recht an der Sache erhalten soll. Sind die Voraussetzungen des Vermächtniserwerbes gegeben, so geht damit das Eigentum der Sache oder das dingliche Recht an der Sache auf den Bedachten über, vorausgesetzt, daß der Erblasser dem Vermächtnisse dingliche Wirkung hat beilegen wollen. Diese Wirksamkeit des Vermächtnisses einer im Eigentume des Erblassers stehenden Sache wird auch dadurch nicht beeinträchtigt, daß der Erblasser sich selbst für den Eigentümer der Sache nicht gehalten hat.[16]

Für den Fall des Vermächtnisses einer im Eigentume des Erblassers stehenden Sache war die Frage, wie es zu halten sei, wenn der Bedachte das Vermächtnis ausschlägt, unter den römischen Juristenschulen streitig. Die Sabinianer nahmen an, die Sache werde so angesehen, als sei das Vermächtnis überhaupt nicht errichtet. Die Proculejaner hielten dafür, daß die vermachte Sache bis zur Erklärung des Bedachten über Annahme oder Ausschlagung des Vermächtnisses ohne Eigentümer sei, und daß diese Erklärung darüber entscheide, wem die Sache in der Zwischenzeit gehört habe.[17] Der Streit hat lange als durch die Gesetzgebung Justinians im Corpus juris zu Gunsten der Sabinianer entschieden gegolten. Dies ist auch gegenwärtig noch die herrschende Auffassung. In neuerer Zeit ist aber auch die Ansicht verteidigt worden, daß die Ansicht der Proculejaner durch die Justinianische Gesetzgebung aufgenommen worden sei.[18]

In den Fällen, in denen dem Vermächtnisnehmer eine dingliche Klage gegeben ist, hat er aber auch eine persönliche Klage auf die dem Vermächtnisse entsprechende Leistung. Ist weder Eigentum an einer dem Erblasser gehörig gewesenen Sache noch ein dingliches Recht an einer solchen Sache in Frage, so entsteht aus der letztwilligen Verfügung mit dem Erwerbe des Vermächtnisses nur ein persönliches Recht des Be-

---

Marezoll, Zeitschr. für Civilr. u. Proz. Bd. 9 S. 290 flg., erwirbt der Vermächtnisnehmer nicht Eigentum, sondern nur eine rei vindicatio utilis. Die Meinung ist aber nicht durchgedrungen. Arndts in Glück, Pandektenkommentar Bd. 46 S. 59; Windscheid, Pandekten Bd. 3 § 646 Anm. 1. — Von dinglichen Rechten war im römischen Rechte besonders der Nießbrauch als Vermächtnisgegenstand von Bedeutung. D. de usu et usufr. leg. (33, 2).

[16] § 11 J. de leg. (2, 20).

[17] Gai. II § 195, 200.

[18] S. die Litteratur bei Windscheid a. a. O. § 643 Anm. 2.

dachten wider den Beschwerten auf die dem Inhalte des Vermächtnisses entsprechende Leistung.[19]

Von den älteren, auf deutschem Boden geltenden, auf römischrechtlicher Grundlage beruhenden Gesetzbüchern enthält das württembergische die Bestimmung, daß der Bedachte, der den Gegenstand des Vermächtnisses eigenmächtig an sich nehme, sich des Anspruches auf das Vermächtnis verlustig mache, wenn nicht der Erblasser selbst ihn ermächtigt habe, die Sache in Besitz zu nehmen.[20] Das bayerische Gesetzbuch giebt dem Bedachten, wenn Gegenstand des Vermächtnisses eine im Eigentume des Erblassers stehende bestimmte körperliche Sache und das Vermächtnis nicht bedingt ist, das Eigentum der Sache und die entsprechende Klage mit dem Tode des Erblassers, wenn aber das Vermächtnis unter einer aufschiebenden Bedingung steht, mit dem Eintritte der Bedingung.[21]

Ähnlich ist der Standpunkt des preußischen Gesetzbuches. Dasselbe ist für den Fall, daß eine bestimmte Sache Gegenstand des Vermächtnisses ist, und die Sache zur Zeit des Todes des Erblassers im Eigentume des Erblassers steht, dem römischen Rechte darin gefolgt, daß es den Bedachten, wenn das Vermächtnis nicht bedingt oder betagt ist, zum Eigentümer der Sache werden läßt. Beide Rechte unterscheiden sich aber darin voneinander, daß das preußische dem Vermächtnisnehmer nicht das Recht giebt, sich mit Übergehung des Erben in den Besitz der Sache zu setzen. In diesem wie in allen übrigen Fällen, in denen der Bedachte gegen den Beschwerten sein Vermächtnisrecht geltend zu machen hat, ist diese Geltendmachung erst nach dem Ablaufe der Überlegungfrist zulässig.[22]

Das österreichische Gesetzbuch läßt das Eigentum an einer zur Zeit des Todes des Erblassers im Eigentume des Erblassers stehenden Sache nicht schon mit dem Tode, sondern erst mit der Übergabe der Sache, wenn eine bewegliche Sache in Frage steht, mit der Überschreibung in den öffentlichen Büchern, wenn eine unbewegliche vermacht ist, auf den Vermächtnisnehmer übergehen.[23] Auch das französische Recht erfordert zum Eigentumsübergange die Ausantwortung der vermachten Sache an den Vermächtnisnehmer. Dieser kann sich eigenmächtig nicht in den Besitz der Sache setzen, selbst dann nicht, wenn ihn der Erblasser ausdrücklich dazu beauftragt hätte.[24]

---

[19] § 5 J. de obl. quasi ex contr. (3, 27).

[20] Württembergisches Landrecht III, 24 § 9.

[21] Cod. Maxim. Bav. civ. III, 6 § 11.

[22] A.L.R. I, 12 §§ 288, 294. Dernburg, preuß. Privatr. Bd. 3 § 144 zu Anm. 3.

[23] Österreich. Gesetzb. §§ 684, 437. Unger, österreich. Erbr. § 67.

[24] Zachariä v. Lingenthal-Crome, franzöſ. Civilr. Bd. 4 §§ 726, 727. Ausgenommen ist der Fall des Art. 1006 C. c.

Dingliche Wirkung legt das sächsische Gesetzbuch einem Vermächtnisse in der Art bei, daß es das Eigentum einer Sache, die zur Zeit des Todes des Erblassers im Eigentume des Erblassers steht, auf den, dem sie durch Vermächtnis zufällt, ohne weiteres übergehen läßt, soweit nicht der Eigentumsübergang Eintragung in das Grund- und Hypothekenbuch erfordert. Die gleiche dingliche Wirkung mit derselben Beschränkung hat nach sächsischem Rechte das Vermächtnis eines dinglichen Rechtes an einer Sache des Erblassers oder eines dem Erblasser zustehenden dinglichen Rechtes an einer fremden Sache.[25] Abgesehen von diesem in den angegebenen Fällen entstehenden dinglichen Rechte wird mit dem Erwerbe des Vermächtnisses ein persönlicher Anspruch des Bedachten an den Beschwerten auf die dem Vermächtnisse entsprechende Leistung begründet. Der Anspruch wird, wenn ein Erbe beschwert ist, mit dem Ablaufe eines Monates von dem Zeitpunkte an, in welchem der Beschwerte die Erbschaft angetreten hat, wenn ein Vermächtnisnehmer beschwert ist, in dem Zeitpunkte fällig, in welchem dessen eigenes Vermächtnis fällig wird.[26]

§ 90. VII. Annahme und Ausschlagung eines Vermächtnisses.

1. Nach dem bürgerlichen Gesetzbuche.

Das bürgerliche Gesetzbuch für das Deutsche Reich verlangt zum Erwerbe eines Vermächtnisses keine Willensthätigkeit des Bedachten. Der Bedachte braucht sich nicht einmal bewußt zu werden, daß er ein Vermächtnis erworben hat. Er kann das Vermächtnis ohne seinen Willen erwerben.[1] Er erwirbt es aber nicht gegen seinen Willen. Denn er braucht das Vermächtnis nicht anzunehmen, so lange er nicht den Willen erklärt hat, es haben zu wollen. Und hat er den Willen erklärt, es nicht anzunehmen, so wird die Sache so angesehen, als wäre ihm das Vermächtnis nicht angefallen.[2] Hat er aber das Vermächtnis angenommen, so kann er es nicht mehr ausschlagen.[3]

---

[25] Sächs. Gesetzb. § 2451.

[26] Sächs. Gesetzb. §§ 2426, 2437.

[1] Das Gesetzbuch spricht dieser Sätze nicht ausdrücklich aus. Sie folgen aus den Bestimmungen über den Anfall des Vermächtnisses (B.G.B. §§ 2174, 2176.

[2] Die Erklärung hat also die Wirkung, daß eine Vermächtnisforderung als für den ausschlagenden Bedachten nicht entstanden angesehen wird. B.G.B. § 2176, § 2180 Abs. 1, § 2180 Abs. 3, § 1953 Abs. 1.

[3] B.G.B. § 2180 Abs. 1. In der Kommission für die zweite Lesung des Entwurfes wurde dem Satze widersprochen, daß die Erklärung der Annahme nicht wider-

Das Gesetzbuch stellt sodann die Sätze auf, daß die Annahme und die Ausschlagung nicht auf einen Teil des Vermächtnisses beschränkt werden können, und daß die Annahme ebenso wie die Ausschlagung eines Teils des Vermächtnisses unwirksam ist.[4] Es erklärt ferner die unter einer Bedingung oder mit einer Zeitbestimmung abgegebenen Erklärungen über Annahme und Ausschlagung des Vermächtnisses für unwirksam.[5] Sodann hat es den Satz aufgenommen, daß die Annahme sowie die Ausschlagung durch Erklärung gegenüber dem Beschwerten zu erfolgen hat.[6] Der Satz folgt der Rechtsregel, die für alle Erklärungen gilt, die einem Anderen gegenüber abzugeben sind, ist also dahin zu verstehen, daß eine Erklärung, die der Bedachte nicht gegenüber dem Beschwerten abgegeben hat und die auch nicht mit dem Willen des Bedachten an den Beschwerten gelangt ist, den Bedachten nicht bindet und ohne Bedeutung ist. Auch enthält das Gesetzbuch den Satz, daß die Erklärung des Bedachten über Annahme oder Ablehnung des Vermächtnisses erst nach dem Erbfalle wirksam abgegeben werden kann.[7] Der Satz bedeutet seinem Wortlaute nach, daß eine vor dem Erbfalle abgegebene Erklärung des Bedachten über Annahme oder Ausschlagung des Vermächtnisses unwirksam ist. Der

---

ruflich sei. Es wurde ausgeführt, die Erklärung der Annahme sei nur ein rechtlich unerheblicher Vorgang. Ein fester Rechtszustand, der nicht mehr durch einseitige Erklärung geändert werden dürfe, liege erst vor, wenn der Vermächtnisnehmer die Erfüllung angenommen habe. So lange letzteres nicht geschehen sei, könne durch einen Rücktritt des Vermächtnisnehmers, auch wenn er vorher die Annahme erklärt habe, kein Schade entstehen. Bei dem Antritte der Erbschaft sei die Sachlage eine andere. Dem Erben könne ein beliebiger Rücktritt nicht gewährt werden, weil er nach dem Antritte der Erbschaft auch persönlich für die Schulden des Erblassers hafte. Der Vermächtnisnehmer hafte dagegen immer nur mit dem, was er aus der Erbschaft erhalten habe. Die Kommission entschied sich indes dahin, die schon im ersten Entwurfe (§ 1873) angenommene Unwiderruflichkeit der Annahmeerklärung festzuhalten. Das Interesse aller Beteiligten — so wurde ausgeführt — erfordere die Herstellung eines festen Rechtszustandes. Namentlich diejenigen Personen, denen auf Grund des Vermächtnisses Forderungen gegen den Vermächtnisnehmer zustehen würden, müßten sich darauf verlassen können, daß eine Annahmeerklärung dauernde rechtliche Wirkungen habe. Besondere Verwickelungen könnten namentlich entstehen, wenn teilweise erfüllt worden sei und nunmehr ein Widerruf der Anahmeerklärung noch zugelassen würde. Protokolle, 351. Sitzung VII. A. S. 6976 flg.

[4] B.G.B. § 2180 Abs. 3, § 1950. Nach römischem Rechte wird mit der Annahme eines Teiles der vermachten Sache die Annahme der ganzen vermachten Sache erklärt. L. 55 D. de leg. II (31). Windscheid a. a. O. § 643 Anm. 7. S. auch unten § 91 Anm. 6.

[5] B.G.B. § 2180 Abs. 2 Satz 2 Halbsatz 2.

[6] B.G.B. § 2180 Abs. 2 Satz 1.

[7] B.G.B. § 2180 Abs. 2 Satz 2 Halbsatz 1.

Gedanke, daß für alle Vermächtnisse mit dem Erbfalle die Voraussetzung zur Abgabe einer wirksamen Erklärung des Bedachten eingetreten ist, kann in der Bestimmung nicht gefunden werden. Man ist geneigt, im Gesetzbuche eine Entscheidung der Frage zu suchen, wie bei einem bedingten oder betagten Vermächtnisse der Zeitpunkt zu bestimmen ist, von dem ab eine Erklärung über Annahme oder Ausschlagung wirksam erfolgen kann. In der hier fraglichen Bestimmung ließe sich eine solche Entscheidung in dem Sinne, daß für alle Vermächtnisse, bedingte und unbedingte, betagte und nicht betagte, die Erklärung wirksam nach dem Erbfalle und schon vor dem Eintritte der Bedingung oder der Zeitbestimmung, abgegeben werden könnte, nur finden, wenn man in der Bestimmung des Gesetzbuches das Wort „erst“ streichen wollte. Man hat also die Wahl, entweder das Wort „erst“ zu streichen und eine sprachliche Ungenauigkeit anzunehmen oder die Frage, wenn bei bedingten oder betagten Vermächtnissen die Erklärung über Annahme oder Ausschlagung abgegeben werden kann, als im Gesetzbuche nicht ausdrücklich entschieden anzusehen. Letzterenfalls würde es sich weiter fragen, wie die Frage nach dem Geiste des Gesetzbuches zu beantworten sein möchte.

Daß mit der Annahme einer sprachlichen Ungenauigkeit nicht zu rechnen ist, erscheint ohne weiteres klar. Im übrigen kommt in Betracht, daß das römische Recht die Frage, um die es sich handelt, dahin entschieden hat, daß bei einem unter eine aufschiebende Bedingung oder eine aufschiebende Zeitbestimmung gestellten Vermächtnisse der Bedachte die Ausschlagung des Vermächtnisses wirksam erst nach dem Eintritte der Bedingung oder der Zeitbestimmung erklären kann.[8] Ein in der Sache liegender Grund, die römischrechtliche Entscheidung nach dem bürgerlichen Gesetzbuche beizubehalten, könnte darin gefunden werden, daß die Beibehaltung dem Satze des Gesetzbuches entsprechen würde, nach welchem der Anfall eines bedingten oder betagten Vermächtnisses mit dem Eintritte der Bedingung oder des Zeitpunktes erfolgt.[9] Gegen die Beibehaltung der römischrechtlichen Entscheidung insoweit, als dem Bedachten die Möglichkeit nicht versagt sein sollte, ein bedingtes oder betagtes Vermächtnis vor dem Eintritte der Bedingung oder der Zeitbestimmung auszuschlagen, sobald der Erbfall

[8] L. 45 § 1 D. de leg. II (31): Si sub condicione vel ex die certa nobis legatum sit, ante condicionem vel diem certam repudiare non possumus: nam nec pertinet ad nos, antequam dies veniat vel condicio existat. S. aber Windscheid, Pandekten Bd. 3 § 643 Anm. 4.

[9] S. oben § 88 S. 342 flg.

eingetreten ist, spricht die Erwägung, daß das bürgerliche Gesetzbuch einem eingesetzten Nacherben die Befugnis giebt, schon vor dem Eintritte des Falles der Nacherbfolge die Erbschaft auszuschlagen, sobald der Erbfall eingetreten, der Erblasser also verstorben ist.[10] Auch ist zu erwähnen, daß nach österreichischem Rechte ein jedes Vermächtnis alsbald nach dem Tode des Erblassers wirksam angenommen und ausgeschlagen werden kann.[11] Nach dem bürgerlichen Gesetzbuche wird man nicht umhin können, in analoger Anwendung der für die Ausschlagung der Nacherbschaft gegebenen Bestimmung anzunehmen, daß der unter einer aufschiebenden Bedingung oder Zeitbestimmung bedachte Vermächtnisnehmer das Vermächtnis schon nach dem Tode des Erblassers vor dem Eintritte der Bedingung oder Zeitbestimmung wirksam ausschlagen kann, wenn schon nicht anzunehmen sein möchte, daß der Vermächtnißnehmer an eine vor dem Eintritte der Bedingung oder Zeitbestimmung erklärte Annahme des Vermächtnisses gebunden ist.

§ 91. 2. Nach anderen Gesetzbüchern.

Auch nach römischem Rechte erwirbt der Bedachte ein ihm zugedachtes Vermächtnis mit dem Tode des Erblassers in der Regel von selbst, ohne daß er zu wollen braucht, und selbst wenn er kein Bewußtsein vom Erwerbe hat,[1] also auch ohne Willenserklärung. Hat er seinen Willen dahin geäußert, daß er das Vermächtnis annehmen wolle, so kann er es nicht mehr ausschlagen.[2] Es bedarf also einer Willenserklärung des Bedachten immer nur zur Ausschlagung des Vermächtnisses.

---

[10] B.G.B. § 2142 Abs. 1. S. oben § 76 S. 279.

[11] Unger (österreich. Erbr. § 62 Anm. 6) bemerkt, daß die Bestimmung des römischen Rechtes, nach der Agnition wie Repulsion eines Vermächtnisses erst möglich ist, wenn dies legati venit, unserer heutigen Auffassung nicht entspreche, da wir gewöhnt seien, auch mit künftigen Rechtsverhältnissen zu operieren und anticipierend rechtswirksame Verfügungen zu treffen.

[1] Dies war die Ansicht der Sabinianer, die im Corpus juris zur Herrschaft gelangte. Gai. II §§ 195, 200. L 19 § 1 D. quemadm. serv. (8, 6), l. 44 § 1 D. de leg. I (30), l. 77 § 3 D. de leg. II (31). Die Meinung, daß die Ansicht der Sabinianer im Corpus juris angenommen worden sei, ist aber bestritten. S. darüber Windscheid, Pandekten Bd. 3 § 643 Anm. 2; Brinz, Pandekten 2. Aufl. Bd. 3 § 427 Anm. 50. — Anders Köppen, Jahrbücher für Dogmatik Bd. 5 S. 184 flg.

[2] L. 59 D. de leg. II (31): — nisi si quis dubitet, an — omni modo legatum meum fiat, quod semel ad me pertinere voluerim: quod aequius esse videtur.

Schlägt der Bedachte das Vermächtnis aus, so gilt es als nicht errichtet.[3] Die Ausschlagung erfordert aber, daß das Vermächtnis erworben sei,[4] und daß der Vermächtnisnehmer sichere Kenntnis des Erwerbes habe.[5] Ein einheitliches Vermächtnis muß ganz und gar entweder angenommen oder ausgeschlagen, kann also nicht zum Teil angenommen, zum Teil ausgeschlagen werden.[6] Aber ein auf die Erben des Bedachten übergegangenes Vermächtnis, über dessen Annahme oder Ausschlagung der Bedachte sich noch nicht erklärt hat, kann der eine Erbe annehmen, der andere ausschlagen.[7]

Das preußische Gesetzbuch enthält die Bestimmung, daß das Eigentum der in einem Testamente zum Vermächtnis ausgesetzten Sachen und Rechte in der Regel mit dem Todestage auf den Vermächtnisnehmer übergeht.[8] Die Bestimmung ist dahin zu verstehen, daß der Vermächtnisnehmer regelmäßig mit dem Tode des Erblassers das Vermächtnisrecht erhält. Der Satz, daß der Erwerb des Vermächtnisrechtes von dem Erbewerden des vom Erblasser ernannten oder doch in Aussicht genommenen Erben abhängt, gilt nach preußischem Recht nicht. Übrigens erfordert der Erwerb des Vermächtnisrechtes weder den Erwerbswillen des Vermächtnisnehmers noch das Bewußtsein vom Erwerbe. Der Satz, daß der Vermächtnisnehmer das Vermächtnisrecht regelmäßig mit dem Tode des Erblassers erhält, hat aber, soweit der Wille des Bedachten, das Vermächtnis anzunehmen oder auszuschlagen, und die für den Bedachten verbindliche Erklärung dieses Willens in Frage kommt, seine gegebene Begrenzung in der Bedeutung, die das preußische Recht der Eröffnung und Verkündung der letzwilligen Verfügungen beilegt. Hat der Erblasser ein Testament oder ein Kodizill oder eine andere urkundliche letztwillige Verfügung errichtet, so muß die Eröffnung und Verkündung dieser Verfügung der Ordnung des Nachlasses vorangehen. Die fraglichen Rechtshandlungen bilden also die Voraussetzung jeder auf die Ordnung und Verteilung des Nachlasses bezüglichen Erklärung. Und die Erklärung über Annahme oder Ausschlagung eines Vermächtnisses setzt regelmäßig

---

[3] L. 38 § 1 D. de leg. I (30): Si legatum nobis relictum constituerimus nolle ad nos pertinere, pro eo erit, quasi nec legatum quidem sit. L. 44 § 1 ibid: — si vero repudiaverit, res repudiata fuisse heredis.

[4] L. 45 § 1 D. de leg. II (31). S. oben § 90 Anm. 8.

[5] L. 23 D. de adquir. vel omitt. hered. (29, 2).

[6] L. 4, 6 D. de leg. II (31). Aus einer vermachten Herde kann man nicht einige Stücke auswählen, die anderen zurückweisen. L. 58 ib.: Wer den Annahmewillen auch nur für einen Teil der vermachten Sache erklärt, erwirbt die ganze Sache.

[7] L. 38 D. de leg. I (30).

[8] A.L.R. I 12 § 288.

die Eröffnung und Verkündung des letzten Willens voraus.[9] Ist eine letztwillige Verfügung, die einer Eröffnung und Verkündung überhaupt nicht unterliegen kann, errichtet worden, hat nämlich der Erblasser ohne Errichtung einer Urkunde dem gegenwärtigen Erben ein Vermächtnis mündlich aufgetragen, so kann die Annahme oder Ausschlagung des Vermächtnisses wirksam erklärt werden, sobald der Erblasser gestorben und der Bedachte von der Errichtung des Vermächtnisses unterrichtet ist.[10] Daß bei einem mit einer aufschiebenden Bedingung errichteten Vermächtnisse der Eintritt der Bedingung der Erklärung des Bedachten über Annahme oder Ausschlagung nicht vorangegangen zu sein braucht, folgt aus der Vererblichkeit des bedingten Vermächtnisses, die auch das bedingte Recht als einen gegenwärtigen Vermögensbestandteil erscheinen läßt, über dessen Annahme oder Ausschlagung der Bedachte sich wirksam erklären kann. Und daß beim betagten Vermächtnisse der Bedachte den Anfangszeitpunkt nicht abzuwarten braucht, sondern auch vorher eine wirksame Erklärung abgeben kann, ist daraus herzuleiten, daß dem Landrechte eine Bestimmung, wie sie das römische Recht in der l 45 § 1 de leg. II hat, nicht bekannt ist, und der entsprechende Rechtssatz sich keineswegs als ein der Natur der Sache entsprechender aus der landrechtlichen Gesetzgebung entnehmen läßt.[11]

Nach österreichischem Rechte wird zum Erwerbe des Vermächtnisses ein bestimmtes Wollen des Bedachten erfordert, ein Vermächtniserwerb ohne Wissen und Willen des Bedachten also nicht zugelassen.[12] Der Erklärung des Bedachten über Annahme oder Ausschlagung des Vermächtnisses braucht bei einem unter eine aufschiebende Bedingung gestellten Vermächtnisse der Eintritt der Bedingung nicht vorausgegangen zu sein.[13] Das Vermächtnis muß ganz angenommen oder ganz ausgeschlagen werden. Die Ausschlagung eines Teiles ist unwirksam. In der Annahme eines Teiles wird die Annahme des Ganzen gefunden.[14] Die Annahme und die Ausschlagung des Vermächtnisses sind nicht widerruflich.[15]

Das sächsische Gesetzbuch hat die Sätze aufgestellt, daß ein Vermächtnis vom Bedachten mit dem Tode des Erblassers und, wenn es unter einer aufschiebenden Bedingung oder unter einer der aufschiebenden

---

[9] A.L.R. I 12 §§ 242, 288 flg. und Marginalien zu diesen Paragraphen.
[10] A.L.R. I 12 § 172.
[11] Zu vergl. Dernburg, preuß. Privatr. Bd. 3 § 143 zu Anm. 7.
[12] Unger, österreich. Erbr. § 62 Anm. 2.
[13] Unger ebenda Anm. 6.
[14] Unger ebenda zu Anm. e.
[15] Unger ebenda zu Anm. 6.

Bedingung gleichstehenden Zeitbestimmung errichtet ist, mit dem Eintritte der Bedingung oder der Zeitbestimmung erworben wird.[16] Der Wille zu erwerben ist zum Erwerbe nicht erforderlich. Das Vermächtnis kann ohne Wissen und Willen des Vermächtnisnehmers erworben werden. Schlägt der Bedachte das Vermächtnis aus, so gilt es als nicht angefallen. Ein Vermächtnis, welches angenommen worden ist, kann nicht wieder ausgeschlagen werden.[17] Diese Sätze entsprechen den oben aufgeführten römischrechtlichen. Nur ist nach sächsischem Rechte nicht, wie nach römischem, zum Vermächtniserwerbe der Erbschafterwerb durch den vom Erblasser eingesetzten oder in Aussicht genommenen Erben erforderlich. Den Rechtssatz, daß ein Vermächtnis nicht teilweise angenommen oder ausgeschlagen werden kann, hat das sächsische Gesetzbuch[18] anders gestaltet als das römische Recht. Es schreibt nämlich vor: „Eine teilweise Annahme oder Ausschlagung des Vermächtnisses ist wirkungslos.“ Damit spricht es eiuer Erklärung des Bedachten, daß er das Vermächtnis zu einem Teile annehmen, zum anderen ausschlagen wolle, rechtliche Bedeutung überhaupt ab, während das römische Recht den, der einen Teil der vermachten Sache haben will, die ganze Sache erwerben läßt.[19]

§ 92. Das Anwachsungrecht bei Vermächtnissen.

Das bürgerliche Gesetzbuch für das Deutsche Reich bestimmt, daß, wenn mehreren Personen derselbe Gegenstand vermacht ist, und einer der Bedachten wegfällt, dessen Anteil den übrigen Bedachten nach dem Verhältnisse ihrer Anteile anwächst.[1]

In dem Falle, daß mehreren Persouen derselbe Gegenstand vermacht ist, ohne daß der Erblasser Teile bestimmt hat, und keiner der Bedachten wegfällt, bestimmt das Gesetzbuch, daß die Bedachten zu gleichen Teilen bedacht sind, soweit nicht die aushilfweise anzuwendenden, die gesetzliche Erbfolge bestimmenden Vorschriften der §§ 2066 bis 2069 B.G.B. zu einem anderen Ergebnisse führen.[2] Liegt ein Summenvermächtnis vor oder ist eine andere teilbare Leistung Gegenstand des Vermächtnisses, so ist im Zweifel der Vermächtnisanspruch von vornherein nach dem Verhältnisse der für die Bedachten sich ergebenden einzelnen Bruchteile geteilt.[3]

---

[16] Sächs. Gesetzb. §§ 2426.
[17] Sächs. Gesetzb. §§ 2427, 2430.
[18] Sächs. Gesetzb. § 2428.
[19] S. oben § 90 Anm. 4, § 91 zu Anm. 6.

[1] B.G.B. § 2158 Abs. 1.
[2] B.G.B. §§ 2157, 2091.
[3] B.G.B. §§ 420, 430.

Ist der Gegenstand des Vermächtnisses eine unteilbare Sache, so haben die mehreren Vermächtnisnehmer gegen den Beschwerten, wenn die Sache zur Erbschaft gehört, einen Anspruch darauf, daß ihnen gemeinschaftlich das Eigentum an der Sache oder das dem Erblasser an der Sache gehörig gewesene Recht oder der Anspruch des Erblassers auf Leistung des vermachten Gegenstandes oder auf Ersatz des Wertes desselben übertragen oder der Besitz der Sache eingeräumt werde, und, wenn sie nicht zur Erbschaft gehört, einen Anspruch darauf, daß ihnen gemeinschaftlich die Sache verschafft werde.[4] Wird der Anspruch durchgesetzt und ist der Erblasser oder derjenige, von dem der Beschwerte den Vermächtnisnehmern die Sache verschafft hat, Eigentümer der Sache gewesen, so werden die mehreren Bedachten Miteigentümer der Sache zu den Bruchteilen, die ihnen der Erblasser bestimmt hat, oder zu gleichen Teilen, wenn keine Teile bestimmt sind.[5]

Bestände nun der obige Rechtssatz für die Anwachsung des Vermächtnisanteiles eines der mehreren Bedachten nicht, so würde, wenn einer von den mehreren Bedachten wegfiele, der Anteil an dem vermachten Gegenstande, der auf den wegfallenden gefallen sein würde, bei dem verbleiben, der mit dem Vermächtnisse beschwert ist, wenn nicht etwa ein Ersatzvermächtnisnehmer ernannt wäre. Der Eintritt des Anwachsungrechtes setzt also das Vorhandensein mehrerer Bedachter gegenüber einem und demselben vermachten Gegenstande voraus. Und es wird sich zuerst darum handeln zu bestimmen, was das Gesetz unter demselben vermachten Gegenstande in Beziehung auf die mehreren Bedachten versteht.

Der schon dem alten römischen Zivilrechte angehörige Begriff der Anwachsung erfordert nach römischem Rechte zu seiner Anwendung auf Vermächtnisse ein bei der Vermächtniserrichtung zum Ausdruck gekommenes sprachliches Verbundensein der mehreren Vermächtnisnehmer durch Beziehung auf einen und denselben Vermächtnisgegenstand. Die mehreren Vermächtnisnehmer müssen re conjuncti sein.[6] Ein solches Ver-

---

[4] B.G.B. §§ 432, 2169, 2170.

[5] B.G.B. §§ 2157, 2091.

[6] Das conjunctim legari wurde in verschiedenem Sinne verstanden. Man verstand darunter einmal die Verbindung der mehreren Vermächtnisnehmer in einem und demselben Satze und stellte dem conjunctim legari das disjunctim legari gegenüber, so daß auch im Falle des disjunctim legari, wenn nämlich die mehreren Vermächtnisnehmer in verschiedenen Sätzen mit einer und derselben Sache bedacht waren, Anwachsung stattfand. Dann aber wurde das re et verbis conjungi, d. h. die Verbindung der mehreren Vermächtnisnehmer durch Berufung zu einem und demselben Vermächtnisse in einem und demselben Satze, von dem re conjungi, d. h. der Verbindung der mehreren Bedachten zu einem und demselben Vermächtnisse auch ohne Satzverbindung,

bundensein wird aber im Zweifel nicht angenommen, wenn der Erblasser die Sache unter den mehreren Vermächtnisnehmern geteilt hat, auch dann nicht, wenn keine Realteilung stattgefunden hat, sondern die Teilung nur nach ideellen Bruchteilen vorgenommen ist.[7]

Das bürgerliche Gesetzbuch für das Deutsche Reich enthält den Satz, daß, wenn mehreren Vermächtnisnehmern derselbe Gegenstand vermacht ist, die Anwachsung beim Wegfalle des einen auch dann stattfindet, wenn der Erblasser die Anteile der Bedachten bestimmt hat.[8] Dieser Satz bezieht sich indeß nicht auf den Fall, daß eine real teilbare Sache Gegenstand des Vermächtnisses ist und der Erblasser eine Realteilung unter den mehreren Vermächtnisnehmern vorgenommen hat. Denn in diesem Falle liegen in Wahrheit mehrere Vermächtnisse vor. Und jedes Vermächtnis hat einen besonderen Gegenstand.

Das bürgerliche Gesetzbuch sieht auch den Fall vor, daß einige der Bedachten zu demselben Anteile des Vermächtnisses berufen sind, und bestimmt für diesen Fall, daß die Anwachsung zunächst unter diesen Bedachten eintritt. Fällt also einer von ihnen weg, so wächst dessen Anteil zunächst denen an, die mit dem Wegfallenden zuerst den Anteil, zu dem sie mit ihm zusammen berufen waren, teilen sollten. Und nur wenn alle wegfallen, die mit diesem Anteile bedacht sind, wächst dieser Anteil den anderen Berufenen an. Fällt aber einer dieser anderen Berufenen, von denen jeder auf einen ganzen Anteil berufen ist, weg, so wächst dieser Anteil den übrigen Berufenen in der Art an, daß von dem anwachsenden Anteile jeder auf einen vollen Anteil berufene Bedachte einen Anteil und die zusammen auf einen Anteil berufenen Bedachten zusammen einen Anteil erhalten.[9] Auch bei diesen Anteilen ist

---

und von dem verbis tantum conjungi, d. h. der Verbindung der mehreren Bedachten in einem und demselben Satze bei Berufung zu verschiedenen Vermächtnisgegenständen unterschieden. Arndts in Glück, Pandektenkommentar Bd. 46 S. 478, 479 Anm. 80, 81.

[7] L. 20 D. de leg. II (31). Windscheid, Pandekten Bd. 3 § 644 zu Anm. 13; Arndts in Glück, Pandektenkommentar Bd. 46 S. 479 f.

[8] B.G.B. § 2158 Abs. 1 Satz 2.

[9] B.G.B. § 2158 Abs. 1 Satz 3. Der Fall wird also im Gesetzbuche ähnlich behandelt, wie in den römischen Rechtsquellen der Fall, daß eine Sache mehreren Personen in einem Satze und dieselbe Sache einer anderen Person in einem anderen Satze vermacht ist. In diesem Falle wird nämlich im gemeinen Rechte von einem Vorzugsrechte der re et verbis conjuncti vor den re conjuncti gesprochen. Arndts in Glück, Pandektenkommentar Bd. 46 S. 506 flg., Bd. 48 S. 51 flg; Windscheid, Pandekten Bd. 3 § 644 zu Anm. 11. In der l. 34 pr. i. f. D. de leg. I (30) werden in gleichem Falle die conjuncti den disjuncti gegenübergestellt, und es wird davon gesprochen, daß die conjuncti wie eine Person behandelt werden: conjuncti unius personae potestate funguntur. S. oben Anm. 6.

aber der Natur der Sache nach an ideelle Anteile, also an Bruchteile gedacht. Insoweit reale Teile, also Stücke einer Sache, vorliegen, die vormals ein Ganzes gebildet haben, ist die Anwachsung ausgeschlossen.

Die dem ersten Entwurfe beigegebenen Motive besagen ausdrücklich, daß, soweit eine Realteilung angeordnet ist, Anwachsung nicht stattfindet.[10] Dieser Auffassung liegt der Gedanke zu Grunde, daß mit der Anordnung einer Realteilung die Voraussetzung des Anwachsungrechtes wegfällt die darin besteht, daß eine und dieselbe Sache mehreren Personen vermacht ist. Es wird also die Anordnung einer Realteilung ihrer Ausführung in dem Sinne gleichgestellt, daß schon bei der Anordnung der Wille des Erblassers nicht dahin gegangen sein kann, den mehreren Vermächtnisnehmern dieselbe Sache zu vermachen. Es wird weiter ausgeführt, daß, da Forderungen im Zweifel, soweit nämlich nicht unteilbare Leistungen in Frage stehen, stets als real geteilt anzusehen sind, auch bei einem Vermächtnisanspruche auf eine Menge vertretbarer Sachen im Zweifel nur von einer Zuwendung nach feststehenden Anteilen die Rede sein könne, Anwachsung also im Zweifel ausgeschlossen sei. Und es müsse sich aus den Umständen des Falles ergeben, ob eine Realteilung vorliege oder gewollt sei.[11]

Die Fassung der die Anwachsung bei Vermächtnissen betreffenden Sätze des bürgerlichen Gesetzbuches ist von der Fassung der entsprechenden Sätze des ersten Entwurfes zwar verschieden.[12] Aber es ist aus dem Inhalte der Sätze des Gesetzbuches[13] nicht zu erkennen, daß ihnen andere Gedanken als denen des Entwurfes zu Grunde liegen. Auch ergeben die Sitzungprotokolle der Kommission für die zweite Lesung des Entwurfes nicht, daß die Mitglieder bei der Beratung von den Gedanken, die bei der ersten Lesung als maßgebend anerkannt worden sind, haben abweichen wollen.[14] Man wird daher nicht umhin können, anzunehmen, daß die Bestimmung des Gesetzbuches, soweit bei der Anwachsung die Voraussetzung, daß mehreren derselbe Gegenstand vermacht sei, in Frage kommt, nach dem angegebenen Inhalte der Motive auszulegen ist. Das Anwachsungrecht würde darnach bei einem Summenvermächtnisse oder einem anderen Vermächtnisse, das von vornherein einen Anspruch auf einen feststehenden Vermächtnisanteil

---

[10] Motive zu dem Entwurfe eines bürgerlichen Gesetzbuches Bd. 5 S. 184.

[11] Motive a. a. O.

[12] Erster Entwurf §§ 1870, 1871.

[13] B.G.B. §§ 2158, 2159.

[14] Protokolle der Kommission für die zweite Lesung des Entwurfes, 351. Sitzung V. S. 6974 f.

begründet, das also ein Teilungverfahren nicht zur Folge haben kann, im Zweifel nicht gegeben sein.

Die Motive können allerdings nur als Privatarbeit angesprochen werden. Auch kommt in Betracht, daß der aus den Motiven sich ergebende Rechtssatz insofern ein neuer ist, als wenigstens im gemeinen Rechte das Gegenteil des aufgestellten Satzes als Recht gilt. Die Hauptquelle der Sätze des gemeinen Rechtes, durch welche die Anwachsung bei Vermächtnissen bestimmt wird, ist das Gesetz Justinians über die Aufhebung der sogenannten caducarischen Bestimmungen der lex Julia et Papia Poppaea.[15] Im alten römischen Rechte bestand in Ansehung des Inkrafttretens des Anwachsungrechtes eine wesentliche Verschiedenheit zwischen den alten römischen Legatsformen. Bei dem Vindicationlegate und dem Präceptionlegate wurde, wenn mehrere Personen auf einen und denselben Vermächtnisgegenstand berufen und ihnen nicht bestimmte Teile ausgesetzt waren, angenommen, daß jeder von ihnen auf das Ganze berufen sein sollte. Bei den beiden anderen Legatsformen trat, wenn die ganze Sache mehreren Personen vermacht war und eine dieser Personen wegfiel, keine Anwachsung ein. Der Teil, der auf den wegfallenden Vermächtnisnehmer gefallen sein würde, blieb vielmehr bei dem Beschwerten.[16] Das Kaduzitätrecht der lex Julia et Papia Poppaea setzte der Wirksamkeit des Anwachsungrechtes wesentliche Schranken. Die Anwachsung war in allen Fällen der Kaduzität eines Vermächtnisses der Natur der Sache nach ausgeschlossen.[17] Durch das Gesetz Justinians über die Aufhebung der Kaduzität[18] aber wurde das alte Recht, das vor der lex Julia et Papia Poppaea in Geltung war, nicht wiederhergestellt. Das Justinianische Gesetz fand, als es in Kraft trat, das Vermächtnisrecht wesentlich verändert. Die alten Vermächtnisformen hatten ihre Bedeutung verloren. Und das neue Recht hat bei der Gleichstellung der alten Vermächtnisformen die Besonderheit des Vindikation- und des

[15] K. A. Schneider, Das altcivile und Justinianaische Anwachsungrecht bei Legaten und die caducarischen Bestimmungen der Lex Julia et Papia (1837), die Hauptschrift über das Anwachsungrecht bei Vermächtnissen.

[16] Schneider a. a. O. S. 7 flg. — Gai. inst. II §§ 199, 215.

[17] Schneider a. a. O. S. 197 flg.

[18] Die durch das Papische Gesetz eingeführte Kaduzität hat nicht bis zu dem erst nach der Publikation der Pandekten erfolgten Erlasse der Justinianischen constitutio de caducis tollendis bestanden. Sie ist vielmehr schon als vor der Zeit der Publikation der Pandekten aufgehoben anzusehen. S. Schneider a. a. O. S. 235 flg. gegen Mayer, Das Recht der Anwachsung S. 186 flg. S. auch Arndts in Glück, Pandektenkommentar Bd. 48 S. 5 flg.

Präceptionlegates gegenüber dem Anwachsungrechte übernommen. Die Anwachsung hat sich also im neuen Rechte so gestaltet, daß sie für alle Vermächtnisse, durch welche mehrere Personen zusammen mit einer und derselben Sache bedacht werden, wenn einer der mehreren Bedachten wegfällt, in Geltung tritt.[19] Justinian hat nämlich in dem Gesetze, durch das er das Recht der Kaduzität aufgehoben hat, das Anwachsungrecht neu geregelt. Nach dieser Regelung findet es auf die Vermächtnisse des verschiedenartigsten Inhaltes Anwendung. Und es besteht kein Zweifel, daß insbesondere auch bei Vermächtnissen, welche eine Summe Geldes oder eine Menge vertretbarer Sachen oder eine der Gattung nach bestimmte Sache irgend welcher Art oder eine Forderung des Erblassers gegen einen Dritten u. dgl. zum Gegenstande haben, bei denen also nach dem ersten Entwurfe, wie die dem Entwurfe beigegebenen Motive die Sätze des ersten Entwurfes auffassen, und folgeweise auch nach dem bürgerlichen Gesetzbuche für das Deutsche Reich nach den obigen Ausführungen das Anwachsungrecht ausgeschlossen sein würde, die Anwachsung auf Grund der constitutio de caducis tollendis stattfindet.[20]

Das preußische Gesetzbuch enthält die Bestimmung, daß, wenn mehreren Personen ein Vermächtnis zugleich und ungeteilt beschieden ist, beim Wegfallen des einen Bedachten dessen Anteil den übrigen zufällt, daß dieser Zuwachs nach eben dem Verhältnisse geschieht, nach dem der Erblasser die Teile an dem ganzen Vermächtnisse bestimmt hat, und daß, wenn der Erblasser ein solches Verhältnis nicht angegeben hat, die Mitbedachten den Zuwachs zu gleichen Teilen erwerben.[21] Eine ausdrückliche gesetzliche Bestimmung darüber, ob das Anwachsungrecht gegeben ist, wenn der Erblasser angeordnet hat, welchen Bruchteil der vermachten Sache jeder Vermächtnisnehmer haben soll, ist im preußischen Gesetzbuche nicht enthalten. Die in Rechtsprechung und Wissenschaft herrschende Meinung läßt aber die Anwachsung dadurch nicht ausgeschlossen sein, daß der Erblasser die Bruchteile bestimmt hat. Die Frage ist auch hier Sache der Willensfeststellung.[22] Hat dagegen der Erblasser die vermachte Sache unter den Bedachten real geteilt, so findet ein Anwachsungrecht nicht mehr statt, weil angenommen werden muß, daß der Wille des Erblassers dahin gegangen ist, die einzelnen Teile zu selbständigen

---

[19] L. un. § 11 C. de caduc. toll. (6,51). Schneider a. a. O. S. 247 flg.; Arndts in Glück, Pandektenkommentar a. a. O.

[20] Arndts a. a. O. S. 20 f.

[21] A.L.R. I 12 §§ 368 bis 370.

[22] Präjud. des Obertribunals v. 19. Dezember 1842 Nr. 1235; Dernburg, preuß. Privatrecht Bd. 3 § 135 Anm. 14; Eccius, preuß. Privatrecht Bd. 4 § 276 Anm. 19.

Rechtsgegenständen zu machen. Ob der Erblasser eine Realteilung und mit ihr die Entstehung selbständiger Rechtsgegenstände gewollt hat, ist im gegebenen Falle nicht immer zweifelsfrei und wiederum Sache der Willensfeststellung. Der Fall kann aber auch so liegen, daß mit der Bestimmung von Bruchteilen durch den Erblasser oder auch ohne solche Bestimmung dadurch, daß das Gesetz gleiche Teilung vorgeschrieben hat, die Realteilung des Vermächtnisgegenstandes durch das Gesetz schon selbst gegeben ist. Hat der Erblasser letztwillig bestimmt: „Meine 10000 Mark Reichsanleihe sollen meine beiden Neffen teilen," so wird, wenn der eine Neffe als Vermächtnisnehmer wegfällt, und die im Nachlasse vorhandenen 10 000 Mark Reichsanleihe in Stücken bestehen, deren Summe durch zwei teilbar ist, schwerlich Grund für die Annahme gegeben sein, daß der Erblasser für diesen Fall dem anderen Neffen alle die 10000 Mark Reichsanleihe habe zuwenden wollen. Es liegt an sich ebensoviel Grund vor für die Annahme, daß nach dem Willen des Erblassers solchenfalls 5000 Mark dem Beschwerten verbleiben sollen.

Nach dem französischen Gesetzbuche erfordert der Eintritt des Rechtes der Anwachsung, daß mehreren Personen eine und dieselbe Sache in einer und derselben Verfügung vermacht worden ist, ohne daß der Erblasser den einzelnen Vermächtnisnehmern bestimmte Teile der vermachten Sache angewiesen hat.[23] Aber auch wenn der Erblasser bestimmte Teile der Sache den einzelnen Vermächtnisnehmern angewiesen hat, findet das Anwachsungrecht in dem Falle Anwendung, daß Gegenstand des Vermächtnisses eine Sache ist, die nicht geteilt werden kann, ohne Schaden zu leiden.[24] Damit, daß das Gesetz hiernach das Recht der Anwachsung, wenn der Erblasser einem jeden der einzelnen Vermächtnisnehmer den Teil, der auf ihn von dem Gegenstande des Vermächtnisses fallen soll, angewiesen hat, von einer als Folge der Teilung eintretenden Verschlechterung der zum Gegenstande des Vermächtnisses gemachten Sache abhängig macht, führt es einen neuen Rechtsgedanken in das Anwachsungrecht ein. Das Gesetz macht zur Voraussetzung der Anwachsung entweder, daß der Erblasser den Vermächtnisgegenstand unter den mehreren Vermächtnisnehmern nicht, auch nicht ideell, geteilt hat, oder daß die Sache reell unteilbar ist, daß sie nämlich, ohne Schaden zu leiden, nicht geteilt werden kann.

Das österreichische Gesetzbuch läßt die Anwachsung eintreten, wenn mehrere Personen zu demselben Vermächtnisse ohne Teilbestimmung oder unter dem Ausdrucke gleicher Teilung berufen sind. Das Fehlen einer jeden Teilbestimmung wird also dem Falle gleichgestellt, daß die mehreren

---

[23] Code civil Art. 1044.
[24] Code civil Art. 1045.

Vermächtnisnehmer auf einen und denselben Vermächtnisgegenstand zu gleichen Teilen berufen sind.[25] Dazu wird von Unger bemerkt, es liege also immer eine Berufung der mehreren Vermächtnisnehmer zu Teilen des Vermächtnisses vor. Die Vermächtnisnehmer seien daher nicht mit einer und derselben Sache, sondern mit gleichen Teilen desselben Gegenstandes bedacht, also nur verbis conjuncti im Sinne des römischen Rechtes. Dagegen aber lasse sich auf der anderen Seite geltend machen, daß der Erblasser die mehreren Personen nicht auf bestimmte Teile, sondern auf denselben Gegenstand zu gleichen Teilen berufen habe, so daß die Mitbedachten nicht von Anfang an Teile hätten, sondern daß durch das Zusammentreffen der mehreren Vermächtnisnehmer erst die Teile entständen. Und in der That wolle der Erblasser durch den Beisatz: „zu gleichen Teilen" nur aussprechen, was ohnehin schon in der einfachen Berufung mehrerer zu demselben Gegenstande von selbst enthalten sei, so daß in jenem Zusatze nicht sowohl die Beschränkung jedes Berufenen auf einen bestimmten durch Berechnung sich ergebenden Anteil ausgesprochen, sondern die Verneinung ungleicher Anteile für den Fall der wirklichen Teilung, also nur die Angabe eines Teilunggrundsatzes zu sehen sei.[26]

Das sächsische Gesetzbuch macht die Anwachsung bei Vermächtnissen davon abhängig, daß mehrere Bedachte zu einem und demselben Vermächtnisse berufen sind, nimmt aber eine die Anwachsung begründende Berufung der mehreren Vermächtnisnehmer nicht an, wenn der Erblasser zwar mehrere Personen zu einem Vermächtnisse berufen, aber angegeben hat, wieviel ein jeder von ihnen von der vermachten Sache erhalten soll.[27]

§ 93. Fortsetzung.

Der Eintritt der Anwachsung kann in erster Reihe dadurch ausgeschlossen werden, daß der Erblasser, der mehreren Vermächtnisnehmern einen und denselben Gegenstand vermacht, für den Fall des Wegfallens eines dieser Bedachten einen Ersatzvermächtnisnehmer beruft.[1] Der Erblasser kann aber auch ohne Berufung eines Ersatzvermächtnisnehmers die Anwachsung ausschließen.[2] Dies hat die Wirkung, daß beim Wegfalle

---

[25] Österreich. Gesetzb. §§ 689, 563.
[26] Unger, österreich. Erbrecht § 63 Anm. 3.
[27] Sächs. Gesetzb. § 2434.

[1] B.G.B. § 2190.
[2] B.G.B. § 2158 Abs. 2.

eines der mehreren zu einer und derselben Sache berufenen Vermächtnisnehmer der Anteil des wegfallenden dem Beschwerten verbleibt.

Nach älterem römischen Rechte ließ sich die Entscheidung des Erblassers darüber, ob beim Wegfalle eines der mehreren auf eine und dieselbe Sache berufenen Vermächtnisnehmer Anwachsung eintreten sollte, durch die Wahl der Legatsform kund geben.[3] Nach dem Justinianischen Gesetze über die Aufhebung der Kaduzität trat Anwachsung bei mehreren Legataren, die re conjuncti waren, immer ein. Auch stellte Justinian das Recht der Fideikommisse dem der Legate darin gleich, daß für die ersteren ebenso wie für die Legate, wenn von mehreren auf dieselbe Sache berufenen Vermächtnisnehmern der eine wegfiel, Anwachsung für den Anteil des wegfallenden eintrat.[4] Bei Fideikommissen war von vornherein der Wille des Erblassers entscheidend. Und wenn Justinian in dem Gesetze über die Aufhebung der Kaduzität den Fideikommissen auch in der angegebenen Richtung mit den Legaten gleiches Recht gab, so kann mit Rücksicht darauf, daß die Anwachsung wegfallender Vermächtnisanteile beim Vorliegen der Voraussetzungen der Anwachsung gemeinschaftliches Recht aller Vermächtnisse geworden ist, und daß das ganze Anwachsungrecht auf der Unterstellung beruht, daß es, so wie es das Gesetz hingestellt hat, dem Willen des Erblassers entspricht, nicht fehlen, daß, wenn eine letztwillige Verfügung einen anderen Willen des Erblassers, nämlich den Willen, die Anwachsung nicht eintreten zu lassen, erkennen läßt, nach gemeinem Rechte eine solche Ausschließung der Anwachsung das Recht für sich hat.

Das preußische Gesetzbuch enthält ebenso wie das Gesetzbuch für das Deutsche Reich die ausdrückliche Bestimmung, daß der Erblasser die Anwachsung beim Vermächtnisse wie bei der Erbeinsetzung ausschließen kann. Der Ausschließung hat das preußische Gesetzbuch die Wirkung beigelegt, daß der erledigte Vermächtnisanteil an den Testamentserben fällt.[5] Das Gesetzbuch hat dabei offenbar den am meisten vorkommenden Fall vor Augen gehabt, daß der Testamentserbe mit dem Vermächtnisse beschwert ist. Es kann indeß auch nach preußischem Rechte nicht blos der Testamientserbe, sondern auch der gesetzliche Erbe und ein Vermächtnisnehmer mit einem Vermächtnisse beschwert werden, das den Eintritt des Falles der Anwachsung möglich macht.

---

[3] Arndts in Glück, Pandektenkommentar Bd. 46 S. 477 flg. S. oben § 92 zu Anm. 16.

[4] L. un. § 11 C. de caduc. toll. (6,51); Arndts ebenda Bd. 46 S. 499, Bd. 48 S. 5 flg.

[5] A.L.R. I 12 § 372.

Das sächsische Gesetzbuch für das Königreich Sachsen enthält den Satz, daß das Anwachsungrecht wegfällt, wenn es nach der Bestimmung oder Absicht des Erblassers nicht eintreten soll, insbesondere wenn der Erblasser an die Stelle des wegfallenden Vermächtnisnehmers einen anderen berufen hat.[6]

Das französische und das österreichische Gesetzbuch enthalten nähere Bestimmungen dahin, daß der Erblasser beim Wegfalle eiues von mehreren auf dieselbe Sache berufenen Vermächtnisnehmern die Anwachsung ausschließen kann, nicht. Die rechtliche Möglichkeit, die Anwachsung auszuschließen, versteht sich aber von selbst. Denn da der Erblasser eine letztwillige Verfügung errichten kann, durch die er den Rechtszustand anordnet, welcher der Ausschließung der Anwachsung entspricht, so läßt sich einer letztwilligen Verfügung, durch welche die Anwachsung ausdrücklich ausgeschlossen wird, Wirksamkeit nicht absprechen.

Auf die Frage, ob beim Wegfalle eines von mehreren auf dieselbe Sache berufenen Vermächtnisnehmern der frei werdende Vermächtnisanteil von den übrigen Bedachten abgelehnt werden kann, und auf das Schicksal der vom Erblasser dem wegfallenden Vermächtnisnehmer auferlegten Lasten bezieht sich eine Bestimmung des bürgerlichen Gesetzbuches für das Deutsche Reich des Inhaltes, daß der durch Anwachsung einem Vermächtnisnehmer anfallende Anteil in Ansehung der Vermächtnisse und Auflagen, mit denen dieser oder der wegfallende Vermächtnisnehmer beschwert ist, als besonderes Vermächtnis gilt.[7] Diese Rechtsgestaltung stimmt im wesentlichen mit der überein, die das römische Recht durch das Justinianische Gesetz über die Aufhebung des Kaduzitätrechtes erhalten hat. Das ältere römische Recht war wesentlich anders gestaltet. Hatte der Erblasser mittels einer der dazu bestimmten Legatsformen mehrere Personen als re conjuncti, auch wenn sie disjuncti waren, auf eine und dieselbe Sache als sachlich verbundene zu Vermächtnisnehmern berufen, und fiel eine dieser Personen weg, so erhielten die übrigen vermöge ihrer Berufung die ganze Sache, also auch den Anteil, der auf den weggefallenen gekommen sein würde. Einer besonderen Willensbestimmung der übrigen Berufenen zum Erwerbe des Anteils des weggefallenen bedurfte es nicht. Der Erwerb dieses Anteils konnte nicht abgelehnt werden. Aber er trat ein, ohne daß die Lasten, mit denen der Erblasser den wegfallenden Vermächtnisnehmer beschwert hatte, auf den freigewordenen Anteil und damit auf die übrigen Vermächtnis-

[6] Sächs. Gesetzb. 2436.

[7] B.G.B. § 2159.

nehmer übergingen.[8] Durch das Gesetz Justinians über die Aufhebung des Kaduzitätrechtes wurde das Anwachsungrecht in doppelter Hinsicht anders gestaltet. Der durch Wegfall eines der mehreren Vermächtnisnehmer frei werdende Vermächtnisanteil fiel nach dem Justinianischen Gesetze nicht mehr von selbst den übrigen Vermächtnisnehmern an. Er konnte nun von ihnen ausgeschlagen werden. Nahmen sie ihn aber an, so mußten sie auch die Lasten tragen, die der Erblasser dem weggefallenen Vermächtnisnehmer auferlegt hatte.[9]

Das preußische Gesetzbuch hat die Fragen anders entschieden. Es schreibt vor, daß einer von mehreren Vermächtnisnehmern den zur Anwachsung frei werdenden Anteil eines wegfallenden Vermächtnisnehmers für sich allein nicht ablehnen kann. Er muß ihn annehmen, wenn er sein Vermächtnis behalten will. Aber er braucht, wenn aus seinem Vermächtnisse noch besondere Vermächtnisse beschieden sind, den Bedachten nicht weiter gerecht zu werden, als das ihm zugewendete Vermächtnis selbst hinreicht.[10]

Wieder anders hat sich das sächsische Gesetzbuch zu den Fragen gestellt. Nach ihm kann, wenn die Voraussetzungen der Anwachsung in der Art gegeben sind, daß ein Vermächtnis mehreren in getrennten Sätzen hinterlassen ist, der Anteil des wegfallenden Vermächtnisnehmers von den übrigen Vermächtnisnehmern, wenn sie selbst das Vermächtnis annehmen, nicht ausgeschlagen werden. Sie brauchen aber die Beschwerungen nicht zu erfüllen, mit denen der wegfallende belastet ist. Wenn ein Vermächtnis mehreren in einem Satze ohne Bestimmung von Teilen hinterlassen ist, so haben beim Wegfallen des einen Bedachten die anderen die Wahl, ob sie dessen Anteil annehmen oder ausschlagen wollen. Im Falle der Annahme müssen sie aber den Beschwerungen des wegfallenden gerecht werden.[11]

§ 94. Einzelne Arten von Vermächtnissen.

1. Das Vermächtnis eines bestimmten Gegenstandes.

a. Nach dem bürgerlichen Gesetzbuche.

Das bürgerliche Gesetzbuch für das Deutsche Reich hat die Rechtssätze, welche das Vermächtnis eines bestimmten Gegenstandes betreffen, auf der Grundlage aufgebaut, daß es das Vermächtnis regelmäßig für

---

[8] L. un. § 11 C. de caduc. toll. (6,51); Arndts a. a. O. Bd. 48 S. 7 flg.
[9] Arndts a. a. O. S. 8 flg.
[10] A.L.R. I 12 §§ 371, 286, 287.
[11] Sächs. Gesetzb. §§ 2431, 2432.

unwirksam erklärt, soweit der bestimmte vermachte Gegenstand zur Zeit des Erbfalles nicht zur Erbschaft gehört.[1] Das Zurerbschaftgehören und das Nichtzurerbschaftgehören wird jedoch in einem besonders weiten Umfange verstanden. Auch ein Gegenstand, der im Eigentum des Erblassers steht, gehört in dem fraglichen Sinne nicht zur Erbschaft, wenn der Erblasser zur Veräußerung des Gegenstandes verpflichtet ist.[2] Auf der anderen Seite kann eine Sache, auch wenn der Erblasser nicht ihr Eigentümer, sondern nur ihr Besitzer ist, zulässiger Gegenstand eines Vermächtnisses sein. Solchenfalls gilt im Zweifel der Besitz als vermacht, es sei denn, daß er dem Bedachten keinen rechtlichen Vorteil ge-

---

[1] B.G.B. § 2169 Abs. 1. In der Kommission für die zweite Lesung des Entwurfes bestand Einverständnis darüber, wie davon ausgegangen werden müsse, daß der Erblasser dem Vermächtnisnehmer eine Zuwendung aus der Erbschaft habe machen wollen. Gehöre also die vermachte Sache nicht zur Erbschaft, so liege dem Bedachten der Beweis ob, daß es der Wille des Erblassers gewesen sei, den Vermächtnisgegenstand ohne Rücksicht darauf, ob er zur Erbschaft gehöre, ihm zuzuwenden (Protokolle der Kommission für die zweite Lesung, 347. Sitzung II. A. S. 6894). Der Gedanke, von dem hier ausgegangen wird, stimmt mit dem des ersten Entwurfes im wesentlichen überein. Dem ersten Entwurfe liegt die Auffassung zum Grunde, der Erblasser sei stillschweigend davon ausgegangen, daß der vermachte Gegenstand ihm gehöre oder der seinige sei (Motive Bd. 5 S. 148). Und es wird die Vermutung aufgestellt, daß der Erblasser, wenn er dem Vermächtnisnehmer einen in sich bestimmten Gegenstand zugewendet habe, und der Gegenstand ihm nicht gehöre, keine Kenntnis von letzterem Umstande gehabt habe (erster Entwurf § 1850).

[2] B.G.B. § 2169 Abs. 4. Der Satz gehörte in abweichender Fassung (als § 1848 Abs. 2) schon dem ersten Entwurfe an. In der Kommission für die zweite Lesung des Entwurfes kam das Verhältnis des hier in Rede stehenden Satzes zu dem von der Kommission gefaßten Beschlusse zur Sprache, nach welchem, wenn der Erblasser Besitzer der vermachten Sache gewesen sei, der Besitz als Vermächtnisgegenstand angesehen werden solle. Es wurden von der einen Seite anderweite Bestimmungen mit Rücksicht darauf vorgeschlagen, daß beim Mangel entsprechender Rechtssätze das Vermächtnis einer Sache, die nur im Besitze des Erblasser gewesen sei, immer ungültig sein werde. Denn der Erblasser sei in solchem Falle immer zur Herausgabe, d. i. zur Veräußerung, verpflichtet. Von anderer Seite wurde erwidert, daß durch den fraglichen Beschluß die Wirksamkeit des Vermächtnisses eines Gegenstandes, der sich lediglich im Besitze des Erblassers befunden habe, unter der Voraussetzung, daß der Erblasser dem Bedachten den Gegenstand aus der Erbschaft habe zuwenden wollen, sichergestellt sei, und daß darüber hinaus ein Bedürfnis zu einer besonderen Vorschrift nicht bestehe. Die Kommission schloß sich dieser Auffassung an (Protokolle a. a. O., 347. Sitzung II. C. S. 6898). Der Auffassung liegt der Gedanke zum Grunde, daß das Vermächtnis eines Gegenstandes, der sich zur Zeit des Erbfalles nur im Besitze des Erblassers befunden habe, gültig sei, aber im Zweifel nur insoweit, als der Besitz vermacht sein solle, und daß der Bedachte, wenn er behaupte, daß der Erblasser einen weitergehenden, also den auf ein Verschaffungvermächtnis der Sache selbst gerichteten Willen gehabt habe, dies beweisen müsse.

währt.[3] Ebenso ist das Vermächtnis wirksam, wenn dem Erblasser nur ein Anspruch auf Leistung des vermachten Gegenstandes zusteht. Im Zweifel gilt dieser Anspruch als vermacht. In dem Falle, daß die vermachte Sache erst nach der Anordnung des Vermächtnisses untergegangen oder dem Erblasser entzogen worden ist, dem Erblasser aber ein Anspruch auf Ersatz des Wertes zusteht, tritt an die Stelle der Sache selbst im Zweifel der fragliche Anspruch als vermacht.[4] Steht dem Erblasser wegen einer nach der Anordnung des Vermächtnisses erfolgten Beschädigung der vermachten Sache ein Anspruch auf Ersatz der Minderung ihres Wertes zu, so erstreckt sich im Zweifel das Vermächtnis auf diesen Anspruch.[5]

Wirksam ist das Vermächtnis eines bestimmten Gegenstandes, der zur Zeit des Erbfalles nicht zur Erbschaft gehört, wenn der Gegenstand dem Bedachten auch für den Fall zugewendet sein soll, daß er nicht zur Erbschaft gehört.[6] Dieser Fall kann zunächst in der Art vorliegen, daß die vermachte Sache dem mit dem Vermächtnisse beschwerten Erben oder Vermächtnisnehmer gehört. Auf diesen Fall findet die Bestimmung Anwendung, daß der Beschwerte den Gegenstand dem Bedachten zu verschaffen hat.[7] Der Beschwerte, zu dessen Vermögen die Sache gehört, ist darnach verpflichtet, die Sache dem Bedachten zu übergeben und dafür einzustehen, daß ihm selbst die Sache gehört, also wegen etwa

---

[3] B.G.B. § 2169 Abs. 2. Der erste Entwurf (§ 1840) weicht hier insofern vom Gesetzbuche ab, als er den Besitz und die mit ihm verbundenen Vorteile (Ansprüche wegen Verwendungen, B.G.B. § 999) als Gegenstände des Vermächtnisses nur gelten lassen wollte, wenn der Erblasser gewußt hat, daß die Sache ihm nicht gehöre (Motive des ersten Entwurfes Bd. 5 S. 148 f.). In der Kommission für die zweite Lesung ging man gegen diese Auffassung vor. Man führte an, der Erblasser wolle dem Bedachten in dem Besitze „nicht ein Recht", sondern ein Gut zuwenden, das der Bedachte ebenso haben solle, wie er — der Erblasser — selbst es gehabt habe. Die Kommission schloß sich dieser vom ersten Entwurfe abweichenden Auffassung an (Protokolle a. a. O. II. A. S. 6895 f. Marginale: Vermächtnis des Besitzes einer Sache).

[4] B.G.B. § 2169 Abs. 3. Nach dem ersten Entwurfe (§ 1848 Ziff. 3) sollte, wenn dem Erblasser zur Zeit des Erbfalles ein Anspruch auf Leistung des Vermächtnisgegenstandes zustand, angenommen werden, daß die Zuwendung des Anspruches von dem Erblasser gewollt sei. Die Kommission für die zweite Lesung hat diese Bestimmung nach Inhalt des § 2169 Abs. 3 B.G.B. erweitert (Protokolle a. a. O. B. S. 6897).

[5] B.G.B. § 2164 Abs. 2. Die Bestimmung war im ersten Entwurfe nicht enthalten. Sie ist durch Beschluß der Kommission für die zweite Lesung des Entwurfes aufgenommen worden (Protokolle a. a. O.).

[6] B.G.B. § 2169 Abs. 1.

[7] B.G.B. § 2170 Abs. 1.

vorhandener Mängel in seinem Rechte, die den Bedachten hindern, von der vermachten Sache den Gebrauch zu machen, zu dem ihn nach dem Willen des Erblassers das Vermächtnis berechtigen soll, dem Bedachten Gewähr zu leisten.[8]

Auch wenn der vermachte Gegenstand, der dem Bedachten zugewendet sein soll, obgleich er nicht zur Erbschaft gehört, im Eigentum eines Dritten steht, hat der Bedachte gegen den Beschwerten einen Anspruch auf Verschaffung der Sache. Der Anspruch ist aber in der Art begrenzt, daß der Beschwerte, wenn er zur Verschaffung außer stande ist, den Wert des vermachten Gegenstandes zu entrichten hat, und daß er, wenn die Verschaffung nur mit unverhältnismäßigen Aufwendungen möglich ist, sich durch Entrichtung des Wertes von der Verpflichtung zur Verschaffung lösen kann.[9] Das Gesetzbuch unterscheidet zwischen dem Falle, daß der Beschwerte zur Verschaffung einer Sache außer stande ist, und dem Falle, daß die Verschaffung mit unverhältnismäßigen Kosten verbunden sein würde. Im ersteren Falle tritt als Vermächtnisgegenstand an die Stelle der Sache selbst deren Wert. Im letzteren Falle kann zwar der Bedachte als sein Recht die Leistung des vermachten Gegenstandes selbst fordern. Der Beschwerte kann sich aber von dieser Verpflichtung durch Leistung des Wertes der Sache frei machen.

§ 95. b. Nach anderen Rechten.

Die Stellung des bürgerlichen Gesetzbuches ist der Frage der Wirksamkeit des Vermächtnisses eines nicht zur Erbschaft gehörigen bestimmten Gegenstandes gegenüber von der des römischen Rechtes wesentlich verschieden. Die römischen Rechtsbücher sprechen ausdrücklich aus, daß das Vermächtnis einer fremden Sache gültig ist, wenn der Erblasser gewußt hat, die Sache sei eine fremde, und daß ein solches Vermächtnis dem Beschwerten die Verpflichtung auflegt, die Sache für den Bedachten anzuschaffen oder, wenn er dazu nicht imstande ist, ihren Wert zu zahlen. Die Schwierigkeit der Verschaffung befreit den Beschwerten nicht von der Verschaffungpflicht.[1] Hat der Erblasser die Sache für eine ihm gehörige

[8] Ist ein bestimmter nicht zur Erbschaft gehöriger Gegenstand vermacht, den der Beschwerte dem Bedachten zu verschaffen hat, so hat der Beschwerte dem Bedachten gegenüber dieselben Verpflichtungen, wie sie der Beschwerte gegenüber dem Bedachten hat, wenn eine nur der Gattung nach bestimmte Sache vermacht ist (B.G.B. § 2182 Abs. 2).

[9] B.G.B. § 2170 Abs. 2.

[1] § 4 J. de leg. (2,20), § 1 i. f. J. de sing. reb. p. f. r. (2,24), l. 39 § 7 D. de leg. I (30).

gehalten, so ist das Vermächtnis ungültig, weil — so heißt es im Gesetze — der Erblasser die Sache vielleicht nicht zum Gegenstande eines Vermächtnisses gemacht haben würde, wenn er gewußt hätte, die Sache gehöre nicht ihm.[2] Wird also darüber gestritten, ob der Erblasser gewußt habe, die Sache sei eine fremde, so liegt dem Vermächtnisnehmer zur Klarstellung seines Rechtes auf das Vermächtnis der Beweis ob, daß der Erblasser die fragliche Kenntnis gehabt habe. Den vom bürgerlichen Gesetzbuche aufgestellten Satz, daß, wenn der Erblasser nur Besitzer der vermachten Sache sei, der Besitz der Sache als vermacht gelten soll, enthalten die römischen Rechtsbücher in dieser Fassung nicht. Sie geben aber einem ähnlichen Rechtsgedanken dahin Ausdruck, daß, wenn der Erblasser eine Sache in dem Glauben, ihr Eigentümer zu sein, einem Anderen vermacht hat, dem Vermächtnisnehmer, dem die Sache entwährt worden ist, gegen den Beschwerten ein Anspruch aus der Entwährung nicht zusteht.[3] Der Satz des bürgerlichen Gesetzbuches, daß, wenn dem Erblasser ein Forderungrecht auf die Sache zusteht, dies Recht Gegenstand des Vermächtnisses ist, auch wenn der Erblasser die Sache selbst als vermacht bezeichnet hat, ist im römischen Rechte ebenfalls ausgesprochen.[4] Gleichermaßen gelten, wenn dem Erblasser ein Erbbaurecht (superfiziarisches oder ähnliches Recht) an der Sache zusteht, dies Recht[5] und, wenn der Erblasser Miteigentümer der Sache ist, das Miteigentum des Erblassers als Gegenstand des Vermächtnisses, auch wenn der Erblasser die Sache selbst als vermacht bezeichnet hat.[6]

Der Fall des Vermächtnisses einer Sache, die im Eigentum des Beschwerten steht, wird im römischen Rechte dahin beurteilt, daß dem Bedachten ein Anspruch auf die Sache auch dann gegeben ist, wenn der Erblasser sich selbst irrtümlich für den Eigentümer gehalten hat.[7] Der Beschwerte ist also ohne Rücksicht auf Kenntnis oder Unkenntnis des Erblassers in der fraglichen Hinsicht verpflichtet, dem Bedachten die vermachte Sache zu übergeben.

Auch wenn die vermachte Sache dem Bedachten selbst gehört, ist

---

[2] **Forsitan enim, si scisset alienam, non legasset; § 4 J. de leg.** Nur wenn der Vermächtnisnehmer dem Erblasser besonders nahe gestanden hat, läßt man diese Erwägung nicht zutreffen. **L. 10 C. de leg. (6,37): quodsi suam esse putavit, non aliter valet legatum, nisi proximae personae vel uxori vel alii tali personae datum sit.**

[3] **L. 77 § 8 D. de leg. II (31).**

[4] **L. 39 § 3 D. de leg. I (30).**

[5] **L. 71 § 6 ibid.**

[6] **L. 5 § 2 ibid.**

[7] **L. 67 § 8 D. de leg. II (31).**

das Vermächtnis nach römischem Rechte nicht schlechthin unwirksam. Ist nämlich die Sache mit einem dinglichen Rechte, das den Gebrauch der Sache durch den Eigentümer hindert oder das Eigentum selbst in Frage stellt, also einem Nießbrauchs- oder Gebrauchsrechte, einem Erbbaurechte oder einem Pfandrechte (Grundgerechtigkeiten gehören nicht hierher) belastet, und hat der Erblasser von der fraglichen Belastung gewußt, so hat der Bedachte gegen den Beschwerten Anspruch auf Befreiung der Sache von der Last.[8] Ebenso steht dem Bedachten, wenn der Erblasser gegen ihn einen persönlicher Anspruch auf Hergabe der vermachten Sache hat,[9] oder wenn aus einem anderen Rechtsgrunde dem Bedachten der Verlust des Eigentumes an den Beschwerten droht, ein Anspruch gegen den Beschwerten auf Befreiung von jenem persönlichen Anspruche oder auf Sicherstellnng gegen den drohenden Eigentumsverlust oder bei schon eingetretenem Eigentumsverluste auf Leistuug der Sache zu.[10] Endlich giebt das Recht dem Bedachten, wenn er nach Errichtung des Vermächtnisses die vermachte Sache durch lästigen Vertrag für sich erworben hat, Anspruch gegen den Beschwerten auf Ersatz der Anschaffungkosten.[11]

Das preußische Gesetzbuch erklärt das Vermächtnis einer fremden Sache nur dann für wirksam, wenn der Erblasser die Sache ausdrücklich als eine fremde vermacht hat. Das Vermächtnis begründet in diesem Falle die Verpflichtung des Beschwerten, sich die Beschaffung der Sache für den Vermächtnisnehmer möglichst angelegen sein zu lassen. Will der Eigentümer die Sache nicht mehr oder nur gegen unverhältnismäßige Bedingungen füe den Bedachten hergeben, so ist der Beschwerte verpflichtet, dem Bedachten den außerordentlichen Wert der Sache zu leisten. Hat der Bedachte die vermachte Sache vor oder nach dem Erbfalle durch lästigen Vertrag an sich gebracht, so hat er gegen den Beschwerten Anspruch auf Ersatz dessen, was er selbst dafür gegeben hat, so weit nicht, was er dafür hergegeben hat, den Preis, für den der Beschwerte die Sache hätte anschaffen können, übersteigt.[12] Hat der Bedachte die Sache

---

[8] L. 86 pr. § 4 D. de leg. I (30). Die mit den im Texte angegebenen dinglichen Rechten belastete Sache wird, insoweit sie belastet ist, wie eine fremde angesehen.

[9] L. 39 § 2 ibid. Vergl. Arndts in Glück, Pandektenkommentar Bd. 46 S. 231 flg. S. auch Windscheid, Pandekten Bd. 3 § 654 Anm. 25.

[10] L. 82 § 1 ibid. In dem Falle der Stelle wird dem Bedachten, der inzwischen das Eigentum der Sache verloren hat, ein Anspruch aus dem Testamente auf Leistung der Sache gegeben. Vergl. Windscheid a. a. O. zu Anm. 24.

[11] § 6 J. de leg. (2,20).

[12] A.L.R. I 12 §§ 377 bis 379. Das Gesetz erklärt den Bedachten ohne die im Texte beigefügte Beschränkung für verpflichtet, dem Bedachten zu ersetzen, was dieser für die Sache gegeben hat. Die Beschränkung ist aber selbstverständlich. Dernburg, preuß. Privatrecht Bd. 3 § 138 Text nach d. Anm. 15.

unentgeltlich erworben, so zieht das Vermächtnis Verpflichtungen des Beschwerten nicht nach sich.[13] Steht dem Erblasser nur ein persönliches Recht auf die Sache oder ein dingliches Recht an der Sache zu, so wird im Zweifel, auch wenn die Sache selbst als vermacht bezeichnet ist, angenommen, daß dies Recht Gegenstand des Vermächtnisses sei.[14]

Ist der Beschwerte selbst Eigentümer der vermachten Sache, so ist das Vermächtnis ebenso wie nach römischen Rechte gültig, auch wenn der Erblasser das Eigentum des Beschwerten nicht gekannt, sondern sich selbst für den Eigentümer der Sache gehalten hat.[15] Gehört die vermachte Sache einem von mehreren Miterben, ist aber dieser Miterbe nicht der Beschwerte, sondern sind alle Erben beschwert, so giebt das preußische Gesetzbuch demjenigen Miterben, der die vermachte Sache als deren Eigentümer für den Beschwerten herzugeben hat, Anspruch auf Ersatz des gemeinen Wertes der Sache aus der Erbschaft.[16]

Nach dem österreichischen Gesetzbuche wird eine dem Erblasser selbst gehörige, einem Anderen vermachte Sache durch Übergabe oder durch Überschreiben in den öffentlichen Büchern in das Eigentum des Vermächtnisnehmers übertragen.[17] Ebenso eine dem Beschwerten gehörige Sache. Der Beschwerte hat die Verpflichtung, die Sache dem Bedachten zu Eigentum zu übertragen, auch wenn der Erblasser sie für seine eigene Sache gehalten hat.[18] Gehört die vermachte Sache einem Dritten und hat dies der Erblasser nicht gewußt, so wird angenommen, daß dem Vermächtnisnehmer, wenn der Erblasser die zu seinem Nachlasse gehörige Sache als seine eigene vermacht hat,[19] zwar ein Anspruch auf Übergabe der Sache, aber weder ein Anspruch auf Verschaffung des Eigentumes und Leistung der Gewähr, noch auf Leistnng des Wertes der Sache zustehe. Gehört die vermachte Sache, von welcher der Erblasser nicht gewußt hat, daß sie nicht seine eigene sei, nicht zum Nachlasse, so hat das Vermächtnis keine Wirkung.[20] Ist aber dem Erblasser bekannt gewesen, daß die vermachte Sache ihm nicht gehöre, und ergiebt sich diese Kenntnis der Sachlage aus der letztwilligen Verfügung selbst, so ist der Beschwerte verpflichtet, dem Bedachten die Sache zu verschaffen oder, wenn ein unverhältnismäßiger Preis gefordert wird,

---

[13] A.L.R. I 12 § 380.
[14] A.L.R. I 12 § 385.
[15] A.L.R. I 12 §§ 374, 375.
[16] A.L.R. I 12 § 376.
[17] Österreich. Gesetzb. §§ 684, 688. Unger, österreich. Erbrecht § 67 Anm. a.
[18] Österreich. Gesetzb. § 662. Unger a. a. O. zu Anm. q und r.
[19] Österreich. Gesetzb. § 662. Unger a. a. O. zu Anm. t, u, v, 11, w, x.
[20] Unger a. a. O. Anm. 10.

ihren Wert zu zahlen.[21] Gehört nur ein Teil der vermachten Sache dem Erblasser oder dem Beschwerten, so gilt dieser Teil als vermacht. Ebenso gilt, wenn dem Erblasser oder dem Beschwerten nur ein dingliches Recht an der Sache oder ein persönlicher Anspruch auf die Sache zusteht, dieses Recht oder dieser Anspruch als Gegenstand des Vermächtnisses.[22] Gehört endlich die vermachte Sache dem Vermächtnisnehmer selbst, so kann, ebenso wie nach römischen Rechte, wenn die Sache mit dem dinglichen Rechte eines Anderen belastet ist, das Vermächtnis die Bedeutung haben, daß der Wille des Erblassers auf die Befreiung der Sache von dem dinglichen Rechte gerichtet ist.[23] Hat aber der Bedachte, die ihm vermachte Sache vor dem Tode des Erblassers veräußert, so wird nach österreichischem Rechte dem Vermächtnisse Wirksamkeit dahin beigelegt, daß der Beschwerte dem Bedachten die Sache ebenso zu verschaffen hat, wie wenn der Erblasser die Sache eines Dritten bewußtermaßen zum Gegenstande des Vermächtnisses gemacht hat.[24] Hat der Erblasser die vermachte Sache nach Errichtung des Vermächtnisses gegen Entgelt erworben oder hat er sie nach Errichtung des Vermächtnisses von einem Dritten unentgeltlich erhalten, so wird nach österreichischem Rechte als Gegenstand des Vermächtnisses der ordentliche Wert der Sache angesehen.[25] Hat er sie vom Erblasser selbst unentgeltlich erhalten, so gilt das Vermächtnis als zurückgenommen.[26]

Das sächsische Gesetzbuch erklärt das Vermächtnis einer Sache, die weder dem Erblasser noch dem Beschwerten gehört, nur für gültig, wenn der Erblasser gewußt hat, daß die Sache einem Dritten gehöre, und legt solchenfalls dem Beschwerten die Verpflichtuug auf, die Sache dem Vermächtnisnehmer zu verschaffen. Will der Dritte die Sache nicht veräußern, oder fordert er einen übermäßigen Preis, so hat der Bedachte an den Beschwerten nur Ansprnch auf den ordentlichen Preis, den die Sache zur Zeit des Todes des Erblassers gehabt hat.[27] Gehört die Sache dem Erblasser zu einem Teile, so besteht das Vermächtniß zu diesem Teile.[28] Schwebt ein Rechtsstreit zwischen dem Erblasser uud einem Dritten über das Eigentum der Sache, so gilt das Vermächtnis, soweit die Sache dem Erblasser zugesprochen wird.[29] Ist der

[21] Unger a. a. O. Anm. 12.
[22] Unger a. a. O. Anm. 3a, bb.
[23] Österreich. Gesetzb. §. 661. Unger a. a O. Anm. 13.
[24] Unger a. a. O. Anm. 14.
[25] Unger a. a. O. Anm. 15.
[26] Österreich. Gesetzb. § 661. Unger a. a. O. Anm. 16.
[27] Sächs. Gesetzb. § 2458.
[28] Sächs. Gesetzb. § 2460.
[29] Sächs. Gesetzb. § 2459.

Beschwerte Eigentümer der Sache, so ist er ebenso wie nach römischem, preußischem und österreichischem Rechte verpflichtet, das Eigentum auf den Bedachten zu übertragen, auch wenn der Erblasser sich selbst für den Eigentümer gehalten hat.[30] Gehört die Sache dem Bedachten selbst, so ist das Vermächtnis nur gültig, wenn es für den Fall errichtet ist, daß der Bedachte vor dem Tode des Erblassers die Sache veräußert hat, oder für den Fall, daß der Bedachte nach der Errichtung des Vermächtnisses das Eigentum an der vermachten Sache verloren hat.[31] Hat endlich der Bedachte in der Zeit von der Errichtung des Vermächtnisses bis zum Tode des Erblassers den Gegenstand des Vermächtnisses von einem Dritten durch lästigen Vertrag erworben, so hat er gegen den Beschwerten aus dem Vermächtnisse Anspruch auf Erstattung der Kosten des Erwerbs, so weit sie den Wert der Sache nicht übersteigen.[32]

§ 96. Umfang des Vermächtnisses eines bestimmten Gegenstandes.

I. Nach dem bürgerlichen Gesetzbuche.

Nach dem bürgerlichen Gesetzbuche umfaßt die Herausgabepflicht des Beschwerten[1] außer der Sache selbst im Zweifel das zur Zeit des Erbfalles vorhandene Zubehör.[2]

---

[30] Sächs. Gesetzb. § 2456.

[31] Sächs. Gesetzb. § 2461.

[32] Sächs. Gesetzb. § 2461.

[1] Der erste Entwurf enthielt im § 1859 den Satz, daß durch das Vermächtnis einer in sich bestimmten Sache diese in ihrem zur Zeit des Erbfalles vorhandenen Bestande und Zustande nebst dem zu jener Zeit vorhandenen Zubehör betroffen werde. Mit der von der Kommission für die zweite Lesung des Entwurfes beseitigten Verweisung auf den zur Zeit des Erbfalles vorhandenen Bestand und Zustand der Sache ist keine sachliche Abweichung vom Entwurfe beabsichtigt. Die Änderung beruht darauf, daß die Fassung des Entwurfes der für die zweite Lesung angenommenen Ausdrucksweise nicht entspreche. Die Streichung der Worte: „in sich bestimmten" hat in der Annahme der Kommission ihren Grund, daß die mit den angegebenen Worten beabsichtigte Hervorhebung des Umstandes, daß „eine Spezies" in Frage stehe, unnöttg sei (Protokolle der Kommission, 348. Sitzung I. S. 6914.

[2] B.G.B. § 2164 Abs. 1. Als Zubehör bezeichnet das Gesetzbuch bewegliche Sachen, die, ohne Bestandteile der Hauptsache zu sein, dem wirtschaftlichen Zwecke der Hauptsache zu dienen bestimmt sind und zu ihr in einem dieser Bestimmung entsprechenden räumlichen Verhältnisse stehen. B.G.B. § 97 Abs. 1 Satz 1. Die vorübergehende Benutzung einer Sache für den wirtschaftlichen Zweck einer anderen macht die benutzte Sache nicht zum Zubehör der anderen, und die vorübergehende Trennung der Sachen hebt die Zubehöreigenschaft nicht auf. B.G.B. § 97 Abs. 2. Aber selbst wenn die Sache dauernd dazu bestimmt ist, dem wirtschaftlichen Zwecke einer anderen zu dienen, wird sie noch nicht zum Zubehöre dieser Sache, wenn sie im

Sodann bestimmt das Gesetzbuch, daß, wenn ein bestimmter zur Erbschaft gehöriger Gegenstand vermacht ist, der Beschwerte dem Vermächtnisnehmer im Zweifel auch die seit dem Anfalle des Vermächtnisses gezogenen Früchte so wie das herauszugeben hat, was er außerdem auf Grund des vermachten Rechtes erlangt hat.[3] Früchte einer Sache sind nach dem Gesetzbuche die Erzeugnisse der Sache und die sonstige Ausbeute, die aus der Sache ihrer Bestimmung gemäß gewonnen wird.[4] Früchte eines Rechtes sind die Erträge, die das Recht seiner Bestimmung gemäß gewährt, insbesondere bei einem Rechte auf Gewinnung von Bodenbestandteilen die gewonnenen Bestandteile.[5] Damit entscheidet das Gesetzbuch die Frage, wie bei einem Walde, einem Bergwerke, einer Grube, einem Steinbruche der Begriff der Früchte zu bestimmen ist. Als Früchte bezeichnet das Gesetzbuch ferner die Erträge, die eine Sache oder ein Recht vermöge eines Rechtsverhältnisses gewährt.[6] Alle diese Arten von Früchten einer Sache oder eines Rechtes gehören zu den Nutzungen der Sache oder des Rechtes. Der Begriff der Nutzungen ist der allgemeinere. Die Nutzungen umfasseu außer den Früchten auch die anderen Vorteile, die der Gebrauch der Sache oder des Rechtes gewährt.[7]

Die obige Bestimmung des Gesetzbuches in Ansehung der Herausgabepflicht der Früchte des vermachten Gegenstandes war schon im ersten Entwurfe enthalten.[8] In der Kommission für die zweite Lesung des Entwurfes wurde von der einen Seite die dem ersten Entwurfe zum Grunde liegende Auffassung als willkürlich und kasuistisch bezeichnet. Es wurden ihr die Festsetzungen des Rechtsverhältnisses gegenübergestellt, die sich mangels einer besonderen Bestimmung aus den allgemeinen Grundsätzen ergeben würden. Darnach wäre die Herausgabepflicht dahin zu bestimmen, daß der Vermächtnisnehmer von dem Zeitpunkte an, in welchem der Beschwerte in Verzug geraten oder der Anspruch auf Herausgabe des Vermächtnisses fällig geworden war, Herausgabe der gewonnenen Früchte verlangen kann. Und es wurde die Meinung aufgestellt, daß die Annahme dieser Grundsätze zu einem gerechten und billigen Ergeb-

---

Verkehre nicht als Zubehör angesehen wird (§ 97 Abs. 1 Satz 2). Die Voraussetzungen, unter denen anzunehmen ist, daß eine Sache dem wirtschaftlichen Zwecke der Hauptsache zu dienen bestimmt ist, sind für gewisse Arten von Gebäuden und für Landgüter im § 98 angegeben.

[3] B.G.B. § 2184.

[4] B.G.B. § 99 Abs. 1.

[5] B.G.B. § 99 Abs. 2. S. auch B.G.B. § 2123 und oben § 72 S. 265 Abs. 2.

[6] B.G.B. § 99 Abs. 3.

[7] B.G.B. § 100.

[8] Erster Entwurf § 1878.

nisse führen würde. Es wurde insbesondere ausgeführt, wie nicht abzusehen sei, daß der Erblasser selbst eine andere Gestaltung der Dinge als diese den allgemeinen Grundsätzen entsprechende gewollt haben sollte. Habe sich der Erbe oder der Beschwerte beim Bezuge der Früchte dem Vermächtnisnehmer gegenüber in gutem Glauben befunden, so dürfe für diese Zeit kein Ersatz von ihm verlangt werden. Die Ersatzpflicht könne vielmehr erst in dem Zeitpunkte eintreten, in welchem der Beschwerte von dem Vermächtnisse Kenntnis erhalte.[9] — Dagegen wurde zu Gunsten des Standpunktes des Entwurfes geltend gemacht, der Erblasser wolle jedenfalls, daß der Vermächtnisnehmer die vermachte Sache alsbald nach dem Erbfalle erhalte. Es sei also, wenn die Herausgabe durch zufällige Umstände verzögert werde, unbillig, daß der daraus sich ergebende Vorteil dem Erben — oder dem Beschwerten — zufalle. Der Erblasser werde solches schwerlich beabsichtigt haben. Daß die Erfüllung des Vermächtnisanspruches verzögert werde, hänge regelmäßig nicht mit den Verhältnissen des Erben, sondern mit deneu des Vermächtnisnehmers zusammen. Der Vorteil aber, der dem Vermächtnisnehmer entgehen würde, wenn lediglich die Grundsätze vom Verzuge und der Rechtshängigkeit zur Anwendung kämen, könne ein sehr beträchtlicher sein, wenn die Ordnung der Erbschaft längere Zeit in Anspruch nehme. — Die Mehrheit der Kommission nahm in Ansehung der Früchte den Satz des Entwurfes an. Man hielt es mit Rücksicht auf den mutmaßlichen Willen des Erblassers und die Interessen des Vermächtnisnehmers für nicht angängig, lediglich die allgemeinen Grundsätze zur Anwendung zu bringen, sah den Gedanken, den Anspruch in Ansehung der Früchte lediglich von der Bereicherung abhängig zu machen, wegen der damit verbundenen Verwickelungen für nicht durchführbar an und entschied sich dahin, beim Entwurfe zu beharren.[10]

---

[9] Protokolle der Kommission, 351. Sitzung XII. B. Gegen den Entwurf wurde auch die Bemerkung vorgeführt, daß die Regelung des Entwurfes sich an das preußische Recht anschließe, daß aber nach diesem Rechte dem Erben eine Verwaltungpflicht obliege, die der Entwurf nicht kenne. Um darzuthun, daß es für die Herausgabe der gezogenen Früchte auf die Kenntnis von dem Vermächtnisse ankommen müsse, wurde sodann der Gesichtspunkt aufgestellt, daß die Kommission zwar das Vindikationlegat abgelehnt habe, daß man aber doch seine Grundsätze immer im Auge behalten müsse und die Grundsätze des Damnationlegates nicht in allen seinen Konsequenzen durchführen, daß man insbesondere den Erben nicht schlechter stellen dürfe, als er beim Vindikationlegate stehen würde (Protokolle a. a. O.).

[10] Protokolle a. a. O. In der Folge fand, da in Ansehung der Nutzungen des Vermächtnisgegenstandes (s. unten zu Anm. 14) der für die Früchte eingenommene Gesichtspunkt sich nicht aufrecht halten ließ, es aber doch nicht wünschenswert erschien, Früchte und Nutzungen verschieden zu behandeln, eine Wiederaufnahme der Beratung

Das bürgerliche Gesetzbuch bestimmt weiter, daß, wenn ein bestimmter zur Erbschaft gehöriger Gegenstand vermacht ist, dem Vermächtnisnehmer neben den Früchten auch das herauszugeben ist, was der Beschwerte „sonst auf Grund des vermachten Rechtes erlangt hat.“[11] Die Vorschrift ist an Stelle des im ersten Entwurfe enthaltenen Satzes getreten, daß der Beschwerte neben den seit dem Anfalle gezogenen Früchten im Zweifel auch den Zuwachs herauszugeben hat.[12] Eine ähnliche Vorschrift ist im Gesetzbuche bei der Bestimmung der Herausgabepflicht des Vorerben gegenüber dem Nacherben enthalten. Hier ist bestimmt, daß zur Erbschaft gehöre, also dem Nacherben herauszugeben sei, was der Vorerbe auf Grund eines zur Erbschaft gehörigen Rechtes erhalten habe.[13]

Anders als den Anspruch auf die Früchte beurteilt das Gesetzbuch das Recht auf die vom Beschwerten gezogenen Nutzungen des Vermächtnisgegenstandes, die nicht zu den Früchten gehören. Es bestimmt nämlich, daß für solche Nutzungen der Beschwerte nicht Ersatz zu leisten hat. Zu Gunsten dieser Auffassung wurde geltend gemacht, daß derartige Vorteile nicht aufbewahrt werden könnten, daß es sich dabei meist um Annehmlichkeiten handle, bei denen im Leben weniger auf den Geldwert gesehen werde, und daß der Vermächtnisnehmer keinen eigentlichen Schaden erleide, wenn ihm solche Nutzungen eine Zeit lang vorenthalten blieben.[14] Die Auffassung des Lebens sei hier keine streng juristische. Man dürfe sich aber, wo es sich um die Auslegung einer Willenserklärung handele, von dieser Auffassung nicht entfernen und müsse somit zwischen Früchten und anderen Nutzungen unterscheiden. In der Kommission verkannte man zwar nicht, daß es an sich wünschenswert erscheine, für Früchte und Nutzungen den gleichen Gesichtspunkt der Beurteilung zu finden. Dies konnte aber nur gelingen, indem man in Ansehung der Früchte die sogen. allgemeinen Grundsätze gelten ließ (s. oben

statt, die indeß in Ansehung der Früchte kein anderes Ergebnis hatte, sondern ohne Aufstellung neuer Gesichtspunkte dahin führte, an der getroffenen Entscheidung in der Hauptsache festzuhalten (Protokolle, 353. Sitzung I).

[11] B.G.B. § 2184.

[12] Erster Entwurf § 1878.

[13] B.G.B. § 2111. S. oben § 66 IV. 1.

[14] Als Beispiele solcher Nutzungen wird der Gebrauch bezeichnet, den der mit dem Vermächtnisse eines Reitpferdes oder eines Gartens beschwerte Erbe von dem Gegenstande des Vermächtnisses in der Art macht, daß er das Pferd reitet, den Garten benutzt. Und es wird darauf hingewiesen, daß der Erblasser, dessen mutmaßlicher Wille auch hier zum Grunde gelegt werden müsse, schwerlich daran gedacht haben werde, daß der Erbe dem Vermächtnisnehmer demnächst für das Reiten des Pferdes, die Benutzung des Gartens Ersatz gewähren solle (Protokolle a. a. O.).

S. 380, 381, 382 Anm. 10). Man blieb aber, auch bei nochmaliger Beratung der Frage, dabei, diese Grundsätze in Beurteilung der Früchte nicht anzuwenden. Und die Folge war die in Frage stehende verschiedene Behandlung von gezogenen Früchten und gezogenen anderen Nutzungen.[15]

Den Fall, daß eine bestimmte zur Erbschaft gehörige Sache vermacht ist und der Beschwerte nach dem Erbfalle auf die Sache Verwendungen oder zur Bestreitung von Lasten der Sache Aufwendungen gemacht hat, bestimmt das bürgerliche Gesetzbuch dahin, daß der Vermächtnisnehmer dafür nach den Vorschriften, die für das Verhältnis zwischen dem Besitzer und dem Eigentümer gelten, Ersatz zu leisten hat.[16] Diese Verpflichtung umfaßt in erster Reihe die notwendigen Verwendungen.[17] Als eine Art notwendiger Verwendungen werden vom Gesetzbuche die gewöhnlichen Unterhaltungkosten ausgesondert. In Ansehung ihrer ist bestimmt, daß sie dem Beschwerten für die Zeit, für welche ihm die Nutzungen verbleiben, nicht zu ersetzen sind.[18] Die Nutzungen verbleiben ihm aber bis zum Eintritte der Rechtshängigkeit des Vermächtnisanspruches.[19] Zu den notwendigen Verwendungen gehören ferner die Aufwendungen, die der Beschwerte zur Bestreitung von Lasten der Sachen macht. Auf deren Ersatz hat der Beschwerte insoweit Anspruch, als die Lasten als auf den Stammwert der Sache gelegt anzusehen sind.[20] Hat der Beschwerte nach dem Eintritte der Rechtshängig-

---

[15] Protokolle a. a. O., 353. Sitzung I.

[16] B.G.B. § 2185. Der erste Entwurf (§ 1880) erklärte den Vermächtnisnehmer für verpflichtet zum Ersatze der notwendigen Verwendungen, die der Beschwerte auf einen vermachten, zum Nachlasse gehörenden Gegenstand seit dem Erbfalle gemacht habe, und schrieb weiter vor, daß im übrigen die Ansprüche des Beschwerten auf Ersatz von Verwendungen, die er seit dem Erbfalle gemacht habe, nach den Grundsätzen über Geschäftsführung ohne Auftrag sich bestimmen sollten. Auf die Bereicherung sollte der Anspruch beschränkt sein, wenn dem Vermächtnisse eine aufschiebende Bedingung oder ein Anfangstermin beigefügt wäre, und der Beschwerte vor dem Eintritte der Bedingung oder des Termines Verwendungen auf die vermachte Sache gemacht hätte. In der Kommission für die zweite Lesung des Entwurfes wurde dagegen beschlossen, die Analogie des dinglichen Verhältnisses zwischen dem Besitzer und dem Eigentümer heranzuziehen. Zuerst war der Antrag gestellt, den Beschwerten wie einen gutgläubigen Besitzer zu behandeln. Die hierauf bezüglichen Worte des Antrages aber wurden gestrichen. Und man entschied sich dahin, alle Vorschriften über das Verhältnis zwischen dem Besitzer und dem Eigentümer in der Art Anwendung finden zu lassen, daß der Beschwerte von dem Augenblicke an, in dem er von dem Vermächtnisse Kenntnis erlangt habe, einem Besitzer gleich stehe, der nicht in gutem Glauben sei (Protokolle, 353. Sitzung II. A.).

[17] B.G.B. § 994 Satz 1.

[18] B.G.B. § 994 Abs. 1 Satz 2.

[19] B.G.B. § 987 Abs. 1.

[20] B.G.B. § 995.

keit des Vermächtnisanspruches notwendige Verwendungen auf den Gegenstand des Vermächtnisses gemacht, so haftet der Vermächtnisnehmer für deren Ersatz nach den Vorschriften über die Geschäftsführung ohne Auftrag. Ebenso bestimmt sich die Haftung des Vermächtnisnehmers gegenüber dem Beschwerten, wenn der letztere zu einer Zeit, in der er von dem Vermächtnisse und seiner Fälligkeit unterrichtet gewesen ist, notwendige Verwendungen auf die Sache gemacht hat.[21] In Ansehung anderer als notwendiger Verwendungen gilt der Satz, daß der Beschwerte dafür nur insoweit Ersatz verlangen kann, als er sie vor dem Eintritte der Rechtshängigkeit des Vermächtnisanspruches und vor der Erlangung der Kenntnis von dem Vermächtnisanspruche und der Fälligkeit desselben gemacht hat und der Wert der Sache durch sie noch zu der Zeit erhöht ist, zu welcher der Bedachte in den Besitz der Sache gelangt.[22]

Ist ein zur Erbschaft gehöriger mit dinglichen Rechten beschwerter Gegenstand vermacht, so giebt das Vermächtnis im Zweifel nicht den Anspruch auf Befreiung der Sache von der Belastung.[23] Steht aber dem Erblasser selbst ein Anspruch auf Beseitigung der Last zu, so umfaßt das Vermächtnis im Zweifel auch diesen Anspruch.[24]

Ist dagegen ein bestimmter nicht zur Erbschaft gehöriger Gegenstand vermacht, so hat der Beschwerte, wenn die vermachte Sache mit dinglichen Rechten belastet ist, die Verpflichtung zur Befreiung der Sache von der Belastung nach Maßgabe der Rechtssätze, welche die Verpflichtungen des Verkäufers einer Sache dem Käufer gegenüber und ebenso die Verpflichtungen des Beschwerten beim Vermächtnisse einer nur der Gattung nach bestimmten Sache dem Bedachten gegenüber betreffen.[25]

Für den Fall, daß auf einem vermachten, zur Erbschaft gehörigen Grundstücke für den Erblasser selbst eine Hypothek, eine Grundschuld oder eine Rentenschuld haftet, bestimmt das Gesetzbuch, daß aus den Umständen entnommen werden soll, ob die Hypothek, Grundschuld oder Rentenschuld als mitvermacht zu gelten hat.[26]

---

[21] B.G.B. § 994 Abs. 2 § 990.

[22] B.G.B. § 996, § 990.

[23] B.G.B. § 2165 Abs. 1 Satz 1. Der Satz war schon im Entwurfe (§ 1861 Abs. 1) enthalten, aber ohne ausdrückliche Beschränkung auf Sachen, die zur Erbschaft gehören. Die Kommission für die zweite Lesung des Entwurfes hat seine Anwendung auf Sachen, die zur Erbschaft gehören, eingeschränkt (Protokolle, 348. Sitzung III. S. 6921).

[24] B.G.B. § 2165 Abs. 1 Satz 2.

[25] B.G.B. § 2182 Abs. 2, § 2182 Abs. 1, § 434 Abs. 1, §§ 434 bis 437, § 440 Abs. 4, §§ 441 bis 444. S. unten § 100 S. 401 flg.

[26] B.G.B. § 2165 Abs. 2.

Damit ist ausgesprochen, daß das der Eigentümerhypothek, Grundschuld oder Rentenschuld entsprechende Recht als Bestandteil der Erbschaft auf den Erben übergeht, wenn nicht die letztwillige Verfügung den Willen des Erblassers erkennen läßt, das fragliche Recht zum Bestandteile des Vermächtnisses zu machen. Über die Geschichte der Entstehung dieser Bestimmung, die im ersten Entwurfe noch nicht enthalten war, ergeben die Protokolle der Kommission für die zweite Lesung des Entwurfes folgendes:

Bei den Beratungen der Kommission wurde von der einen Seite beantragt, dem Satze, daß ein dem Erblasser zustehender Anspruch auf Beseitigung eines an dem Vermächtnisgegenstande bestehenden Rechtes in dem Vermächtnisse mitbegriffen sei (b. G.-B. § 2165 Abs. 1 Satz 2, erster Entwurf § 1861 Satz 2), die Bestimmung beizufügen: „Diese Vorschrift findet keine Anwendung, wenn ein vermachtes Grundstück mit einer Hypothek, einer Grundschuld oder einer Rentenschuld behaftet ist, die dem Erblasser zusteht." Gegen die Aufnahme der Bestimmung in das Gesetzbuch wurde geltend gemacht, daß eine auf dem vermachten Grundstücke ruhende Eigentümerhypotek ebenso wie eine auf ihm ruhende, dem Erblasser gehörige Grund- oder Rentenschuld zwar ein selbständiger Vermögensgegenstand sei, daß es aber doch in den meisten Fällen nicht dem Willen des Erblassers entspreche, dergleichen Belastungen wie gewöhnliche Hypotheken oder andere dingliche Rechte dem Vermächtnisnehmer zur Last zu legen. Denn das Verständnis des Wesens dieser Rechte sei selbst in den Gegenden Deutschlands, in denen die Eigentümerhypothek von Altersher bestehe, noch wenig in die Bevölkerung eingedrungen und könne daher nicht zum Ausgangspunkte einer Auslegungvorschrift gemacht werden. Und selbst ein rechtserfahrener Grundeigentümer betrachte eine ausgezahlte Hypothek, die er auf seinen Namen habe umschreiben, oder Grundschulden, die er für sich habe eintragen lassen, erst dann als besondere, vom Grundstücke verschiedene Vermögensgegenstände, wenn er von ihnen zum Zwecke geschäftlicher Verwendung Gebrauch gemacht habe. In Mittel- und Süddeutschland aber und im Gebiete des rheinischen Rechtes, wo Eigentümerhypotheken bisher nicht bekannt geworden seien, werde man auch nach der Einführung des bürgerlichen Gesetzbuches noch längere Zeit nötig haben, Verständnis dafür zu gewinnen, daß eine ausgezahlte Post einen selbständigen Vermögensbestandteil bilde und als solcher bei einem Vermächtnisse des Grundstückes in den Händen des Erben zurückbleibe. — Von anderer Seite wurde geltend gemacht, die Unterscheidung zwischen dem Grundstücke und den daran dem Eigentümer zustehenden Hypotheken, Grundschulden und Rentenschulden als verschiedener Vermögensgegenstände beruhe auf juristischer Folgerichtigkeit und auf zutreffenden wirtschaftlichen Anschauungen und habe in Norddeutschland in der Bevölkerung hinreichend Boden gewonnen. Allerdings komme die Eintragung von Grundschulden auf den Namen des Eigentümers, die ähnlich wie Pfandbriefe als Kapitalvermögen betrachtet würden, vornehmlich beim Großgrundbesitze und bei Bergwerken vor. Allein Eigentümerhypotheken würden beim Zwangsverkaufe kleiner Grundstücke nicht selten vom Schuldner liquidiert und bei Erstehung des Grundstückes in Zahlung gegeben. Ebenso komme es vor, daß ein bürgerlicher Grundbesitzer vor seinem Tode Grundschulden auf seinen Grundbesitz eintragen lasse, um dadurch die Übertragung des Grundbesitzes auf das eine zur Übernahme bestimmte Kind und die Abfindung der anderen Kinder zu erleichtern. Von derselben Seite wurde die Auffassung bekämpft, daß wegen mangelnden Verständnisses der süddeutschen und mitteldeutschen Bevölkerung darauf Verzicht zu leisten sei, daß die richtigen Schlußfolgerungen aus den für das bürgerliche Gesetzbuch angenommenen Grundsätzen gezogen würden. Man müsse vielmehr erwarten, daß die Bevölkerung sich dem neuen Rechte allmählich anpasse. Diesen gegensätzlichen Anschauungen gegenüber wurde von verschiedenen Gesichtspunkten aus zu vermitteln gesucht. Dabei sprach man sich zuletzt mit Stimmenmehrheit dagegen aus, eine Auslegungvorschrift darüber zu geben, ob das Vermächtnis eines Grundstückes, auf welchem eine dem Erblasser selbst zustehende Hypothek, Grundschuld oder Rentenschuld eingetragen ist, auf die fragliche Schuld sich beziehe, oder ob das fragliche Recht dem Erben verbleibe.[27] Diese Entstehunggeschichte des in Rede stehenden Rechtssatzes ergiebt, daß es der Kommission schwer geworden ist, eine Entscheidung der Frage zu treffen. Und fragen wir, was entschieden ist, so ist die Antwort, daß die Kommission eine Auslegungvorschrift nicht hat geben wollen. Ob die Hypothek, Grund- oder Rentenschuld mit vermacht oder dem Erben verblieben ist, soll aus den Umständen entnommen werden. Gut, wenn die Umstände eine Nötigung zur bestimmten Beantwortung der Frage in der einen oder der anderen Richtung enthalten. Wie aber, wenn eine solche Nötigung nicht vorliegt, sondern ebensoviel dafür spricht, die Frage in dem einen Sinne zu beantworten, wie dafür, sie in dem anderen zu entscheiden? Solchenfalls bleibt nur die Annahme übrig, daß die Hypothek, Grundschuld oder Rentenschuld als nicht mit vermacht, sondern als dem Erben verblieben gilt. Denn wenn die Umstände nicht ergeben, daß ein Vermögensgegenstand, der zur Zeit des

[27] Protokolle der Kommission für die zweite Lesung des Entwurfes, 348. Sitzung III. Marginale: Eigentümerhypothek.

Erbfalles dem Erblasser zugestanden hat, zum Gegenstande des Vermächtnisses gemacht worden ist, so gehört er eben dem Erben. Ob das Gesetz eine Auslegungvorschrift nicht hat geben wollen, ist gleichgültig. Die Auslegungvorschrift ist mit den Grundsätzen über die Beweislast von selbst gegeben. Denn die Grundsätze von der Beweislast sind in dem fraglichen Punkte von dem Gesetzbuche durch die Vorschrift, daß die Frage, auf die es ankommt, nach den Umständen zu entscheiden ist, nicht geändert, sondern in der angegebenen Richtung gerade bestätigt worden.

§ 97. Nach anderen Rechten.

Die Rechtssätze des bürgerlichen Gesetzbuches über den Umfang der Vermächtnispflicht des Beschwerten, wenn Gegenstand des Vermächtnisses eine im Eigentume des Erblassers stehende bestimmte Sache ist, beruhen nur zum Teil auf römischrechtlicher Grundlage. Die römischen Rechtsbücher enthalten eine Reihe von Stellen, aus denen sich ergiebt, daß durch das Vermächtnis einer bestimmten dem Erblasser gehörigen Sache die Verpflichtung des Beschwerten begründet wird, die Sache in dem Zustande herauszugeben, in welchem sie sich zur Zeit des Todes des Erblassers befindet. Hat der Erblasser die Sache nach der Errichtung des Vermächtnisses verändert, hat er ihr insbesondere neue Bestandteile beigefügt, oder hat er Teile von ihr getrennt und veräußert, so hat der Vermächtnisnehmer Anspruch auf die Sache in ihrer neuen Gestalt.[1] Dasselbe gilt, wenn die Sache durch Naturereignisse Veränderungen erlitten hat.[2] Auch auf das zur Zeit des Todes vorhandene Zubehör hat der Vermächtnisnehmer Anspruch. Zubehörstücke also, die der Erblasser nach der Testamentserrichtung der Sache beigegeben hat, werden mit der Sache Gegenstand des Vermächtnisses.[3] Doch ist bei größeren mit der Sache vom Erblasser vorgenommenen Veränderungen die Annahme einer Änderung des Willens des Erblassers nicht ausgeschlossen.[4] Auf Früchte der vermachten Sache giebt das justinianische Recht dem Ver-

---

[1] L. 8 pr., l. 24 § 2, 3 D. de leg. I (30), l. 10 D. de leg. II (31).

[2] L. 24 § 2 D. de leg. I (30).

[3] L. 19 pr. D. de instr. leg. (33, 7).

[4] Ob ein auf dem vermachten Grundstücke erbautes Haus mit vermacht ist, hängt vom Willen des Erblassers ab. Besteht das Haus zur Zeit des Todes nicht mehr, so gilt die Grundfläche wieder als mit vermacht. L. 44 § 4 D. de leg. I (30), l. 39 D. de leg. II (31), l. 79 § 2 D. de leg. III (32).

mächtnisnehmer nur Anspruch im Falle des Verzuges und infolge des Prozeßbeginnes.[5] Haften auf der vermachten Sache dingliche Rechte, so hat der Vermächtnisnehmer gegen den Beschwerten keinen Anspruch auf Befreiung, wenn dem Erblasser das die Sache belastende Recht unbekannt gewesen ist, und auch dann nicht, wenn die Belastung in einer Grundgerechtigkeit besteht. Ist die Sache mit anderen dinglichen Rechten behaftet, so hat der Vermächtnisnehmer, wenn der Erblasser die Belastung gekannt hat, im Zweifel, also wenn nicht ein anderer Wille des Erblassers nachweisbar vorliegt, einen Anspruch gegen den Beschwerten auf Befreiung von der Last.[6]

Das preußische Recht giebt dem Vermächtnisnehmer Anspruch auf die vermachte Sache in dem Zustande, in dem sie sich zur Zeit des Erbanfalles befunden hat, mit allen nachher hinzugekommenen An- und Zuwüchsen[7] und mit dem Zubehör, das beim Ableben des Erblassers vorhanden ist.[8] An Früchten und Nutzungen braucht der Beschwerte, wenn er der Erbe ist, für die Zeit bis zum Antritte der Erbschaft nur soviel an den Bedachten herauszugeben, als er selbst erhalten hat.[9] Für die Zeit vom Antritte der Erbschaft ab gilt er als Verwalter und haftet als solcher.[10] Hat der Erblasser mit der Sache Veränderungen vorgenommen, so ist, wenn nur die Gestalt der Sache verändert ist, die veränderte Sache Gegenstand des Vermächtnisses.[11] Hat ein Anderer ohne Wissen des Erblassers der vermachten Sache eine andere Gestalt gegeben, so hat der Vermächtnisnehmer die Wahl zwischen der vermachten Sache und dem gemeinen Werte, den die vermachte Sache zur Zeit ihrer Veränderung gehabt hat.[12] Ist die vermachte Sache durch den Erblasser mit einer

---

[5] L. 4 C. de usur. et fruct. (6, 47). Die Frage ist aber streitig. S. darüber Windscheid, Pandekten Bd. 3 § 647 Anm. 14. — Auch nach älterem römischem Rechte war die Frage streitig. S. Dernburg, preuß. Privatr. Bd. 3 § 139 Anm. 7.

[6] L. 57 D. de leg. I (30), l. 66 § 6 D de leg. II (31), § 5 J. de leg. (II, 20), l. 6 C. de fideic. (6, 42).

[7] A.L.R. I 12 § 305.

[8] A.L.R. I 12 § 405.

[9] A.L.R. I 12 § 307.

[10] A.L.R. I 12 §§ 308, 309. Die §§ 307 bis 309 setzen voraus, daß der Erbe beschwert ist. Steht zwischen dem Erben und dem Bedachten noch ein Vermächtnisnehmer als Beschwerter, so hat, wenn der Erblasser nicht eine andere Bestimmung getroffen hat, der, welcher die Sache als Bedachter haben soll, gegen den, der zu seinen Gunsten beschwert ist, Anspruch darauf, daß er ihm wie die Sache so auch die Früchte vom Erben verschaffe.

[11] A.L.R. I 12 § 318.

[12] A.L.R. I 12 § 320.

anderen Sache vermengt, vermischt oder verbunden und dabei die Form verändert worden, so hat der Vermachtnisnehmer Anspruch auf den gemeinen Wert der Sache vor der Veränderung. Ist aber die Vermengung, Vermischung, Verbindung und die Formveränderung ohne Wissen des Erblassers geschehen, so geht der Anspruch auf den gemeinen Wert der Sache zur Zeit der Veränderung.[13] Hat der Erblasser die vermachte Sache veräußert und das dafür gelöste Geld bis zu seinem Tode besonders aufbewahrt, so tritt das Geld als Gegenstand des Vermächtnisses im Zweifel an Stelle der vermachten Sache.[14] Ist eine mit dinglichen Rechten belastete Sache Gegenstand eines Vermächtnisses, so hat nach preußischem Rechte der Vermächtnisnehmer nur Anspruch auf die Sache, wie sie liegt, also auf die Sache mit den Lasten. Dies gilt auch in dem Falle, daß ein vermachtes Grundstück mit Hypotheken belastet ist. Solchenfalls hat der mit dem Vermächtnisse beschwerte Erbe gegen den Vermächtnisnehmer Anspruch darauf, von der persönlichen Haftung bis zum Werte des Pfandgrundstückes befreit zu werden.[15] Ist ein mit anderen Grundstücken für eine und dieselbe Forderung verpfändetes Grundstück Gegenstand des Vermächtnisses, so giebt das preußische Gesetzbuch dem Vermächtnisnehmer gegen den Erben oder den sonstigen Beschwerten Anspruch darauf, daß die Sache gegen Zahlung eines den Wertverhältnissen der verpfändenden Grundstücke entsprechenden Teiles des Pfandschillings von der Pfandlast befreit werde.[16]

Das französische Gesetzbuch giebt dem Vermächtnisnehmer ebenfalls Anspruch auf die vermachte Sache mit dem gesetzlichen Zubehör, auf Früchte und Nutzungen aber nur unter besonderen Voraussetzungen, deren Mitteilung hier ohne Interesse ist.[17]

Nach österreichischem Rechte sind dem Vermächtnisnehmer mit der vermachten Sache deren Erweiterungen der Zuwachs, das Zubehör und die Früchte der Sache vom Todestage des Erblassers an herauszugeben. Ein Anspruch des Vermächtnisnehmers auf Befreiung der Sache von dinglichen Rechten, die an ihr für den Beschwerten oder einen Dritten haften, besteht nach österreichischem Rechte nur, wenn der Erblasser solches besonders angeordnet hat.[18]

---

[13] A.L.R. I 12 §§ 319, 321.

[14] A.L.R. I 12 § 322.

[15] A.L.R. I 12 §§ 325, 326. Dernburg, preuß. Privatrecht Bd. 3 § 140 zu Anm. 4.

[16] A.L.R. I 12 § 327.

[17] C. c. Art. 1018. Zachariä v. Lingenthal-Crome, französisches Civilrecht Bd. 4 § 723.

[18] Österreich. Gesetzb. §§ 686, 662. Unger, österreich. Erbrecht § 67 Ziff. 1.

Das sächsische Gesetzbuch läßt auf den Vermächtnisnehmer, wenn derselbe das Eigentum der Sache erwirbt, mit der Sache auch den Zuwachs und die zur Zeit des Anfalles bei der Sache befindlichen Zubehörungen übergehen.[19] Ein Anspruch des Vermächtnisnehmers auf Früchte und Nutzungen der Sache entsteht nur durch Verzug.[20] Anspruch auf Befreiung der vermachten Sache von Rechten, die Dritten an der Sache zustehen, hat der Vermächtnisnehmer nicht.[21] Aus Pfandrechten welche für Dritte an der Sache bestellt sind, haftet die Sache bei dem Vermächtnisnehmer weiter. Und der Vermächtnisnehmer haftet seinerseits als Schuldübernehmer nach den Vorschriften über Schuldübernahme gegenüber den Erben dafür, daß diese nicht in Anspruch genommen werden, und, wenn dies dennoch geschieht, auf Befreiung von der Schuld und Schadensersatz.[22]

§ 98. Verpflichtungen des Vermächtnisnehmers dem beschwerten Erben gegenüber.

Nach einigen bisher geltenden Rechten kann unter gewissen Voraussetzungen durch den Erwerb des Vermächtnisses eine Verpflichtung des Vermächtnisnehmers gegenüber dem Erben aus der bestehenden Belastung der vermachten Sache mit dinglichen Rechten entstehen. Von einigen solcher Fälle ist im vorigen Paragraphen die Rede gewesen.[1] Das bürgerliche Gesetzbuch hat eine Reihe von Bestimmungen aufgestellt, nach denen mit dem Erwerbe des Vermächtnisses eines Grundstückes für den Bedachten gewisse aus der dinglichen Belastung des Grundstückes sich ergebende persönliche Verpflichtungen zu Gunsten des Erben verbunden sind.[2]

I. Ist ein zur Erbschaft gehöriges Grundstück, das mit einer Hypothek für eine Schuld des Erblassers belastet ist, vermacht, so ist der Vermächtnisnehmer im Zweifel dem Erben gegenüber zur rechtzeitigen Befriedigung des Gläubigers insoweit verpflichtet, als die Schuld durch den Wert des Grundstückes gedeckt wird.[3] Die Bestimmung war im

---

19 Sächs. Gesetzb. § 2451.

20 Sächs. Gesetzb. §§ 2438, 733 flg.

21 Sächs. Gesetzb. § 2452.

22 Sächs. Gesetzb. § 2453, §§ 1402 bis 1408.

1 S. oben § 97 Anm. 16, Anm. 22.

2 B.G.B. §§ 2166 bis 2168.

3 B.G.B. § 2166 Abs. 1 Satz 1.

ersten Entwurfe noch nicht enthalten. Ihre Aufnahme in das Gesetzbuch ist von der Kommission für die zweite Lesung des Entwurfes beschlossen worden. Verständlich wird die Bestimmung durch die nachfolgenden Erwägungen, welche ihre Aufnahme rechtfertigen sollen.

War der Erblasser in Ansehung einer auf dem vermachten Grundstücke eingetragenen Hypothek der persönlich verpflichtete Schuldner, und befriedigt der Vermächtnisnehmer den Hypothekengläubiger, so würde ohne die in Frage stehende Bestimmung die der Hypothek zu Grunde liegende persönliche Forderung auf den Vermächtnisnehmer übergehen.[4] Der Erbe würde also persönlicher Schuldner des Vermächtnisnehmers auf Höhe des Betrages der auf den Vermächtnisnehmer mit dem Vermächtnisse selbst übergegangenen vom Vermächtnisnehmer getilgten hypothekarischen Belastung des Vermächtnisgegenstandes werden. Damit aber läge wirtschaftlich die Sache so, daß die dingliche Belastung des Vermächtnisgegenstandes, soweit sie auf eine persönliche Verpflichtung des Erblassers zurückzuführen ist, vermöge der dem Erben obliegenden Ersatzpflicht ihrem Werte nach nicht vom Vermächtnisnehmer, sondern vom Erben getragen werden müßte. Die Kommission hat dies Ergebnis, zu dem man ohne die fragliche Vorschrift gelangen würde, für unangemessen erachtet.. Sie hat es vorgezogen, an den Erwerb des Vermächtnisses die Verpflichtung des Vermächtnisnehmers zur Befriedigung des Hypothekengläubigers bis zum Betrage des Grundstückswertes zu knüpfen.[5]

Die Beschränkung der Verbindlichkeit des Vermächtnisnehmers auf

---

[4] Dies folgt aus der Vorschrift des § 1143 Abs. 1 Satzes 1 B.G.B.

[5] Protokolle, 348. Sitzung III. B. 1. Die Kommission erwog, daß die Hypotheken nach der heutigen Verkehrsauffassung wirtschaftlich eine dauernde Belastung der Grundstücke bilden, daß diese Thatsache bei Gestaltung der einzelnen Rechtssätze nicht außer acht gelassen werden dürfe, und daß der Entwurf ihr auch in mehreren Punkten, wie der Verpflichtung des Nießbrauchers zur Tragung der Hypothekenzinsen und der unter Umständen bei Aufgabe der Hypothek seitens des Gläubigers eintretenden Befreiung des persönlichen Schuldners (II. Entwurf § 957, § 1072; B.G.B. § 1047, § 1165), Rechnung getragen habe. Die Auffassung, daß die Realobligation die Hauptsache sei, welcher das persönliche Schuldverhältnis zu folgen habe, zeige sich im Verkehre darin, daß bei Grundstückkäufen neben der Hypothek regelmäßig die persönliche Verbindlichkeit übernommen werde. Dies dürfe daher auch bei einem Vermächtnisse als die Absicht des Erblassers angesehen werden, um so mehr, als bei Schenkungen unter Lebenden es wohl jedesmal die Meinung des Schenkers sein werde, der Beschenkte solle ein mit Hypotheken belastetes Grundstück nur in der Weise zum Geschenk erhalten, daß er materiell die Schulden zu tragen habe. Bei dieser Beratung wurde auf die Vorschrift des § 326 A.L.R. I 12, wie

den Wert des Grundstückes hat man als dem mutmaßlichen Willen des Erblassers und als der Gerechtigkeit entsprechend angesehen. Von der einen Seite ist zwar auf die Schwierigkeit der Wertsermittelung und auf die großen Schwankungen der Grundstückwerte hingewiesen und die Ansicht vertreten worden, daß der Vermächtnisnehmer vor der Annahme des Vermächtnisses sich über den Wert des Vermächtnisgegenstandes und die Höhe der Belastung zu unterrichten habe und nötigenfalls das Vermächtnis ausschlagen möge. Die Mehrheit der Kommission hat sich aber für die Beschränkung der Haftung des Vermächtnisnehmers auf den Wert des Vermächtnisgegenstandes ausgesprochen. Sei der Erbe, obgleich er die Erbschaft ausschlagen könne, durch das Inventarrecht dagegen geschützt, daß er über die Kräfte des Nachlasses hinaus zu haften habe, so sei es unbillig, den Vermächtnisnehmer, der das Vermächtnis angenommen habe, über dessen Wert hinaus für die darauf haftenden Schulden haften zu lassen.[6]

Einen Antrag, der darauf gerichtet war, den Vermächtnisnehmer zur Übernahme der persönlichen Schuld gegenüber dem Erben für verpflichtet zu erklären, lehnte die Kommission ab.[7] Die vom Gesetzbuche ausgesprochene Verpflichtung des Vermächtnisnehmers zur rechtzeitigen Befreiung des Gläubigers ist also im Zweifel eine dem Vermächtnisnehmer gegenüber dem Erben obliegende Verbindlichkeit, dafür einzustehen, daß der Erbe vom Gläubiger auf Bezahlung der Schuld nicht in Anspruch genommen werde.

II. Der Wert der vermachten Sache, auf Höhe dessen dem Vermächtnisnehmer gegenüber dem Erben die Verpflichtung zur Befriedigung der Hypothekengläubiger obliegt, ist der Natur der Sache nach nicht der eigentliche Sachwert, sondern der Vermögenswert, der dem Vermächtnisnehmer durch die vermachte Sache in ihrem rechtlichen Zustande zu teil wird. Er wird also unter Abzug der Belastungen berechnet, die der

---

sie nach der herrschenden Ansicht aufgefaßt werde, und auf das sächsische Gesetzbuch Bezug genommen und ausgesprochen, daß sich der Anschluß an diese Gesetzgebungen aus erheblichen inneren Gründen empfehle. Das preußische Gesetzbuch bestimmt, daß, wenn die vermachte Sache verpfändet oder mit Hypotheken belastet ist, der Vermächtnisnehmer diese Lasten ohne Beitrag oder Zuthun des Erben ablösen muß (A.L.R. I 12 § 326). Nach dem sächsischen Gesetzbuche haftet der Vermächtnisnehmer, wenn dritten Personen Pfandrechte an der vermachten Sache zustehen, und der Erblasser für die Forderungen, zu deren Sicherheit die Pfandrechte bestellt sind, persönlich verpflichtet war, den Erben gegenüber nach den Vorschriften über die Schuldübernahme (Sächs. Gesetzb. § 2453 Satz 2, §§ 1402 bis 1408).

[6] Protokolle a. a. O. B. 2 S. 6931.

[7] Protokolle a. a. O. B. 3 S. 6931 f.

in Frage kommenden Hypothek im Range vorgehen. Im übrigen bestimmt er sich nach der Zeit, in der das Eigentum auf den Vermächtnisnehmer übergeht.[8]

III. Das Gesetzbuch legt dem Vermächtnisnehmer die Verpflichtung zur Befriedigung eines Hypothekengläubigers des vermachten Grundstückes nicht bloß in dem Falle auf, daß der Erblasser selbst der persönliche Schuldner war, sondern auch in dem Falle, daß eine Verpflichtung des Erblassers zur Berichtigung der Schuld dem Schuldner gegenüber bestand.[9]

IV. Eine Beschränkung der in Rede stehenden Verpflichtung des Vermächtnisnehmers ist vom Gesetzbuche dahin ausgesprochen, daß, wenn dem Erblasser gegenüber ein Dritter zur Berichtigung der Schuld verpflichtet ist, die Verpflichtung des Vermächtnisnehmers im Zweifel nur soweit geht, als der Erbe die Berichtigung nicht von dem Dritten erlangen kann.[10]

V. Besondere Erwägungen sind in der Kommission durch die Stellung hervorgerufen worden, die der Vorschrift den sogenannten Sicherunghypotheken gegenüber zu geben sein möchten.[11] Die Kommission erwog, man könne zwar nicht annehmen, daß es bei jeder Sicherunghypothek an den Gründen fehlen werde, durch welche die Aufnahme der in Frage stehenden Bestimmung in das Gesetzbuch notwendig gemacht würde. Für die eigentliche Sicherunghypothek aber, bei welcher der Höchstbetrag, bis zu welchem das Grundstück haften soll, bestimmt ist, im übrigen aber bei der Eintragung der Hypothek die Höhe der Forderung noch nicht feststeht, die Feststellung vielmehr vorbehalten wird, nahm die Kommission an, daß die Vorschrift keine Anwendung finden könne, weil hier das hypothekarische Recht der in den sonstigen Fällen der Sicherunghypothek thatsächlich meist vorhandenen festen Grundlage entbehre und seinem Inhalte nach ganz von der wechselnden Gestalt der persönlichen Forderung abhänge.[12]

VI. In der Kommission wurde sodann der Fall vorgesehen, daß neben dem vermachten Grundstücke andere zur Erbschaft gehörige Grundstücke für eine Schuld des Erblassers zur Hypothek eingesetzt sind. Die Kommission entschied sich in wesentlicher Übereinstimmung mit den ge-

[8] B.G.B. § 2166 Abs. 1 Satz 2.

[9] B.G.B. § 2166 Abs. 1 Satz 1.

[10] B.G.B. § 2166 Abs. 2. Protokolle a. a. O. B. 5.

[11] B.G.B. § 2166 Abs. 3 § 1190.

[12] Protokolle a. a. O. B. 4 S. 6932 f.

stellten Anträgen dahin, daß die Verpflichtung des Vermächtnisnehmers zur rechtzeitigen Befriedigung des Gläubigers im Zweifel sich auf den Teil der Schuld beschränke, der dem Verhältnisse des Wertes des vermachten Grundstückes zu dem Werte der sämtlichen verpfändeten Erbschaftgrundstücke entspreche, und daß der Wert in der oben (II) angegebenen Weise zu berechnen sei.[13] Eine Bestimmung dieses Inhaltes ist in das Gesetzbuch aufgenommen worden.[14] Das preußische Gesetzbuch hat den Fall ebenfalls vorgesehen und ihn in der Hauptsache in gleicher Weise entschieden.[15]

VII. Das Gesetzbuch hat weiter für den Fall Bestimmung getroffen, daß an mehreren zur Erbschaft gehörigen Grundstücken eine Gesamtgrundschuld oder eine Gesamtrentenschuld besteht, und daß eins dieser Grundstücke vermacht ist. In diesem Falle ist der Vermächtnisnehmer im Zweifel dem Erben gegenüber zur Befriedigung des Gläubigers in Höhe des Teiles der Schuld verpflichtet, der dem Verhältnisse des Wertes des vermachten Grundstückes zu dem Werte der sämtlichen Grundstücke entspricht. Berechnet wird der Wert auch in diesem Falle in der oben (II) angegebenen Weise.[16]

VIII. Endlich ist auch der Fall berücksichtigt worden, daß neben dem vermachten Grundstücke ein nicht zur Erbschaft gehörendes Grundstück mit einer Gesamtgrundschuld oder einer Gesamtrentenschuld belastet und daß der Erblasser zur Zeit des Erbfalles gegenüber dem Eigentümer des anderen Grundstückes oder einem Rechtsvorgänger des Eigentümers zur Befriedigung des Gläubigers verpflichtet ist. Es wurde zwar in der Kommission die Ansicht vertreten, die Fälle lägen, wenn nicht sämtliche belastete Grundstücke zur Erbschaft gehörten, zu verschieden, als daß sich dafür eine Rechtsregel aufstellen ließe. Die Mehrheit der Kommission hielt es aber für geboten, den Vermächtnisnehmer „auch in Fällen solcher Art in die innere Ordnung unter den Beteiligten eintreten zu lassen", und sprach sich dagegen aus, daß „die Auffindung der Analogie der Rechtswissenschaft zu überlassen sei". Die Bestimmung des Gesetzbuches geht dahin, daß auf den angegebenen Fall die oben zu I, II, III und VI angegebenen Rechtssätze entsprechende Anwendung zu finden haben.[17]

---

[13] Protokolle a. a. O. B. 6 S. 6934.

[14] B.G.B. § 2167.

[15] A.L.R. I 12 § 327. S. oben § 97 zu Anm 16.

[16] B.G.B. § 2168 Abs. 1.

[17] B.G.B. 2168 Abs. 2. Protokolle, 349. Sitzung I, S. 6935 flg.

§ 99. Das Wahlvermächtnis.

Der Erblasser kann ein Vermächtnis in der Art anordnen, daß der Bedachte von mehreren Gegenständen nur den einen oder den anderen erhalten soll.[1] Der Erblasser kann auch die Art der Bestimmung des Gegenstandes, den der Bedachte erhalten soll, anordnen. Hat der Erblasser eine solche Anordnung nicht getroffen,[2] so erfolgt die Bestimmung durch Wahl. Der Erblasser kann die Wahl dem Beschwerten oder dem Bedachten oder auch einem Dritten übertragen. Im Zweifel, also auch, wenn der Erblasser eine Bestimmung darüber, wer wählen soll, nicht getroffen hat, steht das Wahlrecht dem Beschwerten zu.[3] Die Wahl erfolgt durch Erklärung. Die Erklärung ist, wenn die Wahl dem Beschwerten oder dem Bedachten zusteht, gegenüber dem anderen Teile, wenn sie einem Dritten übertragen ist, gegenüber dem Beschwerten abzugeben.[4] Die gewählte Leistung gilt als die von Anfang an geschuldete.[5] Kann der Dritte die Wahl nicht treffen, so geht das Wahlrecht auf den Beschwerten über.[6] Zögert der Dritte mit der Wahl, so hat ihm das Nachlaßgericht auf den Antrag eines der Beteiligten eine Frist zur Erklärung zu bestimmen. Verstreicht die Frist, ohne daß vorher die Erklärung erfolgt, so geht das Wahlrecht ebenfalls auf den Beschwerten über.[7]

Hat der Beschwerte das Wahlrecht und ist er auf die Klage des Bedachten zur Herausgabe eines der Gegenstände, zwischen denen zu wählen ist, verurteilt, so kann der Bedachte, wenn bis zum Beginne der Zwangsvollstreckung die Wahl nicht stattfindet, die Zwangsvollstreckung nach seiner Wahl auf die eine oder die andere Leistung richten. Der Beschwerte kann sich jedoch, solange nicht der Bedachte die gewählte Leistung ganz oder zum Teile empfangen hat, durch eine der übrigen Leistungen von seiner Verbindlichkeit frei machen.[8]

---

[1] B.G.B. § 2154 Satz 1. S. oben § 17 S. 86 zu Anm. 19 flg.

[2] Der Erblasser ist in der Bestimmung frei. Er kann insbesondere anordnen, daß die Entscheidung durch das Los getroffen werde.

[3] B G.B. § 262.

[4] B.G.B. § 263 Abs. 1, § 2154 Abs. 1 Satz 2.

[5] B.G.B. § 263 Abs. 2.

[6] B.G.B. § 2154 Abs. 2 Satz 1.

[7] B.G.B. § 2154 Abs. 2 Satz 2, § 2151 Abs. 3 Satz 2. Unter der im § 2154 Abs. 2 Satze 2 vorgeschriebenen „entsprechenden" Anwendung des § 2151 Abs. 3 Satzes 2 kann nur eine Anwendung verstanden sein, die dahin führt, im Falle des fruchtlosen Verstreichens der dem Dritten zur Abgabe der Erklärung gestellten Frist das Wahlrecht auf den Beschwerten übergehen zu lassen.

[8] B.G.B. § 264 Abs. 1.

Hat der Bedachte das Wahlrecht und gerät er in Verzug, so kann der Beschwerte ihn unter Bestimmung einer angemessenen Frist zur Vornahme der Wahl auffordern. Mit dem Ablaufe der Frist geht das Wahlrecht auf den Beschwerten über, wenn nicht der Bedachte rechtzeitig die Wahl vornimmt.[9]

Nach römischem Rechte ist, wenn der Erblasser nicht bestimmt hat, wer die Wahl treffen soll, der Vermächtnisnehmer wahlberechtigt.[10] Er darf auch das beste Stück wählen, wenn das Aussuchen ausdrücklich gestattet ist, wenn also ein wirkliches Wahlvermächtnis im römischrechtlichen Sinne vorliegt und nicht ein bloßes Gattungvermächtnis, das eine zu treffende Wahl zwar notwendig macht, ohne sie aber als Gegenstand des Vermächtnisses zu bezeichnen.[11] Hat er die Wahl getroffen, so kann er von ihr nicht mehr abgehen.[12] Geht der eine der Gegenstände, unter denen zu wählen ist, ·unter, oder scheidet er auf andere Weise aus den zur Wahl stehenden aus, so bleibt das Vermächtnis als Wahlvermächtnis in Ansehung der noch übrigen Gegenstände bestehen.[13] Kann eine Wahl nicht mehr getroffen werden, weil nur noch ein Gegenstand übrig ist, so wird dieser von dem Beschwerten geschuldet.[14]

Vom preußischen Gesetzbuche ist das Wahlvermächtnis wesentlich anders ausgestaltet worden als vom römischen Rechte. Im Zweifel giebt, wenn nämlich der Erblasser die Wahl weder dem Bedachten überlassen noch sie einem Dritten übertragen hat, das preußische Gesetzbuch das Wahlrecht dem Beschwerten.[15] Hat der Erblasser aber angeordnet, daß der Bedachte eine von mehreren Sachen **nehmen** solle, so soll darin

---

[9] B.G.B. § 264 Abs. 2.

[10] Das alte römischrechtliche Wahlvermächtnis war eine Art des Vindikationlegates, bei welchem der Legatar für **seine Person** das Wahlrecht hatte (Ulpian. fragm. 24, 14; § 23 J. de leg. (2, 20). Später bildete sich die Einrichtung eines Wahlvermächtnisses aus, bei welchem **im Zweifel** dem Vermächtnisnehmer die Wahl zustand, aber so, daß sie auf die Erben des Vermächtnisnehmers überging (l. 12 § 7 D. quando dies leg. ced. (36, 2).

[11] L. 2 pr. D. de opt. vel elect. leg. (33, 5), l. 37 pr. D. de leg. I (30). S. unten § 101 Anm. 1, 2. Vgl. **Brinz**, Pandekten, 2. Aufl. Bd. 3 § 415 I, 3; **Bernstein**, Ztschr. der Sav.-Stift. Bd. 1 S. 151, 152; **Dernburg**, Pandekten Bd. 3 § 110.

[12] L. 20 D. D. de opt. vel elect. leg. (33, 5). Vorausgesetzt ist dabei, daß dem Vermächtnisnehmer alle Stücke, unter denen er wählen kann, vorgelegt sind (l. 4, 5 ibid)., und daß nicht seine Wahl auf ein Stück gefallen ist, in Ansehung dessen er kein Wahlrecht hat (l. 2. § 2 ibid.), oder daß er nicht irrtümlich zu seinem Nachteile ein Stück gewählt hat, auf das sich das Vermächtnis nicht beziehen sollte (l. 2 § 2l. 3 ibid.).

[13] L. 14 ibid.

[14] L. 13 pr. ibid.

[15] A.L.R. I 12 §§ 388, 390.

die Andeutung gefunden werden, daß ihm die Wahl zukomme.[16] Da das Gesetz nur von einer Andeutung spricht, wird nicht angenommen werden können, daß der Beweis eines anderen Willens ausgeschlossen sein soll. Steht dem Erben die Wahl zu, so hat er eine für den Vermächtnisnehmer nach dessen Umständen brauchbare Sache auszuwählen.[17] Hat der Vermächtnisnehmer die Wahl, so ist er durch keine Rücksicht beschränkt. Er kann das beste Stück für sich aussuchen.[18] Auch der Dritte, dem die Wahl übertragen ist, kann für den Bedachten das beste Stück wählen.[19] Kann oder will der Dritte nicht wählen, so geht die Wahl auf den Vermächtnisnehmer über. Dieser darf aber solchenfalls nur eine für ihn brauchbare Sache von mittlerem Werte wählen.[20] Haben mehrere Wahlberechtigte unter Sachen von gleicher Art eine Wahl vorzunehmen, so entscheidet das Los darüber, in welcher Ordnung sie zu wählen haben.[21]

Das österreichische Gesetzbuch läßt, wenn von mehreren bestimmten Gegenständen der eine oder der andere vermacht ist, in der Regel den Erben wählen. Doch darf er nur eine Sache wählen, die der Vermächtnisnehmer brauchen kann. Hat der Erbe dem Vermächtnisnehmer die Wahl gegeben, so darf er auch die beste Sache wählen. Sein Wahlrecht ist aber nicht vererblich. Und stirbt er, ohne gewählt zu haben, so hat das Gericht den zu leistenden Gegenstand mit Rücksicht auf Stand und Bedürfnis des Bedachten zu bestimmen. Ebenso hat das Gericht die Wahl zu treffen, wenn der Erblasser bestimmt hat, daß ein Dritter wählen solle, dieser aber die Vornahme der Wahl ablehnt oder vor der Wahl stirbt. Ist die Wahl erklärt, so kann der Wahlberechtigte von ihr nicht mehr abgehen. Der zufällige Wegfall eines der zur Wahl gestellten Stücke befreit den Beschwerten nicht von der Last des Vermächtnisses. Diese Wirkung hat aber der zufällige Wegfall des Stückes, auf das die Wahl gefallen ist.[22]

Auch das sächsische Gesetzbuch giebt beim Wahlvermächtnisse im Zweifel dem Beschwerten die Wahl. Hat der Erblasser dem Vermächtnisnehmer die Wahl überlassen, so kann dieser, auch wenn die Gegenstände, unter denen gewählt werden soll, in der Erbschaft nicht vorhanden sind,

---

[16] A.L.R. I 12 § 391.
[17] A.L.R. I 12 § 392.
[18] A.L.R. I 12 § 393.
[19] A.L.R. I 12 § 395.
[20] A.L.R. I 12 § 396.
[21] A.L.R. I 12 § 394.
[22] Österreich. Gesetzb. §§ 656, 658, 659, 906, 1447. Unger, österreich. Erbrecht § 76.

wählen, welchen Gegenstand er will. Hat ein Dritter zu wählen, so muß er bei der Wahl auf die Verhältnisse und Bedürfnisse des Vermächtnisnehmers Rücksicht nehmen. Der Beschwerte haftet, wenn eine von ihm gewählte Sache entwährt worden ist, für die Entwährung. Bei Entwährung einer vom Vermächtnisnehmer oder von einem Dritten gewählten Sache steht dem Vermächtnisnehmer die Wahl einer anderen Sache zu. Nimmt der Vermächtnisnehmer, wenn er wahlberechtigt ist, die Wahl nicht vor, so ist ihm, wenn der Beschwerte es verlangt, zur Erklärung über die Wahl eine nach richterlichem Ermessen zu bestimmende Frist von nicht geringerer als Monatsdauer zu bestimmen. Erklärt er sich in dieser Frist nicht, so geht das Wahlrecht auf den Beschwerten über. Ebenso ist auf Antrag des Beschwerten dem mit der Wahl beauftragten Dritten, wenn er nicht wählt, eine Frist zur Erklärung zu bestimmen, deren Ablauf, wenn der Dritte die Erklärung nicht abgiebt, den Übergang des Wahlrechtes auf den Beschwerten zur Folge hat. Unter mehreren Wahlberechtigten oder mehreren Erben eines Wahlberechtigten entscheidet, wenn eine Einigung über die Wahl nicht stattfindet, das Los, wer von ihnen zu wählen hat.[23]

§ 100. Das Vermächtnis einer nur der Gattung nach bestimmten Sache.

1. Nach dem bürgerlichen Gesetzbuche.

Ein Gattungvermächtnis im Sinne des bürgerlichen Gesetzbuches liegt vor, wenn der Erblasser die vermachte Sache nur der Gattung nach bestimmt hat.[1] Ein solches Vermächtnis ist insofern auch ein Wahlvermächtnis, als beim Mangel einer abweichenden Bestimmung des Erblassers die zu der bestimmten Gattung gehörige Sache, die als Gegenstand des Vermächtnisses geleistet werden soll, durch Wahl zu bestimmen ist. Die Wahl kann, wie beim gewöhnlichen Wahlvermächtnisse, dem Beschwerten oder dem Bedachten oder einem Dritten übertragen sein. Nach der Regel, die für alle Schuldverhältnisse gilt, bei denen mehrere Leistungen in der Art geschuldet werden, daß nur die eine oder die andere Leistung zu bewirken ist,[2] steht auch hier das Wahlrecht im Zweifel dem Beschwerten zu.[3]

---

[23] Sächs. Gesetzb. §§ 2493 bis 2498.

[1] B.G.B. § 2155 Abs. 1.

[2] B.G.B. § 262.

[3] Der Satz folgt auch aus dem § 2155 B.G.B. Denn mit der Bestimmung, nach welcher der Bedachte Anspruch auf eine seinen Verhältnissen entsprechende Sache

Eine nur der Gattung nach vorliegende Bestimmtheit der Sache würde in vielen Fällen, wenn kein Anhalt dafür vorhanden ist, die Willensmeinung des Erblassers zu erkennen und festzustellen, den Vermächtnisgegenstand für die Annahme eines wirksamen Vermächtnisses nicht bestimmt genug erscheinen lassen. Deshalb hat das Gesetzbuch zur Ergänzung des nicht mit völliger Sicherheit erkennbaren Willens des Erblassers Aushilfbestimmungen für notwendig gehalten. Der erste Entwurf enthielt die Bestimmung, daß der Beschwerte eine Sache von mittlerer Art und Güte, die den Verhältnissen des Bedachten entspricht, auszuwählen hat.[4] In der Kommission für die zweite Lesung des Entwurfes aber gingen die Ansichten auseinander. Von der einen Seite wurde die Meinung aufgestellt, daß in den Verhältnissen des Bedachten der richtige Maßstab für die erforderliche Ergänzung der Willenserklärung des Erblassers gefunden werden müßte.[5] Von anderer Seite wurde das auch in anderen Fällen mangelnder Bestimmtheit des Gegenstandes beliebte Auskunftmittel vorgezogen und für ausreichend angesehen, daß eine Sache mittlerer Art und Güte zu leisten sei.[6] Die erstere Meinung ist im preußischen Gesetzbuche angenommen,[7] die letzere im sächsischen.[8] Die Mehrheit der Kommission entschied sich für die erstere Meinung. Man nahm an, bei Rechtsgeschäften unter Lebenden sei in Ermangelung abweichender Vereinbarungen als Wille der Beteiligten anzusehen, daß eine Sache von mittlerer Art und Güte geleistet werde. Bei den auf eine Begünstigung des Bedachten abzielenden letzwilligen Verfügungen aber dürfe auch ohne besondere Erklärung als Absicht des Erblassers gelten, daß der zu leistende Gegenstand den Verhältnissen des Bedachten entsprechen solle. Für den Fall, daß insoweit ein Anhalt nicht zu gewinnen sei, sprach sich die Kommission dahin aus, daß auch beim Vermächtnisse einer nur der Gattung nach bestimmten Sache aus-

---

hat, und mit dem Satze, der den Fall entscheidet, daß der Erblasser die Bestimmung der Sache dem Bedachten oder einem Dritten übertragen hat, und daß die von dem Bedachten oder dem Dritten getroffene Bestimmung den Verhältnissen des Bedachten offenbar nicht entspricht, ist der Satz von selbst gegeben, daß im Zweifel der Beschwerte die Sache, die der Bedachte erhalten soll, zu bestimmen hat.

[4] Erster Entwurf §§ 1863, 213.

[5] Protokolle, 349. Sitzung II. B. S. 6943.

[6] Protokolle a. a. O.

[7] A.L.R. I 12 § 404.

[8] Sächs. Gesetzb. §§ 2467, 696. Für das französische Recht ist bei der zweiten Lesung des Entwurfes bezeugt worden, daß in demselben der Mangel einer besonderen Bestimmung für das Gattungvermächtnis nicht als Nachteil empfunden werde. Protokolle a. a. O. S. 6943.

hilfsweise die allgemeine Regel, nach der eine Sache von mittlerer Art und Güte zu leisten sei, zur Anwendung kommen müsse.[9]

Darüber, wie die Bestimmung der Sache beim Gattungvermächtnisse sich zu gestalten hat, wenn die Bestimmung dem Bedachten oder einem Dritten übertragen ist, nimmt das Gesetzbuch auf die beim Wahlvermächtnisse für die Wahl des Dritten geltenden Vorschriften Bezug.[11] Die Anwendung gestaltet sich im einzelnen dahin:

Ist die Bestimmung einem Dritten übertragen, so erfolgt sie durch Erklärung gegenüber dem Beschwerten.[11] Kann der Dritte die Bestimmung nicht treffen, so geht die Befugnis, die Bestimmung vorzunehmen, auf den Beschwerten über.[12] Ist der Beschwerte oder der Bedachte zur Bestimmung des zu leistenden Gegenstandes berechtigt, so ist die Erklärung dem anderen Teile gegenüber abzugeben.[13] Ist ein Dritter zur Bestimmung des Gegenstandes berufen, und giebt er die Erklärung nicht ab, so hat das Nachlaßgericht auf den Antrag eines der Beteiligten dem Dritten eine Frist zur Erklärung zu setzen. Verläuft die Frist, ohne daß eine Erklärung abgegeben wird, so geht das Recht der Bestimmung auf den Beschwerten über. Steht die Befugnis zur Bestimmung des Gegenstandes dem Bedachten zu, und nimmt er die Bestimmung nicht vor, so geht die Befugnis zur Bestimmung, wenn der Bedachte auch innerhalb einer ihm vom Nachlaßgerichte gesetzten Frist den Gegenstand nicht bestimmt, ebenfalls auf den Beschwerten über.[14]

Das Gesetzbuch hat sodann für den Fall noch besondere Bestimmung getroffen, daß eine von dem Bedachten oder einem Dritten getroffene Bestimmung des zu leistenden Gegenstandes den Verhältnissen des Bedachten offenbar nicht entspricht. Die Bestimmung geht dahin, daß in diesem Falle der Beschwerte so zu leisten hat, wie wenn der Erblasser über die Bestimmung der Sache keine Anordnung getroffen hätte.[15] Der Sinn dieser Bestimmung ist der, daß der Beschwerte selbst die

[9] Protokolle a. a. O. S. 6943 f.

[10] B.G.B. § 2155 Abs. 2. Dieser Paragraph sieht im Abs. 2 den Fall vor, daß der Erblasser die Bestimmung der Sache dem Bedachten oder einem Dritten übertragen hat. Dagegen sieht er den Fall nicht ausdrücklich vor, daß die Bestimmung der Sache dem Beschwerten übertragen ist. Man muß annehmen, daß letzteres der regelmäßige Fall, das heißt der Fall sein soll, welcher eintritt, wenn der Erblasser nichts darüber festgesetzt hat, wem die Bestimmung der Sache zustehen soll.

[11] B.G.B. § 2154 Abs. 1 Satz 2.

[12] B.G.B. § 2154 Abs. 2 Satz 1.

[13] B.G.B. § 263 Abs. 1.

[14] B.G.B. § 2154 Abs 2 Satz 2 § 2151 Abs. 3 Satz 2.

[15] B.G.B. § 2155 Abs. 3.

Sache zu bestimmen hat, mit deren Leistung er sein Vermächtnis erfüllen will.

Bietet der Beschwerte dem Bedachten als Erfüllung der Vermächtnispflicht eine Sache an, von welcher der Bedachte behauptet, daß sie seinen Verhältnissen nicht entspreche, so muß die Sache im ordentlichen Rechtsstreite entschieden werden.

Läßt es aber der Beschwerte zur Vermächtnisklage und dazu kommen, daß er zur Leistung des Vermächtnisses nach Maßgabe der von ihm zu treffenden Bestimmung verurteilt wird, so kann der Bedachte die Zwangsvollstreckung auf die eine oder die andere Leistung richten. Der Beschwerte kann aber, solange nicht der Bedachte diese Leistung ganz oder zum Teile empfangen hat, durch eine der übrigen Leistungen sich von seiner Verpflichtung befreien.[16]

Eine nur der Gattung nach bestimmte Sache hat der Beschwerte dem Bedachten zu übergeben und ihm das Eigentum daran zu verschaffen. Er ist auch verpflichtet, die Sache frei von Rechten zu machen, die von Dritten gegen den Bedachten geltend gemacht werden können.[17] Ist die vermachte Sache ein Grundstück oder ein Recht an einem Grundstücke, so ist der Beschwerte verpflichtet, im Grundbuche eingetragene Rechte, die nicht bestehen, auf seine Kosten zur Löschung zu bringen, wenn sie im Falle ihres Bestehens das dem Bedachten zu verschaffende Recht beeinträchtigen würden. Ist die vermachte Sache ein Schiff oder ein Recht an einem Schiffe, so besteht die angegebene Verpflichtung des Beschwerten für solche im Schiffsregister eingetragenen Rechte, die nicht bestehen.[18] Dagegen hat, wenn ein Grundstück Gegenstand des Vermächtnisses ist, der Beschwerte im Zweifel nicht für die Freiheit des Grundstückes von Grunddienstbarkeiten, beschränkten persönlichen Dienstbarkeiten und Reallasten einzustehen. Auch haftet er nicht für die Freiheit des Grundstückes von öffentlichen Abgaben und anderen öffentlichen Lasten, die zur Eintragung in das Grundbuch nicht geeignet sind.[19] Ist Gegenstand des Gattungvermächtnisses eine Forderung oder ein sonstiges Recht, so haftet der Beschwerte für den rechtlichen Bestand der Forderung oder des Rechtes. Ist ein Wertpapier der Gattung nach vermacht, so haftet der Beschwerte auch dafür, daß es nicht zum Zwecke der Kraftloserklärung aufgeboten ist.[20] Bei jeder beweglichen Sache, die dem Bedachten

---

[16] B.G.B. § 264.
[17] B.G.B. §§ 2182 Abs. 1, 433 Abs. 1, 434.
[18] B.G.B. §§ 2182 Abs. 1, 435.
[19] B.G.B. §§ 2182 Abs. 1, 436.
[20] B.G.B. §§ 2182 Abs. 1, 437.

auf Grund eines Gattungvermächtnisses vom Beschwerten übergeben ist, kann der Bedachte vom Beschwerten Schadensersatz wegen eines zum Besitze der Sache berechtigenden Rechtes eines Dritten verlangen, wenn er die Sache dem Dritten mit Rücksicht auf dessen Recht herausgegeben oder sie dem Beschwerten zurückgewährt hat, oder wenn die Sache untergegangen ist. Der Herausgabe der Sache an den Dritten steht es gleich, wenn der Dritte den Bedachten oder dieser den Dritten beerbt oder wenn der Bedachte das Recht des Dritten anderweit erwirbt oder diesen abfindet. Steht dem Bedachten ein Anspruch auf Rückgewähr gegen einen Anderen zu, so genügt an Stelle der Rückgewähr die Abtretung dieses Anspruches.[21] Die Vorschriften, welche hiernach für den Fall gelten, daß eine bewegliche Sache dem Bedachten vom Beschwerten auf Grund eines Gattungvermächtnisses übergeben worden ist, finden auch Anwendung, wenn ein Recht an einer beweglichen Sache, das zum Besitze der Sache berechtigt, Gegenstand eines Gattungvermächtnisses ist.[22] Bestreitet der Beschwerte, der die Sache dem Bedachten auf Grund des Gattungvermächtnisses übergeben hat, die vom Bedachten geltend gemachten Mängel im Rechte, so hat der Bedachte den Mangel zu beweisen. Eine Vereinbarung, durch welche die wegen eines Mangels im Rechte dem Beschwerten obliegende Verpflichtung zur Gewährleistung erlassen oder beschränkt wird, ist nichtig, wenn der Beschwerte den Mangel arglistig verschweigt.[23]

Der Beschwerte ist auch verpflichtet, dem Bedachten über die rechtlichen Verhältnisse, die den auf Grund des Gattungvermächtnisses übergebenen Gegenstand betreffen, insbesondere, wenn der Gegenstand ein Grundstück ist, über die Grenzen, Gerechtsame und Lasten, die nötige Auskunft zu geben und ihm die zum Beweise des Rechtes dienenden Urkunden, soweit er sie in seinem Besitze hat, auszuliefern oder, wenn sich der Inhalt der Urkunde auch auf andere Angelegenheiten erstreckt, wenigstens einen öffentlich beglaubigten Auszug der Urkunde zu erteilen.[24]

Hat die auf Grund eines Gattungvermächtnisses vom Beschwerten geleistete Sache Mängel, so kann der Vermächtnisnehmer verlangen, daß

---

[21] B.G.B. §§ 2182 Abs. 1, 440 Abs. 2 bis 4.

[22] B.G.B. §§ 2182 Abs. 1, 441.

[23] B.G.B. §§ 2182 Abs. 1, 442, 443.

[24] B.G.B. §§ 2182 Abs. 1, 444. Die in den Anm. 17 bis 24 angezogenen §§ 433 Abs. 1, §§ 434 bis 437, §§ 440 Abs. 2 bis 4, § 441 bis 444 enthalten Rechtssätze über Verpflichtungen des Verkäufers dem Käufer gegenüber. Diese Rechtssätze haben im Zweifel auch Geltung, wenn ein bestimmter nicht zur Erbschaft gehörender Gegenstand vermacht ist. B.G.B. § 2182 Abs. 2. S. oben § 96 S. 384.

ihm an Stelle der mangelhaften Sache eine fehlerfreie geliefert wird. Hat der Beschwerte den Fehler arglistig verschwiegen, so kann der Vermächtnisnehmer an Stelle der mangelhaften Sache Schadensersatz wegen Nichterfüllung verlangen.[25] Auf diese Ansprüche finden die für die Gewährleistung wegen Mängel einer verkauften Sache geltenden Vorschriften entsprechende Anwendung.

§ 101. Nach den bisher in Geltung stehenden Rechten.

Nach römischem Rechte steht, wenn unter den Gattungsachen eine Wahl notwendig wird, diese Wahl im Zweifel dem Vermächtnisnehmer zu. Er ist aber regelmäßig, wenn ihm nämlich nicht ausdrücklich die Wahl gegeben ist, in der Art beschränkt, daß er nicht die beste Sache der fraglichen Gattung wählen darf.[1] Unter mehreren Vermächtnisnehmern, die wahlberechtigt sind, sich aber über das zu wählende Stück nicht einigen können, wird der Wähler durch das Los bestimmt. Die von ihm gewählte Sache wird sein alleiniges Eigentum. Und er hat den übrigen Vermächtnisnehmern den Wert des auf jeden fallenden Anteils in Geld auszuzahlen.[2] Verzögert der Vermächtnisnehmer die Wahl, so kann ihm vom Gericht eine Frist bestimmt werden, deren Ablauf Verlust des Vermächtnisses zur Folge hat.[3] Steht dem Beschwerten nach der Anordnung des Erblassers die Wahl zu, so darf er nicht das schlechteste Stück wählen.[4] Der Fall, daß der Beschwerte die Wahl hat, wird dann als vorliegend angesehen, wenn Sachen der in Frage stehenden Gattung im Nachlasse nicht vorhanden sind und das Vermächtnis die Bedeutung hat, daß der Beschwerte Sachen der fraglichen Gattung anzuschaffen verpflichtet ist.[5] Wird die vom Beschwerten gewählte Sache dem Vermächtnisnehmer entwährt, so hat er Anspruch auf wiederholte Leistung.[6] Gerät der Beschwerte mit der Wahl in Verzug, so geht das Wahlrecht auf den Vermächtnisnehmer über.[7] Der

---

[25] B.G.B. § 2183.

[1] L. 37 pr. D. de leg. I (30), l. 2 pr. D. de opt. vel lect. lg. (33, 5). S. oben § 99 zu Anm. 10 bis 14.

[2] L 3 pr. C. comm. de leg. (6, 43), § 23 J. de leg. (2, 20). Windscheid, Pandekten Bd. 3 § 661 Anm. 12).

[3] L. 8 pr. l. 13 § 1 l. 17 D. de opt. vel. elect. leg. (33, 5).

[4] L. 110 D. de leg. I. (30).

[5] V. Vangerow, Pandekten Bd. 2 § 548 Anm. 1 S. 526.

[6] L. 29 § 3 D. de leg. III (32).

[7] L. 11 § 1 D. de leg. II (31).

Erblasser kann die Wahl auch einem Dritten übertragen. Dieser darf von den zur Wahl stehenden Stücken weder das beste noch das schlechteste wählen.[8] Eine einmal getroffene Wahl kann der Regel nach nicht rückgängig gemacht werden. Nur wenn der Beschwerte dem Wahlberechtigten nicht alle Stücke, aus denen nach dem Willen des Erblassers gewählt werden soll, zur Wahl gestellt hat, oder wenn die Wahl auf Stücke gefallen ist, die nicht wählbar sind, ist eine andere Wahl vorzunehmen.[9] Hat der Erblasser die Zahl der aus der betreffenden Gattung von Sachen auszuwählenden Stücke nicht bestimmt, so darf der wahlberechtigte Vermächtnisnehmer drei Stücke für sich auswählen.[10]

Das preußische Gesetzbuch hat dem sogenannten Gattungvermächtnisse eine andere Gestalt gegeben. Der Erblasser kann zwar ebenso wie nach römischem Rechte ein Vermächtnis dahin anordnen, daß der Bedachte alle zur Erbschaft gehörigen Sachen einer bestimmten Gattung erhält. Solchenfalls sind im Zweifel uur diejenigen Sachen ausgenommen, die als Zubehörstücke eines Landgutes oder Gebäudes anzusehen sind.[11] Der Erblasser kann auch die Anordnung treffen, daß nur ein Stück oder einige Stücke der fraglichen Gattung Gegenstand des Vermächtnisses sein sollen. Solchenfalls hat, wenn über die notwendig werdende Wahl unter den Sachen dieser Gattung vom Erblasser eine Bestimmung nicht getroffen ist, der Beschwerte die Wahl vorzunehmen.[12] Abweichend vom römischen Rechte aber gestaltet sich die Entscheidung in dem Falle, wenn Sachen der in Frage stehenden Gattung im Nachlasse nicht vorhanden sind. Während solchenfalls das römische Recht eine Verpflichtung des Beschwerten zur Anschaffung von Sachen der bestimmten Gattung oder einer Sache der bestimmten Gattung nur dann anerkennt, wenn der Erblasser den Fall des Nichtvorhandenseins derartiger Sachen besonders vorgesehen hat, in anderen Fällen aber das Vermächtnis ungültig ist, legt das preußische Gesetzbuch in allen Fällen, wenn ein Vermächtnis ein Stück oder einige Stücke von einer gewissen Gattung zum Gegenstande hat, die Anschaffungpflicht dem Beschwerten in der Art auf, daß er, wenn der Erblasser die zu gewährende Sache nach ihrer Beschaffenheit nicht näher bestimmt hat, dem Vermächtnisnehmer eine dessen Stande und Bedürfnissen entsprechende Sache zu verschaffen hat.[13]

---

[8] L. 37 pr. D. de leg. I (30).
[9] S. oben § 99 Anm. 12.
[10] L. 1 D. ete opt. vel elect. leg. (33, 5).
[11] A.L.R. I 12 § 401.
[12] A.L.R. I 12 §§ 388, 389. S. im übrigen oben § 96 zu Anm. 16 bis 20.
[13] A.L.R. I 12 §§ 403, 404.

Nach dem österreichischen Rechte gilt das Vermächtnis einer nur der Gattung nach bestimmten Sache, die aus der Erbschaft geleistet werden soll, als unwirksam, wenn dergleichen Sachen im Nachlasse nicht vorhanden sind. Befinden sich dergleichen Sachen im Nachlasse, so hat der Erbe eine dieser Sachen nach seiner Wahl zu geben. Hat der Erblasser die zu leistende Sache der bestimmten Gattung nicht in der Weise vermacht, daß sie aus der Erbschaft zu leisten ist, so hat der Beschwerte den vermachten Gegenstand anzuschaffen und in einer dem Stande und dem Bedürfnisse des Bedachten angemessenen Beschaffenheit zu gewähren.[14]

Das sächsische Gesetzbuch bestimmt, daß bei einem Gattungvermächtnisse der Beschwerte die Sache zu wählen hat, gleichviel ob dergleichen Sachen sich in der Erbschaft befinden und ob dies dem Erblasser bekannt ist, daß er aber keine schlechtere Sache als eine Sache mittlerer Beschaffenheit wählen darf. Es bestimmt weiter, daß ein Gattungvermächtnis, das der Erblasser auf die in seinem Vermögen befindlichen Sachen beschränkt hat, nur gültig ist, wenn sich Sachen der fraglichen Gattung in der Erbschaft befinden.[15]

§ 102. Vermächtnis eines dinglichen Rechtes.

Ein bestehendes dingliches Recht an fremder Sache kann in derselben Weise als Gegenstand eines Vermächtnisses in Frage kommen wie eine bestimmte Sache in der Art, daß der Erblasser ein ihm selbst oder ein dem Beschwerten zustehendes Recht an fremder Sache vermacht oder dem Beschwerten die Pflicht auflegt, ein Recht an einer fremden Sache dem Bedachten zu verschaffen. Die Wirksamkeit eines solchen Vermächtnisses ist nach der Natur der Sache von der Vererblichkeit und Übertragbarkeit des Rechtes abhängig. Sie ist also bei einem Nießbrauche und einem beschränkten Gebrauchsrechte insoweit ausgeschlossen, als ein Erblasser über diese Rechte, soweit sie ihm selbst zustehen, nicht letztwillig verfügen kann, und als, soweit es sich um Rechte handelt, die einem Anderen zustehen, die also der Beschwerte dem Bedachten zu verschaffen hätte, die Unübertragbarkeit des Rechtes auch der Verschaffungpflicht entgegenstehen würde. Doch kann der Nießbrauch als bestehendes Recht insofern für die Errichtung eines Vermächtnisses in Betracht kommen, als der Erblasser dem Beschwerten die Verpflichtung auflegt, die Ausübung eines dem Beschwerten selbst zustehenden Rechtes für seine

---

[14] Österreich. Gesetzb. §§ 656, 657, 658. Unger, österreich. Erbrecht § 68.
[15] Sächs. Gesetzb. §§ 2467 bis 2469, 696.

Lebenszeit dem Bedachten zu überlassen oder, wenn das Recht einem Dritten zusteht, für dessen Lebenszeit die Ausübung des Rechtes zu verschaffen. Ein bestehendes Pfandrecht kann seiner rechtlichen Natur nach nur mit der Forderung, für die es bestellt ist, Gegenstand eines Vermächtnisses sein und eine Grundgerechtigkeit nur mit dem Grundstücke, für das sie bestellt ist. Es bleiben also von den im bürgerlichen Gesetzbuche anerkannten dinglichen Rechten an fremder Sache, die in der Art zum Gegenstande eines Vermächtnisses gemacht werden können, daß sie als bestehende selbständige Rechte auf den Bedachten übergehen, nur das Erbbaurecht, das der Reallast entsprechende Recht, soweit es nicht zu Gunsten eines anderen Grundstückes bestellt, also nur mit diesem Grundstücke übertragbar ist, das einer Grundschuld und das einer Rentenschuld entsprechende Recht.

In Bezug auf das Vermächtnis eines bestehenden dinglichen Rechtes an fremder Sache enthält das bürgerliche Gesetzbuch den Satz, daß, wenn der Erblasser ein Recht vermacht hat, mit dem eine Sache oder ein Recht des Erben belastet ist, die infolge des Erbfalles durch Vereinigung von Recht und Belastung erloschenen Rechtsverhältnisse als nicht erloschen gelten.[1] Der erste Entwurf hatte die Bestimmung aufgenommen, daß die Rechtssätze, die über das Vermächtnis eines bestimmten Gegenstandes Vorschriften enthalten, entsprechende Anwendung finden sollen, wenn durch Vermächtnis die Begründung eines Rechtes an einem Gegenstande angeordnet ist.[2] In der Kommission für die zweite Lesung des Entwurfes wurde beantragt, die Vorschrift als überflüssig zu streichen. Die Kommission gab dem Antrage auf Streichung statt, da für den in der Bestimmung vorgesehenen Fall die Analogie der Rechtssätze, die das Vermächtnis bestimmter Sachen betreffen, so nahe liege, daß es nicht notwendig sei, die fraglichen Rechtssätze ausdrücklich für entsprechend anwendbar zu erklären.[3]

Auch in der Art kann nach dem bürgerlichen Gesetzbuche ein dingliches Recht an fremder Sache vermacht werden, daß der Erblasser die Bestellung eines dingliches Rechtes an einer ihm selbst gehörigen Sache oder an einer dem Beschwerten gehörigen Sache dem Erben oder dem anderen Beschwerten aufträgt. Es versteht sich von selbst, daß der Erblasser eine und dieselbe Sache dem einen in der Art vermachen kann, daß er diesem das Eigentum an der Sache zuwendet, während er

---

[1] B.G.B. § 2175.

[2] Erster Entwurf § 1852.

[3] Protokolle der Kommission für die zweite Lesung des Entwurfes, 347. Sitzung III.

für einen anderen die Bestellung eines dinglichen Rechtes an der Sache durch Vermächtnis herbeiführt.

Besonderheiten zeigen sich in der Gestalt, welche die verschiedenen Rechte dem Vermächtnisse des Nießbrauches gegeben haben, wenn der Erblasser an einer ihm selbst oder an einer dem Beschwerten gehörigen Sache dem Bedachten durch Vermächtnis den Nießbrauch zuwendet oder den Beschwerten verpflichtet, dem Bedachten den Nießbrauch an einer einem Dritten gehörigen Sache zu verschaffen. Der zu Gunsten einer physischen Person bestellte Nießbrauch endigt nach der Natur des Neißbrauches mit dem Tode des Bedachten. Im Wesen einer juristischen Person liegt es, daß sie in der Regel viele sich aneinander reihende einzelne Menschenleben überdauert. Der zu Gunsten einer juristischen Person bestellte Nießbrauch würde darnach in Ansehung der Dauerbarkeit, wenn man ihn so lange bestehen lassen wollte, als die juristische Person im Rechtsleben vorhanden ist, eine ganz andere Rechtseinrichtung sein als der zu Gunsten einer physischeu Person bestellte Nießbrauch. Diese Erwägung hat dahin geführt, den Nießbrauch einer juristischen Person der Dauer nach durch positive Bestimmung zu beschränken, und zwar in der Art, daß er über die Lebensdauer eines langlebigen Menschen hinaus nicht bestehen kann. Das römische Recht bestimmt seine Dauer auf hundert Jahre.[4] Andere Gesetzgebungen sind dem römischen Rechte gefolgt.[5] Das preußische Gesetzbuch hat die gewöhnliche Lebensdauer eines Menschen auf fünfzig Jahre angenommen und auf solange die Dauer des Nießbrauches einer juristischen Person bestimmt.[6] Das französische

---

[4] L. 56 D. de usufr. (7, 1): „An usus fructus nomine actio municipibus dari debeat, quaesitum est: periculum enim esse videbatur, ne perpetuus fieret, quia neque morte nec facile capitis deminutione periturus est, qua ratione proprietas inutilis esset futura semper abscedente usufructu. sed tamen placuit, dandam esse actionem. unde sequens dubitatio est, quousque tuendi essent in eo usu fructu municipes: et placuit centum annos tuendos esse municipes, quia is finis vitae longaevi hominis est.“ L. 8 D. de usu leg. (33, 2).

[5] Cod. Maximil. Bav. civ. II, 9, § 9. Ebenso das sächsische Gesetzbuch (§ 656).

[6] A.L.R. I 12 § 423: „Ist aber der Gebrauch oder Genuß einer Korporation, Gemeine oder anderen moralischen Person ohne Zeitbestimmung zugewendet, oft dauert das Vermächtnis nur fünfzig Jahre.“ Im Widerspruche damit heißt es im § 179 I 21: „Ist der Nießbrauch einer Gemeine, Korporation oder anderen moralischen Person beschieden, so dauert er so lange, als dieselbe moralische Person noch vorhanden ist.“ Svarez bemerkt in seinen Schlußvorträgen zu diesem Widerstreite: „Zwischen dieser Stelle (§ 179 I 21) und dem § 423 I 12 ist eine kleine Antinomie vorhanden. Will man beide Stellen konziliiren, so muß man den hier vorliegenden § 179 von dem Falle erklären, wenn nach dem deutlich erklärten Willen des Verleihers der Usufructus länger oder wohl gar in perpetuum fortdauern soll.“

Gesetzbuch hat die Dauer des zu Gunsten einer juristischen Person bestellten Nießbrauches auf dreißig Jahre verkürzt.[7] Das bürgerliche Gesetzbuch für das Deutsche Reich hat ganz neues Recht geschaffen. Es läßt den für eine juristische Person bestellten, also auch den einer juristischen Person vermachten Nießbrauch, so lange bestehen wie die juristische Person selbst,[8] giebt ihm also die Möglichkeit dauernden Bestehens in der Art, daß er für alle Zeiten vom Eigentume getrennt sein kann, und schafft damit seine wirtschaftliche Bedeutung in der Art um, daß mit der Bestellung des Nießbrauches an einer Sache zu Gunsten einer juristischen Person derselbe Zweck erreicht werden kann, wie mit der Anordnung, daß die Sache der toten Hand zugewendet sein soll, ohne daß eine Beschränkung solcher Zuwendung besteht.

Eine zweite Besonderheit hat im römischen Rechte für das Vermächtnis des Nießbrauches in dem Falle bestanden, daß der Erblasser eine und dieselbe Sache dem einen Vermächtnisnehmer zum Nießbrauche bestellt und einem anderen zum Eigentume vermacht hat. In diesem Falle haben die römischen Juristen einer letztwilligen Verfügung, die dahin ging, daß der eine Vermächtnisnehmer die Sache, der andere den Nießbrauch an der Sache haben sollte, die Bedeutung gegeben, daß demjenigen, der mit dem Nießbrauche bedacht war, nicht der ganze Nießbrauch als ausschließliches Recht zustand, beide Vermächtnisnehmer vielmehr den Nießbrauch miteinander zu teilen hatten.[9] Es war zwar nicht unzulässig, dem einen die Sache ohne den Nießbrauch, dem anderen den Nießbrauch an der Sache zu vermachen. Ein solches Vermächtnis mußte aber in einer Form erklärt werden, die keinen Zweifel darüber ließ, daß der eine Bedachte die Sache ohne den Nießbrauch (detracto usufructu), der andere den Nießbrauch an der Sache haben sollte.[10] Eine Willenserklärung dahin, daß dem einen die Sache, dem anderen der Nießbrauch an der Sache vermacht war, wurde für unzureichend gehalten, den Willen erkennen zu lassen, daß, wer mit der Sache selbst bedacht war, von der Sache während des Nießbrauches des anderen keinen Nutzen

---

v. Kamptz, Jahrb. Bd. 41 S. 64. Förster und Eccius, preuß. Privatr. Bd. 3 § 186 V, beziehen den § 423 I 12 auf den vermachten Nießbrauch, den § 179 I 21 auf den in anderer Weise bestellten. S. dagegen Dernburg, preuß. Privatr. Bd. 1 § 280 Anm. 7.

[7] Code civil § 619.

[8] B.G.B. § 1061. Der erste Entwurf hatte noch die römischrechtlichen hundert Jahre beibehalten; § 1014 Abs. 2.

[9] L. 9 D. de usufr. accr. (7, 2), l. 6 D. de usufr. ear. rer. (7, 5), l. 19 l. 26 § 1 D. de usu et usufr. (33, 2).

[10] § 1 J. de usufr. (2, 4): „item alii usum fructum, alii deducto eo fundum legare potest."

haben und der andere allein von der Sache Nutzen ziehen sollte. Bei dem in Frage stehenden Satze des römischen Rechtes handelt es sich nicht um einen eigentlichen Rechtssatz, sondern um eine Auslegungvorschrift, die nach heutigem gemeinem Rechte keine Geltung mehr hat und ohne Bedeutung ist, wenn die letztwillige Verfügung den Willen des Erblassers erkennen läßt, daß der eine Vermächtnisnehmer der ausschließliche Nießbraucher der Sache sein, der andere das Eigentum ohne Nießbrauch haben soll. Dieser Wille wird aber nach der bei uns gebräuchlichen Redeweise, wenn der Erblasser dem einen den Nießbrauch an einer Sache, dem anderen das Eigentum an der Sache zuteilt, also gerade in dem Falle, in dem ihn der römische Jurist für nicht ausreichend klar ausgesprochen hält, ohne weiteres als klar ausgesprochen angesehen werden müssen.[11] Von den neueren Gesetzbüchern hat das sächsische den in Rede stehenden Satz des römischen Rechtes durch Aufnahme der Bestimmung ausdrücklich abgelehnt, daß, wenn einer Person das Eigentum einer Sache, einer anderen Person der Nießbrauch an derselben Sache vermacht ist, angenommen werden soll, daß der ersteren das Eigentum ohne Nießbrauch, der letzteren der Nießbrauch ohne Eigentum vermacht ist.[12]

Eine dritte Besonderheit ist in der Bestimmung des römischen Rechtes enthalten, nach der, wenn ein Nießbrauch oder eine andere persönliche Dienstbarkeit in der Art vermacht ist, daß der Bedachte die Nutzungen nicht fortlaufend zu beziehen hat, sondern für bestimmte Zeitabschnitte, die durch andere Zeitabschnitte, in denen er keine Nutzungen bezieht, unterbrochen sind, nicht ein einziges Vermächtnis angenommen wird, sondern ebenso viele vorliegen, als Leistungen in den verschiedenen Zeitpunkten zu erfolgen haben.[13]

Ein dingliches Recht an fremder Sache kann endlich dergestalt

---

[11] Der Satz, nach welchem, wenn dem einen der Nießbrauch, dem anderen das Eigentum vermacht ist, der Nießbrauch zwischen beiden Bedachten zu teilen ist, hat eine sehr verschiedenartige Beurteilung erfahren. Von der einen Seite (Schneider, Anwachsungsrecht bei Legaten S. 5, 296 flg.) wird er aus dem substantiellen Gedanken, den das römische Recht im Ususfructus anordnet, unmittelbar abgeleitet. Von anderer Seite (Brinz, Pandekten 1. Aufl. S. 901; Windscheid, Pandekten Bd. 3 § 656 Anm. 6) wird er als unpraktisch abgelehnt. Arndts hatte ihn zuerst (Pandekten § 575 zu Anm. 1) unbeanstandet aufgenommen. Später (Glück, Pandektenkommentar Bd. 48 S. 182 flg.) ist er der Meinung, nach welcher der Satz als praktisch unbrauchbar zu beanstanden ist, beigetreten.

[12] Sächs. Gesetzb. § 2470.

[13] L. 1 pr. D. quando dies usus fr. (7, 3), l. 11. 13 D. de usu et usu fr. (33, 2). Anwendungen des Satzes in l. 1 § 3 l. 2 § 1 l. 28 D. quibus mod. usus fr. amitt. (7, 4).

Gegenstand eines Vermächtnisses sein, daß das Recht dem Eigentümer der Sache selbst vermacht wird. Dies hat nach römischem Rechte die Bedeutung, daß, wenn dem Erblasser selbst das Recht zugestanden hat, die Sache von der Belastung frei wird, und daß, wenn das Recht einem Dritten zusteht, durch das Vermächtnis die Verpflichtung des Beschwerten begründet wird, die Sache von der Belastung zu befreien.[14] Nach dem bürgerlichen Gesetzbuche besteht in allen Fällen nur eine persönliche Verpflichtung des Beschwerten zur Befreiung der Sache.[15]

§ 103. Vermächtnisse, die sich auf Forderungrechte beziehen.

1. Die Forderung selbst als Gegenstand des Vermächtnisses.

Begründet werden kann durch jedes Vermächtnis ein Forderungrecht. Diese Beziehung ist aber hier nicht in Frage. Es handelt sich vielmehr darum, daß ein Vermächtnis zu einem bestehenden Forderungrechte in Beziehung tritt entweder in der Art, daß die Forderung vermacht wird, so daß sie den Vermächtnisnehmer zum neuen Gläubiger erhält, oder so, daß das Vermächtnis die Forderung beseitigen soll, indem es die Befreiung von der Schuld zum Gegenstande erhält, oder so, daß die Befriedigung des Gläubigers in Ansehung der Forderung Gegenstand des Vermächtnisses werden soll.

Eine bestehene Forderung kann in ähnlicher Weise wie eine bestimmte Sache Gegenstand eines Vermächtnisses sein. Der Erblasser kann eine ihm selbst zustehende Forderung ebenso vermachen wie eine Forderung des Beschwerten oder die Forderung eines Dritten. Ist der Erblasser selbst der Gläubiger, so geht die Forderung nach gemeinem,[1] nach preußischem[2] und nach sächsischem[3] Rechte unmittelbar auf den Vermächtnisnehmer über, auch wenn der Erbe selbst der Schuldner ist. Steht die Forderung dem Beschwerten zu, so bedarf es einer Abtretungerklärung

---

[14] L. 86 § 4 D. de leg. I (30), l. 1 § 1 D. de lib. leg. (34, 3).

[15] B.G.B. § 2174.

[1] Die Quellen sprechen hier von einem Rechte des Bedachten gegen den Erben auf Cession der Klage: § 21 J. de leg. (2, 20), l. 44 § 6 D. de leg. I (30), l. 105 ibid. Vermöge dieses Rechtes auf Cession hat aber der Bedachte auf Grund des Testamentes die Klage gegen den Schuldner als actio utilis. L. 18 C. de leg. 6, 37). Windscheid, Pandekten Bd. 3 § 657 zu Anm. 2. Dernburg, Pandekten Bd. 3 § 112 zu Anm. 8.

[2] A.L.R. I 12 § 288. Förster-Eccius, Theorie u. Praxis Bd. 4 § 276 II; Dernburg, preuß. Privatrecht Bd. 3 § 150 Anm. 7; Urteil des Obertribunals in Striethorst, Archiv Bd. 77 S. 187.

[3] Sächs. Gesetzb. § 2477 Satz 2, § 962.

des Beschwerten zum Übergange. Steht sie einem Dritten zu, so hat der Beschwerte die Forderung dem Bedachten durch Herbeiführung der Abtretungerklärung des Gläubigers zu verschaffen. Das bürgerliche Gesetzbuch für das Deutsche Reich, nach dem in allen Fällen für den Bedachten nur das Recht begründet wird, die Leistung des vermachten Gegenstandes von dem Beschwerten zu fordern, läßt das vermachte Forderungrecht niemals unmittelbar kraft des Vermächtnisses auf den Bedachten übergehen, sondern erfordert dazu, auch wenn der Erbe selbst der Beschwerte ist und das Gläubigerrecht zur Erbschaft gehört, eine den Übergang vermittelnde Abtretungerklärung des Beschwerten und, wenn die Forderung einem Dritten zusteht, eine Abtretungerklärung dieses Dritten.[4] Für den Fall, daß das Vermächtnis eine dem Erblasser gegen den Erben zustehende Forderung zum Gegenstande hat, bestimmt das bürgerliche Gesetzbuch, daß die infolge des Erbfalles durch Vereinigung von Recht und Verbindlichkeit erloschenen Rechtsverhältnisse in Ansehung des Vermächtnisses als nicht erloschen gelten.[5]

Die Gültigkeit eines Vermächtnisses, durch das der Vermächtnisnehmer selbst das Gläubigerrecht erhalten soll, hängt davon ab, daß die vermachte Forderung wirklich besteht. Der Beschwerte hat also für den Rechtsbestand der Forderung nicht einzustehen.[6] Nach römischem Rechte erlischt das Vermächtnis auch dann, wenn der Erblasser selbst die Forderung eingezogen hat,[7] es müßte denn der Wille des Erblassers ersichtlich sein, den eingezogenen Geldbetrag der Forderung oder die für diesen Geldbetrag erworbene Sache als Vermächtnisgegenstand an die Stelle der Forderung treten zu lassen.[8]

Das preußische Gesetzbuch hat den Rechtsgedanken, welcher die Wirksamkeit des Forderungvermächtnisses von dem Bestehen der Forderung abhängig macht, aber im Falle ihrer Einziehung durch den Erblasser die Forderung durch den an ihre Stelle getretenen Vermögenswert ersetzt

---

[4] B.G.B. § 2174.

[5] B.G.B. § 2175. Die Bestimmung hat ihren Grund in der Erwägung, daß, da nach dem bürgerlichen Gesetzbuche durch das Testament ein unmittelbares Band zwischen dem Vermächtnisnehmer und dem Gegenstande des Vermächtnisses nicht entsteht, die vermachte Forderung, deren Schuldner der Erbe ist, durch Vereinigung des Gläubigers und des Schuldners in der Person des Erben untergehen würde, wenn nicht die positive Bestimmung, die der Vereinigung ihre Wirkung entzieht, diesen Untergang ausschlösse. S. Motive zum ersten Entwurfe Bd. 5 S. 176 f.

[6] Dies gilt nach den römischen Rechtsquellen auch dann, wenn der Erblasser in der letztwilligen Verfügung den Betrag der Forderung ausdrücklich angegeben hat: l. 75 §§ 1, 2 D. de leg. I (30).

[7] L. 75 § 2 ibid.: et si vivus exegissem, extingueretur legatum.

[8] L. 11 § 13 D. de leg. III (32).

werden läßt, aufgenommen und ihn in letzterer Hinsicht nach der Richtung weiter ausgebildet, daß es bestimmte Vorschriften darüber aufgenommen hat, unter welchen Voraussetzungen aus Billigkeitgründen der mit dem Wegfalle der Forderung an deren Stelle in das Vermögen des Erblassers getretene Vermögenswert Vermächtnisgegenstand werden soll. Ausdruck hat dieser Gedanke in ersterer Hinsicht in den Sätzen gefunden, daß, wenn die Schuld unrichtig ist, der Verlust den Vermächtnisnehmer trifft und, wenn sie getilgt ist, der letztere nichts fordern kann,[9] und in letzerer Hinsicht in den Bestimmungen, daß, wenn die Schuld durch Gegenforderungen aufgehoben ist, die nach der Errichtung des Vermächtnisses entstanden sind, und der Erblasser sich nicht etwa über diese Forderungen mit dem Schuldner berechnet hatte, der Vermächtnisnehmer den Betrag des Hauptstuhls der vermachten Forderung aus der Nachlaßmasse fordern kann,[10] und daß, wenn der Schuldner die Forderung bezahlt und der Erblasser das Geld bis zu seinem Tode besonders aufbewahrt oder sogleich in demselben oder einem anderen Betrage anderweit ausgeliehen hat, das aufbewahrte Geld oder die neu begründete Forderung Gegenstand des Vermächtnisses wird, sofern nicht vom Erblasser eine andere Absicht kundgegeben ist.[11]

[9] A.L.R. I 12 § 409, 410.

[10] A.L.R. I 12 § 411. Hat sich der Erblasser mit dem Schuldner berechnet, und ist dadurch die ursprünglich vermachte Forderung auf Grund vertragsmäßiger Kompensation erloschen, so ist das Vermächtnis mit der Forderung weggefallen. Bestand die Gegenforderung schon vor der Errichtung des Vermächtnisses, und hat sich der Erblasser nach dessen Errichtung mit dem Schuldner über die gegenseitige Forderung berechnet, so muß ebenfalls angenommen werden, daß mit der Berechnung Forderung und Vermächtnis beseitigt sind. Verschiedener Meinung ist man aber darüber, ob, wenn die Gegenforderung des Schuldners schon zur Zeit der Errichtung des Vermächtnisses bestanden hat, das Vermächtnis nach § 411 a. a. O. rechtswirksam ist. S. Gruchot, Beiträge Bd. 1 S. 220 flg.; Förster-Eccius, Theorie und Praxis Bd. 4 § 252 Anm. 88; Dernburg, preuß. Privatr. Bd. 3 § 150 Anm. 11. Die vermöge des Nebeneinanderbestehens von Forderung und Gegenforderung eintretende Kompensation steht an sich der Möglichkeit, die Forderung des Erblassers wirksam zum Gegenstande eines Vermächtnisses zu machen, entgegen. Auch nach dem § 411 I 12 soll die Forderung, die ja nicht mehr besteht, nicht als vermacht gelten. Der § 411 giebt dem Bedachten aus Billigkeitgründen nur eine Art Ersatz für den nicht mehr vorhandenen Gegenstand des Vermächtnisses. Und es handelt sich darum, ob man diesen Ersatz vermöge des anzunehmenden Willens des Erblassers auch auf den Fall einer vor der Errichtung des Vermächtnisses entstandenen Gegenforderung ausdehnen will. Der Grund ist derselbe, mag die Gegenforderung vor oder nach der Vermächtniserrichtung entstanden sein. Der Billigkeitgrund scheint, wenn der Erblasser seine Forderung trotz der vorhandenen Gegenforderung vermacht hat, noch in höherem Grade für einen dem Bedachten zu gewährenden Ersatz zu sprechen als in dem anderen Falle.

[11] A.L.R. I 12 §§ 412, 413.

Auch das sächsische Gesetzbuch macht die Wirksamkeit des Vermächtnisses einer Forderung, die dem Erblasser an einen Dritten zusteht, davon abhängig, daß die Forderung vorhanden ist.[12] Es hat aber den Satz nicht aufgenommen, daß an Stelle der vermachten Forderung, wenn der Erblasser die Forderung eingezogen hat, der erzielte Vermögenswert Gegenstand des Vermächtnisses wird. Vielmehr enthält es den Satz, daß das Forderungvermächtnis wegfällt, soweit die Schuld noch bei Lebzeiten des Erblassers getilgt wird.[13]

Das bürgerliche Gesetzbuch für das Deutsche Reich enthält den Satz nicht ausdrücklich, daß die Gültigkeit des Vermächtnisses einer Forderung den Rechtsbestand der Forderung zur Voraussetzung hat. Der Satz folgt aber aus der allgemeinen Bestimmung, daß das Vermächtnis eines bestimmten Gegenstandes unwirksam ist, soweit der Gegenstand nicht zur Erbschaft gehört, es sei denn, daß er dem Bedachten auch für den Fall zugewendet sein soll, daß er nicht zur Erbschaft gehört.[14] Besteht hiernach keine Forderung des Erblassers, und läßt die letztwillige Verfügung auch nicht die Absicht des Erblassers erkennen, daß der Beschwerte für den Rechtsbestand der Forderung einstehen soll, so ist das Vermächtnis gegenstandlos. Für den Fall aber, daß die Forderung vom Erblasser eingezogen worden ist, hat das Gesetzbuch den Gedanken der älteren Rechte, welcher an die Stelle der Forderung als Vermächtnisgegenstandes den im Vermögen des Erblassers an die Stelle der Forderung getretenen Vermögenswert setzt, dahin ausgeprägt, daß, wenn dieser Vermögenswert noch in der Erbschaft vorhanden ist, im Zweifel anzunehmen ist, er solle dem Bedachten zugewendet sein,[15] und daß, wenn die Forderung auf Zahlung einer Geldsumme gerichtet war, im Zweifel die entsprechende Geldsumme als vermacht gilt, auch wenn sich eine solche in der Erbschaft nicht vorfindet.[16] Der erste Entwurf hatte die Geltung des Satzes, daß der

---

[12] Sächs. Gesetzb. § 2477 Satz 1.

[13] Sächs. Gesetzb. § 2421.

[14] B.G.B. § 2169.

[15] B.G.B. § 2173 Satz 1.

[16] B.G.B. § 2173 Satz 2. Der Wille des Erblassers, den eingezogenen Betrag der Forderung oder den für den eingezogenen Betrag angeschafften Gegenstand oder die durch Ausleihung des Betrages begründete neue Forderung an Stelle der im Testamente vermachten Forderung dem Bedachten zuzuwenden, bedarf daher keiner Klarstellung. Ist eine Geldforderung vermacht, die der Erblasser später eingezogen hat, so wird der vom Erblasser eingezogene Geldbetrag ohne weiteres Vermächtnisgegenstand, gleichviel, was der Erblasser mit dem Gelde gemacht hat, wenn nicht ein anderer Wille des Erblassers bewiesen wird. Ist aber eine andere Forderung vermacht, so wird der vom Erblasser eingezogene Gegenstand der Forderung auf so lange Vermächtnisgegenstand, als er noch in der Erbschaft vorhanden ist, vorausgesetzt, daß

Vermächtnisnehmer den geleisteten Gegenstand erhalten sollte, allgemein davon abhängig gemacht, daß dieser Gegenstand noch im Nachlasse vorhanden sei.[17] In der Kommission für die zweite Lesung des Entwurfes wurde beantragt, dem Bedachten den Anspruch auf Herausgabe des geleisteten Gegenstandes der Forderung in dem Falle, daß eine Forderung auf Zahlung eines bestimmten Geldbetrages in Frage stehe, auch dann zu geben, wenn ein entsprechender Geldbetrag im Nachlasse nicht vorhanden sei. Ein anderer Antrag ging noch weiter, nämlich dahin, die Vorschrift auf alle vertretbaren Sachen zu erweitern. Die Kommission lehnte diesen letzteren Antrag ab, nahm aber an, es entspreche dem mutmaßlichen Willen des Erblassers, daß dem Bedachten ein gezahlter Geldbetrag der vermachten Forderung ohne Rücksicht auf sein Vorhandensein im Nachlasse habe zugewendet werden sollen. Möglich sei es zwar, daß der Erblasser dem Bedachten nur die noch bestehende Forderung oder das von dem abgezahlten Betrage der Forderung noch vorhandene Geld habe zuwenden wollen. Aber es sei eine bloße Auslegungvorschrift in Frage, die da wegfalle, wenn ein anderer Wille des Erblassers klargelegt werde.[18]

Die Bestimmung des bürgerlichen Gesetzbuches bezieht sich sowohl auf den Fall, daß eine dem Erblasser gegen einen Dritten zustehende Forderung Gegenstand des Vermächtnisses ist, als auch auf den Fall, daß der Erblasser eine ihm gegen den Bedachten selbst zustehende Forderung hat vermachen wollen. In der Kommission für die zweite Lesung des Entwurfes wurde der Antrag gestellt, die Bestimmung auf den Fall zu beschränken, daß eine dem Erblasser gegen einen Dritten zustehende Forderung vermacht sei. Es wurde ausgeführt, bei dem Vermächtnisse eines von dem Bedachten selbst geschuldeten Gegenstandes möge, wenn zur Zeit des Erbfalles der Gegenstand noch im Besitze des Bedachten sich befunden habe, der Wille des Erblassers dahin gegangen sei, den Gegenstand dem Bedachten zu belassen. Man könne aber nicht annehmen, der Erblasser habe gewollt, daß der Schuldner, der den Gegenstand schon herausgegeben habe, ihn zurückerhalte. Dagegen wurde zu Gunsten der Bestimmung des Entwurfes, die sich als Auslegungregel darstelle, bemerkt, wenn der Schuldner seine Verpflichtung freiwillig erfülle, — und dies geschehe in der Mehrzahl der Fälle, — so werde es auch dem mutmaßlichen Willen des Erblassers entsprechen, daß

---

nicht ein anderer Wille des Erblassers bewiesen wird. Mit dem Verbrauche oder der Veräußerung des Gegenstandes der Forderung wird, wenn die Forderung keine Geldforderung ist, das Vermächtnis gegenstandlos.

[17] Erster Entwurf § 1855.

[18] Protokolle, 347. Sitzung VII. B. S. 6907.

der Bedachte den Gegenstand, sofern sich derselbe noch im Nachlasse befinde, zurückerhalte.. Die Mehrheit der Kommission schloß sich der letzteren Auffassung an.[19]

Das römische Recht enthält die Bestimmung, daß die Anordnung des Vermächtnisses einer Schuldverschreibung als Vermächtnis der Forderung, über welche die Schuldurkunde laute, aufzufassen sei.[20] Das preußische Gesetzbuch faßt das Vermächtnis einer Schuldverschreibung ebenfalls als Vermächtnis der Schuldforderung selbst auf.[21] Das sächsische Gesetzbuch enthält die gleiche Bestimmung wie das römische Recht.[22] Das bürgerliche Gesetzbuch für das Deutsche Reich enthält einen Satz dieses Inhaltes nicht. Er ist offenbar weggelassen worden, weil er als Auslegungvorschrift nicht ausgesprochen zu werden braucht, sondern sich von selbst versteht.

Der Inhalt eines Forderungvermächtnisses in Bezug auf die mit der Forderung verbundenen Nebenrechte wird in den Gesetzbüchern verschieden bestimmt. Nach römischem Rechte hat der Vermächtnisnehmer Anspruch auch auf die rückständigen Zinsen der Forderung und auf Herausgabe der zur Sicherheit der Forderung bestellten Pfänder.[23] Das preußische Gesetzbuch spricht ihm ein Recht auf die nach dem Tode des Erblassers fällig gewordenen Zinsen zu.[24] Das österreichische giebt ihm ein Recht auf die rückständigen und laufenden Zinsen. Auch ein Anspruch auf Auslieferung aller vorhandenen Rechtsbehelfe und Sicherstellungmittel wird vom Rechte anerkannt.[25] Das sächsische Gesetzbuch thut der Nebenforderungen keine besondere Erwähnung. Ebensowenig das bürgerliche Gesetzbuch für das Deutsche Reich.

Die in Rede stehenden Bestimmungen der Gesetzbücher über den Inhalt des Forderungvermächtnisses sind der Natur der Sache nach Auslegungvorschriften zur Feststellung des Willens des Erblassers. Sie kommen also nur als Aushilfmittel zur Anwendung, wenn nicht ein anderer Wille des Erblassers ermittelt wird. Im übrigen kommen als Hilfmittel der Auslegung die gesetzlichen Bestimmungen über das mit einer Sache zu gewährende Zubehör, über An- und Zuwüchse, über Früchte und Nutzungen in Betracht.

Daß der mit einer Forderung bedachte Vermächtnisnehmer mit

[19] Protokolle, 347. Sitzung VII. A. S. 6905 f.
[20] L. 44 § 5 D. de leg. I (30).
[21] Nach der Randbezeichnung zu § 408 I 12.
[22] Sächs. Gesetzb. § 2478.
[23] L. 34 pr. D. de leg. III (32).
[24] A.L.R. I 12 § 408.
[25] Österreich. Gesetzb. § 664. Unger, österreich. Erbrecht § 72 Anm. b, c, d.

der Forderung den Anspruch auf Herausgabe der über die Forderung sprechenden Schuldurkunde erwirbt, folgt daraus, daß die Schuldurkunde Zubehör der Forderung ist. Wie das Recht des Vermächtnisnehmers auf Herausgabe der zur Forderung gehörigen Schriftstücke und urkundlichen Beweismittel zu beurteilen ist, bestimmt sich nach der Lage des Falles und nach der Bedeutung, welche die fraglichen Schriftstücke im übrigen für die Rechtsverhältnisse der Persan haben, die mit dem Forderungvermächtnisse beschwert ist. Die Frage, wie der Vermächtnisnehmer zu den für die Forderung bestellten Sicherungmitteln, Pfandrechten und Bürgen steht, läßt sich ebenfalls nicht einheitlich beantworten. Die Beantwortung hängt zuerst von den bei den betreffenden Sicherheitbestellungen getroffenen Abreden und, wenn nichts verabredet ist und auch keine gesetzliche Bestimmung im Wege steht, von dem Willen des Erblassers ab..[26] Wenn auch nach dieser Richtung hin eine Beschränkung nicht gegeben, vielmehr anzunehmen ist, daß der Vermächtnisnehmer gegenüber der Forderung dieselbe Rechtsstellung wie der Erblasser haben soll, so kann der Vermächtnisnehmer alle mit der Forderung verbundenen Sicherungmittel für sich geltend machen. In Ansehung der Zinsen ist dem Bedachten mangels besonderer Bestimmungen des Erblassers ein Anspruch an den Schuldner nur von dem Zeitpunkte an zu geben, in dem die Forderung auf den Bedachten übergegangen ist. Auf ältere Zinsen oder auf Entschädigung für ältere nicht erhobene und nicht mehr zu erhebende Zinsen kann ihm ein Anspruch nur im Falle des Verzuges oder sonstiger Verschuldung zugestanden werden. Der nach römischem und nach österreichischem Rechte dem Vermächtnisnehmer zustehende Anspruch auf alle Zinsenrückstände ist nach den übrigen Gesetzbüchern nicht vorhanden, wenn nicht der Erblasser durch besondere Bestimmung das Recht des Bedachten erweitert hat.[27]

§ 104. 2. Vermächtnis der Befreiung von einer Schuld.

Das römische Recht,[1] das preußische,[2] das österreichische[3] und das sächsische[4] Gesetzbuch haben dem Vermächtnisse der Befreiung von einer

[26] Der Erblasser ist der Natur der Sache nach nicht gehindert, von Todes wegen Pfänder und Bürgen freizugeben.

[27] Gruchot, Erbrecht Bd. 2 S. 39, giebt in Ansehung der Zinsenrückstände der römischrechtlichen Auffassung den Vorzug vor der preußischrechtlichen. Dernburg, preuß. Privatr. Bd. 3 § 150 Anm. 6, ist entgegengesetzter Ansicht.

[1] Tit. Dig. de liberatione legata (34, 3), § 13 J. de leg. (2, 20), cf. l. 24 D. de leg. III (32). [2] A.L.R. I 12 §§ 425 bis 429. [3] Österreich. Gesetzb. 663.
[4] Sächs. Gesetzb. §§ 2482, 2484.

Schuld Aufmerksamkeit zugewendet. Das bürgerliche Gesetzbuch für das Deutsche Reich enthält über die fragliche Vermächtnisart keine Bestimmung. Es besteht also die Aufgabe, die auf die Rechtseinrichtung in jener Richtung sich beziehenden in Geltung stehenden Rechtssätze daraufhin zu prüfen, inwieweit sie aus der Natur der Sache sich von selbst ergeben und daher auch nach dem neuen Gesetzbuche als geltendes Recht anzusprechen sind.

Das Vermächtnis der Schuldbefreiung hat das Bestehen einer Schuld zur Voraussetzung. Besteht keine Schuld, so ist das Vermächtnis gegenstandlos. Die römischen Rechtsbücher sprechen diesen Satz ausdrücklich aus.[5] Er gilt auch nach den neueren Gesetzgebungen.[6] Doch ist er nicht in dem Sinne zu verstehen, daß die Wirksamkeit eines Befreiungvermächtnisses von der Klarstellung des Bestehens einer Schuld abhängt. Auch eine streitige Schuld kann Gegenstand eines Befreiungvermächtnisses sein.[7] Und man wird selbst die Befreiung des Bedachten von einer nicht klagbaren Schuld, wenn die Schuld nur überhaupt als Belastung empfunden werden kann, als zulässigen Gegenstand eines Vermächtnisses anzusehen haben.[8] Die Bedeutung jenes Satzes geht nur dahin, daß das Befreiungvermächtnis dem Bedachten einen anderen, weiter gehenden Vermögensvorteil als den des Einstehens für das Nichtvorhandensein der Schuld nicht gewähren soll, und daß deshalb, wenn die Schuld nicht besteht, dem Bedachten nach dieser Richtung hin nichts weiter zu gewähren ist, also an Stelle der Befreiung von der nichtbestehenden Schuld ein anderer Vermögensvorteil nicht zu treten hat.[9]

Die Absicht des Erblassers, dem Bedachten eine Gunst zuzuwenden, kann allerdings in der letztwilligen Verfügung auch in der Art Ausdruck erhalten, daß das Bestehen einer Schuld des Bedachten als Beweggrund der Zuwendung sich darstellt, und die Zuwendung sich in erster Reihe als Befreiungvermächtnis kund giebt, während sie trotz weggefallener Schuld immer noch fortdauernden Grund des Bestehens im Willen des Erblassers hat. Die Absicht des Erblassers geht aber dann eben nicht mehr auf ein eigentliches Befreiungvermächtnis, sondern auf das Ver-

[5] L. 13, 25 D. de lib. leg. (34, 3); l. 75 § 2 D. de leg. 30 (I).

[6] A.L.R. I 12 § 425 flg.; österreich. Gesetzb. § 666; sächs. Gesetzb. §§ 2483, 2484.

[7] Dernburg, Pandekten Bd. 3 § 112 Anm. 14.

[8] Dernburg, preuß. Privatrecht Bd. 3 § 151 Abs. 1.

[9] Die Frage ist aber bestritten. Auf Grund der l. 25 D. de lib. leg. (34, 3) wird die Meinung verteidigt, daß, wenn eine Schuld nicht besteht, der Erblasser aber in der Vermächtnisanordnung einen bestimmten Schuldbetrag angegeben hat, das Vermächtnis auf Höhe dieses Schuldbetrages als Summenvermächtnis gültig ist. S. v. Vangerow, Pandekten Bd. 2, § 555 Anm. 2 und die dort angegebene Litteratur.

mächtnis eines Geldbetrages. Und es ist Sache der Willensfeststellung, welcherlei Vermächtnis der Erblasser hat errichten wollen.

Gläubiger der Forderung, auf die sich das Befreiungvermächtnis bezieht, kann der Erblasser, der Erbe, aber auch ein Dritter sein. Ist der Erblasser selbst Gläubiger, so wirkt das Vermächtnis nach römischem Rechte von selbst Befreiung des Bedachten in dem Umfange, in dem der Erblasser sich ausgesprochen hat.[10] Dasselbe ist nach dem preußischen, dem österreichischen und dem sächsischen Gesetzbuch Rechtens.[11] Ist die Befreiung des Schuldners von der ganzen Schuld angeordnet, so ist der Anspruch auf alle Zinsenrückstände beseitigt.[12] Auch dieser Satz ist aus dem römischen Rechte in die angegebenen neueren Gesetzbücher übergegangen.[13] Hat der Erblasser seinem Schuldner die Befreiung von allen Forderungen, die er an denselben hat, vermacht, so erstreckt sich nach römischem Rechte die Befreiung im Zweifel nicht auf die erst nach der Errichtung des Vermächtnisses entstandenen Schulden.[14] Das preußische Gesetzbuch hat denselben Satz aufgenommen.[15]

Selbstverständliche Folge des Befreiungvermächtnisses ist die Verpflichtung des beschwerten Erben zur Rückgabe und Freilassung eines vom Schuldner bestellten Pfandes und zur Rückgabe des Schuldscheines. Das sächsische Gesetzbuch hat diese Verpflichtung ausdrücklich ausgesprochen.[16] Das preußische Gesetzbuch bestimmt hierbei, es sei für einen Erlaß der Schuld anzusehen, wenn der Erblasser angeordnet habe, daß dem Schuldner seine Verschreibung oder sein Pfand zurückgegeben werden solle.[17] Die Bestimmung, welche der letztwilligen Anordnung, daß dem Schuldner der Schuldschein zurückgegeben werde, die angegebene Bedeutung beilegt,

---

[10] § 13 J. de leg. (2, 20); l. 3 § 3, l. 6 § 1, l. 7 § 1, l. 22 D. de lib. leg. (34, 3); l. 17 C. de fideicomm. (6, 42). Die in den Quellen dem Bedachten aus dem Testamente gegebene Klage gegen den Beschwerten auf Acceptilation steht der Annahme unmittelbarer Befreiungwirkung des Vermächtnisses nicht entgegen. Das Urteil wirkt nicht die Befreiung, sondern das Begründetsein der Klage ist die Folge der vorangegangenen Befreiung.

[11] A.L.R. I 12 § 425 flg.; österreich. Gesetzb. § 664, 666; sächs. Gesetzb. § 2484. Das sächsische Gesetzbuch spricht allerdings von der Verpflichtung des Beschwerten, den Bedachten von der Schuld zu befreien. Damit ist aber gemeint, daß der Beschwerte dem Bedachten ebenso gegenübersteht wie ein befriedigter Gläubiger dem Schuldner nach getilgter Schuld. Die Schuld ist auf Grund des Vermächtnisses beseitigt. Und der Gläubiger muß sein Verhalten demgemäß einrichten.

[12] L. 28 § 6, l. 31 § 4 D. de lib. leg. (34, 3).

[13] A.L.R. I 12 § 425; österreich. Gesetzb. § 664; sächs. Gesetzb. § 2484.

[14] L. 28 § 1, l. 31 § 5 D. de lib. leg. (34, 3).

[15] A.L.R. I 12 § 426.

[16] Sächs. Gesetzb. § 2484.

[17] A.L.R. I 12 § 427.

ist einer römischrechtlichen Vorschrift nachgebildet, nach der, wenn der Gläubiger auf dem Sterbebette seinem Schuldner den Schuldschein selbst zurückgiebt oder einen Anderen mit der Rückgabe beauftragt, das Vermächtnis (Fideikommiß) der Schuldbefreiung angenommen werden soll.[18] Der Satz aber, nach dem einer Anordnung der Rückgabe eines bestellten Pfandes die gleiche Wirkung beizulegen ist, steht im Widerspruche mit einer Vorschrift des römischen Rechtes, nach der ein Vermächtnis, daß dem Schuldner ein Pfand zurückgegeben werde, zwar gültig ist, dem Bedachten aber nur eine Klage aus dem Testamente auf Rückgabe des Pfandes vor Bezahlung der Schuld giebt.[19]

Ist ein Dritter Gläubiger der Forderung, von welcher der Bedachte befreit werden soll, so erhält der Bedachte gegen den Beschwerten aus dem Testamente einen Anspruch auf Befreiung.[20] Das preußische Gesetzbuch und das österreichische erwähnen den Fall nicht besonders. Das sächsische erklärt, wenn der Erblasser dem Vermächtnisnehmer das vermacht, was dieser einem Dritten schuldig ist, den Beschwerten für verpflichtet, den Vermächtnisnehmer von dem Anspruche des Dritten zu befreien.[21]

Von den Rechtssätzen, die das Vermächtnis der Schuldbefreiung nach römischem Rechte und dem Rechte der neueren Gesetzbücher bestimmen, steht der Satz als der wichtigste da, daß das Vermächtnis gegenstandlos, also ungültig geworden ist, wenn eine Schuld, von welcher der Erblasser den Bedachten befreien will, nicht oder nicht mehr besteht. Der Satz entspricht der Logik nicht minder als der oben besprochene Satz, daß das Vermächtnis einer dem Erblasser zustehenden Forderung nicht mehr besteht, wenn die Forderung nach der Errichtung des Vermächtnisses eingezogen worden ist. Und doch hat dieser letztere Satz, wie gezeigt worden ist, im römischen Rechte und in den neueren Gesetzbüchern zahlreiche Ausnahmen. Und das bürgerliche Gesetzbuch hat für den Fall, daß eine Geldforderung in Frage steht, den Satz selbst zu einem Ausnahmesatze und sein Gegenteil zu einer Rechtsregel gemacht. Das römische Recht und die Gesetzgebungen, die ihm gefolgt sind, gaben hier aus Billigkeitgründen dem Vermächtniswillen, der in seiner Richtung auf den Gegenstand, den ihm der Erblasser selbst in dem Wortlaute des Vermächtnisses gegeben hatte, nicht mehr bestehen konnte, einen anderen den veränderten Umständen angepaßten Gegenstand. Und das bürgerliche Gesetzbuch hat

[18] L. 3 §§ 1, 2 D. de lib. leg. (34, 3).
[19] L. 1 § 1 ibid.
[20] L. 24 ibid.
[21] Sächs. Gesetzb. § 2483.

den dieser Veränderung des Vermächtniswillens zum Grunde liegenden Rechtsgedanken noch über den Inhalt, der ihm in den bisher in Geltung stehenden Rechten gegeben ist, hinaus ausgedehnt. Man ist bei dieser Unterschiebung eines anderen Vermächtnisgegenstandes den praktischen Lebensbedürfnissen gerecht geworden. Das praktische Bedürfnis aber und die Interessen der Billigkeit lassen es an der juristischen Logik nicht selten fehlen. Und es mag sich fragen, ob nicht auch ein Befreiungvermächtnis, wenn die Schuld eingezogen ist, für den Fall, daß der Betrag der Schuld vom Erblasser angegeben ist, mit verändertem Gegenstande als Summenvermächtnis aus Billigkeitgründen aufrecht erhalten werden könnte. Das bürgerliche Gesetzbuch für das Deutsche Reich hat in der fraglichen Richtung Rechtsätze überhaupt nicht aufgestellt. Es enthält also auch keine einschränkenden Rechtsätze wie das römische Recht und die neueren Gesetzbücher. Maßgebend ist also nur der Inhalt des letzten Willens des Erblassers. Und in dieser Hinsicht liegt die Anforderung vor, eine Vermächtnisanordnung, mit der in erster Reihe die Befreiung des Bedachten von einer Schuld ausgesprochen ist, für den Fall, daß nach der Errichtung des Vermächtnisses die Einziehung der Schuld stattgefunden hat, darauf zu prüfen, ob nicht der Vermächtniswille des Erblassers für den gegebenen Fall dahin bestimmt werden muß, daß das Befreiungvermächtnis mit Rücksicht auf die veränderten Umstände sich zu einem Summenvermächtnis ausgestalte.

§ 105. 3. Schuldvermächtnis zu Gunsten des Gläubigers.

Mit dem Befreiungvermächtnisse hat das Schuldvermächtnis das gemein, daß beide Rechtsgestalten, obgleich sich die Geister viel mit ihnen beschäftigt haben, im bürgerlichen Gesetzbuche für das Deutsche Reich nicht erwähnt sind.

Das Schuldvermächtnis als das Vermächtnis, durch das einem Gläubiger vermacht wurde, was er von seinem Schuldner zu fordern hat, wurde durch den römischrechtlichen Vermächtnisbegriff gehindert, im römischen Rechte Stellung zu gewinnen. Die römischen Juristen erkannten ein Vermächtnis als solches nicht an, wenn der Bedachte schon als Gläubiger den Gegenstand des Vermächtnisses mit Recht zu fordern hatte, wenn er also mit dem Vermächtnisanspruche nur dasselbe erreichen konnte, worauf ihm schon sein Gläubigerrecht Anspruch gab.[1]

Das heutige gemeine Recht steht dem Schuldvermächtnisse, auch

[1] § 14 J. de leg. (2, 20), l. 82 pr. de leg. II (31), l. 28 § 13 D. de lib. leg. (34, 3), l. 1 § 10 D. aJ leg. Falc. (35, 2).

wo das Vermächtnis den Anspruch nicht erweitert, nicht mehr durchweg abweisend gegenüber.[2] Da der Vorteil des Schuldvermächtnisses doch immer darin besteht, daß der Bedachte neben dem Klagerechte aus dem Schuldverhältnisse ein zweites Klagerecht auf Grund des Vermächtnisses erhält, der Bedachte also jedesfalls durch das Vermächtnis insoweit besser gestellt ist, als er einen und denselben Gegenstand mit zwei Klagerechten verfolgen kann, so ist im gemeinen Rechte das Schuldvermächtnis als Rechtseinrichtung anerkannt, auch wenn der Vorteil des Bedachten nur darin besteht, daß zwei Klagerechte gegeben sind. Der Bedachte kann also wählen, ob er die Forderung aus dem Vermächtnisse oder die ursprüngliche Forderung verfolgen will. Haben beide Ansprüche den gleichen Inhalt und erlangt er mit dem einen Anspruche vollständige Befriedigung, so hat der andere keinen Gegenstand mehr. Abweisung mit dem einen Anspruche steht der Verfolgung des anderen Anspruches nicht entgegen.

Das preußische Gesetzbuch legt der letztwilligen Verfügung, durch die der Erblasser seinem Gläubiger das vermacht, was dieser von ihm zu fordern hat, die Bedeutung eines Schuldanerkenntnisses bei, verlangt aber zur Wirksamkeit eines solchen Vermächtnisses, daß die anerkannte Schuld durch Angabe ihres Betrages oder durch Bezeichnung des über die Schuld sprechenden Instrumentes „gehörig" bestimmt sei. Liegt dies Erfordernis vor, so ist dem Vermächtnisanspruche stattzugeben, auch ohne daß ein Schuldgrund dargethan wird.[3] Die Klage wird aber

---

[2] Windscheid, Pandekten Bd. 3 § 658 Anm. 2, versteht die Aussprüche der Quellen so, daß in einer Verfügung, welche Befriedigung eines Gläubigers anordnet, ohne demselben etwas zu gewähren, was er nicht schon als Gläubiger hat, im Zweifel gar nicht der Wille, ein Vermächtnis zu hinterlassen, gefunden werden dürfe. Er nimmt aber an, daß, wenn der Wille, ein Vermächtnis zu hinterlassen, anderweitig feststehe, der Gläubiger auf das, was ihm als Gläubiger gebühre, einen zweiten Anspruch aus dem Vermächtnisse habe. Von anderer Seite wird angenommen, daß zwar im römischen Rechte ein Schuldvermächtnis für nichtig erachtet worden sei, wenn es nicht in Bezug auf Summe oder Zahlungmodalitäten ein Mehr gegenüber der Schuld in sich geschlossen habe, daß aber heutzutage ein Schuldvermächtnis auch abgesehen von jenem Mehr als gültig anzusehen sei, weil es dem Gläubiger den Vorteil biete, leichter zu seinem Rechte zu kommen. S. Dernburg, Pandekten Bd. 3 § 112 Nr. 3. Hartmann, Begriff und Natur der Vermächtnisse S. 13 flg. 24, erklärt es zwar für eine Verletzung des Wesens und für einen Mißbrauch der letztwilligen Anordnung, sie zur Erreichung von Zwecken zu verwenden, die schon durch andere Klagemittel ebenso gesichert sind. Er hat sich aber später (Archiv für civil. Praxis Bd. 70 S. 163 f. 1886) dahin ausgesprochen, daß die Ungültigkeit des Schuldvermächtnisses, das dem Gläubiger keinen Vorteil gewähre, für unser praktisches Rechtsleben nicht mehr gelte.

[3] A.L.R. I 12 §§ 430 bis 432.

durch die Einrede geschlagen, daß der Erblasser die Schuld nach der Errichtung des Vermächtnisses gezahlt habe.[4] War die Schuld eine bedingte, so wird sie, wenn die Bedingung nicht auch in das Vermächtnis aufgenommen ist, zu einer unbedingten.[5] War sie befristet, so behält es bei der festgesetzten Frist zum Vorteile des mit dem Vermächtnisse beschwerten Erben sein Bewenden, wenn nicht der Erblasser eine andere Bestimmung getroffen hat.[6]

Das sächsische Gesetzbuch enthält über das Vermächtnis einer Schuld nur die Bestimmung, daß, wenn der Erblasser dem Vermächtnisnehmer das vermacht, was dieser von einem Dritten zu fordern hat, der Dritte von der Schuld befreit wird, wenn der Beschwerte das Vermächtnis entrichtet.[7]

Das bürgerliche Gesetzbuch für das Deutsche Reich giebt durch die Stellung, die es in seiner Bestimmunglosigkeit gegenüber dem Schuldvermächtnisse eingenommen hat, zu erkennen, daß die Aufstellung von Rechtssätzen in der fraglichen Richtung nicht für erforderlich gehalten worden ist. Man ist also der Ansicht gewesen, daß aus der Natur der Sache sich von selbst ergiebt, was Rechtens sein soll, wenn ein Erblasser durch letztwillige Verfügung anordnet, daß ein Gläubiger den Gegenstand erhalte, den er zu fordern hat. Daß der römischrechtliche Standpunkt, von dem aus ein Schuldvermächtnis für unwirksam angesehen wird, wenn der Bedachte dadurch nichts erreichen kann, was er nicht schon durch seinen Anspruch aus dem Schuldverhältnisse auch ohne Vermächtnis erreichen würde, abgewiesen werden muß, ist ohne weiteres anzunehmen. Dies folgt aus der bisherigen Entwickelung, welche die Behandlung des Schuldvermächtnisses vom römischen Rechte aus durch das gemeine Recht und die neueren Gesetzgebungen genommen hat. Es ist gewiß richtig, wovon die römischen Juristen ausgegangen sind, daß ein Vermächtnis, das dem Bedachten nichts gewährt, was er nicht schon ohne Vermächtnis hat oder haben kann, keine durch praktische Nötigung gebotene Rechtseinrichtung ist. Allein es muß erwogen werden, daß der Erfolg der Erhebung eines Anspruches aus dem Schuldverhältnisse sich regelmäßig erst bei der Beendigung des erhobenen Rechtsstreites herausstellt. Das praktische Bedürfnis eines wirksamen Schuldvermächtnisses wird also erst empfunden, wenn sich herausstellt, daß die Klage aus dem Schuldverhältnisse selbst nicht zum Ziele führt. Diese

---

[4] A.L.R. I 12 § 433.
[5] A.L.R. I 12 § 434.
[6] A.L.R. I 12 § 436.
[7] Sächs. Gesetzb. § 2482.

Erwägung genügt, ein Schuldvermächtnis in der Art wirksam zu machen, daß der Gläubiger zwischen der Klage aus dem ursprünglichen Schuldverhältnisse und der Vermächtnisklage die Wahl hat. Ein Erblasser kann verschiedene Gründe haben, einem Gläubiger den Gegenstand der Schuld zu vermachen und durch ein solches Vermächtnis sich selbst die Gewißheit, daß der Gläubiger Befriedigung erhalten werde, zu verschaffen. Indem er die Befriedigung des Gläubigers durch Vermächtnis anordnet, hat er es in erster Reihe in seiner Macht, den Gläubiger von dem Beweise des Schuldgrundes zu befreien. Er kann, wenn seine Forderung von einer aufschiebenden Bedingung abhängig ist oder unter einer auflösenden Bedingung steht, das Vermächtnis zu einem unbedingten machen. Er kann ferner, wenn die Schuld eine betagte ist, das Vermächtnis als ein alsbald fälliges hinstellen. Er kann endlich, wenn der Forderung Einreden entgegenstehen, das Vermächtnis so anordnen, daß der Vermächtnisanspruch von den bis zur Errichtung des Vermächtnisses an sich begründeten Einreden nicht getroffen wird.

In dieser Gestalt kann also das Schuldvermächtnis trotz dem Mangel darauf bezüglicher Rechtssätze nach dem bürgerlichen Gesetzbuche in die Erscheinung treten, und nach diesen Sätzen ist der letzte Wille des Erblassers, wenn er in einem Schuldvermächtnisse Ausdruck erhält, zu beurteilen. Die Wirkung des Vermächtnisses, die darin besteht, daß der Bedachte von der Beweispflicht in Bezug auf das Bestehen seiner Forderung frei wird, macht die Forderung selbst nicht anders. Dagegen sind die Verwandlung einer bedingten und betagten Forderung in eine unbedingte und alsbald fällige und die Befreiung der Forderung von den ihr entgegenstehenden Einreden geeignet, der Forderung selbst eine andere rechtliche Gestalt zu geben. Ob und inwieweit der Wille des Erblassers im gegebenen Falle dahin gegangen ist, die Forderung in der angegebenen Weise durch das Vermächtnis anders zu gestalten, als sie ohne das Vermächtnis beschaffen ist, muß, wenn die Vermächtnisklage angestellt wird, ermittelt werden. Der Vermächtnisklage können der Natur der Sache nach die dem Wesen des Vermächtnisses entsprechenden besonderen Einreden entgegengestellt werden. Einreden gegen die Forderung sind ausgeschlossen, soweit der Erblasser ihre Ausschließung angeordnet hat. Die Tilgungeinrede gegen die Schuld aus Rechtsvorgängen, die sich nach der Errichtung des Vermächtnisses ereignet haben, ist zulässig.

Die dem Bedachten außer der Vermächtnisklage zustehende Klage aus dem ursprünglichen Schuldgrunde erfordert den Beweis des Schuldgrundes. Inwieweit die Vermächtnisanordnung und ihr Inhalt zur Klarlegung des Schuldgrundes dienen mögen, ist Sache der Beweiswürdigung.

§ 106. Andere Arten von Vermächtnissen.

Noch andere Arten von Vermächtnissen, die im römischen Rechte und in anderen Gesetzbüchern eine eingehende Behandlung gefunden haben, sind im bürgerlichen Gesetzbuche für das Deutsche Reich übergangen worden, weil man ein Bedürfnis zu besonderer Behandlung der fraglichen Vermächtnisarten nicht erkannt hatte. Hierher gehört:

1. Das Vermächtnis eines Inbegriffes von Sachen, nämlich einer Mehrheit von Sachen, die man im Verkehre mit einem gemeinschaftlichen Namen zu bezeichnen pflegt, oder die der Erblasser unter einer gemeinschaftlichen Bezeichnung zusammengefaßt hat. Die römischen Rechtsbücher sind in der fraglichen Richtung reich an Rechtsregeln, die auf die Auslegung letztwilliger Verfügungen Bezug haben.[1] Diese Bestimmungen haben aber, insofern sie als Mittel zur Erkenntnis und Feststellung des Willens des Erblassers in Betracht kommen sollen, der Natur der Sache nach für die heutige Rechtsprechung nur eine sehr eingeschränkte Bedeutung.[2] Das preußische Gesetzbuch ist ebenfalls reich an solchen Auslegungvorschriften.[3] Auch andere Gesetzbücher haben dergleichen Regeln aufgestellt.[4] Der erste Entwurf eines bürgerlichen Gesetzbuches enthält in der fraglichen Hinsicht nur den Satz, daß durch das Vermächtnis eines Inbegriffes von Sachen die Sachen betroffen werden, welche zur Zeit des Erbfalles zu dem Inbegriffe gehören.[5] Die dem ersten Entwurfe beigegebenen Motive bemerken dazu, daß diese im wesentlichen dem geltenden Rechte entsprechende Vorschrift, welche entbehrlich erscheinen könne, aufgenommen worden sei, um darüber keinen Zweifel zu lassen, daß auch in Ansehung eines solchen Vermächtnisses der Zeitpunkt des Eintrittes des Erbfalles für den Umfang maßgebend sei.[6] Die Kommission für die zweite Lesung des Entwurfes hat den Satz gestrichen. Man hat erwogen, daß durch die Aufnahme der Bestimmung die Aufnahme noch anderer Auslegungvorschriften, denen der gleiche Gedanke zum Grunde liege, nötig werden würde, und daß ein Versuch, die wissen-

---

[1] D. de instructo vel instrumento legato (33, 7), D. de penu legata (33, 9), D. de suppellectile legata (33, 10), D. de auro, argento, mundo, ornamentis, unguentis, veste vel vestimentis et statuis legatis (34, 2).

[2] S. Dernburg, preuß. Privatrecht, Bd. 3 § 147 Anm. 2.

[3] A.L.R. I 12 § 401 flg., I 2 §§ 10 flg.

[4] In Ansehung des östereichischen Gesetzbuches s. Unger, Erbrecht §§ 69, 70, des sächsischen Gesetzbuches s. §§ 2463 bis 2466.

[5] Erster Entwurf § 1859 Abs. 2.

[6] Motive Bd. 5 S. 164.

schaftliche Schwierigkeit zn lösen, die für den Entwurf daraus entstehe, daß er keine Gesamtsachen kenne, im Gesetze besser unterbleibe.[7]

2. Von vornherein hat man schon in den Vorarbeiten für das bürgerliche Gesetzbuch es abgelehnt, Vorschriften über das Nießbrauchsvermächtnis, das Ratenvermächtnis, das Rentenvermächtnis, das Vermächtnis des Lebensunterhaltes oder das einer Leibrente so wie das Ausstattungvermächtnis zu geben.[8] Und im Fortgange des Gesetzgebungwerkes ist auf diese Vermächtnisarten nicht mehr zurückgekommen worden.

3. Zu besonderen Erwägungen hat noch die Frage Veranlassung gegeben, wie sich das Gesetzbuch in dem Falle stellen solle, daß der Erblasser die Erbschaft eines Dritten zum Gegenstand eines Vermächtnisses mache. Der erste Entwurf, der den Fall vorgesehen hatte, enthielt den Rechtssatz, daß das Vermächtnis der Erbschaft eines zur Zeit des Erbfalles noch nicht verstorbenen Dritten oder des Bruchteiles einer solchen Erbschaft nichtig sei.[9] Die dem Entwurfe beigegebenen Motive stellen als Grund der Vorschrift die Erwägung hin, daß es sich um ein höchst persönliches, auf Andere nicht übertragbares Hoffnungrecht handele,[10] und nehmen Bezug auf den Satz des Entwurfes, der einen Vertrag über den Nachlaß eines noch lebenden Dritten für nichtig erklärt.[11] Die Bestimmung will nicht unterscheiden, ob die Erbschaft dem Verfügenden, dem Beschwerten, dem Bedachten oder einen Anderen von dem Dritten in Aussicht steht.[12] Sie will auch nicht aussprechen, daß ein Vermächtnis gültig sei, welches eine bereits vorhandene Erbschaft, d. h. die Erbschaft eines bereits verstorbenen Dritten oder den Bruchteil einer solchen Erbschaft zum Gegenstande habe. Sie geht vielmehr davon aus, daß der Fall, in welchem der Erblasser eine Erbschaft, für die er selbst nicht anfallberechtigt ist, zum Gegenstande eines Vermächtnisses macht, der Prüfung in Bezug auf die Wirksamkeit des Vermächtnisses nach Maßgabe der Bestimmungen über die Zuwendung von Gegenständen, die dem Erblasser nicht gehören, unterworfen ist.[13]

Eine zweite Vorschrift des Entwurfes traf Bestimmung für den Fall, daß das Vermächtnis der Erbschaft eines Dritten oder des Bruch-

---

[7] Protokolle, 348. Sitzung I.

[8] Motive Bd. 5 S. 169 f.

[9] Entwurf § 1857. Die Bestimmung trifft den Fall nicht, daß der Erblasser seine eigene Erbschaft zum Gegenstande eines Vermächtnisses hat machen wollen (Motive Bd. 5 § 1857 S. 162 Abs.).

[10] Motive a. a. O. S. 161.

[11] Motive a. a. O. — Erster Entwurf § 349; B.G.B. § 312.

[12] Motive a. a. O.

[13] Motive a. a. O. S. 162.

teiles einer solchen Erbschaft wirksam ist, ohne jedoch die Voraussetzungen der Wirksamkeit anzugeben. Die Vorschrift ordnete für diesen Fall die entsprechende Anwendung einer Reihe von Rechtssätzen an, nach denen das Rechtsverhältnis zwischen dem Käufer einer Erbschaft und ihrem Verkäufer zu bestimmen sind, und sprach dabei aus, daß der Bedachte keinen Anspruch habe auf Ersatz der vor dem Tode des Erblassers gezogenen Früchte und auf Ersatz der vor diesem Zeitpunkte verbrauchten oder unentgeltlich veräußerten Gegenstände der Erbschaft.[14]

In der Kommission für die zweite Lesung des Entwurfes wurden Anträge auf Änderung dieser Bestimmungen, aber auch ein Antrag auf ihre Streichung gestellt. Der Antrag auf Streichung der ersteren Bestimmung, über den die Kommission zuerst beriet, wurde damit begründet, daß die nach der fraglichen Bestimmung zu beurteilenden Fälle sehr selten seien, und daß die inneren Gründe, welche zu dem Verbote des Verkaufes der Erbschaft eines lebenden Dritten (das heißt: zu dem Satze, daß der über die Erbschaft eines Dritten oder über den Bruchteil einer Erbschaft vor dem Tode des Erblassers geschlossene Kaufvertrag nichtig sei), geführt hätten, hinsichtlich eines Vermächtnisses nicht zuträfen.[15] Die Mehrheit der Kommission nahm bei der ersten Abstimmung an, die in Betracht kommenden Fälle seien nicht so selten, daß der Gesetzgeber sie außer Betracht zu lassen habe; es sei aber folgerichtig, den Satz von der Nichtigkeit des über die Erbschaft eines lebenden Dritten geschlossenen Vertrages auf ein Vermächtnis, das die Erbschaft eines noch lebenden Dritten zum Gegenstande habe, auszudehnen.[16]

Bei der Beratung der zweiten Bestimmung wurde ebenfalls der Antrag auf Streichung gestellt. Zu Gunsten des Antrages wurde auf die Seltenheit der unter die Bestimmung gehörigen Fälle hingewiesen und ausgeführt, man thue besser, von einer Vorschrift abzusehen umsomehr, als die Vorschrift durch die notwendig werdenden Verweisungen den Eindruck des Mangels der Übersichtlichkeit machen würde. Die Kommission schloß sich dieser letzteren Auffassung an und strich die Bestimmung.[17]

Nach gefaßtem Beschlusse kam man auf die erstere Bestimmung, die bei der ersten Abstimmung angenommen worden war, zurück. Der

---

[14] Erster Entwurf § 1858, §§ 488 bis 491, 494 bis 499.

[15] Protokolle für die zweite Lesung des Entwurfes, 347. Sitzung IX. S. 6909 flg.; erster Entwurf § 349, dazu Motive Bd. 2 S. 182 flg.

[16] Protokolle a. a. O. X. S. 6910 f.

[17] Protokolle a. a. O. S. 6911 f.

Antrag auf Streichung wurde wiederholt. Die Kommission erwog, daß es, nachdem die zweite Bestimmung gestrichen sei, im Hinblicke auf die anerkannte Seltenheit des Falles ratsamer sei, das Vermächtnis der Erbschaft eines noch lebenden Dritten überhaupt nicht im Gesetze zu erwähnen, und beschloß aus diesem Grunde die Streichung auch dieser Bestimmung.[18]

§ 107. Unwirksamkeit eines Vermächtnisses.

Unwirksam ist nach dem bürgerlichen Gesetzbuch für das Deutsche Reich ein Vermächtnis, wenn in dem Zeitpunkte, in welchem der Bedachte den ihm vom Erblasser durch das Vermächtnis zugedachten Vermögensvorteil erhalten soll, die eine oder die andere der gesetzlichen Voraussetzungen der Verwirklichungen jener Zuwendungabsicht nicht vorhanden ist.[1]

I. Als ersten Fall der Unwirksamkeit eines Vermächtnisses stellt das bürgerliche Gesetzbuch den hin, daß der Bedachte zur Zeit des Erbfalles nicht mehr lebt.[2] Ist das Vermächnis unter einer aufschiebenden Bedingung errichtet, so ist im Zweifel anzunehmen, daß die Zuwendung nur gelten soll, wenn der Bedachte den Eintritt der Bedingung erlebt. Soll also das Vermächtnis, wenn der Bedachte vor Eintritt der Bedingung mit dem Tode abgeht, den Erben des Bedachten zufallen, so muß dies aus der Willenserklärung des Erblassers hervorgehen.[3] Ist das Vermächtnis zu Gunsten einer juristischen Person er-

---

[18] Protokolle a. a. O. S. 6912.

[1] B.G.B. §§ 2160, 2162, 2169, 2171.

[2] B.G.B. § 2160.

[3] B.G.B. § 2174. Der § 2174 B.G.B. wiederholt die Bestimmung des § 1761 der ersten Entwurfes. In der Kommission für die zweite Lesung des Entwurfes wurde der Antrag gestellt, die Vorschrift dahin zu fassen, daß, wenn der Erblasser eine letztwillige Zuwendung unter einer aufschiebenden Bedingung oder unter Bestimmung eines Anfangstermines gemacht habe, im Zweifel anzunehmen sei, daß die Zuwendung unwirksam sein solle, wenn der Bedachte den Eintritt der Bedingung oder des Termines nicht erlebe. Die Kommission lehnte indes die beantragte Erweiterung der Vorschrift auf den Fall eines Anfangstermines ab. Man zog in Betracht, daß es bedenklich sei, den § 133 des zweiten Entwurfes (B.G.B. § 163) der Auslegungregel des § 1761 des ersten Entwurfes (B.G.B. § 2174) schlechthin zu unterstellen. In Beantwortung der Frage, ob, wenn ein unter die Bestimmung des § 133 des zweiten Entwurfes (B.G.B. § 163) fallender Anfangstermin gesetzt sei, für die Regelfälle angenommen werden dürfe, daß der Erblasser das Recht aus der Zuwendung auf die Erben des Zunächstbedachten, falls dieser den Termin nicht erleben sollte, nicht habe übergehen lassen wollen, werde, wenn man die hier denkbaren Fälle ins Auge fasse, bei dem Vermächtnisse einer Geldsumme vielfach die

richtet, so gilt von dem Zeitpunkte, in dem die juristische Person zu bestehen aufhört, dasselbe, was das Gesetz von dem Tode einer physischen Person anordnet.

Auch nach römischem Rechte ist eine notwendige Voraussetzung der Wirksamkeit des Vermächtnisses, daß der Bedachte den Erblasser überlebt. Ihr Fehlen hat aber nichts zu bedeuten, wenn der Wirksamkeit auch der noch nicht erfolgte Eintritt einer aufschiebendenden Bedingung entgegensteht.[4] Eine aufschiebende Zeitbestimmung hindert nach römischem Rechte die Wirksamkeit nicht.[5] Daß dem Tode der physischen Person auch nach römischem Rechte der Verlust der Rechtsfähigkeit einer juristischen Persou gleich steht, ist selbstverständlich.

Das preußische Gesetzbuch macht ebenfalls die Wirksamkeit des Vermächtnisses davon abhängig, daß der Bedachte den Erblasser überlebt oder, wenn eine juristische Person bedacht ist, daß sie beim Tode des Erblassers noch rechtsfähig ist.[6] Hängt aber die Wirksamkeit des Vermächtnisses von einer aufschiebenden Bedingung oder Zeitbestimmung ab, so braucht der Bedachte den Eintritt des Bedingung oder Zeitbestimmung nicht zu erleben. Doch muß das vermachte Rscht ein solches sein, daß es, wenn es auch ohne Bedingung oder Zeitbestimmung zum Gegenstande des Vermächtnisses gemacht wäre, auf die Erben des Bedachten übergehen würde.[7]

Auch das österreichische Gesetzbuch läßt ein Vermächtnis durch den vor dem Anfall des Vermächtnisses eintretenden Tod des Vermächtnisnehmers oder durch Erbunfähigkeit des Vermächtnisnehmers zur Zeit des Anfalles ungültig werden.[8]

Ebenso bestimmt das sächsische Gesetzbuch, daß das Vermächtnis wegfällt, wenn der Bedachte vor dem Tode des Erblassers stirbt, wenn

---

Absicht des Erblassers unterstellt werden dürfen, daß die Zuwendung auch den Erben des vor dem Termin verstorbenen Bedachten zu Gute kommen solle. Bestehe aber das Vermächtnis in Vermögensstücken anderer Art, besonders in einer bestimmten Sache, so könne die Bestimmung eines Termines öfters auch die Bedeutung haben, daß das Vermögensstück nur in die Hände des Bedachten, nicht auch in die seiner Erben gelangen solle. Die Kommission hat daher angenommen, daß sich die Aufrechthaltung des ersten Entwurfes in dem Sinne empfehle, daß, wenn ein Anfangstermin gesetzt sei, die Frage, ob der Bedachte den Eintritt des Termins erlebt haben müsse oder nicht, durch Auslegung im einzelnen Falle zu entschiedeu sei. Protokolle, 333. Sitzung IV. S. oben § 88 zu Anm. 7, 8 S. 343 f.

[4] L. 5 § 1, 2 D. quando dies leg. ced. (36, 2).

[5] L. 5 § 1 ibid.

[6] A.L.R. I 12 § 43.

[7] A.L.R. I 12 §§ 485, 486.

[8] Österreich. Gesetzb. §§ 536, 537, 545, 703. Unger, österreich. Erbrecht § 61.

er den Eintritt der Bedingung des Vermächtnisses nicht erlebt, oder wenn er zur Erwerbung des Vermächtnisses unfähig wird.[9]

II. Das bürgerliche Gesetzbuch sieht sodann den Fall vor, daß der Beschwerte nicht Erbe oder Vermachtnisnehmer wird. Es bestimmt für diesen Fall, daß das Vermächtnis, sofern nicht ein anderer Wille des Erblassers anzunehmen ist, wirksam bleibt, und daß nun derjenige beschwert ist, dem der Wegfall des Zunächstbeschwerten zu statten kommt.[10] Anderweit beschwert ist also, wenn ursprünglich ein Testamentserbe beschwert war, der für diesen ernannte Ersatzerbe, und wenn ein Ersatzerbe nicht ernannt ist, der Miterbe, auf den der Erbteil des beschwerten Erben nach Anwachsungrecht übergeht, wenn auch ein Miterbe nicht vorhanden ist, der gesetzliche Erbe, wenn aber ein Vermächtnisnehmet mit dem Vermächtnisse beschwert war, der Ersatzvermächtnisnehmer oder, wenn ein solcher nicht vorhanden ist, der Erbe, bei dem das Vermächtnis infolge des Wegfalles des mit dem Vermächtnisse beschwerten Vermächtnisnehmers verbleibt.

Der in der fraglichen Bestimmung des bürgerlichen Gesetzbuches ausgedrückte Rechtsgedanke entstammt dem römischen Rechte, und zwar einem an drei Stellen[11] des Corpus juris in Bezug genommenen kaiserlichen Reskripte, in dem ausgesprochen ist, daß nach dem mutmaßlichen Willen des Erblassers die dem eingesetzten Erben auferlegten Vermächtnisse bei der Ernennung des Ersatzerben als stillschweigend wiederholt anzusehen seien. Der Wille des Erblassers ist aber nur ein mutmaßlicher. Und der Jurist, der die kaiserliche Entlcheidung in Bezug nimmt, deutet an, nach welchen Gesichtspunkten in Beantwortung der Frage, ob der Erblasser ein Vermächtnis beim Wegfall des beschwerten Erben für den Ersatzerben habe aufrecht erhalten wollen oder nicht, vorzugehen seiu möchte.[12] Er niumt an, daß, wenn der Ersatzerbe schon mit einem anderen Vermächtnisse beschwert ist, als der eingesetzte Erbe, nicht anzunehmen sei, daß der Ersatzerbe nun beide Vermächtnisse tragen solle. Er nimmt ferner an, daß, wenn der Eingesetzte mit einem Vermächtnisse zu Gunsten eines seiner Angehörigen beschwert sei, beim Wegfalle des Eingesetzten der Wille des Erblassers wahrscheinlich nicht auf die Aufrechthaltung des Vermächtnisses

[9] Sächs. Gesetzb. § 2423.

[10] B.G.B. § 2161.

[11] Die drei Stellen sind l. 74 D. de leg. I (30), l. 61 § 1 D. de leg. II (31), l. 4 C. ad Sct. Trebell. (6, 49). Die beiden Digestenstellen rühren von Ulpian her. Das in den drei Stellen in Bezug genommene kaiserliche Reskript ist von den Kaisern Septimius Severus und Antoninus Caracalla erlassen. S. Arndts in Glück, Pandektenkommentar Bd. 47 S. 265 flg.

[12] L. 74 D. de leg. I (30).

gerichtet sein werde, und daß ein solcher Wille ebensowenig anzunehmen sei, wenn der Erblasser dem Eingesetzten die Zahlung einer Summe an eine Person, die als Gläubiger des Eingesetzten auftrete, durch Vermächtnis auferlegt habe, während von einer Schuld des Ersatzerben an jene Person nicht die Rede sei. Von anderer Seite wird ein entscheidender Grund gegen den Willen des Erblassers, den Ersatzerben mit dem Vermächtnisse zu belasten, auch dann für gegeben erachtet, wenn angenommen werden muß, daß die dem Eingesetzten auferlegte Leistung mit Rücksicht auf persönliche Eigenschaften grade des Eingesetzten ihm auferlegt ist,[13] und ebenso, wenn die Belastung des Ersatzerben mit Rücksicht auf den Gegenstand des Vermächtnisses sich wesentlich anders gestaltet als die des Eingesetzten, so wenn eine im Eigentume des Eingesetzten stehende Sache vermacht ist, die der Ersatzerbe dem Bedachten erst zu verschaffen hätte,[14] u. dergl, Die sorgfältige Prüfung der möglichen gegen die Aufrechthaltung des Vermächtnisses sprechenden Gründe, welche Prüfung hier nach römischem Rechte empfohlen wird, ist der Natur der Sache nach auch bei der Rechtsfindung nach dem bürgerlichen Gesetzbuche geboten, und die dabei zu beobachtenden Rücksichten sind nach beiden Rechtssystemen nicht wesentlich verschieden.

Auch nach preußischem Rechte geht die dem eingesetzten Erben auferlegte Verbindlichkeit, den Anordnungen des Erblassers in Ansehung der Vermächtnisse Genüge zu leisten, wenn der eingesetzte Erbe nicht Erbe wird, auf den Ersatzerben und, wenn kein Ersatzerbe vorhanden ist, auch das Anwachsungrecht nicht eintreten kann, weil nur ein Erbe eingesetzt ist, auf den gesetzlichen Erben über. Ausgenommen sind von diesem Übergange die Vermächtnisse, mit denen Leistungen angeordnet sind, die sich bloß auf die Person des Beschwerten beziehen.[15] Ebenso läßt das österreichische Gesetzbuch die einem wegfallenden Erben auferlegten Vermächtnisse, wenn sie nicht zufolge ausdrücklicher Willenserklärung oder besonderer Beschaffenheit der Umstände auf dessen Person eingeschränkt sind, auf den übergehen, der vermöge Anwachsungrechtes oder als Ersatzerbe oder als gesetzlicher Erbe den erledigten Erbteil erhält.[16] Das sächsische Gesetzbuch bestimmt gleichermaßen, daß, wenn ein Beschwerter nicht annehmen will, was ihm der Erblasser zugewandt hat, die Verpflichtung zur Entrichtung des Vermächtnisses, mit dem er beschwert worden ist, auf den übergeht, der an seine Stelle tritt, sofern nicht das

---

[13] S. Arndts a. a. O. S. 276; Dernburg, Pandekten Bd. 3 § 106 1 b.
[14] S. Arndts a. a. O.
[15] A.L.R. I 12 §§ 279, 277, 278, 280.
[16] Österreich. Gesetzb. §§ 606, 726.

Vermächtnis bloß in Rücksicht auf die Person des Wegfallenden angeordnet worden ist.[17]

III. Unwirksam ist nach dem bürgerlichen Gesetzbuche der Regel nach auch das Vermächtnis eines bestimmten Gegenstandes, soweit der Gegenstand zur Zeit des Erbfalles nicht zur Erbschaft gehört.[18] Als zur Erbschaft gehörig in diesem Sinne sieht das Gesetzbuch einen zum Vermögen des Erblassers gehörigen Gegenstand auch in dem Falle an, daß eine Verpflichtung des Erblassers zur Veräußerung des Gegenstandes besteht.[19] Dagegen trifft Unwirksamkeit aus dem Grunde, daß die Sache nicht zur Erbschaft gehört, das Vermächtnis nicht, wenn der Erblasser den Willen hat, den vermachten Gegenstand dem Bedachten zuzuwenden, obwohl er weiß, daß der Gegenstand nicht zu seinem Vermögen gehört.[20] Das Vermächtnis begründet in diesem Falle die Verpflichtung des Beschwerten, den Gegenstand dem Bedachten zu verschaffen. Der Umfang der Verschaffungpflicht wird durch die Sätze des Gesetzbuches bestimmt, daß der Beschwerte, wenn er zur Verschaffung außer stande ist, den Wert zu entrichten hat, und daß der Beschwerte, wenn die Verschaffung nur mit unverhältnismäßigen Aufwendungen möglich ist, durch Entrichtung des Wertes sich befreien kann.[21] Die Verschaffungpflicht ist also als die Pflicht aufzufassen, den Bedachten zum Eigentümer und wirtschaftlichen Herrn der Sache zu machen. Ist die Sache eine bewegliche, so muß der Beschwerte auch dafür sorgen, daß die Sache dem Bedachten übergeben wird. Ist sie ein Grundstück, so muß der Beschwerte dafür Sorge tragen, daß es dem Bedachten aufgelassen wird. Der Gegenstand des Vermächtnisses kann zum Vermögen des Beschwerten selbst gehören, und die Verschaffung kann sich als Veräußerung der Sache durch den Beschwerten an den Bedachten darstellen. Die Sache kann aber auch einem Dritten gehören, so daß zur Verschaffung Verhandlungen nötig sind, die der Beschwerte mit dem Dritten vorrzunehmen hat.

Das Vermächtnis einer nicht zur Erbschaft gehörigen Sache kann ferner in dem Falle wirksam sei, und ist im Zweifel wirksam, wenn der Erblasser Besitzer der fremden Sache ist. Gegenstand des Vermächtnisses ist in solchem Falle der Besitz selbst. Er kann dies aber nicht sein, wenn er dem Bedachten keinen rechtlichen Vorteil gewährt.[22] In erster

[17] Sächs. Gesetzb. § 2395.
[18] B.G.B. § 2169 Abs. 1 erster Halbsatz. S. oben § 94.
[19] B.G.B. § 2169 Abs. 4.
[20] B.G.B. § 2169 Abs. 1 zweiter Halbsatz.
[21] B.G.B. § 2170.
[22] B.G.B. § 2169 Abs. 2.

Reihe ist hier der Besitz in Frage, der im Rechtsverkehre als Eigentum angesehen wird, auch wenn er kein Eigentum ist, also der Eigenbesitz an beweglichen Sachen, dessen in gutem Glauben erlangter Erwerb den Besitzerwerber zum Eigentümer macht.[23] Ebenso der Besitz beweglicher Sachen, der durch Ersitzung,[24] und der Besitz eines Grundstückes, der durch Zeitablauf und Aufgebotsverfahren zum Eigentum werden kann.[25] Aber auch der Besitz, der keinen anderen Vorteil giebt als den, daß der Besitzer dem Eigentümer gegenüber, der die Herausgabe der Sache verlangt, die Herausgabe zu verweigern berechtigt ist, bis er wegen der von ihm auf die Sache gemachten ihm zu ersetzenden Verwendungen befriedigt ist, kann als Gegenstand eines Vermächtnisses in Betracht kommen.[26] Er versteht sich von selbst, daß das Vermächtnis als Rechtseinrichtung nicht darauf berechnet ist, dem Vermächtnisnehmer den in dem Zurückbehaltungrechte des Besitzers wegen Verwendungen bestehenden Vermögensvorteil zu verschaffen. Liegt aber die Sache so, daß der Erblasser die Sache, die er vermacht, als zu seinem Vermögen gehörig ansieht, während ihm das Eigentum nicht zusteht, sondern nur jenes Zurückbehaltungrecht dem Eigentümer gegenüber, so giebt dem Vermächtnisnehmer das Gesetz Anspruch auf das Vermächtnis in dem Sinne, daß er sich den Besitz verschaffen kann behufs Geltendmachung des Zurückbehaltungrechtes.

Gehört die vermachte Sache nicht zur Erbschaft, hat aber der Erblasser einen persönlichen Anspruch auf Leistung der vermachten Sache, so ist das Vermächtnis im Zweifel ebenfalls wirksam, und zwar in der Art, daß der Anspruch auf Leistung der Sache vermacht ist.[27] Das Gesetzbuch enthält in diesem Falle wie in dem Falle, daß der Erblasser den Besitz der vermachten Sache hat, Auslegungvorschriften.

IV. Als unwirksam sieht das bürgerliche Gesetzbuch ferner ein Vermächtnis an, das auf eine zur Zeit des Erbfalles unmögliche Leistung gerichtet ist oder gegen ein zu dieser Zeit bestehendes gesetzliches Verbot verstößt.[28] Der Fall der Unwirksamkeit liegt nicht vor, wenn die

---

[23] B.G.B. §§ 934, 931 bis 933.

[24] B.G.B. §§ 937 flg.

[25] B.G.B. § 927.

[26] B.G.B. § 2000.

[27] B.G.B. § 2169 Abs. 3.

[28] B.G.B. § 2171. Der erste Entwurf (§ 1853) stellte dem auf eine unmögliche Leistung gerichteten Vermächtnisse auch das Vermächtnis gleich, das auf eine gegen die guten Sitten verstoßende Leistung gerichtet ist. Die Bestimmung entsprach dem für Verträge im § 344 des ersten Entwurfes aufgestellten Satze. Die Kommission für die zweite Lesung des Entwurfes beseitigte die Bestimmung, nach der

Unmöglichkeit gehoben werden kann und der Erblasser das Vermächtnis in dem Sinne verstanden hat, daß es für den Fall des Möglichwerdens der Leistung errichtet sein soll.[29] Auch dann nicht, wenn Gegenstand des Vermächtnisses eine Leistung ist, die unter einer aufschiebenden Bedingung oder unter Bestimmung eines Anfangszeitpunktes erfolgen soll, und die Unmöglichkeit vor dem Eintritte der Bedingung oder des Zeitpunktes gehoben wird.[30]

Fälle des Unmöglichwerdens einer Leistung der vermachten Sache erblickt das Gesetzbuch auch in der Verbindung, Vermischung, Vermengung der vermachten Sache mit einer anderen Sache, wodurch bewirkt wird, daß das Eigentum an der anderen Sache sich auch auf die vermachte Sache erstreckt oder daß Miteigentum eintritt, so wie in der Verarbeitung oder Umbildung der vermachten Sache, wenn dadurch derjenige, der die neue Sache hergestellt hat, Eigentümer geworden ist.[31] Die besonderen Fälle solcher Behandlung einer Sache sind folgende:

1. Die Verbindung einer Sache mit einer anderen, so daß die eine Sache aufhört, für sich selbst der mögliche Gegenstand eines Rechtsgeschäftes, also auch eines Vermächtnisses, zu sein, kann in der Art stattfinden, daß eine bewegliche Sache mit einem Grundstücke verbunden und dadurch wesentlicher Bestandteil des Grundstückes wird. Das Eigentum an dem Grundstücke erstreckt sich solchenfalls, wenn es einem Anderen als dem Eigentümer der mit dem Grundstücke verbundenen beweglichen Sache zusteht, infolge der Verbindung auf die bewegliche Sache.[32] Daraus folgt, daß, wenn Baumaterialien zum Gegenstande eines Vermächtnisses gemacht, zur Zeit des Erbfalles aber in ein fremdes Grundstück verbaut sind, das Vermächtnis unwirksam geworden ist.

2. Bewegliche Sachen, die verschiedene Eigentümer haben, hören dadurch, daß sie miteinander verbunden und durch solche Verbindung zu wesentlichen Bestandteilen einer einheitlichen Sache werden, an sich auf, mögliche Gegenstände eines Vermächtnisses zu sein. Das an einer solchen Sache errichtete Vermächtnis wird aber durch die Verbindung

---

ein Vertrag nichtig sein soll, der auf eine gegen die guten Sitten verstoßende Leistung gerichtet ist (Protokolle, 347. Sitzung IV. S. 6902), und infolge dessen auch den Satz, der ein auf eine solche Leistung gerichtetes Vermächtnis für nichtig erklärt. Die fraglichen Sätze sind entbehrlich infolge des im § 138 Abs. 1 B.G.B. enthaltenen allgemeinen Rechtssatzes, der ein jedes Rechtsgeschäft, das gegen die guten Sitten verstößt, für nichtig erklärt.

[29] B.G.B. § 2171 Schlußsatz, § 308. Abs. 1.

[30] B.G.B. § 2171 Schlußsatz, § 308 Abs. 2.

[31] B.G.B. § 2172 Abs. 2 Halbs. 2.

[32] B.G.B. § 2172 Abs. 1 § 946.

nicht immer unwirksam. Es kann auch der Fall eintreten, daß es einen anderen Gegenstand erhält. Hat ein Anderer als der Erblasser selbst die in Frage stehende Verbindung vorgenommen und ist der Erblasser durch die Verbindung Miteigentümer der einheitlichen Sache geworden,[33] so gilt im Zweifel dies Miteigentum als vermacht.[34] Das Gesetzbuch hat noch einen anderen Fall vorgesehen. Es bestimmt, daß, wenn dem Erblasser ein Recht zur Wegnahme der verbundenen Sache zusteht, im Zweifel dies Recht als vermacht gilt. Ist also der Erblasser der Eigentümer aller verbundenen Sachen, so giebt im Zweifel das Vermächtnis einen Anspruch auf Trennung.[35]

3. Ähnlich wie im Falle der Verbindung mehrerer beweglicher Sachen gestaltet sich das Rechtsverhältnis im Falle einer untrennbaren Vermischung oder Vermengung. Der Untrennbarkeit steht es gleich, wenn die Trennung der vermischten oder vermengten Sachen mit unverhältnismäßigen Kosten verbunden sein würde.[36]

§ 108. Fortsetzung.

Das bürgerliche Gesetzbuch für das Deutsche Reich hat der Zulässigkeit von Vermächtnissen noch andere Schranken gesetzt, die weder im römischen Rechte noch, soviel bekannt, in einer der neueren Gesetzgebungen aufgestellt sind. Man hat erwogen, daß in Ansehung aller Vermächtnisse, die nicht mit dem Erbfalle dem Bedachten anfallen, aus denselben Gründen, auf denen die für die Zulassung der Einsetzung von Nacherben im bürgerlichen Gesetzbuche angenommene zeitliche Begrenzung[1] beruht,[2] eine entsprechende Begrenzung erforderlich ist, weil ohne eine solche Grenze die Anordnung von Vermächtnissen, welche die Beschwerten und deren Erben belasten, auf eine ungemessene Zeit zulässig seiu würde.[3] Die Schranken betreffen in erster Reihe die Vermächtnisse, die in der Art ausgesetzt sind, daß der Bedachte noch gar nicht vorhanden ist.

V. Es ist nämlich an sich zulässig, eine noch nicht vorhandene Person mit einem Vermächtnisse zu bedenken. So ist ein Erblasser nicht ge-

[33] B.G.B. §§ 948, 947.

[34] B.G.B. § 2172 Abs. 2.

[35] B.G.B. § 2172 Abs. 2 Halbs. 2. Eine vom Erblasser selbst vorgenommene Verbindung hat den Wegfall des Vermächtnisses zur Folge.

[36] B.G.B. § 2172 Abs. 1 § 948.

[1] Erster Entwurf § 1813, Entwurf zweiter Lesung § 1982, B.G.B. § 2109.

[2] S. oben § 61 S. 221.

[3] Motive zum ersten Entwurfe Bd. 5 S. 182.

hindert, der künftigen Nachkommenschaft einer Person ein Vermächtnis auszusetzen, auch wenn der, dessen Nachkommen er bedenken will, noch nicht einmal verheiratet ist. Ein solches Vermächtnis würde der Natur der Sache nach es notwendig machen, das Vermögen des Erblassers, soweit es dem Vermächtnisse dienstbar gemacht werden müßte, auf so lange festzulegen, bis es sich entschieden hat, ob der, dessen Nachkommen bedacht werden sollen, Nachkommen haben wird. Die hier in Rede stehende Beschränkung der Zulässigkeit von Vermächtnissen ist in dem Rechtssatze enthalten, daß, wenn der Bedachte zur Zeit des Erbfalles noch nicht erzeugt ist, das Vermächtnis mit dem Ablaufe von dreißig Jahren nach dem Erbfalle unwirksam wird, wenn nicht vorher der Bedachte erzeugt ist.[4] Der Wirksamkeit des fraglichen Vermächtnisses sind also durch das bürgerliche Gesetzbuch dahin Schranken gesetzt, daß das Vermächtnis mit dem Ablaufe von dreißig Jahren nach dem Erbfalle unwirksam wird, wenn derjenige, dessen Kinder bedacht sind, dreißig Jahre nach dem Erbfalle noch unverheiratet oder, wenn er sich verheiratet hat, bei dem Ablaufe der fraglichen Zeit kinderlos ist.

VI. Die zweite Beschränkung ist die folgende: Es ist an sich zulässig, ein Vermächtnis in der Art auszusetzen, daß die Persönlichkeit des Bedachten durch ein erst nach dem Erbfalle eintretendes Ereignis bestimmt wird. So kann ein Erblasser für den einen seiner noch nicht erzeugten Neffen ein Vermächtnis in der Art aussetzen, daß der bedacht sein soll, wer von den Neffen zuerst eine bestimmte wissenschaftliche oder staatliche Stellung einnehmen wird. Ein solches Vermächtnis würde notwendig machen, daß das Vermögen des Erblassers, soweit es dem Vermächtnisse zu dienen hat, so lange festgelegt oder sichergestellt wird, bis einer der Neffen des Erblassers die in Rede stehende Stellung eingenommen hat, oder bis feststeht, daß keiner sie einnehmen wird. Das Gesetzbuch hat für diesen Fall in der Art Bestimmung getroffen, daß es ein solches Vermächtnis mit dem Ablaufe von dreißig Jahren nach dem Erbfalle unwirksam werden läßt, wenn nicht vorher das Ereignis eingetreten ist, durch das die Persönlichkeit des Bedachten bestimmt wird,[5] also wenn nicht vorher einer der Neffen des Erblassers die in Frage stehende Stellung erlangt hat. Für den Fall, daß diejenigen, unter denen der Bedachte durch das Ereignis bestimmt werden soll, zur Zeit des Erbfalles schon leben, ändert sich die Entscheidung infolge des § 2163 Ziff. 1 B.GB. dahin, daß die Beschränkung auf die dreißig Jahre nicht eintritt.

---

[4] B.G.B. § 2162 Abs. 2 Halbsatz 1.
[5] B.G.B. § 2162 Abs. 2 Halbsatz 2.

VII. Eine dritte Beschränkung läßt das bürgerliche Gesetzbuch eintreten, wenn ein Vermächtnis von einer aufschiebenden Bedingung abhängig gemacht ist. Hat der Erblasser letztwillig angeordnet, daß ein ihm befreundeter Gutsbesitzer, wenn er auf seinem Gute eine Kirche baut, ein bestimmtes Vermächtnis erhalten soll, und hat er dabei keine Frist vorgeschrieben, so würde an sich der Bedachte zu der in Frage stehenden Erfüllung der Bedingung so lange Zeit haben, als er lebt. Und nach der Ausführung des Baues würde der Anspruch auf das Vermächtnis gegeben sein. Das Gesetzbuch bestimmt aber, daß ein unter einer aufschiebenden Bedingung angeordnetes Vermächtnis mit dem Ablaufe von dreißig Jahren nach dem Erbfalle unwirksam wird, wenn nicht vorher die Bedingung eingetreten ist.[6] Der zur Bedingung des Vermächtnisses gemachte Kirchenbau würde also nach dem Gesetzbuche innerhalb der dreißig Jahre nach dem Erbfalle vollendet sein müssen, wenn der Anspruch auf das Vermächtnis gegeben sein soll.

VIII. Als vierten Fall stellt das bürgerliche Gesetzbuch die Errichtung eines Vermächtnisses mit einer Zeitbestimmung hin. Hat der Erblasser einen bestimmten Geldbetrag einer bestehenden frommen Stiftung in der Art ausgesetzt, daß der Geldbetrag vorerst vom Erben oder vom Testamentsvollstrecker zinsbar angelegt und, wenn er durch Zuschlagung der Zinsen eine bestimmte Höhe erreicht hat, an die Stiftung zu stiftungsmäßiger Verwendung ausgezahlt werden soll, so würde an sich der Erbe oder der Testamentsvollstrecker den ausgesetzten Geldbetrag, bis er die bestimmte Höhe erreicht hat, zu verwalten und demnächst das Geld an die bedachte Stiftung abzuführen haben. Das bürgerliche Gesetzbuch setzt aber fest, daß ein unter Bestimmung eines Anfangszeitpunktes angeordnetes Vermächtnis mit dem Ablaufe von dreißig Jahren nach dem Erbfalle unwirksam wird, wenn nicht vorher der fragliche Zeitpunkt eingetreten ist.[7] Hat also der ausgesetzte Geldbetrag mit dem Ablaufe von dreißig Jahren die bestimmte Höhe nicht erreicht, so ist das Vermächtnis unwirksam.

Den in Frage stehenden Beschränkungen der Vermächtnisse hat das bürgerliche Gesetzbuch durch andere Vorschriften, die sich als Ausnahmevorschriften darstellen, wiederum gewisse Grenzen gezogen. Sind nun auch jene beschränkenden Vorschriften an sich klar, so wird das Rechtsgebiet doch durch jene Ausnahmevorschriften, die dazu bestimmt sind, die fraglichen Beschränkungen für gewisse Fälle wieder zu beseitigen, doch in gewissem Grade verwickelt.

---

[6] B.G.B. § 2162 Abs. 1.
[7] B.G.B. § 2162 Abs. 1.

Die vier besprochenen, die Wirksamkeit von Vermächtnissen beschränkenden Bestimmungen sollen nämlich keine Anwendung finden, ein Vermächtnis also soll in den angegebenen vier Fällen wirksam bleiben, wenn es für den Fall angeordnet ist, daß in der Person des Beschwerten oder des Bedachten ein bestimmtes Ereignis eintritt, und wenn derjenige, in dessen Person das Ereignis eintreten soll, zur Zeit des Erbfalles schon am Leben ist.[8] Eine Ausnahme von dieser Ausnahmebestimmung soll aber wieder in dem Falle Anwendung finden, wenn der Beschwerte oder der Bedachte, in dessen Person das Ereignis eintreten soll, eine juristische Person ist. In diesem Falle soll es bei der dreißigjährigen Frist, also bei der besprochenen vierfachen Regel des Unwirksamwerdens des Vermächtnisses sein Bewenden behalten.[9]

Das Gesetz stellt an das zur Anwendung dieser Gesetzesbestimmung für erforderlich erklärte „bestimmte Ereignis“ keine näheren Anforderungen. Man muß annehmen, daß das Erfordernis des Gesetzes durch ein jedes in der Person des Beschwerten oder des Bedachten eintretende Ereignis gedeckt werden kann, das der Erblasser für geeignet ansieht, das Recht auf die Zuwendung für den Bedachten eintreten zu lassen. Es kann sich dabei sowohl um eine Bedingung wie um eine Befristung handeln.

Außerdem läßt das bürgerliche Gesetzbuch in den vier besprochenen Fällen des Unwirksamwerdens eines Vermächtnisses durch Ablauf der dreißigjährigen Frist eine Ausnahme eintreten, wenn ein Erbe, ein Nacherbe oder ein Vermächtnisnehmer für den Fall, daß ihm ein Bruder oder eine Schwester geboren wird, mit einem Vermächtnisse zu Gunsten des Bruders oder der Schwester beschwert ist.[10]

---

[8] B.G.B. § 2163 Ziff. 1. Die Beschränkung der Wirksamkeit eines Vermächtnisses in der Art, daß das Vermächtnis unwirksam wird, wenn die Bedingung des Vermächtnisses oder der Anfangstermin, unter den es gestellt ist, mit dem Ablaufe von dreißig Jahren seit dem Erbfalle noch nicht eingetreten ist, war im ersten Entwurfe nur für den Fall der auflösenden Bedingung enthalten (Erster Entwurf § 1813). In der Kommission für die zweite Lesung des Entwurfes wurde sie auf den Anfangstermin ausgedehnt. Protokolle, 351. Sitzung IV. A. In der Kommission bestand sodann Einverständnis, daß man sich bei der Regelnng der zeitlichen Begrenzung des Anfalles eines Vermächtnisses im einzelnen an die für die Nacherbschaft gegebenen Vorschriften anzuschließen habe (s. oben § 61 S. 220 flg.) Und man entschied sich nach eingehender Erörterung dafür, den Fall des bedingten und betagten Vermächtnisses in Ansehung der zeitlichen Beschränkung ganz ebenso zu behandeln, wie den der Nacherfolge, indem man annahm, daß die Vorschriften dadurch einfacher und übersichtlicher würden. Protokolle, 351. Sitzung IV. A. C.

[9] B.G.B. § 2163 Abs. 2.

[10] B.G.B. § 2163 Ziff. 2.

§ 109. Die Auflage.

1. Das bürgerliche Gesetzbuch.

Das bürgerliche Gesetzbuch für das Deutsche Reich stellt die Auflage als eine besondere Art letztwilliger Verfügungen neben das Vermächtnis. Es versteht darunter die vom Erblasser ausgesprochene Anordnung einer Leistung, zu welcher der Erbe oder ein Vermächtnisnehmer verpflichtet sein soll, ohne daß jedoch dem, zu dessen Gunsten die Leistung angeordnet ist, ein Recht auf die Leistung zugewendet wird.[1] Mit dieser Begriffsbestimmung und den Rechtssätzen, die sich ihr anschließen, hat das Gesetzbuch einer selbständigen Rechtseinrichtung Gestalt gegeben, die im Rechtsleben neu ist. Hat der Erblasser eine Auflage angeordnet ohne die Person des Beschwerten zu bestimmen, so ist der Erbe beschwert.[2] Sind mehrere Erben oder Vermächtnisnehmer mit derselben Auflage beschwert, so sind im Zweifel die Erben nach dem Verhältnisse der Erbteile, die Vermächtnisnehmer nach dem Verhältnisse der Werte der Vermächtnisse beschwert.[3] Ist eine Auflage unwirksam, so folgt daraus noch nicht die Unwirksamkeit der unter der Auflage gemachten Zuwenduug. Diese ist nur danu unwirksam, wenn anzunehmen ist, daß der Erblasser die Zuwendung nicht ohne die Auflage gemacht haben würde.[4] Die Rechtssätze, die sich auf diese neue

---

[1] B.G.B. § 1940. Die Bestimmung des Begriffes der Auflage entspricht einem bei den Beratungen der Kommission für die zweite Lesung des Entwurfes gestellten Antrage, mit dem aber keine sachliche Abweichung von der im § 1757 des ersten Entwurfes gegebenen Bestimmung des Begriffes bezweckt wird. Die Kommission hat ihr Einverständnis damit ausgesprochen, daß das Wesen der Auflage darin zu sehen sei, daß durch sie den etwaigen Begünstigten kein selbständiges, insbesondere kein klagbares Recht eingeräumt werde, wenn gleich der Beschwerte zu einer Leistung verpflichtet sei. Die Kommission hat weiter angenommen, daß eine rechtsverhindliche Auflage auch in solchen Fällen vorliegen könne, in denen durch die Verfügung des Eeblassers einem Dritten überhaupt kein Vorteil erwächst, z. B. bei Verordnungen über die Pflege eines Grabes oder über den Zeitpunkt der Veröffentlichung hinterlassener Papiere. Das Wort müsse also im weitesten Sinne verstanden werden, so daß auch Unterlassungen darunter begriffen seien. Protokolle der Kommission für die zweite Lesung des Entwurfes, 332. Sitzung X. S. 6581 f.

[2] B.G.B. §§ 2192, 2147.

[3] B.G.B. §§ 2192, 2148.

[4] B.G.B. § 2195. Der erste Entwurf (§ 1887) hatte der Bestimmung den Zusatz gegeben: „Dies gilt insbesondere auch dann, wenn die Vollziehung der Auflage unmöglich wird.“ In der Kommission für die zweite Lesung des Entwurfes wurde beantragt, die Bestimmung mit ihrem Zusatze zu streichen, weil sie als einzelner Fall der Anwendung des im § 2085 B.G.B. aufgestellten Grundsatzes entbehrlich erscheine. Für den Fall aber, daß sich die Kommission für die Beibehaltung der

Rechtsgestalt beziehen, stehen in einem gewissen Zusammenhange mit den römischrechtlichen Sätzen vom Modus. Der Modus (Zweckbestimmung, Voraussetzung, wie das Wort deutsch wiedergegeben wird) hat aber die Bedeutung einer Nebenbestimmung bei Willenserklärungen und steht hier neben der Bedingung und Zeitbestimmung, während der Auflage die Bedeutung einer selbständigen letztwilligen Verfügung neben dem Vermächtnisse gegeben ist.

Die Anordnung einer Auflage gehört zu den letztwilligen Verfügungen, in Ansehung deren das bürgerliche Gesetzbuch den Grundsatz, daß die Verfügung unmittelbar vom Erblasser selbst die erforderliche Bestimmtheit erhalten haben müsse, nicht streng aufrecht erhalten hat.[5] Das Gesetzbuch bestimmt zwar, daß die für die letztwilligen Verfügungen gegebene allgemeine Vorschrift, nach welcher der Erblasser eine letztwillige Verfügung nicht in der Weise treffen kann, daß ein Anderer zu bestimmen hat, ob sie gelten oder nicht gelten soll, sowie die allgemeine Vorschrift, nach welcher der Erblasser die Bestimmung der Person, die eine Zuwendung erhalten soll, sowie die Bestimmung des Gegenstandes der Zuwendung nicht einem Anderen überlassen kann, auf die Auflage entsprechende Anwendung finden soll.[6] Aber es läßt zu, daß der Erblasser bei der Anordnung einer Auflage, deren Zweck er bestimmt hat, die Bestimmung der Person, an welche die Leistung erfolgen soll, dem Beschwerten oder einem Dritten überträgt.[7] Ist die Bestimmung dem Beschwerten über-

Vorschrift entscheide, wurde beantragt, der Bestimmung auch den Zusatz zu geben: „Hat der Erblasser ein Recht auf wiederkehrende Leistungen unter der Auflage wiederkehrender Gegenleistungen zugewendet, so ist im Zweifel anzunehmen, daß die Zuwendung nur so lange wirksam sein soll, als die Gegenleistungen möglich sind". Denn die an sich schon bedenkliche Vermutung für die Fortdauer der Wirksamkeit einer letztwilligen Zuwendung erweise sich bei beiderseits periodischen Leistungen als unzutreffend. Als Beispiel wurde angeführt, daß, wenn einem Friedhofsgärtner eine Rente vermacht sei, damit er fortgesetzt ein Grab unterhalte, es zweifellos dem Willen des Erblassers entspreche, daß von dem Zeitpunkte ab, wo die Erfüllung der Auflage unmöglich werde, auch die Rente wegfalle. Die Kommission lehnte die Aufnahme des beantragten Zusatzes ab. Man hielt die in dem Zusatze getroffene Entscheidung zwar ihrem Inhalte nach für richtig, sah es aber als verfehlt an, einen einzelnen Fall durch eine Entscheidung hervorzuheben, die sich aus dem in erster Linie maßgebenden Willen des Erblassers von selbst ergebe. Dagegen entschied sich die Kommission für die Beibehaltung der Bestimmung des Entwurfes ohne den im Entwurfe ihr gegebenen Zusatz. Die Bestimmung diene zur Verdeutlichung. Auch wurde hervorgehoben, daß sie sich im preußischen und im sächsischen Gesetzbuche finde. Der Zusatz wurde gestrichen, weil es unnötig sei, den Fall der Unmöglichkeit besonders hervorzuheben. Protokolle, 354. Sitzung I. S. 7023 flg.

[5] S. oben § 17 S. 60.

[6] B.G.B. §§ 2192, 2065.

[7] B.G.B. § 2193 Abs. 1.

tragen, so kann ihm, wenn er zur Vollziehung der Auflage rechtskräftig verurteilt ist, von dem Kläger eine angemessene Frist zur Vollziehung bestimmt werden. Erfolgt die Vollziehung nicht rechtzeitig bis zum Ablaufe der Frist, so ist der Kläger berechtigt, die Bestimmung zu treffen.[8] Soll ein Dritter die Person bestimmen, so hat er es durch Erklärung gegenüber dem Beschwerten zu thun.[9] Kann der Dritte die Bestimmung nicht treffen, oder trifft er innerhalb einer vom Nachlaßgerichte auf den Antrag eines der Beteiligten ihm gesetzten Frist die Bestimmung nicht, so geht das Bestimmungrecht auf den Beschwerten über.[10] Zu den Beteiligten im Sinne dieser Vorschrift gehören der Beschwerte und diejenigen, welche die Vollziehung der Auflage zu verlangen berechtigt sind.[11]

Besteht nun aber auch das Wesen der Auflage im Gegensatze zu dem des Vermächtnisses darin, daß sie dem kein Klagerecht gewährt, zu dessen Gunsten sie angeordnet ist, so ist sie doch nicht unerzwingbar. Das Gesetz giebt bestimmten anderen Personen die Berechtigung, die Vollziehung der Auflage zu verlangen. Als solche Personen bezeichnet es den Erben, den Miterben und denjenigen, dem der Wegfall dessen, der mit der Auflage zunächst beschwert ist, unmittelbar zu

---

[8] B.G.B. § 2193 Abs. 2. Der Satz, nach welchem das Wahlrecht, wenn der Dritte in der ihm gesetzten Frist nicht wählt, auf den Beschwerten und, wenn der Beschwerte in der ihm gesetzten Frist nicht wählt, auf den Kläger übergeht, ist erst bei den Beratungen der Kommission für die zweite Lesung des Entwurfes aufgenommen worden. Er verdankt die Aufnahme der Erwägung, daß er ein geeigneteres Zwangsmittel gewähre, als die Bestimmung des ersten Entwurfes (§ 1888), die sich damit begnüge, bestimmten Personen ein Klagerecht auf Vollziehung der Auflage zu geben, aber keine Vorschrift darüber enthalte, wie der Beschwerte, wenn ihm die Bestimmung der Person, an welche die Leistung geschehen solle, aufgetragen sei, oder der Dritte, wenn er zu wählen habe, zur Wahl gezwungen werden könne. Nach dem Entwurfe würde also, wenn ein Dritter wahlberechtigt sei und nicht wähle, die Auflage wegfallen. Sei der Beschwerte wahlberechtigt, so könne er nach dem Entwurfe zwar zur Vollziehung der Wahl (weil diese Wahl ein Teil der Vollziehung der Auflage selbst ist) verurteilt werden. Aber da nach dem geltenden Prozeßrechte der Kläger ein weiteres Zwangsvollstreckungmittel als Geldstrafe bis zum Gesammtbetrage von 1500 Mark und Haft bis zur Gesammtdauer von sechs Monaten nicht zur Ausführung bringen könne, so würde der Beschwerte bei einer sehr bedeutenden Auflage der Bestimmung der Person, an die geleistet werden soll, und der damit in Verbindung stehenden Vollziehung der Auflage sich dadurch zu entziehen vermögen, daß er die Strafe vollstrecken ließe. Dem gegenüber seien die aufgenommenen Sätze geeignet, in angemessener Weise die Erzwingbarkeit der Wahl und damit der zur Auflage gemachten Leistung herbeizuführen. Protokolle, 335. Sitzung, I. D. S. 6630 f.

[9] B.G.B. § 2193 Abs. 3 Satz 1.

[10] B.G.B. § 2193 Abs. 3 Satz 2, § 2151 Abs. 3 Satz 2.

[11] B.G.B. § 2193 Abs. 3 Schluß.

statten kommen würde.[12] Unter dem Erben ist hier der Alleinerbe verstanden. Diesem steht das Recht, die Vollziehung der Auflage zu fordern, zu, wenn ein Vermächtnisnehmer mit der Auflage beschwert ist. Sind Miterben ernannt, so hat, wenn ein Miterbe beschwert ist, jeder andere Miterbe das Recht, die Vollziehung der Auflage zu verlangen. Ein jeder Miterbe hat aber das Recht, auch wenn ein Vermächtnisnehmer beschwert ist, und der Erblasser für diesen Vermächtnisnehmer nicht etwa einen Ersatzvermächtnisnehmer ernannt hat. Denn der Wegfall eines jeden Vermächtnisnehmers vergrößert die unter den Miterben zu teilende Erbschaft, und das Recht, die Vollziehung der Auflage zu verlangen, ist jedem gegeben, dem der Wegfall dessen zu statten kommt, der zunächst beschwert ist. Ist nur ein Erbe eingesetzt, und dieser mit der Auflage beschwert, so ist das Recht, auf Vollziehung der Auflage zu dringen, dem nächsten, der beim Wegfalle des zuerst eingesetzten zur Erbschaft als Erbe berufen ist, gegeben. Dies geht so fort, bis sich ein Berufener findet, der die Auflage vollzieht, oder bis niemand mehr da ist, der mit dem Anspruche auftreten möchte und auftreten könnte, die Vollziehung zu verlangen, weil ihm der Wegfall des Zunächstbeschwerten zu statten käme. Liegt aber die Vollziehung im öffentlichen Interesse, so kann auch die zuständige Behörde die Vollziehung verlangen.[13]

Eine scheinbare Abweichung des bürgerlichen Gesetzbuches vom ersten Entwurfe liegt darin, daß im ersten Entwurfe unter den Personen die das Recht haben sollen, die Vollziehung einer Auflage zu fordern, der Testamentsvollstrecker obenan steht,[14] und daß die Kommission für die zweite Lesung den Testamentsvollstrecker aus der Zahl jener Personen gestrichen hat.

---

[12] B.G.B. § 2194 Satz 1. In der Kommission für die zweite Lesung des Entwurfes wurde der Antrag gestellt, auch dem Pflichtteilsberechtigten das Recht, die Vollziehung einer Auflage zu fordern, ausdrücklich beizulegen und den Kreis der zu dem Anspruche auf Vollziehung der Auflage berechtigten Personen dahin zu ziehen, daß außer dem Pflichtteilsberechtigten nur dem Testamentsvollstrecker, dem Erben oder Miterben, gegenüber einem Vorerben auch dem Nacherben, gegenüber einem Vermächtnisnehmer auch dem, der mit dem Vermächtnisse beschwert ist, und demjenigen, dem der Wegfall des Vermächtnisnehmers durch Anwachsung zu statten kommen würde, das Recht gegeben werde. Die Mehrheit der Kommission hielt die empfohlene Einzelbestimmung der berechtigten Personen nicht für zweckmäßig. In Bezug auf den Pflichtteilsberechtigten wurde bemerkt, daß es dem Willen des Erblassers schwerlich entsprechen würde, Personen, die er von der Erbfolge ausgeschlossen habe, gewissermaßen zu Vollstreckern der letztwilligen Verfügung zu machen. Protokolle, 354. Sitzung II. S. 7025 flg.

[13] B.G.B. § 2194 Satz 2.

Das vom Gesetzbuche den angegebenen Personen beigelegte Recht, die Vollziehung der Auflage vom Beschwerten zu verlangen, ist der Natur der Sache nach ein klagbares Recht. Es wird als solches auch in der Bestimmung des Gesetzbuches hingestellt, nach welcher derjenige, der mit dem gegen den Beschwerten durch Klage geltend gemachten Verlangen, die Auflage zu vollziehen, bis zur Erzielung eines den Beschwerten verurteilenden rechtskräftigen Erkenntnisses durchgedrungen ist, durch geeignete Zwangsvollstreckungmaßregeln bei fortgesetztem Ungehorsam des Beschwerten erreichen kann, daß er selbst die Befugnis erhält, die Person, an welche die Leistung nach Inhalt der Auflage erfolgen soll, an Stelle des vom Erblasser mit der Bestimmung betrauten Beschwerten zu bestimmen.[15] Dem Aufbaue der Rechtseinrichtung liegt der Gedanke erkennbar zum Grunde, die Vollziehung einer Auflage dadurch zu sichern, daß dem, der die mit der Auflage belastete Zuwendung haben soll, der also die Auflage auszuführen hat, derjenige

---

[14] Erster Entwurf § 1888. Das Recht, die Vollziehung der Auflage zu fordern, sollte nach dem ersten Entwurfe dem Testamentsvollstrecker, dem Erben oder Miterben, demjenigen, dem der Wegfall des mit der Auflage Beschwerten zu statten kommen würde, und, wenn die Vollziehung im öffentlichen Interesse liegt, auch der zuständigen Behörde zustehen. Die Beschränkung des Rechtes auf die im § 2194 B.G.B. angegebenen Personen wird von der Kommission für die zweite Lesung des Entwurfes mit der Ausführung begründet, das fragliche Überwachungrecht dürfe nur den bei dem Nachlasse wirklich beteiligten, nicht auch ganz unbeteiligten Personen eingeräumt werden. Zu den letzteren seien die Ersatzberufenen und die gesetzlichen Erben zu rechnen. Für die Beschränkung der Vorschrift des Entwurfes spreche die „begründete Besorgnis vor Ausbeutungversuchen, die gegen den Beschwerten unternommen werden könnten." Auch wurde bemerkt, wie die Natur der Auflage es mit sich bringe, daß der Erblasser sich in vielen Fällen auf den guten Willen des Beschwerten verlasse. Protokolle a. a. O. Es fällt auf, daß der Testamentsvollstrecker aus der Zahl der berechtigten Personen gestrichen worden ist. Der in der Besorgnis vor Ausbeutungversuchen bestehende Grund scheint auf ihn nicht bezogen werden zu sollen, da die Kommisson im übrigen den Testamentsvollstrecker ohne Besorgnis des Mißbrauchs seiner Stellung mit einem ganz besonders weiten Kreise von Befugnissen ausgestattet hat, und der Gedanke nahe liegt, daß er gerade mit Rücksicht auf die ihm vom Gesetze eingeräumte Vertrauensstellung vorzugsweise berufen erscheint, die Erfüllung der vom Erblasser angeordneten Auflagen zu überwachen. Und es muß deshalb die Meinung aufgestellt werden, daß die Streichung des Testamentsvollstreckers aus der Zahl der zum Verlangen der Vollziehung einer Auflage berechtigten Personen nicht die Bedeutung hat, den Testamentsvollstrecker **nicht als berechtigt** erscheinen zu lassen. Der Streichung ist vielmehr die Bedeutung beizulegen, daß die Aufnahme des Testamentsvollstreckers in die Zahl jener Personen überflüssig erschienen ist, weil demselben schon vermöge der ihm durch das Gesetzbuch (§ 2203) gegebenen Ermächtigung, die letztwilligen Verfügungen des Erblassers zur Ausführung zu bringen, das Recht zusteht, die Vollziehung der vom Erblasser angeordneten Auflagen zu verlangen.

[15] B.G.B. § 2193 Abs. 2.

mit dem Rechte, die Vollziehung der Auflage zu verlangen und zu erzwingen, an die Seite gestellt wird, der die mit der Auflage belastete Zuwendung beim Wegfalle des Zunächstbeschwerten erhalten würde. Der Zunächstbeschwerte hat also zu prüfen, ob er die mit der Auflage belastete Zuwendung annehmen will oder nicht. Nimmt er sie an, so stellt er sich vor die Notwendigkeit, die Auflage zu vollziehen, oder er muß erwarten, daß er zur Vollziehung gezwungen wird. Der erste Entwurf des bürgerlichen Gesetzbuches hatte die Bestimmung über die Berechtigung, die Vollziehung der Aufgabe zu verlangen, dahin gefaßt, daß dieses Recht, — außer dem Testamentsvollstrecker, dem Erben und dem Miterben — dem zustehe, welchem der Wegfall des Beschwerten zu statten kommen würde.[16] Erst bei der zweiten Lesung sind der Bestimmung die Worte „zunächst" und „unmittelbar" eingefügt worden, so daß sie die oben angegebene Fassung erhalten hat. Man hat mit dieser Veränderung der Fassung vermeiden wollen, daß jeder als berechtigt angesehen wird, die Vollziehung der Auflage zu fordern und im Falle der Verweigerung Klage zu erheben, für den überhaupt die Möglichkeit bestehe, daß auf ihn die Zuwendung übergeht, die der erhalten soll, der mit der Auflage beschwert ist. Man hat das Recht, die Vollziehung der Auflage zu fordern, vielmehr nur dem geben wollen, der beim Wegfalle des Zunächstbeschwerten unmittelbar die diesem bestimmte Zuwendung haben soll, so daß, wenn der alleinige Erbe mit der Auflage beschwert, aber ein Ersatzerbe ernannt ist, diesem letzteren in erster Reihe das Recht, die Vollziehung der Auflage zu fordern, zusteht, der gesetzliche Erbe aber mit dem Anspruche auf Vollziehung der Auflage erst hervortreten kann, wenn beim Wegfalle des eingesetzten Erben der Ersatzerbe zur Erbschaft berufen, also auch mit der Auflage beschwert wäre.

Eine Auflage kann, wie ein Vermächtnis in der Art angeordnet werden, daß die Person, an welche die Leistung zu erfolgen hat, von mehreren Gegenständen nur den einen oder den anderen erhalten soll. Im Zweifel hat der Beschwerte die Wahl. Die Wahl kann aber auch einem Dritten übertragen werden und hat solchenfalls durch Erklärung gegenüber dem Beschwerten zu geschehen. Kann der Dritte die Wahl nicht treffen, oder unterläßt er innerhalb einer vom Nachlaßgerichte auf den Antrag eines der Beteiligten ihm gesetzten Frist sie zu treffen, so geht das Wahlrecht auf den Beschwerten über. Es ist auch nicht ausgeschlossen, daß der Erblasser die Wahl derjenigen Person überträgt, an welche die Leistung er-

[16] Erster Entwurf § 1888 Satz 1.

folgen soll.[17] Eine Auflage kann auch so angeordnet werden, daß Gegenstand der Leistung eine nur der Gattung nach bestimmte Sache ist. Solchenfalls ist in entsprechender Anwendung der Bestimmungen über Gattungvermächtnisse eine Sache zu leisten, die den Verhältnissen dessen gemäß ist, an den die Leistung erfolgen soll. Auch in diesem Falle hat regelmäßig der Beschwerte die Sache zu bestimmen. Ist die Bestimmung einem Dritten oder dem, an den die Leistung erfolgen soll, übertragen, so geht das Recht der Bestimmung, wenn derjenige, dem die Bestimmung übertragen ist, sie nicht treffen kann oder sie innerhalb einer vom Nachlaßgerichte bestimmten Frist nicht trifft, auf den Beschwerten über. Entspricht die von dem Dritten oder von dem, an den die Leistung erfolgen soll, getroffene Wahl den Verhältnissen dieses letzteren offenbar nicht, so hat die Bestimmung keine Gültigkeit und die zu leistende Sache ist von dem Beschwerten zu bestimmen. Und die Frage, ob die von diesem getroffene Bestimmung anzunehmen, ist dann im Rechtsstreite zum Austrage zu bringen.[18] Hat der Erblasser den Zweck der Auflage bestimmt, so kann er die Auflage, auch ohne in eigener Person die Leistung selbst näher zu bestimmen, in der Art anordnen, daß er die Bestimmung der Leistung dem billigen Ermessen des Beschwerten oder eines Dritten überläßt. Die Bestimmung der Leistung geschieht solchenfalls, wenn sie dem Beschwerten überlassen ist, in entsprechender Anwendung der Vorschriften über Vermächtnisse durch Erklärung gegenüber dem, an den die Leistung erfolgen soll, und, wenn sie einem Dritten überlassen ist, durch Erklärung entweder gegenüber dem Beschwerten oder gegenüber dem, an den zu leisten ist. Soll die Bestimmung durch mehrere Dritte geschehen, so ist im Zweifel Übereinstimmung aller erforderlich. Soll von den mehreren Dritten eine Summe bestimmt werden, so ist, wenn verschiedene Summen bestimmt werden, im Zweifel die Durchschnittssumme maßgebend. Entspricht die durch den Beschwerten erfolgte Bestimmung der Billigkeit nicht, so wird die Bestimmung durch Urteil getroffen. Hat ein Dritter die Leistung zu bestimmen, so ist die Bestimmung für die Beteiligten nur dann nicht verbindlich, wenn sie offenbar unbillig ist. Die Bestimmung erfolgt in diesem Falle durch Urteil. Ebenso, wenn der Dritte die Bestimmung nicht treffen kann oder will, oder wenn er sie verzögert.[19]

Eine Auflage bleibt im Zweifel wirksam, auch wenn der Beschwerte nicht Erbe oder Vermächtnisnehmer wird. Beschwert ist in diesem

---

[17] B.G.B. §§ 2192, 2154, 2151 Abs. 3 Satz 2. S. oben § 99.
[18] B.G.B. §§ 2192, 2155, 2154. S. oben § 100.
[19] B.G.B. §§ 2192, 2156, 315 bis 319.

Falle derjenige, dem der Wegfall des Zunächstbeschwerten unmittelbar zu statten kommt.[20]

Unwirksam ist eine Auflage, die auf eine zur Zeit des Erbfalles unmögliche Leistung gerichtet ist oder gegen ein zu dieser Zeit bestehendes gesetzliches Verbot verstößt. Kann die Unmöglichkeit gehoben werden, und ist die Auflage für den Fall angeordnet, daß die Unmöglichkeit gehoben wird, so ist die Auflage gültig. Ebenso, wenn eine unmögliche Leistung unter einer anderen aufschiebenden Bedingung oder unter Bestimmung eines Anfangstermins versprochen ist, und die Unmöglichkeit vor dem Eintritte der Bedingung oder des Termines gehoben wird.[21]

Für den Fall, daß eine Auflage infolge eines von dem Beschwerten zu vertretenden Umstandes unmöglich wird, giebt das Gesetzbuch demjenigen, welchem der Wegfall des Zunächstbeschwerten unmittelbar zu statten kommen würde, einen Anspruch auf Herausgabe der Zuwendung nach den Vorschriften über die Herausgabe einer ungerechtfertigten Bereicherung insoweit, als die Zuwendung zur Vollziehung der Auflage hätte verwendet werden müssen.[22] Die Bestimmung war im ersten Entwurfe nicht enthalten. Dem Antrage, der zu ihrer Aufnahme geführt hat, liegt der Gedanke zum Grunde, daß nach dem Willen des Erblassers der mit der Auflage beschwerte Erbe oder Vermächtnisnehmer die Zuwendung nur mit der Beschwerung erhalten solle, die Auflage also den Wert der Zuwendung mindere und der Bedachte eine ungerechtfertigte Bereicherung erhalten würde, wenn er die Vollziehung der Auflage vereitele und und die dazu erforderlichen Kosten erspare. Der fragliche Gedanke war schon nach den dem ersten Entwurfe beigegebenen Motiven Gegenstand der Erörterung gewesen. Die Aufnahme einer entsprechenden Bestimmung in den Entwurf war aber aus zwei Gründen abgelehnt worden. Erstens mit Rücksicht darauf, daß eine entsprechende Vorschrift im Falle einer Schenkung unter einer Auflage in das Gesetzbuch nicht aufgenommen sei. Zweitens wegen der möglichen Verschiedenheit der Willensrichtung des Erblassers.[23] Der erste Grund hat sich dadurch erledigt, daß bei der Schenkung unter einer Auflage nach dem (als § 527) in das bürgerliche Gesetzbuch aufgenommenen Beschlusse der Kommission für die zweite Lesung des Entwurfes dem Schenker, wenn die Vollziehung der Auflage unterbleibt, ein Anspruch aus unge-

[20] B.G.B. §§ 2192, 2161.
[21] B.G.B. §§ 2192, 2171, 308.
[22] B.G.B. § 2196 Abs. 1.
[23] Motive Bd. 5 S. 216.

rechtfertigter Bereicherung gegeben ist.[24] In Bezug auf den aus der möglichen Verschiedenheit der Willensrichtung des Erblassers hergenommenen Grund wurde in der Kommission bemerkt, daß, wenn ein bestimmter Wille des Erblassers aus den Umständen sich erkennen lasse, dieser Wille allerdings maßgebend sein müsse, und, wenn es daran fehle, ein aus dem vermutlichen Willen des Erblassers geschöpfter Rechtssatz auszuhelfen habe.[25] Nun war auch der Antrag gestellt worden, an Stelle der obigen die Folge des durch den Beschwerten verschuldeten Eintrittes der Unmöglichkeit der Auflage betreffenden Bestimmung folgenden Satz aufzustellen: „Wird die Vollziehung einer Auflage von dem Beschwerten vorsätzlich vereitelt, so tritt Erbunwürdigkeit des Beschwerten ein.“[26] Dieser Antrag wurde abgelehnt, dagegen wurde der Antrag angenommen, den Beschwerten im Falle des von ihm verschuldeten Eintrittes der Unmöglichkeit zur Vollziehung der Auflage nach den Vorschriften über die Herausgabe einer ungerechtfertigten Bereicherung für verpflichtet zu erklären. Denn es entspreche dem Willen des Erblassers, die Herausgabepflicht auf dasjenige zu beschränken, was zur Vollziehung der Auflage hätte verwendet werden müssen.[27]

Die obige Bestimmung gilt nicht blos für den Fall einer vom Beschwerten verschuldeten Unmöglichkeit der Vollziehung einer Auflage, sondern auch für den Fall, daß der Beschwerte zur Vollziehung der Auflage rechtskräftig verurteilt ist, die Auflage durch einen Dritten nicht vollzogen werden kann und die zulässigen Zwangsmittel gegen den Verurteilten erfolglos angewendet worden sind.[28]

Ist die Zeit der Vollziehung einer Auflage dem freien Belieben des Beschwerten überlassen, so wird die Leistung im Zweifel mit dem Tode des Beschwerten fällig.[29]

Bei den Beratungen des Entwurfes erster Lesung wurde noch von der einen Seite der Antrag gestellt, auf die Auflage die bei der bedingten Nacherbeinsetzung und dem bedingten Vermächtnisse vom Gesetze angeordnete zeitliche Beschränkung stattfinden zu lassen. Die Kommission lehnte den Antrag ab. Man erwog, die fragliche Ausdehnung würde der formalen Konseqenz entsprechen. Aber es fehle einer ausdehnenden Vorschrift an einem hinreichenden Bedürfnisse. Es würden zwar Znwendungen in der Weise gemacht, daß eine bestimmte Verwendung der Gelder

[24] Entwurf zweiter Lesung § 474.
[25] Protokolle, 354. Sitzung III S. 7028.
[26] Protokolle a. a. O. S. 7027 f.
[27] Protokolle a. a. O. S. 7029.
[28] B.G.B. § 2196 Abs. 2.
[29] B.G.B. §§ 2192, 2181.

erst nach längerer Zeit stattfinden solle, etwa so, daß einer Gemeinde eine bestimmte Summe zugewendet werde mit der Anordnung, daß die Zinsen zu sammeln seien und bei bestimmter Höhe des Kapitales ein Waisenhaus oder dergleichen errichtet werden solle. Solchenfalls liege eine Anordnung vor, die insoweit sofort wirksam werde, als die Verwaltung alsbald zu beginnen habe. Im übrigen sei nicht dargethan, daß eine Neigung bestehe, Erbschaften in mißbräuchlicher Weise mit Auflageu zu belasten, die erst nach Jahrzehnten wirksam werden sollten. Wenn solche unzweckmäßige Anordnungen vorkämen, würden die Bedachten selbst die Zuwendung ablehnen und die Auflage gegenstandlos werden lassen. Auf der anderen Seite bestehe die Gefahr, daß die Anwendung der fraglichen Beschränkung bei der Auflage zu bedenklichen Eingriffen in berechtigte Interessen führen könne. Zuwendungen würden häufig mit der Bestimmung gemacht, daraus regelmäßig wiederkehrende Leistungen zu bestreiten. Nun werde zwar angenommen, daß solchenfalls ein einheitliches Rechtsverhältnis bestehe und die Auflage als Ganzes wirksam werde. Aber diese Ausführungen seien nicht einwandfrei. Und die Anwendung einer beschränkenden Vorschrift auf dergleichen Auflagen sei nicht ausgeschlossen. Daher könne die Einführung der fraglichen Beschränkung nachteilig wirken.[30]

Ferner wurde der Antrag gestellt, eine Vorschrift dahin aufzunehmen, daß eine Auflage, bei der es offenbar an einem verständigen Interesse fehle, unwirksam sein solle. Auch dieser Antrag wurde abgelehnt. Man erwog, die Entscheidung, ob eine Anordnung offenbar thöricht und zwecklos sei, hänge vielfach von subjektiven Anschauungen ab. Und der Richter könne sich auch bei gewissenhafter Ausübuug seines Amtes dem Einflusse der geschichtlichen, politischen und religiösen Anschauungen seiner Zeit nicht vollständig entziehen. Es liegt also einerseits die Gefahr vor, daß eine verständige, vom Standpunkte des Erblassers gerechtfertigte Anordnung für ungültig erklärt werden würde. Andererseits komme der Fall kaum vor, daß wirklich eine ganz unverständige Anordnung getroffen werde.[31]

§ 110. 2. Die bisher geltenden Rechte.

Nach römischem Rechte besteht ein allgemeiner Rechtssatz mit dem Inhalte, daß derjenige, dem der Wegfall des Zunächstbeschwerten unmittelbar zu statten kommen würde, die Vollziehung der Auflage zu verlangen berechtigt ist, nicht. Von einem Rechte, die Vollziehung einer

---

[30] Protokolle, 353. Sitzung IX. A. S. 7018 flg.
[31] Protokolle a. a. O. S. IX. B. 7021 flg.

Auflage zu fordern, kann aber, wenn ein Erbe beschwert ist, in der Art die Rede sein, daß dem mit der Auflage beschwerten Erben, der die Auflage zu erfüllen sich weigert, die Geltendmachung des Erbrechtes versagt wird.[1] Auch kann bei der Erbteilung der Anspruch auf Vollziehung der Auflage von dem einen Miterben gegen den anderen, der mit der Auflage beschwert ist, geltend gemacht werden.[2] Ist mit der Auflage ein Vermächtnisnehmer beschwert, so kann ihre Vollziehung dadurch erzwungen werden, daß dem Beschwerten die Geltendmachung des Anspruches auf das Vermächtnis versagt wird, bis er Sicherheit für die Vollziehung der Auflage bestellt hat.[3]

Das preußische Gesetzbuch berücksichtigt den Fall einer Auflage im Gegensatze zum Vermächtnisse in der Weise, daß es auch eine Zweckbestimmung, die eine Beschränkung des Bedachten, sei dies der Erbe oder der Vermächtnisnehmer, zu dessen eigenem Vorteile enthält, als erzwingbar ansieht. Hinter dem mit der Zweckbestimmung beschwerten Vermächtnisnehmer steht nämlich mit dem Anspruche auf Erfüllung der Zweckbestimmung der Erbe und hinter dem eingesetzten Erben der gesetzliche Erbe Wird dem Bedachten, der mit der Zweckbestimmung beschwert ist, die Erfüllung des Zweckes unmöglich, so verliert er, wenn die Unmöglichkeit durch seine Schuld eintritt, den ihm zugedachten Vorteil. Der mit der Zweckbestimmung beschwerte Vermächtnisnehmer wird also des Vermächtnisanspruches zu Gunsten dessen verlustig, der mit dem Vermächtnisse beschwert ist. Und der mit der Zweckbestimmung beschwerte eingesetzte Erbe verliert sein Erbrecht zu Gunsten des Ersatzerben, wenn ein solcher ernannt ist, oder des gesetzlichen Erben.[4] Das Rechtsverhältnis gestaltet sich hier ähnlich wie nach dem bürgerlichen Gesetzbuche für das Deutsche Reich auf Grund der Bestimmung des Gesetzbuches, daß derjenige die Vollziehung der Auflage zu verlangen berechtigt ist, dem der Wegfall dessen, der mit der Auflage zunächst beschwert ist, unmittelbar zu statten kommen würde.[5] Für den Fall, daß die Erfüllung des bestimmten Zweckes ohne Schuld des Bedachten unmöglich wird, schreibt das preußische

---

[1] L. 1 § 3 D. ubi pup. (27, 2): Certe non male dicetur: si legatarius vel heres educationem recuset testamento sibi iniunctam, denegari ei actionem debere exemplo tutoris testamento dati: quod ita demum placuit, si idcirco sit relictum: ceterum si esset relicturus, etiamsi educationem recusaturum sciret, non denegabitur ei actio, et ita divus Severus saepissime statuit. L. 8 § 6 D. de cond. nst. (28, 7).

[2] L. 18 § 2, l. 44 § 8 D. fam. ercisc. (10, 2).

[3] L. 19 D. de leg. III (32); l. 80 D. de cond. et dem. (35, 1); l. 7, 48 D. de fideic. lib. (40, 5).

[4] A.L.R. I 12 §§ 508 bis 510.

[5] S. oben S. 441 f.

Gesetzbuch vor, daß die Zuwendung zu einer anderen Bestimmung, die der aus der letztwilligen Verfügung oder aus den Umständen sich ergebenden Absicht des Erblassers am nächsten kommt, verwendet werde. Kann dies nach den Umständen nicht geschehen, so behält die Zuwendung ihre Wirksamkeit, sofern nicht aus der letztwilligen Verfügung selbst oder aus den Umständen klar erhellt, daß der Erblasser die Zuwendung nicht gemacht haben würde, wenn er die Nichterfüllung der Zweckbestimmung vorausgesehen hätte.[6]

Die eigentümlichen Bestimmungen des österreichischen Gesetzbuches über die in Nachlaßsachen dem Abhandlunggerichte obliegende Thätigkeit haben auch das Recht der Auflage eigentümlich gestaltet. Sorge zu tragen hat für die Vollziehung das Abhandlunggericht.[7] Ist die Vollziehung durch Schuld des mit der Auflage beschwerten Erben oder Vermächtnisnehmers unmöglich geworden, so hat dieser die ihm gemachte Zuwendung verwirkt. Und es treten dieselben Folgen ein, die das preußische Gesetzbuch an ein Unmöglichwerden der Erfüllung einer Zweckbestimmung durch Schuld des Beschwerten knüpft. Ebenso wie nach preußischem Rechte behält der Beschwerte aber die Zuwendung oder den Anspruch auf die Zuwendung, wenn die Erfüllung durch einen Zufall unmöglich wird, es sei denn, daß der Erblasser für diesen Fall beabsichtigt hat, die Zuwendung von der Erfüllung der Auflage abhängig zu machen.[8]

Das sächsische Gesetzbuch giebt demjenigen, der in einer letztwilligen Verfügung mit einer Zuwendung bedacht und gleichzeitig mit einer Zweckbestimmung oder einer Auflage zu Gunsten eines Dritten beschwert ist, einen trotz der Beschwerung alsbald zu erfüllenden Anspruch auf die Zuwendung gegen die Verpflichtung, den Personen, zu deren Gunsten die Zweckbestimmung oder Auflage gemacht ist, Sicherheit für die Erfüllung des Zweckes oder der Auflage zu bestellen.[9] Außer diesem Anspruche auf Sicherheitbestellung steht dem Dritten, zu dessen Gunsten der Zweck oder die Auflage gereicht, das Recht zu, von dem Bedachten, der mit der Auflage oder der Zweckbestimmung beschwert ist, die Erfüllung zu verlangen und ihm eine Frist für die Erfüllung nach richterlichem Ermessen setzen zu lassen.[10] Dem Dritten, zu dessen Gunsten der Zweck oder die Auflage gereicht, stehen in allen angegebenen Beziehungen solche Dritte gleich, denen an der Erfüllung überhaupt nur gelegen ist.[11] Er-

---

[6] A.L.R. I 12 §§ 511 bis 513.

[7] Österreich. Gesetzb. §§ 817, 819; Unger, österreich. Erbrecht § 18.

[8] Österreich. Gesetzb. §§ 709, 710; Unger a. a. O.

[9] Sächs. Gesetzb. § 2151.

[10] Sächs. Gesetzb. § 2152.

[11] Sächs. Gesetzb. 2151, 2152.

füllt der Bedachte die Zweckbestimmung oder Auflage in der gestellten Frist nicht, so verliert er, wenn die Nichterfüllung beabsichtigt oder wenn sie die Folge einer von dem Bedachten verschuldeten Unmöglichkeit der Erfüllung ist, das Recht auf die Zuwendung und ist zur Erstattung des Erhaltenen wie der Empfänger einer Nichtschuld verpflichtet.[12] Auf eine Zweckbestimmung oder Auflage, die blos zu Gunsten des Bedachten gereicht, oder von der nicht zu ersehen ist, daß irgend einer anderen Person an ihrer Erfüllung gelegen ist, finden die Rechtssätze, die sich auf die Erzwingbarkeit ihrer Erfüllung beziehen, keine Anwendung.[13]

§ 111. Die Testamentsvollstrecker.

I. Geschichtliche Einleitung.

Die Rechtssätze des bürgerlichen Gesetzbuches, die sich auf die Testamentsvollstrecker beziehen, enthalten die Ausgestaltung eines Rechtsgebildes, das auf deutschrechtlichem Boden im Widerspruche mit den Gedanken, die das römische Erbrecht beherrschen, entstanden ist. Das fragliche Rechtsgebilde hat bisher, sei es trotz diesem Gegensatze, sei es grade um des Gegensatzes willen, sich als besonders lebensfähig bewiesen. Seine Entwickelung ist aber nicht nach einem einheitlichen Rechtsgedanken vor sich gegangen. Von den in den letzten Jahrhunderten auf deutschem Boden eingeführten Gesetzbüchern ist das bayerische gegen die Testamentsvollstrecker mit Machtbefugnissen besonders freigebig gewesen.[1] Die Redaktoren des preußischen Landrechtes haben die Rechtseinrichtung wohl nicht für unentbehrlich gehalten und sind ihr schwerlich günstig gesinnt gewesen. Denn sie haben im Gegensatze zu der sonstigen Art der Behandlung ihrer Rechtsstoffe die Testamentsvollstrecker nur kärglich mit Normen ausgestattet.[2] Der Code civil,[3] das österreichische bürgerliche Gesetzbuch[4] und das sächsische bürgerliche Ge-

---

[12] Sächs. Gesetzb. § 2152 Satz 2.

[13] Sächs. Gesetzb. § 2153.

[1] Cod. Maximil. Bavar. civ. Th. III Kap. 2 §§ 15 bis 20.

[2] A.L.R. I 12 §§ 557 bis 562. Einen größeren Kreis von Machtbefugnissen als die Bestimmungen des Landrechtes selbst hat der § 157 des Anhanges zum Landrechte dem Testamentsvollstrecker gegeben.

[3] Artt. 1025 bis 1034.

[4] Österreich. Gesetzb. § 816. Die Rechtseinrichtung wird in Österreich nicht als Bedürfnis empfunden. Unger, Österreich. Erbrecht S. 125 Anm. 7: „Da nach Österr. Recht das Gericht ohnehin als supremus testamenti executor einschreitet, so stellt sich die Ernennung eines besonderen Testamentsvollziehers als ziemlich überflüssig heraus." Randa, Erwerb der Erbschaft S. 75 Anm.: „In den österr. Ländern scheint das

setzbuch[5] haben der Rechtseinrichtung nach verschiedenen Richtungen enge Grenzen gezogen. Die Rechtssätze, mit denen das bürgerliche Gesetzbuch für das Deutsche Reich gegenwärtig die Rechtseinrichtung ausgestattet hat, sollen dieselbe nunmehr bei der infolge der Art ihrer Entwickelung und der bisher durch Rechtswissenschaft, Rechtsprechung und Gesetzgebung ihr zu Teil gewordenen in sich widerspruchsvollen Behandlung gegenüber den bisherigen Versuchen ihres Aufbaues auf feste Grundlagen stellen.

Die Rechtseinrichtung der Testamentsvollstrecker ist entstanden, als die Einrichtung der Testamente selbst von deutschen Völkerschaften aufgenommen und unter ihnen verbreitet wurde. Dem deutschen Rechte war der Begriff des Erben im römischen Sinne fremd und blieb ihm zunächst noch fremd, auch nachdem schon die Testamente auf deutschrechtlichem Boden Eingang erhalten hatten. Anfänglich waren die Testamente in Deutschland letztwillige Verfügungen ohne Erbeinsetzung,[6] und das Recht der Testamentserrichtung stand nur den Geistlichen zu, weil diese unter den Vorschriften des römischrn und kanonischen Rechtes lebten.[7] Beschränkt war die Testamentserrichtung im Gegensatze zu den deutschrechtlichen Vergabungen von Todeswegen der Natur der Sache nach zuerst auf die fahrende Habe. Auch in dieser Beschränkung fanden die Testamente unter dem Drucke des einheimischen Rechtes nur allmählich Anerkennung. Manche Rechte ließen sie nur für geringere Werte zu,[8] oder nur für sogen. wohl gewonnenes Gut im Gegensatze zum Wertsbetrage des ererbten Vermögens.[9] Bei diesem Rechtszustande war, da es an einem Erben, an den sich der Bedachte hätte halten können, fehlte, das Bedürfnis einer Rechtseinrichtung von selbst gegeben, die in sich eine Gewähr der Ausführung des in dem Testamente niedergelegten letzten Willens trug. Diese Einrichtung war die der Testamentsvollstrecker, die zur Ausführung der letztwilligen Verfügungen bestellt wurden.

Zwischen dieser infolge der Aufnahme der Testamente im Rechtsleben notwendig gewordenen Einrichtung und einer anderen, älteren Einrichtung des deutschen Rechtes, den Treuhändern oder Salmannen,

---

Institut der T. V. bei der frühzeitigen Intervention der Ämter bei der s. g. Abhandlung des Nachlasses nie festen Fuß gefaßt zu haben."

[5] Sächs. Gesetzb. §§ 2230 bis 2245.

[6] Pauli, Abhandlungen aus dem Lübischen Rechte III S. 230 flg; Beseler, von den Testamentsvollziehern, Ztschr. für deutsches Recht, Bd. 9 S. 144 flg.

[7] Stobbe. deutsches Privatrecht Bd. 5 S. 199 f.

[8] Stobbe a. a. O. S. 205 flg.

[9] Pauli a. a. O. S. 234 flg. Beseler, Erbverträge Bd. 1 S. 251.

bestand ein enger Zusammenhang.[10] Vermöge der Einrichtung der Salmannen war es möglich, auch über Grundstücke von Todeswegen zu verfügen, nämlich die Grundstücke zum Zwecke der Vergabung von Todeswegen in der Art aufzulassen, daß die Treuhänder oder Salmannen zu Mittelspersonen behufs der Weitervergabung der Grundstücke nach dem Tode des Erblassers wurden. Salmannen bestellte man auch mit der Ermächtigung, nach dem Tode des Bestellenden über dessen ganzen Nachlaß zu verfügen. So kann gesagt werden, daß die Salmannen die Stelle der eigentlichen geheimen Testamente vertreten haben.[11]

Besondere Bedeutung im Rechtsleben erhielten die Testamentsvollstrecker dadurch, daß sie zu den Kindern und der Witwe des Erblassers im Schutzverhältnisse eines Vormundes und Vogtes standen und Schirmherren der Familie so wie Vertreter des Nachlasses waren.[12] Indem die Rechtseinrichtung diese Bedeutung erhielt, ward ihr ein Gepräge aufgedrückt, das auch nach vollständiger Aufnahme des römischen Rechtes in Deutschland für die Behandlung der Rechtseinrichtung bestimmend war.

Als in Deutschland mit der Aufnahme des römischen Rechtes der Begriff des Erben und der Gedanke der Gesamtrechtsnachfolge zur Geltung kamen, mußte sich zeigen, ob die alte Rechtseinrichtung dem neuen Rechte gegenüber weichen oder, wie so viele Gestaltungen des einheimischen Rechtes, die dem Andringen des fremden Rechtes nicht gewachsen waren, verschwinden würde. Die alte Einrichtung wich nicht, sondern entwickelte eine bemerkenswerte Widerstandskraft, und das neue Recht mußte sich mit dem Raume begnügen, der ihm auf dem neuen Boden zur Entwickelung seiner Rechtsgebilde verblieb, auf die Gefahr hin, daß diese Rechtsbildungen zu der vollen Ausgestaltung, die ihnen auf römischem Boden zu Teil geworden war, nicht gelangten. Damit entstand die Aufgabe, für die Rechtseinrichtung der Testamentsvollstrecker im System einen Platz aufzufinden, auf dem sie sich mit dem Rechtsbegriffe des Testamentes als der letztwilligen Ernennung eines Erben und mit der Rechtsstellung des Erben als Gesamtrechtsnachfolgers des Erblassers wohl oder übel vertrug.

Unter den älteren Juristen, die dieser Aufgabe sich unterzogen, steht Wilh. Durantis[13] (1237 bis 1298) obenan. Er teilt die Testa-

---

[10] Pauli a. a. O. S. 308 flg., Beseler, Ztschr. für deutsches Recht Bd. 9 S. 148 f. Stobbe, a. a. O. S. 260 flg.

[11] Zöpfl, deutsche Staats- und Rechtsgeschichte Bd. II Abth. 2 S. 375.

[12] Kraut, die Vormundschaft nach den Grundsätzen des deutschen Rechtes Bd. 1 S. 11. 32 flg, 263 flg.; Pauli a. a. O. 316 flg.; Beseler a. a. O. S. 149.

[13] Durantis, specul. iuris lib. II p. II de instrum. edit. § 13. — Durantis wird er von Savigny, Geschichte des römischen Rechts im Mittelalter, Bd. 5 S. 573 genannt.

mentsvollstrecker ein in testamentarii, legitimi und dativi. Diese Dreiteilung erinnert an die Dreiteilung der Vormünder nach dem Grunde ihrer Bestellung. Executor testamentarius ist der vom Erblasser in letztwilliger Verfügung bestellte Testamentsvollstrecker, executor legalis der durch das Gesetz berufene Vollstrecker, nämlich für Verfügungen zu frommen Zwecken der Bischof, für andere Verfügungen die vormundschaftliche Behörde, executor dativus der von der Obrigkeit bestellte Vollstrecker. Neben jener Dreiteilung hebt Durantis noch als Ähnlichkeiten des Testamentsvollstreckers mit dem Vormunde die hervor, daß beide verpflichtet sind, ein Inventar zu errichten und über geführte Verwaltung Rechnung zu legen, daß beide zur Übernahme des Amtes gezwungen und daß beide wegen Pflichtverletzung aus dem Amte entfernt werden können.[14] Weiter untersucht er, ob dem Testamentsvollstrecker, da ihm immerhin ein Mandat des Erblassers zur Seite stehe, nicht die Stellung eines Prokurators, der fremde Geschäfte zu versehen habe, anzuweisen sei. Er weist aber die Zusammenstellung des Testamentsvollstreckers mit dem Prokurator zurück, da ein Mandat mit dem Tode des Erblassers aufhören würde, der Testamentsvollstrecker, wenn er Mandatar wäre, auch nicht gegen den Erben vorgehen könnte. Durantis prüft sodann, ob der Testamentsvollstrecker als Vermächtnisnehmer oder Fideikommissar angesehen werden könne. Er erwägt, daß die selbständige Stellung[15] des Testamentsvollstreckers dem Erben gegenüber für die Bejahung der Frage spreche, für die Verneinung aber der Umstand, daß mit der Stellung des Testamentsvollstreckers kein commodum ex testamento verbunden zu sein brauche. Schließlich gelangt er aber doch dahin, den Testamentsvollstrecker dem Fideikommissar an die Seite zu stellen.

Auf den Gesichtspunkt, den hiernach Durantis selbst einnimmt, hat sich nach ihm nur C. F. Koch gestellt. Nach diesem ist für die richtige Auffassung des Testamentsvollstreckers die Analogie des Fiduziars die allein passende, da dem Testamentsvollstrecker Besitz in eigenem Namen und aus eigenem Rechte beizulegen sei. Dies eigene Recht bezeichnet Koch als das vom Erblasser ererbte Amt mit den damit ver-

---

[14] Durantis a. a. O. Nr. 1 flg. 46, 47, 55, 57.

[15] Durantis a. a. O. Nr. 69 flg.: Est loco legatarii vel fideicommissarii propter quasdam similitudines, quas cum illis habet, et ideo fideicommissario quasi humaniori aggregatus. Si enim non esset loco legatarii vel quasi, numquam posset cum herede agere, quod tamen potest. Alii contra, quia ex hoc testamento nullum commodum consequeretur.

bundenen Vorteilen und Gebührnissen. Der Zweck des Amtes ist ihm ein Onus des Amtsvermächtnisses.[16]

Neben jener Auffassung, die von Durantis schließlich selbst gebilligt worden ist, hat derselbe Jurist in der oben dargelegten Weise seiner Besprechung der Testamentsvollstrecker schon die Hauptgesichtspunkte gekennzeichnet, die Jahrhunderte lang für die Auffassung der Rechtseinrichtung in Rechtswissenschaft und Rechtsprechung leitend gewesen sind. Es sind insbesondere die Vergleichung des Amtes des Testamentsvollstreckers mit dem des Vormundes und die Vergleichung seiner Rechtsstellung mit der des Prokurators, welche die Rechtseinrichtung abwechselnd beherrscht haben, während die von Durantis und C. F. Koch vertretene Auffassung ohne weitere Nachfolge geblieben ist. Die Analogie der Vormundschaft hat zuerst im Vordergrunde gestanden. Infolge der Aufnahme des römischen Rechtes konnte die Anlehnung der Rechtseinrichtung an die Salmannen nicht mehr stattfinden. Ebenso mußte der Gesichtspunkt der Vogtei weichen. Die Testamentsvollstrecker wurden zu Verwaltern fremden Vermögens.[17] Aber indem man ihnen in der Hauptsache gleiche Pflichten wie den Vormündern auferlegte, konnte man in der gemeinrechtlichen Lehre die alte Grundlage der Vogtei im wesentlichen festhalten.

Als der erste Jurist, der nach Durantis die Analogie der Vormundschaft bei Beurteilung der Rechtseinrichtung der Testamentsvollstrecker verwertete, wird A. Faber (1608) genannt.[18] Andere schwanken zwischen den Gesichtspunkten der Vormundschaft und des Auftrages hin und her. So Mevius (1664): *Tutoribus exaequari solent.* Summa officii in eo consistit, ut ultimam voluntatem tueantur provideant curentque, ne quid in testamento sine exitu et effectu sit assistantque eis, quibus ex testamento debetur, ut

[16] C. F. Koch, Erbrecht S. 339, 361. — Koch spricht von der Analogie des Fiduziars, Durantis betont die Ähnlichkeit des Fideikommissars mit dem Testamentsvollstrecker.

[17] Pauli a. a. O. S. 337 f.; Beseler a. a. O. S. 162.

[18] A. Faber, de erroribus pragmaticorum et interpret. iur. III. Dec. LXVI error. 6—10, Beseler a. a. O. S. 161 sagt von ihm, er sei mit einer bei ihm selbst nicht eben häufigen Unbefangenheit darauf gedrungen, das moderne Institut in seiner Eigentümlichkeit anzuerkennen und es seiner Natur gemäß nach Analogie der Vormundschaft zu beurteilen. Fabers Ausführungen sind wenig förderlich. Sie beziehen sich auf die Fragen, ob ein Testamentsvollstrecker Testamentszeuge sein könne, ob der Vormund des eingesetzten Erben Testamentszeuge sein könne, ob das, was in dieser Hinsicht vom Vormunde gelte, auch vom Testamentsvollstrecker zu gelten habe, und ob der Testamentsvollstrecker mehr Ähnlichkeit mit dem Vormunde habe als mit einem Vermächtnisnehmer.

suum consequantur — *tenentur* tanquam *procuratores defuncti.*[19] Ähnlich Benedict Carpzov: Non male *adaequantur tutoribus* — executor *quasi procurator* et commissarius defuncti habetur — videntur executores testamenti repraesentare personam defuncti testatoris, cuius habentur *procuratores.*[20] Nicht anders die Tübinger Fakultät: Personam defuncti testatoris repraesentant eiusqe quasi *procuratores* videntur. Hinc etiam quoad potestatem et officium *cum tutoribus comparantur.*[21] Ebenso Lauterbach (1668). Als Grundlage der Rechtseinrichtung stellt er das Mandat hin. Für die Behandlung im einzelnen macht er die Analogie des Güterpflegers und des Vormundes nutzbar.[22]

Später tritt in der Lehre die Verwendung der Analogie der Vormundschaft zurück und die Analogie des Auftrages[23] wird vorherrschend. Damit hängt zusammen, daß der Umfang des Kreises der Befugnisse des Testamentsvollstreckers vielfach anders begrenzt worden ist als vorher. Mit der Voranstellung der Analogie des Auftrages konnte man nämlich den Standpunkt gewinnen, daß dem Testamentsvollstrecker nur die Rechte einzuräumen seien, von denen nach dem Inhalte des Testamentes nicht anders angenommen werden könne, als daß sie nicht der Erbe, sondern der Testamentsvollstrecker haben solle. So ist auch die Lehre vielfach behandelt worden. Allein das Zurücktreten der Analogie der Vormundschaft hat nicht allgemein den Einfluß einer Veränderung der Lehre und einer Verschiebung der praktischen Ergebnisse der Beurteilung zur Folge gehabt. Manche Theoretiker haben den Gesichtspunkt der Vormundschaft oder doch die mit der älteren Lehre in Verbindung stehenden weiteren Grenzen des Wirkungskreises der Testamentsvollstrecker festgehalten. Von den beiden oben (S. 450 Anm. 1, 2) erwähnten Gesetzbüchern des vorigen Jahrhunderts aber läßt das unter dem Einflusse v. Kreittmayrs[24] entstandene, von der Theorie Lauterbachs besonders beeinflußte bayrische den Standpunkt der Vormundschaft vorherrschen, während das preußische den Gesichtspunkt des Vollmachtauftrages[25] in den Vordergrund stellt.

Als die letzten Vertreter der beiden angegebenen Richtungen in der

---

[19] Mevius, comment. ad ius Lubec. p. II tit. 1 Art. 15.

[20] Benedict. Carpzov, iuris prud. Rom. Saxon. p. III const. 13 def. 37. 38. — Opus decision. p. II dec. 159 No. 13, 15.

[21] Consilia Tubingens. vol. II cons. 52 Nr. 4—8.

[22] Lauterbach, disputatio de executor. volunt. ultim.

[23] Zu vgl. die Litteratur bei Beseler a. a. O. S. 163 flg.

[24] Zu vgl. v. Kreittmayr, Anmerkungen über den Cod. Max. Bav. civ. Bd. III S. 161 flg.

[25] A.L.R. I. 12 § 557.

Lehre von den Testamentsvollstreckern dürfen Windscheid und Sintenis bezeichnet werden. Man müsse, so führt Windscheid[26] aus, indem er gegen den Auftrag als Grundlage der Rechtseinrichtung mit den schon von Durantis geführten Waffen vorgeht, wenn man das Rechtsverhältnis als Auftragsverhältnis aufbauen wolle, unter „Auftrag" einen einseitig erklärten und von dem Erben nicht zu widerrufenden Auftrag verstehen; und dann habe man den römischen Namen und nicht die römische Sache. Zu Gunsten der Analogie der Vormundschaft macht er geltend, es sei zwar richtig, daß der Vormund im öffentlichen Interesse aufgestellt sei und nicht freiwillig eintrete, während für den Testamentsvollstrecker allein die privaten Interessen des Erblassers maßgebend seien und ihn niemand zur Übernahme der Stellung nötige. Aber daraus folge nur, daß man die Konsequenzen, die sich aus diesen beiden Punkten ergeben, im einzelnen wegzulassen habe, nicht aber daß für die Ausbildung des Rechsinstitutes die Analogie der Vormundschaft überhaupt zu verwerfen sei. — Dagegen macht Sintenis[27] dafür, daß der Auftrag als Grundlage der Rechtseinrichtung anzunehmen sei, geltend, das Wesen der Testamentsvollstreckung sei schon dem klassischen römischen Rechte nicht fremd gewesen und in demselben als Mandat bezeichnet, von den christlichen Kaisern aber sei die Rechtseinrichtung gefördert worden. Durch die Verfügungen zu frommen Zwecken habe sie allgemeinere Geltung erhalten und sei ebenso gangbar gewesen wie in unseren Zeiten. Allerdings enthalte die Rechtseinrichtung nicht eine Anwendung des Mandatsverhältnisses schlechthin. Es liege in ihr eine Erweiterung der zulässigen thatsächlichen Voraussetzungen des Mandates. Aber als Mandat sei das Verhältnis des Testamentsvollstreckers allgemein angesehen und bezeichnet worden.

Die Anschauungen der beiden zuletzt genannten Schriftsteller können als typisch für die beiden einander gegenüberstehenden Auffassungeu angesehen werden. Nun ist es, wenn von der rechtsgeschichtlichen Bedeutung abgesehen wird, welche Vormundschaft und Vogtei für die Rechtseinrichtung der Testamentsvollstrecker gehabt haben, für die Gegenwart lediglich eine gewisse Ähnlichkeit zwischen dem Rechtsverhältnisse der Testamentsvollstrecker und dem der Vormünder, was zu Gunsten der Anwendung

---

[26] Windscheid, Pandekten, Bd. 3 S. 112 Anm. 7.

[27] Sintenis, Civilrecht Bd. 3 S. 482 flg. Anm. In den l. 50 § 1 D. de H. P. (5, 3), l. 7 D. de annuis (33, 1), l. 44 D. de manum. test. (40, 4), l. 28, 45 (46), 48 (49) C. de episc. et cler. (1, 3) und in der Nov. 131 cap. 10, 11 enthalten die römischen Rechtsbücher Bestimmungen, die mit der Rechtseinrichtung der Testamentsvollstrecker in Verbindung gebracht werden, obwohl die Rechtseinrichtung eine wesentlich deutschrechtliche ist.

gewisser für die Vormundschaft geltender Rechtsnormen auf das Rechtsverhältnis der Testamentsvollstrecker spricht, und ebenso ist es eine gewisse Ähnlichkeit zwischen dem Rechtsverhältnisse des Beauftragten und dem des Testamentsvollstreckers, die sich zu Gunsten der Anwendung der für den Auftrag geltenden Normen auf den Testamentsvollstrecker geltend machen läßt. Eine solche Ähnlichkeit verschiedener Rechtseinrichtungen, von denen die eine mit ausreichenden Normen ausgestattet ist, die andere solcher Ausstattung entbehrt, kann dahin führen, von den Normen der ausreichend ausgestatteten Rechtseinrichtung für die andere nach den Grundsätzen der Analogie Gebrauch zu machen, jenen Normen „entsprechende Anwendung" zu geben. Vormund, Testamentsvollstrecker und Beauftragter sind regelmäßig in der Lage, fremdes Vermögen in Besitz und Verwaltung zu nehmen und fremde Geschäfte zu führen. Und solange es für Testamentsvollstrecker keine bestimmten Rechtsnormen gab und giebt, blieb und bleibt nur übrig, mit der Analogie zu rechnen und die für ähnliche Rechtseinrichtungen gegebenen Rechtsnormen von diesen zu entlehnen. So ist man denn auch vorgegangen.[28] Allein die Analogie der Vormundschaft und die des Auftrages reichten weder einzeln noch auch zusammen für das praktische Bedürfnis aus. Für die im Mittelalter entstandene Sitte, die Verwendung des Nachlasses zu frommen Zwecken ganz oder teilweise einem Testamentsvollstrecker zu überlassen, konnte weder die Analogie der Vormundschaft noch die des Auftrages genügen. Nach dieser Richtung wurde an den Testamentsvollstrecker die Aufgabe des Arbitrators gestellt, der nach seinem besten Ermessen zu handeln befugt sei, und das Rechtsverhältnis demgemäß beurteilt.[29] Die in Frage stehende Sitte gehört nun zwar dem Rechtsleben nicht mehr an. Allein das arbitrium boni viri kann auch bei der Thätigkeit des Testamentsvollstreckers im übrigen von Bedeutung sein und sich geeignet erweisen, in der Beurteilung eine Lücke auszufüllen, die von der Analogie der Vormundschaft und des Auftrages gelassen wird, namentlich wenn dem Testamentsvollstrecker die Auseinandersetzung unter Miterben obliegt. Dafür sind die Rechtssätze der Vormundschaft und des Auftrages nicht verwertbar. Aber für das dem Testamentsvollstrecker obliegende Geschäft der Erbteilung bot sich die Analogie des Arbitrators dar. Und die dafür geltenden Rechtssätze vervollständigten

---

[28] Auch das bürgerliche Gesetzbuch bestimmt in § 2218, daß eine Reihe der für den Auftrag geltenden Vorschriften (die §§ 664, 666 bis 668, 670, 673 Satz 2 und 674) auf das Rechtsverhältnis zwischen dem Testamentsvollstrecker und dem Erben entsprechende Anwendung finden sollen.

[29] Beseler a. a. O. S. 171 f.

das für die Rechtseinrichtung hier in Betracht kommende objektive Recht.[30]

Jeder praktische Jurist weiß von Fällen zu berichten, für die eine Entscheidungnorm nicht klar vorliegt, sondern erst aus dem seit Jahrhunderten und Jahrtausenden angesammelten Stoffe des objektiven Rechtes mit größerem oder geringerem Aufwande von geistiger Kraft gewonnen werden muß. Hat man nun bei der Rechtsanwendung, weil bestimmte Normen für die Rechtseinrichtung, die gerade in Frage steht, fehlen, die Analogie zu Hilfe zu nehmen, so wird regelmäßig die innere Natur der Rechtseinrichtung, deren Normen für die Anwendung auf eine andere Rechtseinrichtung in Frage kommen, so beschaffen sein, daß sie nicht in dem ganzen Umfange, sondern nur in einem größeren oder geringeren Teile ihrer Rechtsnormen die Anwendung vermöge der Analogie zuläßt. Das wird auch von den Juristen, die für die Beurteilung der Testamentsvollstrecker die Analogie der Vormundschaft zu Hilfe nehmen, so wenig verkannt, wie von denen, die mit der Analogie des Auftrages argumentieren. Windscheid hält für selbstverständlich, daß die Rechtssätze, die sich auf die Bestellung der Vormünder und den Grund der Bestellung beziehen, von der Anwendung auf die Testamentsvollstrecker ausgeschlossen bleiben müssen.[31] Sintenis will die für den Auftrag geltenden Normen, die sich auf die Vertragsnatur des Auftrages und auf seine Nichtverbindlichkeit für die Erben des Auftraggebers beziehen, auf die Testamentsvollstrecker ebenfalls nicht angewendet wissen. Die Testamentsvollstreckung wird von ihm auf eine besondere Art des Auftrages zurückgeführt, ähnlich wie die französischen Juristen in der Bestellung eines Testamentsvollstreckers ein mandatum sui generis finden.[32] Und daß die Beurteilung der Rechtseinrichtung der Testamentsvollstrecker nur zu einem ganz kleinen Teile aus der Analogie des Arbiters oder des Arbitrators hergenommen werden kann, ist ebenfalls selbstverständlich. In den Fällen, in denen das positive Recht ausreichende Normen für eine bestimmte Rechtseinrichtung entbehrt, ist die Rechtsfindung oft schwierig. Und es kommen leicht Fehlgriffe vor. Man hilft sich in solchen Fällen so gut man eben kann.

Allein die Hauptschwierigkeit liegt nicht darin, daß man auf die Analogie angewiesen ist. Die Hauptaufgabe ist vielmehr die Erkenntnis der inneren Natur des Rechtsgebietes, für welches das objektive Recht

---

[30] Das bürgerliche Gesetzbuch giebt nach dieser Richtung der Analogie des Arbitrators ebenfalls aushilfweise Geltung (§§ 2204, 2048).

[31] Windscheid, Pandekten a. a. O.

[32] Zachariä v. Lingenthal-Crome, französisches Civilrecht Bd. 4 § 725.

ausreichende Rechtssätze noch nicht hat zur Entstehung gelangen lassen. Ist diese Erkenntnis vorhanden, handelt es sich also beim Nichtvorhandensein ausreichender Normen für das fragliche Rechtsverhältnis nur darum, mit Hilfe der Analogie die richtigen Normen zu wählen, so werden erhebliche Schwierigkeiten für die Rechtsfindung regelmäßig nicht entstehen. Aber es muß anerkannt werden, und ist auch anerkannt worden, daß diese Erkenntnis der inneren Natur der Testamentsvollstrecker lange Zeit ihre großen Mängel gehabt hat. Die Juristen haben sich bei Ermittelung der Rechtssätze, deren Anwendung auf das Rechtsverhältnis der Testamentsvollstrecker passend erschien, meistens nur von äußeren Ähnlichkeiten bestimmen lassen und daher abwechselnd mit der Vormundschaft und mit der Auftragserteilung, zuletzt auch mit dem Rechtsverhältnisse des Arbiters und des Arbitrators argumentirt. Die Zurückführung der Einrichtung auf einen einheitlichen Rechtsgedanken war bis fast zur Mitte des laufenden Jahrhunderts kaum versucht worden. Und man war schließlich darin einig, daß die Rechtseinrichtung der Testamentsvollstrecker überhaupt nicht als eine eigentümliche im System des Rechtes angesehen werden könne.[33] Daß die Rechtswissenschaft sich damit ein Armutzeugnis ausgestellt hat, wird zugestanden werden dürfen.

§ 112. II. Neuere Gestaltungen der Lehre.

Der Lehre aus diesem Zustande herausgeholfen zu haben, ist das Verdienst Beselers (1845). Beseler hat im Hinblicke darauf, daß in unserem Rechtsleben manche Verhältnisse sich selbständig entwickelt haben, welche, von den Juristen nicht gehörig begriffen oder nur äußerlich erfaßt, die ihnen gebührende Würdigung noch nicht gefunden haben, es unternommen, für das Rechtsverhältnis der Testamentsvollstrecker eine selbständige Begründung auf den eigentümlichen Prinzipien, von denen das Rechtsverhältnis beherrscht wird, zu entwickeln. Diese Begründung giebt er dahin, daß der Testamentsvollstrecker, soweit sein Geschäftskreis reiche, die Stellung einnehme, die nach römischen Rechte dem Erben gebühre und ihm vom Erblasser nicht geschmälert werden könne. Der Grundsatz des römischen Rechtes, nach welchem die Repräsentation des Testamentes ausschließlich dem Erben zukomme und nicht zwischen ihm und einer dritten Person geteilt werden könne, sei in Deutschland nicht praktisch geworden, und die Vollziehung des Testamentes könne daher

[33] Roßhirt, Zeitschrift für Civil- und Kriminalrecht Bd. 1 Heft 2 S. 230 (1831).

noch immer besonders ernannten Testamentsvollstreckern anvertraut werden. Die testamenti factio des römischen Rechtes sei ihrem Inhalte nach für den Testamentsvollstrecker erweitert worden, und die dem Testamentsvollstrecker übertragene Gewalt finde daher ihren Ursprung und ihre Rechtfertigung in der besonders modifizierten Testierfreiheit des römischen Rechtes.[1]

Die Lehre Beselers ist viel angegriffen worden. Ein Genfer Jurist Henri le Fort, schreibt (1878) von ihr: „Cette théorie ingénieuse de **Beseler** n'a point réuni de nombreux partisans, elle n'a même été soutenue par aucun autre écrivain de droit civil que son auteur.“[2] Daß die Lehre keine Anhänger gefunden hat, ist nun zwar nicht richtig,[3] wohl aber, daß sie viele Gegner hat. Als Gegner sind zuerst die schon genannten letzten Anhänger der Vormundschaft- und der Auftragstheorie, Windscheid und Sintenis, hervorzuheben. Beide gehen gegen die Lehre an Stellen vor, wo Beseler selbst anscheinend Blößen der Lehre aufdeckt. Derselbe gewinnt nämlich aus der Prüfung der älteren Theorien das Ergebnis, daß Auftrag, Vormundschaft und arbitrium boni viri zur Entwickelung und Feststellung des Rechtsverhältnisses der Testamentsvollstrecker nicht entbehrt werden können, daß aber keines derselben ein allgemeines Prinzip zur Darstellung und Entwickelung der Lehre herzugeben vermag. Das von ihm selbst aufgestellte Prinzip aber bezeichnet er ebenfalls nicht als ausreichend zu vollständiger Entwickelung des Rechtes der Testamentsvollstrecker, da die Schwierigkeit erst beginne, wenn es sich um die Darstellung der Lehre im einzelnen, um das Verhältnis des Testamentsvollstreckers zum Erben und um die nähere Feststellung des Umfanges der Gewalt, die dem Vollstrecker im Zweifel zukomme, handle. Er bemerkt weiter, es lasse sich auch das Bedenken nicht ganz abweisen, ob die moderne Auffassung der Testierfreiheit nach den Grundsätzen der Zweckmäßigkeit der strengrömischen Auffassung vorzuziehen sei.[4] In Bezug auf das hervorgehobene erste Bedenken macht Windscheid geltend, mit dem neuen Begriffe der formalen Repräsentation werde nichts gewonnen. Denn da der Testamentsvollstrecker als formaler Repräsentant des Erblassers selbstverständlich nicht in eigenem Namen berechtigt und ver-

---

[1] Beseler a. a. O. S. 173 flg.

[2] **Henri le fort, Des exécuteurs testamentaires.** S. 118.

[3] Vorbehaltlos ist sie angenommen von Hillebrand, deutsches Privatrecht 1847, 2. Aufl. 1865) S. 780, H. Baumeister, Privatrecht der freien und Hansestadt Hamburg Bd. 2 (1856) S. 289, Plitt, das eheliche Güterrecht und Erbrecht Lübecks (1884) S. 82.

[4] Beseler a. a. O. S. 172, 174 f.

pflichtet sein solle, so bleibe nur übrig, daß man ihm in betreff fremden Vermögens eine gewisse feste, von dem Erben nicht zu verkümmernde Stellung anweise, die nicht nach der Analogie der rechtlichen Stellung des Erben zu beurteilen sei, von der aber auch nicht gesagt werde, nach welcher Analogie sie beurteilt werden solle.[5] Auch Sintenis hebt hervor, daß der Schwerpunkt der Lehre im Detail liege.[6] Diesen Ausführungen gegenüber wird gesagt werden dürfen, daß die Lehre von den Testamentsvollstreckern schon mit der Zurückführung der Rechtseinrichtung auf eine von dem römischen Erbrechte abweichende Gestaltung des Erbrechtes Gewinn haben müßte, selbst wenn man sich zu bescheiden hätte, daß die äußeren Ähnlichkeiten, die in verschiedenen Punkten zwischen dem Rechtsverhältnisse des Testamentsvollstreckers und denjenigen des Vormundes, des Beauftragten und des Arbitrators bestehen, eine praktische Handhabung der Rechtseinrichtung je nach den für die drei anderen Rechtseinrichtungen bestehenden Rechtssätzen fortdauernd zuließen.

Nun wird allerdings auch der Ausdruck Beselers, daß in der Zulassung der Bestellung eines besonderen Testamentsvollstreckers neben dem Erben eine Erweiterung der testamenti factio liege, getadelt und der Ausdruck „testamenti factio“ in dem ihm gegebenen Sinne als Fehlgriff bezeichnet.[7] Andere mißbilligen zwar nicht den Satz, daß mit der Zulassung der Bestellung eines Testamentsvollstreckers die testamenti factio erweitert sei, sprechen sich aber gegen die Annahme einer Teilung der Repräsentation des Erblassers in die materielle durch den Erben und die formelle durch den Testamentsvollstrecker aus, da es nur die eine Repräsentation des Erblassers durch den Erben selbst geben könne.[8] Die Bemängelung des Ausdruckes „testamenti factio“ hat

---

[5] Windscheid, Pandekten Bd. 3 (6. Aufl.) S. 113 Anm. 7.

[6] Sintenis, Civilrecht Bd. 3 S. 480 Anm.

[7] Förster, Preuß. Privatrecht (1. Aufl. 1864) Bd. 4 S. 170, 171, bemerkt dazu, man könne wohl sagen, daß die Ernennung eines Testamentsvollstreckers, weil sie dem römischen Rechte unbekannt gewesen, ein vom heutigen Rechte zugelassener neuer Gegenstand für den Inhalt eines Testamentes sei, nicht aber, daß dadurch die Testierfreiheit erweitert, ihrem Inhalte nach eine andere werde.

[8] Sintenis, Civilrecht Bd. 3 S. 481, bezeichnet die Vorstellung von der Repräsentation des Erblassers durch den Testamentsvollstrecker als eine innerlich unrichtige. Der Begriff Repräsentation habe nur auf die Persönlichkeit, nämlich auf die Vermögensrechte des Erblassers gegen Dritte, Bezug. Der Testamentsvollstrecker trete aber nicht in dieser Hinsicht neben den Erben, sondern zur Garantie der Ausführung des Willens des Erblassers. Er trete mithin eher in ein oppositionelles und kontrollirendes Verhältnis zum Erben. Er repräsentire in keinem Vermögensrechte den Verstorbenen, sondern, wenn man so sagen wolle, dessen Willen in gewissen Richtungen.

wohl keine sachliche Bedeutung. Unter Erweiterung der testamenti factio versteht Beseler die Zulassung einer bis dahin durch das objektive Recht ihrem Inhalte nach nicht gestattet gewesenen letztwilligen Verfügung. Wird der Ausdruck in diesem Sinne verstanden, so ist er ohne Zweifel zutreffend. Der Satz Beselers von einer Teilung der Repräsentation mag vielleicht insofern Bedenken erregen, als der Ausdruck „Repräsentation," von einem Toten gebraucht, der repräsentirt werden soll, in der Rechtswissenschaft überhaupt kein unstreitiges Bürgerrecht hat. Im Rechtsleben wird ein Toter nicht mehr vertreten,[9] weder durch Erben noch durch Testamentsvollstrecker. Und wenn man von der Repräsentation eines Toten durch seinen Erben spricht, so wird damit keine eigentliche Vertretung im Rechtsverkehre gemeint. Es ist nur ein anderer Ausdruck dafür, daß der Erbe in den Gesamtrechtskreis des Toten eintritt, und für das, was daraus in Bezug auf die Rechtsstellung des Erben folgt.[10] Gestattet nun das positive Recht, daß nach dem Tode des Erblassers auf Grund einer letztwilligen Verfügung desselben eine dritte Person, indem sie beim Erben vorbeigeht, aber unter seiner Anerkennung als des materiellen Herrn des Nachlasses, sich der Herrschaft über den Nachlaß oder eines Teiles desselben zu dem Zwecke bemächtigt, die formelle Verfügungmacht über den Nachlaß auszuüben, die dazu erforderlich ist, dem Nachlasse diejenige rechtliche Gestalt zu geben, die er nach dem Willen des Erblassers durch den Testamentsvollstrecker erhalten soll, so ist, wenn man sich des Ausdruckes „Repräsentation" überhaupt bedienen will, ein innerer Grund nicht zu erkennen, weshalb nicht eine Teilung der Repräsentation in eine in die äußere Erscheinung tretende formelle durch den Testamentsvollstrecker und eine materielle durch den zunächst noch nicht hervortretenden Erben angenommen werden soll. Allein der Ausdruck ist nichts Wesentliches. Wesentlich ist die Zurückführung der Verfügungmacht des Testamentsvollstreckers auf die letztwillige Verfügung des Erblassers.

In der Auffassung einer durch letztwillige Verfügung vermittelten formellen Herrschaft über den Nachlaß weicht auch Dernburg von Beseler nicht ab. Nach Dernburg ist die Anordnung einer Testamentsvollstreckung eine selbständige Art der letztwilligen Anordnungen, mittels welcher der Erblasser eine Vollmacht zur Ausführung seines letzten Willens erteilt. Es ist eine vom Willen des Erben unabhängige

---

[9] Brinz, Pandekten S. 672: „Es ist kein Bedürfnis da, den Schatten eines Verstorbenen hereinzubeschwören; Unger, Österreich. Erbrecht Bd. 5 S. 10 flg. Anm. 7, 8.

[10] So Puchta, Pandekten 4. Aufl. S. 607; Arndts Pandekten 13. Aufl. S. 962.

letztwillige Bevollmächtigung, die, wie Dernburg hinzufügt, den Erblasser in dem Nachlasse bis zur Abwickelung der Verhältnisse in gewissem Sinne forterxistiren läßt.[11] Dies ist der Beselersche Gedanke der formellen Repräsentation des Erblassers durch den Testamentsvollstrecker. Dernburg bemerkt auch, daß er sich den Ausspruch, daß der Testamentsvollstrecker eine formelle Repräsentation des Erblassers habe, in dem Sinne einer Vertretung des Nachlasses durch den Testamentsvollstrecker und einer Fortexistenz des Erblassers in dem Nachlasse bis zur Abwickelung der Verhältnisse aneignen könne.

Mit Dernburg steht Sturm (1882) auf gleicher Stufe der Auffassung. Er tritt der Ansicht Dernburgs bei, daß in dem Amte des Testamentsvollstreckers für diesen eine Vollmacht des Erblassers zur Ausführung des letzten Willens und damit zur Vertretung des Nachlasses liege.[12] Wenn Dernburg davon spricht, daß der Erblasser in dem Nachlasse in gewissem Sinne forterxistire, so denkt er dabei wohl nicht, wie Sturm (a. a. O. S. 121) zu meinen scheint, an eine Fiktion der Fortexistenz des Verstorbenen, sondern er sieht die Fortexistenz als vermittelt an durch die vom Rechte vorausgesetzte Treue des Testamentsvollstreckers gegen die mit der Annahme der Berufung znm Testamentsvollstrecker übernommenen Pflichten. Jene letztwillige Vollmacht kommt auf dasselbe hinaus mit dem Gedanken Beselers von der formellen Repräsentation des Erblassers durch den Testamentsvollstrecker.

Auch Rosenthal, der in dem Testamentsvollstrecker eine vom Erblasser zur Verteilung des Nachlasses in einer dem Sinne des Erblassers entsprechenden Art nebst den dazu erforderlichen Vorbereitunghandlungen bestellte Vertrauensperson ohne notwendige Übertragung eines materiellen Rechtes erkennt und ihn darum ebenfalls als Vertreter des Nachlasses bezeichnet,[13] verwendet zum Aufbaue der Rechtseinrichtung im wesentlichen dieselben Bausteine wie Beseler und Dernburg. Und wenn er eine Teilung der Repräsentation und den Gegensatz zwischer formeller und materieller Repräsentation nicht anerkennen will, weil der Testamentsvollstrecker nur zeitweilig über den Nachlaß zu verfügen habe, so ist darüber nicht weiter zu rechten. Der Sache nach ist die Beselersche formelle Repräsentation des Erblassers durch den Testamentsvollstrecker nichts anderes als jene zeit-

---

[11] Dernburg, preuß. Privatr. 1 Aufl. 1879 Bd. 3 S. 451.

[12] Sturm, Die Lehre von den Testamentsvollziehern, Jahrb. f. Dogmatik Bd. 20 1882 S. 105 ff.

[13] Rosenthal, Die rechtliche Natur der Testamentsexekution. Inauguraldissertation 1883 S. 14 flg.

weilige, nämlich bis zur Beendigung der Amtsführung dauernde Verfügungmacht des Testamentsvollstreckers über den Nachlaß.

Gegen den Gedanken einer Vertretung des Erblassers durch den Testamentsvollstrecker wenden sich Hinschius und Förster.[14] Beide nehmen eine vom Erblasser angeordnete Stellvertretung des Erben durch den Testamentsvollstrecker an. Derselben Meinung sind Gerber,[15] Gengler,[16] Unger.[17] Mit der Aufstellung, daß der Erblasser dem Erben in dem Testamentsvollstrecker einen Vertreter bestelle, den der Erbe sich gefallen lassen müsse, sollen die Schwierigkeiten vermieden werden, welche dadurch entstehen, daß der Testamentsvollstrecker als Vertreter eines Verstorbenen hingestellt wird. Aber die Aufstellung ist nicht probehaltig. Sie verträgt ihre Konsequenzen nicht. Wäre der Testamentsvollstrecker Vertreter des Erben, so würde jede rechtsgeschäftliche Veränderung des Nachlasses, die vom Testamentsvollstrecker kraft seines Amtes vorgenommen wird, rechtlich als Handlung des Erben in Betracht zu kommen haben. Der Testamentsvollstrecker würde durch seine Thätigkeit in Vollstreckung des Testamentes den Erben als Geschäftsherrn für dessen Person unmittelbar verpflichten und durch Erwerbshandlungen in Vollstreckung des Testamentes unmittelbar für den Erben erwerben. Die vom Testamentsvollstrecker in Verwaltung des Nachlasses gemachten Schulden wären persönliche Schulden des Erben, gegen welche die Rechtswohlthat des Inventars den Erben nicht schützen könnte. Ebenso wären die vom Testamentsvollstrecker aus dem Nachlasse erworbenen Sachen Erwerb des Erben und könnten als solcher vom Erben gegen die Nachlaßgläubiger mit Erfolg angesprochen werden. Diese Konsequenzen sind nicht annehmbar. Man muß also eine Vertretung des Erblassers durch den Testamentsvollstrecker immerhin insoweit anerkennen, als für die Zwecke der Testamentsvollstreckung der Nachlaß ein für sich bestehendes, von dem Vermögen des Erben noch ungetrenntes Vermögen ist und so lange bleibt, als die Testamentsvollstreckung dauert.[18] Hierin liegt wieder das, was Beseler die formale Repräsentation des Erblassers durch den Testamentsvollstrecker im Gegensatze zu der materiellen durch den Erben nennt.

---

[14] Hinschius, Preußische Anwaltszeitung 1866 Sp. 766; Förster, Theorie und Praxis 3. Aufl. (1874) Bd. 4 S. 174 f.

[15] Gerber, Deutsches Privatrecht, § 312 Anm. 7.

[16] Gengler, Deutsches Privatrecht, S. 727 flg.

[17] Unger, österreich. Erbrecht S. 125 Anm. 7.

[18] Zu vergl. Dernburg, preuß. Privatrecht Bd. 3 S. 451; Randa, Erwerb der Erbschaft 1867 S. 72 flg. 79; Koch, Privatrecht Bd. 2 § 836; Strieth, Archiv Bd. 41 S. 16.

§ 113. III. Bestellung der Testamentsvollstrecker.

Den drei von Durantis[1] aufgestellten Gründen der Bestellung eines Testamentsvollstreckers, dem Testamente, dem Gesetze und der obrigkeitlichen Ernennung, wird zuerst von Lauterbach[2] (1668) als vierter der Vertrag hinzugefügt. Diese vier Bestellunggründe finden sich bei gemeinrechtlichen Schriftstellern bis in die neueste Zeit. Puchta zählt noch alle vier Arten von Testamentsvollstreckern auf.[3] Windscheid hat den executor legitimus weggelassen. Den Vertrag erwähnt er als Bestellunggruud, indem er bemerkt, daß auch von den Erbinteressenten selbst ein Testamentsvollstrecker aufgestellt werden könne, für den die gewöhnlichen Vertragsgrundsätze gelten.[4] Der Vertrag als Grund der Bestellung von Testamentsvollstreckern ist auch in manche Gesetzbücher übergegangen. Er ist im bayerischen Rechte anerkannt[5] und findet sich auch im sächsischen.[6] Das preußische Gesetzbuch kennt nur die letztwillige Verfügung als Grundlage der Bestellung.[7]

Das bürgerliche Gesetzbuch kennt keine andere Bestellungart als das Testament. Vertragsmäßig kann die Bestellung nicht gültig erfolgen, auch im Erbvertrage nicht. Das Gesetz hat ein vertragsmäßiges Gebundensein an die Anordnung einer Testamentsvollstreckung ausgeschlossen[8] und damit die willkürliche Widerruflichkeit der Anordnung einer Testamentsvollstreckung auf Seite des Erblassers als Erfordernis ihrer Gültigkeit hingestellt.[9]

Die Bestellung des Testamentsvollstreckers braucht aber nach dem bürgerlichen Gesetzbuche nicht notwendig in der Weise zu geschehen, daß der Erblasser selbst den Vollstrecker ernennt. Der Erblasser kann die Bestimmung der Person auch einem Dritten überlassen.[10] Schon die Kommission für den ersten Entwurf machte sich in diesem Sinne schlüssig.

---

[1] Vgl. oben § 111 zu Anm. 13 flg.

[2] Disputat. de executor. volunt. ult. cop. III Nr. 3.

[3] Puchta, Pandekten § 482 Abs. 2.

[4] Windscheid, Pandekten Bd. 3 § 567 Anm. 9.

[5] Cod. Max Bav. civ. III, 2 § 16, v. Kreittmayr Anmerkung über den Cod. Maximil. Bav. civ. Bd. 3 S. 192, 193.

[6] Sächs. Gesetzb. § 2230.

[7] A.L.R. I 12 §§ 557 flg. Ein Reskript vom 19. Mai 1804 (Rabe, Samml. preuß. Gesetze und Verordnungen Bd. 8 S. 60 f.) will allerdings vertragsmäßige Bestellung zulassen.

[8] B.G.B. §§ 2197, 2278 Abs. 2.

[9] S. Beseler, Zeitschrift für deutsches Recht Bd. 9 S. 181 flg.

[10] B.G.B. § 2198 Abs. 1.

Die Mehrheit der Kommission [11] für die zweite Lesung des Entwurfes entschied sich in demselben Sinne. Es wurde erwogen, obwohl die Bestimmung der Person des Testamentsvollstreckers dieselbe Wichtigkeit habe, wie irgend eine andere Verfügung von Todes wegen, für die in den §§ 1765, 1770 Satz 1, 1777 Satz 1 des ersten Entwurfes, [12] die Regel aufgestellt sei, daß ihre Ausführung und ihr Inhalt nicht der Bestimmung durch einen Dritten überlassen werden könne, werde doch hier durch praktische Gesichtspunkte eine Abweichung von der Regel gerechtfertigt. Es könne nämlich der Fall eintreten, daß der Erblasser bei Lebzeiten nicht zu übersehen vermöge, wer seiner Zeit die für das Amt des Testamentsvollstreckers geeignete Persönlichkeit sein werde, daß er aber eine ihn voraussichtlich überlebende Vertrauensperson habe, die selbst das Amt nicht übernehmen könne, jedoch Kenntnis und Interesse genug habe, die Wahl zu treffen. Namentlich könne dies bei letztwilligen Verfügungen vorkommen, die ein Laie zu Gunsten von wissenschaftlichen Zwecken errichte. Der hierin liegende Vorteil überwiege zweifellos die Bedenken, die etwa daraus entnommen werden könnten, daß der mit der Bestimmung betraute Dritte einer besonderen Verantwortlichkeit nicht unterstehe. [13] Es ist also ein wohlerwogener Zweckmäßigkeitgrund, den die Kommission bei der zweiten Lesung des Entwurfes als Grund der Aufnahme des fraglichen Rechtsatzes angegeben hat. Daß der Dritte, der den Testamentsvollstrecker bestimmen soll, im Testamente selbst genannt sein muß, ist im Gesetzbuche selbst nicht ausdrücklich bestimmt. Es darf aber als selbstverständlich angesehen werden, daß alle Erklärungen des Erblassers, die das Gesetz zur wirksamen Anordnung einer Testamentsvollstreckung erfordert, im Testamente selbst abgegeben sein müssen, [14] und daß Erklärungen des Erblassers, die anderweit abgegeben und im Testamente nur in Bezug genommen sind, dem Erfordernisse des Gesetzes nicht entsprechen würden. Das Testament muß also den Willen des Erblassers

[11] § 1890 des Entwurfes erster Lesung.

[12] An die Stelle der §§ 1765, 1770 Satzes 1, 1777 Satzes 1 des ersten Entwurfes ist der als § 2065 in das Gesetzbuch aufgenommene § 1938 des zweiten Entwurfes getreten.

[13] Protokolle, 354. Sitzung IV. S. 7032 f.

[14] v. Kreittmayr, Anmerkungen über den Cod. Max. Bav. civ. Bd. 3 S. 193, erachtet nach bayerischem Rechte die Ernennung eines Testamentsvollstreckers durch einen Dritten für zulässig, weil ein Testamentsvollstrecker durch Vertrag bestellt und Verträge in das Ermessen eines Dritten gestellt werden können. Sturm, Die Lehre von den Testamentsvollstreckern 1896 S. 15, hat sich in einer Kritik des Entwurfes gegen die Ernennung des Testamentsvollstreckers durch Andere ausgesprochen, weil es hier an einem Bande fehle, das den Salmann persönlich mit dem Erblasser verbinden solle.

ersichtlich machen, eine Testamentsvollstreckung anzuordnen, und es muß den bezeichnen, der die Person des Testamentsvollstreckers bestimmen soll Dieser Dritte muß sodann die Erklärung, in der er den Testamentsvollstrecker bestimmt, wenn seine Bestimmung wirksam sein soll, in öffentlich beglaubigter Form[15] dem Nachlaßgerichte gegenüber abgeben. Es ist ihm dazu auf Antrag eines der Beteiligten von dem Nachlaßgerichte eine Frist zu bestimmen. Läuft die Frist ab, ohne daß eine Erklärung erfolgt, so erlischt das Bestimmuugrecht.[16]

Das Gesetzbuch läßt auch zu, daß auf ein im Testamente von dem Erblasser ausgesprochenes Ersuchen das Nachlaßgericht einen Testamentsvollstrecker ernennt. Das Nachlaßgericht soll jedoch vor der Ernennung die Beteiligten hören, wenn es ohne erhebliche Verzögerung und ohne erhebliche Kosten geschehen kann.[17]

Die Bestimmung, nach der ein Testamentsvollstrecker durch das Nachlaßgericht ernannt werden kann, ist erst bei der zweiten Lesung nach den Beschlüssen der Kommission in den Entwurf und daraus unverändert in das Gesetzbuch aufgenommen worden. Sie führt den excutor dativus in das Gesetzbuch ein.[18] Nach dem Wortlaute des Gesetzes bleibt es zweifelhaft, wie man den leitenden Gedanken der Vorschrift zu bestimmen hat. Daß das Nachlaßgericht auf das Ansuchen des Erblassers nicht einzugehen braucht, sondern einen die Bestellung des Testamentsvollstreckers ablehnenden Beschluß fassen kann, ist nach dem Wortlaute der Vorschrift nicht zweifelhaft. Nach den Kommissionsprotokollen hat man an Fälle gedacht, in welchen der Erblasser den Eintritt und eine längere Dauer der Testamentsvollstreckung gewollt, gleichwohl aber für den Wegfall des von ihm ernannten Testamentsvollstreckers keine Fürsorge getroffen hat.[19] Im übrigen kann noch der Zweifel entstehen, ob es im Sinne des Gesetzes liegt,

---

[15] B.G.B. § 2198 Abs. 1. Die Kommission versteht darunter gerichtlich oder notariell beglaubigte Form. Protokolle der zweiten Kommission a. a. O. S. 7033. — Nach dem Cod. Max. Bav. civ. III, 2 § 16 Nr. 4, zu vergl. v. Kreittmayr a. a. O. S. 193 wird nur erfordert, daß die Erklärung genugsam bewiesen werden mag.

[16] B.G.B. § 2198 Abs. 2.

[17] B.G.B. § 2200.

[18] Das württembergische und das bayerische Recht kennen den executor dativus in anderer Gestalt. Das württembergische Landrecht von 1610 (III 27 § 6) schreibt vor, daß, wenn der Erblasser Testamentsvollstrecker nicht ernannt hat, und die Erben sich säumig zeigen, die Obrigkeit Personen ernennen soll, die den letzten Willen auf Kosten der Erben zu vollstrecken haben. Der Cod. Max. Bav. civ. (III, 2 § 17) ordnet an, daß, wenn der vom Erblasser ernannte Testamentsvollstrecker das Amt nicht übernimmt, die Obrigkeit einen Vollstrecker zu bestellen hat, und daß, wenn keiner das Amt übernehmen will, sie selbst den letzten Willen vollstrecken muß.

[19] Protokolle, 354. Sitzung V. S. 7035.

als Grund der Bestellung eines Testamentsvollstreckers durch das Nachlaßgericht ein öffentliches Interesse zu erfordern, das sich aus dem Inhalte der von dem Erblasser getroffenen letztwilligen Verfügungen zu ergeben hat, oder ob ein Privatinteresse ausreicht.[20] Die Kommissionsprotokolle geben auf die Frage die Antwort, daß die Bestimmung den Schutz leichtsinniger Kinder und die Wahrnehmung der Interessen verheirateter Töchter gegen ihre Ehemänner, aber auch die Ausführung von Vermächtnissen zu öffentlichen Zwecken im Auge hat, und daß man dabei erwogen hat, wie in solchen Fällen die Person des Testamentsvollstreckers nicht wesentlich ist, es vielmehr nur darauf ankommt, daß überhaupt der Eintritt und die Fortdauer der Testamentsvollstreckung gesichert sei.[21]

Das Gesetzbuch bestimmt sodann: „Der Erblasser kann für den Fall, daß der ernannte Testamentsvollstrecker vor oder nach der Annahme des Amtes wegfällt, einen anderen Testamentsvollstrecker ernennen."[22] Der Wortlaut der Bestimmung scheint zu der Annahme zu nötigen, daß ein Wegfallen im Sinne des Gesetzes nicht anzunehmen ist, wenn der ernannte Testamentsvollstrecker das Amt ablehnt, daß also für diesen Fall der Erblasser aushilfweise einen anderen Testamentsvollstrecker nicht ernennen kann. Denn von dem, der das Amt ausschlägt, möchte weder zu sagen sein, daß er vor der Annahme, noch daß er nach der Annahme wegfällt. Er fällt durch Ablehnung des Amtes weg. Aber es ist nicht abzusehen, aus welchem Grunde das Gesetz diesen Fall anders als andere Fälle des Wegfallens beurteilen sollte. Und man wird den ernannten Testamentsvollstrecker als im Sinne des Gesetzes weggefallen in allen Fällen anzusehen haben, in denen der Ernannte nicht Testamentsvollstrecker wird, ebenso wie in denen, in welchen er zwar Testamentsvollstrecker wird, aber die Geschäfte nicht beendigt.

Das Gesetzbuch bestimmt ferner: „Der Erblasser kann den Testamentsvollstrecker ermächtigen, einen oder mehrere Mitvollstrecker zu ernennen. Er kann den Testamentsvollstrecker auch ermächtigen, einen Nachfolger zu ernennen."[23] Je nachdem die Anordnung einer Testamentsvollstreckung als eine Sache persönlichen Vertrauens des Erblassers aufgefaßt wird, kann es zweifelhaft sein, ob das Gesetz sagen will, daß der Erblasser nicht gehindert ist, dem von ihm ernannten Testamentsvollstrecker auch die Ernennung von Mitvollstreckern und die Ernennung eines Nachfolgers für sich anzuvertrauen, oder ob das Gesetz es für

[20] Zu vergl. Beseler a. a. O. S. 177.

[21] Protokolle a. a. O. S. 7033 flg. Zu vgl. auch das Hamburgische Gesetz, betr. die nichtstreitige Gerichtbarkeit vom 25. Juli 1879 § 3 (G. S. S. 254).

[22] B.G.B. § 197 Abs. 22.

[23] B.G.B. § 2199 Abs. 1, 2.

zulässig hält, daß der Erblasser allgemein ausspricht, ein jeder, der zu seinem Testamentsvollstrecker bestellt werde, solle ermächtigt sein, einen oder mehrere Mitvollstrecker und einen Nachfolger zu ernennen. Dem Geiste des Gesetzbuches scheint es zu entsprechen, das Gesetz in letzerem Sinne auszulegen, dem Erblasser also die Befugnis zu geben, den Testamentsvollstrecker, gleichviel ob er vom Erblasser selbst ernannt oder nach § 2198 B.G.B. von einem Dritten bestimmt oder nach § 2200 von dem Nachlaßgerichte ernannt ist, zur Ernennung eines oder mehrerer Mitvollstrecker und eines Nachfolgers zu ermächtigen. Damit würde die Möglichkeit bestehen, eine angeordnete Testamentsvollstreckung von gewissen Zufälligkeiten unabhängig zu machen und ihr, da ein ernannter Nachfolger wiederum einen Nachfolger für sich ernennen kann, die Gewähr der Dauer auf so lange zu geben, als sie nach dem Willen des Erblassers bestehen soll.

Ob auch das Nachlaßgericht für den Fall der Nichtannahme des Amtes seitens des von ihm ernannten Testamentsvollstreckers oder für den Wegfall des von ihm ernannten Testamentsvollstreckers ermächtigt ist, einen anderen zu ernennen, ist im Gesetzbuche ebenfalls nicht ausdrücklich gesagt. Dem Geiste des Gesetzbuches entspricht es, ein Ernennungrecht des Nachlaßgerichtes, wenn der Erblasser dies Gericht im Testamente um Ernennung eines Testamentsvollstreckers ersucht hat, bei Ablehnung des Amtes durch den Ernannten und beim Wegfallen des Ernannten so lange anzunehmen, als Geschäfte, wie sie der Erblasser durch den Testamentsvollstrecker ausgeführt wissen will, überhaupt noch auszuführen sind. Maßgebend dabei ist immer die Rücksicht auf den Willen des Erblassers.

Das Gesetzbuch erklärt die Ernennung des Testamentsvollstreckers für unwirksam, wenn er zu der Zeit, in der er das Amt anzutreten hat, geschäftsunfähig ist oder in der Geschäftsfähigkeit beschränkt ist oder wegen körperlicher Gebrechen, weil er seine Vermögensangelegenheiten nicht vollständig zu besorgen vermag, zur Besorgung dieser Angelegenheiten einen Pfleger erhalten hat.[24] Andere Ungültigkeitgründe kennt das Gesetzbuch nicht. Wer geschäftsunfähig oder in der Geschäftsfähigkeit beschränkt ist, ergiebt sich aus den §§ 104, 106, 114 des Gesetzbuches. Die gemeinrechtlichen Juristen haben sich mit den Fragen, ob Frauen und ob Mönche gültig zu Testamentsvollstreckern bestellt werden können, zum Teile sehr eingehend beschäftigt. Nach den §§ 104, 106, 114 sieht das Gesetzbuch weder das Geschlecht noch die Ablegung des Klostergelübdes als Grund der Ungültigkeit an.

[24] B.G.B §§ 2201, 1910.

Ist auf die eine oder auf die andere Weise, also von dem Erblasser oder von dem Dritten oder von dem Nachlaßgerichte oder, wenn ein Mitvollstrecker oder ein Nachfolger in Frage steht (§ 2199), von dem Testamentsvollstrecker selbst, die Person des Testamentsvollstreckers bestimmt, so hat der Ernannte sich über Annahme oder Ablehnung des Amtes zu erklären. Diese Erklärung ist dem Nachlaßgerichte gegenüber abzugeben. Das Gesetz besagt, daß sie erst nach dem Eintritte des Erbfalles abgegeben werden kann.[25] Diese Bestimmung findet sich erst im Entwurfe der zweiten Lesung. Sie soll offenbar besagen, daß eine Erklärung des ernannten Testamentsvollstreckers keine Bedeutung hat, die vor dem Tode des Erblassers oder bei Todeserklärungen vor dem Zeitpunkte, der nach dem Gesetze für die Vermutung des Todes in Betracht kommt, abgegeben ist.[26] Eröffnung des Testamentes wird zur Wirksamkeit der Erklärung nicht erfordert. Man wird vielmehr anzunehmen haben, daß der im Testamente ernannte Vollstrecker, wenn er von seiner Ernennung und vom Tode des Erblassers Kenntnis hat, dadurch allein schon veranlaßt sein kann, die Erklärung, daß er das Amt annehme, abzugeben und behufs Herbeiführung der Eröffnung des Testamentes geeignete Schritte zu thun.[27] Die Erklärung über Annahme oder Ablehnung des Amtes ist unwirksam, wenn sie unter einer Bedingung oder unter einer Zeitbestimmung abgegeben wird.[28] Das Nachlaßgericht kann dem Ernannten eine Frist zur Erklärung bestimmen. Läuft die Frist ab und ist eine Erklärung nicht abgegeben, so gilt das Amt als abgelehnt.[29]

§ 114. IV. Mehrere Testamentsvollstrecker.

Hat der Erblasser mehrere Testamentsvollstrecker bestellt, die neben einander ihr Amt zu führen haben, oder ist der Testamentsvollstrecker

---

[25] B.G.B. § 2202 Abs. 2.

[26] B.G.B. § 1922 Abs. 1 § 18.

[27] B.G.B. § 2260. Zu vgl. Stobbe, Deutsches Privatrecht Bd. 5 S. 270.

[28] B.G.B. § 2202 Abs. 2.

[29] B.G.B. § 2202 Abs. 3. In der Kommission für die zweite Lesung des Entwurfes wurde beantragt, auszusprechen, daß in dringenden Fällen der Ernannte das Amt schon vor der Annahme ausüben könne, daß aber die von ihm vorgenommene Handlung nicht als in Ausübung des Amtes erfolgt gelte, wenn er nicht binnen zwei Wochen nach der Vornahme der Handlung die Annahme erkläre. Die Kommission lehnte den Antrag ab. Die Mehrheit der Kommission glaubte im Hinblick auf die auch für dritte Personen wichtigen Folgen der Annahme und bei der Geringfügigkeit der dem Testamentsvollstrecker erwachsenden Beschwerung von dem Erfordernisse der Erklärung gegenüber dem Nachlaßgerichte nicht absehen zu dürfen, möge das Erfordernis auch dem geltenden Rechte fremd sein (Protokolle, 354. Sitzung VII. 2 S. 7037 f.).

vom Erblasser ermächtigt, einen oder mehrere Mitvollstrecker zu ernennen, und hat er von dieser Ermächtiguug Gebrauch gemacht, sind also mehrere Testamentsvollstrecker zu gleichzeitiger Amtsführung berufen, so haben die mehreren Testamentsvollstrecker das Amt gemeinschaftlich zu führen.[1] Fällt einer von ihnen weg, so sind die übrig bleibenden für sich allein zur Amtsführung berufen.[2] Tritt Meinungverschiedenheit unter den mehreren Vollstreckern, die ihr Amt gemeinschaftlich führen, ein, so hat das Nachlaßgericht zu entscheiden.[3] Diese Sätze haben aber nur Geltung, wenn der Erblasser nicht abweichende Anordnungen getroffen hat.[4] Der Erblasser kann anordnen, daß die mehreren Testamentsvollstrecker ihre Amtsführung nach verschiedenen Wirkungkreisen teilen, und daß jeder in seinem Wirkungkreise selbständig ist. Er kann auch selbst die Teilung der Geschäfte unter die mehreren Vollstrecker vornehmen und Anordnungen über gegenseitige Kontrolle der einzelnen Vollstrecker treffen. Er kann ebenso die Bestimmung, daß bei Meinungverschiedenheit mehrerer zu gemeinschaftlichem Wirken berufener Vollstrecker das Nachlaßgericht zu entscheiden hat, durch eine anderweite Anordnung ersetzen, sei es daß er Beschlußfassung der einzelnen Vollstrecker und Entscheidung nach Stimmenmehrheit, sei es daß er Verweisung der Sache auf den ordentlichen Prozeßweg oder an ein Schiedsgericht anordnet.

Die angegebenen Sätze gehörten mit Ausnahme des Satzes, nach dem das Nachlaßgericht bei Meinungverschiedenheit der mehreren Testamentsvollstrecker zur Entscheidung berufen ist, dem Wesen nach, wenn auch in abweichender Fassung, schon dem ersten Entwurfe an.[5] Über die Frage, wie eine Meinungverschiedenheit mehrerer Vollstrecker zum Austrage zu bringen sei,[6] ob das Nachlaßgericht die Entscheidung zu treffen habe, oder die Sache durch Mehrheitbeschluß zu erledigen[7] oder auf den Prozeßweg zwischen den mehreren Vollstreckern[8] zu verweisen sei, war man uneins. Nach den dem ersten Entwurfe beigegebenen Motiven wollte man von einer Vorschrift absehen. Man erwog, das Nachlaßgericht entscheiden zu lassen, würde mit der von dem Entwurfe

---

[1] B.G.B. § 2224 Satz 1.
[2] B.G.B. § 2224 Satz 2.
[3] B.G.B. § 2224 Satz 1.
[4] B.G.B. § 2224 Satz 3.
[5] Erster Entwurf § 1893.
[6] Zu vgl. Beseler a. a. O. S. 200 flg.
[7] Diesen Weg hat das bayerische Landrecht (III 2 § 19 Nr. 3) eingeschlagen.
[8] Dafür haben sich C. F. Koch (Erbrecht S. 347 flg.) und Franz Förster Theorie und Praxis Bd. 4 § 255 Anm. 70) ausgesprochen. A. M. Eccius § 255 Anm. 62.

dem Nachlaßgerichte zugewiesenen Stellung nicht im Einklange stehen. Ein dringendes praktisches Bedürfnis, dem Gerichte in einem solchen Falle ähnliche Funktionen aufzulegen, wie solche dem Vormundschaftgerichte bei Meinungverschiedenheit mehrerer Vormünder oder Pfleger obliegen, bestehe nicht. Im Falle der Testamentsvollstreckung handele es sich lediglich um das private Interesse solcher Personen, die an sich ihre Rechte selbst wahrzunehmen im stande seien. Dies Interesse biete zur Hereinziehung einer Behörde außerhalb einer richterlichen Tätigkeit aus dem Gesichtspunkte einer verwaltenden Funktion der Behörde keine ausreichende Grundlage.[9] Auch die Kommission für die zweite Lesung des Entwurfes lehnte den Antrag eines Mitgliedes, den Satz aufzunehmen, daß bei einer Meinungverschiedenheit unter den mehreren Vollstreckern des Nachlaßgericht zu entscheiden habe, mit Stimmenmehrheit ab und hielt es für richtiger, mit dem Entwurfe eine Vorschrift nicht aufzunehmen. Man erwog, der Nachlaßrichter, dem die näheren Umstände in der Regel unbekannt seien, scheine wenig geeignet, in den schwierigen Fällen thatsächlicher Natur, die in der Regel den Anlaß zu Meinungverschiedenheiten geben würden, eine sachgemäße Entscheidung zu treffen. Man dürfe auch Testamentsvollstreckern, die sich bei einem wichtigen Geschäfte vor der Verantwortlichkeit scheuten, nicht die Möglichkeit eröffnen, unter dem Vorwande einer Meinungverschiedenheit die Vertretung auf das Gericht abzuwälzen. Entscheidend aber sei, daß der Wille des Erblassers, wenn derselbe bei Ernennung mehrerer Testamentsvollstrecker den Fall einer Meinungverschiedenheit nicht vorgesehen habe, dahin ausgelegt werden müsse, es solle zu allen Beschlüssen Einstimmigkeit erforderlich sein. Als äußerstes Mittel bleibe übrig, einen einzelnen widerstrebenden Testamentsvollstrecker seines Amtes zu entsetzen.[10]

Diese Begründung des Beschlusses trägt das Gepräge des Unmöglichen. Der Entwurf von 1896, der dem Reichstage vorgelegt worden ist, hat angenommen, daß bei einer Meinungsverschiedenheit mehrerer Testamentsvollstrecker das Nachlaßgericht zu entscheiden habe. Und mit diesem Satze ist die Bestimmung in das bürgerliche Gesetzbuch aufgenommen worden.

Maßregeln, die zur Erhaltung eines der gemeinschaftlichen Verwaltung der Testamentsvollstrecker unterliegenden Gegenstandes notwendig sind, ist jeder einzelne Vollstrecker ohne Zustimmung der übrigen zu

[9] Motive Bd. 5 S. 223.

[10] Protokolle 354. Sitzung IX. A. S. 7041 flg.

treffen berechtigt.[11] Diese Bestimmung überhebt selbstverständlich den Testamentsvollstrecker, der die zur Erhaltung der Sache erforderlichen Maßregeln trifft, nicht der Prüfung, ob der Wert der durch die Maßregeln erhaltenen Sache zu den Kosten der Maßregeln in einem Verhältnisse steht, das die Aufwendung der Kosten und damit die Maßregel selbst als zur ordnungmäßigen Verwaltung gehörig erscheinen läßt, und befreit ihn nicht von der Schadensersatzpflicht, die sich aus einem Versehen in der fraglichen Richtung ergeben möchte.

§ 115. V. Auflösung des Rechtsverhältnisses.

Die Gründe, aus denen das Rechtsverhältnis des Testamentsvollstreckers aufgelöst wird, entstehen teils in der Person des Testamentsvollstreckers, teils liegen sie außerhalb seiner Person.

Zu den ersteren Gründen gehört in erster Reihe der Tod des Testamentsvollstreckers.[1] Da das Rechtsverhältnis nicht auf die Erben des Vollstreckers übergeht, so erlischt es mit dessen Tode, wenn nicht für den Fall des Todes ein Nachfolger bereits ernannt oder doch die Bestellung eines solchen angeordnet ist.

Das Amt des Testamentsvollstreckers erlischt ferner, wenn ein Fall eintritt, in dem die Ernennung unwirksam sein würde, wenn also der Testamentsvollstrecker geschäftsunfähig wird, oder wenn er in der Geschäftsfähigkeit beschränkt wird, oder wenn er nach § 1910 B.G.B. zur Besorgung seiner Vermögensangelegenheiten einen Pfleger erhalten hat.[2]

Das Rechtsverhältnis hört sodann auf, wenn der Testamentsvollstrecker seines Amtes entlassen wird.[3] Diese Entlassung kann auf den Antrag eines der Beteiligten durch das Nachlaßgericht erfolgen, wenn ein gewichtiger Grund vorliegt. Ein solcher Grund ist insbesondere grobe Pflichtverletzung oder Unfähigkeit zur ordnungmäßigen Geschäftsführung. Vor der Entlassung soll der Testamentsvollstrecker, wenn thunlich, gehört werden.

Der Tod des Testamentsvollstreckers, der Eintritt der Unfähigkeit zur Führung der Geschäfte und die Entlassung aus dem Amte durch gerichtliche Entscheidung waren auch nach dem bisher geltenden Rechte Gründe der Auflösung des Rechtsverhältnisses. Sie liegen als solche in seiner Natur. Von der Entlassung des Testamentsvollstreckers aus

---

[11] B.G.B. § 2224 Abs. 2.

[1] B.G.B. § 2225.
[2] B.G.B. §§ 2225, 2201, 1910, 104, 106 flg.
[3] B.G.B. § 2227.

seinem Amte bemerkt Beseler,[4] daß sie nur bei einer ganz unzweifelhaften Unwürdigkeit oder Unfähigkeit des Vollstreckers statthaft sein könne, daß es aber gegen die Natur des Rechtsverhältnisses und gegen die vermutliche Absicht des Erblassers verstoßen würde, den Testamentsvollstrecker unter allen Umständen zum Schaden der Berechtigten im Amte zu halten.[5]

Das bürgerliche Gesetzbuch hat auch die Kündigung des Amtes durch den Testamentsvollstrecker als Grund der Auflösung des Rechtsverhältnisses hingestellt. Es schreibt vor, daß der Testamentsvollstrecker jederzeit das Amt kündigen könne und daß die Kündigung gegenüber dem Nachlaßgerichte zu erfolgen habe, und es läßt auf diese Kündigung die für den Auftrag gegebenen Vorschriften des § 671 Abs. 2 und 3 B.GB. entsprechende Anwendung finden.[6] Nach der ersteren Vorschrift, die sich auf die Kündigung zur Unzeit bezieht, darf der Beauftragte nur in der Art kündigen, daß der Auftraggeber für die Besorgung des Geschäftes anderweit Fürsorge treffen kann, und er hat, wenn er zur Unzeit ohne einen wichtigen Grund kündigt, dem Auftraggeber den daraus entstehenden Schaden zu ersetzen. Nach der anderen Bestimmung soll, wenn ein wichtiger Grund vorliegt, der Beauftragte zur Kündigung auch dann berechtigt sein, wenn er auf das Kündigungrecht verzichtet hat. Was meint das Gesetz mit der entsprechenden Anwendbarkeit dieser letzteren Bestimmung? An den Fall eines zwischen dem Testamentsvollstrecker und einem der Beteiligten geschlossenen Vertrages über Verzicht auf das Kündigungrecht kann offenbar nicht gedacht sein. Es kann nur gemeint sein, daß dem Testamentsvollstrecker die Befugnis zur Kündigung des Rechtsverhältnisses nicht minder zustehe wie dem Beauftragten, der auf die Befugnis, das Auftragsverhältnis zu kündigen, verzichtet habe.

Die Bestimmung, daß der Testamentsvollstrecker zu jeder Zeit kündigen kann, war schon im ersten Entwurfe enthalten.[7] Bei den Beratungen der Kommission für die zweite Lesung des Entwurfes wurde der Satz durch den Antrag bekämpft, an seine Stelle die Bestimmung zu setzen, daß der Testamentsvollstrecker das Amt mit Bewilligung des Nachlaßgerichtes niederlegen könne, und daß die Bewilligung zu erteilen sei, wenn ein wichtiger Grund vorliege. Der Antrag wurde aber mit

---

[4] Beseler, a. a. O. S. 208.

[5] Über einen Fall der Entlassung eines Testamentsvollstreckers wegen Pflichtwidrigkeit hat das Reichsgericht nach preußischem Rechte in dem Bd. 23 der Entsch. des R.G.'s in Civilsachen S. 205 flg. abgedruckten Urteile zu erkennen gehabt.

[6] B.G.B. § 2226.

[7] Erster Entwurf § 1895.

Stimmenmehrheit abgelehnt und die Bestimmung des Entwurfes aufrecht erhalten. Man nahm an, es sei davon auszugehen, daß ein Testamentsvollstrecker, der das Amt niederlege, dies nicht aus Laune thun, sondern daß er seine Gründe dazu haben werde. Solle das Nachlaßgericht darüber entscheiden, ob ein zureichender Grund zur Amtsniederlegung vorliege, so würde der Testamentsvollstrecker unter Umständen genötigt sein, innere Familienangelegenheiten vor dem Gerichte offen zu legen. Dies liege häufig weder im Interesse der Beteiligten noch entspreche es dem vermutlichen Willen des Erblassers. Man erachtete es daher für genügend, wenn der Testamentsvollstrecker durch die Kündigung zu erkennen gebe, daß er triftige Gründe für die Niederlegung habe, und erwog weiter, daß geeignete Personen, die zur Übernahme einer Testamentsvollstreckung bereit sein würden, durch Erschwerung der Niederlegung des Amtes von der Übernahme abgeschreckt werden möchten. Auch wurde hervorgehoben, daß das Amt mitunter ein undankbares und dem Verdachte der Parteilichkeit ausgesetztes sei, und daß dem, der das Amt übernommen habe, der Weg offen bleiben müsse, sich den Unannehmlichkeiten des Amtes durch dessen Niederlegung zu entziehen.[8]

Bei den Beratungen der Kommission für die zweite Lesung des Entwurfes wurde auch der Antrag gestellt, in das Gesetzbuch eine Bestimmung dahin aufzunehmen, daß das Amt des Testamentsvollstreckers erlösche, wenn der Konkurs über sein Vermögen eröffnet sei. Der Antrag wurde mit der Erwägung begründet, daß das Amt auf einem besonderen Vertrauen des Erblassers zur Person des Testamentsvollstreckers beruhe, und daß angenommen werden müsse, der Erblasser werde sein Vertrauen dem Testamentsvollstrecker nicht entgegengebracht haben, wenn er die Konkurseröffnung vorausgesehen hätte. Der Antrag wurde abgelehnt.[9] Es wurde erwogen, die Konkurseröffnung über das Vermögen des Testamentsvollstreckers könne in vielen Fällen als Grund in Betracht kommen, den Testamentsvollstrecker seines Amtes zu entheben. Die Konkurseröffnung könne aber, da die Thätigkeit des Testamentsvollstreckers *wesentlich überwachender Natur* sei,[10] und die Konkurseröffnung auch nicht immer verschuldet zu sein brauche, nicht schlechthin als Grund der Unfähigkeit (oder Unwürdigkeit) zur Führung des Amtes angesehen werden.

---

[8] Protokolle, 355. Sitzung III. S. 7050, 7051.

[9] Protokolle, 355. Sitzung II, S. 7048, 7049.

[10] Der Satz, daß die Thätigkeit des Testamentsvollstreckers wesentlich überwachender Natur sei, steht im Widerspruche mit den leitenden Gedanken sowohl des ersten als auch des zweiten Entwurfes und mit anderen in den Protokollen niedergelegten Erwägungen der zweiten Kommission. Zu vgl. Protokolle S. 7063 f.

Ein Grund der Auflösung des Rechtsverhältnisses, der außerhalb der Person des Testamentsvollstreckers liegt, ist nach gemeinem Rechte in erster Reihe der Wegfall des Testamentes, der dadurch herbeigeführt wird, daß das Testament hinfällig wird. Der Wegfall des Testamentes beseitigt auch die angeordnete Testamentsvollstreckung, wenn nicht das Testament als Kodizill aufrecht erhalten wird. Dieser Aufhebunggrund besteht nach den die Bedeutung des Testamentes betreffenden Rechtsnormen des bürgerlichen Gesetzbuches nicht mehr in alter Gestalt. Es muß aber nach dem neuen Gesetzbuche ein ähnlicher Auflösunggrund als vorliegend anerkannt werden. Stellt sich die Sache so, daß die letztwilligen Verfügungen des Erblassers, die von der angeordneten Testamentsvollstreckung betroffen sein würden, aus irgend einem Grunde wegfallen, ohne daß aber ein formaler Gruud vorliegt, mit dem Wegfalle jener letztwilligen Verfügungen auch die Testamentsvollstreckung als weggefallen anzusehen, so wird, wenn der ernannte Testamentsvollstrecker trotz der veränderten Sachlage seines Amtes warten will, ihm mit Recht entgegengehalten werden können, daß der Erblasser zu der Anordnung der Testamentsvollstreckung durch die irrige Erwartung bestimmt worden ist, daß die von ihm getroffenen letztwilligen Verfügungen zur Ausführung zu bringen sein würden (B. G. B. § 2078 Abs. 2). So wird eine vom Erblasser angeordnete Testamentsvollstreckung Rechtsbestand nicht erlangen können, wenn der beim Tode des Erblassers berufene Erbe geltend macht, daß Mangel an Vertrauen zu der Lebensführung des im Testamente eingesetzten Erben den Erblasser zu der Anordnung der Testamentsvollstreckung bestimmt hat und dieser Erbe vor dem Erbfalle mit Tode abgegangen ist.

In dem Inhalte der angeordneten Testamentsvollstreckung selbst kann ein Grund der Auflösung des Rechtsverhältnisses liegen, wenn die Testamentsvollstreckung durch eine Zeitbestimmung, sei es eine gesetzliche oder eine vom Erblasser der Anordnung beigefügte, oder durch eine auflösende Bedingung beschränkt und die Zeit abgelaufen, die Bedingung eingetreten ist.

Eine in der Natur der Sache liegende Beendigung des Rechtsverhältnisses tritt endlich ein, wenn die dem Testamentsvollstrecker obliegenden Geschäfte beendigt sind, ebenso wenn die Testamentsvollstreckung keinen Gegenstand mehr hat, weil die vorhanden gewesenen Nachlaßsachen verbraucht oder von den Gläubigern als Gegenstände der Zwangsvollstreckung behandelt oder infolge der Konkurseröffnung über den Nachlaß zur Konkursmasse gezogen worden sind.

§ 116. VI. Rechtsverhältnis der Testamentsvollstrecker.

Die im Deutschen Reiche geltenden Gesetzgebungen haben den Kreis der Machtbefugnisse der Testamentsvollstrecker sehr verschieden bestimmt Am engsten haben den Kreis das bürgerliche Gesetzbuch für das Königreich Sachsen und der Code civil gezogen. Nach dem ersteren hat der Testamentsvollstrecker für Aufrechterhaltung und Ausführung des letzten Willens, für Anfertigung eines Nachlaßverzeichnisses und für Sicherung der Erbschaft zu sorgen. Er kann auch auf Erfüllung der Verfügungen klagen, bei denen es sich blos um das persönliche Interesse des Erblassers handelt. Zur Verwaltung der Erbschaft ist er nur berechtigt, wenn ihm die Verwaltung aufgetragen ist.[1] Nach dem Code civil hat er über Aufrechthaltung des Testamentes und über Ausführung der letztwilligen Verfügungen des Erblassers zu wachen. Damit in Verbindung steht seine Befugnis zur Intervention in Rechtsstreitigkeiten, welche die Gültigkeit des Testamentes und die Ausführung der letztwilligen Verfügungen des Erblassers betreffen.[2] Auf den Immobiliarnachlaß ist ihm jede Einwirkung versagt. Dagegen kann ihm der Erblasser die Besitzergreifung und Verwaltung des Mobiliarnachlasses übertragen. Solchenfalls steht ihm die Befugnis zur Veräußerung der Mobilien und die Verwendung des Kaufpreises zur Bezahlung der Vermächtnisse zu. Ebenso kann er, wenn ihm die Besitzergreifung des Mobiliarnachlasses übertragen ist, die Einziehung der Nachlaßforderungen betreiben und das Beigetriebene zur Bezahlung der Vermächtnisse verwenden. Auch kann er solchenfalls auf Auszahlung der Vermächtnisse belangt werden.[3] — Nach dem Allgemeinen Preußischen Landrechte gehört zum Amte des Testamentsvollstreckers in Ermangelung abweichender Bestimmungen des Erblassers die Ausmittelung, Konstituierung und Verwaltung des Nachlasses. Der Testamentsvollstrecker soll nach dem Gesetzbuche als Bevollmächtigter des Erblassers und die letztwillige Verordnung als seine Instruktion angesehen werden.[4] Die Fragen, wie nach diesen Bestimmungen im einzelnen die Machtbefugnisse des Testamentsvollstreckers zu bestimmen und zu begrenzen sind, haben zu vielen Zweifeln Veranlassung gegeben. — Am weitesten hat von den in Deutschland geltenden Gesetzgebungen das bayerische Gesetzbuch von 1756 den Kreis

---

[1] Sächs. Gesetzb. § 2237 f.

[2] C. c. Art. 1031 Abs. 4, 5.

[3] C. c. Art. 1026, 1031 Abs. 3. Zachariä v. Lingenthal-Crome, französ. Civilr. Bd. 4 § 725 b.

[4] A.L.R. I 12 §§ 557 bis 562.

der Befugnisse des Testamentsvollstreckers gezogen. Darnach hat der Testamentsvollstrecker die Befugnis zur Besitzergreifung an den Nachlaßsachen, so lange sie nicht anderweit in Besitz genommen sind. Auch liegt ihm ob, alles zu thun, was zur Erhaltung, Vermehrung und Ergänzung des Nachlasses dienlich ist. Er hat die den Nachlaß betreffendeu Rechtsstreitigkeiten fortzusetzen, Nachlaßforderungen einzuklagen und Nachlaßschulden zu bezahlen. Veräußern darf er aber Nachlaßsachen nur, wenn die Veräußerung unvermeidlich, also notwendig ist, und nur nach Anhören der Beteiligten. Willigen diese nicht ein, so hat die Obrigkeit zu entscheiden. — Im gemeinen Rechte wird nach der gegenwärtig herrschenden Meinung in Ermangelung entgegenstehender Anordnungen des Erblassers dem Testamentsvollstrecker ebenfalls die Befugnis zur Ergreifung des Besitzes an den Nachlaßsachen beigelegt, eine Befugnis zur Veräußerung von Nachlaßsachen aber nur insoweit angenommen, als sie entweder in der Verwaltungbefugnis von selbst begriffen ist, oder als die Veräußerung als rechtlich notwendig sich darstellt.[6]

Nach dem bürgerlichen Gesetzbuche hat ein Testamentsvollstrecker, der zu dem Amte berufen ist, ohne daß der Erblasser die Berechtigungen und Verpflichtungen, die mit dem Amte gegeben sein sollen, näher bestimmt und begrenzt hat, die letztwilligen Verfügungen des Erblassers zur Ausführung zu bringen und, wenn mehrere Erben vorhanden sind, die Auseinandersetzung unter ihnen nach Maßgabe der gesetzlichen Bestimmungen über die Auseinandersetzung unter Miterben zu bewirken. Dies sind die Macht- und Pflichtenkreise, die dem Testamentsvollstrecker regelmäßig gezogen sind. Alle seine übrigen regelmäßigen Befugnisse haben im Verhältnisse zu jenen beiden Rechten und Hauptpflichten in der Regel **keine selbständige Bedeutung** und finden darin ihre **regelmäßige Schranke**, daß sie nur Mittel zur Erreichung jener beiden Hauptzwecke sind. Als derartige Machtbefugnisse, die an sich nicht selbständiger Natur sind, bezeichnet das Gesetzbuch die Befugnis, den Nachlaß zu verwalten, ihn in Besitz zu nehmen, über die Nachlaßgegenstände zu verfügen und Verbindlichkeiten für den Nachlaß einzugehen, soweit die Eingehung zur ordnungmäßigen Verwaltung erforderlich ist.[8]

---

[5] Cod. Max. Bav. civ. III, 2 §§ 17 bis 20.

[6] Beseler Ztschr. Bd. 9 S. 211 flg.; Sintenis III, S. 483 flg.; Stobbe, Bd. 5, S. 270: Hinschius, Ztschr. 1866 S. 875. 1867 S. 518.

[7] B.G.B. §§ 2203, 2204 Abs. 1, 2042 bis 2056.

[8] B.G.B. §§ 2205 Satz 1 u. 2, 2206 Satz 1.

Eine der Hauptschwierigkeiten der Handhabung der Rechtseinrichtung bestand und besteht darin, im einzelnen den Umfang der Gewalt festzustellen, die dem Testamentsvollstrecker eingeräumt ist. Es handelt sich dabei um die beiden Fragen, wie weit der Erblasser die Macht des Testamentsvollstreckers ausdehnen kann, und nach welchen Grundsätzen im Zweifel, wenn nämlich der Erblasser über die Machtbefugnisse, die dem Vollstrecker zustehen sollen, sich nicht klar ausgesprochen hat, die dem Vollstrecker einzuräumende Macht zu bestimmen ist. Die erstere dieser beiden Fragen ist im Gesetzbuche nicht beantwortet. Bei den Beratungen der Kommission für die zweite Lesung des Entwurfes wurde der Antrag gestellt, in das Gesetzbuch eine Bestimmung dahin aufzunehmen: „Der Erblasser kann die dem Testamentsvollstrecker durch die Vorschriften dieses Gesetzes eingeräumten Rechte beschränken oder erweitern.“ Es wurde dazu bemerkt, der Antrag weiche vom Entwurfe nur insofern ab, als er dem Erblasser das Recht geben wolle, die Machtbefugnisse des Testamentsvollstreckers zu erweitern; er bekämpfe den allerdings nur in den Motiven ausgesprochenen Rechtssatz, daß der Erblasser die Rechte des Testamentsvollstreckers nicht über den vom Gesetze bestimmten Rechtskreis hinaus erweitern dürfe. Die Kommission lehnte den Antrag ab. Es wurde erwogen, der Antrag enthalte einen selbstverständlichen, übrigens auch im Sinne des Entwurfes liegenden Satz, soweit er lediglich darauf gerichtet sei, dem Erblasser das Recht beizulegen, innerhalb der seiner Testierfreiheit überhaupt gezogenen Grenzen die Befugnisse des Testamentsvollstreckers über den vom Gesetze bestimmten Kreis hinaus auszudehnen; denn der Erblasser könne dem Testamentsvollstrecker alle Befugnisse übertragen, die er überhaupt jemandem übertragen könne. Insoweit aber der Antrag die Machtbefugnisse des Testamentsvollstreckers darüber hinaus für erweiterungfähig erklären wolle, sei er unrichtig. Denn der Entwurf gehe überall davon aus, daß mit dinglicher Wirkung eine Machtstellung nur in den vom Gesetze zugelassenen Fällen übertragen werden könne. Was der Erblasser also einem Dritten an Rechten nicht einräumen könne, könne er auch dem Testamentsvollstrecker nicht übertragen.[9]

Die andere Frage wird vom Gesetzbuche dahin beantwortet, daß der Testamentsvollstrecker alle die oben angegebenen Befugnisse, sowohl die beiden Hauptbefugnisse als auch diejenigen Befugnisse, denen an sich die selbständige Natur abgeht, nicht hat, soweit anzunehmen ist, daß sie ihm nach dem Willen des Erblassers nicht zustehen sollen.[10] Dar-

---

[9] Protokolle 358. Sitzung III. S. 7135.
[10] B.G.B. § 2208 Satz 1.

nach steht dem Testamentsvollstrecker jede der oben angegebenen Befugnisse zu, von der **nicht** festgestellt wird, daß sie ihm nach dem Willen des Erblassers **nicht zustehen** soll.

Eine solche zulässige Einschränkung des Machtbereichs des Testamentsvollstreckers kann sowohl in der Art stattfinden, daß der Testamentsvollstrecker von den angegebenen Machtbefugnissen die einen oder die anderen überhaupt nicht haben soll, oder daß ihm die Machtbefugnisse nur in Ansehung gewisser Nachlaßgegenstände nicht zustehen sollen. Für einige dieser zulässigen Einschränkungen hat das Gesetzbuch besondere Bestimmungen getroffen. Es ordnet an, daß der Testamentsvollstrecker, wenn er Verfügungen des Erblassers nicht selbst zur Ausführung zu bringen hat, die Ausführung von dem Erben verlangen kann, sofern nicht ein anderer Wille des Erblassers anzunehmen ist.[11] Und es bestimmt, daß dem Testamentsvollstrecker, wenn seiner Verwaltung nur einzelne Nachlaßgegenstände unterliegen, die Befugnis, den Nachlaß in Besitz zu nehmen und darüber zu verfügen, nur in Ansehung dieser Gegenstände zusteht.[12]

Die gemeinrechtlichen Schriftsteller beschäftigen sich viel mit der Unterscheidung der Testamentsvollstrecker in executores universales und particulares oder speciales.[13] Von den einzelstaatlichen Gesetzbüchern hat das bayerische die Unterscheidung aufgenommen.[14] Unter den executores particulares oder speciales werden diejenigen verstanden, deren Amt sich nicht auf den ganzen Nachlaß, sondern nur auf bestimmte Nachlaßsachen und auf die letztwilligen Verfügungen erstreckt, welche diese Sachen zum Gegenstande haben. Das bürgerliche Gesetzbuch spricht nicht von Partikular- oder Spezialexekutoren im Gegensatze zu den Universalexekutoren. Aber die Unterscheidung liegt in der Natur der Sache. Denn indem das Gesetzbuch die Möglichkeit giebt, Testamentsvollstrecker zu bestellen, deren Thätigkeit sich auf bestimmte Nachlaßsachen und die auf dieselben sich beziehenden Verfügungen beschränken soll, sind ihm der Natur nach die Partikular- oder Spezialexekutoren des gemeinen Rechtes und des bayerischen Gesetzbuches nicht fremd.

Das bürgerliche Gesetzbuch läßt aber auch, wie bereits angedeutet ist, Erweiterungen des Machtbereiches des Testamentsvollstreckers über die oben angegebenen Grenzen hinaus ausdrücklich zu. Eine solche zu-

---

[11] B.G.B. § 2208 Abs. 2.

[12] B.G.B. § 2208 Satz 2.

[13] S. u. a. **Stryk**, opera omnia volum. X disput. 10 Nr. 16; v. **Kreittmayer**, Anmerkuagen über den Cod. Maxim. Bav. civ. Bd. 3 S. 192 flg.; **Beseler**, a. a. O. S. 192, 221.

[14] Cod. Max. Bav. civ. II1, 2, § 16 Nr. 5.

lässige Erweiterung ist in Ansehung der Nachlaßverwaltung vom Gesetze vorgesehen. Während nämlich das Verwaltungrecht und die davon abhängigen Befugnisse, den Nachlaß oder einzelne Nachlaßgegenstände in Besitz zu nehmen und darüber zu verfügen, dem Testamentsvollstrecker, wie schon bemerkt ist, regelmäßig nur insofern zustehen, als sie den angegebenen beiden Hauptzwecken der Anordnung einer Testamentsvollstreckung zu dienen haben, kann der Erblasser einem Testamentsvollstrecker die Verwaltung des Nachlasses oder einzelner Nachlaßgegenstände auch übertragen, ohne ihm andere Aufgaben als diese Verwaltung zuzuweisen. Er kann auch anordnen, daß der Testamentsvollstreckeer diese Verwaltung nach der Erledigung der anderen ihm zugewiesenen Aufgaben fortzuführen hat.[15]

§ 117. VII. Obliegenheit des Testamentsvollstreckers, die letztwilligen Verfügungen in Ausführung zu bringen.

Nach dem ersten Entwurfe sollte der Testamentsvollstrecker berechtigt und verpflichtet sein, die letztwilligen Verfügungen des Erblassers zur Ausführung zu bringen und den Nachlaß zu verwalten.[1] In der Kommission für die zweite Lesung des Entwurfes kam die Frage zur Sprache, ob im Gesetze nicht durch entsprechende anderweite Anordnung des Stoffes zum Ausdrucke zu bringen sei, daß zwei Typen von Testamentsvollstrecker beständen, der eine für den nur überwachenden Testamentsvollstrecker, der andere für den verwaltenden. Man beschloß indeß, es bei der Anordnung des Entwurfes insofern zu belassen, als darnach dem Testamentsvollstrecker grundsätzlich die Ausführung des letzten Willens und zu diesem Zwecke die Verwaltung des Nachlasses zustehen solle, daneben aber dem Erblasser die Befugnis eingeräumt werde, die Rechte des Testamentsvollstreckers in einzelnen Beziehungen einzuschränken.[2]

Die erste Reihe unter den letztwilligen Verfügungen nimmt im bürgerlichen Gesetzbuche die Erbeinsetzung ein. In dem Titel des Gesetzbuches, der die auf die Testamentsvollstrecker bezüglichen Rechtsnormen enthält, wird der Erbeinsetzung als einer von dem Testamentsvollstrecker zur Ausführung zu bringenden letztwilligen Verfügung nicht besonders gedacht. Sie kommt aber doch dabei in Frage. Zunächst insofern, als

---

[15] B.G.B. § 2209 Satz 1.

[1] Erster Entwurf § 1897 Abs. 1, § 1899 Satz 1.

[2] Protokolle, 355. Sitzung V. S. 7063 f.

es unter Umständen zur Aufgabe des Testamentsvollstreckers gehören kann, die Erbeinsetzung dadurch zur Ausführung zu bringen, daß der eingesetzte Erbe vorerst zur Entstehung gebracht wird. Hat der Erblasser durch letztwillige Verfügung seinen Nachlaß zu einer erst ins Leben zu rufenden Stiftung bestimmt, ist also zur Entstehung der Stiftung außer dem in der letztwilligen Verfügung bestehenden Stiftunggeschäfte (B.G.B. § 83) die Genehmigung des Bundesstaates, in dessen Gebiete die Stiftung ihren Sitz haben soll, oder die Genehmigung des Bundesrates erforderlich (a. a. O. § 80), so ist der Testamentsvollstrecker auf Grund der Bestimmung, nach der er die letztwilligen Verfügungen des Erblassers zur Ausführung zu bringen hat, durch sein Amt dazu berufen, die Genehmigung nachzusuchen (§ 83) und dafür Sorge zu tragen, daß die Stiftung die gesetzliche Vertretung durch einen Vorstand erhält (§§ 86. 26), wenn ihm nicht selbst durch das Testament die Vorstandschaft und damit die Vertretung übertragen ist. Ob ihm, wenn die Stiftung ins Leben gerufen und mit einem Vertreter versehen worden ist, noch weitere Befugnisse zustehen und weitere Verpflichtungen obliegen, hängt von dem Inhalte des Testamentes ab. Aus der Obliegenheit, die letztwilligen Verfügungen in Ausführung zu bringen, sind in Ansehung einer zur Ausführung zu bringenden Erbeinsetzung weitere Befugnisse und Verpflichtungen des Testamentsvollstreckers nicht abzuleiten.

Eine besondere Bestimmung des bürgerlichen Gesetzbuches[3] bezieht sich auf die Einsetzung eines Nacherben. Das Gesetzbuch bestimmt nämlich: „Der Erblasser kann einen Testamentsvollstrecker auch zu dem Zwecke ernennen, daß dieser bis zu dem Eintritte einer angeordneten Nacherbfolge die Rechte des Nacherben ausübt und dessen Pflichten erfüllt." Die Einsetzung eines Nacherben ist nach dem bürgerlichen Gesetzbuche ebenso eine letztwillige Verfügung wie nach gemeinem Rechte die Anordnung eines Universalfideikommisses. Es kann also nach dem Wortlaute des § 2203 B. G. B. nicht wohl zweifelhaft sein, daß zur Ausführung der in der Einsetzung eines Nacherben bestehenden letztwilligen Verfügung ein Testamentsvollstrecker ebenso bestellt werden könnte, wie nach bisherigem Rechte ein Testamentsvollstrecker, der die letztwilligen Verfügungen des Erblassers zur Ausführung zu bringen hat, auch ein vom Erblasser angeordnetes Universalfideikommiß zur Ausführung zu bringen haben würde. Wenn nun angenommen worden ist, daß die Vorschrift des § 2203 den Erblasser nicht ermächtigen würde, einen Testamentsvollstrecker bis zum Eintritte einer angeordneten Nacherbfolge zur Ausübung der Rechte und zur Erfüllung der Pflichten des Nacherben zu ermächtigen, sondern daß

---

[3] B.G.B. § 2222.

es dazu einer besonderen Vorschrift, wie sie im § 2222 gegeben ist, bedürfte, so könnte der Grund der Aufstellung dieser besonderen Vorschrift vielleicht in der Erwägung gesucht werden, daß mit der Ausübung der in Frage stehenden Rechte und der Erfüllung der Pflichten eines Nacherben durch den Testamentsvollstrecker nicht sowohl eine letztwillige Verfügung zur Ausführung gebracht, als vielmehr nur die spätere Ausführung der in der Einsetzung des Nacherben bestehenden letztwilligen Verfügung vorbereitet werde, so daß aus diesem Grunde mit der Ausübung der in Frage stehenden Rechte und der Erfüllung der Pflichten der Thatbestand des § 2203, nach welchem der Testamentsvollstrecker die letztwillige Verfügung zur Ausführung zu bringen hat, nicht gedeckt erscheinen würde. Nach der Entstehungsgeschichte des § 2222, wie sie in den Protokollen der Kommission für die zweite Lesung des Entwurfes mitgeteilt ist, sind indes andere Erwägungen ausschlaggebend gewesen.

Die Bestimmung des § 2222 war im ersten Entwurfe noch nicht enthalten, sondern ist erst bei der zweiten Lesung in den Entwurf aufgenommen worden. Der auf ihre Aufnahme bezügliche Antrag ging ursprünglich dahin,[4] eine Bestimmung in das Gesetzbuch aufzunehmen, nach welcher der Erblasser, der einen Nacherben einsetze, anordnen könne, daß gewisse dem Nacherben in Bezug auf die Sicherung der Nacherbschaft einzuräumende, besonders aufgezählte Rechte vor Eintritt der Nacherbfolge auch dem Testamentsvollstrecker zustehen sollen. Als solche Rechte waren bezeichnet das Recht des Nacherben auf Errichtung eines Inventars, das Recht auf Feststellung des Zustandes der Erbschaftsachen sowie die Rechte auf Auskunfterteilung, auf Hinterlegung von Inhaberpapieren, auf Sicherheitleistung und auf Feststellung eines Wirtschaftplanes bei einem Walde.[5] Der Antrag wurde gebilligt. Man erwog, wenn ein Testamentsvollstrecker zu dem Zwecke der Verwaltung des Nachlasses ernannt werden könne, so müsse es auch zulässig sein, einem Testamentsvollstrecker nur gewisse Kontrollbefugnisse in Bezug auf die Nachlaßverwaltung zu übertragen. Für die Zulassung sprächen Gründe der Billigkeit und Zweckmäßigkeit. Die Zulässigkeit müsse aber ausdrücklich ausgesprochen werden. Denn wenn auch die fraglichen Kontrollbefugnisse der Verwaltungbefugnis gegenüber wirtschaftlich ein Minus seien, so seien sie doch darin nicht begriffen.[6] — Bei der Schlußredaktion hat die Bestimmung die jetzige Fassung

[4] Protokolle, 358. Sitzung IV. S. 7135.
[5] B.G.B. §§ 2121, 2122, 2127, 2115, 2128.
[6] Protokolle a. a. O. S. 7135 f.

erhalten, in der von der Aufzählung der einzelnen Rechte des Nacherben, zu deren Ausübung der Erblasser den Testamentsvollstrecker ermächtigen kann, abgesehen und mit der gleichzeitig ausgesprochen wird, daß der Erblasser den Testamentsvollstrecker auch zur Erfüllung der dem Nacherben obliegenden Pflichten ermächtigen kann.

Der Gedankengang der Kommission bei Aufnahme der Bestimmung des § 2222 in das Gesetzbuch ist also der gewesen: Man ist von dem Satze ausgegangen, daß der Erblasser die Rechtsstellung des Vorerben und die des Nacherben in der Art festsetzen kann, daß der Vorerbe zur Nachlaßverwaltung überhaupt nicht gelangt, vielmehr der Testamentsvollstrecker bis zum Eintritte der Nacherbfolge den Nachlaß zu verwalten hat. Und wenn das Gesetz eine solche Anordnung zuläßt, so muß auch eine Anordnung dahin zulässig sein, daß dem Vorerben zwar die Verwaltung des Nachlasses zusteht, der Testamentsvollstrecker aber das Interesse des Nacherben in der Art wahrzunehmen hat, daß er zur Ausübung der Rechte des Nacherben und zur Erfüllung seiner Pflichten bis zum Eintritte der Nacherbfolge berufen wird. Eine Prüfung der Frage, ob die Vorschrift des § 2222 notwendig war, und ob nicht schon die im § 2203 ausgesprochene allgemeine Pflicht des Testamentsvollstreckers, die letztwilligen Verfügungen des Erblassers zur Ausführung zu bringen, hingereicht haben würde, dem Testamentsvollstrecker die im § 2222 vorgesehene Rechtsstellung zu geben, braucht nicht vorgenommen zu werden.

Besonderer Erörterung bedarf die Bestimmung, nach welcher der Testamentsvollstrecker, wenn er die Verfügungen des Erblassers nicht selbst zur Ausführung zu bringen hat, die Ausführung von dem Erben verlangen kann, sofern nicht ein anderer Wille des Erblassers anzunehmen ist.[7] Der erste Entwurf hatte die fragliche Bestimmung noch nicht. Er enthielt nur eine allgemeine Vorschrift dahin, daß der Testamentsvollstrecker berechtigt sei, die Vollziehung einer Auflage zu fordern.[8] Die für die zweite Lesung des Entwurfes eingesetzte Kommission erkannte hier mit Rücksicht darauf, daß nach den von ihr gefaßten Beschlüssen die Ernennung eines nur zum Zwecke der Beaufsichtigung des Erben in der Ausführung der letztwilligen Verfügungen bestellten Testamentsvollstreckers zuzulassen sei, eine der Ausfüllung bedürftige Lücke. Und es wurde für notwendig gehalten, einem solchen lediglich beaufsichtigenden Vollstrecker das Recht beizulegen, von dem Beschwerten die Erfüllung der betreffenden Verpflichtung zu verlangen, da der Erblasser

---

[7] B.G.B. § 2208 Abs. 2.
[8] Erster Entwurf § 1888.

selbst ohne solche gesetzliche Ermächtigung das fragliche Recht dem Vollstrecker nicht geben könne, und ohne ein solches Recht die Ernennung eines nur beaufsichtigenden Vollstreckers keinen praktischen Wert haben würde.[9] Die Bestimmung muß auf alle letztwilligen Verfügungen bezogen werden, in Ansehung deren die Ausführung durch den Erben überhaupt in Frage kommen kann, also auf die Einsetzung eines Nacherben, auf Vermächtnisse und auf Auflagen. Mit dem Rechte, die Ausführung einer letztwilligen Verfügung von dem Erben zu verlangen, ist nach der Natur der Sache dem beaufsichtigenden Testamentsvollstrecker ein Klagerecht gegen den Erben gegeben.

Nach dem ersten Entwurfe sollte der Erbe auf die Vollstreckung der letztwilligen Verfügungen des Erblassers nicht ohne Einfluß sein. Auch wenn der Erblasser keine Bestimmung getroffen hätte, die den Testamentsvollstrecker in der Befugnis, die letztwilligen Bestimmungen zur Ausführung zu bringen, einschränkte, sollte, sofern der Erbe gegen die Vollziehung eines Vermächtnisses oder einer Auflage Widerspruch erhöbe, der Vollstrecker gegenüber dem Erben verpflichtet sein, die Vollziehung auszusetzen, bis der Erbe zur Vollziehung rechtskräftig verurteilt sein würde.[10] In den Motiven[11] wurde diese Bestimmung mit der Ausführung begründet, daß dem Erben als Geschäftsherrn das Recht des Widerspruches zustehen müsse. Bei den Beratungen der Kommission[12] für die zweite Lesung des Entwurfes wurde die fragliche Bestimmung beseitigt. Nach dem bürgerlichen Gesetzbuche ist also der Testamentsvollstrecker beim Nichtvorliegen einer seine Machtbefugnisse einschränkenden Bestimmung des Erblassers berechtigt, trotz dem Widerspruche des Erben eine letztwillige Verfügung des Erblassers zur Ausführnng zu bringen. Es ist erwogen worden, daß der Testamentsvollstrecker nach der Willensmeinung des Erblassers so handeln solle, wie ein verständiger, gewissenhafter Erbe im gegebenen Falle handeln würde, daß er also, wenn im fraglichen Falle ein verständiger Erbe ein Vermächtnis auszahlen würde, selbst gegen den Widerspruch des Erben das Vermächtnis auszuzahlen berechtigt sei. Eine Kondiktion stehe dem Erben unter denselben Voraussetzungen zu, wie der Testamentsvollstrecker sie haben würde. Ein Mittel, die Auszahlung zu hindern und nicht auf einen unsicheren Bereicherungsanspruch gegen den Vermächtnisnehmer angewiesen zu sein, biete dem Erben die Feststellungklage, mit der er gegen den Vollstrecker feststellen lassen könne, daß das Vermächtnis ungültig oder aus einem anderen

---

[9] Protokolle, 358. Sitzung V. S. 7137.
[10] Erster Entwurf § 1897 Abs. 2.
[11] Motive Bd. 5 S. 227.
[12] Protokolle, 355. Sitzung VI. VII. S. 7067 f.

Grunde nicht zu erfüllen sei. Außer der präjudiziellen Feststellungklage stehe dem Erben auch eine direkte Klage auf Unterlassung der Erfüllung zu.[13] Endlich sei dem Erben gegen den Testamentsvollstrecker, der das Vermächtnis auszahle, ohne einen Widerspruch zu beachten, bei einer Verschuldung des Vollstreckers ein Rückgriffsanspruch gegeben.

Auch über die Frage hat sich die Kommission für die zweite Lesung des Entwurfes schlüssig gemacht, ob es sich empfehle, dem Testamentsvollstrecker die Verpflichtung aufzulegen, vor der Vollziehung eines Vermächtnisses oder einer Auflage dem Erben Anzeige zu machen. Die Kommission entschied sich zuerst mit Stimmenmehrheit dafür, eine Anzeigepflicht festzusetzen, da es den Beziehungen zwischen dem Erben und dem Testamentsvollstrecker, die es erforderten, daß gegenseitiges Vertrauen unter ihnen herrsche, entspreche, wenn der Vollstrecker Vermächtnisse nicht erfülle, ohne sich vorher mit dem Erben in Einvernehmen gesetzt zu haben.[14] Bei einer späteren Beratung, die sich auf die Erfüllung anderer Nachlaßverbindlichkeiten bezog, wurde indes mit Stimmenmehrheit angenommen, daß Vermächtnisse und Auflagen nicht anders behandelt werden könnten als andere Nachlaßverbindlichkeiten. Es wurde daher eine Verpflichtung zur Anzeige auch für Vermächtnisse und Auflagen nicht angenommen und der frühere Beschluß in diesem Sinne abgeändert.[15]

Als für einen besonderen Zweck gegeben, wie er von den bisher besprochenen letztwilligen Verfügungen nicht getroffen wird, führt sich im bürgerlichen Gesetzbuche die Bestimmung ein, nach welcher der Erblasser einen Testamentsvollstrecker auch zu dem Zwecke ernennen kann, daß dieser für die Ausführung der einem Vermächtnisnehmer auferlegten Beschwerungen sorgt.[16] Die fragliche Bestimmung war in anderer Fassung schon im ersten Entwurfe vorhanden. Sie bildete dort die Schlußbestimmung des Titels „Testamentsvollstrecker" und lautet: „Ist in Ansehung der einem Vermächtnisnehmer auferlegten Beschwerungen ein Testamentsvollstrecker ernannt, so finden die Vorschriften der §§ 1889 bis 1909 entsprechende Anwendung."[17] Die hier in Bezug genommenen

[13] Die Ausführungen sind nicht durchsichtig. Die sogen. direkte Klage auf Unterlassung der Erfüllung, mit der doch auch eine Klage gegen den Testamentsvollstrecker gemeint sein muß, würde nicht minder eine präjudizielle oder Feststellungklage sein wie jene erste Klage; und eine Klage gegen den Vermächtnisnehmer, mit der verlangt wird, auszusprechen, daß er nichts zu beanspruchen hat, könnte auch nichts anderes sein als eine Feststellungklage.

[14] Protokolle, 355. Sitzung VII. S. 7068 flg.

[15] Protokolle, 356. Sitzung V. S. 7090.

[16] B.G.B. § 2223.

[17] Erster Entwurf § 1910.

§§ 1889 bis 1909 sind die sämtlichen übrigen Bestimmungen des Titels „Testamentsvollstrecker". In den dem ersten Entwurfe beigegebenen Motiven heißt es: „Der Auftrag, die einen Vermächtnisnehmer beschwerenden Anordnungen auszuführen, unterscheidet sich in seinen Wirkungen von der allgemeinen Ernennung zum Testamentsvollstrecker. Die letztere verleiht dem Ernannten eine gewisse, mehr oder weniger selbständige Vertretungmacht für den Erben, der beschränktere Auftrag eine solche für den Vermächtnisnehmer. Daß aber auch dem Vermächtnisnehmer ein derartiger Vertreter ernannt werden kann, ist ausdrücklich zu bestimmen; es würde nicht als selbstverständlich anzusehen sein"[18]

Danach wird der Satz, daß der Testamentsvollstrecker die letztwilligen Verfügungen des Erblassers auszuführen habe, oder, wie er im ersten Entwurfe als § 1897 Abs. 1 lautet, daß er berechtigt und gegenüber dem Erben verpflichtet sei, die letzwilligen Verfügungen des Erblassers zur Ausführung zu bringen, auf den Rechtsgedanken zurückgeführt, daß der Testamentsvollstrecker mit seiner Ernennung zu diesem Amte die Macht zur Vertretung des Erben in der fraglichen Richtung erhalte. Vermöge dieser Vertretungmacht wird er für berechtigt gehalten, Vermächtnisse und Auflagen, soweit sie den Erben beschweren, zur Ausführung zu bringen. Er wird aber nicht ohne weiteres für ermächtigt angesehen, Vermächtnisse und Auflagen, die einen Vermächtnisnehmer beschweren, zur Ausführung zu bringen. Dazu bedarf es nach der Meinung des Verfassers der Motive einer ausdrücklichen gesetzlichen Bestimmung. Derartige Erwägungen haben also, wenn auf die Meinung des Verfassers der Motive Gewicht gelegt werden darf, zur Aufnahme des § 1910 in den ersten Entwurf geführt. Wie es weiter in den Motiven heißt,[19] soll der Rechtssatz des § 1910 unter den in Betracht kommenden möglichen Fällen auch den decken, daß ein Testamentsvollstrecker im allgemeinen ernannt und daß nach dem Inhalte des Testamentes anzunehmen ist, dieser Vollstrecker habe in Ansehung der Beschwerungen eines Vermächtnisnehmers gleichfalls seines Amtes zu warten. Es wird also angenommen, daß es der Aufnahme des § 1910 in das Gesetzbuch bedürfe, damit die Bestellung eines Testamentsvollstreckers für die Ausführung der einem Vermächtnisnehmer auferlegten Beschwerungen an sich für gesetzlich zulässig erachtet werden könne, daß aber bei Aufnahme des § 1910 in das Gesetzbuch es im konkreten Falle Sache der Auslegung des Testamentes sei, sich darüber schlüssig zu machen, ob in der Bestellung zum Testamentsvollstrecker die Ermächtigung liege, Ver-

[18] Motive Bd. 5 S. 246.

[19] Motive a. a. O. S. 245.

mächtnisse und Auflagen, die einen Vermächtnisnehmer beschweren, zur Ausführung zu bringen.

Den Gedanken, daß der Testamentsvollstrecker Vertreter des Erben sei, hat die Kommission für die zweite Lesung des Entwurfes ausdrücklich mißbilligt. Damit fällt auch die Möglichkeit, den Satz des § 1910 des ersten Entwurfes auf den Gedanken zurückzuführen, daß der Testamentsvollstrecker die einem Vermächtnisnehmer auferlegten Beschwerungen zur Ausführung zu bringen hat, Vertreter dieses Vermächtnisnehmers sei. Wenn aber diese Gesichtspunkte der ersten Kommission aufgegeben werden, so mag angesichts des Satzes, daß der Testamentsvollstrecker die letztwilligen Verfügungen des Erblassers zur Ausführung zu bringen hat (§ 2203), und mit Rücksicht darauf, daß die vom Erblasser angeordneten Beschwerungen eines Vermächtnisnehmers ebenso letztwillige Verfügungen des Erblassers sind, wie die vom Erblasser angeordneten Beschwerungen des Erben, die Frage entstehen, ob es einer besonderen Bestimmung, wie sie im § 1910 des ersten Entwurfes, im § 2092 des zweiten Entwurfes und im § 2223 des bürgerlichen Gesetzbuches enthalten ist, bedurft habe, und ob nicht vielmehr die Rechtsnorm des § 2203 schon hinreichen müßte, dem Erblasser die Befugnis zu geben, einen Testamentsvollstrecker zu bestellen, der für die Ausführung der Belastungen eines Vermächtnisnehmers zu sorgen hat, oder einem bestellten Testamentsvollstrecker die Ermächtigung beizulegen, für die Ausführung der in Rede stehenden Belastungen zu sorgen. Bei den Beratungen der zweiten Kommission ist auch der Antrag gestellt worden, den § 1910 des ersten Entwurfes zu streichen. Der Grund des Antrages war offenbar die Erwägung, daß es der besonderen Bestimmung des § 1910 nicht bedürfe. Die Kommission hat jedoch den Antrag abgelehnt. Man hat erwogen, daß der im § 1910 vorausgesetzte Fall zwar nicht häufig vorkomme, daß man sich aber auf die Analogie nicht verlassen dürfe, weil auch der Fall zu berücksichtigen sei, daß derselbe Testamentsvollstrecker sowohl zur Ausführung der dem Erben als auch der einem Vermächtnisnehmer auferlegten Beschwerungen ernannt sei, die bisherigen Bestimmungen (damit sind die übrigen bis dahin erörterten Bestimmungen des Titels „Testamentsvollstrecker" gemeint), aber immer den Fall voraussetzten, daß der Testamentsvollstrecker zur Ausführung der dem Erben auferlegten Beschwerungen eingesetzt sei.[20] Diese Erwägungen sind nicht völlig durchsichtig. Mit der Analogie, auf die man sich nicht verlassen dürfe, ist wohl gemeint, daß man der Anwendung der in Frage kommenden Bestimmungen des Titels „Testaments-

[20] Protokolle, 358. Sitzung X, S. 7150.

vollstrecker" auf die einem Vermächtnisnehmer auferlegten Beschwerungen ohne die ausdrückliche Bestimmung des § 1910, jetzt des § 2223, nicht sicher sei. Und die Bemerkung, es sei auch der Fall zu berücksichtigen, daß für die Ausführung der dem Erben und der einem Vermächtnisnehmer auferlegten Beschwerungen derselbe Vollstrecker ernannt sei, während man bis dahin immer nur den Fall eines zur Ausführung der dem Erben auferlegten Vermächtnisse bestellten Vollstreckers ins Auge gefaßt habe, weist darauf hin, daß im Gesetze an verschiedenen Stellen, insbesondere in den §§ 2208 Abs. 2, 2218, wo vom Erben gegenüber dem Testamentsvollstrecker die Rede ist, richtiger nicht vom Erben sondern allgemein vom Beschwerten zu sprechen gewesen wäre. Hierin hat aber die Aufnahme des § 2203 in das Gesetz nichts geändert. Und man wird sagen dürfen, das Gesetz hätte den Eindruck größerer gedankenmäßiger Einheitlichkeit gemacht, wenn der § 2203 weggeblieben und die §§ 2208 Abs. 2, 2218 anders gefaßt wären.

Endlich ist noch der letztwilligen Verfügungen zu erwähnen, welche Vermächtnisse und Auflagen betreffen, die nicht aus den Nachlaßgegenständen zu erfüllen sind. Im ersten Entwurfe war die Frage, ob ein Testamentsvollstrecker vermöge seiner Amtspflicht verpflichtet oder nicht verpflichtet sei, solche Verfügungen des Erblassers zur Ausführung zu bringen, nicht entschieden. Bei der Beratung des Entwurfes zweiter Lesung wurde der Antrag gestellt, in das Gesetzbuch eine Bestimmung aufzunehmen, nach welcher der Testamentsvollstrecker gegen den Erben ein Klagrecht haben soll, wenn letztwillige Verfügungen in Frage stehen, die nicht aus Gegenständen des Nachlasses zu erfüllen sind. Die Kommission lehnte den Antrag ab. Sie bezeichnete es als nicht richtig, die Befugnisse des Testamentsvollstreckers in solchem Maße auszudehnen. Seine Aufgabe bestehe im wesentlichen darin, die Nachlaßgegenstände im Sinne des Erblassers unter die Interessenten zu verteilen.[21]

Der Gedanke der Ablehnung des in Rede stehenden Antrages ist kein glücklicher. Hat der Erblasser einem Anderen Vermögen zugewendet mit der Auflage, daß der Bedachte ein zu seinem eigenen Vermögen gehöriges Grundstück zu einer Stiftung hergebe, die von einem Testamentsvollstrecker ins Leben gerufen werden soll, und wird die Zuwendung angenommen, so liegt recht eigentlich ein Fall vor, in dem die Rechtseinrichtung des Testamentsvollstreckers wirksam zu werden hat. Und ein Urteil, das mit den Gründen der Kommission eine Klage des Testamentsvollstreckers gegen den Bedachten auf Überlassung des Grundstückes behufs Errichtung der Stiftung abwiese, möchte schon auf Grund des § 2203 für fehlsam zu erachten sein.

---

[21] Protokolle, 355. Sitzung VIII. S. 7070, 7065.

§ 118. VIII. Auseinandersetzung unter Miterben.

Das bürgerliche Gesetzbuch bestimmt, daß der Testamentsvollstrecker die ihm obliegende Auseinandersetzung unter den Miterben nach Maßgabe der §§ 2042 Abs. 2 bis 2056 zu bewirken habe.[1] Diese Paragraphen enthalten die Bestimmungen, nach denen die Auseinandersetzung unter Miterben regelmäßig zu bewirken ist, auf deren Anwendung also jeder einzelne Miterbe ein Recht hat, wenn nicht der Erblasser eine andere Teilung der Erbschaft unter ihnen angeordnet hat oder die Miterben selbst über eine andere Teilung sich vertragsmäßig geeinigt haben. Die erste der angegebenen Vorschriften (§ 2042 Abs. 2) bestimmt, daß die Vorschriften des § 749 Abs. 2 und 3 und der §§ 750 bis 758 Anwendung finden sollen. Es sind dies die allgemeinen Sätze, nach denen Gemeinschaften aufzuheben sind.

Die hiernach vom Testamentsvollstrecker bei dem Auseinandersetzunggeschäfte zur Anwendung zu bringenden Rechtsnormen gehen dahin, daß aus dem Nachlasse zuerst die allen Miterben zur Last fallenden Nachlaßverbindlichkeiten zu berichtigen sind (§§ 2046, 755) und der übrige Nachlaß, soweit er in gleichartige, den Anteilen der Teilhaber entsprechende Teile zerlegbar ist, in Natur geteilt (§ 752), soweit die Teilung in Natur ausgeschlossen ist, versteigert und der Erlös geteilt wird (§ 753), und daß Nachlaßforderungen vom Testamentsvollstrecker eingezogen oder, wenn sie noch nicht einziehbar sind, verkauft werden (§ 754). Eine besondere Bestimmung ist für den Fall getroffen, daß einer der Miterben das Recht haben soll, ein zum Nachlasse gehöriges Landgut zu übernehmen. Die Bestimmung betrifft den Wert, zu dem das Landgut dem Übernehmer bei der Teilung angesetzt werden soll (§ 2049). Endlich sind Bestimmungen über die den Abkömmlingen des Erblassers obliegende Ausgleichungpflicht getroffen (§§ 2050 bis 2056). Diese Rechtssätze können dadurch außer Anwendung gesetzt werden, daß der Erblasser besondere Anordnungen für die Auseinandersetzung trifft (§ 2048 Satz 1). Dergleichen Anordnungen binden den Testamentsvollstrecker in erster Reihe. Der Erblasser kann insbesondere anordnen, daß die Auseinandersetzung nach dem billigen Ermessen eines Dritten erfolgen soll. Dieser Dritte kann der Testamentsvollstrecker selbst sein. Die von dem Dritten auf Grund der Anordnung getroffene Bestimmung ist für die Erben nicht verbindlich, wenn sie offenbar unbillig ist. Die Bestimmung erfolgt in diesem Falle durch Urteil (§ 2048 Satz 2, 3).

Der erste Entwurf[2] enthielt über die Obliegenheit des Testaments-

---

[1] B.G.B. § 2204 Abs. 1.

[2] Erster Entwurf § 1898 Abs. 2 Satz 2.

vollstreckers, die Auseinandersetzung unter den Miterben zu bewirken, noch mehrere andere Bestimmungen, die aber von der Kommission für die zweite Lesung des Entwurfes abgelehnt wurden. Zu diesen abgelehnten Bestimmungen gehört der Satz, daß der Vollstrecker befugt sei, diejenigen Nachlaßgegenstände, die nach seinen — des Vollstreckers — Anordnungen einem Miterben von den übrigen Miterben zu übertragen seien, selbst diesem Miterben zu übertragen. Zu Gunsten des Satzes wurde angeführt, es empfehle sich, durch eine besondere Anordnung außer Zweifel zu setzen, daß der Vollstrecker zum Zwecke der Auseinandersetzung die Übertragung von Nachlaßsachen vornehmen dürfe. Die Kommission beschloß mit Stimmenmehrheit, den Satz zu streichen, indem sie annahm, es werde nicht verkannt werden, daß die dem Testamentsvollstrecker im Entwurfe (§ 1898 Abs. 2 Satz 2) beigelegte Befugnis zur Übertragung von Nachlaßsachen an einen der Miterben sich lediglich als eine Konsequenz seiner Auseinandersetzungbefugnis darstelle.[3]

Andere Bestimmungen des ersten Entwurfes gingen dahin, daß der Testamentsvollstrecker verpflichtet sei, seine die Auseinandersetzung betreffenden Anordnungen erst dann zur Ausführung zu bringen, wenn er sie den Erben mitgeteilt, diesen auch eine angemessene Frist zur Erhebung des Widerspruchs gesetzt habe, und die Frist ohne Anzeige der Erhebung eines Widerspruches verstrichen oder der rechtzeitig erhobene Widerspruch erledigt sei.[4] Die Kommission nahm an, daß der Testamentsvollstrecker nicht verpflichtet sein solle, von der Ausführung des Teilungplanes bis zur Erledigung eines erhobenen Widerspruches Abstand zu nehmen. Sie hielt dafür, ein verständiger Testamentsvollstrecker werde, wenn der von einem Erben erhobene Widerspruch einigermaßen begründet sei, sich von selbst veranlaßt sehen, von der Ausführung des Planes Abstand zu nehmen. Das Drohen eines Rückgriffsanspruches werde ihn abhalten, sich über einen erhobenen Widerspruch leicht hinwegzusetzen. Im übrigen widerstrebe es sowohl der autoritativen Stellung eines Testamentsvollstreckers als auch den Interessen der Erben selbst, daß ein einzelner Miterbe in der Lage sein solle, durch einen vielleicht grundlosen Widerspruch die Auseinandersetzung zu hindern oder doch aufzuhalten. Die Kommission[5] ließ daher an die Stelle der oben angegebenen Bestimmungen des ersten Entwurfes und anderer auf die Voraussetzungen und Wirkungen eines erhobenen Wider-

---

[3] Protokolle, 356. Sitzung I. S. 7075 f. — Bei der Beratung und Beschlußfassung hatte die Kommission den Satz von der kausal nicht bedingten Verfügungmacht des Testamentsvollstreckers über Nachlaßsachen noch nicht angenommen.

[4] Erster Entwurf § 1898 Abs. 3.

[5] Protokolle, 356. Sitzung II. S. 7077 flg.

spruches bezüglicher Vorschriften[6] des Entwurfes den Satz treten, daß der Testamentsvollstrecker die Erben über den Auseinandersetzungplan vor der Ausführung zu hören habe.[7]

Die oben erwähnte Bestimmung des bürgerlichen Gesetzbuches, nach welcher der Erblasser anordnen kann, daß die Auseinandersetzung nach dem billigen Ermessen eines Dritten erfolgen soll, und der sich an die Bestimmung anschließende Satz, der die von dem Dritten getroffene Anordnung als unverbindlich hinstellt, wenn sie offenbar unbillig ist, waren im ersten Entwurfe noch nicht enthalten. Sie sind aus verschiedenen zum Teile von einander abweichenden Anträgen hervorgegangen. Die Kommission hat erwogen, die Willensmeinung des Erblassers, der einen Testamentsvollstrecker ernenne, ohne über die Art der Auseinandersetzung eine Bestimmung zu treffen, gehe offenbar dahin, daß die einzelnen Erben dasjenige erhalten sollten, was ihnen nach den gesetzlichen Vorschriften über die Auseinandersetzung der Miterben gebühre. Wolle er die Art der Auseinandersetzung dem billigen Ermessen des Vollstreckers überlassen, so müsse er dies besonders bestimmen. Aber auch für den Fall einer solchen ausdrücklichen Bestimmung des Erblassers finde das billige Ermessen des Vollstreckers eine Schranke an der Willenseinigung der Erben; es habe nur insoweit zu entscheiden, als eine Einigung unter den Erben nicht erzielt werde.[8]

§ 119. IX. Besitznahme, Inventur und Verwaltung des Nachlasses.

Die Befugnis des Testamentsvollstreckers, den Nachlaß in Besitz und Verwaltung zu nehmen, war, nachdem mit Beseler und Pauli die Erinnerung an die Geschichte der Rechtseinrichtung der Testamentsvollstrecker wieder lebendig geworden war, als mit dem Amte von selbst gegeben von Beseler und anderen anerkannt worden. Beseler selbst bemerkt darüber, daß sich die fragliche Befugnis nicht aus der Stellung des Salmanns, der die Gewere zur treuen Hand hatte, und auch nicht aus der anderen geschichtlichen Grundlage, der Vogtei, ableiten lasse, da zwischen jenen Grundlagen der Rechtseinrichtung und dieser selbst nur ein rechtsgeschichtlicher Zusammenhang bestehe, der für die Gewinnung geltender Rechtsregeln keinen Anhalt gewähre. Er hält aber dafür, daß es einer solchen weit hergeholten Begründung der Befugnis

[6] Erster Entwurf § 1898 Abs. 4, 5, 6.
[7] B.G.B. § 2204 Abs. 2.
[8] Protokolle, 355. Sitzung IX. S. 7071 flg. 7055, 7059 f.

nicht bedürfe, da die Befugnis aus der dem Testamentsvollstrecker gestellten Aufgabe von selbst folge, indem diese Aufgabe zur Voraussetzung habe, daß er imstande sei, eine bestimmte Herrschaft über den Nachlaß auszuüben.[1]

Nach dem bürgerlichen Gesetzbuche hat der Testamentsvollstrecker den Nachlaß zu verwalten. Er ist insbesondere berechtigt, den Nachlaß in Besitz zu nehmen.[2] Auch hat er ohne Verzug nach Annahme des Amtes ein Verzeichnis der in seine Verwaltung gekommenen Nachlaßgegenstände und der ihm bekannten Nachlaßverbindlichkeiten dem Erben mitzuteilen. Dies Verzeichnis ist mit der Angabe des Tages der Aufnahme zu versehen und vom Testamentsvollstrecker zu unterzeichnen. Der Testamentsvollstrecker kann es auf Kosten des Nachlasses durch die zuständige Behörde oder einen zuständigen Beamten oder Notar aufnehmen lassen. Der Erbe kann verlangen, daß der Testamentsvollstrecker die Unterzeichnung öffentlich beglaubigen lasse. Er kann auch verlangen, daß er bei der Aufnahme des Verzeichnisses zugezogen und daß es durch die zuständige Behörde oder durch einen zuständigen Beamten aufgenommen werde. Der Testamentsvollstrecker hat auch im übrigen dem Erben die zur Aufnahme des Inventars erforderliche Beihilfe zu leisten.[3]

Anordnungen, die der Erblasser für die Verwaltung durch letztwillige Verfügung getroffen hat, sind vom Testamentsvollstrecker zu befolgen. Doch können solche Anordnungen von dem Nachlaßgerichte auf Antrag des Testamentsvollstreckers oder eines anderen Beteiligten außer Kraft gesetzt werden, wenn ihre Befolgnng den Nachlaß erheblich gefährden würde. Vor der Entscheidung soll das Gericht die Beteiligten so weit thunlich hören.[4] — Die Bestimmung über Aufhebung von Anordnungen des Erblassers, die den Nachlaß gefährden würden, war im ersten Entwurfe noch nicht enthalten. Sie entspricht einem bei der Beratung des Entwurfes in zweiter Lesung gestellten Antrage. Bei der Beratung des Antrages wurde erwogen, man müsse davon ausgehen, daß der Erblasser mit seinen Anordnungen den Zweck verfolge, den Nachlaß möglichst zu erhalten, und daß er nicht beabsichtige, den Nachlaß oder die an ihm beteiligten Personen erheblich zu schädigen.

---

[1] Beseler, a. a. O. S. 211.

[2] B.G.B. § 2205.

[3] B.G.B. § 2215.

[4] B.G.B. § 2216 Abs. 2. — Eine ähnliche Bestimmung enthält der Cod. Max. Bav. civ. im § 18 III. 2: „Bei der Ausführung des letzten Willens soll der Exekutor sich an die Vorschrift des Erblassers halten und nur mit Genehmigung der Obrigkeit und aller Beteiligten davon abgehen." Zu vgl. v. Kreittmayr a. a. O. S. 203, 204.

Sei nun von einer Befolgung der Anordnungen des Erblassers ein solcher vom Erblasser nicht gewollter Erfolg zu erwarten, was seinen Grund sowohl in einer nicht genügeuden Geschäftskenntnis des Erblassers als auch in einer seit den getroffenen Anordnungen eigetretenen Änderung der Umstände haben könne, so müsse im Interesse aller Beteiligten die Möglichkeit bestehen, die Anordnungen des Erblassers außer Kraft zu setzen. Dies geschehe am zweckmäßigsten, indem das Nachlaßgericht mit der entsprechenden Machtbefugnis ausgestattet werde.[5]

Im übrigen erklärt das bürgerliche Gesetzbuch[6] den Testamentsvollstrecker ausdrücklich für verpflichtet zur ordnungmäßigen Verwaltung des Nachlasses. Im ersten Entwurfe war eine Vorschrift dieses Inhaltes nicht enthalten. Der Begriff der ordnungmäßigen Verwaltung war aber in mehreren Vorschriften (§§ 1899, 1900, 1902) bei näherer Bestimmung des Inhaltes von Berechtigungen und Verpflichtungen des Testamentsvollstreckers verwertet. Die Kommission für die zweite Lesung hat eine Bestimmung des Begriffes nicht gegeben, sondern die Entscheidung der Frage nach der Bedeutung des Wortes der Wissenschaft und der Rechtsprechung überlassen und dabei bemerkt, daß immer der Zweck der Verwaltung maßgebend sein müsse.[7]

Über den Zweck der Verwaltung des Testamentsvollstreckers ist oben bereits bemerkt worden, daß für die vom Gesetzbuche dem Testamentsvollstrecker gegebene Befugnis, den Nachlaß in Besitz zu nehmen und zu verwalten, die Verwaltung regelmäßig nicht als Selbstzweck, sondern als Mittel der Erfüllung anderweiter Obliegenheiten des Testamentsvollstreckers verstanden wird, daß aber das Gesetzbuch eine Erweiterung der regelmäßigen Befugnisse des Vollstreckers durch den Erblasser in der Art zuläßt, daß die Nachlaßverwaltung dem Testamentsvollstrecker unabhängig von anderen Obliegenheiten übertragen wird, die Verwaltung also alleiniger Zweck der Anordnung einer Testamentsvollstreckung ist oder nach Erledigung der anderen Aufgaben vom Vollstrecker fortgesetzt wird.[8]

Der erste Entwurf erklärte zwar den Testamentsvollstrecker für be-

---

[5] Protokolle, 356. Sitzung VII.

[6] B.G.B. § 2216 Abs. 1.

[7] Protokolle, 356. Sitzung III. Daß der Testamentsvollstrecker nicht alle Nachlaßverbindlichkeiten zu erfüllen hat, daß ihm vielmehr die Erfüllung nur soweit obliegt, als sie zur ordnungmäßigen Verwaltung gehört, ist in den Protokollen der zweiten Kommission (S. 7089, 7143) ausdrücklich gesagt. Es würde auch selbstverständlich sein. Bei der Auseinandersetzung unter Miterben hat jeder Miterbe ein Recht darauf, daß aus dem Nachlasse zuerst die allen Miterben zur Last fallenden Nachlaßverbindlichkeiten berichtigt werden (§§ 2046, 755).

[8] S. oben § 116 zu Anm. 7, 15.

rechtigt und verpflichtet, den Nachlaß zu verwalten.[9] Eine Scheidung der Verwaltung nach ihren Zwecken in der Art, daß der Testamentsvollstrecker mit den regelmäßigen Aufgaben eines solchen dem Vollstrecker, der andere Aufgaben als die Führung oder Fortführung der Verwaltung nicht oder nicht mehr hätte, gegenübergestellt wurde, war aber dem Entwurfe nicht bekannt. Bei den Beratungen der Kommission für die zweite Lesung des Entwurfes wurde von der einen Seite der Antrag gestellt, im Gesetzbuche auszusprechen, daß der Testamentsvollstrecker bis zur Erfüllung seiner Obliegenheiten, die letztwilligen Verfügungen des Erblassers zur Ausführung zu bringen und die Auseinandersetzung unter den Miterben zu bewirken, den Nachlaß zu verwalten habe. Es sollte also im Gesetze selbst die Verwaltungmacht des Vollstreckers durch Beifügung der angegebenen Zwecke näher begrenzt und so die Auffassung zum Ausdrucke gebracht werden, daß die dem Vollstrecker obliegende Nachlaßverwaltung ihren Zweck nicht in sich selbst habe, daß sie vielmehr den anderen Obliegenheiten des Vollstreckers untergeordnet sei. Von anderer Seite wurde diese Auffassung bekämpft und dagegen geltend gemacht, daß dem Testamentsvollstrecker das Verwaltungrecht auch unabhängig von den angegebenen Obliegenheiten eingeräumt werden könne, und daß es im einzelnen Falle der Testamentsauslegung überlassen werden müsse, die Frage zu beantworten, in welchem Sinne das Verwaltungrecht aufzufassen sei.[10] Bei der Beratung wurde Einigkeit darüber erzielt, daß der Testamentsvollstrecker regelmäßig obligatorisch verpflichtet sei, nach Erfüllung seiner Obliegenheiten zur Ausführung der letztwilligen Verfügungen des Erblassers und zur Bewirkung der Auseinandersetzung unter den Miterben den Nachlaß den Erben herauszugeben.[11]

Aus dieser Einigung ging die Bestimmung des Gesetzes hervor, daß der Testamentsvollstrecker Nachlaßgegenstände, deren er zur Erfüllung seiner Obliegenheit offenbar[12] nicht bedarf, dem Erben auf

---

[9] Erster Entwurf § 1899.

[10] Protokolle, 356. Sitzung III, S. 7079.

[11] Protokolle a. a. O. S. 7081 f.

[12] B.G.B. § 2217. Über die Bedeutung des Wortes „offenbar" hat sich die Kommission, indem sie mit dem vermutlichen Willen des Erblasser argumentiert, dahin ausgelassen, der Erblasser habe auf der einen Seite nicht gewollt, daß seinen Erben der Genuß und die Verwaltung des Nachlasses länger und weiter entzogen werde, als zur Ausführung des letzten Willens erforderlich sei, auf der anderen Seite liege es auch nicht im Sinne des Erblassers, daß darüber, ob der Nachlaß noch im Besitze des Testamentsvollstreckers verbleiben müsse, weitläufige Beweiserhebungen angestellt würden. Deshalb sei als Voraussetzung aufzustellen, daß die Entbehrlichkeit der Gegenstände offenbar sei (Protokolle, 358. Sitzung VII. A. S. 7143 f.).

Verlangen zur freien Verfügung zu überlassen hat, daß mit der Überlassung sein Recht zur Verwaltung der Gegenstände erlischt, und daß wegen Nachlaßverbindlichkeiten, die nicht auf einem Vermächtnisse oder einer Auflage beruhen, so wie wegen bedingter und betagter Vermächtnisse oder Auflagen der Testamentsvollstrecker die Überlassung der Gegenstände nicht verweigern kann, wenn der Erbe für die Berichtigung der Verbindlichkeiten oder für die Vollziehung der Vermächtnisse oder Auflagen Sicherheit leistet.[13] Auch hierbei hat die Kommission für die zweite Lesung des Entwurfes ausgesprochen, der Testamentsvollstrecker sei nicht unbedingt, sondern nur wenn eine ordnungmäßige Verwaltung des Nachlasses es erfordere, und nur im Rahmen derselben verpflichtet, Nachlaßverbindlichkeiten zu erfüllen.[14]

Da mit der Verwaltungbefugnis des Testamentsvollstreckers für den Erben ein Verbot der Veräußernng von Nachlaßgegenständen, soweit das Verwaltungrecht reicht und so lange es dauert, verbunden ist, so ist die Anordnung einer Testamentsvollstreckung, welche die Erfüllung der anderen Obliegenheiten des Testamentsvollstreckers überdauert, für den Erblasser ein geeignetes Mittel, das von ihm nachzulassende Vermögen gegen seinen Verbrauch durch den Erben selbst und gegen den Zugriff von Gläubigern des Erben, die nur, wenn sie auch Nachlaßgläubiger sind, sich an die der Verwaltung des Testamentsvollstreckers unterliegenden Nachlaßgegenstände halten können, zu schützen, dabei aber dem Erben wirtschaftlich den Genuß des Nachlaßvermögens zu sichern.

Gegen die Zulässigkeit einer Testamentsvollstreckung der angegebenen Art wurde bei der Beratung des Entwurfes zweiter Lesung geltend gemacht, es könne zwar Fälle geben, in denen es dem Erblasser erwünscht sein werde, seinem Erben die Verwaltung des Nachlasses zu nehmen. Ein erheblicher Teil dieser Fälle werde aber durch die Enterbung aus guter Absicht gedeckt. Eine Berücksichtigung der übrigen Fälle sei durch ein allgemeines wirtschaftliches Interesse nicht geboten. Die Rücksicht auf die Pflichtteilsberechtigten spreche vielmehr gegen die Zulassung einer solchen Testamentsvollstreckung. Zu Gunsten ihrer Zulassung machte man geltend, die fragliche Testamentsvollstreckung könne nicht bloß der Rechtseinrichtung der Enterbung aus guter Absicht dienstbar gemacht werden. Der Erblasser könne auch mit ihr den Zweck verfolgen, dem Testamentsvollstrecker die Stellung eines Familienhauptes zu geben, so wenn bei Einsetzung der Witwe und der Kinder zu Erben die Witwe zur Testamentsvollstreckerin bestellt werde. Und es bestehe

---

[13] B.G.B. § 2217.
[14] Protokolle a. a. O. S. 7143.

kein genügender Grund, in solchen Fällen den Erblasser in der Art zu beschränken, daß man ihm nur soviel gestatte, als er mit der Enterbung aus guter Absicht erreichen könne.

Die Kommission entschied sich dafür, eine Anordnung des Erblassers, daß dem Testamentsvollstrecker keine andere Aufgabe als die Verwaltung des Nachlasses übertragen sein solle, oder daß der Testamentsvollstrecker nach der Erledigung der anderen ihm zugewiesenen Aufgaben die Verwaltung fortzuführen habe, für zulässig zu erklären. Die Wirksamkeit der Anordnung soll aber auf die Zeit von dreißig Jahren von dem Erbfalle an beschränkt sein.[15] Zur Begründung dieser zeitlichen Beschränkung ist in der Kommission ausgeführt worden, daß eine zeitliche Unbeschränktheit der Anordnung im Widerspruche mit den Gründen stehen würde, aus denen bei der Nacherbschaft und dem aufschiebend bedingten Vermächtnisse eine zeitliche Schranke für notwendig erachtet worden sei, da diese Gründe auch hier zuträfen.[16] Bezug genommen hat man ferner auf die vom Code civil[17] und einigen Statuten der Testamentsvollstreckung überhaupt gegebenen zeitlichen Schranken und auf die in England und Amerika mit den zeitlich unbeschränkten Testamentsvollstreckern gemachten Erfahrungen. Auch ist darauf hingewiesen worden, daß der Erblasser, wenn er in der Lage wäre, einer Testamentsvollstreckung mit dem Selbstzwecke der Verwaltung des Nachlasses unbeschränkte Dauer zu geben, im stande sein würde, ohne landesgesetzliche Genehmigung eine Stiftung und, ohne den landesgesetzlichen Erfordernissen zu entsprechen, ein deutschrechtliches Fideikommiß ins Leben zu rufen. An Stelle der Beschränkung auf dreißig Jahre kann der Erblasser jedoch anordnen, daß die Verwaltung bis zum Tode des Erben oder des Testamentsvollstreckers oder bis zum Eintritte eines anderen Ereignisses in der Person des einen oder des anderen fortdauern soll.[18] Die Vorschrift, nach der die Wirksamkeit einer von sonstigen Zwecken unabhängigen Verwaltung der Zeit nach wie angegeben beschränkt sein soll, hat noch folgenden Zusatz: „Die Vorschrift des § 2163 Abs. 2 findet entsprechende Anwendung." Die Bedeutung dieses Zusatzes bedarf der Erläuterung. Die Vorschrift des § 2163 bezieht sich auf Vermächtnisse unter einer aufschiebenden Bedingung. Derartige Vermächtnisse sollen nach § 2162 unwirksam werden, wenn die Bedingung in der Zeit

---

[15] B.G.B. § 2210 Satz 1.

[16] Protokolle a. a. O. II. S. 7133 f.

[17] Nach Art. 1026 Cod. civil kann der Erblasser dem Testamentsvollstrecker das Besitzrecht (la saisine) am Mobiliarnachlasse nur auf Jahr und Tag einräumen.

[18] B.G.B. § 2210 Satz 2.

von dreißig Jahren nach dem Tode des Erblassers nicht eingetreten ist. Davon macht der § 2163 Abs. 1 gewisse Ausnahmen. Diese Ausnahmen werden aber im § 2163 Abs. 2 für die Fälle wieder beseitigt, daß der Beschwerte oder der Bedachte, in dessen Person das zur aufschiebenden Bedingung gemachte Ereignis eintreten soll, eine juristische Person ist. In diesen Fällen soll es bei der dreißigjährigen Frist bewenden. Ähnliche Vorschriften wie für die Vermächtnisse unter aufschiebender Bedingung enthält das bürgerliche Gesetzbuch für den Fall der Einsetzung eines Nacherben.[19] Mit dem Ablaufe von dreißig Jahren nach dem Tode des Erblassers soll darnach die Einsetzung eines Nacherben, wenn nicht vorher der Fall der Nacherbfolge eingetreten ist, ebenso unwirksam werden, wie ein Vermächtnis unter einer aufschiebenden Bedingung, wenn nicht vor dem Ablaufe der dreißig Jahre die Bedingung eingetreten ist, und die Anordnung einer Testamentsvollstreckung, durch die dem Erblasser die Verwaltung des Nachlasses ohne andere Aufgaben übertragen wird oder nach Erledigung der anderen Aufgaben übertragen bleibt. Das Gesetzbuch läßt aber in allen drei Fällen Ausnahmen zu. Ist jedoch eine der bei den betreffenden Anordnungen beteiligten Personen eine juristische Person, so sollen die Ausnahmen nicht stattfinden; es soll vielmehr solchenfalls bei der Regel des Unwirksamwerdens der betreffenden Anordnung mit dem Ablaufe der dreißig Jahre bewenden. In Bezug auf die das Rechtsverhältnis der Testamentsvollstrecker betreffende im Schlußsatze des § 2210 enthaltene Bestimmung bemerkt die Denkschrift von 1896 zum Entwurfe des bürgerlichen Gesetzbuches, daß, wenn eine juristische Person zum Erben oder Testamentsvollstrecker berufen sei, es unter allen Umständen bei der dreißigjährigen Frist bewenden müsse.[20] Mit der im Schlußsatze des § 2210 angeordneten „entsprechenden Anwendung des § 2163 Abs. 2“ soll also gesagt sein: „Ist der Erbe oder der Testamentsvollstrecker eine juristische Person, so behält es bei der Frist von dreißig Jahren sein Bewenden.“

§ 120. X. Veräußerung von Nachlaßgegenständen.

Aus dem Rechte des Testamentsvollstreckers zur Verwaltung des Nachlasses und der Pflicht zur ordnungmäßigen Verwaltung[1] folgt von selbst die Befugnis zur Verfügung über die Nachlaßgegenstände insoweit, als die Erfüllung der Obliegenheiten des Testamentsvollstreckers bei

[19] B.G.B § 2109. S. oben § 61 S. 220 flg. und § 88 S. 345.
[20] Denkschrit von 1896 S. 288.

[1] B.G.B. §§ 2205 Satz 1, § 2216 Abs. 1.

ordnungmäßiger Verwaltung nicht ohne solche Verfügung geschehen kann. Der Testamentsvollstrecker muß also für berechtigt zur Veräußerung von Nachlaßgegenständen angesehen werden, wenn Nachlaßgläubiger oder Vermächtnisnehmer aus den Mitteln des Nachlasses zu befriedigen sind und Mittel zur Befriedigung nicht anders als durch den Verkauf von Nachlaßgegenständen zu gewinnen sind. In dieser Weise hat schon das bayerische Gesetzbuch von 1756 die Veräußerungbefugnis des Testamentsvollstreckers bestimmt, indem es das Recht zur Veräußerung von Nachlaßsachen nur giebt, wenn die Veräußerung zur Entrichtung der Vermächtnisse oder aus anderen Gründen nötig ist.[2] Auch die neuere Theorie hat, wo sie den Machtkreis des Testamentsvollstreckers am weitesten zieht, eine Veräußerungbefugnis des Vollstreckers abgesehen von dem Falle, in dem sie von dem Erblasser besonders übertragen ist, nur in den Fällen angenommen, in denen sie sich als die Folge einer rechtlichen Notwendigkeit oder der Ausübung gewöhnlicher regelmäßiger Verwaltungbefugnis darstellt.[3] Auf gleichem Standpunkte steht der erste Entwurf des bürgerlichen Gesetzbuches. Derselbe erklärt den Testamentsvollstrecker außer den Fällen, in denen es sich um die Ausführung letztwilliger Verfügungen oder um die Auseinandersetzung von Miterben handelt, nur dann für berechtigt zur Verfügung über die zum Nachlasse gehörenden Gegenstände, wenn die Verfügung zur ordnungmäßigen Verwaltung oder zur Beschaffung der Mittel für die Erfüllung einer Nachlaßverbindlichkeit erforderlich ist.[4] Dieser Standpunkt wurde bei der zweiten Lesung des Entwurfes verlassen und in das Gesetzbuch der allgemeine Satz aufgenommen, daß der Testamentsvollstrecker berechtigt sei, über die Nachlaßgegenstände zu verfügen. Dem Satze ist keine andere Einschränkung beigefügt, als die, daß der Testamentsvollstrecker zu unentgeltlichen Verfügungen nur berechtigt sei, soweit sie einer sittlichen Pflicht oder einer auf den Anstand zu nehmenden Rücksicht entsprechen.[5] Die zur Beratung niedergesetzte Kommission nahm an, durch Festsetzung eines kausal bedingten Verfügungrechtes seien der Macht des Testamentsvollstreckers zu enge Grenzen gezogen. Bei der Neuordnung der Rechtseinrichtung müsse an die von den Salmannen ausgehende geschichtliche Entwickelung angeknüpft und die durch Partikulargesetze allzusehr eingeschränkte Macht der Testamentsvollstrecker auch gegenüber dem ersten Entwurfe, der sich jener rückläufigen Be-

---

[2] Cod. Max. Bav. civ. III. 2 § 18; zu vgl. v. Kreittmayr a. a. O. S. 203.
[3] Zu vgl Beseler a. a. O. S. 216 flg.
[4] Entwurf erster Lesung § 1900.
[5] B.G.B. § 2205 Satz 2 u. Satz 3.

wegung angeschlossen habe, wieder erweitert werden. Das Vertrauen, das der Erblasser in die wirtschaftliche Tüchtigkeit und Zuverlässigkeit des von ihm erwählten Testamentsvollstreckers setze, stehe im Widerspruche mit der in Frage stehenden Einschränkung des Verfügungrechtes dieses Vollstreckers. Dem Erben werde durch sein Inventarrecht, durch das Pflichtteilsrecht und durch die dem Testamentsvollstrecker bei arglistiger Pflichtverletzung drohende Strafe der Untreue ausreichender Schutz gewährt.[6]

Die Kommission beschäftigte sich auch mit der Frage, ob der Testamentsvollstrecker für verpflichtet zu erachten sei, vor der Erfüllung einer Nachlaßverbindlichkeit sich mit dem Erben in Verbindung zu setzen und die Erfüllung nicht ohne eine vorangegangene dem Erben erstattete Anzeige von der Absicht, die Erfüllung zu bewirken, vorzunehmen. Die Meinungen in der Kommission waren geteilt. Die Mehrheit entschied sich dafür, eine Verpflichtung des Testamentsvollstreckers in der fraglichen Hinsicht nicht auszusprechen. Man nahm an, daß durch eine solche dem Testamentsvollstrecker auferlegte Verpflichtung die Erfüllung der Nachlaßverbindlichkeiten, namentlich dann, wenn die Person oder der Aufenthaltsort einzelner Erben unbekannt sei, erheblich verzögert werden könne, und ging davon aus, es sei Sache des Erben, dem Testamentsvollstrecker die besonderen Umstände mitzuteilen, infolge deren die Erfüllung einer Nachlaßschuld im Interesse einer ordnungmäßigen Verwaltung unterbleiben müsse. Dem Erben diese Möglichkeit zu gewähren, sei es genügend, den Testamentsvollstrecker zu verpflichten, dem Erben auf dessen Verlangen über den Stand der Verwaltung und über die auf die Ausführung der letztwilligen Verfügungen und die Auseinandersetzung der Erben gerichteten Anordnungen Auskunft zu erteilen.[7]

Bei einer früheren Beratung hatte sich die Kommission dahin schlüssig gemacht, dem Testamentsvollstrecker die Verpflichtung aufzulegen, vor der Erfüllung eines Vermächtnisses und einer Auflage von der Absicht der Erfüllung dem Erben Anzeige zu machen. Die Kommission änderte nunmehr diesen Beschluß ab und entschied sich dahin, Vermächtnisse und Auflagen nicht anders zu behandeln als andere Nachlaßverbindlichkeiten, eine Verpflichtung des Testamentsvollstreckers zur Anzeige vor der Erfüllung also nicht auszusprechen.[8]

---

[6] Protokolle, 356. Sitzung IV. S. 7087 f.

[7] Protokolle, 356. Sitzung V. S. 7088 flg.

[8] Protokolle a. a. O. S. 7090. S. oben § 117 S. 486.

§ 121. XI. Eingehung von Verbindlichkeiten für den Nachlaß.

Den Testamentsvollstrecker, dem die Verwaltung des Nachlasses zusteht, erklärt das bürgerliche Gesetzbuch auch für berechtigt, Verbindlichkeiten für den Nachlaß einzugehen, soweit die Eingehung zur ordnungmäßigen Verwaltung erforderlich ist. Das Gesetzbuch erklärt ferner den Testamentsvollstrecker für befugt, die Verbindlichkeit zu einer Verfügung über einen Nachlaßgegenstand einzugehen, wenn er zu der Verfügung selbst berechtigt ist.[1] Im Anschlusse an diese beiden Sätze erklärt das Gesetzbuch den Erben für verpflichtet, zur Eingehung solcher Verbindlichkeiten seine Einwilligung zu erteilen, unbeschadet seines Rechtes, die Beschränkung seiner Haftung für die Nachlaßverbindlichkeiten geltend zu machen.[2] Der Erblasser kann anordnen, daß der Testamentsvollstrecker in der Eingehung von Verbindlichkeiten für den Nachlaß nicht beschränkt sein soll. Doch ist auch in einem solchen Falle der Testamentsvollstrecker zu einem Schenkungversprechen nur berechtigt, soweit es einer sittlichen Pflicht oder einer auf den Anstand zu nehmenden Rücksicht entspricht.[3] Hat der Erblasser einem Testamentsvollstrecker die Verwaltung des Nachlasses übertragen, ohne ihm andere Aufgaben als die Verwaltung zuzuweisen, oder hat er angeordnet, daß der Testamentsvollstrecker die Verwaltung nach der Erledigung der ihm sonst zugewiesenen Aufgaben fortzuführen hat, so ist im Zweifel anzunehmen, daß der Testamentsvollstrecker in der Eingehung von Verbindlichkeiten für den Nachlaß — abgesehen von Schenkungversprechen — nicht beschränkt sein soll.[4]

Die ersteren beiden Sätze gehörten in anderer Fassung schon dem ersten Entwurfe an.[5] Die Ermächtigung des Testamentsvollstreckers zur Eingehung von Verbindlichkeiten für den Nachlaß sollte also in derselben Weise kausal bedingt und beschränkt sein, wie die Ermächtigung des Vollstreckers zur Verfügung über Nachlaßgegenstände. Die Kommission für die zweite Lesung des Entwurfes hielt es indes aus denselben Gründen, die für die Annahme eines kausal nicht bedingten Verfügungrechtes des Testamentsvollstreckers über die Nachlaßgegenstände ausschlaggebend gewesen waren, für geboten, auch an die Stelle der kausal bedingten Befugnis des Vollstreckers zur Eingehung von Verbindlichkeiten für den Nachlaß eine unbeschränkte Ermächtigung Verbindlich-

---

[1] B.G.B. § 2206 Abs. 1.
[2] B.G.B. § 2206 Abs. 2.
[3] B.G.B. § 2207, § 2205 Satz 3.
[4] B.G.B. § 2209 Satz 2, § 2207.
[5] Erster Entwurf § 1902 Satz 1.

keiten einzugehen treten zu lassen.[6] Doch dieser Standpunkt wurde ebenfalls nicht festgehalten. Man hielt zwar den Grundsatz der kausal unbedingten Verfügungmacht des Testamentsvollstreckers über die Nachlaßgegenstände nach wie vor aufrecht, verließ aber den Standpunkt, soweit die Eingehung von Verbindlichkeiten in Frage steht, und entschied sich dafür, die Befugnis des Vollstreckers zur Eingehung von Verbindlichkeiten in der Art zu beschränken, daß er solche nur eingehen kann, wenn er die Verpflichtung zum Zwecke einer ihm zustehenden Verfügung über einen Nachlaßgegenstand übernimmt, oder wenn die Eingehung der Verbindlichkeit zur ordnungmäßigen Verwaltung des Nachlasses erforderlich ist. Die erstere dieser beiden Voraussetzungen der Gültigkeit einer vom Testamentsvollstrecker übernommenen Verbindlichkeit ist selbstverständlich und bedarf keiner Erläuterung. Als Grund der letzteren Voraussetznng wird aus den Verhandlungen der Kommission für die zweite Lesung des Entwurfes die Erwägung ersichtlich, daß die Aufgabe des Testamentsvollstreckers in der Mehrzahl der Fälle darin bestehe, dafür zu sorgen, daß alle, denen etwas zugedacht sei, bekämen, was ihnen gebühre, und daß seine Aufgabe, soweit sie über die Vertetlung des Nachlasses hinausgehe, nur die Abwickelung der schwebenden Geschäfte und die Flüssigmachung der zu dieser Abwickelung und zu der Verteilung des Nachlasses erforderlichen Mittel bezwecke. Bei einer solchen Thätigkeit gehe die Anerkennung einer unbeschränkten Befugnis des Testamentsvollstreckers zur Eingehung von Verbindlichkeiten für den Nachlaß über das Bedürfnis hinaus. Wenn aber ausnahmsweise ein Testamentsvollstrecker ein größeres Vermögen längere Zeit zu verwalten habe, so sei dem Erblasser die Möglichkeit gegeben, dem Vollstrecker die Eingehung von Verbindlichkeiten unbeschränkt zu gestatten. (§ 2207) Für die Fälle aber, in denen die Verwaltung eine selbständige Aufgabe des Testamentsvollstreckers sei und nicht bloß die Abwickelung der Geschäfte, sondern die Nutzbarmachung des Vermögens bezwecke, werde durch die Bestimmung Vorsorge getroffen, nach der im Zweifel anzunehmen ist, daß ein solcher Testamentsvollstrecker in der Eingehung von Verbindlichkeiten für den Nachlaß nicht beschränkt sein soll (§ 2209 Satz 2).[7]

Die Frage der Befugnis zur Eingehung von Verbindlichkeiten für den Nachlaß ist also im bürgerlichen Gesetzbuche dahin beantwortet, daß dem Testamentsvollstrecker vermöge seiner allgemeinen und bedingunglosen Ermächtigung zur Verfügung über Nachlaßgegenstände abgesehen von der auf freigebige Verfügungen bezüglichen Beschränkung auch die

[6] Protokolle, 356. Sitzung IV. S. 7079 flg.
[7] Protokolle, 375. Sitzung III. S. 7515 flg.

Ermächtigung zur Eingehung der Verbindlichkeit zu einer Verfügung über einen Nachlaßgegenstand allgemein zusteht. Dagegen ist nach dem Gesetzbuche, wenn eine andere Verbindlichkeit in Frage steht, als die zur Verfügung über einen Nachlaßgegenstand, die Berechtigung des Testamentsvollstreckers zur Eingehung der Verbindlichkeit insofern kausal bedingt, als sie davon abhängt, daß die Eingehung zur ordnungmäßigen Verwaltung erforderlich ist.

Diese kausale Beschränkung wurde aber von der Kommission in dem Sinne verstanden, daß zu Gunsten des Gläubigers die Eingehung der Verbindlichkeit als zur ordnungmäßigen Verwaltung erforderlich gelten soll, *wenn der Gläubiger annehmen darf, daß sie zu diesem Zwecke erfolge.*[8]

Der Satz, daß zu Gunsten des Gläubigers die Eingehung der Verbindlichkeit als zur ordnungmäßigen Verwaltung erforderlich *gelten soll*, wenn der *Gläubiger* bei der Eingehung *annehmen* durfte, daß sie zu diesem Zwecke erfolge, ist jedoch in das Gesetzbuch *nicht* aufgenommen. Er ist Eigentum der Kommission und würde als richtig anzuerkennen sein, wenn er eine wissenschaftliche Wahrheit enthielte, nämlich wenn er vom Standpunkte der Gesetzesauslegung und nach den Grundsätzen von der Verteilung der Beweislast probehaltig wäre. Aber er hält die Probe nicht aus. Ist, wie das Gesetz sagt, der Testamentsvollstrecker berechtigt, Verbindlichkeiten für den Nachlaß einzugehen, soweit die Eingehung zur ordnungmäßigen Verwaltung erforderlich ist, so muß, wenn der in Rede stehende Grund der Berechtigung gegeben sein soll, das fragliche Erfordernis *objektiv* vorhanden sein. Das Erfordernis bildet eine Voraussetzung der Entstehung des Anspruches auf Erfüllung der Verbindlichkeit. Der gute Glaube dessen, zu dessen Gunsten der Testamentsvollstrecker die Erklärungen abgiebt, in denen die Eingehung der Verbindlichkeit für den Nachlaß gefunden werden soll, ersetzt den *objektiven* Mangel des fraglichen Erfordernisses *nicht*. Dazu würde es eines Rechtssatzes bedürfen, den aber das Gesetzbuch nicht enthält.

Zu erörtern ist noch der oben erwähnte Satz, nach welchem der Erbe angehalten werden kann, seine Einwilligung in die Eingehung solcher Verbindlichkeiten, wie sie der Testamentsvollstrecker für den Nachlaß einzugehen berechtigt ist, zu erteilen. Der rechtspolitische Grund des Satzes ist aus dem Inhalte der Vorschrift nicht zu ersehen. Nach der Denkschrift zum Entwurfe von 1896 ist die Aufnahme des Satzes durch die Erwägung veranlaßt, daß der Vorbehalt, unter welchem das Gesetzbuch dem Testamentsvollstrecker die Ermächtigung zur Aufnahme von

---

[8] Protokolle a. a. O.

Verbindlichkeiten für den Nachlaß erteilt, dem Testamentsvollstrecker im rechtsgeschäftlichen Verkehre mit Dritten Schwierigkeiten bereiten kann.[9] Dem Testamentsvollstrecker steht also, wenn Dritte wegen des in Rede stehenden Vorbehaltes Bedenken tragen, sich mit ihm in rechtsgeschäftlichen Verkehr einzulassen, und der Erbe die Erteilung der Genehmigung verweigert, ein Klagerecht gegen den Erben auf Erteilung der Genehmigung zu. Mit dem die Beschränknng der Haftung des Erben betreffenden Zusatze wird einer von dem Testamentsvollstrecker unter dem angegebenen Vorbehalte übernommenen Verbindlichkeit die rechtliche Bedeutung einer Nachlaßverbindlichkeit beigelegt, so daß für die Haftung des Erben die §§ 1975 flg. B.G.B. maßgebend sind.

§ 122. XII. Prozeßführung.

Die Befugnis des Testamentsvollstreckers, im Interesse des Nachlasses Prozesse zu führen, wird von manchen Schriftstellern anerkannt.[1] Die Frage darf aber den noch unerledigten Streitfragen beigezählt werden. Von den Gesetzgebungen erklärt die bayrische von 1756 den Testamentsvollstrecker für befugt, alles zu thun, was zur Erhaltung, Vermehrung und Ergänzung der Erbschaft dienlich ist, und begreift darunter das Recht, in via iuris die zur Erbschaft gehörigen und von einem Dritten vorenthaltenen Güter für die Erbschaft in Besitz zu nehmen und die von dem Erblasser als Kläger oder Beklagtem angefangenen Rechtsstreitigkeiten einstweilen fortzusetzen.[2] Das preußische Recht hebt unter den Amtsgeschäften des Testamentsvollstreckers die Ausmittelung und Konstituierung des Nachlasses besonders hervor und begreift darunter die Einforderung und Einklagung der Nachlaßforderungen innerhalb der Grenzen der dem Testamentsvollstrecker im Testamente erteilten Vollmacht.[3] Die Rechtssätze des bürgerlichen Gesetzbuches über die Befugnis des Testamentsvollstreckers zur Prozeßführung im Interesse des Nachlasses und über die Rechtswirkungen der vom Testamentsvollstrecker oder gegen ihn erstrittenen Urteile stellen sich, da die Rechtsauffassungen der zum Gesetzgebungwerke berufenen Mitarbeiter in den fraglichen Richtungen zum Teil weit auseinander gingen, als die Ergebnisse mehrfach wiederholter Prüfungen und Erörterungen heraus.

---

[9] Denkschrift S. 289.

[1] Beseler a. a. O. S. 218 f.; Stobbe, Privatrecht Bd. 5 S. 272.

[2] Cod. Max. Bav. civ. III. Kap. 2 § 18 Nr. 3, 4, 5.

[3] § 157 Anh. zum A.L.R.

1. Aktivlegitimation.

Nach dem ersten Entwurfe sollte zur Erhebung eines Rechtsstreites, in welchem ein zum Nachlasse gehöriges Recht geltend gemacht wird, so lange das Verfügungrecht des Erben über das Recht ausgeschlossen ist, nur der Testamentsvollstrecker als gesetzlicher Vertreter des Erben berechtigt sein.[4] Die Kommission für die zweite Lesung des Entwurfes entkleidete den Testamentsvollstrecker der ihm im ersten Entwurfe gegebenen Stellung eines gesetzlichen Vertreters des Erben. Im übrigen war man in der Kommission darin einig, daß der Testamentsvollstrecker ein seiner Verwaltung unterliegendes Recht im Prozesse geltend machen kann, und daß nur er zur Geltendmachung berufen ist.[5] Über die Rechtswirkungen des in einem solchen Prozesse ergangenen Urteiles aber gingen die Meinungen auseinander. Von der einen Seite wurde dem Urteile jede Wirkung für und gegen den Erben versagt,. Von einer anderen wurde dem Urteile die Wirkung der Rechtskraft für und gegen den Erben schlechthin zugestanden. Eine dritte Ansicht ging dahin, dem Urteile Wirkungen für und gegen den Erben einzuräumen, wenn der Testamentsvollstrecker zur Verwaltung des ganzen Nachlasses berufen ist. Nach einer vierten sollte das Urteil für und gegen den Erben insoweit wirken, als der Testamentsvollstrecker zur Verfügung über den Gegenstand des Rechtsstreites berechtigt ist. Eine fünfte Meinung wollte dem Urteile Wirkung für und gegen den Erben beilegen, wenn es in einem Rechtsstreite über ein der Verwaltung des Testamentsvollstreckers unterliegendes Recht ergangen ist. Die letzte Meinung erhielt die Mehrheit der Stimmen, und man fand, daß sie dem Satze, nach welchem der Testamentsvollstrecker ein seiner Verwaltung unterliegendes Recht gerichtlich geltend machen könne, entspreche, daß sie aber auch billig sei und dem Willen des Erblassers sowie dem Interesse des Dritten gerecht werde.[6]

Den Ausschlag gab bei Annahme dieses Rechtssatzes die Erwägung daß der Testamentsvollstrecker das Recht habe, über die seiner Verwaltung unterliegenden Gegenstände zu verfügen, und daß seine Handlungen den Erben, soweit der Nachlaß reiche, und, wenn der Erbe das Inventarrecht nicht habe, unbedingt bänden. Denn es sei nicht einzusehen, wie es gerechtfertigt werden solle, daß der Testamentsvollstrecker zwar außerhalb eines Rechtsstreites, nicht aber innerhalb eines solchen den Erben solle binden können. Im übrigen werden die Billigkeit und die Zweckmäßigkeit, insbesondere auch die auf den Streitgegner

[4] Erster Entwurf § 1903.
[5] B.G.B. § 2212.
[6] Protokolle, 357. Sitzung I. A. S. 7102 flg., insbesondere 7104 f.

zu nehmende Rücksicht, zu Gunsten der Ansicht vorgeführt, daß dem auf die Klage des Testamentsvollstreckers ergangenen Urteile die Wirkung gegen den Erben nicht zu versagen sei. Betreffs der Begrenzung dieser Wirkung aber wird das Verwaltungrecht des Testamentsvollstreckers für maßgebend angesehen, und es wird nicht für wesentlich erachtet, ob dies Recht den ganzen Nachlaß umfasse, sondern es wird für genügend gehalten, daß gerade der Streitgegenstand der Verwaltung des Testamentsvollstreckers unterliege. Bei dieser Auffassung blieb die Kommission stehen, als die Umgrenzung der Machtbefugnisse des Testamentsvollstreckers noch in anderen Richtungen zweifelhaft geworden war und eine nochmalige Beratung der zweifelhaften Fragen und anderweite Beschlußfassung über sie angezeigt erschienen.[7]

Darnach ist der Testamentsvollstrecker zur Verfolgung eines jeden auf Feststellung und Zahlung von Nachlaßforderungen bezüglichen Klagerechtes innerhalb der Grenzen seiner Verwaltung berechtigt. Daß ihm auch der in den §§ 2018 bis 2031 B.G.B. näher beschriebene Erbschaftanspruch gegen den zusteht, der auf Grund eines ihm in Wirklichkeit nicht zustehenden Erbrechtes etwas aus der Erbschaft erlangt hat, ist, wenn der Anspruch auf einen der Verwaltung des Vollstreckers unterliegenden Gegenstand gerichtet ist, mit Grund ebenfalls nicht zu bezweifeln. Der Erbschaftanspruch ist solchenfalls eben auch ein der Verwaltung des Testamentsvollstreckers unterliegendes Recht im Sinne des § 2212 B.G.B.

Da das Klagerecht des Testamentsvollstreckers davon abhängig ist, daß der Streitgegenstand dem Verwaltungrechte des Vollstreckers unterliegt, so gehört dies Verwaltungrecht zum Klagegrunde. Daß in einem solchen Rechtsstreite der Erbe, wenn nämlich die Nachlaßverwaltung des Testamentsvollstreckers nicht zum Selbstzwecke der Bestellung des Vollstreckers gemacht ist, als Hauptintervenient auftreten und unter anderem geltend machen kann, daß der Vollstrecker den Streitgegenstand zur Erfüllung seiner Obliegenheiten nicht oder nicht mehr bedarf, wird als selbstverständlich angesehen werden dürfen. Ebenso wie sich von selbst versteht, daß ein Urteil, welches der klagende Testamentsvollstrecker auf Grund der unrichtigen Annahme, daß er verwaltungberechtigt sei, erstritten hat, den Beklagten gegen eine neue Klage des Erben, der den Streitgegenstand für sich fordert, nicht schützt.

Es war in Aussicht genommen, durch eine Ergänzung der Reichscivilprozeßordnung klarzustellen, daß das Urteil, welches in einem Rechtsstreite zwischen einem Testamentsvollstrecker und einem Dritten

---

[7] Protokolle, 375. Sitzung IX. X. S. 7513, 7521, 7543.

über ein der Verwaltung des Testamentsvollstreckers unterliegendes Recht ergeht, für und gegen den Erben wirkt.[8] Die in Aussicht genommene Bestimmuug ist im § 293e Abs. 1 der Civilprozeßordnung in ihrer vom 1. Januar 1900 an geltenden Fassung getroffen worden.[9]

§ 123. 2. Passivlegitimation.

Der Testamentsvollstrecker, der den Nachlaß zu verwalten hat, wird von gemeinrechtlichen Schriftstellern auch den Nachlaßgläubigern, die Ansprüche an den Nachlaß verfolgen, gegenüber als die richtige Prozeßpartei angesehen. Beseler bezeichnet ihn gegenüber den Ansprüchen von Erbschaftgläubigern als den richtigen Beklagten, insofern es ihm vermöge seiner Stellung und des in seinen Händeu befindlichen Nachlasses möglich sei, die Gläubiger zu befriedigen.[10] Der Erbe hat nach Beseler die Prozeßführung des Testamentsvollstreckers anzuerkennen. Doch wird dem Erben auch ein Interventionrecht gegeben. Ebenso wird ein besonders zu begründender Entschädigunganspruch des Erben gegen den Testamentsvollstrecker aus Veranlassung der Prozeßführung desselben zugelassen und, wenn der Vollstrecker seine Befugnisse überschritten hat, selbst eine Kondiktion gegen den Dritten nicht für ausgeschlossen erachtet. Die Meinung Beselers geht hiernach dahin, daß der Prozeß zwischen dem Nachlaßgläubiger als Kläger und dem Testamentsvollstrecker als Beklagten die Streitsache regelmäßig zur vollständigen Erledigung bringt. Doch kann den Nachlaßgläubigern die Klage gegen den Erben nicht versagt werden.

Das bürgerliche Gesetzbuch legt dem Testamentsvollstrecker, dem die Verwaltung des Nachlasses zusteht, auch die Passivlegitimation gegenüber Ansprüchen bei, die sich gegen den Nachlaß richten. Dergleichen Ansprüche können aber nach dem Gesetzbuche, selbst wenn dem Testamentsvollstrecker die Verwaltung zusteht, auch gegen den Erben gerichtet und gegen den Testamentsvollstrecker dahin geltend gemacht werden, daß er die Zwangsvollstreckung in die seiner Verwaltung unterliegenden Nachlaßsachen dulde.[11] Hat der Testamentsvollstrecker die Verwaltung des Nachlasses nicht, so kann der Anspruch immer nur gegen den Erben geltend gemacht werden.[12]

---

[8] Denkschrift zum Entwurfe von 1896 S. 290.
[9] Gesetz betr. Änderungen der Civilprozeßordnung Ziff. 91, R.G.Bl. S. 273.
[10] Beseler a. a. O. S. 219.
[11] B.G.B. § 2213 Abs. 1 Satz 1 Abs. 3.
[12] B.G.B. § 2213 Abs. 1 Satz 2.

Im ersten Entwurfe war die Bestimmung darüber, gegen wen ein Rechtsstreit zu erheben sei, durch den eine Nachlaßverbindlichkeit geltend gemacht wird, dahin getroffen, daß die Klage gegen den Erben zu richten sei.[13] Bei der Beratung des Entwurfes in zweiter Lesung war man darin einig, einen Anspruch auf Erfüllung einer Nachlaßverbindlichkeit gegen den Testamentsvollstrecker dahin zu geben, daß die Erfüllung aus den seiner Verwaltung unterliegenden Nachlaßgegenständen stattzufinden habe. Man war ferner darin einig, daß jeder Nachlaßgläubiger einen Anspruch auf Erfüllung auch gegen den Erben haben müsse, und daß einem gegen den Erben ergangenen Urteile gegen den Testamentsvollstrecker keine Wirkung zukomme. Uneinigkeit bestand darin, ob das gegen den Testamentsvollstrecker ergangene Urteil auch gegen den Erben wirksam sei.[14] Die Kommission machte sich zuerst dahin schlüssig, daß sie dem gegen den Testamentsvollstrecker ergangenen Urteile jede Wirkung gegen den Erben versagte.[15] Allein dieser Standpunkt wurde nicht festgehalten. Bei der anderweiten Beratung und Beschlußfassung über die Machtstellung des Testamentsvollstreckers wurde in Betracht gezogen, daß es jedenfalls Testamentsvollstrecker geben müsse, denen die Passivlegitimation für die Prozeßführung zukomme, daß, wenn der Testamentsvollstrecker diese Legitimation besitze, das im Prozesse mit ihm erstrittene Urteil auch für und gegen den Erben wirken müsse, und daß auf Grund eines solchen Urteils schon während der Dauer der Testamentsvollstreckung gegen den Erben müsse vorgegangen werden können. Der Streit betreffe also lediglich die Frage, von welchen Voraussetzungen die erweiterte Macht des Testamentsvollstreckers abhängig zu machen sei. Diese Frage stelle sich als eine Zweckmäßigkeitfrage dar. Da nun für langdauernde Testamentsvollstreckungen es sich empfehle, die Macht des Vollstreckers zu erweitern, bei Testamentsvollstreckungen von kurzer Dauer aber der Vollstrecker nur selten die Aufgabe habe, als Beklagter Prozesse zu führen, so sei es richtiger, die länger dauernden Testamentsvollstreckungen zum Ausgangspunkte der Regelung zu machen und es dem Erblasser zu überlassen, bei Testamentsvollstreckungen, die sich voraussichtlich rasch abwickeln würden, die Befugnisse des Vollstreckers einzuschränken.[16]

Eine besondere Stellung nahm die Kommission bei der Frage ein, ob dem Testamentsvollstrecker auch in Ansehung der Rechtsstreitigkeiten

---

[13] Erster Entwurf § 1903 Abs. 2.
[14] Protokolle, 357. Sitzung I. B. S. 7105 flg.
[15] Protokolle a. a. O. B Antrag 4.
[16] Protokolle, 375. Sitzung XI. A. S. 7529 flg.

über das Erbrecht und über das Pflichtteilsrecht die Passivlegitimation beizulegen sei. Die Kommission machte sich dahin schlüssig, daß, wenn in einem Rechtsstreite das Erbrecht oder das Pflichtteilsrecht als Incidentpunkt in Frage komme, es keinem Zweifel unterliege, daß der Testamentsvollstrecker auf den Streitpunkt einzugehen habe, solchenfalls aber das Urteil immer nur zwischen dem Testamentsvollstrecker und dessen Streitgegner wirke. Sei aber der Streitgegenstand als solcher das Erbrecht oder das Pflichtteilsrecht, so könne man den Testamentsvollstrecker schon darum, weil der Erbanspruch nur für den Erben und nur gegen den, der dem Erben einen Erbschaftgegenstand vorenthalte, begründet sei, einen Rechtsstreit über den Erbschaftanspruch nicht führen lassen. Es bedürfe jedoch hierüber keiner ausdrücklichen Bestimmung im Gesetze. Aber auch für den Pflichtteilsanspruch könne, obwohl dieser Anspruch als obligatorischer aufgefaßt werde, immer nur der Erbe als der wahre Beklagte angesehen werden, ohne daß jedoch dem Pflichtteilsberechtigten, der sich an den dem Testamentsvollstrecker unterworfenen Nachlaß halten wolle, versagt sein solle, den Testamentsvollstrecker neben dem Erben zu verklagen.[17]

Übrigens war in Aussicht genommen, in die Civilprozeßordnuug eine Bestimmung dahin aufzunehmen, daß, wenn dem Testamentsvollstrecker die Verwaltung des Nachlasses zustehe, das Urteil, das in einem Rechtsstreite zwischen ihm und einem Dritten über einen gegen den Nachlaß gerichteten Anspruch ergehe, für und gegen den Erben wirke, und daß zur Zwangsvollstreckung in den Nachlaß ein gegen den Testamentsvollstrecker ergangenes Urteil erforderlich und genügend sei.[18] Diese Bestimmung ist im § 293e Abs. 2 der Civilprozeßordnung in ihrer vom 1. Januar 1900 an geltenden Fassung enthalten..[19]

§ 124. 3. Die Konkurseröffnung.

Die Frage, ob dem Testamentsvollstrecker die Befugnis zu geben sei, die Eröffnung des Konkurses über den Nachlaß des Erblassers zu beantragen, wurde in den verschiedenen Stadien des Gesetzgebungwerkes verschieden beantwortet. Nach dem ersten Entwurfe sollte dem Testamentsvollstrecker die fragliche Befugnis nicht zustehen. Eine hierauf bezügliche ausdrückliche Bestimmung war im ersten Entwurfe nicht enthalten. Die dem ersten Entwurfe beigegebenen Motive bemerken, eine besondere Vorschrift sei nicht erforderlich, da selbstverständlich die Be-

---

[17] Protokolle, 357. Sitzung II. D.

[18] Denkschrift zum Entwurfe von 1896 S. 290.

[19] Gesetz betr. Änderungen der Civilprozeßordnung Ziff. 91, R.G.Bl. S. 274.

fugnis dem Vollstrecker nicht zustehe, wenn sie ihm nicht beigelegt werde. Dazu, sie ihm beizulegen, fehle es aber an genügenden Gründen.[20] In der Kommission für die zweite Lesuug des Entwurfes war man von vornherein darüber einig, daß der Testamentsvollstrecker zu dem Antrage auf Konkurseröffnung berechtigt sei, und daß auch der Erbe den Antrag stellen könne, ohne daß es aber bei dem Inhalte des § 205 K.O. nötig sei, den letzteren Satz auszusprechen. Einverständnis in der Kommission bestand ferner darin, daß der Konkurs über den Nachlaß gegen den Erben zu beantragen sei, und daß beim Antrage des Testamentsvollstreckers der Erbe und beim Antrage des Erben der Testamentsvollstrecker nach Maßgabe des § 97 Abs. 2, 3 K.O. zu hören sei. Verschiedener Meinung war man über die Frage, ob der Testamentsvollstrecker, wenn er allein den Antrag stelle, die Überschuldung glaubhaft zu machen habe. Die Frage wurde von der Mehrheit der Kommission bejaht.

Betreffs der Frage, ob dem Testamentsvollstrecker die Berechtigung zu dem Antrage auf Konkurseröffnung im Gesetzbuche beizulegen sei, wurde erwogen, daß, wenn man dem Testamentsvollstrecker die Passivlegitimation zur Prozeßführung für den Nachlaß gebe, ihm auch das Recht zur Stellung des Antrages auf Konkurseröffnung einzuräumen sei. Der Testamentsvollstrecker, der sich im Besitze des Nachlasses befinde, sei in der Lage, die Kräfte des Nachlasses zu beurteilen. Die Konkurseröffnung sei nach den für das Inventarrecht angenommenen Grundsätzen das einzige Mittel, die Überschuldung des Nachlasses geltend zu machen. Deshalb dürfe man auch die Berechtigung des Testamentsvollstreckers nicht von dem Umfange seiner Verwaltungmacht abhängig machen. Man müsse aber, wenn er für sich allein den Antrag stelle, Glaubhaftmachung der Überschuldung verlangen. Die Aufstellung dieses Erfordernisses werde, da der Testamentsvollstrecker nicht stets den ganzen Nachlaß in Händen habe, durch das Interesse des Erben gerechtfertigt und entspreche auch dem Geiste der Konkursordnung. Dabei wurde darauf hingewiesen, wie es selbstverständlich sei, daß, wenn der Erbe selbst die Konkurseröffnung nicht beantragen könne, weil er auf das Inventarrecht verzichtet oder die Inventarfrist versäumt habe, auch der Testamentsvollstrecker nicht mehr antragsberechtigt sei.[21]

In der Kommission war man sodann darin einig, daß dem Testamentsvollstrecker auch die Befugnis gegeben werden müsse, das erbschaftliche Gläubigeraufgebot zu beantragen. Es wurde erwogen, daß,

---

[20] Motive Bd. 5 S. 240

[21] Protokolle, 356. Sitzung VIII. A.

wenn der Testamentsvollstrecker berechtigt sei, auf Konkurseröffnung anzutragen, es folgerichtig erscheine, ihm auch das Recht auf Beantragung des Gläubigeraufgebotes zu geben. Das Gläubigeraufgebot sei häufig das einzige Mittel, über die Nachlaßverbindlichkeiten und über die Frage, ob der Nachlaß überschuldet und der Konkurs notwendig sei, Gewißheit zu erhalten.[22]

§ 125. XIII. Anwendung der für den Auftrag geltenden Vorschriften auf den Testamentsvollstrecker.

Das bürgerliche Gesetzbuch bestimmt, daß auf das Rechtsverhältnis zwischen dem Testamentsvollstrecker und dem Erben bestimmte für den Auftrag geltende Vorschriften entsprechende Anwendung finden sollen.[1] Es sind dies die Vorschriften der §§ 664, 666 bis 668, 670, 673 Satzes 2 und 674 B. G. B. Das Gesetzbuch läßt also zwischen dem Erben und dem Testamentsvollstrecker ein Rechtsverhältnis entstehen, das in einer Reihe von Beziehungen Rechtsfolgen hat, wie sie ein vom Erben dem Testamentsvollstrecker erteilter und von letzterem angenommener Auftrag haben würde.

Ein Beauftragter darf im Zweifel die Ausführung des Auftrages nicht einem Dritten übertragen. Ist die Übertragung gestattet, so hat er nur ein ihm bei der Übertragung zur Last fallendes Verschulden zu vertreten. Bedient sich der Beauftragte zur Erfüllung des Auftrages eines Gehilfen, so haftet er für dessen Verschulden wie für eigenes.[2] Bei der durch § 2218 gebotenen „entsprechenden" Anwendung dieser Rechtssätze gestaltet sich das Rechtsverhältnis zwischen dem Testamentsvollstrecker und dem Erben dahin, daß der Testamentsvollstrecker im Zweifel die Vornahme von Geschäften der Testamentsvollstreckung einem Dritten nicht übertragen darf. Es fragt sich aber, ob nach dem Gesetze die Übertragung von Geschäften der Testamentsvollstreckung auf einen Dritten überhaupt zulässig sein kann. Das Gesetz giebt dem Erblasser die Befugnis, den Testamentsvollstrecker zur Ernennung eines Mitvollstreckers und eines Nachfolgers zu ermächtigen.[3] Diese Ernennung soll nach Vorschrift des § 2198 Abs. 1 Satzes 2 erfolgen. Es liegt auf der Hand, daß mit dieser Befugnis nicht auch die Befugnis gegeben ist, den Testamentsvollstrecker zur Übertragung der Geschäfte der Testaments-

[22] Protokolle a. a. O. VIII. B.

[1] B.G.B. § 2218.

[2] B.G.B. §§ 664, 278.

[3] B.G.B. § 2199.

vollstreckung auf einen Dritten zu ermächtigen. Die unter bestimmten Formen sich vollziehende Bestellung eines Mitvollstreckers und eines Nachfolgers ist wesentlich verschieden von der Übertragung der Geschäfte auf einen Dritten. Und da das Gesetz in der fraglichen Richtung weitere Bestimmungen nicht enthält, so gestaltet sich das Rechtsverhältnis dahin, daß ein Zweifel betreffs der Möglichkeit der Übertragung überhaupt nicht entstehen kann. Die Geschäfte der Testamentsvollstreckung sind nicht übertragbar. — Bedient sich ein Testamentsvollstrecker eines Gehilfen, so haftet er für dessen Verschulden wie für eigenes.

Keine Schwierigkeiten macht die im § 2218 vorgeschriebene entsprechende Anwendung der §§ 666 bis 668, 670 673 Satzes 2 und 674 auf das Rechtsverhältnis zwischen dem Erben und dem Testamentsvollstrecker. Den Verpflichtungen des Beauftragten dem Auftraggeber gegenüber entsprechen danach die des Testamentsvollstreckers gegen den Erben darin, daß der Testamentsvollstrecker verpflichtet ist, dem Erben die erforderlichen Nachrichten zu geben, auf Verlangen über den Stand seiner Amtsführung Auskunft zu erteilen, nach der Ausführung des Amtes Rechenschaft abzulegen, alles, was er zur Ausführung des Amtes erhält, und was er aus der Amtsführung erlangt, herauszugeben und Geld, das er, statt es dem Erben herauszugeben oder für ihn zu verwenden, für sich verweudet, von der Zeit der Verwendung an zu verzinsen (§§ 666, 667, 668). Weiter soll das Rechtsverhältnis des Testamentsvollstreckers zum Erben dem des Beauftragten zum Auftraggeber darin entsprechen, daß der Testamentsvollstrecker, wenn er zum Zwecke seiner Amtsführung Aufwendungen macht, die er den Umständen nach für erforderlich halten darf, einen Ersatzanspruch an den Erben ebenso hat, wie dem Beauftragten ein Anspruch anf Erstattung der Aufwendungen, die er zum Zwecke der Ausführung macht, gegen den Auftraggeber zusteht (§§ 670). Dem Erben dessen, der den Testamentsvollstrecker bestellt hat, steht ferner beim Tode des Testamentsvollstreckers dessen Erbe ebenso gegenüber, wie dem Auftraggeber beim Tode des Beauftragten dessen Erbe, indem der Erbe des Testamentsvollstreckers dem Erben dessen, der den Testamentsvollstrecker bestellt hat, den Tod unverzüglich anzuzeigeu und, wenn mit dem Aufschube Gefahr verbunden ist, die Besorgung der Obliegenheiten des Testamentsvollstreckers fortzusetzen hat, bis der Erbe dessen, der den Testamentsvollstrecker bestellt hat, anderweit Fürsorge treffen kann (§ 673 Satz 2). Bei Gefahr im Verzuge gehen also die Obliegenheiten des Testamentsvollstreckers auf dessen Erben mit derselben Maßgabe über, wie die Pflichten eines Beauftragten auf dessen Erben übergehen, auch wenn der Auftrag an sich durch den Tod erlischt. Endlich soll auf das Rechtsverhältnis zwischen dem Erben und dem Testamentsvollstrecker auch die Vorschrift des § 674 entsprechende Anwendung finden. Nach § 674 gilt der Auftrag, wenn er in anderer Weise als durch Widerruf erlischt, zu Gunsten des Beauftragten gleichwohl als fortbestehend, bis der Beauftragte von dem Erlöschen Kenntnis erlangt oder das Erlöschen kennen muß. Mit der Bestimmung, nach welcher diese Vorschrift auf den Testamentsvollstrecker entsprechende Anwendung finden soll, hat offenbar der Fall getroffen werden sollen, daß infolge Wegfallens des vom Erblasser eingesetzten Erben das Vermögen, auf das sich die angeordnete Testamentsvollstreckung bezieht, einen andern Herrn erhält und die Testamentsvollstreckung sich dadurch erledigt, das Amt des Testamentsvollstreckers also erlischt.

Indem das Gesetzbuch die entsprechende Anwendbarkeit der in Rede stehenden Rechtsnormen auf das Rechtsverhältnis zwischen dem Testamentsvollstrecker und dem Erben vorschreibt, hat es die Richtigkeit der Meinung Beselers, daß Auftrag, Vormundschaft und arbitrium boni viri für die Entwickelung und Feststellung des Rechtsverhältnisses der Testamentsvollstrecker im einzelnen nicht wohl entbehrt werden können, in besonders drastischer Weise, soweit der Auftrag in Frage kommt, bestätigt. In Ansehung der Vormundschaft und des arbitrium boni viri haben die Rechtssätze des bürgerlichen Gesetzbuches die Meinung Beselers ebenfalls als richtig ergeben. Aber man hat es doch nur in Ansehung des Auftrages für angezeigt gehalten, vermöge der Ähnlichkeit zwischen der Rechtsstellung des Beauftragten und der des Testamentsvollstreckers die Aufstellung besonderer dem Rechtsverhältnisse des Testamentsvollstreckers eigens angepaßter Rechtsnormen in den hier in Frage stehenden Beziehungen für entbehrlich zu halten und sich mit der Verweisung auf entsprechende für den Auftrag gegebene Rechtssätze zu begnügen.[4] Sturm hat die in Rede stehende Anwendbarkeiterklärung als gänzlich verfehlt, innerlich unwahr, unwissenschaftlich, unpraktisch und im Fortgange der Erörterung auch als vielleicht recht bequem, aber als sicher unschön bezeichnet. Von diesen Vorwürfen wird kaum ein anderer als richtig anzuerkennen sein, als der der Unschönheit. Es wird nicht wohl möglich sein, beim Studium der Sätze des Gesetzbuchs den Eindruck von sich abzuwehren, daß es sich empfohlen haben möchte, eine Aufstellung von Rechtssätzen, die man dem Gedanken der Rechtseinrichtung der Testamentsvollstrecker angepaßt hätte, der hier vorliegenden Anwendbarkeiterklärung vorzuziehen und dadurch auch dem Scheine der

[4] Sturm, Die Lehre von den Testamentsvollstreckern (1890) S. 10. — Das Allegat des § 2192 des Entwurfes stimmt nicht.

Bequemlichkeit aus dem Wege zu gehen, den der § 2218 in Verbindung mit dem Inhalte der §§ 664, 666 bis 668, 670, 673, 674 zu machen wohl geeignet ist. Schaden in der Rechtsfindung kann aber die beliebte Anwendbarkeiterklärung schwerlich ausrichten.

§ 126. XIV. Haftung des Testamentsvollstreckers.

Nach gemeinem Rechte wird bei der Frage der Haftung des Testamentsvollstreckers für den durch seine Verschuldung entstandenen Schaden von vielen Schriftstellern die Analogie des Auftrages angewendet.[1] Über die Frage, wem der Testamentsvollstrecker zu haften habe, spricht sich Beseler dahin aus, daß jeder, der bei der Erbschaft beteiligt ist und durch die Arglist oder die nicht entschuldbare Fahrlässigkeit des Vollstreckers in Schaden gekommen ist, von ihm Schadloshaltung verlangen kann.[2] Also die Erben, Vermächtnisnehmer, unter Umständen auch die Gläubiger und Schuldner des Erblassers und überhaupt jeder, der in seinen Vermögensverhältnissen durch die Geschäftsführung des Testamentsvollstreckers berührt wird. Auch Dernburg nimmt nach gemeinem Rechte an, daß der Testamentsvollstrecker sowohl dem Erben wie anderen benachteiligten Erbinteressenten für jede Verschuldung hafte.[3] Nach preußischem Rechte aber läßt er den Testamentsvollstrecker dem Erben, der an Stelle des Vollmachtgebers steht, wie einen Bevollmächtigten oder Verwalter für Versehen bei Ausführung des Auftrages, anderen an der gehörigen Testamentsvollstreckung beteiligten Personen aber nach Maßgabe der Rechtssätze haften, welche die Haftung für außerkontraktlichen Schaden bestimmen.[4] Das bayrische Gesetzbuch spricht seine Haftung nur für den durch culpa lata an der Verlassenschaft verursachten Schaden aus. Es giebt aber die Schadensersatzklage jedem, der bei der Ordnung und Verteilung der Verlassenschaft infolge groben Verschuldens des Vollstreckers Schaden gelitten hat.[5]

Das bürgerliche Gesetzbuch erklärt den Testamentsvollstrecker, der die ihm obliegenden Verpflichtungen verletzt, wenn ihm ein Verschulden zur Last fällt, für den daraus entstehenden Schaden dem Erben und, soweit ein Vermächtnis zu vollziehen ist, auch dem Vermächtnisnehmer für verantwortlich.[6] Der erste Entwurf enthielt nur eine Bestimmung

---

[1] Zu vgl. Beseler a. a. O. S. 205 und die dort angegebene Litteratur.

[2] Beseler a. a. O. S. 205 f.

[3] Dernburg, Pandekten Bd. 3 § 125 Ziff. 4.

[4] Dernburg, preuß. Privatrecht Bd. 3 § 168 S. 461.

[5] Cod. Max. Bav. civ. III, 2 § 20, v. Kreittmayr, Anmerkungen über den Cod. Max. Bav. civ. III. 2 § 20.

[6] B.G.B. § 2219 Abs. 1.

über die Schadensersatzpflicht des Testamentsvollstreckers dahin, daß er in Ansehung der dem Testamentsvollstrecker obliegenden Geschäfte auf das Verhältnis zwischen demselben und dem Erben die entsprechende Anwendbarkeit der die Rechtsstellung zwischen dem Beauftragten und dem Auftraggeber betreffenden Vorschriften der §§ 588 bis 595, 601 Abs. 2, § 603 des ersten Entwurfes vorschrieb.[7] Bei den Beratungen der Kommission für die zweite Lesung des Entwurfes ist der Rechtssatz des § 2219, so wie er jetzt lautet, in den neuen Entwurf und aus diesem unverändert in das Gesetzbuch aufgenommen worden.[8] Über diesen Antrag ist im Protokolle gesagt, daß er eine Abänderung des Entwurfes insofern enthalte, als er den Testamentsvollstrecker für schuldvolle Verletzung der ihm obliegenden Pflichten auch gegenüber den Vermächtnisnehmern, deren Vermächtnisse er zu erfüllen habe, für verantwortlich erkläre, und daß die Kommission diese Erweiterung der Haftung gebilligt habe, weil dieselbe (nämlich die Erweiterung der Haftung) der nach allen Seiten unabhängigen Stellung des Testamentsvollstreckers entspreche und auch im Interesse des Erben liege.

Die Behandlung der Frage, wem der Testamentsvollstrecker im Falle der schuldhaften Verletzung seiner Obliegenheiten zu haften hat, giebt aber besonders insofern zu einer Bemerkung Veranlassung; als die Protokolle über die Verhandlungen der Kommission für die zweite Lesung keinen Aufschluß darüber geben, daß die Kommission die Frage, ob nicht eine Haftung des Testamentsvollstreckers gegenüber allen an der Verteilung des Nachlasses rechtlich beteiligten Personen im Falle schuldhafter Verletzung seiner Amtspflichten auszusprechen sei, auch nur geprüft habe. Nach dem Wortlaute des § 2219 möchte der darin ausgesprochene Rechtssatz bei Anordnung einer Nacherbschaft sowohl auf den Vorerben als auch auf den Nacherben bezogen werden können, so daß der Testamentsvollstrecker beiden auf Grund des § 2219 verantwortlich sein würde. Schwieriger würde es schon sein, für den, zu dessen Gunsten eine Auflage angeordnet ist, wenn er durch ein Verschulden des Vollstreckers Schaden leidet, eine Klagerecht auf den § 2219 zu gründen. Denn eine Auflage ist wohl eine dem Vermächtuisse verwandte Rechtseinrichtung, aber sie ist immer kein Vermächtnis. Und was das Gesetz vom Vermächtnisse sagt, könnte nur vermöge der Analogie eine bestreitbare Anwendung auf die Auflage finden. Ganz unmöglich aber ist es, aus dem § 2219 ein Klagerecht für Nachlaßgläubiger herzuleiten, deren Ansprüche weder aus Vermächtnissen noch aus Auflagen herrühren. Tritt also der Fall ein, daß der Nachlaß teils durch Unglücksfälle teils

[7] Erster Entwurf § 1908.

[8] Protokolle, 355. Sitzung V. 1 § 0, 358. Sitzung VIII. A.

durch schuldhafte Verletzung von Obliegenheiten des Testamentsvollstreckers sich so weit vermindert, daß für Erben und Vermächtnisnehmer nichts übrig bleibt und selbst die Nachlaßgläubiger nicht zur vollen Hebung kommen können, und liegt die Sache so, daß ohne die schuldhafte Verletzung der Pflichten des Testamentsvollstreckers die Mittel des Nachlasses wenigstens zur Befriedigung der Gläubiger hingereicht haben würden, wenn auch für Erben und Vermächtnisnehmer nichts mehr geblieben wäre, so müßte nach dem Gesetzbuche eine Haftung des Testamentsvollstreckers den Gläubigern gegenüber ausgeschlossen sein. Ein Aushilfmittel könnte es nur insofern geben, als bei einer durch Verschulden des Testamentsvollstreckers herbeigeführten Verringerung des Nachlasses für den Erben aus § 2219 eine Klage gegen den Testamentsvollstrecker auf Befreiung von den Nachlaßschulden insoweit begründet sein möchte, als der Testamentsvollstrecker durch sein schuldhaftes Verhalten die Befriedigung der Gläubiger aus Mitteln des Nachlasses unmöglich gemacht hat.

§ 127. XV. Vergütung für die Amtsführung.

Nach gemeinem Rechte hat der Testamentsvollstrecker nur Anspruch auf Erstattung seiner Auslagen. Ein Forderungrecht auf eine Vergütung für seine Mühwaltungen ist ihm an sich nicht gegeben. Es kann ihm aber vom Erblasser eine Belohnung in der Gestalt eines Vermächtnisses zugewendet werden. Ebenso ist es zulässig, daß die Beteiligten ihm unter Lebenden eine Vergütung für seine Dienste zusagen. Einige Partikularrechte billigen ihm auch einen Anspruch auf eine nicht zugesagte Vergütung zu. Nach dem bayrischen Gesetzbuche von 1756 gebührt ihm außer dem Ersatze der erlittenen Schäden und aufgewendeten Kosten, wenn der Erblasser über eine Vergütung nichts bestimmt hat, „eine proportionierliche Ergetzlichkeit für seine gehabte Mühewaltung.“[1] Das sächsische Gesetzbuch billigt ihm eine Vergütung zu, wenn den Umständen nach anzunehmen ist, daß die Leistung nur gegen eine Vergütung zu erwarten war.[2]

Das bürgerliche Gesetzbuch schreibt vor: „Der Testamentsvollstrecker kann für die Führung seines Amtes eine angemessene Vergütung verlangen, sofern nicht der Erblasser ein Anderes bestimmt hat.“[3] Es ist

---

[1] Cod. Maxim. Bav. civ. III, 2 § 20.
[2] Sächs. Gesetzb. §§ 2245. 820.
[3] B.G.B. § 2221.

also auch hier in erster Reihe der Wille des Erblassers entscheidend. Hat der Erblasser angeordnet, daß eine bestimmte Vergütung gezahlt werden soll, so hat der Testamentsvollstrecker aaf die Zahlung Anspruch. Hat der Erblasser angeordnet, daß eine Vergütung, weil etwa der Testamentsvollstrecker durch Aussetzung anderer Vorteile abgefunden sei, nicht gezahlt werden soll, so behält es dabei sein Bewenden. Hat er über eine Belohnung der zu leistenden Dienste nichts bestimmt, so hat der Testamentsvollstrecker für die Führung seines Amtes Anspruch auf eine angemessene Vergütung. Neben dieser Vergütung, wenn der Fall der Vergütung gegeben ist, hat er Anspruch auf Ersatz der von ihm zum Zwecke der Ausführung seines Amtes gemachten Aufwendungen, die er den Umständen nach für erforderlich halten durfte.[4]

§ 128. Widerruf eines Testamentes durch Testament.

Das bürgerliche Gesetzbuch für das Deutsche Reich bestimmt, daß ein Testament sowie eine einzelne in einem Testamente enthaltene Verfügung von dem Erblasser jederzeit widerrufen werden kann.[1] Einseitiger Verzicht auf die Widerruflichkeit hat keine Bedeutung. Vertragsmäßige Abreden aber, die in den Formen eines Erbvertrages (B.G.B. § 2276) zu einem Testamente gemacht werden, können dem Inhalte des Testamentes ganz oder zum Teil die rechtliche Bedeutung eines Erbvertrages verschaffen. Auch die Entmündigung des Erblassers, wenn sie wegen Geistesschwäche, Verschwendung oder Trunksucht erfolgt ist, steht dem Widerrufe eines vor der Entmündigung errichteten Testamentes nicht entgegen.[2] Das Gesetzbuch bestimmt weiter, daß der Widerruf durch Testament erfolgt.[3] Damit soll gesagt sein, daß der Widerruf durch Testament erfolgen kann, nicht, daß die Errichtung eines neuen Testamentes die einzige Möglichkeit ist, dem Widerrufe eines früher errichteten Testamentes wirksamen Ausdruck zu geben.[4] Ein wegen Geistesschwäche, Verschwendung oder Trunksucht entmündigter Erblasser ist also zur Errichtung eines Testamentes insoweit fähig, als zum Inhalte des Testamentes der Widerruf eines früher errichteten Testamentes desselben Erblassers gemacht ist. Wer wegen Geisteskrankheit entmündigt ist, kann ein neues Testament, auch wenn dasselbe nur den Widerruf eines früher errichteten Testamentes enthält, nicht errichten.

---

[4] B.G.B. §§ 2218, 671.

[1] B.G.B. § 2253 Abs. 1.
[2] B.G.B. § 2253 Abs. 2
[3] B.G.B. § 2254.
[4] Über die anderen Möglichkeiten des Entwurfes s. unten § 136.

Nach dem bürgerlichen Gesetzbuch ist der durch Testament erfolgte Widerruf eines Testamentes ebenfalls widerruflich. Ein solcher Widerruf des Widerrufes macht das erste Testament wirksam, wie wenn es nicht widerrufen worden wäre.[5] Die Bestimmung ist erst von der Kommission für die zweite Lesung des Entwurfes aufgenommen worden. Nach dem ersten Entwurfe sollte eine widerrufene letztwillige Verfügung dadurch nicht wiederhergestellt werden, daß der Widerruf derselben widerrufen wird.[6]

Auch ohne daß im neuen Testamente ein ausdrücklicher Widerruf des früheren Testamentes erklärt wird, hat ein vom Erblasser errichtetes neues Testament die Wirkung der Aufhebung des früheren Testamentes insoweit zur Folge, als das spätere Testament mit dem früheren in Widerspruch steht.[7] Wird das spätere Testament widerrufen, so ist das frühere in gleicher Weise wirksam, wie wenn es nicht aufgehoben worden wäre.[8]

Nach römischem Rechte steht ein neu errichtetes Testament schon durch sein bloßes Dasein der Wirksamkeit eines älteren Testamentes entgegen. Voraussetzung der Beseitigung des älteren Testamentes durch das neuere ist nur, daß jemand aus dem neuen Testament Erbe werden kann.[9] Das ältere Testament kann, selbst wenn es durch das neuere bestätigt wird, als Testament nicht wirksam werden. Es kann neben dem neuen Testamente nur die Bedeutung eines Kodizilles haben.[10] Das ältere Testament wird durch das neuere auch in dem Falle aufgehoben, daß das neuere deshalb nicht zur Wirklichkeit gelangt, weil der darin eingesetzte Erbe vor dem Erblasser stirbt oder die Erbschaft ausschlägt, oder weil die Bedingung der Erbeinsetzung nicht eintritt.[11] Dagegen kann der Erblasser, der ein neues Testament errichtet hat, dem älteren Wirksamkeit dadurch verschaffen, daß er in der Absicht, das frühere zur Geltung zu bringen, die Urkunde über das neuere Testament vernichtet.[12]

Durch Errichtung eines neuen Testamentes wird nach preußischem Rechte ein früher errichtetes Testament desselben Erblassers mit der Wirkung, daß auch die in dem früheren angeordneten Vermächtnisse wegfallen, nur in dem Falle aufgehoben, daß an Stelle des früher ein-

---

[5] B.G.B. § 2257.

[6] Erster Entwurf § 1933 Abs. 2.

[7] B.G.B. § 2258 Abs. 1.

[8] B.G.B. § 2258 Abs. 2.

[9] L. 1 D. de iniusto rupto (28, 3): Testamentum — rumpitur alio testamento, ex quo heres existere poterit.

[10] L. 12 § 1 ibid.

[11] L. 16 ibid.

[12] L. 11 § 2 D. de B. P. s. t.: — si quis aliud testamentum fecisset ac supremas tabulas incidisset, ut priores supremas relinqueret.

gesetzten Erben ein anderer Erbe ernannt ist.[13] Hat aber der Erblasser in dem späteren Testamente die frühere Erbeinsetzung neben der neu angeordneten Erbeinsetzung ausdrücklich aufrecht erhalten, so bestehen auch die Vermächtnisse fort, soweit sie nicht ausdrücklich aufgehoben sind, oder soweit nicht in dem neuen Testamente eine Sache einem Anderen als in dem früheren Testamente vermacht ist.[14]

Nach dem französischen Gesetzbuche kann der Erblasser sein Testament ganz oder zum Teil in derselben Form, in welcher ein Testament errichtet werden kann, widerrufen.[15] Für den Fall, daß der Widerruf in der Folge wieder zurückgenommen wird, streitet man darüber, ob nun ohne weiteres das erste, zuerst widerrufene Testament wiederauflebt.[16] Der Erblasser kann nach französischem Rechte ein Testament aber auch stillschweigend dadurch widerrufen, daß er ein neues Testament errichtet, dessen Inhalt mit dem des früheren Testamentes in Widerspruch steht.[17]

Das österreichische Gesetzbuch läßt den Widerruf einer letztwilligen Verfügung durch ausdrückliche Willenserklärung in der Form der Errichtung eines Testamentes zu.[18] Ein solcher Widerruf kann auch von einem gerichtlich erklärten Verschwender wirksam erklärt werden.[19] Widerrufen wird ein Testament aber auch durch Errichtung eines neuen Testamentes mit anderer Erbeinsetzung, wenn nicht der Erblasser seine Absicht, das frühere Testament im übrigen ganz oder teilweise fortdauern zu lassen, zu erkennen giebt.[20] Wird das spätere Testament unwirksam, so kommt das frühere nicht wieder zu Kräften. Hat aber der Erblasser das neue Testament in der Absicht aufgehoben, daß ein früher errichtetes schriftliches Testament wieder in Kraft tritt, so lebt dies wieder auf.[21]

Das sächsische Gesetzbuch läßt den Widerruf einer letztwilligen Verfügung ebenfalls in der Form geschehen, in welcher eine solche Verfügung errichtet werden kann.[22]

---

[13] A.L.R. I 12 §§ 572, 573.

[14] A.L.R. I 12 §§ 574, 575.

[15] C. c. Art. 895, 1035.

[16] Zachariä v. Lingenthal=Crome, französisches Civilrecht Bd. 4 § 725; Entsch. des R.G.'s in Civils. Bd. 2 S. 363.

[17] C. c. Art. 1036.

[18] Österreich. Gesetzb. §§ 717, 719.

[19] Österreich. Gesetzb. § 718.

[20] Österreich. Gesetzb. § 713.

[21] Österreich. Gesetzb. § 723. S. Unger, österreich. Erbrecht § 24.

[22] Sächs. Gesetzb. § 2212.

§ 129. Entziehung des Pflichtteils durch Testament.

Nach dem bürgerlichen Gesetzbuche kann die Entziehung des Pflichtteils durch letztwillige Verfügung erfolgen.[1]

Einem Abkömmlinge kann der Pflichtteil entzogen werden, wenn der Abkömmling dem Erblasser, dem Ehegatten des Erblassers oder einem anderen Abkömmlinge des Erblassers nach dem Leben trachtet, wenn er sich einer vorsätzlichen körperlichen Mißhandlung des Erblassers oder des Ehegatten des Erblassers schuldig macht, im Falle der Mißhandlung des Ehegatten jedoch nur, wenn der Abkömmling von diesem Ehegatten abstammt, ferner wenn der Abkömmling sich eines Verbrechens oder eines schweren vorsätzlichen Vergehens gegen den Erblasser oder dessen Ehegatten schuldig macht, wenn er die ihm gesetzlich dem Erblasser gegenüber obliegende Unterhaltungpflicht böswillig verletzt, und wenn er wider den Willen des Erblassers einen ehrlosen oder unsittlichen Lebenswandel führt.[2]

Von diesen Gründen war der dritte im ersten Entwurfe nicht enthalten. Dafür waren bestimmte einzelne schwere Vergehungen des Abkömmlings gegen den Erblasser als Gründe der Pflichtteilsentziehung aufgenommen.[3] Die übrigen Gründe des Gesetzbuches gehörten schon dem ersten Entwurfe an.

Seinem Vater oder seiner Mutter kann der Erblasser den Pflichtteil entziehen, wenn der Vater oder die Mutter dem Erblasser oder dem Ehegatten des Erblassers oder einem anderen Abkömmlinge nach dem Leben trachtet, wenn der Vater oder die Mutter sich eines Verbrechens oder eines schweren vorsätzlichen Vergehens gegen den Erblasser oder dessen Ehegatten schuldig macht, und wenn der Vater oder die Mutter des Erblassers die den Eltern gesetzlich gegenüber dem Kinde obliegende Unterhaltungpflicht böswillig verletzt.[4] Im ersten Entwurfe, waren für den zweiten dieser Gründe bestimmte einzelne schwere Vergehungen des Vaters oder der Mutter gegen den Abkömmling als Pflichtteilsentziehunggründe aufgestellt, während die übrigen Gründe schon im ersten Entwurfe enthalten waren.[5]

Seinem Ehegatten kann der Erblasser den Pflichtteil entziehen, wenn der Ehegatte sich einer Verfehlung schuldig macht, auf Grund deren der Erblasser wegen Ehebruches oder eines dem Ehebruche als Scheidung-

---

[1] B.G.B. §2336 Abs. 1.
[2] B.G.B. § 2333.
[3] Erster Entwurf § 2001 Ziff. 3, 4, 5.
[4] B.G.B. § 2334, § 2333 Ziff. 1, 3, 4.
[5] Erster Entwurf § 2003, § 2001 Ziff. 1, 3 bis 6.

grund gleichstehenden Verbrechens gegen die Sittlichkeit, oder weil ihm der Ehegatte nach dem Leben trachtet, oder wegen böslicher Verlassung oder wegen einer anderen schweren Verletzung der durch die Ehe begründeten Pflichten oder wegen ehrlosen oder unsittlichen Verhaltens auf Ehescheidung zu klagen berechtigt ist.[6]

Der Grund der Pflichtteilsentziehung muß zur Zeit der Errichtung der letztwilligen Verfügung bestehen und in der Verfügung selbst angegeben werden.[7] Wer ihn geltend macht, hat die Beweislast für sein Bestehen.[8] Das Recht zur Entziehung des Pflichtteils erlischt durch Verzeihung des Grundes der Entziehung. Eine Verfügung, durch die der Erblasser die Entziehung angeordnet hat, wird durch die Verzeihung unwirksam.[9] Die Verzeihung kann daher sowohl einer trotz der erfolgten Verzeihung errichteten letztwilligen Verfügung, durch welche die Entziehung des Pflichtteils ausgesprochen ist, als auch einer vor der Verzeihung errichteten und trotz der Verzeihung nicht aufgehobenen letztwilligen Verfügung wirksam entgegengesetzt werden. Der Grund der Pflichtteilsentziehung, welcher in der Führung eines ehrlosen oder unsittlichen Lebenswandels besteht, wird unwirksam, wenn der Abkömmling zur Zeit des Erbfalles von dem ehrlosen oder unsittlichen Lebenswandel sich dauernd abgewendet hat.[10] Das dem Ehegatten zustehende Recht, dem anderen Ehegatten den Pflichtteil zu entziehen, ist davon unabhängig, daß der Scheidunggrund als solcher geltend gemacht wird. Das Recht erlischt auch nicht durch den Ablauf der für die Geltendmachung des Scheidunggrundes vom Gesetzbuche bestimmten Frist.[11]

Bei den Beratungen der Kommission für die zweite Lesung des Entwurfes wurde von mehreren Seiten beantragt, an Stelle der einzelnen Gründe der „Enterbung“, die sich auf die Abkömmlinge des Erblassers und auf dessen Eltern beziehen, einen allgemeinen Grundsatz für das Recht der Pflichtteilsentziehung aufzustellen. Es wurde geltend gemacht, daß die Aufführung der einzelnen Fälle einen willkürlichen Eindruck mache, und daß es unverständlich bleibe, warum nicht auch in anderen Fällen, in denen die sittliche Verfehlung eine gleich schwere sei, die Entziehung des Pflichtteils statthaft sein solle. Den Vorschriften, die auf die Gründe, aus denen einem Kinde der Pflichtteil entzogen werden könne, Bezug hätten, liege der allgemeine Gedanke zu Grunde, daß ein Kind, welches

---

[6] B.G.B. § 2335, §§ 1565 bis 1568.
[7] B.G.B. § 2336 Abs. 2.
[8] B.G.B. § 2336 Abs. 3.
[9] B.G.B. § 2337.
[10] B.G.B. § 2336 Abs. 4.
[11] B.G.B. 2335 Abs. 2 § 1572.

das innige sittliche Verhältnis, welches zwischen ihm und seinen Eltern kraft der Natur bestehe, durch eigene Schuld gestört habe, nicht mehr beanspruchen könne, beim Tode der Eltern aus dem Nachlasse bedacht zu werden. Diesem Gedanken lasse sich nicht durch die Aufzählung einer Reihe einzelner Gründe gerecht werden. Es sei deshalb eine allgemeine Regel aufzustellen und deren Anwendung im einzelnen Falle vom richterlichen Ermessen abhängig zu machen. Für die Aufstellung einer solchen Regel wurde die Analogie der für den Widerruf einer Schenkung angenommenen Regel vorgeschlagen, nach welcher der Widerruf zulässig ist, wenn sich der Beschenkte durch eine schwere Verfehlung gegen den Schenker oder einen nahen Angehörigen des Schenkers groben Undanks schuldig macht. Ebenso die Analogie des für die Ehescheidung aufgestellten Satzes, nach dem die Scheidung zulässig ist, wenn der andere Ehegatte durch schwere Verletzung der durch die Ehe begründeten Pflichten oder durch ehrloses oder unsittliches Verhalten eine so tiefe Zerrüttung des ehelichen Verhältnisses verschuldet hat, daß dem Ehegatten die Fortsetzung der Ehe nicht zugemutet werden kann. Die Mehrheit der Kommission verhielt sich zwar nicht durchaus ablehnend gegen den Gedanken, für das Recht auf Entziehung des Pflichtteils einen allgemeinen Grundsatz aufzustellen, wohl aber gegen die vorgeschlagenen Lösungen der Aufgabe. Die Analogie des Widerrufes einer Schenkung erklärte man ebensowenig für zutreffend wie die der Ehescheidung. Und die Aufstellung eines allgemeinen Grundsatzes dahin, daß der Erblasser berechtigt sei, die Pflichtteilsentziehung auszusprechen, wenn der Abkömmling eine so tiefe Zerrüttung seines Verhältnisses zum Erblasser verschuldet habe, daß das Verhältnis als für immer aufgehoben angesehen werden müsse, wurde abgelehnt, weil die Fassung unbestimmt sei und dahin führe, daß die Entziehung des Pflichtteils nicht mehr vom Erblasser, sondern vom Erben und vom Richter abhänge.[13]

Mit den Bestimmungen des bürgerlichen Gesetzbuches über die Entziehung des Pflichtteils wird das von Justinian in der Novelle 115 eingeführte und im Gebiete des gemeinen Rechtes noch in Geltung stehende Noterbenrecht beseitigt. In dem bezeichneten Gesetze Justinians ist bestimmt, daß der Erblasser seine Abkömmlinge und, wenn er solche nicht hat, seine Eltern und, wenn diese gestorben sind, die weiteren Aszendenten als Erben einzusetzen verpflichtet ist. Und das Gesetz läßt nur aus bestimmten, genau angebenen Gründen zu, daß der Erblasser die in Frage stehenden Verwandten enterbe oder übergehe. Bei der

---

[13] Protokolle der Kommission für die zweite Lesung des Entwurfes, 376. Sitzung VIII. A.

Enterbung oder Übergehung ist der bestimmte Grund anzugeben.[13] Der eingesetzte Erbe hat, wenn der angegebene Grund bestritten wird, die Wahrheit der Angabe zu beweisen. Ist der angegebene Grund wahr oder ist die Enterbung oder Übergehung aus einem vom Gesetze nicht anerkannten Grunde erfolgt, so treten die zu Unrecht enterbten oder übergangenen Verwandten an die Stelle der eingesetzten Erben, die ihrerseits keine Noterben sind, so daß die gesetzliche Erbfolge stattfindet. Der übrige Inhalt des Testamentes bleibt bestehen.[14]

Die von Justinian in der Novelle 115 angegebenen Gründe der Enterbung oder Übergehung sind die Vorläufer der Gründe, die das bürgerliche Gesetzbuch zur Rechtfertigung einer vom Erben angeordneten Entziehung des Pflichtteils aufstellt.[15] Die Frage, wie jene Gründe der Enterbung oder Übergehung aufzufassen sind, ob sie buchstäblich aufgefaßt werden müssen, oder ob sie eine ausdehnende Auslegung in der Art zulassen, daß sie auf Handlungen gleich schlimmer oder schlimmerer Art auszudehnen sind, ist streitig.[16] Die Novelle selbst entscheidet die Frage nicht klar. Über die Frage der Bedeutung einer Verzeihung des Enterbunggrundes, die der Erblasser nach der Errichtung des Testamentes, in dem die Erklärung ausgesprochen ist, erklärt hat, gehen die Meinungen auseinander.[17]

Von den neueren Gesetzbüchern hat das württembergische Landrecht von 1610 auch die Ehegatten in die Zahl der Noterben aufgenommen und als Gründe der Enterbung Verfehlungen des anderen Ehegatten, welche zur Begründung des Verlangens der Ehescheidung genügen würden, aufgestellt.[18] In Aufzählung der Gründe, aus denen der Erblasser seine Abkömmlinge, und derjenigen, aus denen die Kinder ihre Eltern oder weiteren Aszendenten zu enterben berechtigt sind, hat es sich dem römischen Rechte angeschlossen.[19] Auch das bayrische Gesetzbuch hat sich in Aufstellung der Gründe, aus denen Kinder oder Eltern enterbt werden

[13] Nov. 115 cap. 3 pr.

[14] Nov. 115 cap. 3 § 14.

[15] Über den gesetzgeberischen Wert oder Unwert der Novelle 115 s. Dernburg, Pandekten §§ 152 flg.

[16] Über die Streitfrage s. Glück, Pandektenkommentar Bd. 7 S. 248 flg.; Mühlenbruch ebenda Bd. 37 S. 176 flg.; Francke, Recht der Noterben S. 412; Windscheid, Pandekten Bd. 3 § 590 Anm. 1; Dernburg, Pandekten Bd. 3 § 153 zu Anm. 2.

[17] Mühlenbruch a. a. O. S. 185; Francke a. a. O. S. 414 flg.; v. Vangerow, Pandekten Bd. 2 § 484 Anm., S. 288 Anm. 2; Dernburg a. a. O. zu Anm. 3; Entsch. des R.G.'s in Civils. Bd. 15 S. 167.

[18] Württembergisches Landrecht III. 19 § 1.

[19] Württembergisches Landrecht III. 17, 18, 19.

können, dem römischen Rechte angeschlossen. Es enthält aber die Bestimmung, daß zur Begründung des Rechtes der Enterbung nicht notwendig einer der vom Gesetze aufgestellten Ursachen der Enterbung gehöre, sondern daß andere dergleichen Ursachen von der nämlichen oder noch größerer Stärke nicht ausgeschlossen seien.[20]

Das preußische Gesetzbuch kennt ein Recht auf Erbeinsetzung nicht, also auch kein Noterbenrecht, wie sich solches im römischen Rechte gestaltet hat, sondern es gewährt den nächsten Verwandten und dem Ehegatten des Erblassers nur ein Recht auf den Pflichtteil[21] und giebt dem Erblasser unter gewissen Voraussetzungen, ebenso wie das bürgerliche Gesetzbuch, ein Recht auf Entziehung des Pflichtteils. Die Entziehung des Pflichtteils aber wird im preußischen Gesetzbuche Enterbung genannt. Und die Gründe, aus denen der Erblasser denjenigen, die unter gewöhnlichen Verhältnissen ein Recht auf Zuwendung des Pflichtteils haben, den Pflichtteil entziehen, schmälern oder belasten kann, nennt das Gesetzbuch Enterbunggründe.[22] Diese Gründe schließen sich den römischrechtlichen Gründen der Enterbung oder Übergehung an. Das Gesetzbuch bestimmt, daß, soweit die Beziehung zwischen Eltern und Kindern in Frage kommt, nur aus den im Gesetzbuche aufgeführten, nicht aus anderen, wenn auch den aufgeführten gleich oder ähnlich scheinenden Ursachen die gänzliche Enterbung eines Kindes stattfinden kann.[23] Das Gesetzbuch will also die Ursachen der Enterbung erschöpfend aufzählen und die Ausdehnung der Bestimmungen durch analoge Anwendung ausschließen.

Nach dem französischen Gesetzbuche kann der Erblasser, welcher Abkömmlinge oder Eltern oder weitere Vorfahren hat, nur über bestimmte Bruchteile seines Vermögens frei verfügen. Das übrige Vermögen fällt von Rechtswegen den bezeichneten Verwandten des Erblassers zu. Ein Recht, diese Verwandten zu enterben, hat der Erblasser nicht. Ebenso ist dem Gesetzbuche, abgesehen von dem Rechte auf den fraglichen unentziehbaren Vorbehalt ein Pflichtteilsrecht unbekannt.[24] Das Gesetz kennt im Falle gewisser Verfehlungen eines Erben nur ein Recht der übrigen Erben oder Erbfolger oder Universallegatarien des Erblassers, dem zur Erbschaft berufenen Erben die Erbschaft wegen Erbunwürdigkeit zu entziehen.[25]

---

[20] Cod. Max. Bav. civ. III. 3 §§ 16, 17, 18.
[21] A.L.R. II. 2 §§ 391 flg., §§ 500 flg., II. 1 §§ 631, 633.
[22] A.L.R. II. 2 §§ 399 flg., §§ 506 flg., II. 1 § 632.
[23] A.L.R. II. 2 §§ 410, 411.
[24] Code civil Artt. 913 bis 916. S. oben § 10 zu Anm. 19 flg.
[25] Zachariä v. Lingenthal-Crome, französ. Civilr. Bd. 4 § 601.

Das österreichische Gesetzbuch kennt ebenso wie das preußische ein Recht der Abkömmlinge, der Eltern und der weiteren Vorfahren des Erblassers auf den Pflichtteil, aber kein Recht auf Erbeinsetzung, wie es im römischen Rechte besteht. Und es stellt eine geschlossene Reihe von Gründen auf, aus denen Kinder wie Eltern zur Strafe für ein bestimmtes Verschulden enterbt, nämlich vom Pflichtteil ausgeschlossen werden können. Die Enterbung braucht nicht in der Testamentsform zu geschehen, muß aber in einer der vom österreichischen Gesetzbuche für letztwillige Verfügungen zugelassenen Formen erklärt werden. Der ausdrücklichen Angabe der Ursache der Enterbung bedarf es nicht.[26]

Auch das sächsische Gesetzbuch kennt kein Recht auf Erbeinsetzung, wohl aber ein Recht auf den Pflichtteil und giebt dem Erblasser gegenüber den Abkömmlingen, den Eltern und den Voreltern, denen ein Pflichtteil gebührt, weil sie im einzelnen Falle zur gesetzlichen Erbfolge berechtigt sind, sowie gegenüber dem Ehegatten wegen gewisser Verschuldungen ein Recht auf Entziehung des Pflichtteils. Die Gründe, aus denen die Abkömmlinge, die Eltern und die Voreltern des Erblassers von Pflichtteile ausgeschlossen werden können, sind den Enterbunggründen des römischen Rechtes nachgebildet. Die Gründe, aus denen der Erblasser seinem Ehegatten den Pflichtteil entziehen kann, sind solche, deren Geltendmachung auch gegen den Bestand der Ehe gerichtet werden kann, wie Zwang und Betrug, wodurch die Eingehung der Ehe veranlaßt ist, und Ehescheidunggründe.[27]

§ 130. **Pflichtteilsbeschränkung in guter Absicht.**

Der Erblasser kann nach dem bürgerlichen Gesetzbuche für das Deutsche Reich das Pflichtteilsrecht eines Abkömmlings in letztwilliger Verfügung durch die Anordnung beschränken, daß nach dem Tode des Abkömmlings die gesetzlichen Erben des Abkömmlings das, was ihm der Erblasser hinterläßt, oder was ihm als Pflichtteil aus dem Nachlasse gebührt, als Nacherben oder als Nachvermächtnisnehmer nach dem Verhältnisse ihrer gesetzlichen Erbteile erhalten sollen.[1] Der Erblasser kann auch für die Lebenszeit des Abkömmlings die Verwaltung dessen, was er dem Abkömmling hinterläßt, oder was dem Abkömmling aus dem Nachlasse gebührt, einem Testamentsvollstrecker übertragen.[2]

---

[26] Unger, österreich. Erbrecht § 83.
[27] Sächs. Gesetzb. §§ 2564, 2565, 2566 flg., 2578 flg., 2583 flg.

[1] B.G.B. § 2338 Abs. 1 Satz 1, Abs. 2 Satz 1, § 2336 Abs. 1.
[2] B.G.B. § 2338 Abs. 1 Satz 2.

Eine jede dieser Verfügungen ist zulässig, wenn sich der Abkömmling in solchem Maße der Verschwendung ergeben hat oder in solchem Maße überschuldet ist, daß sein späterer Erwerb erheblich gefährdet wird. Ist die Verwaltung einem Testamentsvollstrecker übertragen, so hat der Abkömmling Anspruch auf den jährlichen Reinertrag des in der Verwaltung des Testamentsvollstreckers befindlichen Vermögens.[3] Der in Frage stehende Grund der Beschränkung des Pflichtteilsrechtes muß zur Zeit der Errichtung der letztwilligen Verfügung, in der die Anordnung getroffen wird, bestehen und in der Verfügung angegeben werden.[4] Wer die Beschränkung geltend macht, hat den Beweis des vom Erblasser angegebenen Grundes zu führen.[5] Hat der Abkömmling zur Zeit des Erbfalles sich von dem verschwenderischen Leben dauernd abgewendet, oder haben sich seine Vermögensverhältnisse geändert und ist er zur Zeit des Erbfalles nicht mehr in dem Maße überschuldet, daß sein späterer Erwerb erheblich gefährdet wird, so ist die vom Erblasser angeordnete Beschränkung des Pflichtteilsrechtes unwirksam.[6]

Der erste Entwurf hatte die Rechtseinrichtung der Pflichtteilsbeschränkung in guter Absicht ebenfalls aufgenommen. Er sprach den Rechtsgedanken aus, daß der Erblasser berechtigt sei, den an sich pflichtteilsberechtigten Abkömmling in der Verfügung über die ihm gemachte Zuwendung in der Art zu beschränken, daß er die gesetzlichen Erben des Abkömmlings als Nacherben einsetze und dem Abkömmling Sicherheitbestellung zu Gunsten der Nacherben auflege.[7] In den dem ersten Entwurfe beigegebenen Motiven wird zu Gunsten der Rechtseinrichtung hervorgehoben, daß der Erblasser mit der in Frage stehenden Pflichtteilsbeschränkung dem Berechtigten nichts nehmen, ihn vielmehr voll befriedigen und ihm das Hinterlassene in einer Weise zukommen lassen wolle, mit welcher der Berechtigte sich einverstanden erklären müßte, wenn er sein eigenes Interesse wohl verstände.[8] Bei den Beratungen der Kommission für die zweite Lesung des Entwurfes wurde von der eineu Seite gegen die Rechtseinrichtung überhaupt vorgegangen.[9] Man führte aus, daß, wie man auch die Voraussetzungen einer Beschränkung des Pflichtteils in guter Absicht bestimmen wolle, die Einrichtung Zweifel und Streit veranlassen und ärgerliche, mit Erbitterung geführte Rechtsstreitigkeiten ver-

[3] B.G.B. § 2338 Abs. 1 Schlußsatz.
[4] B.G.B. § 2338. Abs. 2, Satz 1, § 2336 Abs. 2.
[5] B.G.B. § 2338 Abs. 2 Satz 1, § 2336 Abs. 3.
[6] B.G.B. § 2338 Abs. 2 Satz 2.
[7] Erster Entwurf § 2002.
[8] Motive Bd. 5 S. 438.
[9] Protokolle, 377. Sitzung VI. Antrag 1a.

ursachen müsse, die eine empfindliche Störung des Familienfriedens hervorrufen würden und vom Richter in vielen Fällen nur nach mehr oder minder subjektivem Ermessen entschieden werden könnten. Besonders zweifelhaft seien die Bestimmung des Begriffes der Überschuldung und die Beantwortung der Frage, ob im bestimmten Falle anzunehmen sei, daß eine zur Zeit der Errichtung der letztwilligen Verfügung vorhandene Überschuldung zur Zeit des Erbfalles nicht mehr bestanden habe. Die Mehrheit der Kommission lehnte den Antrag auf Streichung der auf die Rechtseinrichtung bezüglichen Bestimmung ab und schloß sich den Ausführungen an, die in den dem ersten Entwurfe beigegebenen Motiven enthalten und oben ihrem Grundgedanken nach wiedergegeben sind.[10]

Bei der Frage, wie die Voraussetzungen der Pflichtteilsbeschränkung zu bestimmen seien, erwog man, soweit die verschwenderische Lebensweise des Abkömmlings in Betracht komme, daß der erste Entwurf, in dem als Voraussetzung die Gefahr eines aus der Verschwendungsucht des Abkömmlings für dessen Familie entstehenden Notstandes angegeben sei, die Grenze zu eng ziehe, und daß schon eine jede erhebliche Gefährdung des künftigen Erwerbes des Abkömmlings, insbesondere grade des ihm durch Erbschaft selbst anfallenden Erwerbes, genügen müsse, die Anordnung zu rechtfertigen. In Ansehung der mit einer schon bestehenden Überschuldung des Abkömmlings gegebenen Voraussetzung lasse sich nicht sagen, daß der Abkömmling unter allen Umständen darum die Möglichkeit haben müsse, seine Gläubiger aus der Erbschaft zu befriedigen, weil sonst die Gläubiger schwer gefährdet werden könnten. Der künftige Erbteil, den jemand zu erwarten habe, sei keine Grundlage für einen gesunden Kredit. Gläubiger, die dem Schuldner wegen einer demselben vielleicht künftig anfallenden Erbschaft Kredit gegeben hätten, müßten es sich selbst zuschreiben, wenn sie in der Hoffnung, aus der Substanz der Erbschaft befriedigt zu werden, sich getäuscht sähen. Und es müsse für den Erblasser die Möglichkeit bestehen, den Abkömmling auch gegen dessen Willen den in Frage stehenden Beschränkungen zu unterwerfen. Denn der Erblasser müsse das Recht haben, das Familienvermögen den Familienangehörigen wenigstens insoweit zu erhalten, daß es nicht sofort mit dem Erwerbe infolge der Verschwendungsucht oder der Überschuldung des Erwerbers der Gefahr des Verlustes ausgesetzt sei.[11]

Als die Wege, auf denen die Beschränkung des pflichtteilsberechtigten Abkömmlings am zweckmäßigsten zu erreichen sei, hatte der erste Ent-

---

[10] Protokolle a. a. O. VII.
[11] Protokolle a. a. O. VII.

wurf die Einsetzung der gesetzlichen Erben als Nacherben des Abkömmlings und die Anordnung, daß der Abkömmling den Nacherben Sicherheit zu leisten habe, aufgestellt.[12] Bei den Beratungen der Kommission für die zweite Lesung des Entwurfes wurde beantragt, auch die Ernennung eines Testamentsvollstreckers als einen jener Wege dem Erblasser freizugeben und dem Erblasser die Wahl zwischen beiden Wegen zu lassen, ihm also freizustellen, ob er die gesetzlichen Erben zu Nacherben einsetzen oder einen Testamentsvollstrecker ernennen oder auf beiden Wegen gleichzeitig vorgehen wolle. In der Kommission bestand Einigkeit darin, daß es zweckmäßig erscheine, zur Erreichung des der Pflichtteilsbeschränkung in guter Absicht zum Grunde liegenden Gedankens die Rechtseinrichtung des Testamentsvollstreckers mit zu verwenden. Und man gab dem Erblasser die Befugnis, in der beantragten Weise vorzugehen. Bei Ernennung eines Testamentsvollstreckers aber sollte der Pflichtteilsberechtigte Anspruch auf den jährlichen Reinertrag des Vermögens haben.[13]

Die Behandlung der Beschränkung des Pflichtteilsrechts im Gesetzbuche unterscheidet sich auch darin von der Auffassung des ersten Entwurfes, daß nach dem ersten Entwurfe der Erblasser den Abkömmling, den er, wie angegeben, beschränken wollte, zum Erben ernennen und ihm als Erben mindestens die Hälfte des gesetzlichen Erbteils hinterlassen sollte, während nach dem bürgerlichen Gesetzbuche die Beschränkung des Pflichtteils von der fraglichen Voraussetzung nicht abhängig ist.[14]

Über die Frage, ob in dem Falle, daß nach der Errichtung der letztwilligen Verfügung, durch die das Pflichtteilsrecht des Abkömmlings beschränkt wird, der Grund der Beschränkung wegfällt, die vom Erblasser getroffene Anordnung von Rechtswegen unwirksam wird, oder ob dem Abkömmling das Recht zur Anfechtung der Anordnung binnen einer bestimmten Frist gegeben sein soll, war man in der Kommission für die zweite Lesung des Entwurfes uneins. Man entschied sich dafür, eine von Rechtswegen eintretende Unwirksamkeit anzunehmen.[15]

Die Zulassung der in guter Absicht geschehenden Beschränkung des Pflichtteilrechtes eines Abkömmlings ist aus der römischrechtlichen Enterbung in guter Absicht hervorgegangen. Der Gedanke, welcher der Zulassung einer Enterbung in guter Absicht zu Grunde liegt, wird im gemeinen Rechte dahin angegeben, daß ein Erblasser seinen Noterben,

---

[12] Erster Entwurf § 2002.
[13] Protokolle, 378. Sitzung I.
[14] Erster Entwurf § 2002; B.G.B. § 2338.
[15] Protokolle a. a. O.
[16] Protokolle a. a. O. IV.

auch ohne daß die in der Novelle 115 angegebenen Gründe vorliegen, wirksam enterben kann, wenn er das Beste des Noterben bezweckt und dieser Zweck auch durch die Art der Verfügung erreicht werden kann. Die Rechtsbücher lassen solche Enterbung besonders zu, wenn die Kinder des Erblassers blödsinnig oder verschwenderisch sind, die Enkel zu Erben eingesetzt und den Kindern die nötigen Alimente hinterlassen werden. Ebenso wenn die Kinder unmündig sind, der Erblasser die Befürchtung hegt, daß das Vermögen in unsichere Hände kommt, und dem eingesetzten Erben die Verpflichtung auferlegt wird, für den Unterhalt der Kinder zu sorgen und ihnen das Vermögen beim Eintritte ihrer Volljährigkeit herauszugeben. Die Rechtseinrichtung ist aber auf diese Fälle nicht eingeschränkt. Die quellenmäßige Grundlage ist insoweit bestritten, als die Behauptung aufgestellt wird, die Rechtseinrichtung sei durch das Justinianische Recht, insbesondere die Novelle 115, welche die einzelnen Enterbunggründe aufzählt und über die Enterbung aus guter Absicht nichts enthält, beseitigt.[17]

Von den neueren Gesetzbüchern haben das württembergische und das bayrische Landrecht die Enterbung in guter Absicht nicht aufgenommen.

Das preußische Gesetzbuch läßt zu, daß ein Kind durch testamentarische Anordnung des Vaters sowie der Mutter in der Verfügung über den Pflichtteil eingeschränkt wird, wenn das Kind dergestalt in Schulden versunken ist, daß dadurch sein Pflichtteil ganz oder doch so weit, daß ihm davon der nötige Unterhalt nicht übrig bliebe, verzehrt werden würde, ferner wenn das Kind sich einer unordentlichen oder verschwenderischen Wirtschaft schuldig gemacht hat, und wenn es wegen Wahnsinns oder Blödsinns seinen Angelegenheiten nicht selbst vorzustehen fähig ist. Der Erblasser muß im Testamente den Grund der Einschränkung angeben. Er kann aus jedem der Gründe dem Kinde die Verfügung unter Lebenden über den Erbteil, den er ihm hinterläßt, auch über den Pflichtteil, gänzlich untersagen, und das Kind in der Verfügung über den Pflichtteil auch auf den Todesfall zum Besten der Abkömmlinge des Kindes einschränken. Für den Fall, daß es ohne Kinder versterben sollte, kann der Erblasser dem Kinde dessen Geschwister und deren Abkömmlinge im Pflichtteile substituieren. Er kann verordnen, daß die Gläubiger des

[17] L. 16 § 2 D. de curat. furios. (27, 10), l. 18 D. de lib. et post. (28, 2), l. 12 § 2 D. de bonis libert. (38, 2), l. 25 C. de inoff. testam. (3, 28). Glück, Pandektenkommentar Bd. 7 S. 256 flg.; Mühlenbruch ebenda Bd. 37 S. 391 flg.; Francke, Recht der Noterben S. 422 flg.; Unterholzner, Archiv für civilistische Praxis Bd. 2 S. 52 flg.; Windscheid, Pandekten Bd. 3 § 583 Anm. 6 flg.

Kindes sich an die Substanz des Erbteiles zu halten nicht berechtigt sein sollen. Der Nießbrauch des Pflichtteils kann dem Kinde nicht entzogen werden. Auch können die Gläubiger des Kindes an den Nießbrauch sich insoweit halten, als er zum notdürftigen Unterhalte des Kindes nicht erforderlich ist.[18]

Aber auch wenn von den angegebenen Gründen der Pflichtteilsentziehung keiner vorliegt, können Eltern, die einem Kinde den vollen Erbteil hinterlassen, im Testamente wirksam die Anordnung treffen, daß der Erbteil für die Kinder erhalten werden soll. Einer solchen Anordnung muß das Kind sich fügen, ohne daß ihm das Recht gegeben ist, statt des vollen Erbteils den unbeschwerten Pflichtteil zu fordern.[19]

Dem französischen Gesetzbuche ist die Rechtseinrichtung der in guter Absicht geschehenden Pflichtteilsbeschränkung oder Enterbung ebenso unbekannt wie die jeder anderen Enterbung oder Pflichtteilsbeschränkung.

Nach dem österreichischen Gesetzbuche kann der Erblasser sowohl einen Deszendenten wie einen Aszendenten, der überschuldet oder verschwenderisch ist, vom Pflichtteile ausschließen, wenn er den Kindern des Pflichtteilsberechtigten den Pflichtteil, der diesem gebühren würde, zuwendet. Den Grund der Pflichtteilsbeschränkung braucht der Erblasser in der letztwilligen Verfügung nicht anzugeben. Das Vorhandensein eines Grundes muß aber, wenn es bestritten wird, bewiesen werden. Hat der Erblasser anderen Personen als den Kindern des Berechtigten den Pflichtteil des Berechtigten zugewendet, oder sind die Kinder des Berechtigten, denen er zugewendet ist, vor dem Erblasser weggefallen, so hat der Berechtigte Anspruch auf den Pflichtteil.[20]

Das sächsische Gesetzbuch gestattet den Eltern und den Voreltern eines pflichtteilsberechtigten Abkömmlings, der sich einer unordentlichen oder verschwenderischen Lebensweise ergeben hat oder mit Schulden belastet ist, dem Abkömmling die Verfügung über den Bestand dessen, was sie dem Abkömmling hinterlassen, zu entziehen, auch wenn es nicht mehr als der Pflichtteil ist, bei Überschuldung des Abkömmlings jedoch unbeschadet des Rechtes der Gläubiger, das Hinterlassene zum Zwecke ihrer Befriedigung in Anspruch zu nehmen.[21]

---

[18] A.L.R. II. 2 §§ 419 bis 429.

[19] A.L.R. II. 2 § 430.

[20] Unger, österreich. Erbrecht § 84.

[21] Sächs. Gesetzbuch § 2577.

§ 131. Andere letztwillige Verfügungen.

1. Nach dem bürgerlichen Gesetzbuche.

Außer den bisher besprochenen einseitigen Verfügungen von Todeswegen, von denen das bürgerliche Gesetzbuch sagt, daß sie durch Testament vorgenommen werden können, kennt das Gesetzbuch noch eine Reihe anderer einseitiger Verfügungen von Todeswegen, von denen es nicht sagt, daß sie durch Testament geschehen können, von denen es sich aber dahin ausspricht, daß sie durch letztwillige Verfügung vorgenommen werden können. Das Gesetzbuch nennt also nicht alle letztwillige Verfügungen Testamente, sondern bezeichnet als Testamente nur diejenigen, in denen Erbeinsetzungen, die Einsetzung von Ersatzerben und von Nacherben, die Errichtung von Vermächtnissen und von Auflagen, die Bestellung eines Testamentsvollstreckers, die Anordnung, daß eine Person, die vom Gesetze zum Erben berufen sein würde, nicht Erbe sein soll, und die Aufhebung errichteter letztwilliger Verfügungen des angegebenen Inhaltes enthalten sind. Daneben bestimmt es aber, daß noch eine Reihe anderer Anordnungen von Todeswegen in letztwilligen Verfügungen, die es aber nicht Testamente nennt, erfolgen können. Hierher gehören zuerst die Anordnungen für die Auseinandersetzung unter Miterben.

Das Gesetzbuch hat hier gewisse Fälle letztwilliger Verfügungen besonders vorgesehen. Der Erblasser kann anordnen, daß die Auseinandersetzung nach dem billigen Ermessen eines Dritten zu erfolgen hat.[1] Eine solche Anordnung ist aber nur beschränkt wirksam. Sie ist für die Erben nicht verbindlich, wenn die von dem Dritten auf Grund der Anordnung getroffene Bestimmung offenbar unbillig ist. In diesem Falle erfolgt die Bestimmung durch Urteil.[2] Der Erblasser kann sodann anordnen, daß einer der Miterben das Recht haben soll, ein zum Nachlasse gehöriges Landgut zu übernehmen. In diesem Falle ist im Zweifel anzunehmen, daß das Landgut zu dem Ertragswerte angesetzt werden soll. Und der Ertragswert bestimmt sich nach dem Reinertrage, den das Landgut nach seiner bisherigen wirtschaftlichen Bestimmung bei ordnungmäßiger Bewirtschaftung nachhaltig gewähren kann.[3] Der Erblasser kann ferner die Auseinandersetzung in Ansehung des Nachlasses oder einzelner Nachlaßgegenstände ausschließen oder von der Einhaltung einer Kündigungfrist abhängig machen.[4] Die Wirksamkeit einer solchen

---

[1] B.G.B. § 2048 Satz 2.
[2] B.G.B. § 2048 Satz 3.
[3] B.G.B. § 2049.
[4] B.G.B. § 2044 Abs. 1 Satz 1.

Anordnung ist aber in mancher Hinsicht beschränkt. Die Anordnung wird unwirksam, wenn seit dem Eintritte des Erbfalles dreißig Jahre verstrichen sind. Der Erblasser kann aber den Eintritt der Unwirksamkeit über die dreißig Jahre hinaus durch die Anordnung weiter aufschieben, daß die Verfügung bis zum Eintritte eines bestimmten Ereignisses in der Person eines Miterben oder, falls er eine Nacherbfolge oder ein Vermächtnis anordnet, bis zum Eintritte der Nacherbfolge oder bis zum Anfalle des Vermächtnisses gelten soll. Die Hinausschiebung über den Ablauf der dreißig Jahre gilt jedoch nicht, und es bewendet bei der dreißigjährigen Frist, wenn der Miterbe, in dessen Person das Ereignis eintreten soll, eine juristische Person ist.[5] Die Anordnung ist ferner unwirksam und die Aufhebung der Gemeinschaft kann trotz der Anordnung verlangt werden, wenn ein wichtiger Grund dazu vorliegt.[6] Hat der Erblasser die Auseinandersetzung nur nach dem Ablaufe einer bestimmten Kündigungfrist zugelassen, so kann, wenn ein wichtiger Grund vorliegt, auch die alsbaldige Aufhebung ohne Einhaltung der Frist verlangt werden.[7]

Im übrigen tritt, wenn der Erblasser durch letztwillige Verfügung das Recht, die Auseinandersetzung zu verlangen, auf Zeit ausgeschlossen hat, die Anordnung im Zweifel mit dem Tode eines der Miterben außer Kraft, so daß also der Tod eines der Miterben für die Erben dieses Miterben wie für jeden anderen Miterben für sich allein schon Grund genug ist, die Auseinandersetzung zu verlangen.[8] Dagegen wirkt eine letztwillige Verfügung desselben Inhalts ebenso wie die Anordnung des Erblassers, durch die das Recht der Miterben, die Teilung zu verlangen, für immer ausgeschlossen oder durch die eine Kündigungfrist bestimmt wird, für und gegen die Sondernachfolger.[9] Die Auseinandersetzung kann also im Falle einer solchen letztwilligen Anordnung von jedem der Miterben und jedem Sondernachfolger verlangt werden, wenn dazu ein wichtiger Grund vorliegt.

Das bürgerliche Gesetzbuch enthält noch eine Reihe anderer Bestimmungen, nach denen Anordnungen des Erblassers, die mit dessen Tode wirksam werden sollen, durch letztwillige Verfügungen getroffen werden können. Es kommen hier in erster Reihe Verfügungen eines in allgemeiner Gütergemeinschaft lebenden Ehegatten in Frage. Sind bei

---

[5] B.G.B. § 2044 Abs. 2.
[6] B.G.B. § 2042, § 749 Abs. 2 Satz 1.
[7] B.G.B. § 2042, § 749 Abs. 2 Satz 3.
[8] B.G.B. § 2042, § 750.
[9] B.G.B. § 2042, § 751.

dem Tode eines der Ehegatten gemeinschaftliche Abkömmlinge vorhanden, so wird der Regel nach zwischen dem überlebenden Ehegatten und den gemeinschaftlichen Abkömmlingen, die im Falle der gesetzlichen Erbfolge als Erben des verstorbenen berufen sind, die Gütergemeinschaft fortgesetzt,[10] wenn nicht der überlebende die Fortsetzung ablehnt.[11] Jeder Ehegatte kann aber auch für den Fall, daß die Ehe durch seinen Tod aufgelöst wird, die Fortsetzung der Gütergemeinschaft durch letztwillige Verfügung ausschließen, wenn er berechtigt ist, dem anderen Ehegatten den Pflichtteil zu entziehen oder auf Aufhebung der Gütergemeinschaft zu klagen. Auf beide Fälle sollen nach dem Gesetzbuche die Bestimmungen über Entziehung des Pflichtteils entsprechende Anwendung finden.[12]

Wird die Gütergemeinschaft fortgesetzt, so gehört der Anteil des verstorbenen Ehegatten am Gesamtgute nicht zum Nachlasse.[13] Das bürgerliche Gesetzbuch giebt einem jeden Ehegatten für den Fall, daß die Ehe durch seinen Tod aufgelöst[13] und die Gütergemeinschaft fortgesetzt wird, das Recht, gewisse Anordnungen über die Teilnahmerechte der Abkömmlinge durch letztwillige Verfügung zu treffen. Diese letztwilligen Verfügungen[14] stehen unter der Vorschrift, daß, wenn sie nicht von beiden Eheleuten in einem gemeinschaftlichen Testamente getroffen werden,[15] zu ihrer Wirksamkeit die Zustimmung des anderen Ehegatten erforderlich ist.[16] Die Erklärung der Zustimmung bedarf der gerichtlichen oder notariellen Beurkundung.[17] Sie kann nicht durch einen Vertreter abgegeben werden.[18] Ist der Zustimmende in der Geschäftsfähigkeit beschränkt, so bedarf die Erklärung nicht die Genehmigung seines gesetzlichen Vertreters.[19] Die Zustimmungerklärung nimmt also in diesen beiden Richtungen die Natur einer letztwilligen Verfügung des anderen Ehegatten selbst insoweit an, als das Gesetzbuch für die Wirksamkeit der Erklärung das Erfordernis einer persönlichen Willensäußerung dessen, der seine Zustimmung auszusprechen hat, aufstellt. Daneben erklärt das Gesetzbuch jedoch die Erklärung der Zustimmung, wenn sie einmal abgegeben ist, für unwiderruflich.[20] Die letztwillige Verfügung, zu der

---

[10] B.G.B § 1483 Abs. 1 Satz 1.
[11] B.G.B. § 1484 Abs. 1.
[12] B.G.B. § 1509.
[13] B.G.B. § 1483 Abs. 1 Satz 2.
[14] B.G.B. §§ 1511 bis 1515.
[15] B.G.B § 1516 Abs. 3.
[16] B.G.B. § 1516 Abs. 1.
[17] B.G.B. § 1516 Abs. 2 Satz 3.
[18] B.G.B. § 1516 Abs. 2 Satz 1.
[19] B.G.B. § 1516 Abs. 2 Satz 2.
[20] B.G.B. § 1516 Abs. 2 Satz 4.

die Zustimmung erklärt ist, bleibt als letztwillige Verfügung ihrem Wesen nach widerruflich. Die letztwilligen Verfügungen, die unter den angegebenen Vorschriften besonderer Natur stehen, sind folgende:

Jeder Ehegatte kann für den Fall, daß die Ehe durch seinen Tod aufgelöst wird, einen gemeinschaftlichen Abkömmling von der fortgesetzten Gütergemeinschaft durch letztwillige Verfügung ausschließen.[21] Mit dieser Ausschließung tritt für den Ausgeschlossenen an die Stelle des Anteiles, den er an der fortgesetzten Gütergemeinschaft erhalten hätte, ein Anspruch auf Zahlung des Betrages, der dem Ausgeschlossenen von dem Gesamtgute der ehelichen Gütergemeinschaft als Pflichtteil gebühren würde, wenn die fortgesetzte Gütergemeinschaft nicht eingetreten wäre.[22] Dieser Betrag wird bei der Auseinandersetzung als Schuld des verstorbenen Ehegatten, der die Ausschließung letztwillig angeordnet hatte, angerechnet.[23] Neben dem Anspruche auf diesen Betrag behält der ausgeschlossene Abkömmling sein Erbrecht in den nicht zum gütergemeinschaftlichen Gesamtgute gehörenden Nachlaß des verstorbenen Ehegatten[24] oder doch den ihm daran zustehenden Pflichtteil. Der in Frage stehende Anspruch, dem das Gesetzbuch die Natur des Pflichtteilsanspruches giebt, und das dem Abkömmling daneben zustehende Pflichtteilsrecht unterliegen also dem Rechte der Pflichtteilsentziehung und dem der Pflichtteilsbeschränkung aus den gesetzlichen Gründen.

Durch letztwillige Verfügung kann sodann jeder Ehegatte für den Fall, daß mit seinem Tode die fortgesetzte Gütergemeinschaft eintritt, den Anteil an dem Gesamtgute, der einem anteilsberechtigten Abkömmling nach der fortgesetzten Gütergemeinschaft gebührt, bis auf die Hälfte herabsetzen.[25] Dem Rechte auf diese Wertshälfte hat das Gesetzbuch insofern, als der Abkömmling, wenn dem Erblasser nicht ein Grund der Entziehung oder der Einschränkung des Pflichtteiles zur Seite steht, ein unentziehbares Recht auf die fragliche Wertshälfte hat, die Natur des Pflichtteils beigelegt. Ist der Ehegatte in dem Falle, daß mit seinem Tode die fortgesetzte Gütergemeinschaft eintritt, berechtigt, einem Abkömmlinge den Pflichtteil zu entziehen oder das Pflichteilsrecht zu beschränken, so steht ihm auch das Recht zu, dem Abkömmlinge den diesem nach der Beendigung der fortgesetzten Gütergemeinschaft gebührenden Anteil am Gesamtgute, nämlich die ihm regelmäßig nicht ent-

[21] B.G.B. § 1511 Abs. 1.
[22] B.G.B. § 1511 Abs. 2.
[23] B.G.B. § 1511 Abs. 3 § 1500.
[24] B.G.B. § 1511 Abs. 2, § 1483 Abs. 1 Satz 2.
[25] B.G.B. § 1512.

ziehbare Hälfte des Anteils, zu entziehen oder das Anteilsrecht zu beschränken.[26] Den Anteil, welchen der Ehegatte einem Abkömmlinge vermöge seines Rechtes, ihm die Hälfte des Anteiles zu entziehen, oder den er ihm vermöge seines Rechtes, ihm den Pflichtteil zu entziehen, letztwillig entzieht, kann der Ehegatte durch letztwillige Verfügung einem Dritten zuwenden.[27]

Auch auf die Teilung des Gesamtgutes können sich letztwillige Verfügungen eines in allgemeiner Gütergemeinschaft lebenden Ehegatten beziehen, die für den Fall getroffen werden, daß mit dem Tode des Erblassers die fortgesetzte Gütergemeinschaft eintritt. Der Erblasser kann anordnen, daß ein anteilsberechtigter Abkömmling das Recht haben soll, bei der Teilung das ganze Gesamtgut oder einzelne dazu gehörige Gegenstände gegen Zahlung des Wertes zu übernehmen.[28] Gehört zu dem Gesamtgute ein Landgut, so kann die Anordnung getroffen werden, daß bei der Teilung das Landgut mit dem Ertragswerte oder mit einem Preise, der den Ertragswert mindestens erreicht, angesetzt werde. Der Ertragswert bestimmt sich nach dem Reinertrage, den das Landgut nach seiner bisherigen wirtschaftlichen Bestimmung bei ordnungmäßiger Bewirtschaftung nachhaltig gewähren kann.[29] Dies Recht, das Landgut zu diesem Werte oder Preise zu übernehmen, kann ein Ehegatte durch letztwillige Verfügung auch dem überlebenden Ehegatten einräumen.[30] Diese auf die Teilung des Gesamtgutes bezüglichen letztwilligen Verfügungen stehen ebenfalls unter den oben angegebenen Vorschriften besonderer Natur.

Letztwillige Verfügungen können nach dem bürgerlichen Gesetzbuche auch für die Bestellung eines Vormundes, Gegenvormundes oder Beistandes wirksam werden. Nach dem Gesetze ist als Vormund eines Minderjährigen in erster Reihe berufen, wer von dem Vater des Mündels, in zweiter Reihe, wer von der ehelichen Mutter des Mündels als Vormund benannt ist.[31] Der Vater kann für sein minderjähriges Kind durch letztwillige Verfügung einen Vormund benennen, wenn ihm zur Zeit seines Todes die elterliche Gewalt über das Kind zusteht und er in den die Person und das Vermögen betreffenden Angelegenheiten zur Vertretung des Kindes berechtigt ist. Er kann auch für ein Kind, das erst nach seinem Tode geboren wird, einen Vormund benennen, wenn er dazu berechtigt

---

[26] B.G.B. § 1513 Abs. 1, § 2336 Abs. 2 bis 4.
[27] B.G.B. § 1514.
[28] B.G.B. § 1515 Abs. 1.
[29] B.G.B. § 1515 Abs. 2, § 2049.
[30] B.G.B. § 1515 Abs. 3.
[31] B.G.B. § 1776 Ziff. 1, 2.

sein würde, falls das Kind vor seinem Tode geboren wäre.[32] Ist der Vater des Kindes gestorben oder für tot erklärt, oder hat er die elterliche Gewalt verwirkt und ist die Ehe aufgelöst, so steht der Mutter die elterliche Gewalt zu.[33] Und in diesen Fällen ist die Mutter zur Benennung des Vormundes berechtigt.[34] Die Benennung eines Vormundes erfolgt in allen Fällen durch letztwillige Verfügung.[35] Für die Berufung und Bestellung eines Gegenvormundes und für die eines Beistandes, der nach dem Gesetzbuche in gewissen Fällen der Mutter des Kindes, wenn ihr die elterliche Gewalt zusteht, bestellt wird, läßt das Gesetzbuch dieselben Bestimmungen gelten, wie für die Berufung und Bestellung des Vormundes.[36] Gegenvormund und Beistand können also, wenn die Voraussetzungen vorliegen, unter denen der Vater für sein minderjähriges Kind einen Vormund durch letztwillige Verfügung benennen kann, ebenfalls vom Vater und der Gegenvormund auch von der Mutter, wenn die entsprechenden Voraussetzungen vorliegen, durch letztwillige Verfügung benannt werden. Ebenso sind als Mitglieder des Familienrates diejenigen berufen, die der Vater des Mündels unter den angegebenen Voraussetzungen oder die Mutter, wenn ihr die elterliche Gewalt zusteht, durch letztwillige Verfügung benannt hat.[37]

Benennt der Vater des Kindes unter den in Frage stehenden Voraussetzungen einen Vormund, so läßt das Gesetz zu, daß er gewisse Befreiungen des Vormundes von der Aufsicht, der ein Vormund in der Regel unterworfen ist, und von bestimmten Verpflichtungen, die ihm in der Regel obliegen, anordnet.[38] Dieselben Anordnungen kann die Mutter des Mündels zu Gunsten des von ihr benannten Vormundes treffen.[39] Die in Frage stehenden Anordnungen sind durch letztwillige Verfügung des Vaters oder der Mutter zu treffen.[40]

Auch für die Bestellung eines Pflegers, den eine unter elterlicher Gewalt oder unter Vormundschaft stehende Person für Angelegenheiten erhält, an deren Besorgung der Gewalthaber oder der Vormund verhindert ist, kann eine letztwillige Verfügung wirksam werden. Ein Pfleger wird nämlich zur Verwaltung des Vermögens bestellt, das die unter elterlicher Gewalt oder unter Vormundschaft stehende Person von

[32] B.G.B. § 1777 Abs. 1, Satz 1 Abs. 2.
[33] B.G.B. § 1684.
[34] B.G.B. § 1777 Abs 1 Satz 3.
[35] B.G.B. § 1777 Abs. 3.
[36] B.G.B. § 1792 Abs. 4, § 1687, § 1688, § 1777 Abs. 3.
[37] B.G.B. § 1861, § 1777 Abs. 3, § 1778 Abs. 1, 2.
[38] B.G.B. §§ 1852 flg.
[39] B.G.B. § 1855 flg., §§ 1852 flg.
[40] B.G.B. §§ 1852 flg., §§ 1855 flg., § 1777, Abs. 3.

Todeswegen erwirbt, oder das ihr unter Lebenden von einem Dritten unentgeltlich zugewendet wird, wenn der Erblasser durch letztwillige Verfügung, der Dritte bei der Zuwendung bestimmt hat, daß dem Gewalthaber oder dem Vormunde die Verwaltung nicht zustehen soll.[41] Als Pfleger ist in diesen Fällen berufen, wer als solcher von dem Erblasser durch letztwillige Verfügung, von dem Dritten bei der Zuwendung benannt ist.[42] Der Erblasser kann für den Pfleger durch letztwillige Verfügung in Ansehung der Aufsicht, welcher die Verwaltung eines Pflegers regelmäßig unterworfen ist, und der einem Pfleger regelmäßig obliegenden Verwaltungpflichten dieselben Befreiungen anordnen, welche das Gesetzbuch für die Geschäftsführung eines Vormundes zuläßt.[43] Die Bestellung eines Gegenvormundes ist einem Pfleger gegenüber nicht erforderlich.[44]

§ 132. Nach anderen Rechten.

Die vorgedachten letztwilligen Verfügungen werden im bürgerlichen Gesetzbuche zwar nicht als Testamente bezeichnet. Trotzdem ist dem Gesetzbuche ein begrifflicher Unterschied zwischen Testamenten und letztwilligen Verfügungen nicht bekannt. Es giebt für das Gesetzbuch außer den Testamenten keine letztwilligen Verfügungen. Und daß es nicht alle letztwilligen Verfügungen Testamente nennt, mag vielleicht damit zu erklären sein, daß bei der Wahl der Fassung gerade für die zuletzt besprochenen letzwilligen Verfügungen, die von dem hergebrachten Begriffe des Testamentes am weitesten sich entfernen, der Ausdruck „Testament“ ohne bestimmte Absicht nicht gebraucht worden ist.

Das bürgerliche Gesetzbuch weicht darin, daß es alle einseitigen letztwilligen Verfügungen, die es überhaupt zuläßt, unter den Begriff des Testamentes bringt, von allen bis jetzt auf deutschem Boden in Geltung stehenden Rechten ab. Nach römischem Rechte sind Testamente nur die einseitigen letztwilligen Verfügungen, in denen Erbeinsetzungen enthalten sind. Daneben kennt das römische Recht Kodizille als einseitige letztwillige Verfügungen, die keine Erbeinsetzungen enthalten.[1] Sie setzen also voraus, daß unabhängig von ihnen eine Erbfolge eintritt, die entweder die gesetzliche Erbfolge oder eine neben dem Kodizille angeordnete

---

[41] B.G.B. § 1909.
[42] B.G.B. § 1917, § 1909 Abs. 1 Satz 2, § 1917 Abs. 1.
[43] B.G.B. § 1917 Abs. 2, §§ 1852 bis 1854.
[44] B.G.B. § 1915 Abs. 2.

[1] L. 20 D. de iure cod. (29, 7).

testamentarische sein kann.[2] Die Kodizille waren zuerst an keine Form gebunden. Der Kaiser Konstantin schrieb zuerst für Intestatkodizille[3] die Zuziehung von fünf Zeugen vor. Dies Erfordernis wurde dann für alle Kodizille vorgeschrieben und ging in das justinianische Recht über.[4] Neben den Kodizillen hat das römische Recht seit Justinian die Errichtung formloser Fideikommisse, der sogenannten Oralfideikommisse, zu deren Gültigkeit erfordert wird, daß der Erblasser das Vermächtnis unmittelbar dem Beschwerten mündlich auferlegt.[5] Außerdem kennt das römische Recht als letzwillige Verfügungen noch das sogenannte Aszendententestament, durch das der Erblasser die Erbfolge unter seinen Abkömmlingen ohne Beobachtung der strengen Testamentsformen ordnen kann,[6] und die sogenannte divisio parentum inter liberos, die bloße Teilung des Nachlasses unter den Abkömmlingen des Erblassers, die nur einen vom Erblasser oder den Abkömmlingen unterschriebenen Aufsatz erfordert.[7]

Auch das preußische Gesetzbuch kennt neben den Testamenten die Kodizille und unterscheidet beiderlei letztwillige Verfügungen darin, daß zum Testamente die Erbeinsetzung gehört und Kodizille diejenigen letztwilligen Verfügungen sind, die keine Erbeinsetzung enthalten. Sie sind aber ebenso formbedürftig, wie die Testamente.[8] Daneben läßt das preußische Gesetzbuch letztwillige Verfügungen zu, durch welche Vermächtnisse, die den zwanzigsten Teil des Nachlasses nicht übersteigen, errichtet werden können. Dergleichen Verfügungen sind gültig, wenn sie dem anwesenden Erben mündlich aufgetragen sind.[9] Sie sind aber auch gültig, wenn sie vom Erblasser selbst oder einem Rechtsanwalte geschrieben, vom Erblasser aber unterschrieben, auch mit der Angabe des Jahres und des Tages ihrer Errichtung versehen sind.[10] Außerdem hat das preußische Gesetzbuch die römischrechtlichen Testamente der Eltern oder Voreltern zu Gunsten ihrer Abkömmlinge in der Form aufgenommen, daß der Erblasser das Testament eigenhändig schreibt und unter-

---

[2] § 2 J. de codic. (2, 25), l. 10 D. de iure cod. (29, 7). Windscheid, Pandekten Bd. 3 § 628; v. Vangerow, Pandekten Bd. 2 § 526 Anm. I. II.; Brinz, Pandekten Bd. 3 § 424; Dernburg, Pandekten Bd. 3 § 66.

[3] Ulp. fragm. 25 §§ 1, 3; L. 1 C. Th. de testam. (4, 4).

[4] L. 8 § 3 C. de codicill. (6, 36).

[5] L. 32 C. de fideic. (6, 42); Windscheid a. a. O. § 629.

[6] Mühlenbruch in Glück, Pandektenkommentar Bd. 42 S. 151 bis 231; Windscheid a. a. O. § 544 Anm. 9.

[7] Mühlenbruch a. a. O. S. 231 bis 245; Windscheid a. a. O. § 628 Anm. 13.

[8] A.L.R. I 12 § 66 flg.

[9] A.L.R. I 12 §§ 172, 173.

[10] A.L.R. I 12 §§ 161, 162 Anh. § 34.

schreibt, oder daß er es vor einem Rechtsanwalte und zwei Zeugen mündlich zu Protokoll erklärt, oder daß er einen, wenn auch nicht von ihm geschriebenen, so doch auf allen Blättern und am Schlusse von ihm unterschriebenen Aufsatz vor einem Rechtsanwalte und zwei Zeugen als seine Verfügung unter der ausdrücklichen Versicherung, sie vorher durchgelesen zu haben, anerkennt und dies Anerkenntnis unter die Testamentsurkunde selbst setzen läßt.[11]

Das österreichische Gesetzbuch unterscheidet, ebenso wie das preußische, Testamente und Kodizille darin, daß die letzteren keine Erbeinsetzung enthalten, während zum Wesen der ersteren die Erbeinsetzung gehört, Kodizille erfordern nach dem österreichischen Gesetzbuche aber dieselbe Form wie Testamente. Andere Formen letztwilliger Verfügungen sind dem österreichischen Gesetzbuche nicht bekannt.[12]

Nach dem sächsischen Gesetzbuche können Eltern, Voreltern und Ehegatten, wenn sie zu Gunsten ihrer zur gesetzlichen Erbfolge berechtigten Abkömmlinge und Ehegatten letztwillig verfügen, ihren letzten Willen durch einen von ihnen selbst geschriebenen und unterschriebenen Aufsatz errichten, in welchem die bedachten Abkömmlinge und der Ehegatte mit dem Familiennamen und wenigstens einem voll ausgeschriebenen Vornamen benannt und die Erbteile oder Summen, die ihnen zugeteilt werden, mit Worten angegeben, auch Ort, Jahr und Tag der Errichtung der Verfügung beigefügt sind.[13]

Außerdem ist für das gemeine Recht von manchen Schriftstellern der Satz aufgestellt worden, daß Kodizille, deren Errichtung der Erblasser in einem früher gemachten Testamente sich vorbehalten oder die er in einem später errichteten bestätigt hat, durch die Testamentsform selbst gedeckt werden, also einer weiteren Form nicht bedürfen.[14] Der Satz ist aber bestritten und kann als in neuerer Zeit aufgegeben angesehen werden. Die Redaktoren des allgemeinen preußischen Landrechtes haben seine Aufnahme abgelehnt. Nach der Verkündung des Gesetzbuches entstanden aber Zweifel, ob nicht doch letztwillige Verfügungen, deren Errichtung der Erblasser im Testamente sich vorbehalten habe, in formlosen Nachzetteln gültig errichtet werden könnten. Und man entschied sich im Hinblicke darauf, daß das Gesetzbuch nicht ausdrücklich die Ungültigkeit solcher Verfügungen ausgesprochen habe, für ihre Gültigkeit, indem man nur die Beobachtung derjenigen Förmlichkeiten für erforderlich erklärte, die der Erblasser selbst im Testamente zu ihrer Wirksamkeit für erforderlich

[11] A.L.R. II 2 §§ 380 a, b, c, d.
[12] Unger, österreich. Erbrecht § 56.
[13] Sächs. Gesetzb. §§ 2115, 2116.
[14] S. darüber Dernburg, preuß. Privatr. Bd. 3 § 118 Anm. 1.

erklärt hatte. Doch wurde in der Rechtsprechung angenommen, daß der Erblasser durch eine im Testamente vorbehaltene, aber der Testamentsform entbehrende letztwillige Verfügung weder die im Testamente angeordnete Erbeinsetzung noch die im Testamente für die einzelnen Erben bestimmten Bruchteile der Erbschaft wirksam ändern könne.[15] Das österreichische Gesetzbuch macht in Bezug auf das Erfordernis der Form keinen Unterschied zwischen den im Testament bestätigten und den nicht bestätigten letztwilligen Verfügungen, verlangt also für die ersteren dieselbe Form wie für die letzteren.[16] Das sächsische Gesetzbuch hat es dagegen für zulässig erklärt, daß der Erblasser in seinem letzten Willen sich vorbehalte, über seinen Nachlaß letztwillige Verfügungen zu errichten, die zu ihrer Gültigkeit nur erfordern, daß sie von ihm selbst geschrieben und unterschrieben und mit der Angabe der Familiennamen und wenigstens eines Vornamens der Bedachten, sowie der Gegenstände der Zuwendung und des Ortes, des Jahres und des Tages der Errichtung versehen sind.[17]

§ 133. Gemeinschaftliche Testamente.

1. Nach dem bürgerlichen Gesetzbuche für das Deutsche Reich.

Das bürgerliche Gesetzbuch für das Deutsche Reich bestimmt, daß ein gemeinschaftliches Testament nur von Eheleuten errichtet werden kann.[1] Das Gesetzbuch nimmt dabei keine Testamentsform aus. Eheleute können

---

[15] Anh. zum A.L.R. § 35 zu A.L.R. I 163. S. darüber Dernburg a. a. O. § 118.

[16] Unger a. a. O. Anm. 3.

[17] Sächs. Gesetzb. §§ 2084, 2085.

[1] B.G.B. § 2265. Der erste Entwurf eines bürgerlichen Gesetzbuches enthielt den Satz, daß mehrere Personen letztwillige Verfügungen nicht gemeinschaftlich errichten können (§ 1913). Die dem Entwurfe beigegebenen Motive sprechen sich dahin aus, daß kein Bedürfnis in Deutschland dafür bestehe, mehreren Personen die Benutzung einer gemeinschaftlichen Form zur Testamentserrichtung zu gestatten, wenn die Verfügenden sich nicht bedenken wollen (Motive Bd. 5 S. 253). Die Errichtung gemeinschaftlich errichteter wechselseitiger Testamente aber wird in den Motiven als eine mit großen Unzuträglichkeiten verbundene, die unklare Mitte zwischen Erbverträgen und Testamenten haltende, häufige Streitigkeiten veranlassende Rechtseinrichtung hingestellt. Und es wird zwar anerkannt, daß bei der weiten Verbreitung dieser Testamente in Deutschland deren Beseitigung während der ersten Zeit des Bestehens eines neuen Gesetzbuches vielfach als eine Beengung werde empfunden werden. Aber die Rechtsentwickelung, die solche Einrichtungen begünstigt hat, wird als eine abwegige bezeichnet. Und es wird neben der Behauptung, daß diese Testamente immer eine Quelle von Rechtsstreitigkeiten gebildet haben, auch die vorgeführt, wie schon der Umstand, daß die letztwilligen Verfügungen des überlebenden Ehegatten der Öffentlichkeit nicht entzogen werden können, als ein Übelstand empfunden worden sei. Em-

also in jeder Testamentsform, die das Gesetz zuläßt, ein gemeinschaftliches Testament errichten.[2] Das sogenannte eigenhändige Testament wird vom Gesetzbuche besonders erwähnt in der Art, daß es zur Errichtung eines gemeinschaftlichen eigenhändigen Testamentes genügt, wenn einer der Ehegatten das Testament in der vorgeschriebenen Form errichtet, und der andere Ehegatte die Erklärung, daß das Testament auch als sein Testament gelten solle, eigenhändig beifügt und unterschreibt.[3]

Die in einem gemeinschaftlichen Testamente errichteten letztwilligen Verfügungen der Eheleute können voneinander unabhängig sein, und sie sind es insoweit, als jeder der Eheleute Verfügungen ohne Rücksicht auf die von dem anderen Ehegatten errichten Verfügungen getroffen hat. Eine solche Verfügung kann wirksam werden und wirksam bleiben, auch wenn der andere Ehegatte die von ihm errichteten Veefügungen widerufen hat.[4]

Die Hauptbedeutung für ein gemeinschaftliches Testament haben aber die Verfügungen, von denen anzunehmen ist, daß der Ehegatte, der sie errichtet hat, sie nicht ohne eine Verfügung des anderen Ehegatten errichtet haben würde. Dies sind die sogenannten korrespektiven Verfügungen. In der Kommission für die zweite Lesung des Entwurfes war man darin einig, daß dies Verhältnis der Korrespektivität einen Zusammenhang der beiderseitigen Verfügungen erfordere, welcher nicht der einer wechselseitigen Bedingtheit und auch nicht der einer vertragsmäßigen Gegenleistung sei, der vielmehr darauf beruhe, daß jede der beiden Verfügungen

---

pfohlen wird statt der Errichtung solcher Testamente die Benutzung der Rechtseinrichtung des Erbeinsetzungvertrages, durch den eine einfachere und klarere Rechtslage geschaffen werde (Motive a. a. O. S. 256 f.). In der Kommission für die zweite Lesung des Entwurfes siegte dagegen die Meinung, daß das Gesetzbuch gemeinschaftliche Testamente, da solche der Gewohnheit in weiten Kreisen entsprächen, zuzulassen habe. Einig war man aber darin, daß die Zulassung nur eine eingeschränkte sein könne. Gestritten wurde darüber, ob sie nur zwischen Eheleuten oder auch zwischen Verlobten zuzulassrn seien. Die Mehrheit entschied sich für das erstere. Auch darüber waren die Meinungen geteilt, ob gemeinschaftliche Testamente von Eheleuten nur als wechselseitige oder ohne Rücksicht auf Wechselseitigkeit errichtet werden könnten. Die Mehrheit lehnte eine Beschränkung in dieser Richtung ab (Protokolle, 367 Sitzung IX. A. S. 7334 flg., 370 Sitzung I. S. 7395).

[2] Die Meinungen in der Kommission waren geteilt. Von der einen Seite wurde beantragt, zu bestimmen, daß ein gemeinschaftliches Testament nur in ordentlicher Form errichtet werden könne. Die Mehrheit entschied sich dafür, alle im Gesetzbuche überhaupt zugelassenen Testamentsformen auch hier zuzulassen. Protokolle, 367. Sitzung IX. B. S. 7341.

[3] B G.B. § 2267.

[4] Die Gemeinschaftlichkeit besteht solchenfalls nur darin, daß über die Testamente der Eheleute die eine Urkunde aufgenommen wird.

mit Rücksicht auf die andere getroffen sei. Und man glaubte, den wissenschaftlich prägnantesten, wenn gleich im Gesetze nicht verwendbaren Ausdruck für das Verhältnis in den Worten zu finden, daß zwischen den beiden Verfügungen ein „Zusammenhang des Motivs" bestehen müsse.[5] Insoweit eine solche Beziehung zwischen den in dem gemeinschaftlichen Testamente enthaltenen letztwilligen Verfügungen der Eheleute besteht, hat die Nichtigkeit oder der Widerruf der einen Verfügung die Unwirksamkeit der anderen zur Folge.[6] Ein solches Verhältnis der Verfügungen ist im Zweifel anzunehmen, wenn sich die Ehegatten gegenseitig bedenken, oder wenn dem einen Ehegatten von dem anderen eine Zuwendung gemacht und für den Fall des Überlebens des Bedachten eine Verfügung zu Gunsten einer Person getroffen wird, die mit dem anderen Ehegatten verwandt ist oder ihm sonst nahe steht.[7] In diesem Verhältnisse gegenseitiger Abhängigkeit können aber nur Erbeinsetzungen, Vermächtnisse, Auflagen voneinander stehen.[8]

Der Widerruf einer Verfügung, die zu einer Verfügung des anderen Ehegatten in dem fraglichen Verhältnisse steht, kann in der Regel nur bei Lebzeiten der Ehegatten wirksam erfolgen. Er geschieht durch Erklärung gegenüber dem anderen Ehegatten.[9] Die Erklärung bedarf

---

[5] Protokolle, 369. Sitzung IV.

[6] B.G.B. § 2270 Abs. 1.

[7] B.G.B. § 2270 Abs. 2.

[8] B.G.B. § 2270 Abs. 3.

[9] B.G.B. § 2271 Abs. 1 Satz 1. Die erstere Bestimmung besagt, daß der Widerruf einer Verfügung, die mit einer Verfügung des anderen Ehegatten in dem im § 2270 bezeichneten Verhältnisse steht, nach den für den Rücktritt von einem Erbvertrage geltenden Vorschriften des § 2296 erfolgt. Der obige Text enthält diese Vorschriften. In der Kommission wurde zu Gunsten des Systems, für das sich die Mehrheit der Kommission aussprach und das im Gesetzbuche Annahme gefunden hat, geltend gemacht, daß zwischen einem gemeinschaftlichen Testamente und einem unter dem Vorbehalte des Rücktrittes abgeschlossenen Erbvertrage jedenfalls insoweit, als es sich um die Beerbung des längstlebenden Ehegatten handele, dem Grunde nach kein Unterschied bestehe. Beide Rechtseinrichtungen seien zu demselben Zwecke bestimmt. Welche von beiden der Erblasser wähle, hänge von zufälligen Umständen ab. Der geschichtlichen Entwickelung nach seien die gemeinschaftlichen Testamente aus den Erbverträgen hervorgegangen. Daher sei es gerechtfertigt, solche Verfügungen des gemeinschaftlichen Testamentes, durch welche gemeinschaftliche Anordnungen über den Nachlaß des überlebenden Ehegatten getroffen würden, den entsprechenden Verfügungen gleichzustellen, die in einem unter dem Vorbehalte des Rücktrittes geschlossenen Erbvertrage vereinbart seien. Die Bezeichnung „gemeinschaftliche Anordnungen" müsse dabei in dem Sinne verstanden werden, daß es nur darauf ankomme, ob die Anordnung auf der dem formellen Akte der Testamentserrichtung notwendig vorausgegangenen Willenseinigung der Erblasser beruhe, also der Sache nach eine gemeinschaftliche Verfügung sei. Anders liege die Sache bei den sonstigen Verfügungen des

der gerichtlichen oder notariellen Beurkundung. Sie kann durch keinen Vertreter abgegeben werden. Ist der Erklärende in der Geschäftsfähigkeit beschränkt, so bedarf er nicht der Zustimmung seines gesetzlichen Vertreters. Durch eine neue Verfügung von Todeswegen kann ein Ehegatte bei Lebzeiten des anderen seine Verfügung nicht einseitig aufheben.[10]

Das Recht zum Widerrufe erlischt also in der Regel mit dem Tode des anderen Ehegatten. Doch kann der überlebende Ehegatte die von ihm errichtete Verfügung aufheben, wenn er ausschlägt, was der andere ihm zugewendet hat.[11] Aber auch die Annahme der Zuwendung durch den überlebenden Ehegatten steht dem Rechte des Überlebenden zur Aufhebung der von ihm errichteten Verfügung in dem Falle nicht entgegen, wenn der andere sich einer Verfehlung schuldig gemacht hat, die den Überlebenden dazu berechtigen würde, dem anderen den Pflichtteil zu entziehen.[12] Ist aber in dem gemeinschaftlichen Testamente der Eheleute ein pflichtteilsberechtigter Abkömmling der Ehegatten oder eines der Ehegatten bedacht, so kann der überlebende Ehegatte unter der Voraussetzung, daß dieser Abkömmling in solchem Maße der Verschwendung ergeben oder in solchem Maße überschuldet ist, daß ein späterer Erwerb erheblich gefährdet wird, das Pflichtteilsrecht des Abkömmlings durch die Anordnung beschränken, daß nach dem Tode des Abkömmlings dessen gesetzliche Erben das, ihm hinterlassen wird, oder den ihm gebührenden Pflichtteil als Nacherben oder als Nachvermächtnisnehmer nach dem Verhältnisse ihrer gesetzlichen Erbteile erhalten sollen. Der überlebende Ehegatte kann auch für die Lebenszeit des Abkömmlinges die Verwaltung dessen, was ihm hinterlassen ist, einem Testamentsvollstrecker übertragen. In einem solchen Falle hat der Abkömmling Anspruch auf den jährlichen Reinertrag.[13]

Für den Fall, daß Eheleute in einem gemeinschaftlichen Testamente, in dem sie sich gegenseitig zu Erben einsetzen, die Bestimmung treffen, daß ihr beiderseitiger Nachlaß nach dem Tode des Überlebenden an einen Dritten fallen soll, enthält das Gesetzbuch eine Auslegungvorschrift, nach der im Zweifel anzunehmen ist, daß der Dritte für den gesamten Nach-

---

gemeinschaftlichen Testamentes, bei denen ebenfalls Korrespektivität bestehen könne. Hier sei das Verhältnis der Abhängigkeit nicht so sicher, daß sämtliche Rechtssätze des Erbvertrages bezüglich des Einflusses der Ungültigkeit der einen Verfügung auf andere Verfügungen sich auf das gemeinschaftliche Testament übertragen ließen. Aber im Punkte der Aufhebung sei die gleiche Behandlung auch dieser Verfügungen mit den Erbverträgen angezeigt. Protokolle, 369. Sitzung IV. Randbezeichnung: Widerruf.

[10] B.G.B § 2271 Abs. 1, § 2296.

[11] B.G.B, § 2271 Abs. 2 Satz 1.

[12] B.G.B. § 2271 Abs. 2 Satz 2, §§ 2294, 2336.

[13] B.G.B. § 2271 Abs. 3, § 2289 Abs. 2, § 2338. S. oben § 130 Anm 1 bis 3.

laß als Erbe des zuletzt versterbenden Ehegatten eingesetzt ist.[14] Und für den Fall, daß in einem solchen Testamente ein Vermächtnis angeordnet ist, das nach dem Tode des Überlebenden erfüllt werden soll, ist nach dem Gesetzbuche anzunehmen, daß das Vermächtnis dem Bedachten erst nach dem Tode des Überlebenden anfallen soll.[15]

Zurückgenommen werden kann ein gemeinschaftliches Testament, auch wenn die letztwilligen Verfügungen der Eheleute nicht voneinander abhängig sind, nur von beiden Eheleuten gemeinschaftlich.[16]

Wird nach dem Tode des einen Ehegatten das Testament eröffnet, so sind die letztwilligen Verfügungen des überlebenden Ehegatten, soweit sie sich von denen des Verstorbenen sondern lassen, weder zu verkünden noch in anderer Weise zur Kenntnis der Beteiligten zu bringen. Von den Verfügungen des Verstorbenen ist eine beglaubigte Abschrift zu fertigen. Das Testament ist aber wieder zu verschließen und in die amtliche Verwahrung zurückzubringen.[17]

§ 134. 2. Nach älteren Rechten.

Die Errichtung eines gemeinschaftlichen Testamentes wird in einer nicht in das Corpus iuris aufgenommene Verordnung des Kaisers Vatentinian III erwähnt. Sie ist in der Art zugelassen, daß die Erblasser sich wechselseitig in einer an den Kaiser gerichteten Eingabe zu Erben einsetzen.[1] Auch an einigen Stellen des Corpus juris ist von gemeinschaftlichen Testamenten die Rede.[2] Ältere gemeinrechtliche Schriftsteller lassen sie ohne Einschränkung auf Gegenseitigkeit und auf bestimmte Personen zu.[3] In der Folge ist die Ansicht verbreitet, daß gemeinschaftliche Testamente nur als wechselseitige und nur unter Eheleuten zuzulassen seien.[4]

Das preußische Gesetzbuch bestimmt, daß nur Eheleute wechselseitige Testamente errichten können.[5] Darüber, ob gemeinschaftliche

---

[14] B.G.B § 2269 Abs. 1.

[15] B.G.B. § 2269 Abs. 2.

[16] B.G.B. § 2272.

[17] B.G.B. § 2273.

[1] Nov. Valent. III. tit. 20. 1 § 1. Die Verordnung ist, soweit sie hier in Betracht kommt, bei Glück, Pandektenkommentar Bd. 35 S. 53, abgedruckt.

[2] L. 70 D. de hered. instit. (28,5) und l. 19 C. de pactis. Dazu Glück a. a. O. S. 52.

[3] S. die Litteratur bei Hartmann. Erbverträge und gemeinschaftliche Testamente S. 32 flg.

[4] S. die Litteratur bei Windscheid, Pandekten Bd. 3 § 568 Anm. 2.

[5] A. L. R. II. 1 § 482.

Testamente, die keine wechselseitigen sind, auch von anderen Personen als Eheleuten errichtet werden können, enthält das preußische Gesetzbuch keine Bestimmung. Daraus kann indes nicht der Schluß gezogen werden, daß dergleichen Testamente nach preußischem Rechte ungültig sind. Sie sind dem Gesetzbuche unbekannt und kommen auch, soviel bekannt, im preußischen Rechtsleben nicht vor, so daß die Wissenschaft sich zwar mit der Frage der rechtlichen Möglichkeit ihrer Errichtung beschäftigt hat, aber nicht veranlaßt gewesen ist, anderweit besondere Rechtssätze in Bezug auf solche Testamente aufzustellen.[6]

Nach dem preußischen Gesetzbuche können wechselseitige Testamente nur als gemeinschaftliche errichtet werden.[7]

Ein wechselseitiges Testament kann einseitig von jedem Ehegatten in derselben Weise widerrufen werden wie jedes andere Testament. Dem Widerrufe legt das Gesetzbuch die Wirkung bei, daß dadurch das wechselseitige Testament vernichtet wird.[8] Diese Wirkung ergreift aber, soweit der andere Ehegatte nicht ebenfalls seine Verfügungen widerrufen oder ein anderes Testament errichtet hat, nur die korrespektiven Verfügungen des von dem anderen Ehegatten errichteten Testamentes. Der Begriff der Korrespektivität wird vom preußischen Gesetzbuche negativ bestimmt in der Art, duß von der Korrespektivität alle diejenigen letztwilligen Verfügungen des anderen Ehegatten nicht ergriffen werden, die dieser in dem wechselseitigen Testamente zu Gunsten anderer Personen errichtet hat als zu Gunsten des Widerrufenden selbst und derjenigen Personen, die blos mit dem Widerrufenden als dessen Verwandte oder besondere Freunde verbunden sind. Hat ein Ehegatte seine letztwilligen Verfügungen nicht widerrufen, sondern sie nur geändert oder ihnen Zusätze gegeben, so besteht das wechselseitige Testament fort. Die Änderungen und Zusätze aber sind, insoweit ein Ehegatte sie einseitig gemacht hat und sie zum Nachteile des überlebenden Ehegatten abzielen, ungültig.[9]

Durch die Ehescheidung verliert ein wechselseitiges Testament der Eheleute in seinem ganzen Umfange, also auch in seinen nicht korrespektiven Teilen, seine Gültigkeit.[10] Mit dem Tode des einen Ehegatten tritt an den anderen wie bei jedem Erbfalle die Frage der Annahme oder Ablehnung. Die Ablehnung hat die gewöhnlichen Folgen. Mit der Annahme wird der Überlebende an seine eigenen letztwilligen Ver-

---

[6] S. darüber C. F. Koch, Erbrecht S. 653; Förster. Theorie und Praxis Bd. 4 S. 194; Eccius ebenda S. 515 flg.

[7] A. L. R. II. 1 § 483.

[8] A. L. R. II. § 485.

[9] A. L R. II. 1 §§ 486, 487, 488.

[10] A. L. R. II 1 § 489

fügungen innerhalb der Grenzen der Korrespektivität gebunden. Er kann also von ihnen nicht wieder abgehen, insofern aus ihrer Fassung oder aus den Umständen erhellt, daß der Erblasser ihm seinen Nachlaß in Rücksicht auf diese Verfügungen zugewendet habe. Dies wird von den Verfügungen des überlebenden Ehegatten vermutet, die zum Besten der gemeinschaftlichen Kinder oder der Verwandten oder besonderen Freunde des Erstverstorbenen abzielen.[11]

Das französische Gesetzbuch erklärt es ohne Rücksicht auf den Inhalt der Verfügungen und auf das gegenseitige Verhältnis der Personen für unzulässig, daß zwei oder mehr Personen in einem und demselben Akte ein Testament errichten.[12]

Nach dem österreichischen Gesetzbuche sind gemeinschaftliche Testamente nur als Ehestiftungen zulässig. Sie haben also den Rechtsbestand der Ehe zur Voraussetzung. Verlobte können solche Testamente zwar errichten. Die Eheschließung ist aber Voraussetzung ihrer Gültigkeit.[13]

Das sächsische Gesetzbuch beschränkt gemeinschaftliche Testamente weder in Bezug auf die Zahl der Personen noch in Bezug auf das gegenseitige Verhältnis der Personen. Ein solches Testament muß aber gerichtlich oder schriftlich errichtet werden. Jeder der Erblasser muß die erforderliche Aufforderung der Zeugen, wenn die Errichtung des letzten Willens vor Zeugen erfolgt, und die erforderliche Unterschrift besonders bewirken. Auch sind die Erfordernisse der Gültigkeit einer jeden Verfügung nach der Person ihres Urhebers zu beurteilen. Das Gesetzbuch bestimmt sodann, daß die Verfügungen der mehreren Erblasser in der Regel voneinander unabhängig sind, selbst wenn sich die Erblasser gegenseitig bedenken, so daß die eine Verfügung wegfallen kann, ohne daß dies auf die andere Einfluß hat. Daran schließt sich die Bestimmung, daß, wenn die mehreren Erblasser sich in der Art bedenken, daß ihre Verfügungen voneinander abhängig sein sollen, mit der einen Verfügung auch die andere wegfällt. Diese Vorschrift findet nach dem Gesetzbuche auch Anwendung, wenn die mehreren Erblasser sich gegenseitig letztwillig bedacht und zu Gunsten ihrer Verwandten oder auch Dritter Anordnungen, die nach dem Tode des Zuletztlebenden in Kraft treten sollen, getroffen oder über ihr gemeinschaftliches Vermögen als über eine Gesamtmasse verfügt oder gegenseitig in ihrem letzten Willen auf das Recht, ihn zu widerrufen, verzichtet haben. Sind in

---

[11] A.L.R. II. §§ 490 bis 493.
[12] Code civil Art. 968.
[13] Unger, österreich. Erbrecht § 21.

einem gemeinschaftlichen letzten Willen die Verwandten des Letztlebenden ohne nähere Bezeichnung bedacht, so versteht das Gesetzbuch darunter die Verwandten, die zur Todeszeit des Letztlebenden die gesetzlichen Erben sind.[14]

§ 135. Behandlung eines Testamentes nach seiner Errichtung.

Das bürgerliche Gesetzbuch enthält noch eine Reihe von Rechtssätzen, welche vorschreiben, wie die über das Testament errichtete Urkunde und die dazu gehörigen Urkunden, nachdem das Testament errichtet ist, weiter zu behandeln sind, bis das Testament in Wirksamkeit tritt. Diese Rechtssätze haben durchweg die Bedeutung von Ordnungvorschriften.

Ist ein gerichtliches oder ein notarielles Testament in Frage, und ist der Akt der Errichtung beendet, so soll das über die Errichtung aufgenommene Protokoll nebst Anlagen, insbesondere im Falle der Errichtung durch Übergabe einer Schrift nebst dieser Schrift, von dem Richter oder dem Notar in Gegenwart der übrigen Personen, die bei der Errichtung mitgewirkt haben, und des Erblassers mit dem Amtssiegel verschlossen, mit einer das Testament näher bezeichnenden Aufschrift, die von dem Richter oder dem Notar zu unterschreiben ist, versehen und in besondere amtliche Verwahrung gebracht, auch soll dem Erblasser über das in amtliche Verwahrung genommene Testament ein Hinterlegungschein erteilt werden.[1] Auf Verlangen des Erblassers ist auch ein sogenanntes eigenhändiges Testament in amtliche Verwahrung zu nehmen und dem Erblasser ein Hinterlegungschein darüber zu erteilen.[2]

Ist ein Testament nicht in amtliche Verwahrung gebracht, so überkommt jeder, der es in Besitz hat, wenn er von dem Tode des Erblassers Kenntnis erlangt, die Verpflichtung, es an das Nachlaßgericht abzuliefern.[3] Ist das Testament bei einer anderen Behörde als einem Gerichte oder ist es bei einem Notare in amtlicher Verwahrung, so ist es nach dem Tode des Erblassers an das Nachlaßgericht abzuliefern. Das Nachlaßgericht hat, wenn es von dem Tode Kenntnis erlangt, die Ablieferung zu veranlassen.[4]

Das Nachlaßgericht hat, sobald es von dem Tode des Erblassers erfährt, zur Eröffnung des Testamentes einen Termin zu bestimmen. Zum Termine sollen die gesetzlichen Erben und die sonstigen Beteiligten,

---

[14] Sächs. Gesetzbuch §§ 2196 bis 2202.

[1] B.G.B. § 2246.

[2] B.G.B. § 2248.

[3] B.G.B. § 2259 Abs. 1.

[4] B.G.B. § 2259 Abs 2.

soweit thunlich, geladen werden. Im Termine ist das Testament, wenn es verschlossen ist, zu öffnen und den Beteiligten auf Verlangen vorzulegen. Das Gesetz schreibt auch vor, daß es zu verkünden ist, bestimmt aber, daß die Verkündung im Falle der Vorlegung unterbleiben darf. Über den Hergang im Termine ist ein Protokoll aufzunehmen. War das Testament verschlossen, so ist im Protokolle festzustellen, daß der Verschluß unversehrt gefunden wurde.[5]

Ist das Testament nicht in amtlicher Verwahrung des Nachlaßgerichtes, sondern eines anderen Gerichtes, so liegt diesem anderen Gerichte die Eröffnung des Testamentes und die Absendung des Testamentes mit dem über die Eröffnung aufgenommenen Protokolle an das Nachlaßgericht ob. Das Nachlaßgericht hat die Beteiligten, die bei der Eröffnung des Testamentes nicht zugegen gewesen sind, von dem sie betreffenden Inhalte des Testamentes in Kenntnis zu setzen.[6]

Eine Anordnuug des Erblassers, durch die er verbietet, das Testament alsbald nach seinem Tode zu eröffnen, ist nichtig.[7]

Wer ein sachliches Interesse glaubhaft macht, ist berechtigt, von einem eröffneten Testament Einsicht zu nehmen und eine Abschrift des Testamentes oder einzelner Teile desselben zu fordern. Die Abschrift ist auf Verlangen zu beglaubigen.[8]

§ 136. Widerruf eines Testamentes, der nicht durch Testament erfolgt.

Von dem Widerrufe eines Testamentes, der selbst wieder durch Testament erfolgt, ist bereits gesprochen worden.[1] Das bürgerliche Gesetzbuch läßt aber den Widerruf auch in anderer Weise sich vollziehen. Hat der Erblasser in der Absicht, ein von ihm errichtetes Testament aufzuheben, die Testamentsurkunde vernichtet oder an ihr Veränderungen vorgenommen, durch die der Wille, eine schriftliche Willenserklärung aufzuheben, ausgedrückt zu werden pflegt, so ist das Testament widerrufen.[2] Die Thatsache der durch den Erblasser geschehenen Vernichtung der Testamentsurkunde ebenso wie die Thatsache der erfolgten Vornahme von Veränderungen der angegebenen Art begründet die Ver-

[5] B.G.B. § 2260.
[6] B.G.B. § 2261.
[7] B.G.B. § 2263.
[8] B G.B. § 2264.

[1] S. oben § 128.
[2] B.G.B. § 2255 Abs. 1.

mutung, daß der Erblasser mit der fraglichen Vernichtung oder Veränderung der Urkunde die Aufhebung des Testamentes beabsichtigt hat.[3]

Ein vor einem Richter, vor einem Notar oder vor dem Vorsteher einer Gemeinde oder eines einer Gemeinde gleichstehenden Bezirkes oder Verbandes errichtetes Testament gilt als widerrufen, wenn dem Erblasser die in amtliche Verwahrung genommene Urkunde zurückgegeben wird.[4] Verlangt der Erblasser die Rückgabe, so muß sie an ihn geschehen, darf aber nur an ihn erfolgen.[5] Hat der Erblasser ein eigenhändiges Testament errichtet und von der Befugnis Gebrauch gemacht, es in amtliche Verwahrung zu geben, so muß es ihm, wenn er es verlangt, ebenfalls zurückgegeben werden. Die Zurückgabe eines solchen Testamentes ist aber auf seine Wirksamkeit ohne Einfluß.[6] Der Erblasser kann ihm seine Wirksamkeit erhalten und erhält sie ihm, wenn er es aus amtlicher Verwahrung in seine eigene nimmt. Auch wenn ein Testament in anderer Weise als vor einem Richter oder einem Notar oder vor dem Vorsteher einer Gemeinde oder eines einer Gemeinde gleichgestellten Bezirkes oder Verbandes errichtet ist, hat die Art der Aufbewahrung der Testamentsurkunde und ein Wechsel in der Art der Aufbewahrung keine Bedeutung für die Wirksamkeit des Testamentes.

Davon ist bereits die Rede gewesen, daß ein durch Testament erfolgter Widerruf eines Testamentes ebenfalls widerruflich ist.[7] Bei den Beratungen der Kommission für die zweite Lesung des Entwurfes wurde beantragt, dem vom ersten Entwurfe aufgestellten Satze, daß eine widerrufene letztwillige Verfügung nicht durch den Widerruf ihres Widerrufes wiederhergestellt werden könne, die Einschränkung zu geben, daß,

---

[3] B.G.B. § 2255 Abs. 2.

[4] B.G.B. § 2256 Abs. 1.

[5] B.G.B. § 2256 Abs. 2. Die Bestimmung, daß die Zurückgabe nur an den Erblasser persönlich erfolgen dürfe, war schon im ersten Entwurfe (§ 1935) enthalten. Sie wurde in der Kommission für die zweite Lesung des Entwurfes unter Bezugnahme auf § 571 A. L. R. I. 12, nach welcher Vorschrift die Aushändigung der Testamentsurkunde an einen mit öffentlich beglaubigter Vollmacht legitimierten Vertreter zulässig ist, als von übertriebener Ängstlichkeit zeugend bekämpft. Die Mehrheit der Kommission hielt aber die Bestimmung des Entwurfes aufrecht, weil die Zurückgabe der Testamentsurkunde ein so wichtiger Akt sei, daß es sich rechtfertige, die Aufhebung des Testamentes ebenso wie die Errichtung durch unmittelbaren Verkehr des Erblassers mit dem Gerichte sich vollziehen zu lassen. Der Testamentsrichter könne insbesondere nicht wissen, ob in dem Zeitpunkte, in dem der Bevollmächtigte von der Vollmacht Gebrauch mache, der Erblasser noch lebe, und ob er seine Vollmacht nicht widerrufen habe (Protokolle, 361. Sitzung XIII. S. 7213 f.).

[6] B.G.B. § 2256 Abs. 2, 3, § 2248, § 2231 Ziff. 2.

[7] S. oben § 128 zu Anm. 5, 6.

wenn die Urkunde, welche die widerrufene letztwillige Verfügung enthalte, in amtlicher Verwahrung geblieben sei, der Widerruf des Widerrufes als Wiederherstellung der widerrufenen Verfügung gelte, sofern nicht ein anderer Wille des Erblassers erhelle. Von anderer Seite wurde der Satz aufgestellt, daß, wenn eine letztwillige Verfügung durch Widerruf oder durch eine andere Verfügung aufgehoben wird, die Aufhebung nicht als erfolgt gilt, wenn die spätere Verfügung wieder aufgehoben wird. Die Mehrheit billigte den ersten Antrag, nahm aber auch an, daß bei einer in außerordentlicher, namentlich in holographischer Form errichteten letztwilligen Verfügung es zu Unzuträglichkeiten führen könne, wenn man dem Widerrufe des Widerrufes nicht die Wirkung einer Wiederherstellung der letztwilligen Verfügung beilege. Ein holographisches Testament könne nicht deshalb für unwirksam erklärt werden, weil der Erblasser einen später widerrufenen Widerruf des Testamertes niedergeschrieben habe. Ein sonderbares Ergebnis, — so führte die Mehrheit dre Kommission ans, — würde es ferner sein, wenn die ursprüngliche Verfügung infolge einer erfolgreichen Anfechtung des Widerrufes wieder in Kraft träte, dagegen dem ausdrücklichen Widerrufe diese Bedeutung versagt bliebe. Es sei daher richtiger, daß regelmäßig mit dem Widerrufe des Widerrufes die ursprüngliche Verfügung wieder in Kraft trete, wenn nicht eine entgegengesetzte Willensmeinung des Erblassers vorliege. Vorausgesetzt sei dabei, daß der Widerruf des Widerrufes nach den §§ 1933 bis 1935 des ersten Entwurfes (B.G.B. §§ 2254, 2255, 2256 Abs. 1) erfolgt sei.[8] Nach der Auffassung der Kommission hat also der Widerruf des Widerrufes die Wirkung der Wiederherstellung der widerrufenen letztwilligen Verfügungen nur dann, wenn er unter den Vorraussetzungen der Errichtung eines Testamentes erklärt ist, oder wenn er, sofern der Widerruf selbst als Testament erklärt ist, als Vernichtung oder Veränderung dieser Testamentsurkunde kund gegeben ist, oder wenn, sofern der Widerruf als gerichtliches oder notarielles oder unter den Voraussetzungen des § 2249 B.G.B. errichtetes Testament erfolgt ist, die fragliche Testamentsurkunde dem Erblasser auf sein Verlangen zurückgegeben wird. Darnach ist die Absicht der Kommission nicht dahin gegangen, einen Widerruf des Widerrufes auch in der Art zuzulassen, daß der Erblasser die in der Absicht der Aufhebung des Testamentes durch Zerreißen des Papieres oder Ausstreichen des Inhaltes vorgenommene Vernichtung oder Veränderung der Testamentsurkunde in der Art wieder beseitigt, daß er die Urkunde durch geeignete Verbindung ihrer Trennstücke wiederherstellt oder die Striche der Durchstreichung wegschafft.

---

[8] Protokolle, 361. Sitzung XIII. S. 7210 bis 7213.

Und man wird auch einen inneren Grund für die Berechtigung der Analogie eines Widerrufes des Widerrufes nicht in der Weise anzuerkennen haben, daß man, wenn der Erblasser in der Absicht der Aufhebung des Testamentes die Urkunde zerrissen oder durchstrichen hat, einer in der Absicht der Aufhebung des Widerrufes erfolgten Wiederherstellung der Urkunde oder der in gleicher Weise geschehenen Beseitigung ihrer Veränderung die Bedeutung giebt, damit das Testament wiederaufleben zu lassen.

Nach römischem Rechte kann ein Testament abgesehen von dem Falle der Errichtung eines neuen Testamentes[9] auch durch Erklärung widerrufen werden. Die Erklärung muß vor wenigstens drei Zeugen oder zum gerichtlichen Protokolle abgegeben werden. Auch ist die Erklärung nur wirksam, wenn seit der Errichtung des Testamentes zehn Jahre verstrichen sind.[10]

Das römische Recht läßt ferner den Widerruf eines Testamentes in der Art zu, daß der Erblasser in der Absicht des Widerrufes die Testamentsurkunde ganz oder den die aufzuhebende Verfügung enthaltenden Teil derselben vernichtet oder die äußeren Zeichen der Solennität an ihr beseitigt.[11]

Gemeinrechtliche Schriftsteller erklären sich für die Gültigkeit eines Widerrufes, wenn er auch ohne Errichtung eines neuen Testamentes in der für die Errichtung eines Testamentes vorgeschriebenen Form erklärt wird.[12]

Das preußische Gesetzbuch enthält den Satz, daß eine letztwillige Verfügung in derselben Art widerrufen werden kann, in der sie errichtet

---

[9] S. oben § 128 zu Anm. 9 bis 12.

[10] L. 27 C. de testam. (6,23). Der in dieser Stelle enthaltenen Verordnung Justinians ging ein Gesetz des Honorius voraus, das in den theodosischen Codex als l. 6 de testam. (4, 4) aufgenommen ist. Das ältere Gesetz besagt, daß ein Testament von selbst seine Wirksamkeit verliert, wenn seit seiner Errichtung zehn Jahre verflossen sind. Diese Bestimmung hob Justinian auf, indem er anordnete, daß ein Testament, sofern nicht gleichzeitig ein neues Testament errichtet würde, weder durch bloßen Widerruf noch durch bloßen Ablauf von zehn Jahren, wohl aber, nämlich ohne Errichtung eines neuen Testamentes durch einen vor wenigstens drei Zeugen erklärten Widerruf in Verbindung mit dem Ablaufe von zehn Jahren aufgehoben sein sollte. Über beide Gesetze zu vergl. Mühlenbruch in Glück, Pandektenkommentar Bd. 38 S. 267 flg. Mühlenbruch bezeichnet a. a. O. S. 277 die Anordnung Justinians als höchst seltsam und als noch sonderbarer als das Gesetz des Honorius.

[11] L. 2 D. de his quae in test. (28,4); l. 1 § 10, l. 2 § 7, l. 8 § 3 D. de B. P. s. t. (37,11): l. 1 § 8 D. si tab. test. null. (38,6).

[12] S. die Litteratur bei Dernburg, preuß. Privatrecht Bd, 3 § 171 Anm. 9. Dernburg bemerkt dazu: Man ist neuerdings einig, daß auch stillschweigende Berufung des Erben genügt. Nun liegt in dem Widerrufe stillschweigend der Wille aus-

ist.[13] Es müssen also diejenigen Erfordernisse beobachtet werden, welche unter den gegebenen Voraussetzungen für die Errichtung einer letztwilligen Verfügung vorgeschrieben sind.

Zum Widerrufe eines Vermächtnisses, das in einer gerichtlichen letztwilligen Verfügung errichtet worden ist, wird eine vor einem Notar und zwei Zeugen abgegebene oder von dem Erblasser selbst geschriebene und unterschriebene Erklärung erfordert, aber auch eine von dem Erblasser selbst blos unterschriebene Erklärung als genügend bezeichnet. Letzterenfalls muß aber der Beweggrund des Widerrufes angegeben sein und dieser sich als wahr ergeben.[14] Der Widerruf eines in einer außergerichtlichen Verfügung angeordneten Vermächtnisses kann durch Ausstreichen, Auslöschen, Unleserlichmachen der Anordnung oder auch durch einfache Erklärung der Aufhebung wirksam geschehen.[15]

Ein gerichtlich niedergelegtes Testament oder Kodizill verliert seine Gültigkeit, wenn der Erblasser es auf seinen Antrag zurückerhält.[16] Und es kann nur wieder Wirksamkeit erhalten, wenn der Erblasser es unter Beobachtung derselben Förmlichkeiten, die für die gerichtliche Übergabe eines Testamentes erforderlich sind, wiederum dem Gerichte übergiebt.[17]

Nach dem französischen Gesetzbuche kann der Erblasser seinen letzten Willen nicht bloß in der Form, in der ein Testament erricht wird, sondern auch mittels einer Notariatsurkunde unter Beobachtung der durch eine solche Urkunde erforderten Förmlichkeiten widerrufen.[18] Für den Fall, daß der zweite Widerruf ebenfalls widerrufen wird, streitet man darüber, ob die ihn enthaltende Notariatsurkunde die Klausel, daß das frühere Testament widerhergestellt sein solle, enthalten oder doch die Absicht des Erblassers, das frühere Testament wieder in Kraft treten zu lassen, zum Ausdrucke bringen müsse.[19] Eine letztwillige Verfügung kann aber auch

---

gedrückt, daß die Intestaterben oder die in einem früheren Testamente berufenen Erben die Erbschaft erhalten sollen. Mindestens von diesem Standpunkte aus hätten die Romanisten die veralteten Sätze des römischen Rechtes überwinden sollen. Allein wir finden sie bei den Neueren ohne Rücksicht auf Praxis und Konsequenz als praktisches Recht dargestellt. — Über die Rechtsprechung höchster gemeinrechtlicher Gerichtshöfe s. Seuffert, Archiv Bd. 1 No. 96, Bd. 25 No. 39.

[13] A.L.R. I. 12 § 587.

[14] A.L.R. I. 12 §§ 593 bis 595.

[15] A.L.R. I. 12 §§ 596, 597.

[16] A.L.R. I. 12 § 566. Das Testament darf aber nur dem, der es errichtet hatte, oder einem von ihm gerichtlich bestellten Bevollmächtigten zurückgegeben werden. A.L.R. I. 12 § 567.

[17] A.L.R. I. 12 § 567.

[18] C. c. Artt. 895, 1035.

[19] S. Zachariä v. Lingenthal-Crome, französ. Civilr. Bd. 4 § 735; Entsch. des R.G.'s in Civils. Bd. 2 Nr. 95.

in der Art widerrufen werden, daß der Erblasser die Testamentsurkunde in einen Zustand versetzt, der erkennbar macht, daß sie seinen letzten Willen nicht mehr enthalten soll,[20] sowie dadurch, daß der Erblasser über den Gegenstand einer früheren letztwilligen Verfügung durch ein Rechtsgeschäft unter Lebenden in einer Weise verfügt, wie es mit dem Inhalte der letztwilligen Verfügung sich nicht verträgt.[21]

Nach dem österreichischen Gesetzbuche kann der Widerruf durch stillschweigende Willenserklärung in der Art geschehen, daß die Testamentsurkunde vernichtet oder ihr Inhalt, soweit er widerrufen sein soll, ausgetilgt wird.[22] Auch der Widerruf eines Vermächtnisses kann durch ausdrückliche Erklärung des Erblassers wie durch schlüssige Handlungen geschehen.[23]

Das sächsische Gesetzbuch läßt einen Widerruf ebenfalls in der Weise zu, daß der Erblasser die über seinen letzten Willen dem Gericht übergebene Urkunde sich zurückgeben läßt[24] oder dadurch, daß er die über die Errichtung des letzten Willens aufgenommene Urkunde ganz oder zum Teil vernichtet oder ihren Inhalt austilgt.[25] Der Widerruf eines Vermächtnisses kann auch unter Beobachtung der Formen, in denen ein Vermächtnis errichtet werden kann, sowie durch Erklärung vor Gericht oder vor zwei Zeugen geschehen.[26] Ein Widerruf durch formlose Schrift ist nur gültig, wenn der Erblasser bei Errichtung seines letzten Willens das Recht zu solchem Widerrufe sich vorbehalten hat.[27] Der Widerruf eines Vermächtnisses kann aber in der Art geschehen, daß der Erblasser über den Gegenstand des Vermächtnisses eine Verfügung von Todeswegen oder unter Lebenden vornimmt, mit welcher die Fortdauer des Vermächtniswillens nicht bestehen kann, insbesondere dadurch, daß er die Sache vernichtet oder umbildet.[28]

---

[20] Zachariä v. Lingenthal-Crome a. a. O. Anm. 7.
[21] C. c. Art. 1038.
[22] Österreich. Gesetzb. §§ 717, 721.
[23] Österreich. Gesetzb. §§ 717, 721, 724. Unger, öster. Erbr. § 61.
[24] Sächs. Gesetzb. § 2215.
[25] Sächs. Gesetzb. § 2219.
[26] Sächs. Gesetzb. § 2413 Satz 1.
[27] Sächs. Gesetzb. § 2413 Satz 2.
[28] Sächs. Gesetzb. §§ 2416, 2418, 2419.

Sachregister.

Die beigesetzten Zahlen bezeichnen die Seite.

Gesetzregister.

1. Bürgerliches Gesetzbuch für das Deutsche Reich.

2. Einführunggesetz zum bürgerlichen Gesetzbuche.

3. Gerichtsverfassunggesetz.

4. Civilprozeßordnung in der Fassung des Gesetzes vom 17. Mai 1898.

5. Konkursordnung in der Fassung des Gesetzes vom 17. Mai 1898.

6. Reichsmilitärgesetz vom 2. Mai 1874.

7. Militärstrafgesetzbuch vom 20. Juni 1872.

Kolibri 360 GmbH
Ferdinand-Jühlke-Straße 7
99095 Erfurt, Deutschland
produktsicherheit@kolibri360.de